Harry Shapiro

GARY MOORE
Die offizielle Biografie

HARRY SHAPIRO

GARY MOORE
DIE OFFIZIELLE BIOGRAFIE

Aus dem Englischen übersetzt von Alan Tepper

www.hannibal-verlag.de

Ian Hunter, ein Jugendfreund Garys, traf ihn Jahre später bei einem Konzert. Der Musiker kam gerade von der Bühne, ihm lief der Schweiß das Gesicht runter, und die Menschenmenge in der bis oben hin gefüllten Halle schrie: „We want Moore! We Want Moore!" Hunter fragte ihn: „Gary, wie um alles in der Welt kannst du dich nach so etwas entspannen?" Blitzschnell antwortete dieser: „Ich spiele dann Gitarre."

„Gary Moore hatte ... die Musik erkannt, diese lebensfördernde Ruhe im Zentrum von allem. Er holte aus und fing sie ein. Er verfügte über die sublime Fähigkeit, sie zur Erde zu bringen, zu dekodieren, sie in verständlichen Sequenzen auszubreiten, damit wir weniger Sterblichen sie hörten, verstanden, wertschätzten und darüber staunten."
Tim Booth – Dr. Stangely Strange

„Das, was einen Menschen außergewöhnlich macht ... wird unvermeidbar zu dem, was ihn einsam macht." Lorraine Hansberry

Q Magazin: „Was nimmst du immer mit, wenn du aus dem Haus gehst?
Gary: „Meinen guten Ruf."

Record Collector: Von wem würdest du etwas bei *Stars in their eyes* singen?
Gary: Eartha Kitt

Gewidmet Kay – für alles

Gewidmet Bobby und Winnie Moore

Impressum

Deutsche Erstausgabe 2022
© Orionstar Ltd/Harry Shapiro 2022

Hannibal Originalausgabe
hannibal

Hannibal Verlag, ein Imprint der KOCH International GmbH, A-6604 Höfen
www.hannibal-verlag.de

ISBN 978-3-85445-726-8
Auch als E-Book erhältlich mit der ISBN 978-3-85445-727-5

Coverfoto © Sam Scott-Hunter/Avalon.Red
Fotos Innenteil © Orionstar Ltd, außer anders vermerkt
Grafischer Satz: Thomas Auer
Übersetzung: Alan Tepper
Deutsches Lektorat und Korrektorat: Thomas Wachter
Bearbeitung Originalmanuskript: Alan Tepper

Hinweis für den Leser:
Kein Teil dieses Buchs darf in irgendeiner Form (Druck, Fotokopie, digitale Kopie oder einem anderen Verfahren) ohne schriftliche Genehmigung des Verlags reproduziert oder unter Verwendung elektronischer Systeme verarbeitet werden.
Der Autor hat sich mit größter Sorgfalt darum bemüht, nur zutreffende Informationen in dieses Buch aufzunehmen. Alle durch dieses Buch berührten Urheberrechte, sonstigen Schutzrechte und in diesem Buch erwähnten oder in Bezug genommenen Rechte hinsichtlich Eigennamen oder der Bezeichnung von Produkten und handelnden Personen stehen deren jeweiligen Inhabern zu.

Printed in Germany

INHALTSANGABE

Vorwort 9

Prolog – *The Boys Are Back In Town* 14
Kapitel Eins – *Entgegen aller Widrigkeiten* 24
Kapitel Zwei – *Over The Hills And Far Away* 54
Kapitel Drei – *Die Gary Moore Band* 88
Kapitel Vier – *Der Geist in der Maschine* 108
Kapitel Fünf – *Me And The Boys – Wundersame Zeiten* 128
Kapitel Sechs – *Heroin und Rosen* 151
Kapitel Sieben – *Jet – ein neuer Antrieb* 165
Kapitel Acht – *Rockin' Every Night* 189
Kapitel Neun – *Heute Hair Metal, morgen mehr Metal?* 232
Kapitel Zehn – *The Blues Is Alright* 273
Kapitel Elf – *Traum oder Albtraum?* 300
Kapitel Zwölf – *Neue Beats* 321
Kapitel Dreizehn – *Business As Usual* 348
Kapitel Vierzehn – *Trouble Ain't Far Behind* 394

Würdigungen 420
Gary auf Tour – Die Bands 427
Gary Moore: Sein Sound – Gitarren, Verstärker, Effektgeräte 437
Diskografie 473
Index 500

VORWORT

Nachdem ich meine letzte Musikbiografie 2010 beendet hatte, ein Buch über Jack Bruce, den wir alle schmerzlichst vermissen, kam unvermeidbar eine Frage auf: „Was als Nächstes?" Die Monate zogen vorüber, doch nichts kam mir in den Sinn. Und dann – im Februar 2011 – verstarb tragischerweise Gary Moore. Natürlich kannte ich Gary und besaß auch einige seiner Alben, doch was mich überraschte, waren die zutiefst emotionalen Mitleidsbekundungen von unter anderem Joe Bonamassa, Joe Elliot, Brian May, Bob Geldof, Slash, Paul Rodgers, Kirk Hammett sowie den Mitgliedern von Saxon und Europe. Sie wiesen alle darauf hin, welch einen Einfluss er auf die Welt der Gitarristen ausgeübt hatte und was für eine Inspirationsquelle er gewesen war.

Im Laufe der folgenden Wochen informierte ich mich online und fand vergleichbare Kommentare von „normalen" Fans aus der ganzen Welt. Sein Spiel wurde wohlwollend mit dem der besten Gitarristen aller Zeiten verglichen. Garys Musik und seine Songs hatten offensichtlich die Herzen von Millionen erreicht, aber ich stand dennoch vor einem Rätsel. Leserbefragungen zu den „Bedeutendsten Musikern" haben nur einen geringen Wert, denn Musik ist kein Boxkampf, bei dem man exakt durch die Anzahl der gewonnenen Kämpfe den Besten bestimmen kann. Die aktuelle Popularität und der kommerzielle Erfolg wirken sich natürlich auch auf die Rankings aus. Trotz dieser Faktoren organisieren Musikmagazine die Befragungen, da sie von den Lesern geschätzt werden. Ich schaute mir also die aktuellsten Listen der „Größten Gitarristen" an und fand dabei heraus, dass Gary – falls er überhaupt Erwähnung fand – nur selten auftauchte, egal ob es die Top 50 oder sogar die Top 100 waren. Hier wartete scheinbar eine Geschichte darauf, erzählt zu werden.

Dies fand Bestätigung, nachdem ich die Biografie auf den Weg gebracht hatte und mich einige Leute nach dem nächsten Buch fragten. Als ich „Gary

Moore" antwortete, reagierten sie mit hochgezogenen Augenbrauen, bis ich die unangenehme Stille mit dem Kommentar „Er war bei Thin Lizzy" beendete. Schon bald erkannte ich, mich mit einem Musiker zu beschäftigen, der sich ähnlich wie Jack Bruce „im Rampenlicht versteckte", bekannt für seine Bedeutung, aber der breiten Masse nur durch wenige erfolgreiche Momente geläufig. Das Thema wurde immer interessanter, da mir die Lektüre von Artikeln in Musikmagazinen wenig oder gar nichts über den Menschen verriet. Obwohl sich Gary immer gebildet und intelligent gab, beschränkten sich seine Kommentare auf die Rolle eines Musikers und Bandleaders. Er erwähnte die aktuellsten Alben und Besetzungen, Lieblingsgitarren und Verstärker, doch reagierte auf persönliche Fragen mit einem charmanten Lächeln oder wiegelte sie schnell ab. Wer war Gary Moore, dieser überragende Gitarrist, den sowohl Musiker als auch Fans verehrten, der aber nicht die allgemeine Öffentlichkeit nachhaltig erreicht hatte?

Garys Frau erzählte mir kurz nach Beginn unseres Gesprächs: „Sie werden Leuten begegnen, die sagen, Gary sei das größte Arschloch der Welt gewesen, doch wenn er dich einmal herzlich drückte, blieb es dabei." Wie Recht sie haben sollte! Mit nur einem Satz hatte sie das Paradox von Gary beschrieben. Er war ein Gitarrist mit außergewöhnlichem Talent, von seinen natürlichen Fähigkeiten und Unsicherheiten zu künstlerischen Höhepunkten getrieben. Doch tiefgreifende und nagende Zweifel setzten ihm schwer zu. Dadurch verhielt er sich oft extrem schwierig und arrogant, und ließ häufig ohne Nachzudenken unreflektierte Kommentare vom Stapel, die ihm nur wenige Freunde in der Musikindustrie einbrachten. Dennoch war Gary ein absoluter Perfektionist und fähig zur ernsthaften Selbstkritik. Er legte die Messlatte für sich sehr hoch und erwartete dieselben Ambitionen auch von anderen. Fernab der Bühne und dem Studio, und in den Momenten, in denen er die Gitarre ablegte, die für ihn gleichzeitig ein Instrument und Schutzschild war, tauchte eine andere Persönlichkeit auf. Gary war ein sehr schüchterner Mensch, sensibel, warmherzig, witzig und überaus großzügig, der seine Fähigkeiten niemals für gegeben hielt, immer suchte und sich neuen Herausforderungen stellte. Auch ich machte mich auf die Suche und zwar nach dem wahren Gary Moore, hoffend, im Verlauf mehr über seine Musik auszugraben. Nun bleibt es anderen überlassen, zu beurteilen, wie erfolgreich diese Forschungsreise gewesen war.

Mit nur wenigen publizierten Referenzpunkten musste ich mich bei dieser Expedition auf die Menschen verlassen, die ihn kannten und mit ihm gearbeitet hatten. Ich möchte meinen Dank auch an Garys Familie richten, für ihre Unterstützung des Projekts und danke besonders seiner Frau Jo für all die Hilfe und Ermunterung. Ein ganz großes Dankeschön gilt Graham Lilley, der ab 1988 für Gary als Gitarrentechniker arbeitete und sprichwörtlich ein „Weisheitsbrunnen" in allem ist, was den Musiker betrifft. Dank gilt auch Darren Main, viele Jahre lang Garys persönlicher Assistent – für die Einblicke, die er mir gewährte, die Hilfe und die Ermutigung. Moores Geschäftsmanager Colin Newman ermöglichte dieses Buch, was ich zutiefst wertschätze.

Bei jedem Interview ergab sich ein wahres Bündel an Namen anderer Personen, mit denen ich „unbedingt sprechen" sollte. Und diese standen noch nicht mal auf meiner ansonsten schon unglaublich langen Liste! Somit ergab sich bei meiner Arbeit ein erfreuliches „Nebenprodukt", denn ich stellte den Kontakt zwischen Menschen her, die sich in einigen Fällen seit der Schulzeit vor einem halben Jahrhundert nicht mehr gesehen hatten. Alle Interviews wurden von mir selbst während der Niederschrift des Buchs geführt, bis auf die Fälle, bei denen ich eine publizierte Quelle nenne. Ich führte im Rahmen der Arbeit an der Jack-Bruce-Bio nur ein Gespräch mit Gary. Die anderen direkten Zitate stammen aus veröffentlichten Publikationen.

Traurigerweise sind acht meiner Interviewpartner seit Fertigstellung des Texts verstorben: Noel Bridgeman, Jack Bruce, Jon Hiseman, Greg Lake, Craig Gruber, Frank Murray, Chris Tsangarides, Steve York wie auch Garys Vater und Mutter. Ich möchte mich bei ihnen und den folgenden Menschen bedanken, da sie mich an den Erinnerungen an Gary teilhaben ließen.

Don Airey, Bill Allen, Prue Almond, Stuart Bailie, Gerry Raymond-Barker, Steve Barnett, James Barton, Eric Bell, Smiley Bolger, Kerry Booth, Tim Booth, Andy Bradfield, Rob Braniff, Ceri Campbell, Donna Campbell, Jeannie Campbell, Ted Carroll, Neil Carter, Clem Clempson, Peter Collins, Chris Cordington, Andy Crookston, Brian Crothers, Steve Croxford, Pete Cummins, John Curtis, Bob Daisley, Ed Deane, Barry Dickins, Steve Dixon, Harry Doherty, Bill Downey, Brian Downey, Johnny Duhan, Hans Engel, Gary Ferguson, Magnus Fiennes, Steven Fletcher, Mo Foster, Melissa Fountain, Lisa Franklin, Jeff Glixman, Scott Gorham, Tim Goulding, Rob Green, Richard Griffiths, John

Henry, Nik Henville, Bill Hindmarsh, George Hofmann, Tim Hole, Glenn Hughes, Billy Hunter, Graham Hunter, Ian Hunter, Gary Husband, Andy Irvine, George Jones, Pearse Kelly, Roger Kelly, Sylvia Keogh, William Lamour, Austen Lennon, Dave Lennox, Cass Lewis, Dave Lewis, Ivan Little, Bernie Marsden, Neville Marten, Colin Martin, John Martin, Vic Martin, Paul McAuley, Pete McClelland, Dick Meredith, James Meredith, Malcolm Mill, Alan Moffatt, Darrin Mooney, Charlie Morgan, Neil Murray, Mark Nauseef, Tony Newton, Geoff Nicholson, Jon Noyce, Chris O'Donnell, Terry O'Neill, Sharon Osbourne, Ian Paice, Jim Palmer, Teddie Palmer, Willie Palmer, Ivan Pawle, Simon Phillips, Tony Platt, Guy Pratt, Peter Price, Andy Pyle, Pete Rees, Ian Robertson, Jan Schelhaas, Paul Scully, Brush Shiels, Eric Singer, Nigel Smith, Dirk Sommer, Mike Starrs, Joe Staunton, Ian Taylor, Otis Taylor, Tony Tierney, Graham Walker, Jon Webster, Stuart Weston, Terry Woods und John Wooler.

Besonderer Dank gilt Zoli Csillag, Kurator der Gary Moore Fan-Seite „Lord of the Strings", für all seine Hilfe und Mitarbeit, besonders bei der Zusammenstellung der Diskografie. Weiterhin bedanke ich mich bei O.J. Backman, John Berg, Carl Culpepper, Colin Harper, Lola Martin, Peter Neilsen, Adam Parsons, Mary Pawle, Ton Pickard, Mark Powell, Carl Swann, David Talkin and Rhys Williams.

An dieser Stelle möchte ich mich bei Monika Koch, Alan Tepper und dem Lektoratsteam von Hannibal bedanken, sowohl für ihre Begeisterung für das Buch, als auch die außergewöhnliche Sorgfalt, mit der sie das Manuskript bearbeiteten.

Ich habe Gary nie kennen gelernt, ihn niemals persönlich getroffen. Der einzige Kontakt bestand in einem Telefoninterview zu BBM für das Buch über Jack. Obwohl es sich hier um eine offizielle Biografie handelt, vertrat ich schon von Anfang an die Ansicht, keine verlängerte „Pressemitteilung" für Gary Moore zu verfassen. Das Buch sollte niemals eine „ge-lobhudelte" Heiligengeschichte werden, sondern eine möglichst aufrichtige und ehrliche Erzählung seines Lebens und seiner Musik.

Ich hoffe, diesem Ansatz gerecht geworden zu sein. Trotzdem fühle ich mich persönlich Gary wesentlich näher, als ich es zu Beginn für möglich gehalten hätte. Das lässt sich möglicherweise auf die offene und engagierte Zusammenarbeit mit so vielen Menschen zurückführen, die ich erleben durfte. Mit der dadurch entstandenen Nähe zu Moore kam auch die Einsicht, dass seine Karriere „durchwachsen" war, dass ihm niemals die Anerkennung und der Erfolg zuteilwurde, die sein Talent verdient hätten und dass viele der Gründe hausgemachter Natur waren. Dennoch glaube ich, die Präsenz eines ganz besonderen Musikers erlebt zu haben, eines Mannes, dessen Musikalität die vereinfachende Kategorisierung des „Guitar Hero" weit überstrahlte.

Müsste ich einen Moment in der Entstehung dieses Buches auswählen, der mir das alles verdeutlichte, dann war es folgendes Erlebnis: Ich hörte ein Bootleg von Thin Lizzy, mitgeschnitten am 6. Februar im Nassau Coliseum auf Long Island, New York, während ihrer 77er-Tournee mit Queen. Dann kam Garys Solo bei „Still In Love With You" an die Reihe und bevor ich mich versah – ich gebe es gern zu, – hatte ich einen Kloß von der Größe eines Golfballs im Hals und Tränen liefen mein Gesicht hinunter. Ich habe ein halbes Jahrhundert Rockmusik gehört und schreibe schon seit Jahrzehnten darüber, doch kein Musiker konnte so eine Reaktion bei mir auslösen.

Genug gesagt ...

Harry Shapiro

PROLOG
THE BOYS ARE BACK IN TOWN

In Garys Gedankenwelt zählte Phil Lynott zu den Konstanten und war immer in seiner Nähe. Abgesehen von der Familie, zählte dieses Verhältnis zu den intensivsten und persönlichsten Beziehungen, sowohl künstlerisch als auch emotional. Sie liebten sich wie Brüder, kämpften gegeneinander und wollten der jeweils andere sein: Phil wünschte sich Garys exquisites Talent, der wiederum Lynotts gutes Aussehen, sein Charisma und die Qualitäten eines Bandleaders begehrte. Als Gary erstmalig im Sommer 1968 mit nur 16 Jahren nach Dublin kam, nahm der fast vier Jahre ältere Phil den blutjungen „Zauberlehrling" aus Belfast unter seine Fittiche. Wie Moore später spitzbübisch und mit einem Funkeln in den Augen erklärte, „zeigte er mir die ‚Sehenswürdigkeiten' von Dublin." Gary erzählte oft die Geschichte wie Phil ihn in ein Chinarestaurant mitschleppte und vorschlug, Schweinefleisch süß/sauer zu bestellen. „Ich hatte das vorher noch nie probiert und hasste es", meinte er lachend. „Phil aß meine Portion, und das erwies sich als eine Art Präzedenzfall für unsere Beziehung, egal, ob es sich um Freundinnen, Tantiemen und alles andere handelte."

Einige der größten kommerziellen Erfolge von Gary entstanden durch die Zusammenarbeit mit Phil. Hätten sie möglicherweise den Weg einer längeren Übereinkunft gefunden – (wie es vielen kreativen, doch gleichzeitig volatilen Musikpartnerschaften gelang) – ließen sich die künstlerischen Errungenschaften der beiden kaum erahnen. Doch es sollte nicht sein. Im Januar 1986 starb Phil aufgrund medizinischer Komplikationen, hervorgerufen durch jahrelangen Alkohol- und Drogenmissbrauch, doch für Gary verblassten die Erinnerungen an den wilden, irischen Vagabunden niemals.

Schneller Vorlauf zum Frühling 2005. Gary stellte sich die Frage, wie er seine Karriere ausrichten könne. In den Achtzigern war er ein sehr erfolgreicher Rock/Hardrock-Act gewesen, in den Neunzigern erfand er sich als Blues-Gitarrist neu, der sich über einen Riesenabsatz an Tonträgern freuen konnte, doch momentan fühlte er sich ruhelos und gelangweilt. Er überlegte die Energie und Dynamik des Celtic-Rock wiederzubeleben, die Thin Lizzy vorwärtsgebracht hatten und dachte an die letzten Arbeiten mit Phil, das Album *Run For Cover* mit der Hit-Single „Out In The Fields" und den Nachfolger *Wild Frontier*, seine am besten verkaufte Platte in den Achtzigern. Daraufhin schrieb er die drei neuen Stücke „Where Are You", „Days Of Heroes" (zuerst als „Now Is The Time" aufgenommen) und „Wild One", alle mit hörbar starken Bezügen zu den irischen Wurzeln und vergangenen Erfolgen mit Phil. Garys damaliger Bassist Jonathan (im weiteren Text „Jon") Noyce, früher bei Jethro Tull, erinnerte sich, „dass wir uns im April zu einem kleinen Jam in Brighton trafen, wo Gary lebte. Er präsentierte einige Ideen zu den [musikalischen] Themen des Celtic-Rock, und da ich bei Tull gespielt hatte, schätzte er, dass ich ein bisschen über den Folk wüsste." Gary, Jon und Garys Drummer Darrin Mooney (er spielte auch bei Primal Scream) sowie der Keyboarder Vic Martin fuhren gemeinsam mit dem Produzenten und langjährigen Freund Chris Tsangarides zu Trevor Horns prachtvollen Proberäumlichkeiten im Hook End Manor in Berkshire, um einige Demos mitzuschneiden. Doch es war offensichtlich nicht der richtige Zeitpunkt, denn die Plattenfirmen zeigten kaum Interesse, woraufhin man das Projekt ad acta legte.

Kurz darauf las Gary, dass das Dublin City Council am 19. August eine Statue für Phil im Stadtzentrum enthüllen wollte. Es wäre sein 56. Geburtstag gewesen. Weltweit existieren nur wenige Denkmäler die Musiker honorieren, darunter Elvis Presley, Buddy Holly, Freddie Mercury, Otis Redding, Jimi Hendrix, B.B. King und Stevie Ray Vaughan, womit sich Phil in illustrer Gesellschaft befand. Doch auf eine bestimmte Art ehrte Irland mehr als nur einen Musiker, denn Phil trug maßgeblich dazu bei, nationale Rockmusik auf der Landkarte zu etablieren, und er hatte darüber hinaus ein ausgeprägtes Gefühl, was es bedeutete ein Ire zu sein (und dazu noch ein schwarzer Ire!). Diese Art von Nationalstolz trug er wie eine über seine Schultern gelegte Flagge. Seine Bedeutung als nationale Kultfigur war deshalb noch signifikanter als die der populären Zeitgenossen. Gary rief den Thin-Lizzy-Schlagzeuger Brian Downey an und unterbreitete den Vorschlag, für den Anlass alle ex-Thin-Lizzy-Klampfer zu versammeln. Brian erklärte, dass einige unbedeutende Veranstalter einen kleinen Event planten, doch nun war Gary Feuer und Flamme für das Projekt. Er schlug vor The Point zu buchen, Dublins größten Veranstaltungsort, und eine anständige Show aufzuziehen, die Irlands prägendsten Rockstar gerecht wurde. „Klar", antwortete Brian, sich einen Sturm von Ärgernissen und Intrigen vorstellend, die solche Konzerte oft begleiten, „so lange du es organisierst". „Deal", lautete die schlichte Antwort Moores.

Jon Noyce zuckt bei der Erinnerung regelrecht zusammen: „Mein Gott, da gab es eine Menge von Politik, die zwischen den Musikern und hinter den Kulissen stattfand." Nichts, was Thin Lizzy anbelangte, nahm einen geraden Weg und wie Gitarrist Scott Gorham berichtete, „waren wir die unprofessionellste Band aller Zeiten". Während ihrer gemeinsamen Zeit durchquerten sie die hohe und stürmische See der Rockmusik, wie Piraten der Karibik, angeführt von einem liebenswerten Schurken von Kapitän. Sie prahlten, „bretzelten" sich auf, stellten Unfug an und komponierten zwischendurch einige der zeitlosesten Hymnen der Rockmusik mit einem ungeheuren Punch. Das Schiff „Thin Lizzy" bewegte sich jedoch immer von einer dem Untergang der Titanic ähnelnden Katastrophe zur nächsten. Und sie bekämpften sich wie Katzen in einem Sack. Zum Beispiel verließ Gary die Band mitten während der 79er-US-Tour und redete geschlagene vier Jahre nicht mehr mit Phil. Die Gruppe erholte sich nie wieder und als alles beendet war, kam Lynott nie wieder auf die Beine. Gary und Scott hatten seit dieser Zeit kein Wort mehr gewechselt, und auch Scott und Brian Robertson fanden keine angemessene Gesprächsebene. Darüber hinaus gab es noch Probleme zwischen den Managements, aufgrund ausbleibender Tantiemen, die Thin Lizzy Gary seit seiner Zeit mit der Band noch schuldete.

Gary rief Scott, Brian und das Gründungsmitglied, den Gitarristen Eric Bell, einzeln an – letzterer war selbst während eines Konzerts von der Bühne gestürmt – und initiierte dadurch einen Heilungsprozess. Scott erinnert sich: „Als Gary anrief, konnte ich an seiner Stimme hören, dass er sich ernsthafte Gedanken über die Aktion mit dem Ausstieg gemacht hatte. Er zeigte keine Dreistigkeit mehr, sondern verhielt sich eher duckmäuserisch. Wir hatten uns über die ganze Thin-Lizzy-Sache niemals richtig ausgesprochen, aber ich spürte, dass er damit rauskommen wollte. Wir redeten darüber, und ich stimmte zu, dass das alles Schnee von gestern ist. Also [lautete die Devise] – rausgehen und eine klasse Show abziehen!"

Dennoch glaubte Graham Lilley, verantwortlich für Garys Organisaton, dass eine starke Hand gefragt war, wenn alle zusammenkommen würden. Er setzte sich mit dem ex-Royal-Marine Ian „Robbo" Robertson in Verbindung, Garys Tourmanager in den Neunzigern. „Ich bekam einen Anruf von Graham", berichtet Robbo, „und er erzählte mir, wer auftrat. Das hatte offensichtlich das Potenzial für einen Albtraum, und sie brauchten jemanden mit richtigen Eiern, der darauf achtete, dass nichts auseinanderbrach."

Gary hatte eine klare Vorstellung von der Show, oder besser gesagt, wie sie nicht ablaufen sollte. Hier stand kein Reunion-Gig von Thin Lizzy auf der Tagesordnung, sondern ein Konzert von Gary Moore und seinen Very Special Guests. Die Hauptband bestand aus Gary, Jon Noyce und Brian Downey mit abwechselnd jedem der Lizzy-Gitarristen. Außerdem sollte es am Ende einen Jam als Zugabe geben. Für Scott stellte das kein Problem dar, „denn es wäre mit uns allen ziemlich chaotisch geworden, denn jeder hätte sein Solo spielen wollen. Da alles gefilmt und aufgenommen wurde, wollte Gary auf der sicheren Seite bleiben und die Jungs einen nach dem anderen auftreten lassen". Es anders zu organisieren, hätte sicherlich an den chaotischen Lizzy-Abschieds-Gig 1983 erinnert.

Die Vorbereitungen begannen in den Music-Banks-Proberäumen im Osten von London. Jon Noyce fuhr mit Brian Downey und Gary dorthin, darauf abzielend, mit jedem Lizzy-Gitarristen separat zu proben. Als Gary seinen ehemaligen Bandkollegen wieder begegnete, fanden unvermeidbar einige Revierkämpfe statt. Umgangssprachlich ausgedrückt „kriegten sie sich in die Haare". „Es war zum Brüllen", berichtet Jon. „Scott hatte Gary seit ungefähr 20 Jahren nicht mehr getroffen. Er betrat den Proberaum und sie begannen augenblicklich sich anzumachen – witzig und scherzhaft, doch mit einem harten Unterton." Außerdem gab es ein musikalisches Problem, als „Black Rose" auf der Tagesordnung stand, denn Gary bemerkte, dass Scott seine Parts spielte, doch er ließ sich darauf ein und übernahm Scotts ursprüngliche Melodielinien.

Gary Moore war sich der damaligen Rock-Hierarchie vollends bewusst. Obwohl er sich gegenüber den anderen nicht wie ein Diktator aufführte, wusste jeder genau, wohin ihn seine Karriere verglichen mit den mittlerweile unscheinbaren Kollegen gebracht hatte. Er bestimmte den Gesamtausdruck der Show, woraufhin sich alle unterordneten, da sie bezahlt wurden (es war keine Charity-Veranstaltung). Allgemein herrschte eine so gute Stimmung zur Zeit des Events, dass keine Gefahr bestand, einer der Musiker würde seine Gitarre über Bord werfen.

Dennoch wollte Eric Bell auf seine eigene und sanftmütige Art das Spielchen nicht unkritisch mitmachen. Als die Proben zu „Whiskey In The Jar" starteten, widersprachen die Durchläufe Erics Denkweise. „Nein, nein, Gary, hör doch verdammt nochmal zu." Gary musste lachen, als Eric ihn runterputzte und die Kontrolle übernahm, denn er respektierte den Gitarristen und erkannte den Musiker in ihm, der bis heute unterschätzt und unterbewertet blieb. Während Erics Londoner Zeit 2007 entwickelte sich eine enge Freundschaft. Er fuhr häufig nach Brighton, um mit Moore zu spielen und abzuhängen. Es gab jede Menge Gitarren zur Auswahl. Gary hatte in jedem Zimmer ein Instrument zur Verfügung. Doch es gab einige Probleme und zwar zwischen Gary und Brandon „Brush" Shiels, dem ehemaligen Bassisten und Boss von Skid Row. Brush erklärt, Gary habe ihn zu einem Gig eingeladen, doch Brush wollte nicht ohne den Skid-Row-Drummer Noel Bridgeman auftreten, woraufhin er eine Soloeinlage gab.

Falls die Auswahl und die Verfügbarkeit der Musiker eine logistische Herausforderung darstellte – „das ähnelte einem Haufen geschiedener Paare, die man unter einen Hut bekommen musste", bemerkt Graham Lilley – war der Umgang mit den Intrigen in den Hinterzimmern keineswegs einfacher. Garys Organisation versuchte eine Zusammenarbeit mit den Veranstaltern zu initiieren, die ursprünglich den kleinen und eher unbedeutenden Gig ausrichten wollten, von dem Brian Downey gesprochen hatte.

Es war deutlich geworden, dass es sich um eine Großveranstaltung in Dublin handelte und laut Robbo „mussten wir uns die Frage stellen, ob man dem Promoter trauen könne, denn das [nun anvisierte Konzert] spielte sich in einer anderen Liga ab. Keins der Signale stimmte, die Sprache passte nicht und auch die Kohle kam nicht rüber. Was mich anbelangte, traf Folgendes zu: Wenn etwas wie eine Ente ging und wie eine Ente schnatterte, war es wahrscheinlich auch eine Ente."

Der Veranstalter schlug vor, Sony zur Unterstützung zu bewegen, die dann auch die Aufnahmen übernehmen sollten, doch letztendlich holte Garys Management Eagle Rock ins Boot, die das Filmen und den Mitschnitt organisierten. Das bezog sich aber nur auf Garys Beitrag, denn vor ihm trat eine wahre Heerschar auf, um die sich der erste Veranstalter kümmerte. Eine schlechte Werbung erzeugte Sorgen hinsichtlich des Kartenabsatzes, doch die Tagestickets führten dazu, dass die Halle mit einer Kapazität von 6.500 Zuschauern gerammelt voll war.

Nach Eintreffen der Musiker in Irland fuhren Gary und die Band nach Grouse Lodge, einem Probestudio außerhalb Dublins und nur eine zehnminütige Autofahrt vom Hill Of Uisneach entfernt. Dort trafen sich einst die Irischen Hochkönige und heute findet dort das Pagan-Festival von Beltane statt. Ganz in der Nähe befindet sich der Ruheort der mythischen Göttin Érui, von deren Name Irland abgeleitet wurde.

An diesem romantischen und mystischen Plätzchen begann sich Moore auf den Gig zu konzentrieren. Er wusste nur zu gut, was er sich aufgehalst hatte und was es erforderte, das Konzert zum Erfolg zu bringen. Sie probten fünf Tage lang hart und konzentriert, um alles optimal „einzustielen". Es sollte ein Konzert zu Ehren Phils werden, doch Garys Name stand im Rampenlicht wie auch seine Band und die komplette Organisation. Er stand an vorderster Front und seine Aufgabe bestand darin, an dem Abend Songs zu singen, mit denen sein guter Freund assoziiert worden war. Scheinbar wollte sich das ganze Land den Gig ansehen, und so stand auch Brian Downey laut Angabe von Jon Noyce unter immensem Druck. „Er erzählte mir, dass die ganze Welt auf seinen Schultern laste, dass jeder etwas abbekommen wolle. Er bekam ständig Anrufe von allen nur erdenklichen Leuten die entweder dort auftreten oder Tickets ergattern wollten. Phil gehörte augenscheinlich zum Nationalbesitz."

Am Tag vor dem Konzert zogen alle für eine unerbittliche Generalprobe nachmittags nach Dublin, bei der man alle Programmabschnitte durchspielte. Die Kernband spielte tight und eingeschworen, und auch die Atmosphäre war durchweg positiv. Alle wollten Phil gerecht werden. Später am Tag fand die Enthüllung seiner Statue in der Harry Street statt, einen Steinwurf von der Grafton Street entfernt. Ein komplettes Chaos! Eigentlich sollte ein ausgesuchter Bereich für den Bürgermeister und andere Würdenträger reserviert sein, doch die Absperrungen verschwanden unter dem Gewicht und dem Ansturm einer unvorstellbaren Menschenmasse.

Bevor Phils Mutter Philomena seine Statue mithilfe einer Reißleine der Öffentlichkeit enthüllte, trafen sich Jon, Darren Main (Garys persönlicher Assistent), Brian Downey und seine Frau, Gary und Jo sowie Eric Bell in einem kleinen Pub in der Grafton Street. Auch dort herrschte Chaos, denn die Kids drangen durch die Fenster ein, um sich alles nur Erdenkliche signieren zu lassen. Dann kam der große Moment und man erkennt auf dem Filmmaterial Gary mit seiner kleinen Tochter Lily auf dem Arm, die sich an seinen Hals schmiegt, während ihr Dad schweigsam zusieht.

Als Gary Moore die Bühne betritt, scheinen all die Spannungen, die Probleme und der politische Kram wie weggeflogen zu sein. Von einigen Fraktionen erntete er verbale Prügel, da er das Konzert mit „Walkin' By Myself" anstelle einer Lizzy-Nummer begann, doch es war seine Art darauf hinzuweisen, dass es sich nicht um einen Lizzy-Reunion-Gig handelte. Letztendlich war es für die Gruppe eine ideale Chance, sich aufzuwärmen. Das Publikum scherte sich nicht über den Opener, denn die Leute sangen mit und freuten sich einfach, dabei zu sein. Dann ging es direkt mit „Jailbreak" weiter und die Zuschauer rasteten aus. Während des ganzen Abends lieferte Jon Noyce eine zuverlässige Bassarbeit ab, während Brians Schlagzeugspiel einer Meisterleistung in Energie, Präzision und Haltung glich. Ohne zu schwitzen, wirkten seine Beiträge unangestrengt und federleicht. Phil sagte einmal „wenn du einen langsamen Song schreibst, dann spiel ihn schneller" – und genau das machte Brian mit den zwei bekannten Versionen von „Don't Believe A Word". Gary ließ mit gesenktem Kopf seine ganze Seele in den Song einfließen, lauschte jeder Note und spielte alles, als sei es seine letzte Chance auf Erden.

Dann kam Brian Robertson an die Reihe, der wie Gary seine Les Paul tief trug, sich jedoch bei „Emerald" und „Still In Love With You" auf eine befremdliche Art zurückhielt. Als Scott die Bühne betrat, schäumte er vor Energie geradezu über und ging direkt in die Vollen. Gary schien bei „Cowboy Song" eine Textpassage vergessen zu haben und murmelte etwas vor sich hin, wonach er alles mit einem Lachen abtat und „C'mon Strat" (Scotts Gitarre an dem Abend) rief. Das war auch ein humorvoller Hinweis, dass Gorham sich vom charakteristischen Lizzy-Merkmal der beiden Gibson Les Pauls verabschiedet hatte. Die Twin-Leads saßen jedoch perfekt, was die beiden zum Lächeln brachte, gefolgt von einigen Frotzeleien. Die Band brachte ein energiereiches „Black Rose", und als sie die Anfangsakkorde von „The Boys Are Back In Town" „abzockten", wirkten einige Zuschauer, als seien sie gestorben und mit einem Lächeln im Himmel aufgewacht. Schließlich spielte Eric Bell mit seiner uralten Strat und seinem hochindividuellen Stil „Whiskey In The Jar".

Am Ende beschloss Moore das Konzert auf seine eigene Art. Statt eines weiteren Lizzy-Klassikers performte er einen seiner populärsten Songs – „Parisienne Walkways", ein herzlicher Tribut an Phil gerichtet. Bei der Einleitung zitierte er Lynotts „Old Town" und den Refrain „won't be the same, now you're not around" und startete danach in eine der wohl leidenschaftlichsten und glühendsten Versionen des Hits. Wie immer fand Gary den geeigneten Platz auf der Bühne, wo er das beste Feedback für ein langes Sustain kreieren konnte. Dabei hielt er die Spannung durch das gekonnte Vibrato seiner linken Hand auf einem hohen Niveau, das bis zum dynamischen Abfallen reichte, wobei das gesamte Publikum den Atem anhielt. Danach folgte ein wahrer Schwall von Solo-Licks.

Gary stand auf der Bühne und drückte seine Emotionen mit der Gitarre aus, Tränen, Gefühle der Zuneigung, Wut und Frustration, all das, was er verbal nie vermitteln konnte, das Gespräch mit Phil, das niemals stattfand. Das Stück erstreckte sich ins Unendliche, wodurch klar wurde, dass er Phil niemals losgelassen hatte. Trotz aller Erschöpfung hielt er die Spannung bis zum letzten Moment. Danach überließ er dem Publikum ein „Happy Birthday", wonach sich die Zuschauer auf den Nachhauseweg machten.

Im Backstagebereich versammelte sich eine schwindelerregend große und emotional aufgebrachte Menge – Familie, Freunde und Musiker. Eine bedrängende Ansammlung von Menschen hatte Gary immer in Verlegenheit gebracht, und nach den überwältigenden Gefühlen des höchst erfolgreichen Konzerts, zog er es vor, sich in seiner Garderobe zu verbarrikadieren. Für ihn gab es nichts mehr zu sagen, denn er hatte alles mit der Gitarre ausgedrückt. Seine Frau Jo musste Einiges an Überzeugungsarbeit leisten, um ihn aus seinem Refugium wieder raus zu locken. Nachdem Moore die Tür geöffnet hatte, drängte sich eine wahre Schlange von Menschen in den Raum, woraufhin er austickte und Darren den Auftrag gab, sie loszuwerden. Laut Eric Bell wurde sogar Brian

Robertson nach wenigen Sekunden abgewimmelt. Später zog die ganze Karawane ins Gresham Hotel, um Weiteres zu besprechen und sich in der VIP-Lounge niederzulassen. Die wichtigsten Personen fanden sich dort wieder, die Darren hermetisch abriegelte, da sich viele Menschen im reflektierten Erfolg eines bemerkenswerten Abends sonnen wollten. In dieser Nacht tranken sie die Bar bis zum letzten Tropfen leer.

Am nächsten Morgen versuchte Robbo die Mannschaft zusammen zu trommeln. „Darren rief dann Eric Bell an, und sagte, dass seine Anwesenheit unten in der Lobby erwünscht sei. Darauf antwortete dieser: ‚Wo ist denn unten?' Die waren alle total verkatert."

Um 4 Uhr morgens, während die meisten schlafend Alkoholabbau betrieben, machte sich eine kleine Gruppe auf in die Harry Street. Darren berichtet, „dass ich, Jo, Gary, seine Schwester Maggie und Robbo [dorthin gingen]. Wir beabsichtigten, uns das Denkmal anzusehen, denn während dem Chaos der Zeremonie, blieb uns dafür keine Zeit. Vor uns stand so ein junger Typ mit einem Gitarrenkoffer auf dem Rücken und redete mit der Statue, offen und frei heraus, als sei es Phil höchstpersönlich. Er war wütend und aufgebracht, fragte, warum er uns verlassen habe, wie sehr er ihn vermisse und wie er diese Musik heute spiele. Er steigerte sich da richtig rein. Und dann redete er über Gary, ohne dass ihm bewusst war, dass wir dastanden und zuhörten. ‚Du weißt doch, dass du Gary hattest …'"

Nun fühlte sich Gary zutiefst ergriffen und genoss einen stillen Moment mit Phil, seinen Arm um Jo gelegt. Tränen flossen, Gebete wurden gesprochen und eine Flut von Erinnerungen führte ihn in die sorgenfreien, LSD-getränkten Tage der Sixties in Dublin zurück, vor fast 40 Jahren. Doch zuerst lebte er in Belfast.

1984 beauftragte Garys Label Virgin Records das Filmteam der American National Football League (NFL) mit einer Doku über Moores erste Irland-Gigs seit einer Dekade. Beginnend im damaligen Nordirland führte Gary die Filmemacher entlang der Küste nach Dunluce Castle und erzählte, dass er vergessen habe wie wunderschön die Landschaft sei. Belfast ergab ein unterschiedliches Bild. Gary zog durch die Trümmer einer vom Krieg zerrissenen Stadt, sah verbarrikadierte Häuser und bemerkte wie gut er sich an die Straßen erinnern konnte und deutete auf Gebäude, in denen früher Verwandte gewohnt hatten. In Belfast aufgewachsen zu sein, als Kind überlebt zu haben, war kein

Zuckerschlecken – sogar noch vor der Zeit, in der die Feindseligkeiten offen ausbrachen. Diese Erfahrungen manifestierten sich in einer Härte und Angespanntheit, die er mit ins Erwachsenenleben nahm und die ihm dabei halfen, exakt der Musiker zu werden, der er wurde. Es gab mindestens zwei Ursachen für seine lange Abwesenheit. Zuerst bestand eine aggressive politische Grundhaltung in seinem früheren Umfeld, da er einige frühere Bandmitglieder nicht dazu überreden konnte, einen Fuß in seine Heimatstadt zu setzen. Der zweite Grund bestand aus Garys zutiefst negativen Kindheitserinnerungen. Noch vor Beginn der Unruhen in Nordirland gab es massive Ärgernisse.

Kapitel Eins
Entgegen aller Widrigkeiten

Die Ansichten und Meinungen zu Belfast sind so gespalten wie die politischen und religiösen Spannungen, die die Stadt seit Generationen auseinanderreißen. Sogar schon 1649 – Belfast hatte damals die Größe von etwas über einem halben Dutzend Straßen – beschrieb John Milton den Ort als „ein barbarischer Winkel Irlands". Sam Lyons, ein Dichter aus dem 19. Jahrhundert, schrieb 1822: „Wie soll ich dieses berühmt-berüchtigte Belfast beschreiben? (Ohne es mit Verleumdungen vollends zu verunstalten.)" Auch wenn man vom schlechten Ruf der letzten Jahre absieht, hat sich Belfast der Welt gegenüber immer als rückständig, grauenhaft und kalt präsentiert, zermalmt von den schwerwiegenden religiösen Repressionen der Protestanten und Katholiken. Patricia Craig schrieb in ihrer Einleitung zur *Belfast Anthology*: „In Belfast aufzuwachsen, bedeutet rein gar nichts geschenkt zu bekommen, außer dem Gefühl, gegen etwas kämpfen zu müssen."

Robert William Gary Moore wurde am 4. April 1952 im Osten von Belfast geboren, wo seine protestantischen Eltern in einem der erzkonservativen Loyalistenviertel lebten. Seine Mutter Winnie war eins der fünf Kinder von Robert und Margaret Gallagher und hatte die drei Schwestern Phylis (die jüngste), Ruby und Ellen sowie den Bruder William. Obwohl die Unruhen in Nordirland erst 1969 begannen, reichte die konfessionell bedingte Gewalt in der Stadt bis ins frühe 19. Jahrhundert zurück, denn die Religionsgemeinschaften fanden keinen Weg der Annäherung und tolerierten sich nicht. Somit gab es auch Einiges an Aufregung, als William später ein katholisches Mädchen heiratete, während Phylis einen katholischen Mann ehelichte, jedoch mit tragischen Konsequenzen.

Ostbelfast wurden vom Lärm und dem Anblick der Schiffsbauindustrie dominiert – Harland & Wolff und deren kleinerer Konkurrent Workman Clark, gelegen am entgegengesetzten Ufer des Flusses Lagan. Workman Clark mussten während der Schiffsbaukrise in den Zwanzigern Konkurs anmelden, wohingegen Harland & Wolff – die im Zweiten Weltkrieg schwere Schäden erlitten – noch bis zum heutigen Tag aktiv sind. Winnies Großvater, ein auf verschiedenste Isolierungen spezialisierter Ingenieur, gehörte zu den zahlreichen Arbeitern, die die Titanic im Dock von Harland & Wolff gebaut hatten. Dort liegt vermutlich auch die Ursache seines Todes infolge einer Asbestose.

Die Eltern von Garys Vater Robert „Bobby" Moore hießen auch Robert und Margaret. Bobby hatte die beiden Schwestern Kathleen und Nancy sowie den Bruder Phillip. Allen Aussagen nach sah sich Robert Moore sen. als eine Art Tausendsassa im Unternehmertum. Seine Haupteinnahmen erzielte er als Buchmacher, zuerst bei den Pferderennen, wonach er einige Wettbüros eröffnete. Dann zog er mit einem Pferdekarren durch die Gegend und verkaufte Bleichmittel. Später beschäftigte er einige Zeitungsverkäufer, die ihre Ware den Kunden an Straßenecken andrehten. Bobby Moore arbeitete mit seinem Vater im Wettgeschäft, veranstaltete aber auch die beliebten Wochenendkonzerte in der Queen's Hall in Holywood, wenige Meilen von Belfast entfernt.

Winnie war für die Buchhaltung der verschiedenen Unternehmen und die Abendkasse in der Queen's Hall verantwortlich. Im Gegensatz zu vielen Nachbarn ging es den Moores in finanzieller Hinsicht verhältnismäßig gut, und Geld stellte niemals ein Problem dar.

Garys Leben begann jedoch unter Schwierigkeiten. Bobby und Winnie heirateten im Dezember 1951, als Winnie schon im fünften Monat schwanger war. Bedenkt man die moralischen und sozialen Maßstäbe der Zeit, blieb seinen Eltern keine andere Wahl, als eine Ehe einzugehen. Zuerst zogen Bobby und Winnie bei seinen Eltern in der East Bread Street ein (der Straßenname existiert nicht mehr, wies aber damals auf die Nähe zu einer Getreidemühle hin). Wie Garys Tante Phylis berichtet (Winnies Schwester) missbilligte Mrs. Moore die Ehe und setzte Winnie nach Garys Geburt vor die Tür. Winnie und ihr gerade zur Welt gekommener Sohn zogen danach bei Phylis, Ruby und ihren Eltern in der Frome Street 9 ein, wo sie die überwiegende Zeit der nächsten vier Jahre verbrachten. Die Gallaghers verfügten über kein Geld für ein Kinderbett und so musste Gary in einer mit Stoff ausgekleideten, zweckentfremdeten Schublade des Küchenschranks schlafen. Als er größer wurde, nächtigte er bei Ruby im Bett, mit den Armen um ihren Hals gelegt.

Phylis kommentiert diese frühen Jahre: „Gary bekam viel Liebe in unserer Familie, und mein Vater beschäftigte sich oft mit ihm. Er brachte ihm das Laufen bei und nahm ihn später zu den Fußballspielen in Glentoran mit. Bei einem Spiel schrillte plötzlich eine Pfeife. Alles stoppte. Die Zuschauer drehten sich in alle Richtungen, um zu sehen, was denn geschehen war. Mein Vater schaute zum kleinen Gary hinunter, der diese gigantische Pfeife in seinen Händen hielt. Er muss damals höchstens drei Jahre alt gewesen sein! Wir waren schon immer eine musikalische Familie, denn Mummy und Daddy traten als Amateursänger auf. Auch Ruby und Winnie sangen, während ich Klavier spielte und sang. Daddy brachte Gary auch das Spielen der Mundharmonika bei."

Schließlich verließen Bobbys Eltern die East Bread Street und zogen in die näher am Zentrum gelegene Summerhill Avenue, was ihm erlaubte Winnie und Gary wieder zu sich zu holen. Gary wollte allerdings immer noch mit Phylis Vater die Fußballspiele anschauen wie sie berichtet: „Er rannte immer zu unserem Haus, besonders, wenn es sich um ein Auswärtsspiel handelte und schrie: ‚Ist mein Opa weg, ist er weg, ist er gegangen, ist er gegangen?' Im Bus war er niemals verlegen oder schüchtern, sondern sang allen Männern etwas vor."

Später bezog Bobby Moore mit seiner Familie eine hochwertige Doppelhaushälfte in der Castleview Road 44. Das Haus lag ganz in der Nähe seiner Eltern und auch nahe dem Stormont Estate und dem Stormont Castle, heute Sitz der irischen Regierung. Gary besuchte die Strandtown Grundschule und hatte mit Roger Kelly einen engen Freund, der in der Summerhill Avenue wohnte. In späteren Jahren erzählte Gary, dass „man mich zu nichts gebrauchen konnte. Wenn ich zu den Boy Scouts gegangen wäre, wäre ich der erste gewesen, den sie im Fluss gedöppt hätten … Ich war immer derjenige, den die anderen Kinder hänselten." Gary redete niemals über andauerndes Mobbing, doch diese Aussagen weisen deutlich darauf hin. Unter seinen Schulfreunden besteht hinsichtlich des Themas Uneinigkeit, doch Roger ist sich sicher, dass Pöbeleien in der Grundschule auf der Tagesordnung standen. Allerdings schien sich das auf der Hauptschule reduziert zu haben, die Gary mit elf Jahren besuchte, da er dort neue Schulkameraden traf und sein guter Ruf als Gitarrist stetig zunahm.

„In der Grundschule passten wir auf Gary auf", erinnert sich Roger. „Er war übergewichtig und sicherlich nicht das attraktivste Kind. Er wurde von den anderen tyrannisiert." Gary konnte aber wiederum auch Einiges austeilen. Laut seinem Freund William Larmour bekam er mächtig Ärger von seinem Lehrer Mr. McKnight, da er ein Mädchen anschrie „die Klappe zu halten", was zu der Zeit eine skandalöse Beleidigung darstellte.

Laut Roger verbrachte Gary eine schwierige Zeit, denn „schon ab der Grundschule gehörte seine Anwesenheitsliste zu den schlechtesten. Ich erinnere mich noch daran, dass mir seine Mutter berichtete, dass die Schulaufsicht bei ihnen nachschaute. Ich ließ mich häufig bei ihnen blicken und sagte Gary: ,Na los, du gehst heute.' Er sagte, oft schreckliche Panik vor dem Schulbesuch zu haben."

Das häusliche Leben war keineswegs einfacher, denn Garys Freunde hatten eine Höllenangst vor seinem Vater Bobby und sie verließen die Wohnung immer, bevor er nach Hause kam. Bobby war ein gutaussehender Mann mit dickem, schwarzem und leicht welligem Haar und immer exquisit angezogen. „Wir nannten ihn Buddy", erinnert sich William, „denn er strahlte diese bestimmte Las-Vegas-Lässigkeit aus." Doch wie sein eigener Vater gehörte Bobby zu den starken und dominierenden Charakteren, und auch die Ehe war nicht glücklich. Gary gewährte den Zuhörern mit dem Song „Business As Usual" (von *Dark Days In Paradise*) einen Einblick in das Leben hinter vorgezogenen Gardinen. Er schrieb, wegen den gewalttätigen Auseinandersetzungen gezittert zu haben, die er von seinem Zimmer aus in der Nacht hörte.

Seine Beziehung zum Vater lässt sich am treffendsten mit bitter/süß beschreiben. Sie standen auf Kriegsfuß bis Gary Belfast verließ, und Winnie hatte keine Chance einzugreifen. Dennoch ermutigte Bobby seinen Sohn in der Öffentlichkeit aufzutreten. Gary erzählte oft die Geschichte, dass er eines Abends mit seiner Familie die Queen's Hall besuchte. Entweder tauchte der erste Künstler nicht auf oder Bobby dachte, die Zeit sei gekommen, woraufhin er Gary auf einen Stuhl stellte, damit er an das Mikrofon kam, um ein Stück mit dem Titel „Sugar Time" vorzutragen. Er war damals ungefähr sechs Jahre alt. Der aufstrebende Jungmusiker erzählte seinem Schulfreund Tony Tierney, dass es der beängstigendste Moment seines Lebens gewesen sei, obwohl Bobby angibt, dass er sich nicht daran erinnern könne.

Gary stellte sich häufig die Frage, ob sein Dad ein frustrierter Musiker gewesen war, denn er sah einzelne Schlagzeugteile verstreut im ganzen Haus herumliegen. Eines Tages kam Bobby nach Hause und fragte seinen Sohn völlig unerwartet, ob er Gitarre lernen wolle. Gary sagte ja, und kurz danach schenkte ihm Bobby eine Framus-Akustikgitarre mit einem großen Klangkörper, fast so groß wie Gary selbst. Sie stammte vom Freund eines Onkels. Tatsächlich besaß er schon in früheren Jahren eine Plastikgitarre, die aber zu Bruch ging, als Phylis sie ihm bei einem Streit über „den Schädel zog".

Wann der Gitarrist exakt seine Framus bekommen hat, steht zur Diskussion. Es existiert ein Foto von Gary, vermutlich 1960 im Alter von sieben oder acht Jahren geschossen, auf dem die Gitarre zu erkennen ist, die er später oftmals erwähnte. 1986 erzählte er dem Musikjournalisten Chris Welch, dass er die Gitarre erst 1963 bekommen habe, also mit zehn oder elf Jahren. Er meinte zu Chris, dass ihn nicht nur die Größe des Instruments herausforderte: „Ich musste alles auf die harte Tour lernen. Der Saitenabstand vom Griffbrett war riesig und ich hatte Standard-Saiten aufgezogen, wodurch das Drücken kaum möglich war." Er sprach auch über einige wenige Unterrichtsstunden: „Ich ging zu einem Lehrer, der mir aber nur den A-Dur mit drei Fingern beibrachte. Ich wusste noch nicht mal wie man eine Gitarre stimmt. Doch ich ging die nächste Woche wieder zu dem Lehrer, und hatte mir zwischenzeitlich ‚Wonderful Land' von den Shadows drauf geschafft. Es war der erste richtige Song, den ich konnte, und ich spielte ihn auf den beiden hohen Saiten. Er meinte: ‚Oh nein, das ist alles FALSCH!' Und so bin ich nie wieder zu ihm gegangen und habe mir alles selbst beigebracht." An dieser Stelle sollte erwähnt werden, dass „Wonderful Land" erst im Februar 1962 veröffentlicht wurde, was auf einen späteren Termin hinweist, an dem er seine Framus erhielt. Seine Tante Phylis berichtet davon, dass er noch am selben Tag zu ihrem Haus kam, um das Instrument zu zeigen. „Bobby brachte ihn mit. Ich besitze noch eine spätere Aufnahme, bei der er spielt und ich (Joe Browns) ‚Picture Of You' singe." Gary kommentiert die beiden für ihn einflussreichen Titel: „Ich habe das Melodiegefühl von Hank (Marvin) und das Rhythmusgefühl von Joe Brown. Und genau dort findet sich die Basis für jeden Gitarristen, von der aus er lernen sollte."

Nachdem er sich die Grundlagen beigebracht hatte, ging es geradezu unheimlich schnell weiter. In Graham Greenes *Die Kraft und die Herrlichkeit* schrieb der Autor, dass „es immer einen Augenblick in der Kindheit gibt, an dem sich eine Tür öffnet und die Zukunft hereinlässt" – und das traf auch für Gary zu. Basierend auf seinem starken Willen öffentlich aufzutreten, saß er auf dem Spielplatz der Schule und übte Elvis-Stücke und zog damit eine ganze Meute anderer Schüler an. Gary stand auch eines Abends auf der Bühne der Queen's Hall, wo Phylis bei der Pacific Showband sang. Als Nächstes hing er bei Bands ab. Einmal näherte er sich einem Gitarristen mit der Bitte, ihm doch einige Akkorde zu zeigen. Der Typ meinte zu Gary, dass er sich verziehen solle, doch der Kontrabassist David Fletcher setzte sich neben ihn und zeigte Gary geduldig einige Gitarrengriffe.

Schnell wurde klar, dass Gary über ein außergewöhnliches, natürliches Talent verfügte. Man sah ihn nur noch selten ohne die umgehängte Akustikgitarre. Jim Palmer und sein Bruder Wilbert gehörten zu einer Gruppe älterer Jungen, die auch in der Summerhill Avenue lebten. „Wir hockten vor unserem Haus und dann tauchte Gary mit seiner Gitarre auf. ‚Spiel uns 'nen Song, Gary!' ‚Was wollt ihr? Everly Brothers? Elvis?' Man musste ihn nicht zweimal fragen, denn er war sofort bei der Sache."

Obwohl man Garys Familie als unpolitisch beschreiben kann, gaben ihm die jährlich am 11. Juli stattfindenden Freudenfeuer eine weitere Chance öffentlich aufzutreten. In den protestantischen/loyalistischen Gegenden der Stadt war der 12. Juli der wichtigste Tag des Jahres, denn an diesem Datum 1690 hatte König William III. von Oranien den englischen König Jakob II. in der Schlacht um Boyne geschlagen, was man seitdem mit den Oraniermärschen feiert. Die Nacht vor dem 12. Juli wird mit dem Entzünden von Freudenfeuern begangen. Der Journalist Ivan Little gehörte auch zu den Jungen, die im Schatten des Stormont Castle lebten: „In der Gegend, in der wir damals wohnten, fanden sich meist Kids aus der Mittelschicht. Unsere Freudenfeuer loderten nicht in der gleichen Liga wie die, die in den Bezirken der Arbeiterschicht entfacht wurden. Wir bauten sie immer auf diesem Ödland in der Nähe auf, nahe meines Hauses unterhalb der Abbey Gardens. Gary wohnte nicht weit weg. Nachdem wir unser bescheidenes Freudenfeuer angezündet hatten, saßen wir singend drum herum und ich kann mich deutlich daran erinnern, dass Gary auch dabei war und eine Nummer mit dem Titel ‚The Sash' spielte – eigentlich hieß das Stück ‚The Sash My Father Wore' – eine Referenz an die große Collarette, getragen von Mitgliedern des Oranierordens. Er spielte aber nicht jedes Jahr, denn er stand mehr auf den Blues als auf die Oranier."

Herauszufinden, dass er die Gitarre beherrschte, war für Gary von größter Bedeutung: „Mit der Gitarre ist das so eine Sache. Sie zieht einen Haufen von sozialen Außenseitern wie mich an, die nicht gut in der Schule sind und auch nicht besonders beliebt. Je mehr man sich mit Musikern unterhält, desto häufiger hört man, dass viele aus einer Art Bedürfnis heraus zur Musik kamen, einfach besser da zu stehen."

1964 wechselte Gary von der Grundschule zur Ashfield Boys School, einem weiterführenden und verrufenen Institut, wo sich überwiegend Kids aus den härteren Gegenden der Stadt wiederfanden. In einem viele Jahre später stattfindenden Interview mit *Mojo*, versuchte er vorzutäuschen, eine bessere Schule besucht zu haben. Damit zog ihn sein Schulfreund Roger Kelly regelmäßig auf: „Ich glaube, es war ihm ungeheuer peinlich, die Aufnahmeprüfung für das Gymnasium nicht gepackt zu haben und somit behauptete er, auf eine Schule gegangen zu sein, die das heutige Wellington College ist. Als wir uns mal trafen, machte ich mir einen Spaß daraus und er stritt alles ab, doch er hat das ganz sicher gesagt. Aber schließlich ist aus uns allen was geworden. Nach der Ashfield gingen wir anderen später aufs Gymnasium. Gary lernte bei den frühen Grundkursen noch Peter Guinness kennen, aus dem ein Top-Architekt wurde, Alastair Heron verdiente sich seinen Lebensunterhalt als Dozent für Filmwissenschaft und aus mir wurde ein leitender Sozialarbeiter. Später wurde Gary von den Lehrern immer als positives Beispiel erwähnt, um den Kids zu sagen: ‚Ihr besucht genau diese Schule, und aus euch kann noch was werden.'"

Das war auf eine bestimmte Art ein Witz, denn Moores Anwesenheitsliste an der Schule verschlechterte sich zunehmend. Roger erklärt, „dass er als Fach nur Englisch mochte, da er ein begeisterter Leser war. Er hasste jedoch all die anderen Fächer. Und er hasste den Musikunterricht, weil er ihn so langweilte."

Obwohl die Einstellung der anderen Schüler zu Gary sich aufgrund der Gitarre änderte, hatte sich das Problem mit dem Schikanieren nicht komplett erledigt. Roger war damals sein „Schutzbeauftragter". „Viele von den harten Typen aus einer nahegelegenen Siedlung machten ihn an, aber ich war recht gut im Sport und sagte denen immer, dass sie sich verziehen sollen. Ich war damals Captain des Fußballteams und des Basketballteams und spielte schließlich Basketball für die nordirischen Schulen. Ich witzelte immer gegenüber Gary, dass die Chance weitaus größer sei, dass ich für Manchester United kicke, als dass er ein Rockstar würde, aber diese Frotzelei fiel mir dann später heftig auf die Füße."

In einer Unterrichtsstunde schrie ein Lehrer Gary an, weil er aus dem Fenster starrte und nicht aufpasste: „Wovon träumst du? Ein Popstar zu sein, der mit einer großen roten Gitarre durch die Gegend wirbelt?" Obwohl er sich nicht traute, dem Lehrer eine Antwort zu geben, hätte er ehrlich sagen können: „Ja, genau, das mache ich."

Mal abgesehen von der „Pummeligkeit" und der geringen Körpergröße für sein Alter, wurde er auch als „komisch" gebrandmarkt, da er keinen Sport machte, und man ihn nie mit einem Fußball sah, was aber auf die anderen Kinder zutraf. Als Gary mit dem Gitarrenspiel begann, verschwand er meist von der Straße und zog es vor zuhause zu sein. Er wurde sehr schnell sehr gut. Wäre er im Bundesstaat Mississippi geboren, hätten sich zur Erklärung blitzschnell Gerüchte verbreitet, er habe einen Pakt mit dem Teufel geschmiedet. Roger Kelly erinnert sich an einen Besuch bei Gary und „da spielte irgendein Stück im Radio. Ich glaube, es war Segovia, eine Komposition für Konzertgitarre. Gary konnte da nicht älter als zwölf oder 13 gewesen sein. Er hörte sich das ab – einfach so, nahm dann die Gitarre und spielte es. Er hatte das absolute Gehör für das Gitarrenspiel." Doch die Tücke steckte im Detail. Gary investierte Stunden – tagaus, tagein – und das für Wochen, Monate, Jahre. Es waren die unbarmherzige harte Arbeit, eine obsessive Hingabe und ein unbeugsamer Wille zum Erfolg, die ihn auszeichneten. Gary liebte Winnies Dad, der ihn immer mit zum Fußball nahm, doch er mochte auch seinen Opa Robert, Bobbys Vater. Obwohl man ihn als eine Art Macho-Macker charakterisieren konnte, war er ein erzkonservativer protestantischer Workaholic, für den Faulheit ein Gräuel darstellte – und Einiges von dieser Einstellung färbte auch auf Gary ab.

Im Alter von ungefähr elf oder zwölf Jahren war er von seiner „dicken" Framus zur ersten E-Gitarre aufgestiegen – auch von Bobby gekauft – eine Lucky Seven Squire mit Saiten, die eher Stahltauen glichen und mit einem unglaublichen Saitenabstand von ungefähr 2,5 Zentimetern am zwölften Bund. Keiner verstand, wie der aufstrebende Musiker darauf klampfen konnte. Obwohl ein Linkshänder, spielte er das Instrument – „durch reines Ignorieren" (wie er sagte) – wie ein Rechtshänder, „und es fühlte sich richtig an, darum machte ich damit weiter". Das bedeutete: Die Kraft für die Technik des Saitenziehens (bending) stammte von seiner von Natur aus stärkeren Linken. Bedenkt man zusätzlich das frühe Üben auf viel zu starken Saiten (da er es einfach nicht besser wusste), war das ein weiterer Beitrag für Garys Fähigkeit die Saiten zu ziehen und sein Vibrato so gekonnt, effektiv und verblüffend zu modulieren. Doch nun – wir schreiben das Jahr 1964 – war er bereit für seine erste Band – The Beat Boys.

Die irische Musikszene der frühen Sechziger wurde von den sogenannten Showbands dominiert. Sie begannen in den Fünfzigern als große Bigbands mit mehr als zehn sitzenden Musikern mit einem Notenständer direkt vor der Nase, die noch einen Frack und eine Fliege trugen. Doch in den Sechzigern, sich des Wandels der Populärmusik bewusst, reduzierte man die Bands auf Gruppen von sieben oder acht Instrumentalisten, die farbig grelle Anzüge trugen und auf der Bühne „herumhüpften", also eine „Show" abzogen. Sie spielten einen Mix aus Pop-Coverversionen und Country und ernteten einen phänomenalen Erfolg. Radioeinsätze spielten eine untergeordnete Rolle wie auch die Musikindustrie mit ihren Tonträgern, da sich nur wenige Familien die technischen Gerätschaften dafür leisten konnten.

Die Showbands bestimmten vermutlich auch das Programm, das Bobby Moore für die Queen's Hall zusammenstellte. Laut Vince Power, Autor einer umfassenden Geschichte dieses Phänomens, war es für die aus dem Norden stammenden Formationen schwierig, den finanziell lukrativen Markt im Süden zu erobern, da sie Pop-Cover spielen wollten, statt Country & Western. Doch in Nordirland gab es diese Bands wie Sand am Meer, wie der *Belfast Telegraph* schrieb: „In ganz Ulster wurden Veranstaltungssäle in einem fantastischen Tempo hochgezogen. In der Provinz existiert keine einzige Stadt, die nicht mindestens über einen eigenen Saal verfügt." Zu dieser Zeit gab es laut einer Schätzung 80 etablierte Veranstaltungsorte und 60 Bands. Der Lokalmusiker Rob Braniff spielte in der The Aztecs Showband, „was die damals mit ‚in der Gruppe ist man sicher' umschrieben. Mit bis zu zehn Musikern musste es doch mindestens einer können".

Belfast unterschied sich vom restlichen Nordirland. Die dort aufwachsenden Jugendlichen verfügten über eine direktere Verbindung zum UK und wollten eine eigene Musikszene, die Liverpool ähnelte. Sie „klinkten" sich bei Acts wie Buddy Holly, Gene Vincent und den Shadows ein. Als die Beatles einschlugen, rivalisierten die professionellen und semi-professionellen Gruppen mit den Showbands. Zudem mussten sich Musiker mit einem anderen Problem abplagen, wollten sie eine Showband in der Stadt aufziehen. George Jones von der BBC und Bassist der Band von Dave Glover wird in Powers Buch zitiert: „Es gab einen frappierenden Mangel an Bläsern – Saxophonisten und Trompeter waren nur schwer zu finden. Doch es tummelten sich genügend Gitarristen in der Szene, die nach Auftrittsmöglichkeiten suchten. Der einfachste Weg dafür war das Spielen von Instrumentals. Und somit formierten sich Instrumentalgruppen, basierend auf Johnny and the Hurricanes, The Ventures und The Shadows. Deren Material war leicht abzuhören und man konnte es sich schnell drauf schaffen. Zu Beginn der Beatlemania waren deren Songs auch einfach zu spielen, was sich davon unterschied, Kompositionen aufzuführen, für die man eine komplette Bläser-Sektion benötigte."

Die Gründung einer Band wurde zum heißesten Trend der Stadt. Die Beatlemania enthüllte der Hormon-getriebenen Jugend von Belfast (und auch der ganzen Welt) ein weiteres Phänomen: Gründe eine Band – und schnapp dir die Girls.

Gary hatte sich mit einem weiteren Jungen aus der Nachbarschaft angefreundet – dem zwei Jahre älteren Bill Downey. Bill besuchte auch die Ashfield und auf Winnies Betteln hin kam er jeden Morgen vorbei, um Gary abzuholen und sich zu versichern, dass er auch wirklich zum Unterricht ging. Die beiden strampelten auf ihren Rädern zur Schule: „Garys Bike war der absolute Scheiß und hatte keine Bremsen. Somit musste ich immer die Hand unter seinem Sattel halten und ihn stoppen, wenn wir abbremsten. Das hat wohl so ausgesehen, als hätte ich ihm die Finger in den Arsch gesteckt." Bill gehörte zu den aufstrebenden Gitarristen: „Ich bestellte mir aus dem Sonntagsblatt eine Akustikgitarre für 6 Pfund. Die legten einen Pick-up dazu, den ich nicht geordert hatte. Doch dann stöpselten wir unsere Klampfen in ein altes Radio ein, das wir als Verstärker nutzten. Gary hatte sich die Akkorde von ‚Wonderful Land' abgehört (ich sah ihn niemals mit einem Akkord-Buch) und zeigte sie mir."

Schließlich überredete Bill seine Eltern, ihm eine E-Gitarre zu kaufen, eine Höfner für 19 Pfund, geformt wie Paul McCartneys Bass, und schon konnte es losgehen: „Wir probten immer nach der Schule und an den Wochenenden. Ich übte auf Teufel komm raus, wonach wir einen Gig in einem alten Scout-Zelt im hinteren Garten machten. Gary und ich schleppten die ganzen Stühle aus dem Haus und knöpften den Kids 3 Pence Eintritt ab. Zu der Zeit hatten wir schon einige Beatles-Songs drauf, was für unser ‚Publikum' einer Sensation glich. Letztendlich verdienten wir 3 Shillings und 9 Pence, für damals eine ordentliche Stange Geld."

Bill kannte einen Jungen aus der Grundschulzeit, Berty Thompson, der angeblich einen Bass haben sollte und so fragte er ihn, ob er einsteigen wolle: „Das Hauptkriterium war der Besitz eines Basses. Er musste ihn nicht besonders gut spielen. Ich kannte auch Robert Wilkinson, den Bruder einer Freundin meiner Freundin. Sein Dad arbeitete als Chefingenieur auf einem Supertanker, wodurch sie 'ne Menge Kohle hatten und in einem edlen Haus wohnten. Sein Vater kaufte ihm ein Schlagzeug, mit dem er in einem eigens dafür ausgeräumten Eingangszimmer übte. Ich fragte Robbo, ob er ein bisschen mit uns mucken wollte und ob wir seinen Raum zum Proben nutzen dürften."

Bill erzählt, wie Gary mit einem „echten" Vox AC30 auftauchte (vermutlich von Bobby angeschafft), in den sich alle einklinkten. Dann überlegten sie sich einige mögliche Bandnamen, darunter auch Dead Beats, „bei dem wir glaubten, dass der Gegensatz im Namen dem Publikum beim ersten Donner der Musik klar wird. Allerdings funktionierte das nicht, denn es gab noch keinen großen Donnerschlag." Schließlich einigten sie sich auf The Beat Boys. „Wir kupferten die neusten Beatles-Songs aus dem Radio ab, noch bevor sie offiziell auf den Markt kamen, und Gary hörte sich schnell und mühelos die Akkorde und die Lead-Gitarre ab. Er machte sich nie Notizen, erinnerte sich einfach an all die Texte und die Musik und einige der Stücke waren in merkwürdigen [ungewöhnlichen] Tonarten. Er zeigte uns, wie man es macht, sogar die Schlagzeugparts. Wir lernten nicht voneinander, denn mit nur zwölf Jahren war Gary der Meister von uns allen."

Doch Gary befand sich auf einer eigenen Lernkurve und quetschte jeden Gitarristen bezüglich Spieltechniken und Equipment aus, der ihm über den Weg lief. In den frühen Sechzigern gab es nur wenige Effektgeräte. Eric Bell besaß einen der ersten Treble-Booster, eine simple kleine, weiße Plastikbox mit dem Namen Rangemaster. Er hatte gerade einen Gig mit der Pop-Coverband The Deltones beendet, als dieser kleine Junge an ihn herantrat und ihn über die Box ausfragte. „Der Gig war vorbei, aber die Ausrüstung stand noch auf der Bühne. Er fragte mich, ob er [den Effekt] mal ausprobieren könne und so wurden wir Freunde. ‚She Loves You' war eins der Stücke, das die Beat Boys spielten und da gab es ein kleines Riff, an dem ich immer noch arbeitete. (Eric war fünf Jahre älter als Gary.) Er zeigte es mir in kürzester Zeit."

Mit entweder Bobby Moore oder Robert Wilkinsons Eltern als Fahrer, entwickelte sich die Band zu einem Act, der ein Set mit drei Nummern in der Queen's Hall aufführte, während die Hauptband eine Pause einlegte. „Das stellte sich als eine Bereicherung heraus", kommentiert Bill, „denn wir durften ihr teures Equipment benutzen." Die Gruppe wählte ihr Repertoire hauptsächlich von den Beatles aus, aber auch von den Swinging Blue Jeans, Kinks, Rolling Stones und der Ivy League. Rob Braniff erinnert sich an einen Auftritt Garys: „Sogar schon damals begnügte sich Gary nicht mit den Soli von den Platten, denn er brachte immer eine eigene Note da rein. Später verlängerte er die Songs mit langen Intros und Outros."

Die Beat Boys traten mindestens einmal wöchentlich auf, manchmal zweimal, doch sie besuchten natürlich immer noch die Schule. Die Queen's Hall zählte zu den regelmäßigen Veranstaltungsorten, aber die Band spielte auch in den Boom Boom Rooms, einem bei Showbands beliebtem Venue am Arthur Square in Belfast. An einem Abend ging es sogar ins The Troxy, einem Kino mit 1.000 Plätzen. In der Garderobe fragte der Sänger dieses Abends ob sie seine Backing-Band sein könnten, denn das würde wohl besser klingen als ein Solo-Gig. Sie stimmten zu, und der Sänger betrat die Bühne unter einem Lautstärkeschwall, der wie Tausende kreischender Mädchen anmutete. Bill Downey erinnert sich, dass „Gary dieses breite, miese Grinsen aufsetzte, und ich wusste sofort, dass etwas Schreckliches geschehen würde. Wir lauerten hinter dem Vorhang und der arme Kerl stand da draußen und versuchte Val Doonicans Hit ‚Walk Tall' zu trällern. Das lief am Anfang ganz gut, aber dann spielte Gary mit seiner Klampfe einige zusätzliche Noten (viele zusätzliche Noten). Der Sänger wurde durch Buh-Rufe quasi von der Bühne geblasen, denn das Publikum wollte die große Band sehen – uns – Intriganten seines Niedergangs. Wir stapften dann auf die Bretter, die die Welt bedeuten und standen aufgrund der Größe erstmalig weit auseinander. Wir waren das nicht gewohnt, denn sonst teilten wir uns immer ein Mikro für den Harmoniegesang (wie die Beatles). Wegen der grellen Scheinwerfer sah ich nicht das Publikum von knackigen jungen Girls, die uns mit ihren Höschen bombardierten. Wir hatten ein miserables Timing und der Gesang war einfach scheiße! Doch die Schreie der Girls übertönten einfach alles und bei dem Lärm, den wir mit ‚Satisfaction' veranstalteten, kamen wir glimpflich davon."

Bobby übernahm den Job des Promoters/Managers und kleidete die Jungs mit weißen Hosen und orangenen Hemden ein, um dem Trend der uniformierten Bands gerecht zu werden. Laut Bill steckte er ihnen auch Geld für Fritten zu und versorgte sie mit einer halben Flasche englischen Sherrys und einer (!) Dose Bier für die gesamte Mannschaft, die insgeheim in einer Hintergasse der Queen's Hall runtergekippt wurden. Bill erzählt, dass ihr Können verglichen mit den professionellen Bands schwer einschätzbar war, doch sie zogen die Aufmerksamkeit aufgrund ihres Alters auf sich.

Bill und Gary traten bei einigen Konzerten mit einem anderen Jungen namens Barney Crothers in der Schule auf, der zusammen mit Gary als Duo in einigen Kirchenvorhallen spielte. Barney geelte sein Haar wie Elvis nach hinten und laut Bill „erregte er die jungen ‚Kirchgängerinnen' mit seiner guten Stimme und den provokanten Bewegungen".

Barney, Bill und Gary blieben als The Beat Boys eine Weile zusammen, doch Ende 1965/Anfang 1966 versickerte ihr Enthusiasmus wie im Sande. Laut Bill entwickelte sich Gary zeitweilig zu einem Einsiedler, und er sah ihn nur selten. Am Ende des Sommers 1966 rief er ihn an, um zu fragen, ob er bei seiner Band The Spartans aushelfen könne. Sie hatten sich für einen der zahlreichen Beat-Wettbewerbe in und um Belfast herum angemeldet. Bill schätzte, dass sie mit Gary eine deutlich bessere Chance haben würden.

Während der hitzigen Vorbereitungen, fand eine „Palastrevolution" statt und The Spartans wurden teils entführt und zu The Barons geholt.

Wie bei allen Teenager-Bands kamen und gingen die Musiker mit jedem neuen Tag. Alan Moffatt war der erste Drummer der Spartans – nur von kurzer Dauer –, da er wie Robert Wilkinson ein gutes Schlagzeug besaß, das ihm sein Dad gekauft hatte, ein örtlicher Fleischer. Dann wurde er zuerst von Dennis

Bell ersetzt, gefolgt von Brian Smith. Brian Crothers bediente den Bass, obwohl Sam Cook, der später mit Gary spielte, den Posten eine Weile besetzte. Kurzfristig gesellte sich der Keyboarder Brian Scott zu ihnen. Dennoch fehlte ein zentrales Element – sie brauchten einen Frontmann. Bill machte sich auf die Suche und besuchte den gut aussehenden Pete McClelland, der eine charmante und kräftige Stimme hatte: „Eines Nachts stand Bill vor der Tür und fragte: ‚Willst du in einer Band sein?' Und das war's dann schon. Wir kamen auf den Namen The Barons in einer örtlichen Frittenbude namens The Hot Spot."

Als die Barons im Winter 1966 zusammen kamen geschahen zwei bahnbrechende Ereignisse in Garys Leben, die seine Entwicklung dramatisch vorwärtstrieben. Wenn er nicht mit dem Fahrrad zur Schule fuhr, nahm er den Bus. Manchmal stieg er aber nicht aus, sondern blieb einfach sitzen, um zu Crymbles zu fahren und dort abzuhängen, einem Musikgeschäft am Wellington Place, nur wenige Meter vom zweiten damals beliebten Laden entfernt, Matchetts Music. Im Crymbles hatte er eine „blonde" Fender Telecaster entdeckt, und er überredete seinen Vater die 180 Guineen dafür zu bezahlen – eine enorme Summe in jenen Tagen, die dem heutigen Wert von 2.000 Pfund entspricht. Gary erzählte einem Freund, dass er zuerst Bobbys Unterschrift auf dem vorläufigen Kaufvertrag gefälscht hatte. Hier zeigte sich der Mut eines Schuljungen und die Dreistigkeit, denn bei einer genaueren Untersuchung hätte das einige Konsequenzen nach sich gezogen. Was aber am Wichtigsten war: Hier wurde der Grundstein für sowohl Gary als auch Bobby gelegt, denn beide schienen zu ahnen, dass vor Gary die Karriere eines professionellen Musikers lag. In einer Welt der billigen Höfner-Klampfen, sah man so gut wie niemals einen Gitarristen mit einer Fender, der in einer Teenager-Band spielte.

Der zweite bedeutende Einschnitt in Garys Leben war die Veröffentlichung von John Mayalls sogenanntem *Bluesbreakers*-Album mit Eric Clapton an der Gitarre, in Fachkreisen liebevoll als das „Beano"-Album bekannt. Warum? Auf dem Cover ist Eric zu sehen, der das damals beliebte Comic liest und nicht in die Kamera schaut, als Ausdruck einer bestimmten Blues-Coolness, die sich gängigen Trends widersetzt.

Die Platte war in vielerlei Hinsicht ein Meilenstein, denn sie wurde zum erfolgreichsten britischen Blues-Album aller Zeiten, startete den „British Blues Boom" und manifestierte Eric Claptons Status als „God". Darüber hinaus war es die (!) klangliche Blaupause, auf die eine junge Generation von Gitarristen wie Gary Moore mit offenen Augen und Mündern reagierte. Clapton hatte auf dem Werk mit einer Gibson Les Paul und einem weich und „sahnig" verzerrtem Marshall-Amp den Sound etabliert, der viele, viele Jahre als erstrebenswert galt.

Während seiner Yardbirds-Tage spielte Eric überwiegend eine rote Fender Telecaster mit einem Vox-Amp und produzierte damit einen Sound, den der Produzent des „Beano"-Albums, Mike Vernon, höflich als „pissig" beschrieb. Als Jeff Beck den Gitarrenposten bei den Yardbirds übernahm, klampfte er zuerst mit Erics Tele („eine schreckliche Gitarre", wie er später sagte), die sich Eric jedoch für die allerersten Gigs mit Mayall zurückholte.

Dann entdeckte Clapton eine wunderschöne Les Paul 1958-60 Flame Top (Ahorn) in Lew Davis' Musikladen im Londoner West End und schnappte sie sich für schlappe 120 Pfund, was verhältnismäßig preiswert war, da die relativ schweren „Paulas" aus der Mode gekommen waren. Zu der Zeit stand bei einigen Gitarristen die Gibson ES335 auf dem Wunschzettel und bei den meisten Modelle von vor allem Fender und dann Rickenbacker, Gretsch und Guild. Nun besaß er eine Gitarre, deren Sound weit von „pissig" entfernt lag. Die Konstruktion und die kraftvollen Humbucker-Pick-ups konnten einen damaligen Amp leicht „über 10" treiben, in die bislang unerforschten Terrains der Verzerrung und des langanhaltenden Sustains.

Und was war mit dem Verstärker? Erics Idol Freddie King spielte einen kraftvollen Fender Bassman, selten und teuer im UK, während er selbst über einen lahmen Vox verfügte, der nicht seinen Ansprüchen genügte, die er nun aus einem Verstärker herauskitzeln wollte. Die Antwort lag in einem kleinen Musikgeschäft im Westen Londons verborgen. Jim Marshall war der Inhaber und Ken Bran, sein „Elektrolurch", zuständig für Reparaturen aller Art. Die Nachfragen verschiedener Musiker nach lauteren und kräftigeren Amps brachten Ken dazu, eine Art UK-Version des Bassman zu bauen. Wenn die Gitarristen ihre neuen, noch glänzenden Fender-Gitarren einstöpselten, war der Klang beeindruckend. Als Eric seine Les Paul an die Marshall-Combo 45 Watt mit 2 X 12" Speakern anschloss war der Sound jedoch überwältigend! Er ließ sich als fett charakterisieren, „cremig", transparent verzerrt und laut! Das glich einem Boxhieb in die Magengrube und stampfte alles aus den USA in den Boden. Nun verschmolz der Mensch mit der Maschine, womit das Schlüsselelement des *Beano*-Albums gesichert war.

Die von Eric auf der Platte gespielte Gitarre vereinte alle Elemente seiner Entwicklung, die ihn zu dem Musiker machten, der er war: seine verzweifelte Kindheit, die schwierige Jugendzeit und die Entdeckung einer Kunstform, einem Mittel des Ausdrucks, mit dem er seine brodelnde Wut und das schmerzhafte Gefühl der Isolation sublimierte. Dabei kreierte er Noten, die mehr transportierten als Worte vermochten. Gary wusste sicherlich nichts über die Leidenschaft hinter dieser hohen Energie, doch er hörte und spürte die Intensität, die Aggression und die reine Schönheit dessen, was Eric erschaffen hatte. Schon bald würde Moore seinen eigenen Ausdruck finden, seinen eigenen Ton, das Merkmal aller großen Gitarristen.

Das Album kam im Juli 1966 auf den Markt: „Eric brachte wie kein anderer mehr Musiker meiner Generation auf den Blues", erzählte Gary. „Dieses fantastische Intro! (Die eröffnenden Noten des ersten Tracks, ‚All Your Love' von Otis Rush.) Ich war 14 und hockte bei so einem Typen zuhause [der die Scheibe besaß]. Natürlich konnte ich mir das Album nicht leisten, doch er lieh es mir und bekam es nie wieder. Ich habe es tot-genudelt. Ich ging lange Zeit nicht mehr raus, und das markierte im Grunde genommen das Ende meiner Kindheit." Exakt die LP, die sich Gary damals auslieh, wird nun im „Oh Yeah Music Centre" in der Gordon Street, Belfast präsentiert, wo eine kleine Ausstellung allein Gary gewidmet ist.

Während Gary gebeugt über dem Plattenspieler saß und seine Telecaster „abraspelte", hatte Eric John Mayall verlassen, um Cream zu gründen. Deren erstes Album *Fresh Cream* kam im Dezember 1966 auf den Markt. Obwohl alle anderen Musiker älter waren als Gary – wenige Jahre machen für Jugendliche schon einen großen Unterschied aus – konnte man ihn als Band-Leader bezeichnen. Er zeigte sich fest entschlossen, das bislang eher auf Pop-Standards abzielende Repertoire von The Barons hin zum Blues zu verschieben. Die Barons begaben sich schnell in die Fußstapfen der Beat Boys und traten als Support der Showbands auf, die wegen ihres älteren Publikums die Bühne später am Abend betraten. Die Palmer-Jungs aus der Summerhill Avenue gesellten sich nun auch zur Gruppe, wobei sich Wilbert als Manager nützlich machte und Jim als Roadie – mit einem winzigen Austin A 35. Die Truppe probte zu der Zeit über einem Pub in Holywood.

Jim erinnert sich an einen ihrer größten Gigs in der The King George VI Hall in Belfast, vor der sich die Menschen in einer langen Schlange drängelten und in der die bekannten Bands auftraten. An einem Abend standen The Barons als Vorband im Rampenlicht. „Der Vorhang war geschlossen, und man hörte von vorne wie [eine Band] ‚NSU' spielte. Dann öffnete sich der Vorhang und da stand Gary mit der Gitarre – exzellent hinter seinem Kopf spielend. Das Publikum traute seinen Augen nicht. Sie ließen ihn nicht von der Bühne und forderten schreiend Zugaben. Währenddessen wartete die Hauptband auf ihren Auftritt, was denen gar nicht schmeckte." Der Geschichte nach bezahlte Wilbert einige Mädchen, die „Big" Pete McClelland zu Leibe rückten, dabei hoffend, dass damit das restliche Publikum aufgepeitscht wurde. Doch das gelang allein schon Gary, denn die Leute drängelten sich zur Bühne, um seine Soli zu sehen.

Die Gruppe nahm danach an einem der zahlreichen Talentwettbewerbe teil, ausgetragen im Queen's Court Hotel in Bangor, nahe dem Meer. Als sie das Halbfinale erreicht hatte, musste die Gruppe gegen die Lokalmatadoren antreten, eine recht elegante und gewiefte Formation namens The Carpetbaggers. Jim Palmer erzählt erneut, dass „Gary das Publikum wegblies".

Als der Besitzer Dermot O'Donnell die Bühne betrat, um den Sieg der Carpetbaggers zu verkünden, brach beinahe ein Tumult aus. Er musste dann wieder auf die Bühne, um zu beschwichtigen, es habe einen Fehler gegeben und beide Bands seien im Finale. Allerdings gewannen sie es nicht, sondern eine Band mit dem Namen High Wall, deren Organist später bei Suzi Quatro spielte."

Da die anderen Bandmitglieder älter waren, rückte schnell die Zeit des Schulabgangs an. Einige suchten schon ihren Platz in der Welt, was das Ende von The Barons bedeutete. Den Sommer 1967 verbrachte Gary, nun 15 Jahre alt, in Millisle, einem Ressort am Meer, wo er bei Bobbys Eltern wohnte, die dort ein Zweithaus besaßen.

Die „Stadt" lag an der Halbinsel Ards in North Down und war im Grunde genommen nur eine Straße mit einigen Geschäften, darunter eine Frittenbude, Cafes und zwei Pubs. Sie gehörte zu den Örtchen wie Newtownards, Bangor, Greyabbey, Donaghadee und Groomsport. Diese kleinen Rückzugsmöglichkeiten beherbergten nicht nur die Belfaster Protestanten aus der Arbeiterschicht, die sich von der grauen Stadt erholen wollten, sondern boten auch Auftrittsmöglichkeiten für lokale Beat-Bands, die in Bürgerzentren spielten und sogar in Hallen der Freimaurer, die sich damals der Allgemeinheit öffneten. Um sich im Laufe des Sommers ein wenig Geld zu verdienen, machte sich Gary auf die Suche nach einem Vergnügungspark am Meer. Er stellte sich Paul McAuley vor, dem zusammen mit seinem Vater ein Freizeitpark und Millisle's Ashley Ballroom gehörte. „Es war ein brütend heißer Tag", erinnert sich Paul, „und Gary tauchte in einem Dreiteiler auf, hatte lange Haare und einen Ohrring. Er erkundigte sich nach einem Job. Wir ließen ihn beim Darts-Stand für zehn Shilling arbeiten, damals eine ganze Stange Geld." Und exakt in dem Freizeitpark knüpfte Gary den ersten Kontakt mit einer Familie, die seinen nächsten Karriereabschnitt bestimmen sollte. Ian Hunter spielte Gitarre und sein Bruder Billy war der Bassmann in einer Band namens The Suburbans. Billys Bruder Graham traf Gary – der an einer Jukebox abhing – an einem der vielen siedend heißen Tage. „Trotz der Hitze trug er einen schwarzen Regenmantel aus PVC. Del Shannons ‚Runaway' lief gerade, und wir begannen uns über Musik zu unterhalten. Ich führte ihn in Millisle herum, und er meinte, dass sein Vater seine Gitarre an dem Abend vorbeibringen wolle. Kurz nach der Teezeit klopfte es an der Tür und Gary sagte, die Klampfe wäre jetzt im Haus – zufälligerweise hatten seine Großeltern exakt das Haus gekauft, in dem ich geboren wurde. Er öffnete den Koffer, und da lag diese blonde Telecaster mit einem Ahornhals. Mir fielen die Augen aus dem Kopf."

„Die Band meines Bruders Billy probte an dem Abend. Ich nahm ihn mit dorthin und schaute beim Üben zu. Sie waren im Grunde genommen eine Combo, die bei Hochzeiten und Begräbnissen auftrat. Gary jammte ein wenig mit ihnen, aber machte keinen auf Macker oder so was in der Art. Nach einigen Nummern gingen wir. Wir schlenderten die Straße entlang und er fragte: ‚Glaubst du, dass sie mich einsteigen lassen?' Ich antwortete: ‚Wahrscheinlich.'"

Billy Hunter erinnert sich daran, dass Gary auf die Bühne kam und nur einige Nummern mit ihnen aufführte. „Es waren die Tage von Flower Power und wir pflückten Blumen aus den Gärten irgendwelcher Leute, um sie dann ins Publikum zu werfen." Die Band – Reggie Carson (Gesang), Graham Drennan (Gitarre), Roberts Apps am Schlagzeug und Billy – spielte Coverversionen von Pop-Songs, alles von Elvis bis zum Genre Country & Western. Einmal wollte sie „Stepping Stone" von den Monkees einüben. Garys Reaktion: „Ich kann den Scheiß nicht spielen", woraufhin man sich auf die Version von The Flies einigte, die ein Sologitarren-Intro hatte. Gary hatte sich jedoch eine Strategie zurechtgelegt und die beinhaltete weder Scott McKenzie noch die Monkees.

Wenn Gary die Bühne betrat machten der Sänger und der Gitarrist einen Abgang und es war allen klar, dass nun der beste Teil der Show begann. Graham: „Wenn er die Gitarre in die Hand nahm, wusste ich, dass dort ein außergewöhnlicher Mensch stand. Es war ein Privileg, in seiner Nähe sein zu dürfen. Er zog damals schon Dinge ab, die erst Jahre später in Mode kamen."

Die Gruppe trat dann in der Donaghadee Masonic Hall auf. Als Hauptband ließen sich Ralph's Relations blicken (eine wesentlich ältere und erfahrenere Formation). Sie spielten die erste Stunde, wonach The Suburbans die halbstündige Pause überbrückten. Ian Hunter denkt zurück: „Gary blies das Dach von dem Laden und fegte alles weg. Als Ralph's Relations wieder auf die Bühne kamen, um den Abend zu beenden, empfing man sie mit Buh-Rufen, Pfiffen und ‚Haut ab!'-Gebrüll. Die Menge wollte wieder Gary sehen, doch dem war seine E-Saite gerissen, und er verfügte über keinen Ersatz. Billy Harvey, der andere Gitarrist hatte eine, doch rückte sie nicht raus. Die Nachricht von dem Dilemma machte ihre Runde und wie durch ein Wunder tauchte eine Saite auf, und Gary war zurück auf der Bühne. Am nächsten Tag probten sie in der Millisle Orange Hall, wo die Polizei auftauchte, um sie zu ihrem Verhältnis zu Ralph's Relations zu befragen. Die hatten nämlich einiges an Prügel bezogen, als sie ihren Van beluden."

Gary übte oft in Billys Zimmer: „Er sah schon damals wie ein Star aus, kam in seinem großen, schwarzen Trenchcoat und Sandalen zu uns und hatte lange Haare – schräg! Wir besaßen ein Klavier, nach dem wir unsere Instrumente stimmten, und ich hatte einen 50-Watt-Bassverstärker, mit dem wir übten. Und das machten wir Stunde um Stunde, ohne längere Unterbrechung. Er brachte mir die Stücke bei, die er performen wollte – Cream, Hendrix, John Mayall und The Who. Gary schlug dann vor: ‚Du, ich und Robert – wir sollten zusammen was aufziehen, nur wir drei.'"

Anscheinend führte er ein ähnliches Gespräch mit Billys Bruder Graham: „Gary war der Ansicht, es könne keine zwei Gitarristen in der Band geben. Er war meiner Meinung nach ziemlich auf sich selbst bezogen. Wollte ich in der Band sein, musste der andere Gitarrist seines Weges ziehen."

Nun blieben Graham die Gespräche überlassen, womit er die Laufbahn der Suburbans beendete, die laut einer lokalen Zeitung, „die am schnellsten aufsteigende Band des Nordens" war. Doch es gab ein Problem: Der Sänger Reggie Carson war nicht nur der einzige Fahrer, sondern auch „Mehrheitsbesitzer" der PA. Graham erinnert sich: „Ich sollte also Billy und den Drummer an Bord holen, die dafür den Sänger bekamen. Um Reggie bei Laune zu halten, musste man für ihn einige Pop-Songs im Programm haben, wonach Gary die eher rockorientierten Nummern einleitete. So kamen wir darauf, dem Sänger einen Schellenkranz in die Hand zu drücken, der dann auf einer Bühnenseite stand und damit rumschlug. Das hört sich jedoch härter an, als es tatsächlich war."

Tatsächlich erkannten sowohl Reggie als auch der andere Gitarrist Graham Drennan schnell, wohin die Reise gehen sollte. Sie stiegen aus und aus The Suburbans wurde Life. Billy Hunter denkt an einen Gig im Rahmen des Donaghadee Youth Club in einer weiterführenden Schule zurück: „Uns stand eine große Bühne zur Verfügung. Gary hatte Lautsprecher-Attrappen aufgebaut und Robert einen Schlagzeug-Nachbau. Am Ende des Auftritts zerschlug Gary die Boxen, während Robert das ‚Drumset' über die Bühne kickte und ich die Bass-Linien einfach weiterspielte. Gary besaß diese schöne blonde Telecaster, die er [mit dem Korpusrand] auf die Bühne schlug, wonach sie abprallte und direkt in seine Hände fiel. Ich fragte ihn, woher er das alles habe: Die Antwort lautete ‚Pete Townshend'."

Im selben Veranstaltungssaal fand der Abschlussball statt, bei dem sich Gary an der ‚Pyrotechnik' versuchte. Er bequatschte einen Zuschauer, eine hinter seinem Verstärker stehende Siedepfanne voller Müll anzuzünden, damit die Flammen hochschlugen und Rauch entstand. Das lief aber alles außer Kontrolle, und so musste jemand einen Feuerlöscher besorgen, damit nicht die ganze Bühne in lichterlohen Flammen stand.

Gary ging auch mit seinen Verstärkern nicht gerade zimperlich um. Er nutzte damals einen Vox AC30 und war mit dem Sound unglücklich. Er ergatterte einen AC50 und bastelte daraus eine Kombination. Allerdings versuchte er dabei die zwei großen Instrumentenkabel zu verbinden und in eine Klinkenbuchse zu stecken, womit der ganze Aufbau unzuverlässig war. Aus irgendeinem Grund funktionierte die Schaltung aber meist.

Eine typische Set-Liste mit Gary als Sänger sah wie folgt aus: „Tallyman", „Rock My Plimsoul", „Hi Ho Silver Lining" und „Beck's Boogie" (Jeff-Beck-Versionen); Hey Joe", „Red House", „Purple Haze" (Jimi Hendrix); „Hideaway" und „Crossroads" (Clapton/Mayall-Versionen) sowie „You Keep Me Hanging On", „Midnight Hour" und „Satisfaction". (Es ist eine Schande, dass davon keine Aufnahmen mehr existieren.)

„Red House" war Garys „Party-Nummer", bei der er alles gab, wohingegen er bei Vanilla Fudges „You Keep Me Hanging On" seine Künste als Slide-Gitarrist bewies. Auch hatte er „Strange Brew" drauf, doch laut Graham „spielte er es nicht live, da ihm das Ende nicht so wie Clapton gelang, was für ihn aber den wichtigsten Teil darstellte. An einem Tag kam er vorbei und trommelte mit der Faust an der Tür: ‚Ich hab's mir drauf geschafft, ich hab's mir drauf geschafft!' Und das stimmte. Darüber hinaus war er der einzige mir bekannte Gitarrist, der Hendrix spielen konnte." Dem Life-Programm war abzulesen, dass sich der aufstrebende Gitarrero mit einigen der kompliziertesten Rocksongs auseinandersetzte. Ian Hunter meint dazu, „dass man ihn aber nie dabei sah, wie er sich hinhockte und wie die meisten anderen Musiker einen Song abhörte. Er muss das alles im Privaten gemacht haben. Wenn Beck, Hendrix oder wer auch immer, etwas rausgebracht hatten, konnte Gary das perfekt nachempfinden. Er tauchte dann im Proberaum auf, zeigte Billy die Bassläufe und spielte alles sofort richtig."

Laut Billy hatten Life keine ernstzunehmenden Konkurrenten, da sie ein unterschiedliches Publikum anzogen, verglichen mit den Popbands: „Wir fühlten uns unglaublich. Die Läden waren gerammelt voll. Manchmal mieteten wir uns eine Halle und deklarierten den Gig als gemeinnützigen Abend, um einige Gesetze und Regularien zu umgehen. Für gewöhnlich kündigten wir Gary als ‚Nordirlands größten Gitarristen an' und die Leute strömten aus alles Himmelsrichtungen zu uns, wonach sein Name schnell die Runde machte."

„Bei einem Gig in Portaferry spielten wir als Anheizer für eine bekannte Showband. Als wir auftraten, zeigten sich die anderen Musiker erstaunt [über die Dreistigkeit], ihr Equipment zu benutzen. Nach dem Gig kamen sie zu uns und sagten, wir seien fantastisch gewesen. Die konnten nicht glauben, was drei Mann so veranstalteten."

Für einen Fünfzehnjährigen war Garys Vorstellungskraft hinsichtlich seiner musikalischen Ziele außergewöhnlich ausgeprägt. Oft setzte er sich mit

Ian Hunter an den Strand und palaverte lange über das zukünftige Leben: „Er wollte kein Begleitmusiker sein, nur der Frontmann." Graham gegenüber schwärmte er davon „eine bundlose Gitarre zu erfinden, damit sie kein anderer spielen konnte". In seiner frühen Jugend machte Gary Stretching-Übungen mit der linken Hand, um so besser den Gitarrenhals zu umgreifen. Laut Graham zeigte sich das später in dem Phänomen, dass – legte er beide Hände aufeinander – die Finger der linken circa einen Zentimeter länger waren.

Weit weg vom Druck seines Elternhauses und der Schule, schlüpfte Gary aus seinem Schneckenpanzer. Ian Hunter erlebte eine ganz andere Seite des Gitarristen, denn „ er hatte immer gute Manieren, doch ich würde ihn nicht als stillen Menschen beschreiben. Er war ein lustiger Typ, erzählte ständig Witze, war immer zum Lachen aufgelegt. Er ließ sich als klassischer Showman bezeichnen, verhielt sich aber nie aufschneiderisch. Gary ging zum Beispiel in ein Cafe, und wenn es da öde war, ließ er eine Platte laufen und begann zu tanzen und zu klatschen. Plötzlich machten alle mit. Das zog er auch eines Abends bei einer Tanzveranstaltung in einer Halle neben einem Caravan-Park in Ballyferris nahe Millisle ab. Dort spielte eine Band, doch keiner machte mit. Dann tanzte und klatschte Gary am hinteren Ende des Saals und das gesamte Publikum gesellte sich zu ihm und machte mit. Der Besitzer Mr. Fulton mochte das ganz und gar nicht und ließ ihn rausschmeißen, doch als er Wind davon bekam, was Gary musikalisch draufhatte, schrie er geradezu nach der Band, damit sie dort auftrat."

„Ich erinnere mich an einen Samstagabend, an dem wir auf einem Parkplatz herumlungerten, wo ein ‚Fish and Chips'-Wagen stand. ‚Habt ihr Hunger?' fragte er. ‚Yeah', antworteten wir einstimmig. ‚Aber wir haben keine Kohle!' Gary schrie: ‚Wenn ich was esse, essen alle.' Wir latschten also zum Imbisswagen rüber, machten die Bestellung und aßen. Und dann ließ Gary einen weiteren Spruch ab. ‚Wenn ich bezahle, bezahlt jeder – für sich selbst.' Doch er machte sich niemals auf Kosten anderer Menschen über sie lustig und erwies sich als treuer Freund."

Nun verbrachte Gary mehr Zeit in Millisle, nicht mehr nur die Sommerferien, sondern auch die Wochenenden, an denen er mit Life spielte, die niemals in Belfast auftraten. Er genoss es, mit Ian und den Freunden abzuhängen, besonders im Sommer am Strand, wo sie Witze rissen, sich Geschichten erzählten und QC-Wein tranken. Obwohl er in Belfast einige Freunde hatte, war es doch ein eher oberflächlicher Kontakt, da diese sich überwiegend mit Fußball oder anderen Sportarten die Zeit vertrieben.

Aufgrund des zerrütteten Familienlebens entwickelte sich bei dem zukünftigen Weltstar eine hohe Sensibilität gegenüber jeglicher Form von Ablehnung seitens der Erwachsenenwelt. Ian erinnert sich an das erste Mal, dass er Gary mit zu sich nahm: „Ich stellte ihn meiner Mutter vor, und er saß da rum, trug schräge Klamotten, hatte lange Haare, und spielte ihr mit der Gitarre ein Ständchen vor. Mein Dad war manchmal ein Alki und hatte schon einige Drinks intus, als er nach Hause kam. Dad blickte zu Gary und lallte: ‚Was ist das denn?' Gary sprang auf, verließ das Haus und näherte sich niemals wieder unserer Tür. Er stand dann immer draußen und winkte um auf sich aufmerksam zu machen, doch klopfte nie wieder an."

Zwischen Gary und seinem Vater Bobby entwickelten sich einige Spannungen, da der alte Herr glaubte (möglicherweise zurecht), dass die Zeit, die sein Sohn abseits von Belfast verbrachte, seine Karrieremöglichkeiten in der Stadt beschnitten. Ian berichtet, dass Gary oft von Zuhause weggerannt sei (das geschah häufiger), „und zu uns kam und wir ihn beherbergten. Wir beschafften sogar ein Zelt von jemand, denn er weigerte sich beharrlich zurückzukehren". Bobby kam, um ihn ausfindig zu machen, doch seine Freunde verrieten ihn nicht. Dennoch sprang Gary manchmal für einen Gitarristen ein, der aus einer der Showbands „desertiert" war, die in Bobbys Laden in Holywood auftraten. In der Baron-Ära stand ein Gig in Greyabbey an, doch Gary klagte, dass er zu krank zum Spielen sei. Trotzdem schleppte ihn Bobby zum Auftritt und setzte ihn auf den Verstärker – keine Diskussion mehr! The show must go on! Mit zunehmendem Alter setzte sich Gary gegenüber Bobby durch, wenn er nicht mucken wollte. Eines Tages gab es einen schlimmen Streit, denn Bobby tauchte im Proberaum in Millisle auf und brüllte, dass Gary zu einem Gig kommen müsse. Ian Hunter erinnert sich daran, dass er mit Billy Gary an einem anderen Tag in der Castleview Road aufsuchte: „Er stürmte in absolut mieser Laune aus dem Haus, sprang über die Hecke und trat die Seitenspiegel des Autos seines Vaters ab. Doch er sagte nie, was denn nun passiert war. Er behielt das immer für sich."

Letztendlich verblasste für Gary auch die Idylle von Millisle. Graham Hunter berichtet von einem unangenehmen Zwischenfall in einer Freimaurer-Halle,

„wo wir ein Konzert spielen sollten. Kurz davor kam eine Bekannte durch die Tür. Gary lief zu ihr, schnappte sie sich und drückte sie. Was er nicht wusste: Ihr Freund latschte direkt hinter dem Mädchen, und der verpasste ihm einen Kinnhaken. Dann drängten sich zwei stämmige Polizeibeamte und ein bulliger Türsteher durch die Menge. Ich schnappte mir Gary und bugsierte ihn durch den Notausgang am hinteren Bühnenende. Das war's dann, denn wir sahen ihn mehrere Monate lang nicht mehr. Dieser Boxhieb zerschmetterte seinen Traum von Millisle. Doch vielleicht spielte hier das Schicksal eine positive Rolle, denn es brachte ihn von hier weg. Hätte er sich hier länger aufgehalten, hätte sein Leben sicherlich stagniert."

Bei einem seiner letzten Gigs mit Life zog Gary erneut eine autodestruktive Einlage ab, doch diesmal handelte es sich um keine Schlagzeugattrappe und Robert Apps saß nur noch da und starrte schockiert auf seine Drum-Sticks – vor ihm die Trümmer seines Instruments. Das kam auch beim Publikum nicht an, woraufhin sich der Schuppen langsam leerte. Nun war für Gary die Zeit gekommen, sich wieder auf den Weg zu machen.

Zurück in Belfast schaute er sich nach einer neuen Band um. Ihm fiel eine Rhythmus-Sektion auf, bestehend aus den beiden Schulfreunden Dave Finlay am Schlagzeug und Colin Martin am Bass. „Er musste uns nicht großartig überreden", erinnert sich Colin. „Gary hatte schon längst den Ruf, eine Art von Wunderkind zu sein. Wir starteten mit den Proben in einer kleinen, von Gary organisierten Halle in der Dee Street, abseits der Newtownards Road. Unser Programm bestand überwiegend aus Gitarren-basiertem [Heavy] Blues – Hendrix und Cream. Aber wir arbeiteten auch längere Zeit an Dionne Warwicks ‚Walk On By', spielten es meiner Erinnerung nach aber nie öffentlich." Bizarrerweise war Garys „Party-Song" der vertrackte Pop-Instrumental-Hit „Orange Blossom Special" von den Spotnicks. Mit nur 15 Jahren spielte er diesen Titel mit der Gitarre hinter dem Kopf! Die Musiker einigten sich auf den Bandnamen Platform Three – (Sie waren ein Trio und Blues wurde schon immer mit allem rund um die Eisenbahn assoziiert) – und traten danach in und um Belfast herum auf. Sie gewannen einen mit 50 Pfund dotierten Talentwettbewerb im Fiesta Ballroom in der Hamilton Street und „investierten" das Geld nach dem Gig in Alkohol. Bei einem gewissen Bill Allen hinterließ die Band einen bleibenden Eindruck: „Ich war von Garys Gitarrenstil hin und weg, aber auch die beiden anderen spielten in der Oberklasse. Als ich den Laden verließ, trat Colin Martin an mich heran, wonach sich Gary und Dave zu uns gesellten. Und so wurde ich ihr Manager – vor dem Eingang [des Fiesta]."

Das Trio spielte in einigen der bereits bekannten Schuppen wie Bobbys Saal in Holywood, doch sie befanden sich auf einem eindeutig höheren Niveau als Garys vorherige Formationen. Dadurch konnten sie endlich in einigen der eher prestigeträchtigen Etablissements auftreten wie Sammy Houston's Jazz Club und dem allerbesten Veranstaltungsort in Belfast, dem Maritime Hotel.

The British Sailors' Society Seaman's Residental Club, bekannt als The Maritime Hotel, war früher eine Polizeiwache gewesen, aber schon länger zu einem Tanz- und Varieté-Club umgebaut worden. 1964 übernahm Three Js Enterprise (Gerry McKervey, Jerry McKervey und Jimmy Colson) den großen Saal im ersten Stock, um einen R&B-Club zu eröffnen. Eine vortreffliche Idee, um das Unternehmen anzuschieben, bestand im Engagement von Van Morrisons Them.

1964 zählte Van Morrison schon zu den erfahrenen Musikern, da er bereits in Europa mit einer Showband gespielt hatte, doch zurück in Belfast sah es nicht allzu rosig aus. Er antwortete auf die Annonce eines R&B-Clubs, der eine Band zur Eröffnung suchte. Seine damalige Truppe – The Golden Eagles – hatte sich gerade aufgelöst und so formierte er eine neue Combo aus den Trümmern von The Gamblers aus Ostbelfast, geführt von dem Gitarristen Billy Harrison. Zu ihnen gehörte auch das Thin-Lizzy-Gründungsmitglied Eric Wrixon, der den neuen Namen vorschlug, der von dem Fünfziger-Horrorstreifen *Them* stammte.

Ihr energiereicher, rauer und urbaner Blues mit einem auf eine bestimmte Art offensiven und hochnäsigen Unterton fing die Stimmung der Belfaster Jugend perfekt ein, die etwas anderes suchte als Showbands und Pop-Coverversionen, nämlich eine Musik, die sie als eigene Ausdrucksform verstand. Das Maritime etablierte sich schnell als Belfasts Antwort auf den Cavern Club oder Londons Crawdaddy. Jedes Wochenende platzte der Saal aus allen Nähten, was zum Albtraum eines Feuerwehrmanns geworden wäre, hätte er die Bestimmungen überprüft.

Die wachsende Bluesszene in Belfast zog die Aufmerksamkeit von Musikern aus anderen Landesteilen auf sich, besonders die eines gewissen Rory Gallagher aus Cork. Bill Allen, der Manager von Platform Three befand sich zufällig an einem Freitagabend in Sammy Houston's Jazz Club, wo Rory mit seiner Band Taste spielte. „Am nächsten Abend kutschierte ich Gary zu einem Date und machte einen Abstecher ins Maritime, da Rory dort auftrat. Gary fragte mich, warum wir halten würden und ich antwortete, ‚Da ist jemand, den du treffen musst'. Wir bahnten uns den Weg ins Maritime und gingen nach unten, in den ‚Café-Bereich'. Es war recht voll, doch ich entdeckte Rory sofort an seinem Holzfällerhemd. Ich weiß, das, was jetzt kommt, klingt ein bisschen kitschig, aber ich machte sie miteinander bekannt und frohlockte: ‚Ihr beide werdet Stars.' Gary sagte gar nichts, aber Rory durchbrach die eisige Stimmung, indem er ihn fragte, welche Gitarre er spiele. Die beiden plauderten ungefähr fünf Minuten und dann mussten wir schon fahren."

Zwischen Rory und Gary entwickelte sich eine wahre Freundschaft. Gary erzählte häufig die Geschichte, dass es eine Zeit gab, in der sich beide keine Ersatzsaiten leisten konnten. Wenn Platform Three als Vorband von Taste spielte, ließ jeder seine Klampfe am Bühnenrand stehen, als Ersatz für den anderen, wenn mal eine Saite „abstrapste". Auch berichtete er davon, dass sie ihre Verstärker miteinander verkabelten, um sich mehr Schalldruck zu sichern. Amps stellten bei Platform Three einen wunden Punkt dar, denn laut Bill und Colin Martins Aussage besaß Gary keinen eigenen Verstärker, woraufhin sie sich für jeden einzelnen Gig einen mieten oder ausleihen mussten. Bill erzählt: „Ich holte Gary oft von Zuhause ab und dann ging es nach Evans Music in Lisburn, um einen Amp zu mieten. Gelegentlich lieh ich mir einen von meinem Freund George Cathcart aus, Lead-Gitarrist von The Fugitives oder manchmal von Stephen Beckett aus Carrickfergus."

Einst wurde Belfast von den im ganzen Land auftretenden Gruppen als ungewöhnlicher Abstecher angesehen, doch mit der Zeit etablierte sich die Stadt auf den wichtigen Tour-Plänen. Circa 1967 hatten The Three Js den Veranstaltungssaal an einen Profitänzer namens Eddie Kennedy verkauft, der ihn Club Rado taufte und mit dem Engagement großer Acts wie Fleetwood Mac und John Mayall's Bluesbreakers begann. Eric Clapton und Jeff Beck hatten Gary zutiefst beeindruckt und verblüfft, doch das war gar nichts verglichen mit dem Einfluss von Peter Green – wahrscheinlich Garys bedeutendstes Vorbild, sein Rollenmodell, der Gitarrist, der auf seiner rechten Schulter hockte und ihn gedanklich für den Rest des Lebens verfolgte. Eingezwängt in der Publikumsmenge im Club

Rado verharrte er wie zu einer Salzsäule erstarrt, als Peter ihm die Bedeutung von Geschmack und Ton offenbarte, wie man melodisch und beseelt spielt, ohne an Energie zu verlieren und dass weniger manchmal zweifellos mehr war.

Damals kleidete sich Gary recht befremdlich – zumindest, wenn man seine Outfits mit denen der Masse verglich. Bei einem Trip nach Millisle tauchte er mit grünen Baseball-Boots auf, einer grünen Kordhose, einem grünen Regenmantel und einer ebenso farbigen John-Lennon-Sonnenbrille – und einer leichten Dauerwelle! Ein anderes Mal sah man ihn in dem Örtchen mit einem ägyptischen Fes. Durch solche Klamotten stach er aus der Menge hervor, wenn er Nachts den Club Rado verließ. Damit wurde er zum leichten Ziel der Market-Gang, die draußen wartete, bewaffnet mit Fahrradketten und anderen zweckentfremdeten Gegenständen, die sie benutzte. „Man musste diesen Spießrutenlauf über sich ergehen lassen", erinnerte Gary sich verbittert. „Die machten dich an und fragten: ‚Haste Klimperkohle?' (Gemeint war Kleingeld.) Sie wollten dich verprügeln, wenn du denen nicht das eigentlich für die Busfahrt gedachte Geld gegeben hast. Dann musste man meilenweit nach Hause laufen und dann warteten die da wieder!"

Abgesehen von der unerwünschten Aufmerksamkeit einer Gruppe „Klopper", die er damit auf sich zog, war Garys flamboyanter Stil ein Zeichen seiner neu gefundenen Selbstsicherheit, da sein Ruf als Gitarrist regelrecht aufblühte. Jedoch bezog sich diese Sicherheit nicht so sehr auf die Welt der Frauen. Da er in seiner Jugend nicht sonderlich attraktiv gewesen war, hatte er nie eine feste Freundin. Damals lungerte er mit seinen Kumpels William Larmour und Roger Kelly samstags in einem Nachtclub herum. Man musste vier Shillings „berappen" um ins neben einem Sportplatz gelegenen CYMN&S zu gelangen. Roger: „Wir gingen dort regelmäßig hin und latschten zur Bar mit Alkoholausschank, wo wir uns einige Flaschen billigen Weins beschafften. Dort lernte Gary auch den grünen Chartreuse zu lieben. Er hatte damals immer mehr Geld als wir. Dann verzogen wir uns in das kleine Wäldchen, in dem die Leute immer pissten und kippten uns einen hinter die Binde. Danach machten wir uns auf in den Club. All die Mädels aus dieser edlen Grammar School – die Strathern Girls School – kreuzten dort auf."

Nach einer Weile trafen sich William, Roger und ein weiterer Freund namens Noel mit einigen der Mädchen. An einem Abend hingen die Jungs auf dem

Schulgelände ab und warteten auf die jungen Damen, die von einer formellen Tanzveranstaltung kamen. Gary hatte damals keine Freundin, war jedoch von Noels Mädchen Phillippa hin und weg. Als die Mädels endlich rauskamen, waren die sehnsüchtig wartenden Jungs ein wenig angeheitert. William: „An diesem Abend war Gary schon total dicht, denn er hatte sich eine Flasche QC-Wein hinter die Binde gegossen. Er begann zu heulen und lallte: ‚Ich bin ja so fertig und werde niemals so Gitarre spielen wie Peter Green.' Wir beschwichtigten ihn mit ‚Sei doch nicht so blöd', und mussten ihn regelrecht trösten. Es setzte ihm massiv zu, und offensichtlich gab es noch etwas in seinem Elternhaus, was ihn schwer belastete." So eine Situation war typisch für Garys Zielgerichtetheit, denn die Vorstellung, nicht der beste Gitarrist der Welt zu werden, machte ihn an dem Abend mehr zu schaffen, als der Gedanke keine feste Freundin zu haben wie all seine Kumpels.

Er verließ die Schule 1968 („er verschwand einfach vor unseren Augen", berichtet Roger) und begann mit einem Job als Botenjunge, der ungefähr zwei Tage lang dauerte, da er danach vom Fahrrad stürzte. Dem folgte eine kurze Zwischentätigkeit als Lagerarbeiter, wo er Container der British Rail entlud, voll von Lampenschirmen, Küchenartikeln, Durex und Tampax. Letztere wurde vom Vorarbeiter als „Stöpsel für das Männerloch" tituliert, wie Gary einem Journalisten 1984 berichtete.

Nach ungefähr sechs Monaten, „kam Platform Three zu einem abrupten Ende", erinnert sich Colin Martin, „denn Gary ‚vergaß' einen von uns bei Evans Music in Lisburn gemieteten Marshall-Amp zurückzugeben. Ich bekam reichlich Ärger, da mein Name auf dem Vertrag stand und reagierte verdammt sauer". In Wahrheit war der Zwischenfall mit dem Verstärker eher ein Auslöser und nicht der wahre Grund für die Trennung, denn Colin und Dave konzentrierten sich damals auf ihr Abitur und hatten dadurch weniger Zeit für die Gruppe. Bobby riet Gary, dass er Belfast verlassen müsse, wenn er weiterkommen wolle, und dieser nahm ihn beim Wort. Eines Tages lungerte er vor den Toren von Stormont herum, als ein Van am Bordstein hielt. Einige Typen sprangen raus und fragten Moore, ob er Lust habe, mit nach Dublin zu fahren und für ihren Gitarristen Dave Lewis auszuhelfen. Der Name der Band – The Method.

Dave Lewis hatte seine Laufbahn als Sänger begonnen, und wurde mit nur zwölf Jahren als „Der Junge mit der goldenen Stimme" angepriesen. Er nahm an allen nur erdenklichen Talentwettbewerben teil und trat in Pubs und den damals noch bestehenden Arbeiter-Clubs auf. Weiter ging es mit Dave and the Diamonds, laut ihm selbst „nicht mehr als ein paar Musiker, die mich begleiteten. Ich war erst in einer erstzunehmenden Gruppe, als ich bei The Method einstieg. Während meines Jobs im Crymbles-Musikgeschäft begegnete ich ihrem Manager".

The Method begannen als Blues/Soul-Truppe, „doch dann war die Luft da raus. Hendrix und Cream waren der letzte Schrei, Rory Gallagher tauchte in Belfast auf und da nun Trios angesagt waren, verschwand der Soul von der Bildfläche. Ich spielte schon mit acht Jahren Gitarre, jedoch nur Rhythmus, aber das änderte sich als der Blues aufkam. Allerdings agierte ich nie so fanatisch wie Gary, denn mich interessierte eher das Songwriting. Ich begann, Songs für die Band zu schreiben und fuhr auf John Mayall ab, als das Bluesbreakers-Album auf den Markt kam. Zur gleichen Zeit stieg auch der Organist aus und plötzlich war es meine Band. Wilgar Campbell spielte Drums, bevor er bei Rory Gallagher einstieg, wonach der englische Bassist Nigel Smith zu uns stieß. Bis zu den ersten Gigs dauerte es nicht lange. Sie fanden in Dublin, Schottland und im Londoner Marquee statt. Das lief ausgezeichnet."

Gary und Dave kannten sich bereits: „Ich begegnete ihm zuerst, als er einen Talentwettbewerb gewann. Er spielte eine dickbäuchige Guild hinter dem Kopf und mit seinen Zähnen. Eines Tages klopfte es an der Tür, und dort stand dieser Bassist Big Sammy (wahrscheinlich Cook) zusammen mit Gary. Dann fanden wir uns auf dem Dachboden meiner Mutter wieder und begannen zu jammen, obwohl es musikalisch nicht passte. Ich war eher ein Sänger. Die Idee einer Bandgründung mit ihm nur als Begleitgitarristen realisierte sich niemals."

Zu Beginn des Sommers 1968 hatte Dave Lewis einen Autounfall: „Nigel und ich gingen mit unseren Freundinnen aus und fuhren eine Landstraße entlang – vermutlich zu schnell. Der Wagen geriet ins Schlittern und knallte auf einen Felsen. Da es sich um einen Mini handelte, wurde er einfach zusammengefaltet. Damals wohnte Nigel im Haus meiner Mutter, damit wir regelmäßig auf dem Dachboden üben konnten. Er schaffte es also, nach Hause zu gelangen, ging direkt zu Bett und sagte kein Wort. Am nächsten Morgen hieß es dann: ‚Äh, was ich noch sagen wollte – wir hatten einen Unfall und Dave liegt im Krankenhaus.'"

„Ich kannte Gary nicht", erklärt Nigel, „denn ich war gerade aus England gekommen. Wir mussten das ganze Programm umwerfen, die eigenen Nummern streichen und Blues spielen. Wir ließen uns bei den Konzerten einfach was einfallen und wenn ich ehrlich bin, kamen wir viel besser an. Nichts war geprobt, denn Gaz [Gary] kannte alle Nummern, sang und spielte Gitarre."

Dave Lewis war wegen des Unfalls drei Wochen lang nicht verfügbar. Gary trat daraufhin in Dublin und einigen anderen Orten in Irland auf, doch ein Gig im Club A Go Go am Sackville Place, nahe der O'Connell Street in Dublin, änderte sein Leben und bereitete den Weg für die Laufbahn eines professionellen Musikers, der mit seiner roten Gitarre herumwirbelte.

KAPITEL ZWEI
OVER THE HILLS AND FAR AWAY

Als Gary im Sommer 1968 in Dublin ankam, konnte sich die Stadt einer gesunden, alternativen Musikszene rühmen, weit abseits des Einheitsbreis aus Pop-Covern und Country & Western, der von den Showbands aufgetischt wurde. Daragh O'Halloran beschreibt in seinem Buch *Green Beat* die irische Rockszene. Neben dem ersten wichtigen Club Sound City (er wurde 1966 in Club Arthur umbenannt) und dem ‚5', „war der große Boulevard der O'Connell Street ein wahrer Bienenstock der Aktivitäten wie auch die davon abzweigenden Straßen. The Flamingo lag oberhalb eines Cafés an der Ecke Abbey Street … Später schlug der ständig die Örtlichkeiten wechselnde Apartment Club sein Camp zeitweilig im Keller auf der entgegengesetzten Straßenseite auf. Weiter die Straße hinauf befand sich die rutschige Metalltreppe des 72 Club. The Scene Club wurde am 14. Januar 1966 von den angesagten The Action eröffnet … Der Club A Go Go lag östlich von den Mitbewerbern in der Abbey Street, am Ende einer kleinen Straße am Sackville Place. Ihm hing der Ruf nach, die eher härteren Bands zu beherbergen".

Der DJ Stevie „Smiler" Bolger schätzt, dass der Club A Go Go für eine lange Zeit der beste Veranstaltungsort war. Der Laden stand für Blues, Soul und Rock'n'Roll und erwies sich damit als offensichtlicher Ort für einen Gig von The Method, wenn sie nach Dublin kamen. Als die ersten Bands aus Belfast ungefähr 1965 in Dublin aufkreuzten, brachten sie ein härteres, kompromisslos bluesigeres Element mit zur Musikszene der Stadt – wie zum Beispiel The Few (zu denen sich Colin Martin nach dem Split von Platform Three gesellte), Sam Mahood and the Soul Foundation und The Method.

Frank Murray, Roadie der lokalen Skid Row, befand sich zufälligerweise im Club A Go Go, als Gary dort spielte. „Ich stand hinten im Club und hörte ein Gitarrenspiel. Es klang brillant und ich dachte zuerst, es sei Dave Lewis. Ich musste an den Trip der Band nach London denken … und fand, dass sich Dave gewaltig verbessert hatte. Dann ging ich näher zur Bühne, sah genauer hin und erkannte, dass es nicht Dave war, sondern dieser blutjunge Typ. Er verbrachte 90 % der Show mit dem Rücken zum Publikum, und stand konzentriert nahe an seinem Verstärker."

„Skid Row trat drüben im 72 Club auf und während der Pause meinte ich zu Brush und Phil: ‚Im Go Go spielt so ein Junge, und wenn wir hier fertig sind, sollten wir rüber und ihn mal anchecken'". Paul Scully, der andere Roadie von Skid Row, erlebte Gary auch sehr früh: „Es war, als würde man Lionel Messi das erste Mal sehen. Gary zu erleben, bedeutete völlig baff zu sein, völlig. Er hatte es – Clapton, B.B. King, die Riffs. Einfach alles."

Brendan „Brush" Shiels, geboren 1946 in Dublin, war als Teenager schon so gut als Fußballer, um eine Profikarriere anzustreben: „Ich unterschrieb 1964 bei den Bohemians, hörte dann aber das Oscar-Peterson-Album *Night Train*, mit diesem Bass-Solo von Ray Brown. Es war um mich geschehen." Shiels verbrachte mehrere Monate nur mit diesem Album und beendete das Fußballspielen mit 19 Jahren, wonach er nie wieder einen Ball kickte. Und der Spitzname „Brush"? Er trug lange Koteletten [brush kann umgangssprachlich einen Fuchsschwanz beschreiben, mit dem wiederum manchmal Koteletten bezeichnet werden] und „Sweeper" [kehren, ähnlich wie to brush in der Bedeutung ausbürsten] ist ein Begriff aus dem Fußball, der einerseits mit Libero übersetzt werden kann, andererseits aber auch einen überall aktiven Verteidiger in der Mittelposition bezeichnet. Während seiner frühen Tage als Bassist trug er einen langen Ziegenbart, was einen Roadie dazu brachte, ihn Brush zu nennen. Irgendwo in der undurchsichtigen Suppe von Fakten und Fiktion liegt die Wahrheit.

Brush konzentrierte sich ganz auf die Musik und stieg bei der Country & Western-Truppe Rose Tynan and The Rangers und bei Brian Rock and the Boys ein, bevor er sich 1967 The Uptown Band anschloss, einer der ersten Soulgruppen Dublins. Sie wurde von Ted Carroll gemanagt, der den ersten

Beat-Club in Irland ins Leben gerufen hatte, trotz seines regulären Jobs als Bankangestellter. Er hatte damals einen kleinen Tanzsaal neben einem winzigen Café am Killiney Strand an der Südküste der Grafschaft Dublin gefunden und den Schuppen im Mai 1962 als The White Cottage eröffnet. Von dem Punkt an verfolgte er eine Karriere als Talentscout, Veranstalter und Manager und gründete mit einem Veranstaltungsort beim Longford Tennis Club sogar einen profitablen, wenn auch kurzlebigen Ring von Tennisclubs, in dessen Hallen Beat-Bands spielten. Er lag an derselben Küste, nur wenige Meilen entfernt.

Kurz nach dem Einstieg von Brush bei der Uptown Band, gab es einen „Coup" und sie feuerten Ted. Der wiederum fragte Brush, ob er eine eigene und stilistisch anders ausgerichtete Band gründen wolle. „Ich kannte diesen Gitarristen, Bernie Cheevers", berichtet Brush, „mit dem ich bei Brian Rock and the Boys gemuckt hatte. Allerdings brauchte ich einen Sänger, der gut aussah, aber nicht unbedingt großartig trällern musste. Dave Robinson (er gründete später Stiff Records) führte einen Laden namens Sound City. Er schlug Peter Adler vor (Sohn der Mundharmonika-Legende Larry Adler), und dann noch diesen schwarzen Typen, der in Crumlin lebte (einem Vorort Dublins). ‚Das ist dein Mann', erklärte mir Dave. Damals verfügten nur wenige über ein Telefon. Ich fand heraus, wo er wohnte und setzte mich in den Bus. Dann klopfte ich an seine Tür, erzählte ihm von den Absichten einer Bandgründung und fragte, ob er dabei sein wolle. Das Gespräch lief ungefähr so ab:

„Was haste vor?"

„Auf was steht du denn?"

„Simon and Garfunkel, Nico und Velvet Underground, Jimi Hendrix."

Philip Parris Lynott wurde 1949 als Sohn von Eltern verschiedener Ethnien geboren und entstammte einer kurzlebigen Affäre zwischen dem irischen Mädchen Philomena Lynott und dem Schwarzen Cecil Parris aus Guyana. Während seine Mutter in Manchester arbeitete, übergab sie ihren Sohn der Obhut ihrer Eltern Frank und Sarah, die noch andere Kinder bei sich hatten. Obwohl Phil der einzige Schwarze in der Schule war, erlebte er keine traumatische Kindheit, wie man eigentlich vermuten würde, nachdem sich die Kids und die Nachbarn an ihn gewöhnt hatten. Aus ihm wurde ein schlaksiger Teenager mit Ausstrahlung, Charme, einem treffsicheren Modegespür und einem Musikgeschmack, der sich an der Plattensammlung seines Halbbruders Timothy ausrichtete, die von The Mamas and the Papas bis Hendrix und Cream reichte. Und er hatte eine Stimme!

Phil wurde zuerst für The Sundowners „rekrutiert", aus denen The Black Eagles entstanden. Als man den Drummer in die Army einberief, fragte Phil einen gewissen Brian Downey, ob er einsteigen wolle. Er kannte ihn aus der Schule und von der lokalen Beat-Szene. Die Band durfte sich zahlreicher Auftritte in Dublin erfreuen, wobei sie an mindestens vier Abenden wöchentlich zu sehen war. Doch niemand erwartet von einer Band von Teenagern, dass sie lange zusammenbleibt und so trennte sie sich vorhersehbar 1967, wonach sich Phil die Frage stellte: „Was kommt als Nächstes?"

Brush hatte einen Ort, an dem er immer abhängen durfte. „Es war bei meinem besten Freund Pat Quigley. Er spielte in einer Band mit dem Namen The Movement. Er besaß diesen monströsen Lautsprecher, mit dem man den Putz von der Decke blasen konnte, doch seine Mutter schien das nicht zu jucken. Ich fragte ihn also: ‚Haste was dagegen, wenn ich diesen Typen mal mitbringe?'" Nachdem Brush sich Bernie Cheevers „gesichert" hatte, bat er Phil Brian Downey zu bequatschen, doch den interessierte das Repertoire nicht, woraufhin Brush sich an den talentierten Schlagzeuger Noel Bridgeman wandte, der neben seiner Freundin wohnte.

„Phil tauchte bei uns mit diesem langen, schwarzen Mantel auf und trug eine grüne Sonnenbrille wie Jim [Roger] McGuinn von The Byrds", erinnert sich Brush, „und sang dann ‚Hey Joe'. Danach fragte ich die Gruppe, was sie davon hielt. Bernie meinte: Schätze mal, ich kann ‚Hey Joe' besser singen." Meine Antwort lautete: „Scheiß doch drauf!" Phil war in der Band.

Die Proben starteten im September 1967 und schon Ende Oktober ging es los. Als Brush jedoch ein Plakat sah, auf dem die Band „My Father's Moustache" genannt wurde – ausgedacht von Ted Carroll, ohne die Musiker zu fragen – rastete er aus und änderte den Namen zu Skid Row. Laut seiner Angabe bezog sich die Inspiration dazu auf den Saxofonisten Alan Skidmore, der auf dem „Beano"-Album gelistet war.

Brush berichtet vom damaligen Repertoire: „Wir spielten Jimi Hendrix, ‚So You Want To Be A Rock'n'Roll Star' und ‚Eight Miles High' [Byrds], eine großartige Version von ‚Strawberry Fields' mit Bernie am Wah Wah und ‚Hey Jude' [Beatles] sowie ‚Sky Pilot' von Eric Burdon and the Animals." Obwohl sie mit Phil einen Sänger hatten, begaben sich Skid Row auf ausgedehnte Instrumental-Reisen. Da Phil während dieser Jam-Parts nichts ausrichten konnte, gab er befremdliche Geräusche von sich – direkt in ein Bandecho, aus dem er weitere bizarre Klänge kitzelte.

Obwohl Brush noch nie die Londoner Psychedelic-Szene erlebt hatte, wollte er eine Show entwickeln, die das normale Muster einer auf dem Platz stehenden und musizierenden Band sprengte. „Einer meiner Freunde besaß einen Film über Papst Pius XI., und den projizierten wir während des Gigs auf den Bühnenhintergrund – und das kam in die Presse. Meine Mutter drehte mir gegenüber durch, da ich den Papst angegriffen hatte. Zum ersten Mal in ihrem Leben stand sie am Rande der Hysterie und konnte kaum sprechen." Das stellte seitens der Band ein tapferes Aufbegehren dar, in einer Gesellschaft, die Noel Bridgeman als „düster und von Priestern geknechtet" beschreibt.

Anfang 1968 gehörte Skid Row zu den Top-Bands Irlands, und im März gewann Brush die Leserumfrage zum beliebtesten Musiker in der Zeitschrift *New Spotlight*. Doch als die Arbeitslast zunehmend anstieg, musste Bernie Cheevers aussteigen. Er arbeitete als Elektriker bei Guiness und gewann den firmeninternen Preis „Elektriker des Jahres", womit sein Einsatz für Skid Row immer geringer wurde und er infolge dessen die Gruppe verließ. Brush wollte – und musste – nun unbedingt das außergewöhnliche Gitarrenspiel dieses mysteriösen Kids hören, der für Dave Lewis ausgeholfen hatte.

„Als ich Gary das erste Mal sah, fehlten mir die Worte! Er hatte die komplette Bluesbreakers drauf – jeden einzelnen Track des Albums, einer nach dem anderen. Ich konnte das nicht fassen." Brush ging nach der Show zu Gary und fragte ihn gerade heraus, ob er bei Skid Row einsteigen wolle. Dieser erkundigte sich, ob sie Blues spielen würden. Brush beantwortete das mit einem Nein, womit Gary ablehnte – wie auch Brian Downey, ein weiterer Blues-Fanatiker, vor ihm. „Wenn es kein Blues war, interessierte mich das nicht. Man konnte mich in jenen Tagen als regelrechten Blues-Snobisten beschreiben." Dennoch hörte er sich die Truppe an und wurde schließlich überzeugt, denn ihm fiel auf, dass sie den Versuch unternahmen, etwas Neues, sich von den anderen Unterscheidbares auf die Beine zu stellen. Mal davon abgesehen, wusste Gary, dass die „Lebenszeit" von The Method von kurzer Dauer sein würde, und er wollte um alles in der Welt nicht nach Dublin zurück. Doch in einem Alter von

16 Jahren wusste er ganz genau, dass er – obwohl mit dem Vater zerstritten – nicht einfach abhauen und nichts sagen durfte. Der Wandel geschah nicht über Nacht. Offiziell existierte Platform Three noch, als Gary von seinem Abstecher bei The Method zurückkam. Ihr Manager Bill Allen erinnert sich, dass „Gary mich anrief und sagte, dass wir dringend über etwas reden müssten. Ich fuhr zur Castleview Road, wo er aus dem Haus kam und sich in den Wagen setzte. Er meinte, Brush Shiels wolle ihn überreden, bei Skid Row einzusteigen, was einen Umzug nach Dublin mit sich brächte. Ich fragte ihn nach der Meinung seiner Eltern. Er meinte, es wäre total egal, was sie denken würden, was mich wiederum unangenehm berührte. Man konnte Gary immer als ‚einen Mann der wenigen Worte' charakterisieren, doch ich hatte bis zu dem Zeitpunkt noch nichts von den familiären Problemen mitbekommen."

Erstaunlicherweise erklärte Gary dem Manager – der sich ihm gegenüber immer nett und freundlich verhalten hatte – dass er ihm die Entscheidung überlassen würde. An so einer Stelle entsteht schnell der Eindruck, als hätte er eine Vaterfigur gesucht. „Gary meinte zu mir: ‚Wenn du willst, dass ich bleibe, dann bleibe ich.' Ich sagte ihm dann, dass er meiner Einschätzung nach für so eine Veränderung noch ein wenig jung sei, und dass er die Einstellung seiner Eltern berücksichtigen solle. Ich wies aber auch darauf hin, dass ich momentan – was die Karriere anbelangte – mich regelrecht um Gigs für Platform Three in Nordirland schlagen müsse, was an der Dominanz der Showbands lag, wohingegen Dublin eine weitaus größere Bandszene hatte. Bei Skid Row einzusteigen, wäre sicherlich die richtige Entscheidung."

Aber davor musste noch ein anderer Schritt gemacht werden. Brush wollte anreisen, um sich mit Bobby zu treffen. „Gary bat mich, ihn bei den Stormont Gates zu treffen. Ich bin also dahin und er brachte mich zu seinem Haus, wo sein Vater wartete und verdammt sauer war – und ich dachte, das hätte was mit mir zu tun." Brush war unwissentlich direkt in einen Streit geplatzt. Bobby beruhigte sich genug, um Brush zu fragen, ob er sich um seinen Sohn kümmern kann. „Was hätte ich wohl darauf antworten sollen? Natürlich sagte ich Ja, obwohl ich damals kaum auf mich selbst Acht geben konnte."

Nachdem Gary den Vertrag unterschrieben hatte, ging es mit Skid Row in die Vollen, und sie entwickelten sich mit rasanter Geschwindigkeit. Brush stellte in der Band die dominante Kraft dar und war für so ziemlich alles verantwortlich.

Er hatte die klar umrissene Vorstellung, dass Skid Row nicht eine weitere der irischen Bands sein sollte, die Cover „schrubbten". In der Vergangenheit hatten die Musiker schon längst bewiesen, dass sie hinsichtlich der Fremdkompositionen weder das offensichtlichste Repertoire auswählten, noch direkt kopierten, sondern interpretierten. Auch das Show-Element musste „aufgemotzt" werden. Ungefähr beim zweiten Gig kam Brush die Idee: „Es gab da diesen Film *Flucht in Ketten* mit Tony Curtis und Sidney Poitier, die zwei aneinander gekettete Straftäter auf der Flucht spielen – ein Schwarzer und ein Weißer. Und so traten Phil und ich mit Handschellen auf die Bühne, wonach ich sie öffnete und mich hinter Phil stellte. Die Rausschmeißer versuchten uns auseinander zu reißen, und das wirkte alles so echt. Die Show war das Wichtigste."

Natürlich drehte sich nicht alles um die Show, denn die Ankunft von Bands wie Cream, John Mayall's Bluesbreakers und der Jimi Hendrix Experience führte zum Kult des virtuosen Musikers. Den strebte Brush an. Er realisierte auch, dass eine Band eigene Songs schreiben musste, um aus dem restriktiven Kreis irischer Gruppen auszubrechen. Noel und Brush waren beide vorzügliche Instrumentalisten, der gutaussehende Phil zeichnete für die „Frontlinie" verantwortlich und Gary vervollständigte den Kreis. „Ich glaubte nicht, dass wir floppen würden", berichtet Brush. Allerdings gab es einen unliebsamen Zwischenfall, als Noel plötzlich seine Sticks beiseitelegte und sich zu einer Tournee zu den Luftwaffenstützpunkten in Deutschland aufmachte. „Noel meinte, er müsse sein Becken zuhause aufpolieren und als Nächstes flatterte bei uns eine Postkarte aus Deutschland rein. Er war tatsächlich verschwunden, um Colm Wilkinson zu begleiten." (Den irischen Tenor, der später Weltruhm in der Rolle des Jean Valjean in *Les Miserables* erlangte.) Während der früheren Tage von Skid Row musste Brian Downey häufig für Noel aushelfen, der meinte, er habe sich bei seinem Abstecher nicht viel gedacht. „Da überlegte ich nicht zweimal. Ich hatte Dublin noch nie verlassen und nun eröffnete sich eine Chance nach England, Belgien und Deutschland zu kommen. Das war ein großes Abenteuer und fand noch am Anfang von Skid Row statt." Während Noels Abwesenheit wurde Robbie Brennan, ein bekanntes Gesicht der Beat-Szene der Stadt, je nach Bedarf als Ersatztrommler angesprochen.

„Photograph Man" war der erste Song, den Brush präsentierte. Die Band schnitt den Track in den Eamonn Andrews Studios in Dublin mit, im Grunde genommen auch die einzige Aufnahmemöglichkeit. Der Aufbau wirkt aus heutiger Perspektive befremdlich, denn das Studio befand sich in einem großen Tanzsaal namens Television Club in der Harcourt Street. Der Tanzbereich war der Ort, an dem sich die Band platzierte, und die abschirmenden Schallwände verfügten über Rollen und wurden je nach Bedarf verschoben. Eine Steckleiste an der Wand – wo man die Mikros einklinkte – war mit der Regie verbunden, die sich in einer Kabine oberhalb des Saals befand. Wenn ein Tanzabend anstand, musste die Band verschwinden und dafür sorgen, dass der Saal bis 19 Uhr besenrein war.

Ted Carroll brachte die Bänder zu Apple Records in London und einigen anderen Labels, stieß jedoch auf Desinteresse. Daraufhin blieb der von „Sergeant Pepper's Lonely Hearts Club Band" der Beatles inspirierte Titel unveröffentlicht. Brush berichtet, dass sie auch einige Demos in Belfast für Phil und Mervin Solomons einspielten (Manager von Them und den Dubliners), doch auch das fruchtete nicht.

Ihr nächster Versuch erntete mehr Erfolg, da die Nummer vom Song-Label veröffentlicht wurde, geführt von Joe Coughlan, einem bekannten republikanischen Rechtsanwalt und Donal Lunny, einem Musiker traditioneller irischer Musik. Die A-Seite „New Faces, Old Places" verdeutlichte den Einfluss von Buffalo Springfield auf Skid Row, was im starken Kontrast zu den eher kantigen, rauen und energiereicheren Songs stand, die in Zukunft noch kommen sollten. Auf der B-Seite fand sich „Misdemeanour Dream Felicity". Laut Brush war Garys Leidenschaft für Pentangle einer der Eckpfeiler in der Entstehungsgeschichte des Stücks, zugleich auch seine erste Erwähnung als Songschreiber. „Gary stand total auf John Renbourn und Bert Jansch und hatte dieses ganze Fingerpicking drauf." Dann machten sie sich an einen Track im 5/4-Takt, denn Noel interessierte speziell Dave Brubecks „Take Five" [ein populäres Beispiel für einen 5/4] und ein Album betitelt *Time Further Out*. „Das brachte uns auf all die Ideen mit den verschiedenen Taktarten", erklärt Brush. „Gary spielte eine 12-saitige Klampfe und sang gleichzeitig. Eigentlich unglaublich für einen 16-jährigen, aber das bringt alles auf einen Nenner. Das mit Worten auszudrücken, fällt mir schwer, aber es war *unvergleichlich* beeindruckend. Wie er das spielte – das überwältigte mich. Alles was wir erreichen würden, jeden Ort, an den wir künstlerisch gelangen sollten – das fand sich alles in dem Stück wieder.

Die Single ließ sich nicht in den Charts blicken, doch es gab ein größeres Problem. Brush: „Wir absolvierten einen Fernsehauftritt, bei dem Philo bei ‚Strawberry Fields Forever' übelst neben den Tönen lag. Da stimmte etwas nicht. Ich schaute auf seinen Hals und sah am unteren Ende etwas in der Größe eines Golfballs. Er rief seine Mum an, die ein Hotel für Leute aus dem Showbiz an der Moss Side in Manchester führte, wohin er sich verdrückte, nachdem er sich einer Operation unterzogen hatte."

Für Brush wurde es offensichtlich, dass bei der Band, wenn sie die großen Rocktrios wie Hendrix und Cream herausfordern wollte – er glaubte tatsächlich, dass Skid Row das Potenzial dazu hatten – der Posten von Phil zur Diskussion stand. „Er war keine zwei Minuten weg, und wir übten schon neue Songs", erinnert er sich. „Ich übernahm die Vocals – als totaler Egomane – und Gary folgte mir. Noel witzelte hingegen: ‚Ich habe kein Egoproblem. Ich weiß, dass ich großartig bin.'"

„Phil kam dann also zurück und ich erklärte ihm, dass wir ihn ziehen lassen. Und er weinte und weinte." Für Phil stellte sich das als ein großer Schock heraus, denn er war noch vor wenigen Monaten der Trauzeuge bei Brushs Hochzeit gewesen und hatte die Flitterwochen in Manchester organisiert. Doch Brush hatte ein Ass im Ärmel, um die bittere Pille zu versüßen. Er hatte sich einen Zweitbass von Robert Ballagh gekauft, Bassist in der Showband The Chessmen. „Ich tröstete Philo damit, dass ich ihm das Bassspiel zeigen würde. Er spielte schon ein bisschen Rhythmus-Gitarre, aber ich spürte, dass aus ihm ein guter Basser werden könnte. Sechs Wochen lang kam er jeden Tag zu mir und wir übten Stunde um Stunde."

Noel kann einen interessanten Gedanken zu Phils Rauswurf beisteuern: „Brush erwies sich als deutlich aufmerksamer, viel cleverer, als ihm die meisten Leute zugestehen würden. Die Leute glauben immer, er sei ein Exzentriker und ein Komiker. Doch Brush hatte den Durchblick, wusste von ganzem Herzen, dass Phil sein eigenes Ding angehen wollte, aber nicht den Mut aufbrachte, den Coup durchzuziehen. Er hockte sich hin, sagte ihm: ‚Du bist hier raus, doch ich habe da einen Bass und werde dir ein paar Sachen zeigen.' Und dann wurde aus ihm ein wirklich überragender Bassist."

Schnell stellte Phil seine eigene Band Orphanage mit Brian Downey, dem Gitarristen Joe Staunton und dem Bassisten Pat Quigley zusammen, in dessen Haus er für Skid Row vorgesungen hatte. Der Rest ist Geschichte, eine Geschichte, zu der wir zurückkehren werden.

Während seiner freien Zeit, wenn er nicht mit Skid Row spielte, tauchte er auf einer vollkommen unterschiedlichen Szene auf. Wenn die Beat-Bands eine moderne Alternative zu den Showbands offerierten, dann präsentierte die Folk-Szene eine deutlich ältere Musikkultur. Mark Prendergast erklärt das in seinem Buch *Irish Rock*: „Die traditionelle irische Musik entwickelte sich in zwei grundsätzliche Stilistiken. Einerseits gab es die bedächtigen [Stücke] oder Balladen, die die eher melancholischen Aspekte des Lebens vermitteln und andererseits die eher lärmenden Jigs, überwiegend mit dem Tanzen assoziiert. Dieses Liedgut wurde von Musikern und Sängern über Generationen hinweg bewahrt, wobei die Geschichten der Menschen in verschiedenen Regionen des Landes erzählt wurden."

Weiterhin erklärt der Autor den Einfluss von Bob Dylan, der einige der jüngeren Folk-Musiker (generell auch auf der ganzen Welt) dazu bewegte, ihre akustischen Instrumente entweder mit E-Gitarren zu ergänzen oder sogar komplett zu ersetzen – nicht zu vergessen das Schlagzeug – was zu einem Klangbild führte, das landläufig als Folk-Rock bezeichnet wird. Die strahlenden Lichter der elektrischen Folk-Szene Irlands waren Sweeny's Men und Dr. Strangely Strange, wohingegen die ehemalige Soulband Granny's Intentions die Flagge des Progressive Rock hoch in die Luft hielt. Um das Zentrum der in Dublin ansässigen Musiker, bildete sich eine boheme Psychedelic-Szene, ein wahrer Wirbel der Kreativität, der Dichter, Sänger und allgemein Künstler anzog. Das führte zu einigen angesagten Treffs und Pubs, in denen man immer ein Argusauge nach der Drogenfahndung aufhielt, während die Künstler musizierten, Dichterlesungen gaben, ihre Songs sangen und sich über die Irrungen und Wirrungen des Lebens unterhielten. Und das alles in einem schwindelerregenden Nebel aus Dope und LSD.

Es war ein gewisser Phil Lynott, ein Mann mit literarischen und musikalischen Aspirationen, der die Welt des Beats und der Beatniks über eine Brücke zusammenführte. Er zog Gary im Schlepptau mit sich, zeigte ihm die Freiheit, von der dieser immer geträumt hatte und stellte ihm einen hilfsbereiten und unterstützenden Freundeskreis vor. Gary Moore dachte sein ganzes Leben lang gerne an diese Zeit zurück und auf eine Stadt, die er immer innig wertschätzte.

Skid Row traten regelmäßig auf, doch die finanzielle Lage war hoffnungslos. Gary berichtete später davon, dass man ihm 15 Pfund pro Woche versprochen hatte, er aber niemals einen nur in die Nähe dieser Summe kommenden Betrag erhielt. Er sah oftmals ziemlich schäbig und abgerissen aus und führte ein nomadenhaftes Leben, indem er von einem Zimmer in einem Musikerhaus zum nächsten zog. Dafür verblüffte der ruhige und schüchterne Typ aus Belfast seine neuen Freunde – fast eine Familie – mit seinem Talent.

Der Orphanage-Gitarrist Joe Staunton war eine seiner ersten Zwischenstationen: „Brush bat mich, Gary aufzunehmen, bis er alles auf die Reihe gekriegt hatte. Ich fing gerade erst [mit dem Gitarrenspiel] an und kannte nur zwei Akkorde, aber Gary war damals schon phänomenal. Ich versuchte mir ‚Substitute' von den Who drauf zu schaffen und er meinte ‚Nein, nein, die Akkorde werden so gespielt', womit er auch Recht hatte. Man kann ihn als still und reserviert beschreiben, einen eher zurückhaltenden Menschen. Jeden Tag unternahm er lange Spaziergänge und übte viel."

Während dieser frühen Zeit teilte sich Gary mit Phil und Johnny Duhan, dem Sänger von Granny's Intentions, ein Einzimmerapartment in einem Keller in der Angelsea Road, nahe der Donnybrook Church. Die 1965 gegründeten Granny's Intentions waren ursprünglich eine Soulband, die sich dann aber in die psychedelische/progressive Revolution einklinkte und die Aufmerksamkeit von Top-Managern auf sich zog. Dazu gehörte Kit Lambert, der Manager von The Who, der sie bei Auftritten in Londons angesagtem Speakeasy mit der Jimi Hendrix Experience, Brian Jones, Eric Burdon und Keith Richards sah. Doch eine zweite Besetzung der Band trennte sich und nun hockten sie wieder in Dublin. Phil hörte, dass Johnnys Mitbewohner, der Granny-Klampfer John Hockedy, sich nach Limerick zurückgezogen hatte und fragte sich, ob Johnny nun jemand brauchte, um „bei der Miete zu helfen". Ungefähr einen Monat danach stand Gary auf der Türschwelle und suchte nach einer Wohnmöglichkeit. „Gekleidet in einem gammeligen dunklen Übermantel", erinnert sich Johnny, „mit schwarzen Locken, die bis zu seinen Schultern reichten und in seine Augen fielen, machte er einen ungepflegten und verlorenen Eindruck." Gary hatte eine traurige Geschichte zu erzählen, auf die wir später noch kommen, doch zuerst war er froh, in einem Schlafsack auf dem Boden zu schlafen.

Gary berichtete der *Sunday World* – ungefähr zu der Zeit des Phil-Lynott-Memorial-Konzerts 2005 – von einem Phil, der sich deutlich von dem abgehalfterten Rockstar seiner letzten Jahre unterschied: „Zu Beginn war Phil ein Mensch voller Energie, geradezu getrieben und sehr ambitioniert. Ich hasse es, einen Mythos zu zerstören, doch damals stand er früh am Morgen vor uns auf und bereitete für alle das Frühstück zu. Man hatte das Gefühl bei seiner Mutter zu wohnen, denn er war ein sehr häuslicher Mensch."

Johnny stimmt mit Garys Erinnerungen überein. Während der kurzen Zeit des Miteinanderlebens war Phil laut Johnny „immer pünktlich mit der Miete und brachte regelmäßig seinen Anteil an Einkäufen mit wie Flavans Haferflocken, Pizza und Bohnen von Heinz – unsere Standard-Verpflegung, angereichert in rosigen Zeiten mit einem Galtee Schinken und Würstchen von Matterson."

„Philip und ich waren Frühaufsteher, wohingegen Gary kaum vor dem Mittag aus den Federn kam. Niemand besaß eine Uhr, aber Phil war ein regelrechter Experte, die Zeit an dem Sonnenstrahl über seinem Bett abzulesen. (Ein Tipp, den er aus einem Western hatte, wie er mir verriet.) Wenn Gary versuchte noch länger zu pennen, rüttelte ihn Phil wach und bestand darauf, dass wir das Zimmer putzen. Philip war damals tatsächlich sehr häuslich. Er hielt die Küche blitzblank sauber und half mir beim Kochen. Während Phil und ich uns mit der Hausarbeit beschäftigten, robbte sich der verschlafene Gary zu meiner Yamaha-Gitarre und spielte stundenlang, wobei seine agilen Finger mit erstaunlicher Geschwindigkeit über das Griffbrett flitzten. Wenn Phil dann einen freien Augenblick hatte, übte er Bass oder schrieb liegend auf dem Bett Texte. Für mich gab es nur einen Ort zum ungezwungenen Songwriting – den langen Küstenabschnitt von Ballsbridge nach Dún Laoghaire. Jeden Nachmittag machte ich mich dorthin auf, mit einem Kuli und einem Notizbuch, summte beim Schlendern über den Sand Melodien, ließ mir dazu passende Texte einfallen und notierte sie. Wenn ich abends in die Kellerwohnung zurückkam, fand ich Gary vor, der mit über der Gitarre gebeugtem Kopf auf meiner Yamaha spielte, gedanklich verloren im Blues von Elmore James und B.B. King."

„Wie auch ich war Gary nicht sonderlich gut im Umgang mit Menschen, was sich krass von Phil unterschied. Doch manchmal putzten wir uns an einem Montagabend heraus und bummelten für ein paar Bier ins Bailey in der Duke

Lane, gelegen an der Grafton Street. Danach ging's in den TV Club in der Harcourt Street, wo sich die meisten Bosse aus der Welt der Showbands trafen. Philip besaß für solche Touren meist zwei Garderoben. Fürs Bailey – in dem die Künstler abhingen – kleidete er sich in stinknormale Jeans und dann, bevor es ins TV ging, verschwand er auf dem Klo und wechselte in eine dunkle Schlaghose, ein weißes Hemd und eine Krawatte, die er in einer Schultertasche getragen hatte. Aufgrund des strikten Dress-Codes des TV, packten Gary und ich auch immer Krawatten ein, die wir beim Betreten umbanden und dann so schnell wie möglich wieder in unseren Taschen verschwinden ließen. Mindestens einmal wurden Gary und ich aus dem Saal geworfen, da sie uns mit den Krawatten in den Taschen erwischten."

Während der Aufnahmen zu Grannys Debütalbum *Honest Injun* in den Decca Studios in West Hampstead, London, stieg John Hockedy plötzlich aus. Noel Bridgeman sollte auch auf der kompletten Platte spielen, aber aus irgendeinem Grund klappte das nicht. Der ex-Uptown-Drummer Pat Nash nahm daraufhin seinen Platz ein.

„Auf den letzten Drücker", schrieb Johnny, „holte man Gary für die verbleibenden Songs ins Boot." Laut dem Bassisten Pete Cummins (der kurzzeitig als Roadie für Skid Row arbeitete) sind auf vier der elf Tracks John und Noel zu hören, während die anderen sieben Gary und Pat gutgeschrieben werden können. Garys Beiträge sind bei den eher melodischen und sanften American-Country-Nummern und traditionellen Folk-Songs zu finden wie „We Both Need To Know", „Susan Of The Country" und „Fourthskin Blues", einem Western-Swing im 3/4-Takt.

Johnny schrieb dazu: „Zu diesem Zeitpunkt während der eher mittelprächtigen Karriere spielten wir einen Mix aus Folk und Country Rock mit einigen wenigen dazwischen geworfenen, souligen Rocknummern, um den Mix zu beleben. Der hochenergiereiche, Riff-orientierte Semi-Jazz, den Gary mit Skid Row hinlegte, lag eine Million Meilen von den folkigen Songs entfernt. Dennoch hatte er keine Probleme, sich auf unseren Stil einzustellen. Wenn Gary zu spielen begann – und das traf gleichermaßen auf das Studio und die Bühne zu – richteten sich alle Augen auf ihn. Er überwältigte uns mit seinen Fähigkeiten und seiner Vielseitigkeit. Er musste selten einen zweiten Take aufnehmen und zauberte frische musikalische Ideen wie aus dem Hut hervor. Das Einzige, was ihn während der Sessions befremdete, war die Tatsache, dass man mich auf Geheiß des Produzenten aufgrund permanenter musikalischer Uneinigkeiten aus der Regie verbannt hatte."

Gary stand auch in engem Kontakt mit den Musikern von Dr. Strangely Strange, deutlich von den eklektischen und innovativen Klängen der Incredible String Band beeinflusst, die einen bizarren Mix aus Acid-Folk und World vertraten. Liebevoll The Strangelys genannt, bestand die Gruppe aus Tim Booth, Ivan Pawle und Tim Goulding und gab 1968 ihr Bühnendebüt als Support der Incredible String Band. Wie Mark Prendergast bemerkt, „erwuchs diese Musik aus informellen, freundlichen Sessions, zu denen jeder Musiker vorbeikommen und etwas beitragen konnte. Ihre Platten eroberten neues Terrain hinsichtlich individueller und auf das Individuum bezogener Texte, ein direktes Resultat der psychedelischen Drogen. Darüber hinaus hatten wir erstmalig irische Musiker, die autobiografische Texte schrieben, die ihren Lebensstil, die Umgebung und Erfahrungen widerspiegelten."

Ivan Pawle berichtet von den Räumlichkeiten, eingerichtet für Musiker die mal „vorbeischneien" wollten. „Ich taufte Patricia Mohan ‚Orphan Annie', als ich sie hier beim Fleadh Ceoil in Mullingar 1963 traf. Annie mietete eine Wohnung in der Lower Mount Street (Dublin), die ich mir zeitweilig mit ihr und Christina McKechie (Licorice) teilte. Das war das ursprüngliche ‚Orphanage' [Die Inspiration für Phils Bandnamen und dem späteren Thin-Lizzy-Album *Shades Of A Blue Orphanage*], ein Ort für kreative Leute, um einfach so vorbeizukommen. Einige von ihnen kifften manchmal ein wenig, denn Dope tauchte gerade in Dublin auf. Junge Typen wie Phil schauten gerne vorbei und auch Gary, als er mit The Method nach Dublin kam."

„Die Musikerin Annie Christmas und Tim Booth arbeiteten beide in Werbeagenturen und mieteten sich ein Haus in der Newgrove Avenue 26A in Sandymount. Daraus wurde dann die zweite Orphanage, wo Gary regelmäßig vorbeischaute, blieb und spielte. Annie ließ mich dort freundlicherweise wohnen, doch dann zog ich mit meiner zukünftigen Frau in die Sydenham Road in Ballsbridge, wo Gary auch gelegentlich bei uns wohnte."

In jenen verspielten, unschuldigen Tagen ließen die Strangelys Gary in einem Home Movie mitspielen, bei dem Lawrence Bicknell Regie führte, der den Spitznamen Renchi trug.

Ivan Pawle erzählt davon: „Renchi kam schon recht früh am Morgen mit dem Postboot an, und wir trapsten für die erste Szene zu den botanischen Gärten in Glasnevin. Annie Goulding arbeitete als Fotografin, gleich über die Straße bei Creation, der Firma, die das *Spotlight*-Magazin publizierte. Sie übernahm auch einen Teil der Kameraarbeit. Renchi vollführte eine Hitchcock-Imitation und schob Niahms Kinderwagen (Ivan und Marys Tochter) mit einem verhängnisvollen Ausdruck und schwerfällig vor einem viktorianischen Glashaus hin und her."

„Nach den ersten Aufnahmen reisten wir nach Bray zu einem Baumarkt, um Gips zu kaufen und dann raus nach Enniskerry zum Dargle Cottage, wo Tim Goulding sich sein Atelier zum Malen im Haus seiner Eltern eingerichtet hatte.

In der Story kam auch eine Requisite vor, die wir aus Sandymount mitgebracht hatten. Es war die Skulptur einer recht exotisch anmutenden Pflanze, kreiert von Mick O'Sullivan, später ein Künstler mit Ruf."

„Die Geschichte begann mit einer recht unschuldig wirkenden Blume, der etwas injiziert wurde (eine Eispistole diente als Nadel) und sich dann in Mick O'Sullivans Skulptur verwandelte. Gary, gekleidet in einem langen schwarzen Mantel, übernahm die Rolle des Schurken. Ihm gelang der Diebstahl der Nadel, mit der er Tim Gouldings Charakter in eine Golem-ähnliche Figur verwandelte. Doch zuerst musste er Tim in die Enge treiben und fangen, wobei die Jagd über eine Fußgängerbrücke über den Dargle River führte. Tim trug einen Overall, der an Pete Townshend erinnerte, und nachdem man ihn mit dem Gewächsmittel injiziert hatte, wurde er mit Gips verspachtelt, der schnell anzog."

„Mary und ich saßen am Tisch neben den Kristallfenstern des Esszimmers, als plötzlich Mick Slatterys bärtiges Gesicht auftauchte, der uns vor den gerade überbordenden Späßen warnte. (Ich glaube, wir spielten die Eltern von Tim und Slattery, dem Gärtner.) Wir rannten alle raus, um Gary einzufangen, damit er nicht noch weiteren Unsinn veranstaltete. Ich glaube, es gab einen Kampf, aber ich kann mich nicht mehr erinnern, wer die Oberhand gewann. Wir hatten Müh und Not, um den ganzen Gips von Tim zu kratzen und abzuwaschen, der sich tatsächlich eine Lungenentzündung einfing, die er aber glücklicherweise überlebte."

Abgesehen von 8-mm-Blödeleien, erinnert sich Ivan an besondere musikalische Momente mit Gary: „Eine der besten Sessions, die ich sah, fand mit

Gary und Ed Deane im Pembroke Inn statt, an der Bagshot Street gelegen. Man ging da eine Treppe runter und sah das Foto einer Ente [duck] und die Warnung ‚Hier bitte ducken'. Auch Ed Deane war ein Linkshänder, spielte aber die Gitarre ‚verkehrt herum'. Er und Gary zogen ein Frage-und-Antwort-Spiel mit Blues-Licks ab – Gary benutzte eine meiner Ersatzgitarren – und es war simpel ausgedrückt, das Beste, was ich jemals gehört habe. Das dauerte so ungefähr zehn Minuten. Aufgrund ihrer verschiedenen Gitarrenhaltungen kreuzten sich die Hälse quasi. Einer von beiden warf einige Licks in den Raum, und der andere versuchte ihn zu übertrumpfen. Ed schlug sich ganz gut, doch niemand konnte Gary das Wasser reichen. Er hatte alles."

In der zweiten Orphanage lernte Tim Booth Gary kennen: „Wir fanden, dass wir eigentlich ganz gut spielten, doch bewunderten seine Fähigkeiten. Ivan schrieb sehr schöne Songs mit sehr schönen Melodien, und das interessierte Gary brennend. Er stand total darauf, uns zu besuchen und mit uns zu spielen. Ihn interessierte es nicht, dass wir nicht so gut waren, denn wenn wir mit ihm Musik machten, inspirierte er uns zu guten Leistungen. Die Gitarre war sein Hauptinstrument, aber er konnte sich auch auf der Mandoline und der Violine behaupten. Wir nahmen uns zum Beispiel ein wenig Bluegrass vor, woraufhin er sich irgendein Instrument schnappte und direkt einstieg, ohne jede Mühe. Auch erwies er sich als recht tüchtig, was die Tasten anbelangte. Bei uns stand ein Harmonium rum, auf dem er oftmals klimperte."

Wie von vielen Seiten berichtet, kann Gary als recht schüchtern und still charakterisiert werden. Doch Tim Booth begeisterte sein Sinn für Humor: „Er war unglaublich witzig, das kann ich nicht genug betonen. Ein totaler Clown. Er hatte dieses komplette Zappa-Album praktisch auswendig drauf. Und er setzte sich mit der Gitarre hin und spielte es uns vor. Er imitierte sogar die Stimmen und sang sie uns vor. Das war besonders lustig. Für mich war Garys Zappa-Version besser als das Original."

Tim berichtet von einem Abend, an dem Gary und er für einen Kurzauftritt in die beliebte Bar Slattery's zogen. „Ich hatte mir ordentlich LSD eingefahren, und die Wirkung setzte ein, als wir auf die Bühne mussten. Das wurde natürlich ein interessantes Set. Gary riss mich mit seiner Gitarre einfach mit, aber das Publikum wurde nicht schlau, aus dem, was es hörte. Er hatte mich natürlich durchschaut, denn dazu musste er mir nur in die Augen blicken. Der Gig fand im Keller eines Pubs statt, zu dem eine enge Feuerwehrtreppe hinunterführte. Ganz unten stand ein Besenschrank, dessen Wände merkwürdigerweise mit einem plüschigen Material bezogen waren. Als wir rausgingen hörte ich Garys Stimme: ‚Lass uns den Aufzug nehmen.' ‚Aufzug? Ähh … Ich glaube nicht, dass da ein …' ‚Na los, Mann. Natürlich ist da einer.'"

„Und er schob mich in den Schrank, zog die Tür zu, und uns empfing eine lavendelfarbene Dunkelheit. ‚Scheinbar keine Birnen mehr da. In welchen Stock sollen wir denn fahren? Hoch … Da, wo es die Damenunterwäsche gibt … Haushaltswaren … Kurzwaren … und … da ist ja noch der Dachgarten!' Dann öffnete sich die Tür wieder in diesem kleinen Keller und ich fand es im wahrsten Sinne des Wortes sagenhaft, dass ein Dachgarten so weit unter der Erde lag und so sehr wie ein Keller aussah."

Wir hockten immer bis tief in die Nacht zusammen, wodurch er unsere Musik gut kennenlernte. Als es dann an die Aufnahmen zu unserem zweiten Album *Heavy Petting* ging, bei dem wir eine E-Gitarre integrieren wollten, stellte er natürlich die erste Wahl dar. Wir erarbeiteten uns mit Gary die Arrangements, und brachten alles in den legendären Eamonn Andrews Studio schnell aufs Band."

Der Island-Produzent Joe Boyd entsandte den Ingenieur Roger Mayer (der einige der wichtigsten Effektgeräte für Jimi Hendrix entworfen hatte) zur Aufsicht der Sessions. Er hatte den Fairport-Convention-Drummer Dave Mattacks mit im Schlepptau, der, laut Tim, „uns in Form brachte mit der Hilfe und Unterstützung von Gary". Ivan Pawle erinnert sich an einen besonderen Moment während der Aufnahmen: „Wir versuchten verzweifelt diesen Track einzuspielen, einen von Tim Booth – ‚Gave My Love An Apple' – und ich glaube, dass es Garys letzter Tag [im Studio] war. Ich versuchte mich ein bisschen am Bass. Dann ließ sich Brush blicken, der zu Gary sagte, dass sie zu einem Gig müssten. Er sah wie ich mich abmühte und schnappte sich den Bass. ‚Ach, was soll's … alles klar Gary? One, Two …' und sie begleiteten Tim auf der Akustik-Gitarre und Dave. Ich glaube, wir haben es schon beim ersten Take hinbekommen, und es war großartig." Der herausragende Track des Albums war Ivans „Sign On My Mind" mit einem reifen, lyrischen und langgezogenen Solo von Gary.

De meisten Typen, mit denen Gary abhing, waren bis zu zehn Jahre älter als er, und sie hatten das Gefühl ihn beschützen zu müssen. Ivan kaufte für

Gary den ersten LSD-Trip, doch begleitete ihn – ganz im Geiste der Zeit – bei dem Trip. „Wir durchlebten eine tolle und verspielte Zeit. Manchmal fuhren wir mit dem Bus nach Kilannie Head auf der Südseite der Dublin Day. Wir schlenderten runter zum Strand und sammelten Steine." Man hatte Gary also von der „Leine gelassen" und seine Ersatzeltern mussten nun die „strenge" Erziehung übernehmen. Tim Booth berichtet darüber, „dass wir herausfanden, dass er Speed warf, was wir nicht tolerierten. Wir erklärten ihm also: ‚Du kannst LSD nehmen und kiffen, aber Speed ist nicht drin', was er mehr oder weniger annahm, denn manchmal erschien er – aufgedreht wie eine Rakete – und wir mussten ihn dann wieder runterholen." Doch es gab eine dunkle Seite der Drogenszene. Laut Brush hing Gary manchmal mit einigen zwielichtigen Gestalten ab, die in eine Apotheke eingebrochen waren und einen Haufen Pillen gestohlen hatten. Gary wurde im Studio für das Strangelys-Album erwartet, tauchte aber nicht auf. Tim und Joe Coughlan eilten zu seiner Wohnung, traten die Tür ein und fanden Gary auf dem Boden – total zugedröhnt. Sie brachten ihn wieder zu Bewusstsein und schleppten ihn ins Studio.

Wenn die Drogen Garys Kopf in eine andere Richtung drehten – wenn auch nur ganz kurz – öffnete ihm der Umzug nach Dublin jedoch eine viel bedeutendere neue Welt: die der Frauen. Eine davon – Sylvia Keogh – war seine erste „richtige" Freundin, auf die er sich in seinem Song „Business As Usual" bezieht: „I lost my virginity to a Tipperary woman."

Sylvia erinnert sich: „Ich war ein riesiger Fan von The Method und befand mich mit einer Freundin nach einem Gig auf dem Nachhauseweg. Wir gingen noch in einen Fast-Food-Laden, und eine Freundin meiner Freundin saß dort mit diesem Typen – und es war Gary. Nachdem er bei Skid Row eingestiegen war, kamen wir schnell zusammen und lebten dann auch miteinander."

Sylvia berichtet davon, dass es nicht einfach war, die Beziehung aufrecht zu halten, besonders wenn sie in einem gemeinsamen Bett schlafen wollten: „Manchmal hatten wir Ärger mit den Vermieterinnen und er wohnte dann bei den Strangelys oder Johnny Duhan. In Dublin gab es für uns ungefähr neun verschiedene Wohnungen."

Wie Noel Bridgeman schon an früherer Stelle erwähnte, wurde die irische Kultur von der Katholischen Kirche dominiert, die die Sozialmoral des Landes diktierte. Das Paar hatte nicht nur Stress mit kratzbürstigen Vermieterinnen, auch Sylvias katholische Familie hieß einen langhaarigen, protestantischen Gitarristen aus Belfast nicht sonderlich willkommen. Das führte zu Spannungen, und Garys traurige Geschichte – an früherer Stelle schon angesprochen – handelte von einer Sylvia, die ihn rausgeworfen hatte. Es liegt aber durchaus im Bereich des Wahrscheinlichen, dass sie alles abkühlen lassen wollte, um den Familienfrieden zu bewahren. Gary verstand damals nicht, was exakt geschah und betrachtete so eine Handlung vermutlich als Ablehnung. Johnny Duhan beschreibt die Beziehung als „turbulent, doch Gary war wie vernarrt in sie". Zuvor versuchte er ihm die Geschichte unterzuschieben, er habe seine „Unschuld" mit 13 Jahren in einem Belfaster Park verloren, doch tatsächlich war Sylvia seine erste Geliebte. Damals war er erst 16 und sie schon 18, was das Verhältnis zu etwas Besonderem machte.

Auch Sylvia empfand diese Zeit als aufregend und prickelnd: „Gary war sehr süß, einfach anders. Er sah nicht so aus wie die ganzen Beamten, mit denen ich jeden Tag arbeitete und auch nicht wie die netten Jungs von nebenan. Man fühlte auch dieses gefährliche Element, ich als Katholikin aus dem Süden und er ein Protestant aus dem Norden – das hatte eine bestimmte Brisanz." Manchmal wurde es allerdings zu brisant, denn Gary hatte eine niedrige Frustrationsschwelle. „Ich erinnere mich an einen Zwischenfall in Dublin. Einer der Strangelys hatte Gary seine Sitar gegeben, und er versuchte sie zu spielen, was aber nicht so klappte, wie er es sich vorstellte. Er wurde ziemlich ungeduldig. Wir besuchten dann einen Pub und durchquerten den Park auf dem Nachhauseweg. Nachdem wir angekommen waren, zerlegte er als erstes die Sitar in Einzelstücke."

Skid Row waren mittlerweile zur bekanntesten Band Irlands aufgestiegen, doch benötigten dringend einen Durchbruch, um eine weitere Stufe der Karriereleiter zu nehmen. Dann, im Dezember 1969, traten sie als Vorgruppe von Fleetwood Mac im National Stadium in Dublin auf.

Brian Downey sah sie an dem Abend: „Sie waren fantastisch, wirklich gut, und Gary legte ein außergewöhnliches Gitarrenspiel hin." In einer von Moore oftmals erzählten Story, berichtet er davon, was als Nächstes geschah. Folgend ein Auszug aus dem *Beat Instrumental* 1979: „Pat Egan verglich die beiden Shows. Er kam hinterher auf mich zu und sagte, dass mich Peter Green treffen wolle – und der war mein Held – wirklich! Ich konnte es nicht fassen, dass er mit mir reden wollte, ganz zu schweigen von einem Jam, zu dem er mich einlud!" Doch zuerst mussten Skid Row an dem Abend noch einen anderen Gig abreißen, aber auf dem Weg zurück stolzierte Gary in Peters Hotel: „Ich hockte mit ihm im Hotel und wir jammten bis ungefähr 6 Uhr morgens. Ich schwebte regelrecht auf einer Wolke. Er gab dann Interviews, in denen er mich als den besten Gitarristen bezeichnete, mit dem er jemals gespielt hatte – das lief echt aus dem Ruder!"

Gary hätte niemals ahnen können, dass Peter Green kein von seinem Ego getriebener Gitarren-Hero war, sondern ein zutiefst verstörter und spiritueller Mensch, den das Rockgeschäft zunehmend belastete und auch der für ihn exorbitante und ungerechtfertigte Verdienst. Seine LSD-Erfahrungen verstärkten noch seine introvertierte Grundhaltung, trieben ihn noch weiter in eine höchst individuelle Gedankenwelt. Green hatte geplant, die Gruppe nach der Veröffentlichung von „Oh Well" im Oktober zu verlassen – nur wenige Monate vor dem Dublin-Gig – doch der Manager Clifford Davis überredete ihn zum Verbleib. Da er von den Ausstiegsabsichten des Gitarristen wusste, musste man ihn – auf Greens Vorschlag hin – nicht lange davon überzeugen, sich Skid Row anzunehmen. Hier wartete ein unbekannter, sensationeller Gitarrist auf seinen explosiven Durchbruch.

Davis gelang es, einen Deal mit der CBS einzustielen, damals auch das Label von Fleetwood Mac, woraufhin die Band einige Demos in Dublin aufnahm, bei denen Mike Smith die Produktion übernahm. Smith durfte sich schon mit sechs Nummer-1-Singles brüsten, darunter Interpreten wie Brian Poole and the Tremeloes, Georgie Fame, Marmalade, Love Affair und Christie. Allerdings lehnte er die Beatles beim berühmt-berüchtigten Vorspielen bei der Decca ab. Die Skid Row-Demos erschienen dann in den Achtzigern in diversen Vinyl-Ausgaben, gefolgt von CD-Reissues. Nachdem die Band in London angekommen war, wurde das Album laut Gary „verworfen und wir spielten es neu ein, wobei uns ein noch mieseres Ergebnis ‚gelang'".

Der Umzug erfolgte umgehend nach der Unterzeichnung des Vertrags, denn eins war klar: Wenn Gary aus Belfast verschwinden musste, um weiterzukommen, mussten Skid Row die grüne Insel verlassen. Ted Carrroll hatte sich in den frühen Tagen als Manager verdient gemacht, doch nun versuchten sich verschiedene Andere wie zum Beispiel ein Ausbilder für Feuerwehrleute mit dem treffenden Namen Ollie Burn, der sich mit fliegenden Fäusten überall einmischte, wenn jemand die Band bedrohte, sich aber immer ohne einen Kratzer aus dem Schlamassel zog. Er ähnelte damit Mickah Wallace, dem verrückten Security-Mann, der den Schlagzeuger in *The Commitments* spielte. Zwischenzeitlich war Ted nach Bournemouth gezogen und fuhr für zwei Jahre Bus. Einige Freunde besaßen ein Haus in Planchette Grove, östlich von London, mit leerstehenden Zimmern. Ted fuhr nach Euston, holte Skid Row ab und chauffierte sie zu ihrem neuen Zuhause. Miete und Verpflegung waren gedeckt, und somit erhielten sie 1 Pfund pro Tag, um sich ein luxuriöses Leben zu gönnen.

Nächtliche Fahrten in der Underground konnten sich als ein gefährliches Unterfangen herausstellen, denn damals hockten zahlreiche Skinheads in den Wagons, die meist in die Außenbezirke zurückfuhren. Musiker mit langen Haaren zogen böse Blicke geradezu magisch an, doch glücklicherweise gab es keine handfesten Auseinandersetzungen. Die Band probte in Davis' Haus in Surrey und spielte einige Gigs als Vorgruppe – beginnend im Kultladen The Roundhouse – unter anderem mit den Strangleys, doch die meiste Zeit war für die Produktion des Albums reserviert. Von den Songs der selbstgeschriebenen und in Dublin aufgenommenen Nummern überlebten fünf, nämlich „Virgo's Daughter", „Heading Home Again", „Felicity", „Unco-op Showband Blues" und „The Man Who Never Was". Ein Stück schaffte es nicht aufs Album und wurde unter dem Titel „Sandie's Gone" im April 1970 als Single veröffentlicht. Es mutet besonders gesanglich wie ein Country-Rock-Track von The Band an.

Das Album mit dem Titel *Skid* beinhaltete vier neue Songs, entweder von Brush geschrieben oder der gesamten Gruppe. Für Skid Row lag die „Daseinsberechtigung" im Schnellspielen, womit sie ihren Sound einer neuen „Rock-Intelligenzia" darboten, die sich Musik von King Crimson anhörte, Colosseum und vielleicht auch die Jazz-Rocker wie Tony Williams Lifetime mit Jack Bruce und John McLaughlin. Abgesehen von einem Song wie „Heading Home Again" – der auch gut auf eine Platte der Flying Burrito Brothers gepasst hätte – lässt sich das gesamte Album wie folgt auf einen Nenner bringen: Keine Rücksicht auf Verluste und wilde Unisono-Passagen vom Gesang, dem Bass und der Gitarre. Und wie steht es mit Garys Aussage, dass die aufgenommenen Demos tatsächlich besser waren als das reguläre

Debüt? Tja, er hat es möglicherweise auf den Punkt gebracht. Noel weist darauf hin, dass ihnen Personal zur Seite stand, das glaubte, es wüsste, in welche stilistische Richtung Skid Row abzielen würden: „Peter Green sollte das Album produzieren, doch ihm ging es nicht so gut. Und so übernahm es Clifford Davis, der überhaupt keine Ahnung hatte, dies aber nicht wusste! Der Klang war sehr dünn. Das *Skid*-Album wurde schlecht aufgenommen, und eigentlich hätten wir jemanden wie Felix Pappalardi gebraucht, der sich im Studio um Cream kümmerte." Auf dem Cover des Albums finden sich keine Hinweise zum Tontechniker, was den Eindruck zusätzlich untermauert, dass es an mangelnder professioneller Produktion und post-Produktion litt. Garys kritischer Vergleich lässt sich am besten mit „Unco-op Showband Blues" belegen, Brushs Satire auf das Leben in einer Showband, die auf *Skid* an „Würze" und Klarheit verliert. Gary erzählte später Chris Welch vom *Melody Maker*, dass Brush ihn immer drängte schneller zu spielen: „Mir war gar nicht klar wie schnell ich eigentlich unterwegs war. Die Leute glauben immer, dass ich mich darauf konzentrierte, doch ich wusste ehrlich gesagt nicht, was ich da machte. Ich dachte immer, die anderen Gitarristen wären schneller als ich, hatte das Gefühl aufholen zu müssen … und danach konnte ich nicht mehr langsamer spielen, was zu einem Problem wurde!"

Die auf dem Album erkenntliche Musikalität beweist hingegen, dass die Band sich gegenüber den besten Gruppen im UK behaupten konnte. John Peel gehörte zu ihren Fans und nahm einige BBC-Sessions auf. Als das Album letztendlich im Oktober 1970 erschien, schoss es im UK in die Top 30 und kam auch in Schweden in die Hitparade, was zugleich den Beginn einer „Liebesbeziehung" zwischen Gary und dem schwedischen Publikum markierte, die niemals endete.

Mit dem Album „im Kasten" machten sich Skid Row zur obligatorischen UK-Club und -College-Tour auf, unterbrochen von fünf Terminen in Dänemark, einem in den KB Hallen als Vorband von Canned Heat und anderen in Aarhus. Der Roadie Paul Scully denkt daran zurück, dass „man uns, glaube ich, mit Gulasch bezahlte". Eindeutig positiv war hingegen der Auftritt bei einer CBS-Präsentation in Kopenhagen, um den Albumeinstieg in die *Music Week*-Charts zu zelebrieren. Die beiden letzten Gigs dieser Exkursion brachten den Geiz und das Engagement der CBS auf einen Nenner. Man stellte der

Band kein Hotel zur Verfügung, und so musste sie im Van schlafen. Mitten in der Nacht wurde es so eisig kalt, dass die Musiker ihr Gefährt verließen und herumrannten, um sich warm zu halten.

Aber sie hatten auch ihren Spaß. Paul Scully: „Wir waren damals mit einem geräumigen Transit-Transporter unterwegs. Clifford Davis gab uns das Geld zum Kauf einer PA, woraufhin wir uns eine WEM anschafften, voll angesagt für die Zeit. In einer Nacht waren Gary und ich auf LSD, fuhren auf ein Tankstellengelände, rollten aus der Karre und lachten uns schräg! An dem Abend stand noch ein Gig in Clouds in Derby an, und den rissen wir ab – total stoned, einfach weg." Kaum aus dem Tourtransporter ausgestiegen, erhielten sie die große Neuigkeit – es sollte in die USA gehen. Niemand kann sichere Informationen über diesen außergewöhnlichen Coup liefern, doch allgemein wird angenommen, dass Davis' als Manager von Fleetwood Mac gute Kontakte zu den Veranstaltern in den Staaten unterhielt. Möglicherweise hatte er den Vorschlag gemacht, dass Fleetwood Mac nur im Paket mit Skid Row zu haben waren.

Ende Oktober flogen die Musiker zum LAX [Flughafen von Los Angeles], wo ihr Manager und ein Vertreter von Epic Records schon auf sie warteten. Brush hatte natürlich geradewegs eine recht unerfreuliche Begegnung: „Ich sehe da diese Typen, die mich angafften, FBI oder so. Die hielten mich geschlagene zwei Stunden fest und schnappten sich meinen Pass, während die Kollegen [von der Band] auf mich warteten. Es stellte sich heraus, dass ich denselben Namen wie ein Gesuchter hatte. Die durchwühlten mich auch nach Drogen, einfach allem!"

„Wir waren damals noch wirklich ‚grüne Jungs' aus Irland", berichtet Paul Scully. „Hatten noch nicht mal einen Reiseführer! Wir wussten über die Termine Bescheid, hatten aber keine Ahnung, wo genau wir auftreten sollten. Amerika – das kannten wir nur von den Filmen. Nach LA zu reisen und sich am Sunset Strip aufzuhalten, war ein großes Ding, brachte 'ne Menge Spaß. Alles sehr magisch." Obwohl sich das Album in Großbritannien gut schlug, litten die Musiker in den USA, da die Unterstützung der CBS ausblieb. Noel: „Alles lief nach dem Prinzip „von der Hand in den Mund" ab. Da die CBS nicht sonderlich interessiert war, glich das alles einem ‚Steck ihnen einen Gig dort zu, lad sie da zum Essen ein, halt sie bei Laune'. Damals gab es fünf Dollar am Tag, und man konnte haben, was man wollte – Drogen, Alk, Frauen, aber bitte nicht nach Geld fragen!"

Nachdem alles mit der Plattenklitsche abgeklärt worden war, reiste die Band für einen fünftägigen Gastspielauftritt zum Whisky A Go Go, den sie mit einer Soul-Funk-Band namens Polution absolvierten, bei denen Dobie Gray sang. Es folgte ein Konzert im legendären Fillmore West, wo Skid Row als vierte Band nach Ashton, Gardner and Dyke, Boz Scaggs und den Headlinern The Mothers of Invention angekündigt wurde. Auf der Bühne stand so viel Equipment, dass Skid Row gefährlich nahe am vorderen Rand standen. Einer der Tontechniker kam zu Brush und fragte ihn: „Wo sollen eure Monitore stehen?" Er antwortete: „Wir brauchen keine Monitore. Der Typ dachte wir seien durchgedreht. Wir waren die lauteste Band, die sie je gehört hatten. Garys Echo funktionierte nicht richtig, und als er es anschaltete, klang die Kiste so, als würde das Meer mit zwölf Knoten über uns herabprasseln. Als es dann losging, hörte man nur das Echo. Ich schäumte vor Wut. Danach schnappte ich mir den Typen und nagelte ihn in der Garderobe an die Wand."

Ted Carroll hatte die sogenannten „See America"-Tickets erworben, was bedeutete, dass die Gruppe – erstmal in LA angekommen – so viele Zwischenstopps auf dem Weg einlegen durfte, wie sie wollte. Die Konzerte waren in Richtung Osten gebucht worden. Sie traten im Spectrum in Chicago mit Ten Years After auf und nach dem Aufschlag in Detroit mit The Allman Brothers Band und The Stooges. Alle Mitglieder stimmen überein, dass sich die Allmans in der Tradition der Gentlemen aus den Südstaaten verhielten und sich überaus freundlich gaben. Noel sprach mit Butch Trucks, einem ihrer Schlagzeuger: „Er war großartig. Wir plauderten locker miteinander, wonach er mir seine Adresse gab und mich zu einem Besuch einlud." Skid Row verehrten die Brothers und Gary zeigte sich besonders vom Twin-Gitarren-Sound beeindruckt, Duanes Slide-Gitarrenarbeit und dem Konzept der zwei Drummer. Auch verblüffte sie die ungezwungene Fusion aus Blues, Jazz und Country, die der Band ihren einzigartigen und sofort erkennbaren Sound gab.

Danach ließen sich Skid Row mit Jethro Tull in der Cleveland High School blicken und schließlich ergriffen sie die Chance, im November im Boston Tea Party mit Mountain aufzutreten. Wie auch die Allmans verhielten sich Mountain gegenüber ihrer Vorband großzügig. Felix Pappalardi stieg gerade ins

Thema irische Musik ein, woraufhin ihm Paul Scully eine Chieftains-Platte schenkte. Damals waren Mountain zu den Aufnahmen von *Nantucket Sleighride* im Studio, bei denen der Refrain eines irischen Jigs vorkommt.

Im Backstage-Bereich erlebte Noel eine Seite von Garys Charakter, die schwierig zu kontrollieren war: „Wir jammten in der Garderobe und dann öffnete sich die Tür und Leslie West kommt herein. Er latscht zu den Amps und rockt das wohl donnerndste Riff, [das ich je gehört habe]. Dann begann Gary [aufschneiderisch] zu spielen, woraufhin Leslie West nach zwei Minuten sein Gitarrenkabel zog und rausging. So lief das auch mit Peter Green ab. Wir besuchten ihn in seinem Haus, tranken einige Tassen Tee, wonach die beiden zusammenspielten. Irgendwann stoppte Peter und meinte: ‚Hör mal, hör mit diesem scheiß Rumgeprotze auf und lass uns mal ein bisschen Musik machen'."

Es wäre einfach, das als jugendliches Kräftemessen zu bezeichnen, denn Gary hatte 1970 gerade erst 18 Jahre „auf dem Buckel" – und das war es zu einem bestimmten Grad auch. Allerdings war es für Gary problematisch mit anderen ohne seine auf Konkurrenz basierende Seite zu spielen, die auf mehr beruhte, als auf der Suche nach Anerkennung. Henry McCullough, ein weiterer Top-Gitarrist aus Nordirland, überredete Paul McCartney einmal, Gary zu einem Jam mit den Wings einzuladen. Dabei stand Paul den Berichten nach kurz davor Garys Gitarrenkabel eigenhändig zu ziehen. Dieses Verhalten mag wohl auch dazu geführt haben, dass man Moore zu keinem der ganz großen Gitarrenfestivals einlud. Allein durch sein Talent hätte er alles Recht der Welt zu einem Auftritt gehabt – zum Beispiel bei Eric Claptons legendären Crossroads Guitar Festivals. Auch wenn er als Frontman bei seinen eigenen Bands spielte, konnte man ihn bei einem feurigen Gitarrensolo dabei beobachten, wie er fragend zur Seite schaute. Es war aber weniger ein „Hey, Leute, schaut mal her.", sondern ein „Hey Leute, ist das okay? Ist es gut genug?"

Die andere Seite der Medaille bestand in seinem phänomenalen Talent, denn er war der unangefochtene Star von Skid Row. Zu seinen vielen Glanzmomenten zählte Robert Johnsons „Ramblin' On My Mind", eine Nummer, bei der er nur Gitarre spielte und sich auf der Bass-Drum begleitete wie Duster Bennett. Doch der überwiegende Teil der Skid-Row-Show war unbarmherziger Hochgeschwindigkeits-Progressive-Rock, garniert mit theatralischen Einlagen. Zum Beispiel hockte sich ein Crew-Mitglied hinter die Drums, Brush sprang auf seine Schultern und katapultierte sich über das Schlagzeug. Allerdings lässt sich die Resonanz insgesamt als durchwachsen bezeichnen, denn einige der Hippies von der West Coast zogen die entspannten und sich dahinschlängelnden Sounds der Grateful Dead vor, andere huldigten wiederum Skid Row. In Boston, einer irisch geprägten Stadt, wurde Brush von den Hells Angels zum Ehrenmitglied erklärt.

Abseits der Bühne und zwischen den Konzerten gingen die Musiker meist getrennte Wege. In Los Angeles wohnten sie kurzfristig in einem Hotel in der Nähe des berüchtigten Riot (Hyatt) House Hotel. Dann pennten sie in einem Apartment eines Freundes von Clifford Davis, gelegen auf halbem Weg zwischen LA und Santa Monica. Sonst hieß es allgemein, sich in einem Zimmer in den Holiday Inns „aufzustapeln".

Die Roadies Frank Murray und Paul Scully waren ungefähr im selben Alter wie Gary und tendierten dazu, in einer Gruppe herumzuziehen, wenn sie sich nicht um ihre eigenen „Schlaf-Arrangements" kümmerten. Zum Beispiel machte sich Gary mit einem Mädchen auf und davon und verbrachte Thanksgiving bei ihrer Familie. Sie hielten sich auch im Haus des Byrds-Managers Jim Dickinson auf, was der Verbindung zu Fleetwood Mac geschuldet war. 1970 begann der stilistische Wandel von Mac, und die weitere Existenz der Band hing in der Schwebe, woraufhin Dinky Dawson, einer ihrer Roadies, nach LA kam um für die Byrds zu arbeiten.

Brush war sicherlich kein enthaltsamer Mensch, doch runzelte immer die Stirn, wenn er die Eskapaden der Anderen miterlebte – besonders am Abend vor einem Konzert. Ted Carroll erinnert sich an eine wutentbrannte Auseinandersetzung mit Brush: „Wir hingen alle bei Jim und [seinen Leuten] ab. Die besaßen einen großen Aluminiumtopf, in den etwas über zwei Liter Wasser passten. Da bewahrten die ihr ganzes Gras drin auf und kochten damit Tee. Man hatte uns zum Dinner eingeladen und wir verbrachten 'ne nette Zeit miteinander, kifften ein bisschen und süppelten den Gras-Tee. Dann erhielt ich einen Anruf von Brush: ‚Wo ist der verfluchte Übungs-Verstärker?' Da er in der Reparatur gewesen war, stand er immer noch hinten im Van." Die beiden führten ein direktes und hitziges Gespräch, „doch er bestand darauf, dass er ihn jetzt bräuchte – an diesem Abend – es war ungefähr 18:30 Uhr. Und so musste ich total breit in den Van steigen und den Highway mit ungefähr 120

Stundenkilometern entlangdonnern – es fühlte sich wie Zeitlupe an. Irgendwie packte ich es, die richtige Ausfahrt zu nehmen. Die Freundin von Clifford wohnte in einem Apartment in der Nähe des Sunset Boulevard. Ich latschte an die Tür und knallte den Amp auf den Boden. Brush kam raus. Ohne ein Wort zu sagen, ging ich einfach weg."

Sylvia glaubt daran, dass LA für Gary der Einstieg zur Hölle wurde, denn sie schreibt die Panikattacken, an denen er später litt, dem überaus starken Marihuana zu, das man an der Westküste konsumierte.

Geplante Gigs im New Yorker Fillmore East wurden abgesagt, und so ließ die Band das Equipment am Bostoner Flughafen zurück und flog nach Irland. („Es könnte da immer noch rumstehen", witzelt Noel.) Ted nahm sich einen ganzen Koffer voller Schallplatten mit, um damit seinen aufblühenden Mailorder-Versand aufzumotzen. (1978 gründete er mit Roger Armstrong und Trevor Churchill Ace Records, eins der großen Reissue-Labels.) Er entschied sich zum Ausstieg, wartete aber bis zum Februar 1971, da Frank Murray dann seinen Führerschein bekam und den Job des Fahrers übernehmen konnte. Zurück in Großbritannien spielten Skid Row noch ungefähr ein Dutzend Konzerte, wonach sie sich am 26. Dezember in Belfast sehen ließen, wo Gary den größten Schock seines Lebens ertragen musste.

Seit dem Umzug nach Dublin, hatte er sich kaum Zuhause blicken lassen. Johnny Dunhan erinnert sich an das Jahr 1968. Moore wohnte seit ungefähr einem Monat bei ihm: „Gary lud mich ein, ihn bei einem der seltenen Familienbesuche nach Belfast zu begleiten. Sein Haus, soweit ich mich erinnere, wirkte nicht anheimelnd ... als wir unsere Taschen abgestellt hatten ... riss er mich mit, um einige der alten Freunde zu besuchen ... In jedem Haus wurde er von den alten Kumpels mit offenen Armen empfangen, aber auch von den Eltern."

Obwohl Garys Vater Bobby manchmal anrief und die gelegentliche Fahrt nach Dublin unternahm, um nach seinem Sohn zu sehen, zeugte das nicht von einer übermäßigen Fürsorge. Sylvia erinnert sich an einen Besuch in Belfast 1970. Gary war der Älteste und hatte noch vier jüngere Geschwister: seine Schwestern Maggie, Pat und Michelle und den Bruder Cliff. Als Gary und Sylvia Bobby trafen, erklärte er ihnen, dass (wie schon früher) der Sozialdienst vorstellig geworden war, da die Kinder die Schule nicht besuchten. Sylvia bemerkte, dass der ältere Herr unter „Zittern" litt und sich Alkohol zum Lunch im Hotel bestellte. Wie auch die anderen, zwischen Bobby und Winnie bestehenden Probleme, hatte sich die grundlegende Situation verschlimmert, da Bobby zunehmend in den Alkoholismus abrutschte. Letztendlich überwies man ihn in eine Psychiatrie – die Institution trägt heute den Namen Knockbracken – und von dort aus in eine Klinik. Was man ihm zugutehalten muss: Er besiegte das Alkoholproblem und blieb sein Leben lang trocken. Doch es war schon zu spät zur Rettung seiner Ehe. Während er in der Klinik verweilte verließ Winnie die Castleview Road, nahm Garys Geschwister mit sich und floh zu ihrer Schwester Ellen nach Weston-Super-Mare. Als Gary dann Weihnachten 1970 nach Hause kam, fand er ein leeres Haus vor – sein Vater befand sich im Krankenhaus und Mutter und Geschwister waren verschwunden.

Natürlich kannte Gary die familiären Schwierigkeiten nur zu gut, doch laut Sylvia „war es eine traumatische, hochemotionale Zeit für Gary. Er war völlig verwirrt". Diese unverhoffte Trennung hatte bei dem Gitarristen tiefgreifende Auswirkungen, von denen er sich möglicherweise nie mehr erholte. Kinder oder Jugendliche in solchen Situationen empfinden manchmal eine bestimmte Art von Schuldbewusstsein, was sich in der irrigen Annahme ausdrückt, ihnen würde kein Glück im Leben zustehen, da sie ihre Familie zerstört haben.

Gary musste sich schon längst mit Problemen herumplagen, denn aufgrund des schwierigen Familienlebens war er gegenüber anderen Menschen immer misstrauisch und fühlte sich in fremder Gesellschaft nie sicher. Die Gefühlswelt eines Erwachsenen schien sich bei Gary noch nicht ausgebildet zu haben, sondern entsprach eher der psychischen Verfassung eines Jugendlichen, denn er verhielt sich profund besitzergreifend und eifersüchtig, was Frauen anbelangte. Sylvia erinnert sich an einen Zwischenfall in einer Bar, in der sie sich mit dem Gitarristen Ed Deane unterhielt, Garys „Sparrings-Partner" in der Blues-Session, die Ivan Pawle so beeindruckt hatte. Diesmal ging Gary geradewegs auf Ed zu und schüttete ihm ein Pint Bier über den Kopf. Ein merkwürdigerweise amüsierter Ed erkundigte sich, was das denn solle, woraufhin Gary antwortete: „Du hast dich zu lange mit ihr unterhalten."

Gary unterzog seine Beziehungen (zu Männern und Frauen) einer Art Stresstest und reizte sie wie eine „Self-Fulfilling Prophecy" folgend bis zur Trennung aus. Obwohl es lange dauerte, wurde aus ihm schließlich solch ein hingebungsvoller Familienvater, dass man schnell den Eindruck hatte, er würde alles versuchen, damit sich die Geschichte nicht wiederholt. Bei der Frauenwelt wurde aus ihm ein hoffnungsloser Romantiker, was nicht immer dienlich war. Die Art und Weise wie er sich im Privatleben gab, war ein Symptom seines tiefsten Inneren, seiner Antriebskraft, seiner Leidenschaft, mit der er die Musik umsetzte. Für Gary gab es niemals halbe Sachen, denn er sah das Leben nur binär – Aus/An, Schwarz/Weiß. Alles oder Nichts.

Man kann ihn sicherlich als einen Privatmenschen charakterisieren, der so gut wie niemals über seine Gefühle sprach. Er stammte aus einer Zeit und hatte einen familiären Hintergrund, bei dem sich niemand eine Blöße gab. Das wurzelte in der Angst, schwach zu erscheinen und verwandelte sich in Gewalt und/oder Alkoholismus als einziges Mittel aufgestaute Emotionen abzubauen, das niedrige Selbstwertgefühl zu überspielen wie auch die Versagensangst. Gary arbeitete im Musikbusiness, einem Geschäftszweig, aufgebaut auf einem übermäßigen Ego und der Selbstbezogenheit, was zu einem absoluten Desinteresse und sogar einer Abscheu und Verleugnung führte, was die treibende Kraft hinter den inneren Dämonen betraf.

Allein der Zerfall seiner Familie im Dezember 1970 hatte Gary schwer zugesetzt, doch zu allem Überfluss war Sylvia im vierten Monat schwanger: „Wegen meiner katholischen Erziehung nahm ich die Pille nicht. Ich wurde ungefähr sechs Monate nach unserem Umzug nach London schwanger. Bis dahin war es ein Glücksspiel gewesen, doch dann verschwand das Glück."

Im Januar 1971 zogen Gary und Sylvia von Ostlondon in die Belsize Avenue. Dort bewohnten sie ein Haus gemeinsam mit Paul Scully, Frank Murray, Ted Carroll sowie Eric Bell und seiner Freundin Eleanor, die auch schwanger war. „Sie kam aus Cork und ich aus Tipperary, was bedeutete – zwei Gitarristen aus Belfast – zwei schwangere Mädchen aus dem Süden! Allerdings durfte sich Eleanor über die Unterstützung ihrer Familie freuen, denn ihre Mum und ihr Dad kamen manchmal rüber. Wenn Gary tourte, war es sehr schwierig für ihn." Ihre Tochter Saiorse wurde im Mai 1971 geboren, und als Pate stellte sich Johnny Duhan zur Verfügung.

Zu dieser Zeit nahmen Skid Row ihr zweites Album auf. Clifford Davis hockte sich erneut auf den Produzentensessel, doch nun lag ihr Sound auch in den geschickten Händen des Tontechnikers Martin Birch, der sich später als Produzent/Tontechniker bei Deep Purple, Iron Maiden, Black Sabbath,

Whitesnake und Rainbow verewigte. Der Sound des Albums klang druckvoller und massiver, besonders bei den härteren Tracks, Martins Spezialität. Es war immer noch ein Projekt mit der Devise „Zeit ist Geld" und laut Brush wurde alles in 34 Stunden abgefrühstückt, was zum Titel *34 Hours* führte.

Das Album ermöglichte Gary seine Fähigkeiten in verschiedenen Genres zu beweisen wie Rock, Country und Jazzrock. Auf einem Track hörte man ein treibendes Wah-Wah-Pedal, auf dem nächsten ein kontrolliertes und ausführliches Country-Solo, und auf dem dritten Steel-Gitarren-Effekte. Keine andere Band hätte Gary ermöglicht, sich auf so einer breiten Klangpalette zu verwirklichen – nur Skid Row. Er erforschte fast jedes mögliche Genre, das sich für eine E-Gitarre im Rock-Kontext bot, was essenziell daran lag, dass es Brush schlichtweg egal war, was die Leute über ihre Musik dachten. Er zeigte sich immer fest entschlossen, dass sie das spielten, was sie wollten und wie sie es wollten und hatte die Hoffnung dass ihnen ihre unzweifelhafte Virtuosität den Erfolg bringen würde, an den er immer glaubte.

Dennoch demonstrierte *34 Hours* denselben verwirrenden Eklektizismus des ersten Albums, ohne tatsächlich starkes Material zu offerieren. Ein Musikkritiker kommentierte die Platte im Rahmen einer positiven Besprechung: „Die Musik ist in jeder Hinsicht voll abgefahren und zielt darauf ab, den Hörer dazu zu bringen, die Sounds wahrzunehmen (und zu fühlen) – hierzu fallen einem die Worte eigensinnig ein, beklemmend, körperlich, aggressiv, gewalttätig und dynamisch." Bei dem Kommentar muss die unvermeidbare Frage gestellt werden, wie viele Plattenkäufer sich eine solche Erfahrung antun wollen? Im Fall von *34 Hours* lautete die Antwort: Nicht sehr viele.

Nach der Fertigstellung des Albums Ende Juli 1971 machte sich die Gruppe auf zu ihrer zweiten US-Tour. Frank Murray hatte sich verabschiedet und arbeitete nun bei den gerade durchstartenden Thin Lizzy. Sein Platz wurde nun von dem ehemaligen Granny's-Intention-Mitglied Pete Cummins übernommen, der zusätzlich zu Paul Scully die Band begleitete. Pete erinnert sich an den Tourneestart in Kanada: „Es ging mit Skid Row in Montreal los, gefolgt von Ottawa und dann irgendeinem Ort in den Bergen, einer Art Campingplatz. Wir sollten am Samstag auftreten, doch am Freitagabend kamen die Organisatoren zu unserer Hütte und fragten, ob wir ein bisschen jammen wollten. Brush verneinte das, doch die anderen machten sich auf den Weg und ich zupfte ungefähr eine Stunde lang den Bass. Brush zeigte sich nicht sonderlich erfreut."

In den USA ankommen, ging es nach Cincinnati zu einem großen Festival mit Cactus als Headliner (eine Vorläufer-Band des Power-Trios Beck, Bogert and Appice) und dann an die Westküste, zuerst als Support der Afrorock-Band Osibisa, wobei Skid Row schnell ihren Status als Hauptband unterstrichen. Und exakt im Whisky A Go Go entfaltete sich eine der fast schon mythischen Rockgeschichten, an die sich Brush erinnert: „Wir begannen mit dem Konzert und da schrie einer: ‚Spielt Paddy McGinty's Goat!' Wie sich herausstellte, standen dort Rod Stewart and the Faces im Schlepptau mit Robert Plant und John Bonham. In der nächsten Sekunde kam Robert Plant auf die Bühne und trommelte, während John Bonham sang." John sprang danach auf Noels Drumkit und hämmerte ein Solo auf die Felle, was Pete Cummins dazu brachte, sich das Mikro zu schnappen und „Ego-Tripper" zu brüllen, ein Akt der Respektlosigkeit, der Brush auf die Palme brachte. Diese Szene ging als „Skid Row, die mit Led Zeppelin jammen" in die Annalen ein, was ja „so ungefähr" stimmte.

Nach dem Gig merkten Skid Row, dass ihnen niemand Geld für ein Hotel zugesteckt hatte und ihnen keine Übernachtungsmöglichkeit zur Verfügung stand. John Bonham half der Gruppe aus und blechte für die Hotelunterbringung – möglicherweise im Hyatt House – wo er einmal mit einem Motorrad durch die Gänge gebraust war. Noel fuhr im Aufzug mit John: „Ich glaube, die Mothers sind mit ihrem Drummer Aynsley Dunbar in der Stadt." John erwiderte darauf: „Was für ein toller Trommler. Ich wünschte ich wäre nur halb so gut wie er." Noel antwortete verblüfft: „Wie bitte? Du bist ein brillanter Drummer. Ich wünschte, ich wäre nur halb so gut wie du!"

Wie Blanche Dubois in dem Roman *Endstation Sehnsucht* waren Skid Row von der „Freundlichkeit Fremder" abhängig, da ihnen die wertvolle Unterstützung von CBS fehlte. In den Läden standen keine Platten und es gab keinen Radioeinsatz. Das führte zu schlechten Kartenverkäufen und Veranstaltern, die Gigs absagten. Pete meint dazu: „Man hockte in einem Holiday Inn und hörte, dass der morgige Gig ins Wasser fällt. Und so musste man sich dort einige Tage auf die faule Haut legen und Däumchen drehen."

Diese Zeit führte dazu, dass sich Ressentiments in der Band verfestigten – Brush war mit Pete unzufrieden, während sich Paul und Gary zum Kiffen verdrückten. Die beiden Letztgenannten hatten es satt, sich mit der – aus ihrer Perspektive – diktatorischen Haltung von Brush abzufinden. Je nach Aussage der Gesprächspartner wurden Paul und Pete in San Diego gefeuert oder nahmen freiwillig ihren Hut. Noel gibt an, dass die Band irgendwo ohne Fahrer strandete und schließlich von einem vorbeifahrenden Fan – der zuvor ein Konzert besucht hatte – zum Flughafen gebracht wurde.

Wieder zuhause angelangt, versuchten sich Skid Row an der Aufnahme eines dritten Albums, was sich in sieben Tracks manifestierte, erst Jahre später vom Castle-Label veröffentlicht. Beim Hören ist leicht festzustellen, dass sich die Geschichte wiederholte – Tracks voller exzellenter Instrumentalarbeit, aber keine Kohärenz. Es war erneut ein frustrierender Mix aus verschiedensten Einflüssen, von denen kein Song als Skid-Row-Stil erkennbar war. Darüber hinaus fehlte den Stücken der Wiedererkennungswert.

Brush räumt die gemachten Fehler ein: „Hätten wir uns auf einen Stil konzentriert, den Heavy Blues, wäre es gut gelaufen, doch wir verwirrten zu viele Leute. Ein simpler Country-Song und dann eine Nummer in 11/4? Das würde keiner machen, das wäre schlecht fürs Geschäft. Das konntest du mir aber nicht sagen. Ich ließ mich nicht belehren. Und alle haben es versucht. Das hat nichts mit Gary oder Noel zu tun."

Gary und Brush hatten eine komplizierte Beziehung, denn Brush wusste nur zu gut, dass der Erfolg der Gruppe von ihrem Gitarristen abhing. Noel sagt, dass „wir uns [zu Beginn] wirklich mochten, uns wie Brüder fühlten. Es bestand eine tiefe Zuneigung und wir hätten alles füreinander getan". Er erklärt, dass sich Brush um Gary gekümmert habe und ihn vor den Leuten warnte, die ihm zu nahetraten und schmeichelten, was er denn für ein großartiger Gitarrist sei. Andere hatten hingegen das Gefühl, Brush sei zu ruppig mit Gary umgesprungen, woraufhin dieser gegen ihn rebellierte, wie auch schon bei seinem Vater Bobby.

Wie er selbst zugab, wütete in Gary mit 18 Jahren – obwohl äußerlich ein schüchterner und stiller Teenager – ein wahrer hormoneller Feuersturm, der sich seinen Weg bahnte, wenn er die Gitarre an den Verstärker anschloss. In einem Gespräch mit Chris Welch gab er später zu: „Ich war vermutlich die ganze Zeit über total breit. Wenn ich auf die Bühne ging, drehten sich alle möglichen Gedanken in meinem Kopf, und ich war ziemlich aggressiv. Man empfindet das Leben als sehr ernst und bedrohlich, will jeden umbringen und alles in die Luft jagen. Das wirkt sich natürlich auf die musikalische Grundhaltung aus, die Kraft, mit der man spielt."

Im Dezember 1971 entschied sich Gary zum Ausstieg. Er erzählte zuerst Noel davon, der sich daran erinnert: „Es war leichter, es mir als Brush zu erklären. Er kam in die Garderobe und sagte, er würde abhauen. Ich glaube, dass ich etwas in der Richtung sagte: ‚Aber bitte rede nicht über uns, wenn du weg bist.' [Gary] nannte keinen Grund, doch zurückschauend wird mir klar, dass er den Erfolg brauchte, den Ruhm, dass er andere Gitarristen übertrumpfen wollte."

Obwohl die Band ein Flop war, erinnert sich Noel mit Melancholie an die Zeit zurück: „Skid Row fühlte sich wie deine erste Liebe an. Man vergisst es nie, und ich liebte die Band aus den richtigen Gründen. Da gab es kein Motiv, für mich war das mit der Kohle egal, da stand kein Image im Vordergrund oder irgendwas anderes auf dem Plan. Wir arbeiteten so verflucht hart, weil wir es liebten. Es gab keinen Gig, nach dem wir nicht total durchgeschwitzt von der Bühne gingen und wahre Mengen trinken mussten, um wieder einen vernünftigen Flüssigkeitsspiegel zu sichern. Meist latschten wir ohne Kohle aus den Läden, dachten aber damals, dass gehöre zum Spielchen. War halt Rock'n'Roll. Und Gary war noch blutjung, strahlte diese glühende Aura aus, eine Lebenskraft, die Energie der Jugend. Da er noch so unerfahren war, wirkte diese Art der Unschuld wunderschön."

Als Realist glaubt Brush, dass Gary nicht geblieben wäre, auch wenn Skid Row den Durchbruch geschafft hätten: „Man kann uns als drei Individuen beschreiben, die zusammenspielten, weil es toll war. Hätte aber einer von uns sein eigenes Ding durchziehen können, wäre das auch geschehen. Jeder will doch zum Zug kommen, es selbst versuchen." Brush erinnert sich weiter: „Es sollte wohl nicht sein und alles geschah, so wie es geschah. Für einige Jahre empfand ich das Musikmachen als wunderbar und unglaublich. Alles, was man sich nur wünschen konnte. Alles, was man sich nur vorstellen konnte. Schau mal, der Unterschied zwischen Skid Row und Thin Lizzy bestand darin, dass man sie kopieren konnte. Man holte sich einen Musiker, der die Licks nachspielte. Uns konnte niemand nachahmen, denn wir spielten denselben Song jeden Abend unterschiedlich, ohne uns darüber zu unterhalten! Man musste es nicht erzwingen, man musste es sich nicht zurechtlegen. Und Gary war grandios, doch sein Ausstieg musste wohl geschehen."

Skid Row waren aus dem Nichts gekommen und hatten versucht, die Welt mit ernstem, kompromisslosem Progressive Rock im positiv besetzten Sinn des Wortes zu erobern. Die Gruppe hatte ihre Show perfektioniert, ihnen stand gutes Equipment zur Verfügung, sie unterhielten das Publikum mit unterschiedlich gestalteten Songs und dank einer einflussreichen Agentur und einem hinter ihnen stehenden Management, traten sie mit den Besten der Besten auf.

Garys Ausstieg würgte die Band ab. Man holte sich Eric Bell für einige Konzerte, wonach Paul Chapman als regulärer Gitarrist einstieg, woraufhin Skid Row weitere Versuche unternahmen, eine dritte Scheibe einzuspielen, was sich aber als fruchtlos herausstellte. Chapman stieg 1972 aus und machte später mit UFO weiter. Brush hielt den Bandnamen Skid Row in den Siebzigern mit verschiedensten Besetzungen hoch und veröffentlichte 2009 ein Album mit dem *Titel Mad Dog Woman*, das neue Aufnahmen und Neubearbeitungen alter Songs der Band beinhaltete.

Für Gary bedeuteten die nächsten Jahre eine steile und anspruchsvolle Lernkurve, was nicht nur das schwer durchschaubare und geradezu undurchdringliche Musikgeschäft anbelangte, sondern auch das Leben selbst.

Kapitel Drei
Die Gary Moore Band

Als Skid Row in einen kurzfristigen Stillstand schlitterten, erkannten Brush und Noel, dass sie Opfer ihrer Naivität geworden waren und der – sagen wir mal – kreativen Buchführung, die zur Standardprozedur im Musikgeschäft gehörte (und immer noch gehört). Wie Noel reuevoll ausdrückt, „hatten wir keinen blassen Schimmer. Das lief mit der alten, in Dublin verbreiteten Einstellung ab: ‚Hey, alles wird schon gut werden, es wird sogar großartig werden. Lass es uns aus Spaß machen. Wir verfügten nicht mal über Konten, wollten einfach nur spielen. Das hat uns wirklich 'ne Stange Geld gekostet. Auf einer Insel, auf der sich jeder den Zehn Geboten unterwirft, würde doch niemand lügen oder etwas Falsches machen – dachten wir. Doch wir wurden regelrecht in Stücke zerfetzt. Als die Band sich auflöste, schuldeten wir Clifford Davis noch Geld – wie konnte denn das geschehen? Wir hatten immer drauf geschissen, keinerlei Geschäftssinn gehabt."

Augenscheinlich wurde der Band nie ein Vorschuss gezahlt, was „Bares, direkt auf die Hand" bedeutet hätte. Allerdings durften sie sich über Equipment freuen, einen Van, zwei „Reisen" in die USA, bezahlte Studiozeit für die Aufnahmen und Geld für die „sehr" bescheidenen täglichen Ausgaben – und das alles wurde natürlich von den minimalen Plattenverkäufen und den Gagen abgezogen. Wenn also die Angabe stimmt, dass Skid Row das Geld nicht einspielte, versumpften sie in tiefroten Zahlen. Keine Kohle für eine reguläre Wirtschaftsprüfung und kaum Anerkennung für die harte Arbeit. Was aus ihrer Perspektive alles noch verschlimmerte – davon berichtet Brush – war ein Vorschuss von 28.000 Pfund, den Gary von Davis erhielt, um seine eigene Band aufzuziehen (das Geld wurde blitzschnell für einen Truck und Ausrüstung verbraten). Diese Summe wurde angeblich von Davis noch zu den Schulden Skid Rows addiert, was die beiden Musiker noch tiefer in die Miesen drückte. Erst im Jahr 2000 konnte Brush mickrige 1. 200 Pfund einstreichen, nachdem er einen Bekannten zur Klärung der Finanzen angeheuert hatte.

Möglicherweise hatte Gary den Deal mit Davis schon vor seinem Ausstieg bei Skid Row eingefädelt, wonach er sich zur Suche nach neuen Musikern nach Dublin begab. Ein Posten war allerdings schon besetzt. Hin und weg von dem in den USA erlebten Twin-Gitarren-Sound der Allman Brothers, zog er sich einen Gitarristen namens Chuck Carpenter an Land. 2013 arbeitete Chuck bei einer Firma, die ein illuminiertes Gitarren-Plektrum – das Tric Pick – produzierte. Auf der nicht mehr existenten Internetseite erschien folgende Story:

„Chuck sah Gary erstmalig, als er 1970 die Show für das Power-Trio Skid Row eröffnete. Gary war nahe an die Bühne gekommen, um Chucks Performance direkt zu checken. Daraufhin fragte man Chuck Skid Row als Tontechniker und zeitweiliger Tourmanager zu begleiten, da Brush die gesamte Crew in Los Angeles gefeuert hatte. Er machte diesen Job, bis Gary ihn als erste Wahl für die Rolle des Gitarristen in der Urbesetzung der GMB (Gary Moore Band) engagierte. Während der Zeit als Tontechniker übten sie gemeinsam in Hotels und es entwickelte sich eine enge Beziehung, die jahrelang bestand … Gary und Chuck jammten unter anderem oft die Allman-Brothers-Nummer ‚In Memory Of Elizabeth Reed' und Songs von Mountain, wonach sie bei Skid Row ausstiegen, um sich zu einer eigenen Karriere aufzumachen." Die beiden Gitarreros reisten nach Dublin, wo sie laut der Webseite, „in der lokalen Wimpy-Bar einige Taxifahrer aufmischten. Sie prügelten sich um Frauen und Wimpy-Burger!"

Auf Empfehlung von Phil Lynott fand Gary seinen Drummer in Pearse Kelly, einen respektierten Musiker der Belfaster Szene, der nach Dublin gezogen war, um den Unruhen zu entkommen. Aus Belfast stammte auch der Bassist Sam Cook, ein alter Freund von Moore, der ihn Dave Lewis vorstellte. Damals war es in Mode gekommen, aufs Land zu ziehen „um alles auf die Reihe zu kriegen", wofür Traffic ein exzellentes Beispiel waren. Falls die neue Band aber hoffte, sich in einer ländlichen Idylle wiederzufinden, hatten sie sich geschnitten. Clifford Davis „pflanzte" sie irgendwo im Nirgendwo ein, im County Mayo, gelegen im äußersten Westen Irlands und in weiter Entfernung von den Pubs in Dublin, eigentlich in weiter Entfernung von Allem. Das vereinsamte Cottage ähnelte dem aus dem Film *Withnail and I.*

Pearse erinnert sich: „Uns wurde der Van weggenommen und wir fühlten uns wie Gestrandete, mitten in einem bitterlich kalten Winter. Wir verteilten dann die Aufgaben, also wer Torf für das Feuer besorgte, wer im Pub Lebensmittel beschaffte, wobei man für das letztere [aufgrund der Entfernung] eine doppelte Punktzahl erhielt. Außerhalb der Post stand ein Häuschen mit einem Telefon, dass man aufziehen musste, um die Vermittlung zu erreichen. Sam fand immer Ausreden, um sich vor seinen Gängen zu drücken. Als wir noch in Dublin lebten – bevor es aufs Land ging – setzte die Drogenfahndung die Kneipenbesitzer unter Druck, keinen mit langen Haaren zu bedienen. Doch Sammy trug immer die Kurzhaarfrisur der Showbands und sagte: ‚Tja, sehe euch später.' Und dann ging er rein."

Hätte Clifford Davis die Hoffnung gehegt, den Abstand zwischen der Band und dem Alkohol zu vergrößern, hätte er sich verschätzt. Pearse gibt an, dass er sie verglichen mit Dublin in eine schwierigere, wenn auch hinsichtlich des Nachschubs bessere Lage gebracht hatte: „Die einzigen aktiven Bewohner in dem Dörfchen waren die ältesten Söhne der Familien, 50-jährige Junggesellen, denen man die Farmarbeit aufbrummte. Doch der Boden war meilenweit mit Felsen durchzogen, wodurch sich jede Arbeit erübrigte. Und somit produzierten sie alle Potcheen (schwarzgebrannter Alkohol), und natürlich wurden sie irgendwann dafür hochgenommen. Wir waren gerade erst angekommen, keine zehn Minuten vor Ort, als einer von ihnen angerannt kam, um zu checken, ob es okay ist, eine Destillieranlage aufzubauen. Für uns sollte es in einem Monat nach London gehen, aber da es dort so ländlich war, fanden nur alle drei Monate Gerichtsverhandlungen statt. Die Idee für das Projekt: Auch wenn man bei uns 'ne Razzia abzog, wären wir schon lange in London, falls der Fall zur Verhandlung käme. Und so verbrachten wir unsere Zeit damit, Potcheen zu destillieren und das Zeug zu testen. Das war ein knalliger Stoff. Der erste Gig nach unserem Abstecher ins County Mayo fand in der Queens University in Belfast an einem Sonntag statt. An Sonntagen war der Alkoholkonsum in Nordirland untersagt, und wir hatten noch niemals nüchtern gespielt. Garys Vater wurde zum Retter in der Not und hetzte zum Golfclub, um uns Alkohol zu besorgen."

Während der ersten Wochen der Bandkarriere war der Begriff Proben beinahe ein Fremdwort. Doch als die Gruppe in London eintraf, verfrachtete man sie schleunigst zu einer Deutschlandtour, bei der Jan Schelhaas an den Keyboards mit von der Partie war. Jan hatte in der National Head Band gespielt (auch von Clifford Davis gemanagt), mit dem Drummer Lee Kerslake (später Uriah Heep und Ozzy Osbourne). Die Band trennte sich im November 1971, und so schlug Davis Jan ein Treffen mit Gary vor. Sie redeten miteinander, aber es gab kein Vorspielen. Trotzdem war Jan in der Band und absolvierte zu Beginn des Jahres 1972 einige wenige Termine in Deutschland, darunter auch im Frankfurter Zoom Club. Ihnen standen zwei Roadies zur Verfügung, darunter ein irischer Typ namens Davy, der laut Jan „nur 1,20 Meter groß war, aber alles heben konnte" und ein „sanfter Gigant" aus Liverpool mit dem Namen Zara, „der einfach stehen blieb, wenn ihm Leute eins verpassten". Das erwies sich als vorteilhaft, als sich Davy und Zara einmal mit den Roadies von Chicken Shack prügelten. Die Gruppe besaß damals einen großen Luton-Van, bei dem drei Personen inklusive des Fahrers vorne saßen und der Rest sich hinten zwischen das Equipment quetschen musste. Wenn man die hintere Tür der Karre öffnete, waberten wahre Wolken von Dope-Rauch aus dem Inneren. Das verursachte ein wenig Besorgnis, wenn sich das schwerfällige Gefährt einer Grenze näherte. Doch damit nicht genug, wie sich Jan erinnert: „Sammy besaß einen Führerschein, war jedoch ein schrecklicher Fahrer, während Davy großartig fuhr, aber keinen Führerschein hatte. Darum überließen wir Davy das Steuer bis nahe einer Grenze, wo er den Platz [mit Sammy] tauschte. Doch es gab ein Problem mit dem Luton, da dieser über einen Aufbau verfügte. Sammy wusste das nicht. Wir näherten uns einer Straßenwölbung, hinter der ein großes Toilettenhäuschen auf Holzpfeilern stand, wo sich ostdeutsche Wachleute rumdrückten. Sammy schätzte die Lage falsch ein, [der Wagen sprang hoch] und er holte das Häuschen von den Pfeilern. Wir hörten einen wahren Schwall verschiedenster deutscher Flüche, die ich abzuwehren versuchte. Pearse war nicht bei Sinnen – voll breit – und ja, als sie die Türen öffneten, blinzelten die Beamten in einen Dope-Nebel. Sie geleiteten uns ins Hauptgebäude, doch ich glaube, dass sie ein Theater vermeiden und uns so schnell wie möglich loshaben wollten. Doch Sammy hatte ein dickes Fell und anstatt abzuziehen, als es noch möglich war, bestand er auf einen Stempel in seinem Pass. Der Wachmann reagierte glücklicherweise nur völlig genervt und knallte ihm das Ding auf die Hand."

Doch es stand noch Schlimmeres bevor. Der Konsens bestand darin, dass Chuck ein exzellenter Musiker war und mit Gary harmonierte. Sie hatten den Sound der Allman Brothers drauf. Dann verpasste ihnen das Schicksal einen heftigen Schlag, denn wie sich herausstellte, war Chucks Visum abgelaufen. Das fanden sie aber erst heraus, als sie wieder über den Flughafen Heathrow einreisen wollten. Ohne zu zögern packten die Beamten der Einwanderungsbehörde Chuck beim Kragen und deportierten ihn zurück in die USA. Laut Jan holte Gary für einige Auftritte den Sänger und Gitarristen Nick Pickett ins Boot (früher John Dummer Blues Band), während er sich den nächsten Schachzug überlegte. Damals entschied er sich gegen eine weitere Kooperation mit Sammy (laut Pearse ein „Außenseiter"), woraufhin sich Gary auch auf die Suche nach einem Bassisten machen musste.

1972 hatte Gary gerade erst seine Teenagerjahre hinter sich gebracht, und er versuchte eine Band aufzubauen, die bereits einen holprigen Start hingelegt hatte. Man kann ihm vergeben, da er seine Suche nach guten Musikern nach dem geringsten Widerstand ausrichtete und nicht nach der besten Eignung für den Sound, die ihm vorschwebte. Phillip Donnelly lässt sich als passabler Gitarrist beschreiben, dem der Country-Stil gefiel und der mit Donovan in den Staaten gewesen war. Nun hielt er sich wieder in Dublin auf. Pearse gibt an, dass sich Phillip „den Weg in die Band quatschte" und den Bassisten Frank Boylan mitbrachte. Letzteren kannte man von der irischen Beat- und Folk-Szene, da er bei The Creatures und Mellow Candle gespielt hatte. Beide lassen sich als versierte Musiker beschreiben, doch niemand hätte sie sofort in Verbindung zu einer Gruppe im Allmans-Stil gebracht. Kurzfristig experimentierte Gary mit einem zweiten Drummer namens John Donnelly (stand nicht in verwandtschaftlicher Beziehung zu Phillip) – doch der Versuch blieb im Proberaum-Stadium stecken.

Das Line-up, bestehend aus Gary, Phillip, Frank, Pearse und Jan, probte, um den CBS-Deal zu ergattern, aus dem ihr einziges Album *Grinding Stone* hervorging. Jan erinnert sich, „dass wir in einem Gebäude bekannt als The Mall übten, wo ein Typ von der CBS erschien, um dem Vertrag grünes Licht zu geben. Ich glaube, er wollte sich eigentlich nur Gary schnappen, denn er hörte sich nur wenige Nummern an und meinte dann: Ja, ja, gut, gut.' Vermutlich hatten die schon vorher alles eingestielt."

Als Weihnachten 1972 vor der Tür stand, erhielt die Gruppe ihre „Geschenke" schon recht früh von Sound City, dank der Unterstützung der CBS. Jan berichtet, dass sie sich wie Kinder in einem Süßwarenladen gefühlt hätten: „Ich bekam eine Hammond mit einem Leslie und diese Rabattmarken. Ich hatte Marken im Wert von 600 Pfund zum Einkleben. Mir hing die Zunge ... [aus dem Hals]. Wir verstanden die neuen Sachen nicht, besaßen ein nigelnagelneues JBL-System, aber keine Weiche. Da stand also eine Wahnsinns-PA und wir kapierten nicht, warum das Ding nicht lief. Man hatte uns auch ein Mellotron zur Verfügung gestellt, das nach nur einer Woche den Geist aufgab und diese Amps von Acoustic – aus der Nähe hörte man kaum was, aber im hinteren Teil der Halle fönten sie den Leuten die Haare. Gary war allerdings zufrieden, da er nur einen 50-Watt Marshall-Amp mit zwei Boxen wollte."

Moore riss damals die Führung der Band an sich: „Er war ein Mann mit einer Mission", erklärt Pearse. „Er legte die Gitarre nie aus den Händen und war für sein Alter von 19 Jahren schon sehr reif, eher wie ein 25-jähriger. Er übernahm die komplette Verantwortung für die Band, und er wusste wohin er wollte, war sich jedoch nicht ganz so sicher. Doch es war klasse mit ihm zu arbeiten, denn er ließ niemanden hängen, agierte aber wie ein Workaholic. Wir probten damals in Ginger Johnsons Iroko Club in Hampstead. Der wurde von vielen Musikern genutzt, unter anderem Thin Lizzy, der Average White Band und Cat Stevens. Wenn keine Gigs anstanden, übten wir dort von 10 Uhr morgens bis 18 Uhr mit einer Stunde Mittagspause. So ein Typ war er – und immer härter zu sich selbst, als gegenüber anderen."

Das Album wurde Ende 1972/Anfang 1973 in George Martins Air Studios aufgenommen, mit Martin Birch als „Oberaufseher". „Das dauerte viel länger, als es nötig gewesen wäre", erinnert sich Pearse, „denn wir köpften einige Flaschen Alk und kurbelten so manchen Joint, um in Stimmung zu kommen." Laut Jan lief alles harmonisch und zügig ab: „Gary hatte schon all die Grundlagen, bevor wir ins Studio gingen." Diese Aussage erscheint logisch, denn die Gruppe testete das Material schon seit Monaten „on the road".

Im Gegensatz zur Struktur der National Head Band gab es nach Jans Erinnerungen keine Demokratie in der Formation. Trotz seines Alters fällte Gary alle Entscheidungen. Jan war gewillt Gary zu folgen, was aber nicht auf Phil Donnelly zutraf. Als Phil auf nachdrücklichen Wunsch Garys zum Rhythmus-Gitarristen degradiert wurde, stiegen die Spannungen in der Gruppe. Frank tendierte dazu, sich auf Phils Seite zu schlagen, wonach sich bei den weiteren Einspielungen die tektonischen Platten im Bandgefüge aneinander rieben. Der Titel des Albums *Grinding Stone* [dt. Schleifstein] scheint hier nur angemessen zu sein. Einigen Vermutungen nach intensivierten sich die Ressentiments, da Gary allein an der Scheibe arbeitete, was laut nicht verifizierbarer Gerüchte so weit ging, dass ein Musiker sich eine Sektion anhörte und sagte: „Das ist ja klasse, aber ich kann mich nicht daran erinnern, es gespielt zu haben." Daraufhin lautete die angebliche Antwort: „Tja, das hast du auch nicht."

Niemand konnte Garys Fähigkeiten abstreiten, doch die gesamte Lage glich nicht mehr dem Bandgefüge bei The Beat Boys oder The Barons, wo die anderen ihn fast vergötterten und überall hin folgten. Gary versuchte erfahrene Musiker mit einer ansehnlichen Liste unbestreitbarer Erfolge zu dominieren, deren Egos schon ausgeprägt waren. Um die Wahrheit zu sagen: Gary war nicht der geborene Bandleader, denn er verstand nie, dass die Aufgabe nicht nur die musikalische Ausrichtung und Verantwortung umfasste, sondern in bestimmten Situationen auch Taktgefühl und Diplomatie, statt Herumgebrülle.

Als das Album 1973 auf den Markt kam, erlebte die Gruppe eine unliebsame Überraschung. Auf dem Backcover sind sechs Blasen zu sehen, in die man die Fotos von Gary und Pearse montiert hatte, jedoch auch das Bild eines Bassisten namens John Curtis, der erst nach den Recordings in die Band gekommen war, also keinen einzigen Ton auf der Scheibe gespielt hatte. Die anderen Blasen sind leer, und die Musik von Phil, Frank und Jan wurde unter der Überschrift „Beiträge" subsumiert. Die Band stellte das Album in einem Doppel-Headliner-Gig mit Argent im Londoner Lyceum vor. Damit ist es belegbar, dass sie zum Veröffentlichungstermin noch als Einheit existierten. Bei einem Blick auf das Cover ließ sich jedoch der Schluss ziehen, dass die Tage der Gruppe gezählt waren.

Niemand hat zu der Frage „Warum?" hinsichtlich der Auflösung eine Erklärung oder ahnt, auf wessen Bestreben das alles geschah. Das wahrscheinlichste Szenario begründet sich in der Tatsache, dass die Musiker zu wenig Geld verdienten, sodass Clifford Davis sie aufgrund der besseren Rentabilität zu einem Trio „zusammenschrumpfen" wollte. Möglicherweise bestand er darauf, dass das Line-up für die folgenden Tourneen auf dem Cover zu sehen ist. Gary schulterte die Hauptlast der Meckerei, doch vermutlich hatte er kaum etwas zu sagen. Davis behandelte die von ihm gemanagten Bands nach „Gutsherrenart", denn was ihn anbelangte, waren sie sein Eigentum. Das ging sogar so weit, dass er 1974 eine Fake-Band als Fleetwood Mac auftreten ließ und dabei die Gruppe Stretch ins Rennen schickte.

Grinding Stone tauchte nicht in den Charts auf und zählte bislang eher zu den Fußnoten in Garys Karriere. In der letzten Zeit erlebte die Platte eine Neubewertung, wobei sie einige Fans zu den Top-Alben rechnen. Bei *Grinding Stone* finden sich keine abrupten Taktwechsel, die eher zu den Charakteristika von Skid Row gehörten. Dennoch hinterließen sie ihre Spuren. Bei einer mitgeschnittenen Show eröffnen Skid Row das Konzert mit einem Schlagzeugsolo, während der gleichnamige Opener von Garys 73er-Album mit einem verworrenen Ending beginnt (!), gefolgt von einer straighten Einleitung von Pearse.

Vor Moore lag noch ein weiter Weg, um als Komponist und Musiker eine eigene Stimme zu finden. Somit verwundert es nicht, dass Garys damalige Einflüsse – er schrieb alle Tracks – in seinen Songs durchschimmern. Diese bezogen sich auf den erdigen Boogie der Allmans, der mit seinen locker-flockigen Jazz-Einsprengseln, beißenden und sauber gespielten Melodiebögen der Gitarren und einer treibenden, von den Grooves der Südstaaten durchtränkten Rhythmus-Sektion erstrahlte. Aber auch der schwelende und sorgfältig gestaffelte afrokubanische Rock-Sound ist wahrnehmbar, so wie ihn Santana auf ihrem großartigen Klanggedicht *Caravanserai* (1972) expressiv ausgestalteten. Die langen Stücke von *Grinding Stone* waren erstklassig konstruiert und arrangiert und wurden von allen Musikern mit Selbstsicherheit, Feuer sowie Präzision umgesetzt.

Der einzige sich absetzende Track ist „Sail Across The Mountain", eine Art Blaupause für die Melancholie von Garys Markenzeichen-Balladen, die an die Gefühlswelt eines getriebenen und verlorenen kleinen Jungen anklingen. Die später dieser bestimmten Traurigkeit folgenden Stücke schlugen sich in einigen seiner größten Hits und beliebtesten Songs nieder. Die Songs eines Künstlers auf Ereignisse seines Lebens zurückzuführen, ist ein heikles Unterfangen, anzunehmen, dass Songs die sehr persönlich anmuten, tatsächlich autobiografische Züge haben. Künstler werden eine solche Verbindung oftmals abstreiten – und haben dabei häufig Recht oder erklären, dass der Hörer in den Song hineininterpretiert, was er will oder was seiner individuellen Gefühlswelt entspricht. In Garys Fall – und im Licht der persönlichen und emotionalen Lebensentfaltung – scheint ein solcher Bezug allerdings nachweisbar zu sein. Seine Stücke sind Ausdruck der Zurückhaltung und Scheu, sich anderen Menschen anzuvertrauen und dem Gefühl nur wenige Freunde außerhalb des Musikgeschäfts zu haben. Diese Gefühle wurden mithilfe seiner Songs sublimiert, welch emotionale Schmerzen er auch immer gehabt haben mag.

„Sail Across The Mountain" enthüllt die Belastung, unter der er stand. Die folgenden Zeilen sind ein passendes Beispiel: „I need someone to come along and take this weight right off my shoulder before I fall" und „How I got here I can't say/ It was my own fault/ I admit I should have learned/ From watching others I have seen".

Es bestanden überhaupt keine Zweifel, dass die Gruppe ums Überleben kämpfte, und erste Zeichen für einen kommenden Split waren deutlich erkennbar. Jan erinnert sich daran, dass der Bassist John Curtis bei den Proben abhing, einige Zeit bevor er zur Band stieß. Sogar der eigentlich lockere und unbekümmerte Pearse hatte zunehmend „die Schnauze voll": „Unser größter Streit entstand bei der Frage, ob wir am Montag bezahlt werden oder nicht. Ich glaube, dass Gary im selben Boot saß. Am Ende kotzte mich das alles an. Wir hatten einen Folk-Bassisten, einen Country-Gitarristen und (mit dem kurzfristig in der Band aktiven John Donnelly) einen Drummer im Stil des Mahavishnu Orchestras. Mich interessierte eher ein Power-Trio so wie Cream/Mountain. Dann packte ich tatsächlich den Koffer, hinterließ Gary eine Notiz und machte mich zur Station an der Finchley Road auf. Allerdings sah er den Zettel niemals und ich erzählte auch nichts davon, denn als ich so dahinging, fuhr ein Wagen mit John Curtis an den Bordstein heran, der lapidar meinte: „Alle sind gefeuert, bis auf dich."

John Curtis war ein ehemaliger Session-Basser, der Werbe-Jingles aufnahm und Musik für Fernseh-Shows wie *Whatever Happend To The Likely Lads?*, wo er auch die Backing-Vocals trällerte. Er wohnte am Belsize Park, also in der Nähe des Hauses, in dem Gary lebte und besuchte denselben Pub, in den auch Gary und Phil gingen. Und exakt dort lernte er Moore kennen: „Er meinte: ‚Ich stelle eine Band zusammen. Bist du interessiert?' Und dann waren wir auch schon in einem großen Proberaum in Chalk Farm, wo gerade all diese Ausrüstung von Roadies in einem großen Truck herangeschafft wurde. Ich dachte: ‚Wo bin ich denn hier gelandet?' Ich hatte geglaubt, dass es sich um eine Mini-Gruppe handeln würde, doch es sah so aus, als stecke eine große Organisation dahinter." John bestätigt, dass er die anderen Musiker der Band traf, bevor er offiziell einstieg, was Jan damals misstrauisch stimmte.

John erklärte, dass er noch nie in einer Formation wie dieser gewesen sei, die „es wirklich ernst meinte, was für mich eine steile Lernkurve bedeutete. Vor dem ersten Gig probten wir ungefähr zwei Wochen täglich acht Stunden. Die Polizei schaute ein paar Mal vorbei und meckerte, dass wir leiser spielen müssten. Draußen lungerten oft schräge Gestalten mit Baseballschlägern herum, die nur darauf warteten, das Equipment in seine Einzelteile zu zerlegen. Der Raum war nicht schalldicht und wir waren *laut*! Am ersten Abend kamen sie [die Polizei] rein und wir hörten sofort auf. Beim nächsten Mal spielten wir ‚Spirit', eine 20-Minuten-Nummer, bei der wir regelrecht heissliefen. Wir hatten gerade erst die Mitte erreicht und hätten um alles in der Welt nicht gestoppt. Die Polizei stand da rum, schaute zu und meinte dann: ‚Hey, das ist richtig gut, aber würdet ihr vielleicht ein bisschen leiser spielen?' Die waren sehr höflich."

Was die Konzerte anbelangte, erklärt John unmissverständlich: „Wir zogen in den Krieg und eroberten das Land Stück für Stück. Wir traten irgendwo auf, wo uns verdammt nochmal keiner kannte, und dann wurden wir erneut eingeladen. Aber diesmal als Headliner. Wir hätten aber ein Album gebraucht, das abgehoben wäre – was es nicht tat." Das lag auch nicht im Bereich des Wahrscheinlichen, denn wie schon bei den Skid-Row-Scheiben, setzte sich niemand für die Promotion ein. Das bedeutete: Wenn die Band in einer Stadt einen Gig spielte, standen die Platten nicht unbedingt im Geschäft, und falls es Radioeinsätze gab, dann nur wenige. Der Band gelang es, eine loyale Fangemeinde aufzubauen, die bei jedem Gig erschien, doch sie war nicht groß genug.

Neben John als „Neuzugang", stieg auch Dave „Mojo" Lennox ein, der Gary noch aus seiner Zeit in Dublin kannte, in der er selbst Keyboards bei der Uptown Band gespielt hatte: „Ich erinnere mich daran, wie ich Skid Row bei einem Soundcheck zuschaute. Ungefähr sechs andere Gitarristen hatten sich eingefunden, und ich sah sie sprichwörtlich ‚verwelken', als Gary startete. Er spielte eine Les Paul Junior über einen Vox AC30, kehrte uns den Rücken zu und rockte wirklich in einer anderen Liga. Gary gehört zu den wenigen von Natur aus begabten Musikern, mit denen ich in meinem Leben gespielt habe. Dazu zähle ich Herbie Hancock, Al Green, Archie Shepp, und in diese Riege würde ich Gary auch einordnen. Da gibt es natürlich eine Menge Kritik – dass er zu laut gespielt hätte, aber er hatte nun mal verdammt was zu sagen. Ich traf ihn am Belsize Park, hatte keinen Job, keine feste Band, kein Geld, rein gar nichts. Ich blieb im selben Haus hängen, in dem Gary und auch Jan Schelhaas wohnten. Zu der Zeit war die fünfköpfige Besetzung noch aktiv, die ich mir bei den Proben ansah. Man spürte, dass da etwas zwischen Gary und Phil abging."

Dave befand sich noch nicht lange im Dunstkreis von Moore, als dieser in eine der wohl am häufigsten erzählten Episoden der Geschichte der Gitarre hineingezogen wurde. Mitte 1973 zog sich Peter Green praktisch aus dem öffentlichen Leben zurück. Er war im Mai 1970 bei Fleetwood Mac ausgestiegen und half nur kurzfristig 1971 aus, als Jeremy Spencer die Formation während einer US-Tour verließ. Sein exzentrisches Verhalten ist nun der Stoff, aus dem Rocklegenden gemacht werden. Er verschenkte seine Habseligkeiten, bedrohte den Buchhalter mit einer Waffe und wurde ein Einsiedler im Stil von Howard Hughes, der sich die Fingernägel exzessiv lang wachen ließ. Was damals niemand bemerkte – Peter litt an einer nicht diagnostizierten psychischen Erkrankung (die sich vermutlich durch LSD verschlimmerte) – bei der Gedankenprozesse vage und unlogisch werden und die Person jeglichen Antrieb verliert, apathisch wird und sich isoliert. Zu Beginn der Achtziger verschlechterte sich seine Gesundheit, ein tragischer Umstand für einen Musiker mit Talenten als Songwriter und Sänger, die an Superlativen heranreichen. Vor allem aber war Green der Blues-Gitarrist mit einem Gefühl und einem Ton, für den man sterben würde – und zudem der einzige Gitarrist, von dem B.B. King sagte, er brächte ihn zum Schwitzen.

Während Peters Phase der „Entrümpelung", bot er Snowy White seine berühmte Les Paul an, der jedoch dankend ablehnte und stattdessen Peter davon zu überzeugen versuchte, sie zu behalten. Nicht davon abzubringen, wandte er sich an Gary, im Grunde genommen sein Protegé. Exakt Peters Gitarre war ein besonderes Instrument, da es ironischerweise Mängel aufwies. Worin diese Mängel genau bestanden, wird seit Dekaden heiß debattiert, aber es war scheinbar ein Fehler bei der Herstellung in Kombination mit falsch wiedereingebauten Pick-ups nach einer Reparatur. Diese beiden „glücklichen Fehler" führten zu einem exquisiten, beseelten und sich weit von allem unterscheidenden Sound, dessen Imitation mit anderen Gitarren so gut wie ausgeschlossen war. Natürlich existiert keine magische Gitarre, höchstens ein magischer Gitarrist. Der wahre Wert des Instruments lag im Klang in den Händen eines Virtuosen und der allgegenwärtigen, wenn auch unlogischen Vorstellung, dass eine bestimmte Magie von der Gitarre in den Musiker ausstrahlt.

Die Kurzversion der Geschichte: Peter bot Gary die Gitarre zum Kauf an, woraufhin dieser antwortete, sie sich nicht leisten zu können. Green sagte dann: „Vertick deine Klampfe und gib mir das Geld, was du dafür bekommst." Das klingt wie eine simple und nüchterne Unterhaltung von zwei Männern, die sich gegenübersitzen. Gary sagte selbst, dass Peter eines Abends im Marquee an ihn herangetreten sei. Aber laut Dave Lennox war die Prozedur weitaus umständlicher. Es gab Verhandlungen, doch Gary besaß damals kein Telefon, „und so fragte er mich, ob ich ihm alles aufschreiben könne, falls Peter anriefe. Wenn sich Peter mit mir in Kontakt setzte, war es manchmal unmöglich ihn zu verstehen, da er sich damals in einem schrecklichen Zustand befand. Man konnte kein vernünftiges Wort aus ihm herausbekommen. Ich bat ihn meist: ‚Kannst du bitte deinen Dad ans Telefon holen?' Sein Vater war ein klasse Typ, denn man konnte sich mit ihm frei heraus unterhalten. Und so ging es ungefähr zwei oder drei Wochen lang mit den Telefongesprächen hin und her. Ich schrieb also eine Nachricht für Gary auf und übermittelte Peter dann die Antwort. Schließlich einigten sie sich darauf, dass Peter tatsächlich die Gitarre verkaufen wollte, und zwar für den Preis, den Gary für seine Les Paul Junior bekam. Ich setzte mich dann schnell in den Wagen, raste zu Gary, berichtete ihm, wie es aussieht, woraufhin er antwortete: ‚Bring mich zur Denmark Street, sofort!' Los ging's. Ich wartete im Wagen, während Gary in den ersten Laden ging und hatte gerade erst eine halbe Kippe geraucht, als er schon wieder rauskam." Gary war ins Guitar Village geeilt, in der Shaftesbury Avenue, nur eine Ecke weit von der Denmark Street entfernt. Zufälligerweise hielt sich der Gitarrist Bernie Marsden in dem Laden auf. Der ein Jahr ältere Klampfer kannte Gary noch aus Skid-Row-Zeiten. In Bernies Tagebuch findet sich ein

Eintrag vom 23. Oktober 1970, an dem Skid Row im Country Club auftraten und er mit ihnen jammte. Er schrieb: ‚ein Haufen großartiger Jungs', gefolgt von dem Eintrag auf der unteren Seite: ‚Gary Moore brillant.' An diesem Tag erhielt Gary laut Bernie 140 Pfund für seine Gitarre, und exakt diese Summe bezahlte er Peter Green. Aus irgendeinem Grund fuhr Dave nicht zu Green, um das gute Stück abzuholen, denn mit diesem Job beauftragte man Phil Donnelly, der die Gitarre zu Gary brachte und zwar in einem Koffer, der früher Eric Clapton gehört hatte.

Es gibt noch eine Geschichte, die die Welt der Gitarristen durchdrungen hat. Gary erhielt die Gitarre nur unter dem Vorbehalt, dass Peter – wenn er sie jemals wiederhaben wollte – das Instrument zum selben Preis wiederbekäme. Angeblich fragte Peter nach und Gary weigerte sich. Allerdings besteht zwischen Gitarristen, die ihre Instrumente tauschen oder einen solchen Deal eingehen, an eine Art „Ehrenkodex". Dave Lennox, der wochenlang während der Hin- und Rückrufe das Telefon betreute, besteht auf die Aussage, dass es damals keine solche Vereinbarung gegeben habe. Und es existieren keinerlei Beweise, dass Peter sie tatsächlich zurückhaben wollte. Green tauchte jedoch bei den Aufnahmen zu Garys zweitem Soloalbum *Back On the Streets* [wird gelegentlich als erstes Soloalbum gezählt, da Grinding Stone noch unter dem Namen The Gary Moore Band firmierte] im Studio auf, ging zur Gitarre und streichelte sie zärtlich, so als würde er sich an die alten Zeiten erinnern und war dann wieder auf und davon. Laut einer späteren Aussage von ihm selbst wollte er die Gitarre nicht zurück, da sie viel zu schwer war. Das ist aber noch lange nicht das Ende der Geschichte von Gary und der Peter-Green-Les-Paul.

Als die Band zu einem Trio geschrumpft war, zog Dave aus dem mit Gary geteiltem Haus aus und in eine Wohnung zusammen mit Pearse. Sie lag in der einige Meilen entfernten Lythos Road. Ursprünglich hatte Dave die Aufgabe des Tontechnikers angenommen, doch half Gary zunehmend bei den geschäftlichen Belangen, da sich die Beziehung zu Clifford Davis „ansäuerte". Dieser hatte Gary schon davon abgehalten auf Mike Herons erstem Soloalbum zu spielen, woraufhin Pete Townshend den Platz einnahm. Gary lud Dave zu einem Treffen mit Davis sowie dessen Assistenten Bill Gillingham ein, das sich zu einem waschechten Showdown entwickelte: „Die haben Gary unglaublich kritisiert und ließen Sprüche vom Stapel wie: ‚Ach, du wirst es nie schaffen.

Du kannst nicht singen. Du spielst ja okay Gitarre, aber von dieser Sorte gibt's massig Andere.' Die haben den armen Kerl richtig fertiggemacht. Ich schlug mich schnell auf seine Seite und ging auf sie los. Natürlich war da das Problem mit den fehlenden Gigs und auch mit der CBS. Nach der Trennung von Davis übernahm der Agent John Sherry die Organisation der Konzerte und ich verdingte mich als Roadmanager. Langsam stieg das Interesse wieder an, und es trudelten auch mehr Gigs rein. Wir traten sogar drei Abende im Zoom Club in Deutschland auf." Zu den Roadies gehörte Bill Hindmarsh, der sich mit Gary in der Larch Road 11 eine Wohnung teilte, gelegen in Cricklewood, einem nordwestlichen Teil Londons, in dem in den frühen Siebzigern verschiedene Musiker von Skid Row, der Gary Moore Band, Thin Lizzy und ihre Crew lebten, nebst Frauen und Freundinnen.

„Nach dem ersten Abend in Frankfurt", erinnert sich Bill, „hatte Pearse diese Frau im Schlepptau und zog mit ihr durch die Clubs. Er ließ es sich richtig gut gehen, fand dann aber heraus, dass er für sämtliche Getränke blechen musste, womit sich die komplette Gage in Luft auflöste, denn die trug er bei sich."

Auch Dave Lennox war einem gelegentlichen „Schwipps" nicht abgeneigt: „Als Roadmanager rechnete ich jeden Abend mit dem Veranstalter ab, wobei eine Flasche Whiskey rausgeholt wurde. Am letzten Abend holte ich mir die Kohle von ihm, und wir verdrückten jeder eine ganze Flasche."

Während der „Lebensdauer" der Gruppe wurde kräftig gebechert und in ungeheueren Maßstäben gekifft – vom Potcheen ging es also in Richtung Pot. Und wie sah es bei Gary aus? Er gab immer an, dass es zu Beginn „wilde Jahre" waren. In Dublin fuhr er sich ordentlich LSD ein, kiffte, und auch ein Pint war ihm nicht fremd. Allerdings kann sich keiner aus dieser Zeit an überschwängliche Drogenexzesse erinnern, denn er nahm seine Verantwortung als Bandleader sehr ernst und war laut Dave Lennox [fast immer] „furztrocken".

Hätte Gary die Welt vom Boden eines Glases aus betrachtet, hätten ihn nur wenige dafür kritisieren können, da er verzweifelt versuchte, seine Band zusammen zu halten. Während der „cleanen" Zeit ohne Drogen und Alkohol litt Gary an Panikattacken. Bill Hindmarsh erinnert sich, dass ihm starke Tranquilizer verschrieben wurden – möglicherweise unverantwortlich – von einem der „Dr. Feelgoods", die in Musikerkreisen bekannt sind. Abgesehen von der schwierigen Lage in der Band, sah es in seinem Privatleben auch nicht viel besser aus.

Gary und Sylvia waren noch viel zu jung für die Elternschaft. Wenn Gary eine Inlands-Tour spielte, musste sie die komplette Obhut übernehmen. Dazu kamen noch die Proben und die Auslandskonzerte, bei denen er oft fremdging, was schon zu der Zeit begann, in der Skid Row in London auftauchten. „Frank Murray ließ dann so einige Bemerkungen fallen", berichtet Sylvia, „denn es gab da dieses norwegische Mädchen. Als sie in den USA auf Tour waren, vögelten sie ständig rum, was mich aber nicht sonderlich störte, denn es geschah in weiter Entfernung und ich bekam davon nichts mit. Als ich dann schwanger war, tauchte die Unsicherheit auf und es kotzte mich voll an. Und dann kamen diese Mädchen zusammen mit der Band [zu uns], alles Schwestern! Durch sie fühlte ich mich alt, obwohl ich gerade erst 20 war. Sie verursachten viele Probleme." Nach der Geburt von Saoirse, „zog er dann endlich los und kaufte sich einen weißen Anzug. Wir würden also irgendwann heiraten."

„Diese Mädchen" waren die Geschwister Suzie, Jeannie, Donna, Ceri (damals Carrie genannt) und Cathy Campbell. Jeannie war Anfang 1971 erst 16 (sie feierte im August ihren 17. Geburtstag) und lebte in Exeter, wo sie das Exeter College of Art besuchte. Im April des Jahres schaute sie sich einen Gig von Skid Row in Weston-super-Mare an und kehrte mit Gary in ihre Wohnung zurück. Sie erzählt, dass Gary sie daraufhin mehrmals in Exeter besucht hat, wonach sie auf seinen ausdrücklichen Wunsch nach London zog und das Kunststudium an der Goldsmith aufnahm. Sie zog bei Moore, Bill Hindmarsh und seiner Freundin, ihrer Schwester Ceri, ein.

Im Laufe der nächsten zwei Jahre entwickelte sich die Beziehung mit Gary. Sie besuchten gemeinsam die Heirat von Jeannies ältester Schwester Cathy mit dem Schlagzeuger John Lingwood, der zu der Zeit bei Steamhammer trommelte. (Ihre Schwester Donna ging mit Steamhammers Martin Pugh aus und augenscheinlich war auch der Kollege Martin Quittenton mit einer der Campbell-Schwestern involviert.) Für Jeannie war jedoch Gary der „eine": „Ich war von Gary wie verzaubert, denn er stach aus der Menge hervor."

Gleichzeitig zerbrach Moores Beziehung mit Sylvia. Sie verbrachten lange Zeitabschnitte getrennt, da Sylvia mit ihrer Tochter Europa bereiste, zuerst Frankreich und dann Deutschland. Sylvia zog auch innerhalb Londons häufig um, wobei Gary manchmal bei ihr wohnte und versuchte, das Verhältnis zwischen den beiden zu kitten.

Wie Sylvia und die anderen Frauen in Garys Leben sah Jeannie die stark romantische Seite von Gary, die sie wie ein Schoßhündchen um ihn herumtanzen ließ: „Er fragte mich ständig, ob ich ihn heiraten wolle, was mich zum Lachen brachte. Wir gingen in den Regent's Park zu Picknicks, kochten zuhause und hörten uns Platten von Hendrix, der Incredible String Band und Peter Green an." Ceri lebte im selben Haus wie das Pärchen und erzählte, „dass sie die künstlerischen Talente des jeweils anderen bewunderten." Während sie angibt, dass die beiden leidenschaftliche und überaus energiereiche Menschen waren, zeichnet Jeannie das Bild häuslicher Ruhe und Beschaulichkeit. Das steht allerdings im Kontrast zur Beziehung mit Sylvia, die ursprünglich von einem aufgewühlten, latent gefährlichen Musiker angezogen worden war und sich nun selbst Stabilität und Sicherheit wünschte.

Jeannie kommentiert vielsagend, wenn sie erwähnt, dass Gary, „in die Liebe verliebt war. Er genoss die Reise [zum Ziel] und versuchte eine Mutter, Geliebte und einen Freund in einer einzigen Frau zu finden. Und das ist sehr schwierig." Das deutet auf eine emotionale Unreife hin, denn er konstruierte eine idealisierte Vorstellung der Beziehung zu einer Frau, die bis zur konkreten Aussicht auf ein verpflichtendes Verhältnis reichte. Exakt in diesem Stadium lief er weg – metaphorisch oder tatsächlich. Gleichzeitig war er überaus sensibel, was eine Zurückweisung betraf und beanspruchte die ungeteilte Aufmerksamkeit der Frau, mit der er zusammen war.

Und in diesem Verhaltensmuster begründet, lag vermutlich der Grund für die Trennung von Jeannie, denn nach ungefähr eineinhalb Jahren hatte sie das Gefühl, Gary müsse mehr in die Beziehung investieren. „Ich erklärte ihm, dass die Magie raus sei", was Gary aber als Trennung auffasste. Ende 1973 waren Jeannie und ihre Schwester Donna zu einem Marquee-Gig gekommen. Es ist nicht klar, ob es sich um eine Session der Gary Moore Band handelte oder ob Gary bei einer anderen Gruppe aushalf, was er häufig machte. Am Ende des Abends nahmen sie gemeinsam ein Taxi und beabsichtigten – zumindest glaubte das Jeannie – Donna bei ihrer Wohnung abzusetzen. Als sie bei Donna ankamen, stieg Gary mit aus! Er drehte sich zu Jeannie und sagte: „Tut mir leid, aber ich gehe mit zu Donna." Kurz vor dem schicksalhaften Tag „gab mir Gary einen Goldring, der schon jahrelang in seinem Besitz war und ein weißes, mit Perlen besetztes Kleid aus Marokko. Ich hatte gedacht, es sei seine Art gewesen, mir den Wunsch nach einer Wiederversöhnung zu verdeutlichen. Nun empfand ich es als eine Art ‚Goodbye' zu sagen, als ein Abschiedsgeschenk." Jeannie war völlig durch den Wind. Sie eilte in ihre Wohnung in der Larch Road zurück, und schloss sich in ihrem Zimmer ein. Am nächsten Tag ging sie zu Donnas Wohnung, um die beiden zur Rede zu stellen, wonach sie „einen erbärmlichen Selbstmordversuch unternahm, in dem ich mir im Badezimmer die Pulsadern aufschnitt". Gary brachte sie daraufhin schnell ins Krankenhaus, wo sie ihn anbettelte, sich alles noch mal durch den Kopf gehen zu lassen, damit aber nichts erreichte.

Moore zog jedoch nicht direkt bei Donna ein, sondern wohnte immer noch in der Larch Road. Schließlich zog Jeannie aus und lebte von da an im Süden Londons, um näher bei ihrem College zu sein. Laut Angabe ihre Schwester Ceri drehte Jeannie nach der Trennung von Gary der Kunst den Rücken zu und konzentrierte sich auf den Tanz, eine Ausdrucksform, mit der sie recht erfolgreich wurde.

Im November 1973 spielte die Band die bereits erwähnten Termine im Zoom Club. Während dieser Zeit schrieb Gary ein überreiztes Gedicht (oder einen Songtext) auf die Rückseite einer Dunhill-Schachtel. Es ist am 13. datiert und beschreibt die Liebesbeziehung mit Jeannie. Er erwähnt dabei ihre Kunstwerke und ihre Augen, von denen er sich oft hinreißen ließ.

> I toy with the idea of self-destruction
> Pace the room as a caged animal
> On a mountain with no foothold to cling to
> Wishing only for your love
> The songs are meaningless now
> The words are all blackness to me
> Wish my next break was my last one
> Instant peace, eternity
> All your wondrous paintings on the wall
> Like teardrops hung to dry in the afternoon sun
> That was once ours
> I don't care what anyone sees in the world
> They are only instruments by which one can

Take feelings through their bodily exit to be
Displayed to the cynical jokers, fools and angels
And you were the angel who
Came to me before
Who shone your lamp of sweet innocences
Upon one so cold and hard, to make him feel for the first time that love had come to stay forever
I was blind to your dissatisfaction hoping it
Would pass and leave you as perfect as always
I am a fool who thrives on self-pitying situations
Instead of respecting your wishes to be free (who is truly free?)
And try to turn your beautiful eyes to my broken heart
If I don't make it, it's only final-proof of my every growing cowardice

Am 15., zwei Tage später verfasste er einen weniger bittenden und flehenden, sondern eher verbitterten Text. Obwohl keine direkten Referenzen hinsichtlich Jeannie zu finden sind, lässt sich nur schwer vorstellen, dass bei dem Song/Text jegliche Bezüge fehlen. Seine Verwirrung wird deutlich und spiegelt eventuell die Tatsache wider, dass Gary sich damals selbst nicht klar über die Beziehung war, obwohl er sie beendet hatte. Bill erzählt, dass Gary die beiden Schriftstücke in der gemeinsamen Wohnung aufbewahrte, erklärend, dass er sie sich bei Bedarf holen würde, was er niemals tat.

Im Repertoire der Band existierte sogar ein Song mit dem Titel „Jeannie", zu hören auf einem Bootleg eines Gigs im Bogart's in Birmingham. Die Klangqualität ist jedoch so miserabel, dass man die folgenden Zeilen nicht eindeutig verifizieren kann:

You've taken everything I have to give
Even took my will to live and left me in a world of pain
But still I love to see you, to touch your gentle face
And hold you once again
Every day now is the same to me
Confusion my only friend
And when it's dark, I know you'll come back once more

To open up the wound
The reasons don't mean anything
The truth too hard to face
There's nothing to believe in
The finish of the race
Don't care if I don't breathe again
Don't care if I don't see
Don't care if I can't hear no more
If you don't care about me
And I know I won't go to heaven
Serve me right to burn in the devil's flame
But the hell I'm living in today
It can only be the same
Never been so helpless
Bang my head on the nearest wall
And if I can't make you change your mind
Know I'm surely gonna fall

Und Sylvia? Was war aus ihr geworden? Im Dezember 1973 hatte sie genug: „Da waren viel zu viele Frauen, die ihm ständig nachsetzten. Ich reiste kurzfristig nach Irland und als ich wieder zurückkam, fand ich eindeutige Beweise, dass jemand in meinem Bett geschlafen hatte. Eins der purpur gefärbten Laken fehlte und ich fand ein Foto [dieser Frau] auf dem Boden. Das brachte das Fass zum Überlaufen. Mit diesem ganzen Scheiß konnte ich so nicht weitermachen und dazu noch ein Kind großziehen."

Was die Gary Moore Band anbelangte: Zwar lief es mit den Gig-Angeboten deutlich besser, doch die Gruppe kam nicht vorwärts. Darüber hinaus war die Bezahlung noch schlecht. Zum Beispiel erhielten sie für zwei Konzerte im August in den West Midlands nur durchschnittlich 65 Pfund pro Show. Während Gary noch mit Jeannie zusammenlebte, war er von ihrem Stipendium genauso abhängig wie vom Verdienst als Profimusiker. Auch spielte ihnen das Schicksal übel mit. Joe Walsh wollte damals das Album bewerben, mit dem ihm der Durchbruch gelungen war – *The Smoker You Drink, The Player You Get* – und auch die darauf enthaltene Hit-Single „Rocky Mountain Way", veröffentlicht im September 1973 im UK. Das hätte zahlreiche Gigs als Support bedeutet. Doch im Oktober gingen die Ölpreise durchs Dach, da der Zusammenschluss der OPEC, also der erdölproduzierenden Länder, die USA aufgrund ihrer Einmischung in den arabisch-israelischen Jom-Kippur-Krieg mit einem Embargo belegten. Die Tour wurde abgesagt und das Ende der Band war in Sicht.

Der Bassist John Curtis erinnert sich, dass „immer wenn Thin Lizzy im Marquee auftraten, Gary als Gast eingeladen wurde. Und wenn man ihn dann ansagte, rasteten die Leute total aus, tickten total ab. In dem Club durfte er sich über eine starke Anhängerschaft freuen, und immer, wenn wir dort auftraten, nahmen wir den Schuppen regelrecht auseinander."

Als Eric Bell von der Bühne in Belfast ging und Thin Lizzy mitten auf einer Irlandtour sich selbst überließ, war Gary natürlich die erste Wahl für den Ersatzklampfer. Kurz vor Weihnachten 1973 hatte Pearse einem verletzten Brian Downey geholfen, und zu dieser Zeit war Bell noch ein reguläres Bandmitglied. Bei diesen Konzerten spielte Brian tatsächlich mit nur einem Arm, während Pearse die Parts für den anderen trommelte! „Ich musste aber wieder für einen Gig mit Gary im Marquee in London sein", erinnert er sich. „Da stand ich nun im Marquee, aber mein Equipment war noch nicht angekommen, was Gary nicht sonderlich erfreute."

Gary löste die Gary Moore Band niemals offiziell auf, was so manche als eine typisch irische Verhaltensweise beschreiben. Er erklärte Dave Lennox, Pearse und John unverblümt, dass man ihm einen Posten bei Thin Lizzy angeboten hatte. Und das war's dann auch schon. Als eine Art der Kompensation übergab Gary John und Pearse das Equipment, wobei Pearse sogar die PA erhielt und zugleich eine Empfehlung für den Bassisten Steve York und Vinegar Joe.

Garys Zeit mit Thin Lizzy erstreckte sich in mehr oder weniger großen Häppchen über die nächsten fünf Jahre. Was seine musikalische Entwicklung anbelangte, die nach dem Ende von Skid Row stockte und bei der Gary Moore Band nur partiell weiterlief, sollte die Zeit mit Jon Hiseman und Colosseum II überaus fruchtbar und kreativ werden.

KAPITEL VIER
DER GEIST IN DER MASCHINE

Jon Hiseman und Dick Heckstall-Smith glaubten tatsächlich daran – während sie sich vom Malstrom des Chaos' und der Desorganisation der Graham Bond Organisation befreiten –, dass sie all die Kreativität und ungebändigte Spielfreude einer Band bewahren und gleichzeitig den ganzen Unsinn des Musikgeschäfts am Wegesrand entsorgen konnten. Jon und Dick trafen sich zu einigen „Mittelschicht-Mahlzeiten", wie es ersterer bildhaft beschrieb, um die sich bietenden Möglichkeiten zu diskutieren. Beide waren durch aktive Teilnahme an John Mayalls „British Blues Boom" initiiert worden, wonach klar wurde, dass ihre Ambitionen sich bei Colosseum am besten verwirklichen ließen, einer der beliebtesten und erfolgreichsten britischen Jazz-Rock-Formationen.

1971 sah es nicht mehr so rosig aus, und das Ende schien nahe zu sein. Nach drei Jahren war der Dampf aus dem Hexenkessel der Leidenschaft entwichen. Bis zu einem gewissen Grad waren sie Opfer des eigenen Erfolgs, denn aufgrund des vollen Terminplans, auf dem sich Konzert an Konzert reihte, hatten sie nur noch wenig Zeit zur Komposition neuer Songs. Die Stücke, die bei den Proben unter Mühen entstanden, reichten nicht mehr an das klassische Material heran, exemplifiziert an zum Beispiel der „Valentyne Suite" und „Lost Angeles". Colosseum hatten den Durchbruch in den USA nicht geschafft, was Jon vor das für Musiker immer wiederkehrende Problem stellte, eine bestens etablierte Band auf das nächste Level zu bringen. Als Humble Pie den Gitarristen Clem Clempson ansprachen, ob er bei ihnen als Ersatz für Peter Frampton einsteigen wolle, fasste das Jon als Signal auf, dass die Uhr für Colosseum abgelaufen war.

Unverzagt versuchte er eine andere Masche: Der Fokus lag hierbei auf soliden Rockrhythmen, ausgeklügelten Songs und kurzen Soli, wobei die Improvisationen immer noch einen großen Teil ausmachten. Das stand im Gegensatz zu den Stücken von Colosseum, die gegen Ende des ersten Lebensabschnitts fast überwiegend improvisiert waren und kaum noch eine Songstruktur aufwiesen.

Für das neue Projekt, das den Namen Tempest erhielt, rekrutierte Jon den ehemaligen Colosseum-Bassisten Mark Clarke, der vor einer zermürbenden und erschöpfenden Zeit bei Uriah Heep quasi flüchtete, den phänomenalen Jazz/Fusion-Gitarristen Allan Holdsworth und den einstigen Juicy-Lucy-Sänger Paul Williams, den Jon schon bei Colosseum engagieren wollte. Sie nahmen die beiden Alben *Jon Hiseman's Tempest* (1973) und *Living In Fear* (1974) auf, ernteten gute Kritiken und überzeugten auch das Publikum. Dann verloren sie zuerst Holdsworth an den Jazz, den jedoch der hochtalentierte und blitzschnelle Ollie Halsall ersetzte. Später gab es Probleme mit Paul Williams, der aufgrund seiner Flugangst Unmengen an Alkohol „kippte". Als sich die Musik immer mehr in Richtung von Instrumentals verschob, fühlte sich Williams zunehmend überflüssig. Ein weiteres Problem lag beim schwachen Songmaterial des zweiten Albums, woraufhin Ollie Halsall seine Zelte abbrach und ins Lager von Kevin Ayers zog, wo er sich eigenen Aussagen nach stärker auf das Songwriting und das Singen konzentrieren wollte. Ungefähr 1974 gingen bei Tempest die Lichter aus.

Ungefähr zu dieser Zeit hatte Gary seinen ersten Abstecher zu Thin Lizzy beendet. Phil wollte Gary verzweifelt an die Gruppe binden, doch Moore suchte Musik, die ihn mehr herausforderte. Zurück in London hatte er so gut wie keine klar umrissene Idee, wie sein nächster Schachzug aussehen könnte. Mit seinem guten Freund Steve York, dem Bassisten von Vinegar Joe, und mit Pearse Kelly spielten sie einen spontanen Gig im Marquee. Das Konzert lief gut, wonach sie sich über eine gemeinsame Gruppe unterhielten. Da Gary nicht singen wollte, sprachen sie Graham Bell an. Dieser hatte zuvor mit Bands wie zum Beispiel der Freakbeat-Sensation Skip Bifferty und Every Which Way Alben aufgenommen. Steve erinnert sich: „Gary und Graham harmonierten beinahe schon zu gut! Wir schrieben viel und nahmen lange Jams mit Dave Thompson auf, dem Keyboarder von Vinegar Joe. Letztendlich wurde aber zu viel gesoffen und ständig standen Partys auf dem Plan, sodass wir kaum etwas Interessantes auf die Reihe brachten. Ich kann mich an unser letztes Bandtreffen in der Bar des Portobello Hotels erinnern. [Es fand in diesem gehobeneren Ambiente statt], da sich Gary und Graham in Pubs ständig prügelten. Pearse und ich bestanden also auf das Meeting, um unsere Sorgen zu verdeutlichen, was die Besäufnisse und Schlägereien anbelangte. Und was musste wohl geschehen? Ungefähr nach zehn Minuten begannen sie sich mit einem der Gäste zu schlagen. Wir schauten uns an und gingen dann raus."

Garys Freund Bill Hindmarsh war nach Bonn gezogen und kam im Sommer 1974 mit einigen deutschen Bekannten zurück nach London, darunter Hans Engel. Bill kontaktierte Gary, der spontan entschied, mit ihm nach Deutschland zu reisen, woraufhin er eine Les Paul und einen großen Verstärker in Hans' geräumigen Wagen einlud. Und schon ging's los. Erstmal dort angekommen, spielte Gary einige lokale Gigs in und um Bonn, wonach sie nach Frankreich und Spanien reisten und dann wieder Richtung Deutschland aufbrachen. „Als wir einige Tage zurück waren", berichtet Hans, „bekam Gary ein Telegramm von Jon Hiseman, in dem er von der Gründung einer neuen Formation berichtete."

Gary hatte Tempest live gesehen, vermutlich Ende April im Marquee bei einem ihrer letzten Gigs. Er war danach in den Backstage-Bereich gegangen und hatte Jon eine Zusammenarbeit vorgeschlagen. Das Treffen lässt sich jedoch nur als Absichtserklärung beschreiben, doch im August trafen sie sich im Studio, wo eine Rockfassung von Prokofjews *Peter And The Wolf* aufgenommen wurde, organisiert von Saxophonist Jack Lancaster und Keyboarder Robin Lumley. Dort einigten sich Jon und Gary, eine Band aufzubauen. Doch zuerst hieß das Ziel Deutschland, wo Moore beim United Jazz and Rock Ensemble (UJRE) spielte, was für seine Rolle als Bandleader eine definierende und ausschlaggebende Erfahrung darstellte.

Das UJRE war im Grunde genommen eine „Band der Band-Leader" – alles erstklassig ausgebildete und erfahrene Jazz-Musiker, von denen einige Lehraufträge an verschiedenen Universitäten innehatten. Es wurde ursprünglich für eine Fernsehsendung des damaligen dritten Programms aufgestellt. Jon und seine Frau Barbara Thompson gehörten neben Charlie Mariano und Albert Mangelsdorff zu den beständigen Mitgliedern. Gary konnte keine Noten lesen und wurde zunehmend ängstlicher, dachte er daran, in solch illustrer

Gesellschaft zu spielen. Und wenn Gary nervös wurde, griff er zur Flasche. Jon reagierte fuchsteufelswild. Obwohl er sich an den folgenden Vorfall nicht mehr erinnerte, pochte Gary auf den „Tathergang", dass der Drummer ihn am Kragen packte und sagte: „Wenn du bei mir mitmachen willst, solltest du erstmal alles auf die Reihe kriegen." Laut Hiseman spielte Gary so laut, „dass die TV-Kameras wackelten und die Crew sich gehörig aufregte. Aber er spielte brillant und die Band liebte ihn."

Jon charakterisiert Gary: „Ich wusste nicht, wer er war, hatte ihn noch nie spielen gehört. Ich kannte ihn aber als einen dieser jungen Typen, die es schaffen würden und nicht so [auf einen Musikstil] limitiert waren wie Eric Clapton. Ich würde ihn als einen modernen Gitarristen beschreiben und weniger als einen Blues-Gitarristen, und das hörte ich heraus. Besonders wichtig empfand ich die Tatsache, dass er [aufgrund seines individuellen Tons] niemanden exakt kopieren konnte. Er versuchte es, mag vielleicht gedacht haben, dass er es könne, aber dem war nicht so. Später entstand eine Kontroverse hinsichtlich einiger von ihm geschriebener Songs, da man sie als Kopien anderer darstellte. Natürlich wurde er von der von ihm gehörten Musik beeinflusst, aber die Vorwürfe verletzten ihn. Ich kann ihn als einen Egoisten beschreiben, der der Beste sein wollte und habe niemals verstanden, warum er dieses drängende Bedürfnis verspürte. Doch es entsprach der Realität und ihm setzte es psychisch schwer zu, dass Musiker wie John McLaughlin und Eric Clapton viel erfolgreicher waren. Ich habe aber nie etwas von ihm gehört, das nach einer Kopie klang. Man sagte immer über ihn, dass er ein individueller Gitarrist und sehr guter Techniker sei. Mich interessierte es nicht, wer berühmt war oder nicht, nur wer spielen konnte – Leute wie Clem, Allan Holdsworth, Ollie Halsall und Gary. Und ich hatte vier dieser hochindividuellen Gitarristen, die man sich nur wünschen konnte."

Wie Gary gegenüber *Sounds* berichtete: „Als ich zum ersten Mal mit Jon Musik machte, bin ich beinahe im Boden versunken. Er brachte einfach alles, was ich jemals in meiner Vorstellung gehört hatte, alles, was ein Drummer meiner Meinung nach machen sollte und noch viel mehr. Es war verblüffend."

Nach der bitteren Erfahrung mit Tempest lag der Gedanke nahe, dass Jon nie wieder starke Songs mit Gesang und technisch orientiertem Jazz-Rock fusionieren würde und es wäre möglicherweise auch nie geschehen. Doch die

Möglichkeit bot sich, da er und Gary gleichzeitig einen gemeinsamen nächsten Schritt machten. Jon war sich allerdings schmerzhaft bewusst, dass der Zug für die Musik, die er spielen wollte, wahrscheinlich schon abgefahren war: „Ich wollte kein Drummer sein, der einfach nur Sänger begleitet, mich ihrer Laune aussetzen und je nach ihrem Gusto engagiert oder gefeuert zu werden. Davon hatte ich schon ‚ein wenig' mit Georgie Fame."

Gary hatte mit seiner eigenen Band einen Fusion-Stil angestrebt, womit er mit Jon eindeutig auf derselben Wellenlänge lag. Gary erklärte gegenüber dem *NME*: „Wir wollten etwas auf die Beine stellen, was kein anderer macht – eine scharfe Instrumental-Band mit einem zusätzlichen Vokalisten. Man findet gute Musiker bei Bands wie dem Mahavishnu Orchestra, die grandiose Instrumentals draufhaben und [eine Gruppe] wie Led Zeppelin mit einem guten Sänger. Doch niemand hat beides drauf."

Die neue Formation sollte Ghosts genannt werden, doch zuerst mussten die beiden den mühseligen Weg beschreiten und geeignete Musiker finden. Und das stellte sich als harte Arbeit heraus, denn zu Beginn gab es weder einen Vorschuss, noch Einnahmen aus Gigs, keinen Manager und keine Plattenfirma, die das Projekt unterstützte. Dadurch sah sich Jon gezwungen, das große Risiko eines Kredits in Höhe von 7.000 Pfund einzugehen und mit seinem eigenen Haus zu bürgen. (Die Summe entspricht einem heutigen Wert von 50.000 Pfund.) Damit finanzierte er die Gruppe und belohnte Gary mit der „fürstlichen" Summe von zehn Pfund wöchentlich.

Die Proben begannen in einem feuchten, dunklen Proberaum unter einer Zugbrücke im Osten Londons. Jon fragte erneut Mark Clarke, und auch Graham Bell war ursprünglich mit von der Partie, doch ohne anstehende Konzerte oder Aufnahmen verlor Mark das Interesse und verzog sich mit dem Uriah-Heep-Keyboarder Ken Hensley in die Staaten, und auch Graham Bell zeigte sich nicht interessiert. Der Bassist Andy Pyle, ehemals bei Blodwyn Pig, Juicy Lucy und Savoy Brown, probte auch eine Zeitlang mit den Musikern. Jon wurde zwischenzeitlich von einem Regisseur zu einem Gespräch hinsichtlich eines möglichen Soundtracks eingeladen. Als er sich mit dem Typen traf, fand er sich unvermittelt auf dem Set eines Pornos wieder! Jon hatte kein Problem damit, doch weder Andy noch Gary wollten etwas damit zu tun haben.

In einem an Bill Hindmarsh gerichteten Brief drückte Moore damals sein uneingeschränktes Engagement für das neue Projekt aus. Er erwähnte einen möglichen Sänger, der „Gesangstunden genommen hatte, jedoch ohne sich zu verbessern. Wenn sich etwas verändert hatte, dann wurde alles nur noch schlechter. Und somit stehen wir vor dem gleichen alten Problem – der Suche nach dem richtigen Sänger. Egal, wir haben Zeit und es wäre unsinnig, würden wir unser ursprüngliches Ziel aus den Augen verlieren, ne? Es wird etwas dauern, doch ich schätze mal, es lohnt sich. Ich bin schon zu weit, um mich davon zu verabschieden, und so bin ich fest entschlossen, es bis zum Ende durchzuziehen – (und in das Tal des Todes ritten die 600, gesprochen mit der besten Vincent-Price-Stimme). Genug davon. Mach mal selbst alles klar, Mann!"

Jon erzählte, dass auch Gary gesungen hätte, doch wie auch Ollie wollte er es nur, wenn er sich gut dabei fühlt, statt ernsthaft an der Rolle eines Lead-Sängers zu arbeiten. Eine der weiteren Schwierigkeiten, denen sich die Gruppe am Anfang stellen musste, war die Art wie Gary Songs schrieb. Er erklärte dem *NME*: „Wenn ich etwas auf der Gitarre schreibe, tendiere ich dazu, die Einschränkungen anderer Musiker zu vergessen. Und dann habe ich schon Passagen geschrieben, die niemand [tonal] erreichen kann." Schließlich fanden sie aber einen Sänger. Mike Starrs war in den späten Sechzigern von Schottland nach London gezogen, um dort sein Glück zu suchen. Dort nahm ihn der Produzent Tony Atkins für Marquee Productions unter Vertrag, obwohl die wenigen folgenden Singles keinerlei Erfolg nach sich zogen. Mike gehörte damals zu der Band Spinning Wheel, bei der Geoff Whitehorn Gitarre spielte (mit dem Gary damals jammte) und befand sich gerade im Studio, als ihn Jons Frau Barbara zufällig hörte. Vermutlich hat sie Jon davon berichtet, denn als Nächstes schaute sich der ehemalige Geschäftsmann Alan Hewitt, der eine Karriere als Bandmanager anstrebte, Mike bei einer Gastspielserie im Three Rabbits in Manor Park an, im Osten Londons gelegen. Mike erzählt, dass er dann im Proberaum der Band Andy Pyle und den Keyboarder Duncan Mackay, der später zu Cockney Rebel ging, traf. Andy machte so lange wie nur möglich mit, aber bei dem mickerigen Gehalt und einer Familie, die er versorgen musste, sah er sich zum Ausstieg gezwungen, wonach auch Duncan das Handtuch warf.

Sie ließen verschiedene Keyboarder vorspielen, darunter ein Typ aus Deutschland. Gary erzählte dem Hiseman-Biografen Martyn Hanson, dass

„er prahlte, genau der richtige Mann für den Job zu sein und voller Selbstvertrauen [in den Proberaum] stolzierte. Er begann zu spielen und schnell war klar, dass er es gar nicht konnte! Wir mussten das Lachen unterdrücken ... alles hoffnungslos."

Trotz des positiv gestimmten Briefs an Bill, stellte sich diese Zeit als eine für Gary schwierige Phase heraus. Er hatte Thin Lizzy ohne jeglichen Plan verlassen und befand sich nun in der Lage mit einem Musiker zu spielen, den er zutiefst respektierte, aber weder ein Album noch eine feste Band in Aussicht zu haben, die etwas ablieferte. Und er hatte gerade erst eine neue Beziehung mit Jeannies Schwester Donna begonnen.

1974 zog Gary bei Donna ein, die eine andere Seite des Musikers ans Tageslicht brachte. Sie steht immer noch zu ihrer Aussage, dass die beiden eine gemeinsame Ebene fanden: „Er hatte die Augen eines Kindes und da erkannte ich das Kind tief in seinem Innern. Ich war auch so und wollte [im Leben] nur spielen, so wie Gary. Es fühlte sich an als bräuchten wir uns zu der damaligen Zeit. Er war so ein liebenswerter Mann, so gefühlvoll und gütig, und ich spürte diese bestimmte Verletzlichkeit, die ihn für mich attraktiv machte. Wir wollten einfach nicht erwachsen werden. Er gab sich mir gegenüber beschützend und kümmerte sich um mich. Aber auch er sehnte sich nach Liebe und Sicherheit, wollte einen Menschen, der ihn in die Arme nimmt, fest drückt und auch beschützt. Wir stritten uns nie, sondern kicherten viel."

Doch das Leben bestand nicht nur aus Spaß und Lachen. Donna bestätigt, dass Gary an Panikattacken litt, „die manchmal so schlimm waren, dass er nicht rausgehen konnte. Er spürte wie die Hitze in ihm anstieg und sein Herz schneller schlug. Das erschreckte ihn noch mehr, woraufhin er zusätzlich Angst bekam. Wenn du das nicht unter Kontrolle kriegst, wird dir schwindelig und du beginnst zu halluzinieren. Gary musste sich dann hinlegen, sich komplett entspannen, bis es endlich aufhörte."

Moore trank, um mit seinen Ängsten und Befürchtungen klarzukommen, dem Lauf der Karriere, wie er selbst zu seinem Gitarrenspiel stand und wie er sich gegenüber anderen Gitarristen positionierte. Ghosts befand sich immer noch im Aufbau und es gab immer Bedenken, dass Gary sich zu häufig in der Gesellschaft einer Menge Säufer herumtrieb. Eines Tages flog der Deckel vom brodelnden Topf.

Donna erzählt, dass sie sich eine Band ansehen wollten und auf dem Weg in einen lokalen Pub einkehrten (vermutlich der Pub im Kensington Park Hotel an der Ladbroke Grove). In der Bar hielt sich ein Typ auf – wir nennen ihn John, ein alter Freund Donnas, dessen Freund der Freund von Donnas Schwester Ceri war. Donna erzählt, dass dieser Typ sie belästigte. „Ich wollte, dass er abhaut, da ich wusste, dass Gary ausrasten würde. Doch dieser Typ ließ nicht locker." Gary war an der Bar gewesen, um einige Drinks zu holen, kam zurück und stand nun vor einer vergleichbaren Situation wie damals in Dublin mit Ed Deane und Sylvia. Doch hier tauchte ein zusätzliches Problem auf, denn John hatte laut Ceri eine Privatschule besucht und rühmte sich eines militärischen Hintergrunds. Gary war Ire, und wenn er getrunken hatte und wütend wurde, schlug sein Akzent durch. Es war egal, dass er aus Nordirland stammte, denn wenn Gefühle hohe Wellen schlagen und der Alk das Kommando übernimmt sind Iren Iren – und zu der Zeit explodierten überall in London Bomben der IRA. Sie machten sich gegenseitig an und schließlich verlor Gary die Kontrolle über sich und kippte ein Pint über Johns Kopf. Berichte über das, was als Nächstes geschah, variieren. Donna glaubt, dass John Gary auch eine Pint-Dusche verpassen wollte. Doch als er ausholte, sei das Glas an einer Säule zersplittert, wobei Splitter in Garys Gesicht eindrangen. Andere Bargäste vermuten, es sei mit voller Absicht geschehen.

Gary musste ins Krankenhaus, wo man die Schnitte zu nähen begann, doch er verweigerte eine weitere Wundversorgung und sagte, dass er nach Haus wolle. Donna und Ceri rieten ihm dringendst zu einer kompletten Behandlung, was ihn aber nicht interessierte. Auch später, als er sich problemlos einer plastischen Operation hätte unterziehen können, lautete die Antwort Nein. Gary empfand den Zwischenfall als seine Schuld und sein Selbstvertrauen hatte einen zusätzlichen Knacks bekommen. Es scheint so, als habe er diese Narben gewollt, eine Art Stigmata als Manifestation eines tief verankerten Gefühls der Wertlosigkeit, fast so, als habe er es auf einer Ebene verdient, die weit über die Geschehnisse des Abends hinausreicht.

Glücklicherweise kamen Musiker und das Musikgeschäft zu seiner Rettung. Ungefähr im April/Mai 1975 fanden Jon und Gary mit Don Airey einen überragenden Keyboarder. Der in der Klassik ausgebildete Pianist hatte 1974 bei Cozy Powells Hammer gespielt und suchte nach dem Split 1975 ein neues

Betätigungsfeld. Was noch erfreulicher war – er brachte Neil Murray mit, den letzten Bassmann von Hammer. Neil hatte schon bei Ghosts vorgespielt, schätzt aber, den Job nicht bekommen zu haben „da ich damals keinen professionellen Bass besaß. Es war ein Fender Mustang mit einer kurzen Mensur, in einer Zeit, in der jeder entweder einen Fender Precision oder Jazz Bass spielte. Als Don eingestiegen war und ihnen vorschlug, mir eine zweite Chance zu geben, besaß ich einen Fender Precision und wurde engagiert." Vom *International Musician* 1982 interviewt, erklärte Moore, dass er sich – ähnlich wie beim UJRE – bei der Vorstellung eingeschüchtert gefühlt habe, mit Jon und Don zu spielen, da „sie alle notenfest waren. Ich fand mich in einer Band wieder, deren Musiker überall Jobs bekommen konnten, die mir verwehrt waren. Man hätte jeden in der Band (darunter auch Neils letztendlichen Ersatz John Mole) zu einem Jazz-Gig holen können. Ich fühlte mich da ausgeschlossen. Gleichzeitig wollte ich mich nie als einen Musiker der kleinen schwarzen Punkte begreifen. Ich machte mir Sorgen, mit der Notenfestigkeit meine Vorstellungskraft und das Feeling zu verlieren."

Kompositionen waren ein anderes Thema, denn auch mit Don an Bord lieferte hauptsächlich Moore das Material. Am Anfang konnten die beiden sich nicht riechen wie Gary Martyn Hanson erzählte: „Don und ich stritten uns, denn ich schrieb etwas auf dem Piano und er meckerte: ‚Das kannst du nicht machen … das ist harmonisch falsch'." Don stimmt hinsichtlich der zeitweise brenzligen Lage zu: „Da gingen einige miese Aktionen ab. Es war immer ein harter Kampf, um etwas so auszuarbeiten, wie es mir vorschwebte, denn ein Teil der Musik lässt sich als recht komplex bezeichnen. Da ging es hart zur Sache." Don ergänzt diplomatisch, „dass es oft stürmisch wurde, was speziell Gary anbelangte", erklärte aber auch, den Input des Gitarristen geschätzt zu haben, „da er mir immer verständlich machen konnte, was er wollte. In den frühen Tagen fielen ihm viele Keyboard-Ideen ein, für die ich ihm heute noch dankbar bin. Er hörte sich etwas an und analysierte sofort, was in dem Stück geschah. Das grenzte schon ans Beängstigende." Der Band gelang es jedoch, einen fruchtbaren Arbeitsmodus zu finden. Laut Jon basierte das Prinzip auf gegenseitig inspirierten Beiträgen aller: „Ich schrieb Texte (die Gary manchmal als prätentiösen Mist abtat!). Don präsentierte dann Song-Abschnitte, wobei das grundlegende rhythmische Gefühl von der Art wie er es spielte hörbar wurde.

Dann sagte er vielleicht, ‚Ich weiß aber nicht, wie es von hier aus weitergeht', wonach Gary den Faden aufnahm. Es war ein hin und her, ein manchmal auch verbaler Prozess, und das alles im Proberaum. Dann notierte Don die Akkordfolgen auf Manuskriptpapier, damit wir alle es ablesen konnten. Als Nächstes ging es zu einem Gig, bei dem wir das neue Material bei Soundchecks austesteten, die manchmal bis zu drei Stunden dauerten."

Für Mike Starrs war die Musik „absolut fremdartig. Wenn ich mir das heute anhöre, denke ich oft: ‚Habe ich das wirklich gemacht?'" In einem Kommentar, der an Noel Bridgeman von Skid Row erinnert, fügt er hinzu: „Aber wenn man jung ist, hat man keine Angst und macht einfach weiter."

In Anlehnung an den an Bill geschriebenen Brief erklärte Gary der *Sounds*, dass sie sich nicht um alles in der Welt einen Plattenvertrag andrehen lassen wollten, sondern mindestens drei Monate touren wollten bevor es dann ins Studio ging. Doch wie sich herausstellte, konnten sie von Glück reden, überhaupt einen Vertrag zu unterschreiben. Nun war eine funktionale Formation aufgestellt, wobei die regulären Proben bezahlt werden mussten, was Jons Kreditrahmen massiv beanspruchte. Daraufhin wandte er sich an den früheren Tempest-Manager Gerry Bron, der das ehemalige Projekt finanziell unterstützt hatte. Gerry zeigte sich interessiert, wies Jon aber darauf hin, den Bandnamen zu ändern, denn „Ich kann Ghosts nicht verkaufen." Er hatte Jon damals schon zur Nutzung des Namens Colosseum anstatt Tempest gedrängt. Jon hatte sich geweigert, musste nun aber nachgeben. Er fragte seine ehemaligen Kollegen, ob sie etwas dagegen hätten, und glücklicherweise stimmten alle zu. Aus Ghosts wurde nun Colosseum II, und sie waren endlich in der Lage in Gerry Brons Roundhouse-Studio zu gehen, um mit den Recordings des ersten Albums zu beginnen. Zwischen August und dem Beginn des Januars verbrachten sie insgesamt drei Wochen mit den Aufnahmen und zwei mit dem Mix. Jon erzählte später davon, dass sich Queen während der Zeit in einem der kleineren Räume an einem Gitarren-Overdub versuchten: „Wir gingen ins Studio, spielten das gesamte Album ein, und die arbeiteten immer noch an dem Overdub."

Zuerst machten sie sich an Graham Bonds „Walking In The Park" und einen Song mit dem Titel „Gary's Lament", der auf der zweiten Platte landete und dann an „Castles", schließlich auf der dritten veröffentlicht. Während des Aufnahmeprozesses saß Bernie Marsden in der Regie, „und es war so gut, dass ich breit über beide Ohren grinste. Einfach erstaunlich. Dann sahen mich Jon und Gary beim Lachen! Sie dachten ich würde mich über sie lustig machen und warfen mich raus!"

Garys Einfluss bezüglich des Songwritings und des Stils führten zu einem leichteren, schwebenderen und melodiöseren Album, verglichen mit allen Aufnahmen von Tempest. Die Musik schien mehr Freiräume zu bieten und einige der Passagen hätten auch von den späteren Colosseum mit Chris Farlowe stammen können.

Garys Stil auf dem ersten Track „Dark Side Of The Moog" bezieht sich sicherlich nicht nur auf John McLaughlin, sondern auch auf Bill Connors, Chick Coreas Gitarristen bei Return To Forever. Eric Clapton hatte zu seiner Bluesbreakers-Zeit einen riesigen Vorteil, denn er durfte in John Mayalls großer Plattensammlung stöbern, was auch auf Gary zutraf, der sich bei Jons Scheiben „bediente" und dabei John Coltrane und Roland Kirk kennenlernte. „Bis zu der Zeit hatte er den Hintergrund von John McLaughlin nicht ergründet", erzählt Jon. „Für ihn stellte das eine Offenbarung dar, die er kaum fassen konnte. Erst als er die Wurzeln von McLaughlin oder Larry Coryell verstand, akzeptierte er sie. Davor hatte er sich unbehaglich, möglicherweise sogar neidisch gefühlt, obwohl mir der Grund schleierhaft erscheint. Doch dann ließ er sich voll und ganz darauf ein und saugte die Musik rhythmisch und harmonisch wie ein Schwamm auf. Sie lag weit über der Einfachheit des Blues. Coltrane zu hören, öffnete sein Bewusstsein."

Dieser Song ist ein gutes Beispiel für die von Don angesprochene Komplexität. Jon sprach bei der Promotion des Albums mit Chris Welch und erklärte, der Titel sei zuerst ein Witz gewesen, der sich in einem ernsthaften Stück niederschlug. „Er wurde von Don geschrieben und ist ein Keyboard-Feature mit Orgel, Piano und Synthesizern. Es ist ein durchgehender 13/8-Takt ... eigentlich ein 13/4, wenn man exakt zählt. Wir haben auf dem Album viele Overdubs eingespielt ... und das Studio als eine Quelle der Möglichkeiten benutzt. Man kann heute so viel in einem Studio machen, und es wäre albern, die Technik zu ignorieren."

Laut Don, „erreichte Gary seinen [künstlerischen] Höhepunkt zu dieser Zeit (1975 – 1977) – und setzte ihn nachhaltig durch. Im Laufe der Jahre machte er sich mehr Gedanken zum Songwriting, wurde vielleicht etwas radiofreundlicher, doch in Bezug auf seine Technik und sein Feeling hielt er eine lange Zeit ein konstantes Level. Als Vergleich fällt mir da nur Oscar Peterson ein. Als der aus Kanada kam, hatte sich sein Talent schon voll ausgeprägt, und das würde ich auch über Gary hinsichtlich dieser Phase behaupten."

Der ambitionierteste Track des Albums war Joni Mitchells strukturell anspruchsvolles „Down To You", in dem die Referenz ‚strange new flesh' auftaucht, die dem Album den Namen gab. Den Song – er stammt von der Mitchell-Veröffentlichung *Court And Spark* – in das Album zu integrieren, lässt sich auf Gary zurückführen, ein großer Fan der Songwriterin. Jon erklärte im Gespräch mit Chris Welch: „Beim Hören bekomme ich eine Gänsehaut ... wir orientierten uns an der Melodie und interpretierten sie. Vom Einstiegspunkt des Pianos an wurde alles von Don arrangiert. Wir haben Jonis Stück als eine Art Musiktheater empfunden ... denn es entwickelt sich auf eine orchestral angelegte Art. Ich fühle mich glücklich, Musiker zu haben, die in der Lage sind, so etwas zu spielen."

Strange New Flesh wurde von Gerry Brons Label Bronze im April 1976 veröffentlicht. Die Besprechungen fielen insgesamt positiv aus, und der stets loyale Chris Welch beschrieb es als „visionäres und [vor Ideen] überschäumendes Album". Allerdings stellte sich kein Charts-Erfolg ein, was Gerry Bron dazu brachte, seine Investition zu überdenken. Insgeheim waren weder Gary noch Jon besonders angetan. „Es war eine ernsthafte Studio-Performance", erinnert sich der Drummer, „doch mein größter Erfolg war die *Colosseum Live* gewesen und die übte auf Gary einen großen Einfluss aus – sowohl musikalisch, als auch hinsichtlich des Erfolgs. Und so empfanden wir das neue Album als eine ‚tote' und [sterile] Platte. Allerdings erwies sich das Material bei den Konzerten als wesentlich interessanter, da es mehr Improvisationen gab und auf der Bühne eine eher lockere Stimmung herrschte, verglichen mit dem Studio, in dem man darum kämpft alles korrekt zu spielen und bloß keine Fehler zu machen. Bei Instrumentalalben sind die [darauf basierenden] Live-Alben oft besser. Tritt man mit einem Sänger auf, konzentriert sich alles auf ihn und die Band rückt in den Hintergrund und spielt eine untergeordnete Rolle."

Gerry Bron wurde wegen des USA-Erfolgs von Uriah Heep mit Arbeit überschüttet, und so kümmerte sich seine Frau Lilian um die Geschicke der Gruppe. Was sie als Erstes verlangte: Werdet den Sänger los! Jon: „Mike Starrs war der einzige Vokalist mit einer ausreichend starken Stimme, um die von uns geschriebenen Songs zu verwirklichen. [Ein gutes Beispiel ist ‚On Second Thoughts' vom ersten Album.] Allerdings torkelte er oft vor sich hin trällernd aus einem Pub. Das resultierte in einer unpassenden Bühnenshow. Statt rockig, stark und ungezwungen aufzutreten, entwickelte sich das zu einer zu ihm passenden Art von Kabarett-Veranstaltung mit dem obligatorischen ‚Ladies and Gentlemen'. Lilian empfand das als fürchterlich und forderte: ‚Entweder er geht oder ihr verlasst die Bron-Agency.'" Mike hatte bereits eine schwierige Rolle eingenommen, denn was soll ein Frontmann machen, wenn sich die Band zu einem zehnminütigen Instrumentaltrip verabschiedet? In so einem Fall sind Charisma und dynamisches Auftreten egal – und das erlebte schon Phil Lynott bei Skid Row.

Laut Mike wurde er nicht rausgeworfen, sondern erhielt lediglich einen Telefonanruf, der ihn über den angeblichen Split informierte. Was tatsächlich geschah, erfuhr er erst später von Neil Murray, den man ungefähr zur gleichen Zeit an die Luft setzte. Ihr letzter Gig mit Colosseum II fand am 26. Juni 1976 in der Guildford Civic Hall statt. Gary und Jon hatten ein Problem mit Neils Stil, da er zu viel „frickelte". Die beiden zogen einen Musiker mit eher banddienlichen Beiträgen vor. Neil vertritt immer noch eine andere Auffassung: „Ich wollte den Bass im Vordergrund haben, denn einer meiner größten Einflüsse war Jack Bruce, der sich ständig bewegte und auch im Mittelbereich agierte, statt im Hintergrund vor sich hin zu zupfen. Ich sprach mit Jon über das Bassspiel und nahm an, dass ihm eine etwas abenteuerlichere Herangehensweise gefallen würde. Natürlich wollte ich mich so expressiv einsetzen wie die anderen auch! Aber er antwortete: ‚Oh, ich hätte lieber jemanden, der bei den Grooves bleibt.'" Um die Grooves zu gewährleisten, erkoren die Musiker John Mole zum neuen Bandmitglied, den Barbara Thompson in einem Club in Southend bei einem Konzert erlebt hatte. Nun entwickelte sich Colosseum II zu einem Instrumentalquartett, bei dem Moore die Vocals übernahm, wann immer es nötig war. Das bedeutete eine Fokussierung auf eine Ausdrucksform, von der aus sie sich weiterentwickelten. Jon beharrt darauf, dass „es nach der Umstellung einfach funktionierte. Nein, wir verdienten immer noch kein Geld und ja, effektiv war es eine Jazz-Gruppe – die aber nach Ansicht aller auf einem Rock-Modell basierte. [Als Resultat] hatte man eine gute Jazz-Band, die einen

Stil vertrat, den kein anderer umsetzte." Für Gerry Bron war das der Stein des Anstoßes, um die Formation fallen zu lassen, die diesmal der Plattenproduzent Monty Babson rettete.

Monty gehörte noch zur Garde der konservativen Musikproduzenten (alles von Acker Bilk bis zur Popband Blue Mink), der durch seinen Erfolg Mitinhaber der Morgan Studios geworden war. In dem Komplex befanden sich vier Aufnahmeräume, womit Colosseum II immer eine Probemöglichkeit zur Verfügung stand. Jon: „Es war die perfekte ‚Ehe‘, denn ihm gefiel unsere Musik. Er machte nur einen Fehler, indem er die Rechte an MCA verkaufte. Ich hatte aber mit ihm ausgemacht, dass er die Musik produziert, die Rechte jedoch nicht verkaufen darf. Und das fand ich erst nach dem Ende unserer Geschäftsbeziehungen heraus. Ich glaubte zuerst, er habe sie nur für fünf Jahre lizenziert, stattdessen hatte er sie ihnen bis in alle Ewigkeit überschrieben." Die Band erhielt für jedes der folgenden zwei Alben 60.000 Pfund, musste jedoch die Studiokosten selbst begleichen, woraufhin Monty Babson die gesamten Tantiemen einstrich und der Gruppe ein Gehalt auszahlte. Doch laut Jon „verdiente er nicht zu viel, wenn man den Zeitraum von zwei Jahren zugrunde legt".

Ende 1976 ging die Band zur Aufnahme der zweiten Platte *Electric Savage* in die Morgan Studios. Erneut – und das lässt sich auch durch die Credits belegen – nahm Gary eine führende Rolle ein. Ein Großteil des Materials war bereits bei den Proben geschrieben und auf der Bühne getestet worden. Diesmal wurden die einzelnen Stücke so weit wie möglich live eingespielt, mit nur wenigen Overdubs. Der von Gary komponierte Track „The Scorch" bringt den Gesamtausdruck auf einen Nenner, denn das komplette Album überzeugte mit einer höheren Konsistenz und brillanten Instrumentalbeiträgen. Falls Moore das Niveau eines John McLaughlin noch nicht zu Beginn von Colosseum II erreichte, gelang ihm das sicherlich mit „Desperado". Auf „Electric Savage" ist auch der erste Gesangsbeitrag Garys mit der Formation zu hören, nämlich bei dem emotional packenden und Donna gewidmeten Song „Rivers", den er mit Jon schrieb.

Under your wings now, over the worst.
Now that the storm clouds have all blown away.
Now that the spells have been broken.

Feelin' the beauty I am seeing today. It was always there.
Don't let the rivers of our love run dry.
Don't stop the flames we have from burning.
Don't let the rivers of our love run dry. Don't stop our world from turning.
Don't let the rivers of our love run dry.
Don't stop the flames we have from burning.
Yeah, yeah, yeah.
Don't let the rivers of our love run dry. Don't stop our world, don't stop our world, don't stop our world from turning.

Text und Musik: Gary Moore,
mit freundlicher Genehmigung Maxwood © 1977

Im Januar 1977 bekam Gary das Angebot, für drei Monate bei Thin Lizzy einzusteigen, als Ersatz für Brian Robertson, der eine unliebsame Bekanntschaft mit zerbrochenem Glas gemacht hatte – bei dem Versuch den Sänger Frankie Miller vor einer Tracht Prügel zu bewahren. Hätte sich *Electric Savage* an der Kasse der Plattenläden besser durchgesetzt, hätte sich Jon vermutlich dagegen ausgesprochen und die Chance ergriffen, ein erfolgreiches Album durch Konzerte weiter zu pushen.

Dass Jon Garys „Sabbat-Monate" zustimmte, deutete auf eine schwierige Zukunft hin (oder überhaupt keine). Allerdings erklärte der Manager Alan Hewitt allen – die es hören wollten – dass Gary zurückkäme. Gary hielt sein Wort, denn trotz großen Drucks ausgehend von Phil Lynott blieb er Jon und dem Projekt gegenüber loyal. Er erzählte Bill Hindmarsh, alles bis zum Ende durchzuziehen.

1977 fand keine großangelegte Promo-Tour für das Album statt, doch es eröffnete sich ein interessantes Nebenprojekt. Der renommierte Komponist Andrew Lloyd Webber verlor eine Wette gegen seinen Bruder Julian, einem Cellisten. Die beiden hatten um den Ausgang eines Fußballspiels gewettet. Julians Belohnung: Andrew musste eine Arbeit mit dem Titel *Variations* für ihn komponieren, eine Suite basierend auf Themen des Violinisten Paganini. Andrew dachte an eine Fusion von Klassik, Jazz und Rock, doch er hatte nicht den blassesten Schimmer, welche Musiker dafür in Frage kämen. Während eines Besuchs seiner Plattenfirma MCA hörte er zufällig eine Testpressung von

Electric Savage und erkannte augenblicklich, das gefunden zu haben, wonach er gesucht hatte. Webber rief Jon an, die beiden trafen sich und besprachen das Projekt, und die Gruppe durfte sich auf einen gut bezahlten, zehntätigen Studioaufenthalt freuen. Jon gelang es sogar, Barbara mit einzuschleusen, da die Musik eine versierte Saxophonistin/Flötistin erforderte. Doch niemand hätte den Erfolg von *Variations* vorhersehen können, das mit einer Goldenen Schallplatte ausgezeichnet wurde, was Konzerte nach sich zog. Das machte Gary natürlich Kopfzerbrechen, denn er war mal wieder mit notenfesten Musikern konfrontiert oder zumindest solchen, die Charts lesen konnten. Er berichtete dem *Guitar Player* 1980: „In vielerlei Hinsicht half mir das, denn ich hatte meine Parts auswendig gelernt, noch bevor die anderen die Partitur komplett gelesen hatten. Allerdings war das nicht einfach. Man musste sich dort kniffeligen Abschnitten stellen, die ausgearbeitete Kontrapunkte verlangten oder ein Unisono-Spiel zwischen Bass und Gitarre." Gary hätte sich jedoch keine Sorgen machen müssen, als „minderbemittelter" Musiker aufzufallen, denn Julian Lloyd Webber schrieb in seiner Biografie, dass er von Künstlern aus den Genres Jazz und Rock viel über Phrasieren und die Performance an sich lernte. Dabei erwähnte er Stephané Grappelli und Gary Moore und hob Letzteren hervor, und vermerkt dass dieser „eine verblüffende Technik [hat], aber auch über ein musikalisches Gedächtnis verfügt, um das ihn zahlreiche klassisch ausgebildete Musiker beneiden würden". *Variations* zog noch weitere Kreise, die den unerwarteten ursprünglichen Erfolg in den UK-Charts überstiegen. Eine stark gekürzte Fassung kam als Titelmusik für *The South Bank Show* zum Einsatz, ein bahnbrechendes Kunstprogramm im Fernsehen – und das während der gesamten 32-jährigen Laufzeit zwischen 1978 – 2010.

Trotz der mickerigen Absätze von *Electric Savage* standen Colosseum II im Sommer wieder im Studio, um *War Dance* aufzunehmen. Die Band hatte Material in Hülle und Fülle und die Instrumentalarbeit war erneut auf einer Ebene mit vergleichbaren Acts wie dem Mahavishnu Orchestra oder Chick Coreas Return To Forever. Doch es gab ein Manko, denn die beiden zuletzt genannten Bands hatten ihren Höhepunkt in den frühen Siebzigern gehabt und nun brach das Jahr 1978 an. Der letzte Track des Albums trug den prophetischen Titel „Last Exit". Jon hatte die Auflösung von Colosseum bekannt gegeben, als Clem zu Humble Pie wechselte, was der aktuellen Situation ähnelte, denn Gary erhielt im Sommer 1978 ein drittes Angebot, bei Thin Lizzy einzusteigen. Daraufhin berief Jon einen „Kriegsrat" in den Büroräumen der MCA ein, in denen eine neue Riege von Managern das Ruder übernommen hatte. „Der ranghöchste Manager war ein enger Freund von Monty Babson", erinnert sich Jon, „aber nun trugen all diese Kids die Verantwortung, die ihren eigenen Wert durch Hits rechtfertigen wollten. Es war offensichtlich, dass niemand mehr an mich glaubte. Das lag in der Luft, und ich sah keinen Ausweg mehr."

Was war also schiefgelaufen? Warum versagten vier der besten Musiker Großbritanniens in kommerzieller Hinsicht während ihrer Glanzzeit? Auf YouTube ist zum Zeitpunkt der Niederschrift eine Colosseum II-Session aus dem Jahr 1978 zu sehen, aufgezeichnet im Rahmen der BBC-Reihe *Sight and Sound In Concert*. Gary tritt dort als Frontmann auf, und man erkennt eindeutig seine Begeisterung und die Herausforderung, ausgehend von Musikern, die ihn antreiben.

„Wir spielten einige fantastische Gigs und das Publikum liebte uns", berichtet Jon. „Doch wir mussten uns immer mit der Tatsache abfinden, keine großen Hallen zu füllen, lediglich Veranstaltungsorte mit einer Kapazität von 300-400 Zuschauern. Es gab viele Gigs, doch niemals große. Wir verfügten über eine Crew, zwei große Trucks und eine klasse Lichtanlage. Damals hatte ein durchschnittlicher Veranstaltungssaal keine eigene PA, woraufhin wir unsere eigene mitbringen mussten. Das war [hinsichtlich] der Logistik teuer, obwohl uns alles gehörte und wir nichts ausliehen. Und die Tour-Organisatoren buchten nie eine gute Route. Wenn man von London aus nach Mailand muss und dann zurück nach Manchester, kann man unmöglich die Zusatzkosten tragen."

Der kommerzielle Misserfolg wurzelte in den fehlenden Hitalben. Auch gab es keine Hitsingles, die zu Radioeinsätzen geführt hätten, und sogar eine Gruppe wie Colosseum II war darauf angewiesen. Zumindest in Europa – besonders in Deutschland und Skandinavien – zeigte sich das Publikum offener und dankbarer gegenüber eher komplexer Musik. Als Colosseum II im UK veröffentlichten, herrschte ein raues Klima, denn der Punk überschwemmte die Szene und die jungen New-Wave-Rockkritiker zeigten Jazzrock eine kalte Schulter wie auch anderen Stilen, die nicht auf ihrer Playlist standen.

Trotz der äußeren Umstände gesteht sich Jon rückblickend ein, ein dem Untergang geweihtes Projekt verfolgt zu haben: „Ich habe Colosseum in dem

Glauben aufgelöst, 1971 den stilistischen Höhepunkt erreicht zu haben. Tempest hatte nur eine Chance auf den kommerziellen Erfolg, nämlich mit Paul Williams im Line-up. Eigentlich gab es keinen Grund Colosseum II zu formieren, denn dieser Stil gehörte bereits der Vergangenheit an, die Vorstellung, Gesang und Texte mit Jazz und Rock zu vereinen. So ein Modell existierte noch nicht mal in den USA. Nur George Duke versuchte es einige Male. The Crusaders hatten exakt das aufgegeben, was ich damals probierte, da sie wussten, dass man ohne Gesang kein Airplay bekommt, womit Randy Crawford und ‚Street Life' übrigbleibt."

Gary hatte der Presse erklärt, dass sie die technische Kraft des Mahavishnu Orchestra mit der vokalen Stärke von Led Zeppelin kombinieren wollten, „denn niemand anders machte das". Und dafür gab es auch einen Grund – es funktionierte schlichtweg nicht! Die Musik lässt sich als großartig und expressiv beschreiben, was jedoch nicht auf die damalige Zeit zutraf – und es lag sicherlich außerhalb des Wahrscheinlichen, dass sie eine Hitsingle mit starken Vocals veröffentlichen, denn dafür schrieben sie kein Material. Garys Stimme wäre so einem Anspruch nicht gerecht geworden, da er deutlich unter dem stimmlichen Umfang eines Chris Farlowe oder Mike Starrs lag. Dennoch wünschte sich die MCA – nach der Hörprobe von Garys Vocals – mehr Songs und weniger instrumentale „Trainingseinheiten".

Jon wusste immer, dass er gegen den Strom kämpft, denn er erklärte Chris Welch: „Ich weiß, es ist eine schlechte Zeit, um eine Band aufzubauen. In wirtschaftlicher Hinsicht geht es dem Business schlecht ... und das fällt zufälligerweise mit einer unkreativen Periode in der Rockmusik zusammen."

Was denkt Jon aus heutiger Perspektive zur Arbeit mit Gary? Der Streit, den er mit ihm wegen der Sauferei hatte, war nicht der einzige Knackpunkt, denn auch andere bekamen „ihr Fett weg": „Gary hatte deswegen oft Stress mit dem Manager Alan Hewitt – ob er fit genug war, um auf die Bühne zu gehen oder manchmal sehr aggressiv wurde und es an anderen auslief. All das wegen des Trinkens. Doch ich hege keinen Groll gegen andere Musiker, da ich mit Graham Bond gespielt habe. Dadurch kann ich mich auf alles einstellen, was Leute so abziehen, die auf die Bühne müssen. Außerdem respektierte ich Garys Fähigkeiten, das, was er umsetzen konnte, obwohl ich das ‚Beiprogramm' hasste. Ich verstehe nicht, warum sich Gary ständig in solch eine Lage brachte.

Ich muss mir nur ein Glas Wein aus der Ferne anschauen und bekomme schon einen Schwips. Gary war von Natur aus ein sehr netter Mensch, ein intelligenter Mann, ein guter Mann. Ich glaube, es gab eine Seite an ihm, die sich nicht mit den alltäglichen Belangen abmühen wollte, denn das stellte für ihn eine ernste Belastung dar. Er wollte in einer Garderobe sitzen, darauf warten auf die Bühne zu gehen, auf der Bühne sein und nach einem erfolgreichen Gig wieder runterzukommen und das machen, wonach ihm gerade war. Ich glaube, er spürte, dass eine normale Existenz nichts für ihn war, obwohl das für den Großteil seines Lebens zutraf. Er fühlte sich in der eigenen Haut unbehaglich."

Jon holt weiter aus: „Die kreativen Augenblicke im Leben sind nur von kurzer, knapper Dauer. Drei Monate im Studio zu verbringen ist eine ähnliche Arbeit wie den Abwasch zu machen. Doch Gary sprudelte vor Ideen nur so über und verfügte über ein Talent, das er überall hin stilistisch ausrichten konnte. Dadurch fiel ihm die Einsicht schwer, dass man in einer Stunde harter Arbeit vielleicht nur 40 Sekunden Kreativität erlebt – und dass man letztendlich nur 70 Prozent von dem erreicht, was man sich vorgenommen hat. Und da lag eine Quelle seiner Wut und Frustration, zu der noch ein unterschwelliger Selbstzweifel kam. Für einen hypersensiblen Menschen wie ihn dämpfte der Alkohol den Schmerz, obwohl das natürlich keine Lösung darstellte. Und wie wir gesehen haben, führte das zu einigen schlimmen Episoden."

Jon mag wohl geglaubt haben, dass das Kapitel Colosseum II abgeschlossen war, doch das Finanzamt vertrat da eine andere Position. Er benötigte geschlagene fünf Jahre, um das Steuerwirrwarr „aufzudröseln", entstanden durch den schwerwiegenden Fehler, Colosseum II nach einem anteiligen und partnerschaftlichen Prinzip aufgebaut zu haben statt einer Gesellschaft mit beschränkter Haftung oder einem Modell, bei dem die Musiker als Angestellte aufgeführt wurden. Der Grund für eine Vermeidung von partnerschaftlichen Wirtschaftskonstrukten im Musikgeschäft liegt in dem Umstand begründet, dass in Großbritannien eine gegenseitige Haftung hinsichtlich der Steuererstattung besteht. Jon war penibel, was seine jährlichen Steuerbescheide anbelangte, doch die anderen, darunter auch Gary, hatten damals keinen Business-Manager oder Steuerberater.

Das bedeutete in der Praxis, dass das Finanzamt Jon hinsichtlich der ausstehenden Zahlungen der anderen belangte, obwohl er selbst eine vorbildliche

Buchführung vorweisen konnte. Hätte er nicht zahlen können, hätte das den Verlust seines Hauses bedeutet, da keiner der anderen Musiker eine Immobilie oder nennenswertes Eigentum besaß. Jon erkannte schnell, dass der Zeitraum von einer Schätzung des Finanzamts bis zur Gerichtsvorladung fünf Monate in Anspruch nahm. Bezahlte man kurz vor der Vorladung eine kleine Summe, begann die ganze Prozedur erneut. Auf diese Art und Weise stotterte Jon das Geld mehrere Jahre lang ab, bis Gary mit Colin Newman einen anständigen Steuerberater und Manager hatte, der das Problem gemeinsam mit Jon löste.

KAPITEL FÜNF
ME AND THE BOYS – WUNDERSAME ZEITEN

Eines Abends im Jahr 1969 besuchte Eric Bell ein Konzert mit Skid Row im Five Club in Dublin, um sich Gary anzuhören. Es war ein Montag und Bell hatte frei, da seine Showband mit dem Namen The Dreams nicht auftrat. Die beiden Gitarristen hatten bereits in denselben Gruppen der Stadt gemuckt, wie zum Beispiel The Deltones und Shades of Blue (obwohl Gary bei den Truppen wahrscheinlich nur aushalf). Als Gary bei Platform Three ausstieg, übernahm Eric seinen Job bis die Gruppe aufgrund des mangelnden Erfolgs den Stecker zog.

„Ich stand da mit meinem Anzug und dem Armee-Haarschnitt in diesem Club voller Hippies, die mich wahrscheinlich für einen Typen von der Drogenfahndung hielten. Dann hörte ich diese unglaubliche Musik und machte mich auf den Weg zur Bühne, wo sich Gary die Seele aus dem Leib spielte. Damals war das alles verdammt hart für ihn, denn die Band verdiente fast gar nichts, wohingegen es mir in der Showband recht gut ging. Er war eines Abends in meiner Wohnung, vor Kälte am Bibbern und fast am Verhungern. In meinem Kamin brannte ein kräftiges Feuer und dieses Mädchen – Kathleen – machte ihm ein Essen. An dem Abend war er total fertig."

Kurz danach überkam Eric eine Art religionsähnlicher Läuterung: „Die Showband übte an dem Tag oben in der School of Speech Therapy in Dublin, die Proberäume zur Verfügung stellte. Unten spielten Skid Row. Ich ging die Treppe runter, öffnete die Tür und schon schlug mir ein wahrer Schwall von Musik entgegen. Ich dachte: ‚Was mache ich eigentlich in einer Showband?'

Dort stand Gary und rockte all die [coolen] Eric-Clapton-Licks und da wurde mir klar: ‚Jesus, ich muss da raus!' Somit war er der Stein des Anstoßes, dass ich The Dreams verließ und mit Thin Lizzy startete."

Im Dezember 1969 kam er mit seinem ehemaligen Them-Bandkumpel Eric Wrixon zusammen, die sich beide Phil Lynott und Brian Downey anschlossen, deren eigene Band Orphanage in die Brüche gegangen war. Ende 1970 hatte Wrixon die Gruppe schon wieder verlassen, doch Thin Lizzy konnten einen Plattenvertrag bei der Decca unterschreiben. Zwei Jahre darauf hatten sie zwei Alben und eine Single veröffentlicht, standen jedoch immer noch im Schatten der ganz Großen. Dann – im November 1972 veröffentlichte die Decca die Single „Whiskey In The Jar", die in Irland, im UK und in weiten Teilen Europas in die Charts kam. Für Eric änderte sich alles – und nicht zum Besseren. Früher steckte er in der Zwangsjacke des Anzugs und Repertoires einer Showband, was ihm unbehaglich war. Mit dem Einstieg bei Thin Lizzy erhoffte er sich eine freiere musikalische Form und eine bluesige und auf Improvisationen ausgerichtete Jam-Band – und das waren sie am Anfang auch. Doch der Erfolg von „Whiskey In The Jar" bedeutete Fernsehauftritte, ständig unterschiedliche Klamotten, Interviews und all den Medienrummel. Das ganze Popgeschäft lag meilenweit außerhalb von Erics Komfortzone. „Jeder wollte uns in seiner Show haben, es gab keine Improvisationen mehr, und wir spielten jeden Abend dieselben verdammten Nummern. Da hätte ich doch wieder zurück in eine Showband gehen können, oder?" Hinzu kam der Druck, eine ebenbürtige Single „nachzuschieben", doch „Randolph's Tango" floppte, was auch auf die nächste Single „The Rocker" insgesamt zutraf, die sich außerhalb Irlands nicht durchsetzte.

Der Druck, Kapital aus ihrem Hit zu schlagen, nahm stetig zu, und so griff Eric zur Flasche und zum Dope. Seine damalige Freundin (sie war ungefähr zur gleichen Zeit wie Sylvia schwanger) machte sich mit ihrem Sohn aus dem Staub und zog nach Kanada. Dann warf Eric noch Hände voller Tranquilizer ins „chemische Karussell": „Ich war völlig aus der Spur, im Grunde genommen ein hoffnungsloser Fall."

Die 73er-Weihnachtstournee von Thin Lizzy in Irland stand unter einem schlechten Omen. Zu Beginn musste Pearse Kelly für Brian Downey die Fills trommeln, dessen Hand aufgrund einer allergischen Reaktion auf den Lack der Drumsticks angeschwollen war. Thin Lizzy hatten gerade zehn Tage der Tour abgerissen, als sie am Silvesterabend in der Queen's University Hall in Belfast auftreten sollten. Es war tatsächlich derselbe Veranstaltungsort, wo Eric Them verlassen hatte – aufgrund einer Auseinandersetzung mit Van Morrison über die Gitarren-Lautstärke.

Den ganzen Tag über hatte er schon mit der Familie einen Umtrunk gehalten, was sich in der Garderobe fortsetzte. Als er dann vors Publikum treten musste, halluzinierte er fast! „Ich hörte diese Stimme in meinem Kopf, die mir riet, die Biege zu machen, und ich schleuderte die Gitarre in die Luft, die in einer Art Zeitlupe zum Boden zurücksank. Dann trat ich diese riesigen 4x12-Boxentürme um und ging von der Bühne – völlig ohne Verstand." Eric saß wie ein Häufchen Elend neben der Bühne und wurde vom Tourmanager Frank Murray in unmissverständlichen Worten dazu aufgefordert, wieder raufzugehen und das Ding durchzuziehen. „Das tat er auch", schmunzelt Frank, „doch zuerst fragte er nach einigen Pints Guinness."

Am nächsten Tag fand eine Besprechung im Hotel statt, wo die Band und ihre Crew die Nacht verbracht hatten. Eric tauchte auf – zusammen mit mehreren schweren Katern – und wurde von Phil, Brian und den Roadies mit einem eisigen Starren empfangen. Dann rief der Manager Chris Morrison an, der es nicht fassen konnte, dass Eric mitten in einer Tour aussteigen wollte. Doch Eric blieb standhaft! Obwohl es zu keinem offiziellen Rauswurf kam, informierte ihn Chris, dass sie Gary ins Boot holen würden.

Chris Morrison ging entweder in die Larch Road, Cricklewood oder rief dort an, um Gary das Angebot zu unterbreiten, Thin Lizzy in Irland auszuhelfen. Dessen Antwort lautete: „Wann geht der nächste Flug?" Ohne zuzugeben, dass die Tage der Gary Moore Band gezählt waren, setzte er sich schnell mit Pearse Kelly und John Curtis in Kontakt, um ihnen mitzuteilen, dass er mit Lizzy eine Irland-Tour beendet. Und dann war er auch schon weg.

Thin Lizzy mussten die beiden Termine am 1. und 2. Januar absagen, um Gary Zeit zur Anreise und Akklimatisation zu geben, doch nach nur ungefähr sechs Stunden Probe war er gut genug, den ersten von insgesamt elf Terminen zu spielen. Laut Brian Downey kannte Gary nicht das komplette Set, „jedoch einige Nummern der ersten beiden Alben und ‚Whiskey In The Jar'. Die ihm bekannten Stücke kamen ins Set und der Rest wurde gejammt". Die Gruppe bahnte sich ihren Weg durch die Lande, und am 1. Februar stand der erste UK-Termin in der Central London Polytechnic an. Hier wurde Eric erneut die Chance zu einem Wiedereinstieg offeriert, was er jedoch ablehnte. Laut Ted Carroll „fragten entweder ich oder Phil Gary, ob er einsteigen wolle, was er mit einem ausdrücklichen Ja beantwortete".

Damals war „Hard Drivin' Man" von der J. Geils Band die Zugabe. Chris O'Donnell (der Agent von Thin Lizzy und baldige Co-Manager) berichtet, dass er sich zu Chris Morrison drehte und sagte: „Mit so einer Band kann man die ganze Welt erobern." „An diesem Abend spielte Gary phänomenal. Da gab es keine Beschränkungen, keine Gedanken an die Zukunft, nur einen Gitarristen, der es gehörig krachen ließ. Er sprang auf die Monitore und lag gitarrespielend auf dem Rücken. Die Zuschauer starrten sich an, als wollten sie sagen: ‚Hast du das gerade gesehen?' War das wirklich passiert?"

Der damals mit Eric Bell ebenbürtige Moore katapultierte Thin Lizzy auf eine andere Ebene, was nicht nur seine rasant zunehmenden technischen Fähigkeiten anbelangte, sondern auch die Rolle eines Sparrings-Partners von Phil an vorderster Bühnenfront. Mit seinem schwarzen Outfit, den schwarzen Stiefeln, seinen langen wirbelnden Haaren und der Gitarre, die er wie ein Krummschwertkämpfer behandelte und mit ihr die Luft zerteilte, hatte Gary das perfekte Image für eine „Band charmanter Gauner" wie sich Lizzy in der Öffentlichkeit darstellten.

Aber auch Phil hatte einen substanziellen Fortschritt in der Rolle eines Frontmanns gemacht. Er erhielt seinen Weckruf, der ihn aus der Zone eines schüchternen Musikers aufscheuchte, während einer gemeinsamen Tour mit Slade 1972, zu der Zeit eine der größten Bands in Großbritannien. Damals war Phils Performance eher „bescheiden", doch dann stürmte der hünenhafte Chas Chandler in die Garderobe und schrie: „Was zum Teufel soll denn das werden? Du sollst das Slade-Publikum anheizen, nicht in den Schlaf wiegen! Krieg das auf die Reihe oder pack deine Sachen!" Phil war zutiefst schockiert, denn der ehemalige Manager seines größten Idols – Jimi Hendrix – hatte ihn in den Boden gestampft. Im Verlauf der Tour übte Phil verschiedene Posen, zeigte dem Publikum unterschiedliche Seiten von sich und projizierte sich in das Auditorium. Er erwartete Buh-Rufe und lächerliche Kommentare, doch stattdessen sprang das Publikum auf seine Masche an. Aus Philip Parris Lynott wurde Phil und zusammen mit Gary stellte er eine brachiale Naturgewalt dar, vorangetrieben durch Brian Downeys Schlagzeugset mit zwei Bass-Drums.

Sie wirbelten wie ein Sturm durch das UK und beendeten die Tournee mit einem Gig am 14. April im Locarno, Bristol. Im Set befand sich der Moore-Song „Crawling", bei dem er sich wie ein „John Lee Hooker in der Rolle eines wirbelnden Derwisches" verausgabte. Gary hatte die Bühne während einer Gitarreneinlage ganz für sich, bei der er klassische Konzertgitarre, Blues und irische Jigs mischte, was im Kontext der härteren Nummern des Programms („Sitamoia", „The Rocker") besonders reizvoll wirkte. Der „Slow Blues" vom Album *Vagabonds Of The Western World* stand für einen interessanten Kontrast, wohingegen „Showdown" schon mal für das kommende Album *Nightlife* „on the road" getestet wurde. Der Stevie-Wonder-Song „I Love Every Little Thing About You" diente dann zur Auflockerung. Bei den Proben versuchte sich die Band häufig an Arrangements von Stevie-Wonder-Stücken und spielte mit den Strukturen, was man hinsichtlich ihrer Bühnenpersönlichkeit und des Standard-Repertoires nicht vermuten würde.

An dem Abend des Konzerts brachten Thin Lizzy auch den Song „Little Darling", zugleich ihre neue Decca-Single und eine der wenigen Aufnahmen, die Gary während seines ersten Abstechers machte. Das Stück wurde zusammen mit „Sitamoia" in den Tollington Park Studios – im Besitz der Decca – aufgenommen, wobei Phil und Nick Tauber als Produzenten verantwortlich zeichneten. Bei der Veröffentlichung tauchte Donna als Schulmädchen gekleidet in den Werbeunterlagen auf.

Ein nachhaltiges „Erbe" dieser Ära war „Still In Love With You", aufgenommen im Saturn Sound Studio in Worthing an der Südküste. Als man den Track veröffentlichte, war Gary schon längst nicht mehr in der Band, aber keiner der beiden neuen Klampfer – Scott Gorham und Brian Robertson – glaubte eine bessere Version abzuliefern. Somit blieb es ein außergewöhnliches Solo voller Schönheit und astreiner Ausführung. Obwohl die Nummer Phil zugeschrieben wird, empfand er sie als „Garys Song". Gary erwähnte gegenüber dem Lynott-Biografen Mark Putterford, dass ihm eigentlich mehr als eine „Empfindung" zustände: „Phil und ich waren auf dieselbe Akkord-Abfolge gekommen. Mein Stück trug den Titel ‚I'll Help You See It Through' und seins ‚Still In Love With You'. Wir haben einfach die beiden Songs zu einem arrangiert, aber nachdem ich die Band verlassen hatte, ‚entschied' sich Phil dazu, dass *er* die Nummer geschrieben hat ... Allerdings war das keine große Sache, denn in jenen Tagen ging es noch nicht um viel."

Egal, was Gary auch auf der Tour gesagt haben mag, im Mai hatte er seine Meinung geändert. Der Zeitpunkt des Tour-Angebots war für Gary ideal gewesen, denn seine eigene Band lief ins Leere und ohne finanzielle Unterstützung einer Plattenfirma stellte sich der Druck, alles zusammen zu halten, als unerträglich heraus. Bei Lizzy konnte er seinem Geist freien Lauf lassen, denn alles wurde organisiert und er musste lediglich erscheinen und das vorhandene Material spielen. Zwar handelte es sich um aufregende und leidenschaftliche Songs, doch sie stellten keine technischen Herausforderungen für einen Top-Gitarristen dar. Auf der Bühne trat Moore wild und ungezähmt auf, doch im Backstage-Bereich entfernte er sich noch weiter von der Rolle eines Kavaliers. Nach ungefähr zwei Jahren, in denen er seinen überbordenden Alkoholkonsum kontrollieren konnte, trank er nun viel zu viel, während er immer noch starke Beruhigungsmittel einwarf – eine potenziell tödliche Kombination, die dazu führte, dass ihn Lizzy-Roadies aus mehr als nur einem Club hinaustragen mussten und ihn vor seiner Wohnung ablegten, egal, wer gerade da war und die Tür öffnete. Dieses Verhalten erstreckte sich bis in die ersten Monate mit Colosseum II, doch Moore war vernünftig genug, um zu erkennen, dass er es in den Griff bekommen musste, denn sonst wäre seine Karriere ernsthaft bedroht gewesen. Er gab das im Dezember 1977 offen und ehrlich gegenüber dem *Melody Maker* zu: „Ich war nicht mehr ganz bei Sinnen und spielte jeden Abend auf Autopilot." Er ergänzte, Colosseum II gebraucht zu haben, „um mich von diesen Dingen abzubringen. Das führte mich als Menschen und Musiker wieder auf die richtige Bahn."

Zu dieser Zeit langweilte Gary die Trio-Besetzung. Bei Skid Row hatte das zum Konzept gehört und seine eigene Gruppe war letztendlich aufgrund wirtschaftlicher Belange auf drei Musiker „zusammengeschmolzen". 1978 erläuterte er dem Reporter eines Gitarrenmagazins: „Ich fand heraus, dass die ganze Sache (mit Thin Lizzy) zu restriktiv wurde. Es war mir nicht musikalisch genug, da der gesamte Mittenbereich fehlte. Die Rhythmus-Sektion spielte so dahin, doch es gab nichts, um der Musik eine klare Kontur oder Form für den Hörer zu verleihen. Um es auf einen Punkt zu bringen – man muss weniger als mehr spielen, wenn man wirklich abenteuerliche Passagen sucht. Es ergibt keinen Sinn mit Tonleitern über einen immer festgesetzten Bass zu spielen. Man muss sich [bei Thin Lizzy] die ganze Zeit über stark am Bass orientieren, und das ist für mich keine Musik. Man muss die ganze Zeit über in derselben Tonart wie der Bass denken – tja, und das brachte es nicht und so bin ich ausgestiegen."

Allerdings erschweren auch geschäftliche Belange die Gesamtsituation. Lizzys Vertrag mit der Decca lief im September ab, demselben Monat, in dem *Vagabonds Of The Western World* auf den Markt kam. Das Bandmanagement handelte einen Vorschuss von 10.000 Pfund aus, verrechenbar mit den Tantiemen von „Whiskey In The Jar", woraufhin sich der Vertrag bis zum Mai 1974 verlängerte. Damit hatte die Gruppe die Chance, sich die Promotion der Decca anzusehen, und das Label die Möglichkeit eine auf dem Absatz der Alben basierende Einschätzung vorzunehmen, die über den Verbleib von Thin Lizzy entschied. Lizzy waren bereits ins Studio gegangen, um „Sitamoia", „Still In Love With You", „Showdown" und „It's Only Money" als Demos mitzuschneiden. Der erste Song wurde verworfen, während Garys Solo für den zweiten genutzt wurde. Doch Moore leistete auch wesentliche Beiträge zu den anderen Nummern, die auf die nächste Veröffentlichung kamen (*Nightlife*), diese wurden jedoch neu aufgenommen, ohne Gary als Komponisten zu erwähnen.

Als die Deadline im Mai immer näher rückte, sah es so aus, als würde die Decca den Deal nicht erneuern. Ted Carroll erinnert sich: „Island waren scharf darauf, die Band unter Vertrag zu nehmen. Richard Williams, der auch für den *Melody Maker* schrieb, war damals führender Manager der A&R-Abteilung, und Gary hatte ihn einfach umgehauen. Schließlich lehnten sie aber ab, und wir hatten kaum mehr Optionen. Dann trat Gary an mich heran: ‚Ich denke, ich sollte jetzt gehen. Ihr schaut euch nach einem neuen Vertrag um und werdet bald auch einen unterzeichnen. Dann würde man von mir erwarten, als Bandmitglied zu unterschreiben, was ich nicht will.'"

Diese Neuigkeit deprimierte Phil und Brian zutiefst, und es wäre beinahe zur Auflösung gekommen, ähnlich wie kurz vor „Whiskey In The Jar", doch dann hatten sie endlich einen Hit. Als Agent leistete Chris O'Donnell 1973 einen maßgeblichen Beitrag zur Rettung der Band, während einer Zeit, in der es mit den Gigs nicht mehr so rosig aussah. „Ich rief Phil an und munterte ihn auf:

‚Na los, komm schon, ich habe euch nicht die ganzen Gigs gebucht, damit ihr jetzt aufhört.' Und Phil meinte: ‚Genau das wollte ich hören. Ich wollte, dass mir jemand sagt wie es in Zukunft sein kann – statt es mir selbst einzureden. Ich brauchte noch einen anderen, der an diese Sache glaubt.'"

Der ex-Atomic-Rooster-Gitarrist John Du Cann und Andy Gee, der mit Peter Bardens gespielt hatte, wurden ins Boot geholt. Pearse Kelly erinnert sich an einen Spaziergang, bei dem er am Country Club in Hampstead vorbeischlenderte. „Neben mir fuhr ein Wagen an den Bordstein und blieb stehen. Das Fenster wurde runtergekurbelt und wer saß drin – Phil!: ‚Gary ist verdammt nochmal ausgestiegen und man braucht zwei verfluchte Gitarristen, um ihn zu ersetzen.'" Bedenkt man das „Glück der Band" mit der Gitarristenriege, war Chris O'Donnells Einstellung sicher als „hemdsärmelig pragmatisch" zu beschreiben: „Hat man zwei Gitarristen und einer steigt aus, dann hat man immer noch einen!"

Lizzy mussten einige Konzerte in Deutschland absagen, für die man aber Ersatztermine fand und machten sich dann zu einer Tournee auf, an die sich niemand gerne erinnert. Brian hatte es so satt, dass man ihm ständig schmeicheln musste, damit er blieb. Schließlich einigte man sich auf das Konzept der Twin-Gitarren, woraufhin sich Scott Gorham und Brian Robertson beim Vorspielen durchsetzten.

Ted Carroll und Chris O'Donnell versuchten immer noch einen Vertrag an Land zu ziehen und fanden sich eines Tages im Büro von Nigel Grange wieder, dem A&R-Manager von Phonogram. Sie spielten ihm die Demos vor, darunter „Still In Love With You". Ted erinnert sich: „Nigel war vom Solo hin und weg und fragte: ‚Ist das dieser 17-jährige Junge aus Glasgow?' (gemeint war Brian Robertson). Ich sah, wie Chris schon antworten wollte ‚Nein nein, das ist Gary Moore!' und verpasste ihm noch rechtzeitig einen Fußtritt unter dem Tisch. Dann meinte er: ‚Ja, er ist es und er wird immer noch besser.'"

Mit dem Vertrag in der Tasche verließ Ted das Team, um seinen eigenen Geschäftsinteressen nachzugehen, aber es gab noch einen anderen Grund: „Ich sagte Chris Morrison, dass es meiner Ansicht nach ständig Probleme zwischen Phil und dem Lead-Gitarristen geben würde – wer immer das auch war – was die Band daran hindert, so berühmt zu werden, wie es möglich war." Die Geschichte sollte ihm Recht geben.

Gary erklärte 1978 die Situation folgendermaßen: „Bevor ich Jon anrief, machte ich mir ernsthafte Gedanken. Mir schwebte die Idee vor, mit der Elite der Musiker Großbritanniens zu spielen und darauf zu pfeifen, wie meine Rolle dabei tatsächlich aussieht. Ich wollte meinen musikalischen Standard eine Stufe höher ansetzen und der beste Weg bestand darin, mit den bestmöglichen ‚Musos' zu spielen."

1976 gelang Thin Lizzy mit dem Album *Jailbreak* und der Single „The Boys Are Back In Town" der Durchbruch in den USA. Nun waren sie gezwungen, all die harte Arbeit zu investieren, die man braucht, um seine Position im wichtigsten Rockmarkt weltweit zu konsolidieren. Doch der Lifestyle der Band kam ihnen in den Weg! Sie absolvierten im Mai eine Tournee im Mittleren Westen, aber um Profit aus dem hohen Airplay zu ziehen, stand eine Tour als Support für Rainbow auf dem Programm, die mit einem Konzert im prestigeträchtigen Beacon Theater in New York eine neue Ära einläuten sollte. Dort ließen sich die einflussreichsten Vertreter der Industrie und Rockkritiker sehen. Unglücklicherweise hatte Phil viel zu viel Alkohol in sich hinein gekippt, was dazu führte, dass sich sein Körper gegen ihn richtete und laut „Nein!" schrie. Er ging ins Krankenhaus, wo man eine Leberinfektion diagnostizierte. Der einzige Grund, warum ihn die Ärzte wieder ziehen ließen, war das Versprechen direkt nach England zurückzufliegen. Die Ärzte hatten Phil eindeutig gedrängt, mit dem Trinken ganz aufzuhören, doch er erzählte der Gruppe lediglich für ein Jahr auszusetzen. Das tat er auch und hatte seine Freude dabei, endlich klar genug zu sein, um den anderen detailgetreu am nächsten Tag zu berichten, was sie im betrunkenen Zustand so alles angestellt hatten.

Thin Lizzy bereiteten sich danach auf einen weiteren Versuch vor, die USA zu „knacken", doch am Abend vor dem Abflug zog sich Brian Robertson im Speakeasy Club eine Handverletzung bei einer Schlägerei zu. Laut eigenen Angaben war er selbst nicht betrunken, sondern besuchte den Club zum Essen. Dort angekommen sah er seinen Freund, den Sänger Frankie Miller, der sturzhagelvoll hinfiel. Der Lead-Gitarrist von Gonzalez hatte sich eine Flasche geschnappt und wollte sie ihm überbraten.

Brian rannte zu den Streithähnen und stand plötzlich direkt zwischen der Flasche und Frankie Miller. Sekunden später spritzte das Blut aus Brians aufgeschlitzter Arterie und besudelte den ganzen Laden. Doch wie Brian so war, lag ein Rückzug außerhalb seines Kampfrepertoires. Er brach das Bein des Gitarristen, brach einem anderen das Schlüsselbein und verpasste einem dritten eine kräftige Schädelramme.. Doch dann verzog er sich nach Glasgow, um die eigenen Wunden zu „lecken". Dort angekommen, erhielt er von einem Arzt die schockierende Nachricht, nie wieder spielen zu können. Scott Gorham erinnert sich, dass „Phil aschgrau wurde und kein Wort mehr über die Lippen bekam".

Morrison und O'Donnell flogen nach New York zu einem Treffen mit der Plattenfirma, wo sie klären wollten, ob bei dem ganzen Schlamassel noch irgendetwas zu retten war. Wie das Glück es so wollte, standen Queen kurz vor Beginn einer US-Tour im Januar, und sie wollten Lizzy als Vorgruppe. Und wen sollte man anrufen, um den Posten des fehlenden Gitarristen zu besetzen? Die Ironie, dass Gary für Brian einsprang, der „seine Probleme mit Glas" hatte, blieb denen nicht verborgen, die sich an den Zwischenfall 1974 erinnerten.

Gary erinnert sich, dass Phil ihn sogar noch vor diesem Zwischenfall kontaktierte, um sich zu erkundigen, wie es denn bei Colosseum II so liefe. Der Tourmanager Frank Murray erklärt: „Hätte Phil eine Wahl zwischen Gary und Brian gehabt, hätte er sich Gary ausgesucht. Brians Spiel war tadellos, doch Phil sah bei Gary mehr Möglichkeiten, nicht zu vergessen, den ganzen Stress, den Robbo [Brian Robertson] immer verursachte." Gary lag stets innerhalb von Phils Gedankenwelt. Das zeigt sich auch bei dem *Jailbreak*-Song „Romeo And The Lonely Girl" mit den Textzeilen: „For all his good looks there were scars that he took/And a lesson to be learned." Phil zog Gary immer damit auf, dass Romeo ein Anagramm von Moore sei.

Wenn Phil tatsächlich etwas über den Erfolg von Colosseum II herausfinden wollte, hätte ein Blick auf die Plattenverkäufe eine eindeutige Geschichte erzählt. Im März 1976 wurde *Strange New Flesh* nicht mit einem Paukenschlag veröffentlicht, sondern mit einem leisen Klopfen an der Triangel. Im selben Monat war *Jailbreak* ein mit einer Goldenen Schallplatte ausgezeichnetes Album in den USA und in England. Gegensätzlich zur miserablen US-Erfahrung mit Skid Row auf unterstem Niveau, offenbarte sich nun die Chance, dass eigene Profil mit einer aufsteigenden Band zu erhöhen und vor einer Gruppe aufzutreten, deren Publikum in die Zehntausende ging. Nun standen Thin Lizzy vor einer lang erwarteten Chance – eine ganz große Band anzuheizen, wobei um jeden Cent der Gage gekämpft wurde. Scott meinte dazu: „Unser Motto lautete: Wir verlassen die Bühne nur blutüberströmt und sehen zu, wie die Headliner ausrutschen."

Und wie reagierte Scott auf die Ankunft Garys? „Uns stand nur eine kurze Probezeit zur Verfügung, weniger als eine Woche und wir hatten noch nie zusammengespielt. Doch man merkte schon früh, dass es funktionieren würde – richtig gut funktionieren. Garys Stil unterschied sich von Brians, und ich hatte noch nie ernsthaft mit einem anderen Gitarristen gearbeitet. Doch dann begann er zu spielen und ich dachte: ‚Oh, oh, der Typ ist verdammt gut, und ich muss es jetzt schnell auf die Reihe kriegen!' Gary war hochkonzentriert, und das machte es so einfach. Er kannte die Songs und was ihm nicht geläufig war, schaffte er sich schleunigst drauf. Das lief so ab: ‚Welchen Part spielst du? Alles klar, ich übernehme dann die Harmonie-Gitarre.' Einmal durchgespielt, alles verstanden und schon waren wir fertig."

Neben Garys ausgeprägter Musikalität, gab es laut Scott weitere Pluspunkte, denn „mir ging es besser als eine lange Zeit davor. Brian war außer Kontrolle geraten. Er und Phil stritten sich die ganze Zeit über um Nichtigkeiten. Phil machte zum Beispiel Brian dafür an sich einen Bart wachsen zu lassen und ließ einen Spruch ab: ‚Ich bin der einzige, dem ein Bart erlaubt ist.' Die Antwort lautete: ‚Willst du mich verarschen?' So ein Mist halt. Als Gary zu uns kam, fühlte sich alles so neu und unverbraucht an. Da war diese neue Energie und die Streitigkeiten lagen in der Vergangenheit. Einfach die Köpfe zusammenstecken und alle am selben Strang ziehen."

Bedenkt man Lizzys Modus operandi mit Headliner-Bands, waren Konflikte im Backstage-Bereich zu erwarten, denn Queens Organisation und die Vorbereitungen waren perfekt. Streitigkeiten über die Soundchecks entbrannten: Wie lange durften Lizzy sich vorbereiten? Hatten sie überhaupt einen Soundcheck? Durften Lizzy ihr Bandlogo aufhängen und wenn ja, wo auf der Bühne? Wie lange durften Lizzy spielen? Auf der Bühne gab es bestimmte No-Go-Areas, die sich bis ins Publikum erstreckten und die von Lizzy während der Performance nicht betreten werden durften. Gary kümmerte das alles nicht und er rannte einfach zum Publikum, um die bestmögliche Show abzuliefern.

Scott erinnert sich mit einem Schmunzeln: „Das Queen-Publikum wusste, wer wir waren. Sie verlangten nach Zugaben und die Leute rissen ihre Fäuste in die Luft. Ich erinnere mich an ein Konzert in San Francisco. Ich ging zu Garys Bühnenseite und die Leute sprangen hoch. Das war kein normales Publikum. Sie trugen scharfe Hot Pants, mit Pailletten besetzte Klamotten, Glitzer, einfach das ganze Programm – und es waren alles Kerle!"

Zu Beginn der Tour nahm sich der ehemalige Tourmanager von Jimi Hendrix – Gerry Stickells – Chris O'Donnell zur Brust: „Seid gut", ermahnte er ihn, „aber nicht zu gut." Gary berichtete dem Biografen Mark Putterford: „Offensichtlich fühlte sich Freddie von unserer Band in die Enge getrieben und eingeschüchtert. Einige Leute erzählten uns [nach dem Auftritt], dass er während des Konzerts in seiner Garderobe mit lauten Schritten auf und ab hetzte und meckerte: ‚Hört euch den Applaus an. Holt die Band runter – JETZT!' Eines Abends kam Freddies Freund in unsere Garderobe und sagte: ‚Ich möchte euch sagen, dass ihr heute Abend einfach wunderbar wart.' Dann trippelte er wieder aus der Tür. Später erklärte er uns, dass Freddie ihn möglicherweise umgebracht hätte, hätte er von dem Lob gewusst. Wir fanden das alles ein bisschen hysterisch."

„Was die Verbesserung des Status anbelangt, war diese Tour die beste für Thin Lizzy. Ich empfand das alles als erfrischend lebendig, viel besser als meinen ersten Abstecher zur Gruppe. Einige der von uns gespielten Shows waren einfach nur brillant ... und wir rissen damals eine Menge Auftritte in nur drei Monaten ab (42), wobei die Reisen verdammt strapaziös waren. Wir hatten ein unglaublich schlechtes Wetter – den schlimmsten Winter seit Jahren. Auf dieser Tour gab es sicherlich einige ‚interessante' Flüge ..."

Gary und das Management von Colosseum II hatten unmissverständlich erklärt, dass er direkt nach der Tournee zur Promotion von *Electric Savage* zurückkehrt. Laut Scotts Meinung fiel dadurch alles leichter: „Ich wusste, dass Gary kein permanentes Bandmitglied sein würde, und wir unterhielten uns während der Tour darüber. Da gab es diesen magischen Kreislauf, denn [Thin Lizzy] waren auf Tour gewesen, hatten Alben veröffentlicht, ein bisschen Erfolg gehabt, und ich wollte, dass diese Kontinuität mit Brian Robertson fortbesteht. Ich dachte: ‚Wenn wir jetzt etwas ändern, werden wir den magischen Kreis durchbrechen.' Da Gary nur aushalf, konnte jeder seine Probleme, die er mit ihm hatte, einfach runterschlucken, wohingegen es für ihn leicht oder sogar egal war, Anweisungen zu folgen."

Phil musste sich damit abfinden, dass Moore nur eine kurze Zeit in der Gruppe spielte, was ihn jedoch nicht von Gedankenspielen gegenüber der Presse abhielt. Er deutete einen Stil an, bei dem Gary brillieren konnte und erhöhte damit den Druck auf ihn: „Ich kann ihm doch nicht sagen: ‚Hey, Alter, das hier wird viel erfolgreicher sein als Colosseum.' Ich muss respektieren, dass er [die Musik] verfolgt, die er spielen will. Ich glaube, dass Gary Moore der beste lebende Rock'n'Roll-Gitarrist weltweit ist, doch er steckt im Jazz-Rock fest. Und in diesem Bereich gibt es viele großartige Gitarristen. Das bedeutet einen verdammt *harten* Wettbewerb! Das ist im Grunde genommen das Paradox, in dem Gary steckt. Man folgt entweder einem Eric Clapton, wird schlichter und hauptsächlich ein Songwriter oder einem [Jeff] Beck, der in Bereiche vorstößt, wo sich Musikalität und [höchste Handwerkskunst] vereinen."

„Und Letzteres macht Gary. Er ist seinem Publikum weit voraus. Als Gary früher Rockmusik spielte, hätte das Publikum da sein müssen, um sich das anzuhören. Aber [er entschied sich für einen anderen Weg] und nun liegt es an ihm. [Er muss sich sagen]: Ich bin damit durch. Ich will wieder Rock machen. Diese beiden Seiten hat er schon immer in sich gehabt – die Seite eines Musikers und die Seite, bei der sich alles um eine grundlegende Energie dreht, wo er einfach raus will, es krachen lassen will. Alles rauszulassen – diese Chance bietet sich ihm gelegentlich, wenn er als Rock-Gitarrist bei Lizzy ist. Bei Colosseum befriedigt er [momentan] ein anspruchsvolleres Bedürfnis, denn er spielt mit exzellenten Musikern wie Jon Hiseman." Chris O'Donnell konnte es sich nicht verkneifen, zu dem Thema einen sarkastischen Kommentar abzulassen: „Entweder ist man in einer Rockband oder ein Musiker. Man kann nicht beides gleichzeitig haben."

Brian war zwar offiziell nicht gefeuert worden, doch man erlaubte ihm nur einige Parts auf dem Album *Bad Reputation*. (Sein Gesicht wurde zudem nicht auf dem Frontcover abgedruckt.) Er wusste, dass seine Zeit abgelaufen war, was so weit ging, dass er mit seinem Mitbewohner – dem Bassisten Jimmy Bain – eine Band mit dem Namen Wild Horses plante.

Als der 77er-Kalender in den Müll wanderte und der 78er aufgehängt wurde, war die gesamte Situation nicht mehr tragbar. Ständig war er sturzhagelvoll und prügelte sich, woraufhin man Gespräche über einen Ersatz führte. Liefe wieder etwas mit Brian schief – und das war vorhersehbar – wäre man also vorbereitet und würde nicht wieder unliebsam überrascht werden. Chris O'Donnell erinnert sich, dass „ihm ein Arzt ein Ultimatum setzte, der im verdeutlichte: ‚Wenn Sie nicht mit dem Trinken aufhören, werden Sie in drei Monaten tot sein.' Ich rief seinen Vater an, um ihm mitzuteilen, dass wir Brian wieder nach Hause schicken und er antwortete wortwörtlich: ‚Jesus, Sie verstehen uns Glasgower nicht. Wir trinken nun mal hart. Das macht uns kreativ.' Nein, das macht es nicht, es macht dich zu einem Alkoholiker." Im Gespräch mit Mark Putterford gab sich Brian offen und ehrlich: „Ich war völlig außer Kontrolle geraten, ein totales Arschloch ... [und warf mir noch Speed ein] ... ich habe mir jeden Abend zwei Flaschen Johnny Walker Black Label gepfiffen, eine halbe beim Soundcheck, eine halbe, bevor es auf die Bühne ging und die andere während des Konzerts."

Schließlich musste auch Scott, der wirklich alles unternommen hatte, damit Brian in der Band bleibt, die weiße Flagge schwenken. „Ich habe ihn so oft in Schutz genommen, konnte aber wegen dem, was er der Gruppe antat, nicht damit weitermachen. Wir hatten viel zu hart gearbeitet, um zuzulassen, dass ein einzelner Mann alles einstürzen lässt."

Anfang August waren Colosseum II am Ende, woraufhin sich Phil kurz vor der ersten Australien-Tour wieder an Gary wandte. Und dieser sagte erneut zu! „Wir dachten noch nicht mal an einen anderen", erinnert sich Scott.

Nun unterzeichnete Gary einen Vertrag, Grundlage einiger Streitereien in der Zukunft. Laut Gary würde er nur unterschreiben, wenn er denselben Anteil bekäme wie die restlichen Bandmitglieder. Chris O'Donnell und Scott erklären beide, dass so eine Vereinbarung unfair gegenüber den anderen gewesen wäre, da Gary kein Geschäftspartner der Thin Lizzy Company gewesen sei, sondern nur einen Vertrag als unbefristeter Angestellter bekommen habe. Beide Aussagen können wahr sein. Es war für Gary nachvollziehbar, denselben Anteil der bevorstehenden Gagen der Konzerte zu verlangen (und Tantiemen für jeden Song, den er schrieb oder zu dem er einen Beitrag leistete), jedoch keine Tantiemen zu erhalten, die der Band für Aufnahmen zustanden, an denen er nicht mitgewirkt hatte.

Allerdings hätte er immer aus dem Vertrag aussteigen können. Auch wenn er die offensichtlichste Wahl war, schwelten im Lizzy-Camp berechtigte Zweifel, ob er nun dieses Mal bliebe. Phils Misstrauen gegenüber Gary verwunderte diesen: „Wir waren gute Kumpel, doch er tanzte immer aus der Reihe. Bei Phil gab es diese andere Seite, die ich nie richtig verstand. Ich glaube, er fühlte sich immer unsicher. Er wollte dich verarschen, bevor du ihn verarschen konntest. Ich verstand das nie."

In Wahrheit hatte sich Garys Rückkehr zu Thin Lizzy schon lange angekündigt. Im Januar zog er ins Rampart Studio, um Phil bei der Aufnahme einiger Tracks für das anvisierte Soloalbum *Solo In Soho* zu helfen. Kurz danach stielte Gary einen Deal mit Monty Babson ein, für die Aufnahmen zum ersten regulären Soloalbum, das nur unter seinem Namen auf den Markt kam. Es trug den Titel *Back On The Streets*. Die Aufnahmen dazu fanden in den Morgan Studios statt und lassen sich als eine Fusion von Garys musikalischen Aktivitäten seit 1974 beschreiben. Die Tracks unterschieden sich zwischen dem Jazz-Rock-Stil von Colosseum II und den eher Hardrock-orientierten Songs im Lizzy-Stil, mit Phil am Bass und Brian Downey am Schlagzeug. Gary hatte ursprünglich vorgehabt ein Jazz-Rock-Album einzuspielen, doch ihm wurde schon bald klar, dass er damit lediglich Colosseum II wieder auferstehen ließ. Somit begannen Gary und Phil mit der Arbeit an verschiedenen Ideen, um eine gesunde Balance zu gewährleisten.

Back On The Streets wurde von Gary zusammen mit Chris Tsangarides produziert, der sich in den Morgan Studios zu der Zeit als Tontechniker hocharbeitete und bei *Electric Savage* und *War Dance* für die Bandmaschinen verantwortlich gewesen war. „Als dann die Frage nach Garys neuem Album im Raum stand, sagte ich augenblicklich ‚Das würde ich gerne machen', was ihnen ganz recht war, denn sie suchten keinen ‚dicken' Produzenten, mal ganz davon abgesehen, dass alle Produzenten damals noch in einer anderen Liga spielten als in den Achtzigern und Neunzigern. Ach ja, und billig war ich auch noch!"

„Ob man es glauben will oder nicht, von mir stammt der Spruch ‚You play it son, and I'll record it' – daran kann ich mich noch gut erinnern. Um aber fair zu bleiben: Gary ließ mich alles machen, was mir so einfiel, denn auch er hatte keinen blassen Schimmer, was die Produktion anbelangte. Man konnte [bei einer Recording-Session] damals noch nicht so viel bewirken. Wir zielten auf ein gutes Feeling ab und eine nette Balance, und das war's auch schon."

„Gary fragte mich, ob ich irgendwelche Trommler kennen würde, und so schleppte ich Simon Phillips an, zu der Zeit noch ein Jungsporn. Ich hatte mit ihm schon bei einem Jack-Bruce-Album gearbeitet, und wir brachten den Großteil in nur einer Woche aufs Band, alles Jazz-Instrumentals. Eines Tages kam Gary mit diesem Ghetto-Blaster ins Studio und spielte mir einen Song vor, behelfsmäßig aufgenommen mit einem Drum-Computer und Keyboards und gekrönt von einem Gitarrensolo. ‚Was hältst du davon?' ‚Hey, das ist wirklich schön', antwortete ich. Es war ‚Parisienne Walkways' und er meinte, Phil und Brian kämen zur Aufnahme. Der Song begann sein Leben als Instrumental, geschrieben von Gary und Don Airey während ihrer Colosseum II-Tage und damals noch mit ‚Biscayne Blues' betitelt. Der Titel weist eine gewisse Ähnlichkeit – wenn auch langsamer – mit „Blue Bossa" auf, einem Hard Bop/Bossa Nova-Stück des Jazz-Trompeters Kenny Dorham. Gary erzählte die Geschichte, was als Nächstes geschah: „Ich kam eines Abends zu Phils Haus, der immer noch im Bett lag. Es war ungefähr 19 Uhr und er meinte, dass er an diesem Tag nicht zu früh aufstehen wolle. Ich ging ins Schlafzimmer, in dem eine lädierte Akustik-Gitarre stand und sagte was in der Art: ‚Hab da so eine Melodie.' Ich glaube, ich spielte ihm die Hauptmelodie vor, sang und spielte einfach dazu. Er meinte: ‚Das klingt wirklich Französisch. Lass mich mal einen Text versuchen.' Er ließ sich dann treiben, überlegte und schrieb den Gesangsteil. Bis zu dem Zeitpunkt war ich davon überzeugt, dass es ein Instrumental werden sollte. Ich hätte keine Sekunde lang an einen Text gedacht. Ihm fiel dann dieser grandiose Vokal-Part ein, der lautete: ‚I remember Paris in '49', was natürlich zweideutig war, denn sein Vater hieß Parris und Phil wurde 1949 geboren."

Chris erläuterte *Sound on Sound* die Aufnahme des Tracks: „Ich stellte die Sounds ein, und dann war es ein einfaches one, two, three – und schon ging's los. Wir fingen den Song in Windeseile ein, einen oder zwei Takes, allerhöchstens drei. Mich überraschte die lange, voluminöse Note [mit der das Solo ungefähr im letzten Drittel beginnt], denn dort entsteht eine Lücke, wonach die gesamte Gruppe wieder einsteigt. Ich verstand nicht, wie er wissen konnte, wann die anderen wieder dabei sind. Wir arbeiteten ohne einen Click-Track. Das auf dem Album zu hörende Solo wurde in nur einem Take eingefangen und er spielte es in perfektem Timing. Es existieren noch ein Double-Track und eine Harmonie-Linie sowie ein wenig Plate-Echo, aber nicht mehr. Unglaublich!

Was die anderen Overdubs anbelangte – Phil pumpte das Akkordeon und übernahm auch die absteigenden Intro-Töne auf einem Kontrabass. Es war ein akustischer, und wir mussten zu Phils Orientierung Markierungspunkte auf dem bundlosen Hals anbringen. Gary spielte einen Solina String Synthesizer, um den Klang einer Mandoline zu imitieren und eine 12-saitige Rickenbacker."

Gary behauptete immer, dass das folgende Ereignis während des Mixes von „Parisienne Walkways" geschah, doch Chris Tsangarides meint, dass der Track im Studio 1 des Morgan abgemischt wurde, wohingegen der besagte Zwischenfall im Studio 3 geschehen sei. Dort arbeiteten sie am Mix von „Song For Donna", einer für das Album bestimmten Ballade, die Gary für seine Freundin geschrieben hatte.

„Ich sitze am Mischpult und werkele so vor mich hin, und plötzlich kommen Ozzy Osbourne, Bill Ward und Geezer Butler rein. Sie hocken sich hin und einer sagt: ‚Oh, spiel das noch mal, Chris, das ist ja soooo lieblich.' Dann muss Bild Ward in den Mülleimer kotzen, und Ozzy jagt meinen für die Bandmaschine verantwortlichen Techniker mit runtergezogener Hose durch die Regie. ‚Oh, ich bin so in dich verknallt, Vic. Ich will dich ficken. Na komm doch schon.' Und dann macht er den Flieger! Bis an die Wand! Ehrlich, er rannte die ganze Raumlänge entlang und sprang dann gegen die Wand, die glücklicherweise gepolstert war. Eine halbe Stunde später habe ich Tony Iommi an der Strippe: ‚Was habt ihr denn mit Ozzy gemacht? Der blöde Trottel ist total taub, spürt nichts mehr vom Hals runter.'" Ich erzähle ihm von dem Vorfall, woraufhin er antwortet: ‚Oh, nein, dieser Vollidiot.' Dann ging's für [Ozzy] ins Krankenhaus und wir machten uns ernsthafte Sorgen. Er kam ungefähr eine halbe Stunde später wieder zurück und torkelte von Wand zu Wand. Was war passiert? Die Wand war unschuldig! Er hatte sich so viel Koks gezogen, dass er rein gar nichts mehr fühlen konnte. Zwischenzeitlich versuchte ich diesen wunderschönen und fragilen Song zu mixen, wobei er neben mir stand. Dann klopfte er mir auf die Schulter, ich drehte mich um und sah direkt seinen Schwanz, der auf meiner Schulter lag – das war ein Gag, für den er berühmt war."

„Wir nahmen auch ‚Fanatical Fascist' auf und ‚Don't Believe A Word'. Das schien sich bis in die Unendlichkeit zu erstrecken, denn an einigen Tagen arbeiteten wir auch an Phils Soloalbum."

„Don't Believe A Word" zählte zu den Streitthemen bei Thin Lizzy. Phil hatte die Nummer ursprünglich als einen am Blues angelehnten 12-Takter geschrieben, was beide Brians offen und ehrlich als „Scheiße" empfanden.

Brian Robertson dachte sich noch ein packendes Gitarren-Riff aus, während Brian Downey den Song schneller und im Shuffle-Rhythmus trommelte. Chris zeigte sich von der von ihm aufgenommenen Version überzeugt. Er erklärte gegenüber *Sound on Sound*: „Ich liebte die Simplizität und die Leere ... denn es ähnelte der Stimmung der ‚Black Magic Woman'-Fassungen von Peter Green/Santana. Bemerkenswerterweise feierte Peter Green zu der Zeit eins seiner legendären Comebacks und nahm in den Morgan Studios im angrenzenden Raum auf. Er schaute vorbei, um Gary zu begrüßen. Ich spielte ihm den Song vor und er wollte wissen: ‚Warum klingen wir nicht so gut?' Ich erinnere mich, dass Phil mich ansah, ich blickte zu Gary und der schaute wieder in Richtung Phil. Die beiden grinsten breit, als wollten sie sagen: ‚Weil der liebe Gott uns sein Okay gegeben hat!' Das war verblüffend."

„Ich hatte ein unglaubliches Glück", berichtet Chris. „Ich war gerade erst am Anfang und direkt an ein Ausnahmetalent wie Gary geraten und all diese klasse Songs. Da muss man schon dumm sein, um so etwas zu versauen, und im Endeffekt stand ich verdammt gut da. Alles kam aus Garys Fingern, vom Herzen und seiner Seele. Er glaubte an mich, als ich noch so blutjung war und vertraute mir, das Album zu produzieren."

Das stellte den Beginn einer langen professionellen und persönlichen Beziehung zwischen Gary und Chris dar, und sogar ihrer Familien. Beide wurden Paten der Kinder des jeweils anderen. Chris arbeitete später meist mit Hard Rock- und Metal-Künstlern wie Judas Priest, Yngwie Malmsteen und Black Sabbath, aber auch mit Tom Jones und Depeche Mode. „Dennoch war es ein seltsames Album", beschließt Chris seine Erinnerungen. „Colosseum II, Thin Lizzy und auch ein bisschen Punk, da Paul Cook und Steve Jones [von den Sex Pistols] aufkreuzten, und wir mit ihnen einige Stücke aufnahmen, die jedoch nie veröffentlicht wurden." Moore hielt sich eines Abends bei Phil auf, als Gary Holton von den Heavy Metal Kids zu Besuch war (später noch mehr zu ihm). Sie unterhielten sich über den Reiz, irgendwo hinzugehen, einfach nur zu spielen, das Geld einzusammeln und dann die Biege zu machen – keine Agenten, Plattenfirmen, Manager, kein Business, einfach nur erscheinen und spielen. Phil kam auf die Idee einer hypothetischen Band namens The Greedy Bastards, schon bald zu The Greedies gekürzt – und diese Idee verbreitete sich in der aufkeimenden Londoner Punkszene wie ein Lauffeuer. Für den

Februar wurde ein erster Gig geplant, mit Phil, Gary, Gary Holton, Jimmy Bain und dem Drummer von The Damned, Rat Scabies, der aber ins Wasser fiel. Stattdessen traten sie am 29. Juli im Electric Ballroom in Nordlondon auf, gemanagt vom ehemaligen Lizzy-Tourmanager Frank Murray. Es war der Tag vor der offiziellen Bekanntgabe, dass Gary als Ersatz für Brian Robertson bei Thin Lizzy einsteigt. Auf der Bühne standen zum guten Schluss Gary, Phil, Scott und Brian Downey, Steve Jones und Paul Cook von den Sex Pistols plus Jimmy Bain und Chris Spedding.

Phil schwebte immer der Gedanke im Kopf herum, dass er in Kontakt „zur Straße" bleiben wollte. Ihm widerstrebte es, dass Lizzy in einem Atemzug mit den sogenannten Stadion-Bands der Siebziger genannt wurde, die nun eine neue Generation von Clubbesuchern und Plattenkäufern als „Dinosaurier" beschimpfte. Obwohl Phil das ganze Drumherum eines Rockstar-Lebens genoss, nahmen sich Thin Lizzy niemals so ernst, dass ihre Musik den Pomp und die selbstverliebte Egozentrik ausstrahlte, die so manchen zeitgenössischen Act albern erscheinen ließ. Lizzy hatten das Image von „Rock-Hooligans" und fanden schnell einen gemeinsamen Nenner mit den ruppigen und kratzigen Vertretern der New Wave. Als die Greedies ihren Auftritt absolvierten, standen überwiegend Lizzy-Nummern auf dem Programm und weniger Sex-Pistols-Songs. Doch das war egal, denn letztendlich lag der Fokus auf Gitarren, dem Bass und dem Schlagzeug – alles immer noch Rock'n'Roll. Phil empfand den Habitus der Punks abstoßend, denn er wollte um Nichts in der Welt angerotzt werden. Das Publikum bestand vermutlich aus einem Mix aller Lager, was Lynott dazu veranlasste einen an die Lizzy-Fraktion gerichteten Spruch abzulassen: „Wenn mich hier einer verdammt noch mal anspuckt, dann verpasst ihm einen ordentlichen Haken!"

Einige Kommentatoren mögen Phil zu diesem klugem Karriere-Kniff gratuliert haben. Kluger Karriere-Kniff? Nicht unbedingt! Phils Aspirationen zu einem internationalen Headliner aufzusteigen und in großen Arenen wie auch Queen aufzutreten, hingen niemals von der Gnade und dem Wohlwollen einer Handvoll treuer Fans von der Punk-Szene ab. Darüber hinaus brachte diese neue Verknüpfung eine fatale Schattenseite mit sich. Einige der großen Namen der ersten Protagonisten der Punk-Bewegung wurden nicht nur zu einer „Vorhut" der New Wave, sondern gehörten auch zu den ersten „Usern" einer eskalierenden Drogensucht – Heroin.

Bis in die späten Siebziger beschränkte sich der Heroinkonsum in Großbritannien auf die älteren Abhängigen in London, die aus der Mittelschicht kamen und zur Avantgarde-Jazz-Szene des West End zählten. Sie spritzten den aus dem Fernen Osten kommenden Stoff. Allerdings wollten jüngere User selten mit der Nadel hantieren, und wenn diese Form des weißen Heroins geraucht wurde, schmolz sie schnell. Dann tauchte eine neue Form des Heroins auf den Straßen der Metropole auf, das man rauchen konnte – braunes Heroin. Die sich damit erübrigenden Injektionen ließen auch das frühere angstbesetzte Tabu in den Hintergrund rücken, dass Heroin durch eine mögliche Überdosis tödlich sein konnte. Die Konsumenten begannen den Stoff mithilfe von Aluminiumfolien zu rauchen – was man im Szenejargon mit „chasing the dragon" beschrieb. Schnell erkannten die Konsumenten, dass sich ein Großteil ihres Geldes sprichwörtlich in Luft auflöste. Die neue Generation der User – meist entstammten sie der Arbeiterklasse – suchte für ihren Kick eine kostengünstigere Darreichungsform, und die bestand im Injizieren. Und schon hingen sie an der Nadel.

Phil war bereits vor den Folgen des übermäßigen Alkoholkonsums gewarnt worden, doch während der US-Tour Lizzys im September 1977 schnupfte er zunehmende Mengen von Koks, dessen Effekt er bei Bedarf mit Tranquilizern abmilderte. Schon Brian Robertson hatte gelegentlich mit Heroin „rumgespielt", doch nun verwandelte sich Phils Haus in eine „shooting gallery", einem Zufluchtsort für User. Hier hingen die bekannten Punks ab, die diese Droge romantisch verklärten und damit einen „Anti-Establishment"-Außenseiterstatus unterstrichen. Phil beschwerte sich darüber, dass Sid Vicious regelmäßig vorbeikam, die Nadeln achtlos auf den Boden warf, um sie beim nächsten Schuss wieder zu benutzen. Donna erinnert sich an einen Besuch mit Gary, bei dem sie sah, dass „Nancy Spungen nackt durch die Wohnung wandelte, während Paula Yates zusammengekauert auf dem Sofa vor sich hinvegetierte". Phil wollte um alles in der Welt nicht als uncool wirken und ließ das alles geschehen, bis er letztendlich auch im Heroin-Morast steckte.

Mit dem nun vertraglich gebundenen Gary stand eine weitere US-Tour auf dem Arbeitsplan, diesmal als Headliner mit den Vorbands AC/DC und den alternierenden Acts Kansas, Journey, REO Speedwagon und Blue Öyster Cult, wonach Thin Lizzys erster Abstecher nach Australien geplant war. Wie aus dem Nichts warf Brian Downey – Mr. Superzuverlässig – einen Schraubenschlüssel in das gut geölte Getriebe der Band, indem er ankündigte, den Trip aufgrund völliger Erschöpfung nicht mitzumachen. Er flüchtete nach Irland – weit entfernt von dem Stress und den Beschwerlichkeiten des Musikgeschäfts – und ging dort seiner favorisierten Entspannungsübung nach, nämlich allein mit einer Angelrute die Ruhe des Landlebens zu genießen.

Obwohl Phil entsetzt vom vorübergehenden Verlust von Brian war, flog die Band wie geplant nach Los Angeles, um sich dort einige Tage vorzubereiten. Lizzy fühlten sich zuversichtlich, dort einen geeigneten Drummer zu finden. In der näheren Auswahl standen der ehemalige Zappa-Schlagzeuger Terry Bozzio und Mark Nauseef, der bereits bei Elf (der Gruppe von Ronnie James Dio) und der Ian Gillan Band für den guten Rhythmus gesorgt hatte. Der offiziellen Story nach erhielt Mark den Zuschlag, da Terry angeblich eine zu hohe Gage verlangte und zu allem Überfluss noch seine Frau mitbringen wollte. Einem Gerücht zufolge freundete sich ein Mitglied der Lizzy-Entourage (überraschenderweise nicht Phil) zu sehr mit besagter Frau an, was Terry zu einem geordneten, aber hastigen Rückzug veranlasste.

Laut Frank Murray weckte „Amerika manchmal die schlimmsten Seiten Phils". Die Band und die Crew schienen den Ärger geradezu magnetisch anzuziehen, da sie ständig in Prügeleien gerieten. Der Tontechniker Peter Eustace berichtete, dass Phil immer darauf achtete, dass die Band und ihr Team zusammenblieben und gemeinsam einen „drauf machten". Er führte selbst die Bewerbungsgespräche für mögliche Roadies und Techniker, und die erste Frage lautete: „Kannst du kämpfen?"

Phils heftigste Aktion bestand im Versuch Jerry Lee Lewis aufzuspüren und „zur Strecke zu bringen", da er gehört hatte, dass dieser nicht unbedingt nett über Schwarze sprach. Gary berichtete, dass sie in einer Stadt auf ihre Limo warteten, als sie voller Entsetzen sahen, wie diese über die Straße schleuderte und versuchte über das Gelände einer Tankstelle zu fahren. Dort blockierte ihr ein anderer Wagen den Weg und der Limofahrer rammte diese Karre mehrmals! Danach stieg ein Mann aus, der mit einer Waffe in der Luft herumfuchtelte. Der Limokutscher machte dann mit quietschenden Reifen eine Vollbremsung und schrie, dass die beiden schnell reinspringen sollten, wonach die wilde Jagd weiterging. „Während der Fahrt", erinnerte sich Gary, „zog der andere Wagen auf Höhe der Limo, der Typ kurbelte das Fenster runter und fuchtelte mit seiner Knarre herum – direkt auf mich gerichtet!" Sie überfuhren rote Ampeln, rasten über Parkplätze, doch der Kerl hing ihnen an der Stoßstange, bis sie es endlich schafften, ihn abzuwimmeln. Und Jerry Lee Lewis? Den fanden sie nie.

Phil gelang es in den USA, sich in derselben Bar an zwei aufeinander folgenden Abenden an Prügeleien zu „beteiligen". Dann nahm man ihn aufgrund des Kokain-Besitzes beinahe hoch, als er von einem Trip nach Mexiko wieder in die USA zurückkehrte. Auch Gary erlebte seine ganz besonderen Episoden. Der Thin-Lizzy-Fan Mike Flanagan sah die Show am 23. September im Uptown Theater in Kansas City. Brian Robertson erwartend, hatte er keine Ahnung, wer denn nun Gary sein könnte: „Er war so gut, dass einem die Kinnlade runterklappte ... Er spielte unglaublich feurig, brannte förmlich ... Ich hatte bereits Iommi, Blackmore, Brian May, Buck Dharma, Ted Nugent und Alex Lifeson gesehen ... und Van Halen, und die gleich vier Mal in einem Jahr. Doch was ich bei Gary erlebte, überzeugte mich, dass er mindestens so gut wie die anderen war, falls nicht noch besser. ABER – ich habe noch niemand erlebt, der auf der Bühne so wütend wurde! Thin Lizzy hatten aufgrund technischer Probleme einen schwierigen Abend ... Phils Bass klang im Mix nicht gut platziert, (und) Garys Gitarre setzte nicht einmal mitten in einem Solo aus, sondern sogar zweimal.

„Das erste Mal war er sichtbar verärgert, doch ein Roadie brachte alles wieder ins Lot. Das zweite Mal passierte das in seinem langen Solo bei „Me And The Boys", und dann tickte er aus. Er schleuderte seine Les Paul in Richtung des Roadies ... und traf ihn hart! ... und dann ging er von der Bühne und überließ der Gruppe die Aufgabe, die Nummer zu Ende zu bringen. Die Roadies lösten die technischen Probleme erneut, wonach er zurück auf die Bühne kam, doch dann beendeten sie die Show recht zügig."

Gary und Phil stritten sich so gut wie nie während einer Tour, doch Gary suchte immer nach einer Chance, um Phil aufzuziehen, besonders, wenn es darum ging, dessen sorgfältig kultiviertes Medienimage zu unterminieren. Auf dem Flug nach Australien regte sich Phil unheimlich auf, als er erfuhr, dass Mark Nauseef ein Foto von Gary und ihm geschossen hatte, bei dem Moore so tat, als würde er Phil mit dem Löffel füttern. Während einer Pressekonferenz ließ Gary einen „verboten farbigen" Kommentar vom Stapel, als Phil auf die Antwort eines Journalisten erklärte, dass er vermutlich Vorfahren bei den Aborigines habe. „Ja", fuhr Gary dazwischen, „ein Stamm von Aborigines, die bei ihm in der Straße leben." Das brachte alle zum Lachen – bis auf einen.

Der Höhepunkt der Australientour war ein Konzert im Schatten des Sydney Opera House. Thin Lizzy traten vor einem Riesenpublikum mit geschätzten 300.000 Zuschauern auf. Die Polizei, die vermutlich noch nie so eine Menschenansammlung gesehen hatte, stand nervös an der Seite und wartete auf Ausschreitungen, die niemals geschahen. Die Show wurde ein Triumph: Gary spielte ein Solostück – diesmal ohne technische Aussetzer – und zitierte an das Publikum gerichtet einige Takte von „Waltzing Matilda" – eine kleine, aber effektive Geste, die er in verschiedenen Ländern wiederholte.

Wieder in Großbritannien standen drei Greedies-Gigs auf dem Programm, einer in London und zwei in Dublin, gefolgt vom traditionellen Gig im Hammersmith Odeon, bei dem sich die Gruppe bei ihren Fans bedankte. Obwohl nun wieder Brian Downey mit am Start war, lief es überhaupt nicht gut, da ein schlechter Sound, Fehler und ein Gary-Ausraster die Stimmung vermiesten. Gary wurde eine Gitarre ohne Gurt gereicht – kurz vor seinem Solo. Es war der erste Londoner Gig zurück in der Band – und die Klampfe knallte auf die Bühnenbretter. Gary jagte den Roadie von der Bühne und benutzte die Gitarre, um einen Mikrofonständer kurz und klein zu schlagen. Was als eine Feier für ein erfolgreiches Jahr der Band begann, endete im Chaos und war ein Vorzeichen dessen, was vor ihnen lag.

KAPITEL SECHS
HEROIN UND ROSEN

Während sich Gary mit seinen Nebensächlichkeiten beschäftigte, kam sein Soloalbum *Back On The Streets* auf den Markt. Die instrumentale Qualität lässt sich nur mit außergewöhnlich beschreiben. Der junge Simon Phillips explodierte förmlich vor Energie, und mit dem Titeltrack hatte Gary eine hart rockende Nummer geschrieben, die das Publikum mitriss. Er fühlte sich im Studio wohl, da er die Musiker wie zum Beispiel auch Don Airey gut kannte, der sagte: „Es war für ihn immer eine Herausforderung Instrumentalisten zu finden, die mit ihm mithalten konnten. Zudem hatte er fantastische Musik, basierend auf wunderbaren Ideen. Gary war wirklich ein Genie. Im Studio machte er aus einer kleinen Idee in nur einer Minute etwas ganz Großes."

Wie bereits Chris Tsangarides bemerkte, lässt sich das Album aber als ein Hybrid beschreiben, das schnell zwischen zwei Stühle fallen konnte. Damit hätte es dasselbe Schicksal ereilt wie auch die Scheibe der Gary Moore Band und die Platten von Skid Row. Allerdings war das neue Material wesentlich zugänglicher als die Werke letztgenannter Gruppe.

Gary gab gegenüber dem *Melody Maker* einige Monate später zu, dass Phil einen wichtigen Beitrag zu einem der besten Tracks des Albums geleistet hatte. Darüber hinaus gab er die schlechten Umsätze der Colosseum II-Veröffentlichungen zu. „Ich würde [jetzt] am liebsten die instrumental ausgerichteten Nummern rausschneiden. Sie demonstrieren sehr gut eine von zwei Seiten meines Spiels, doch das Ganze ist inkonsistent. Man bekommt nicht unbedingt Pluspunkte aufgrund der eigenen Vielfältigkeit." Die Besprechungen fielen insgesamt eher verhalten aus. Die Kritiker konnten sich weder mit Garys Stimme, noch mit seinem Songwriting anfreunden, doch waren sich allgemein einig, dass –

je nach Geschmack – Fans von Thin Lizzy und Colosseum II etwas für sich fanden. In dieser Kritik verbirgt sich eine wichtige Gesamtaussage: Gary stand immer noch davor, sich ein eigenes Solo-Profil zu erarbeiten, einhergehend mit einer starken Fanbasis, die seine Platten erwirbt. Und so erreichte *Back On The Streets* nur Platz 70 in den UK-Album-Charts. Wie auch *Grinding Stone* hat sich das Album aber im Laufe der Jahre in der allgemeinen Einschätzung des gesamten Werks von Gary Moore verbessert.

Fünf der acht Tracks werden gleichermaßen Gary und Donna (Campbell) zugesprochen. Sie selbst sagt, dass das nur aus Fürsorge Garys ihr gegenüber geschehen sei. Sie waren schließlich vier Jahre lang zusammen und das ist in der berüchtigt wankelmütigen und sich ständig verändernden Musikindustrie kein Pappenstiel. Donna musste sich mehrmals ins Krankenhaus begeben, wo sich Gary vorbildlich um sie kümmerte. Die beiden standen sogar kurz vor den Hochzeitsvorbereitungen, doch Donna machte in letzter Minute einen Rückzieher. Weniger ehrenvoll und fürsorglich klingt die Vermutung, dass Gary Donna wegen steuerlicher Vorteile als Co-Autorin auflistete, ähnlich einem Geschäftsmann, der sein Haus auf den Namen seiner Frau eintragen lässt. Sie erinnert sich, viel Geld für ihre Rechte angeboten bekommen zu haben, was sie aber zunächst ausschlug. Später übertrug sie diese für eine deutlich geringere Summe an Monty Babson. Interessanterweise ist Donna auch auf dem Cover zu sehen, wo sie als das Mädchen auftritt, dass auf den Mann wartet, der aus dem Gefängnis kommt und wieder „back on the streets" ist.

Zum Veröffentlichungszeitpunkt führten die beiden allerdings keine Beziehung mehr. Gary wurde im Januar 1979 vom *Beat Instrumental* interviewt, wo er über Phil sprach und sagte: „Momentan leben wir wieder zusammen, während ich mich nach einer anderen Wohnung umsehe." Was war geschehen? Gary erhielt einen respektablen Anteil weiblicher Fanpost, von denen einige Briefe eindeutig und freizügig waren. Statt sie zu zerreißen, versteckte er einen davon unter einem Teppich ihrer Wohnung. Natürlich geschah das Unvermeidbare. Donna: „Als Gary weg war, fand eine Freundin diesen Brief mit einem Foto, das sie mir zuerst nicht zeigen wollte." Er stammte von einer Frau namens Lisa Franklin, die Gary in Australien während der Thin-Lizzy-Tour kennengelernt hatte. „Ich arbeitete damals bei Chappell Music Publishing in Sydney und ging mit einigen Freunden zum Dinner. Einer von ihnen kannte Gary und hatte ihn eingeladen. Er gab sich beim Essen lässig, aber auch übermäßig selbstbewusst, doch dann stand ich auf und ging, woraufhin er mir nach draußen folgte und mich zum Konzert am folgenden Tag einlud. Doch wir trafen uns nicht, woraufhin er mich anrief und sagte, er habe einen Roadie geschickt, um mich abzuholen. So ging es also zum zweiten Dinner, was in seinem Hotel endete. Doch um ehrlich zu sein war er eigentlich nie mein Typ, bedenkt man die engen Hosen und diesen Heavy-Metal-Look."

Lisa lebte damals auch in Los Angeles, und als die Australien-Lizzy-Rundreise ihren Lauf genommen hatte, flog Gary (mit Mark Nauseef) in die Stadt der Engel, statt nach London zurückzukehren. Als Donna Wind von dem Techtelmechtel bekam, konfrontierte sie Gary mit den Beweisen. Trotz seiner dringlichen Bitte – er meinte, es habe sich nur um einen One-Night-Stand gehandelt – erklärte sie Gary, ihn zu verlassen, woraufhin dieser in der Garderobe seine Gitarre zu Kleinholz zerlegte. Nun gab es kein Zurück mehr.

Auf dem Album *Back On The Streets* findet sich der von Phil Lynott komponierte Song „Fanatical Fascists", eine Punk-Nummer über die politische Lage im UK, denn dort gewannen Gruppen des rechten Flügels wie die National Front an Zustimmung. In einem späteren Gespräch mit Mark Putterford erklärte Moore: „Ich erinnere mich noch schwach daran, dass sich viele Leute den Song zu der Zeit gerne unter den Nagel gerissen hätten. Einer davon war Gary Holton von den Heavy Metal Kids. Doch ich schnappte ihn mir zuerst!" Gary Holton mag zwar der Song durch die Lappen gegangen sein, allerdings war sein Werben um Donna mit Erfolg gekrönt.

Neben seiner Rolle als Bandleader der HMK kennt man Holton noch als Schauspieler, besonders berühmt für seine Rolle in *Auf Wiedersehen, Pet*, eine ungemein erfolgreiche Comedy-Serie über eine Gruppe britischer Bauarbeiter, die auf verschiedenen Baustellen in Deutschland malochen, wo es damals im Gegensatz zu Großbritannien noch Jobs und eine faire Bezahlung gab. Unglücklicherweise spritzte sich Holton regelmäßig Heroin, woraufhin die 1979 eingegangene Ehe mit Donna schon 1981 mit einer Trennung endete, obwohl beide gute Freunde blieben. Holton verstarb 1985 an einer Überdosis, mitten während der zweiten Staffel von *Auf Wiedersehen, Pet*, doch die Produzenten konnten sich noch mit Doubles und einem cleveren Tonschnitt behelfen, der es ermöglichte, die Serie zum Abschluss zu bringen.

Nach dem Riesenerfolg des Platin-Albums *Live And Dangerous*, das es bis auf den zweiten Platz der UK-Charts schaffte, stellte das nächste Studioalbum die Band vor einige Herausforderungen. Neben seiner Tätigkeit als Texter war Phil auch ein publizierender Dichter und belesen in den Texten, die Irlands lyrische Tradition widerspiegelten. Das zentrale Stück des neuen Albums mit *Black Rose: A Rock Legend* basierte auf dem Gedicht von James Clarence Mangan „Roisin Dubh", ein poetischer Text, verhüllt als Liebesgedicht. Er erzählt die Geschichte von der spanischen Flotte, die ihre katholischen Glaubensbrüder aus der englischen Unterdrückung errettete. Das geschah zu einer Zeit, in der Ausdruckformen des Nationalismus in Irland verboten waren.

Phils Song lässt sich als eine generelle Hommage an die irische Geschichte verstehen, ihre Tradition und die Legenden, doch mit dem für ihn typischen Wortwitz zitiert er bedeutende Figuren der irischen Lyrik: Joyce, Yeats, Wilde und Brendan Behan.

Um dieses Epos herum ranken sich Songs, die traditionelle irische Melodien mit neuen Kompositionen verschmelzen. Das Werk wird als Thin Lizzys bestes Studio-Album bewertet, was sich tatsächlich auch am Charts-Erfolg festmachen lässt, und allgemein auf Garys kontinuierlichen Input, der zur Beliebtheit beitrug. Er bewies hier, welch unterschiedliche und ergänzende Akzente er zusätzlich zur musikalischen Reife und der Intelligenz der Band setzen konnte.

Gary Bushell schrieb im April 1979 für *Sounds* und unterstrich, dass sich Thin Lizzy deutlich von der durchschnittlichen Hardrock-Band abhoben: „Lizzy überragen jede von den ‚Ich recyle ein Riff'-Bands, mit kreischenden ‚bums dich die ganze Nacht voll durch-Texten'. Lizzy schreiben Songs. Sie haben die Energie, die Hooks, und im besten Fall stehen sie für klassische ‚Rock Dreams' ... Sogar das rudimentär auftauchende, sexuell angehauchte ‚Macho-Pimmel'-Gehabe, steht eher für eine Art gesunder Leidenschaft als das durchschnittliche Fantasieren ‚Unterbemittelter'."

Viele Jahre später unterhielt sich Gary mit dem Lizzy-Chronisten Martin Popoff über die von ihm geleisteten Beiträge zum Album. Gary wird für „Toughest Street In Town", „Sarah" und „Black Rose" als Komponist genannt. Zum ersten Stück sagte er: „Das war ein Riff, das mir schon vor dem Einstieg in die Band eingefallen war und wir bauten alles darauf auf. Das mittlere achttaktige Riff hatte Scott noch parat. Der Titel stammte von mir, und ich schrieb einen

Teil des Texts. Dazu zählt der Text der ersten Strophe und der Refrain, wobei Phil die Lücken für mich füllte ... Doch die grundlegende Idee stammte von mir. Ich glaube, sie fiel mir in New York ein ... Ein guter Ort, um so einen Song zu schreiben."

Für Gary wäre „Sarah" (Phils Tochter gewidmet, die er mit Caroline Crowther hatte) eher für Lynotts Solo-Veröffentlichung *Solo In Soho* bestimmt gewesen. „Ich schrieb einen Großteil des Songs ... und Phil fast den kompletten Text. Doch ... es war meine Idee, dass das Stück über seine Tochter handeln sollte, was schon ein bisschen schräg war." Der Track wurde bereits 1978 in den Morgan Studios eingespielt, mit dem Drummer Mark Nauseef und Huey Lewis an der Mundharmonika. Lewis hatte früher bei Clover gespielt, in den USA eine Vorband von Lizzy. Niemand in der Band empfand das Stück passend für ein Lizzy-Album, ein treffender Einwand, unterstrichen von Harry Doherty in seinem Review für den *Melody Maker*, in dem er es als „merkwürdig fehlplatziert" beschreibt. Gary erinnert sich an einen spontanen Gastauftritt bei Huey Lewis und Clover in den USA. Die Gruppen reisten in ihren Bussen und trafen sich zufällig auf der Fahrt, „und er lud mich ein, am nächsten Abend mit ihnen aufzutreten. Sie hatten damals ‚The Boys Are Back In Town' im Set, ich ging auf die Bühne und es wurde ein echt schräges Erlebnis. Die Gitarren der Band lagen noch in den Flight-Cases, weil er es sehr, sehr ruhig auf der Bühne haben wollte ... Und zu allem Überfluss hockten noch der Bürgermeister und seine Familie im Publikum ... Das Ganze erinnerte an einen Cliff-Richard-Gig in England ... Alle gaben sich so höflich, und auch in der Garderobe lief alles in geordneten Bahnen. Und ich dachte mir: ‚Was ist denn nun mit dem Rock'n'Roll geschehen?' Befremdlich, doch Huey war ein netter Typ, den ich immer mochte".

Gary schrieb „Sarah" auf einer Akustik-Gitarre mit einem zusätzlichen Drum-Computer: „...und wir nahmen noch zahlreiche Tracks dazu auf ... Der Song entstand über einen langen Zeitraum. Damit unterschied er sich von jedem bisher von Lizzy aufgenommenen Track ... [und] ist vielleicht auch das schönste Beispiel für mein Gitarrenspiel auf dem Album."

Gary meinte, dass „Black Rose" sein Lieblingstrack des Albums sei: „Ich schrieb die irisch klingenden, keltisch-ähnlichen Jig-Parts in der Mitte. Außerdem mischte ich mich mit Philip beim Arrangement ein. Wir arbeiteten eng zusammen ... Ich glaube, dass Phil die unterschiedlichen Musiker der Gruppe präsentieren wollte. Da Brian Schotte war, arbeitete er auch zeitweilig mit ihm, wodurch man einen Hauch von ‚Will You Go, Lassie Go' hört … zusätzlich tauchen kaum wahrnehmbare Elemente von ‚Shenandoah' auf, die für Scott stehen. Und natürlich bestimmen die irisch-keltischen Legenden das Geschehen … (Phil) interessierte sich sehr für die irische Lyrik und die Legenden des Landes."

Neben seinen direkten kompositorischen Beiträgen spürte man Garys Professionalität, was den Aufnahmeprozess anbelangte. Das Album wurde (aufgrund steuerlicher Vorteile) mit dem Top-Produzenten Tony Visconti in den Marconi Studios der EMI in Paris eingespielt. Tony berichtete dem Scott-Gorham-Biografen Harry Doherty: „Ich glaube, dass Gary einen großen Einfluss auf die Musik ausübte. Er war ein unglaublicher Techniker." In einem Interview für dieses Buch erzählte Doherty, dass Phil während der Aufnahmen „tagelang im Bett lag. Gary und Tony machten sich wegen dieser Abwärtsspirale Sorgen. Doch es wurde ein gutes Album und das lässt sich auf Garys Qualitäten zurückführen." Auch Scott erkennt den positiven Effekt Moores auf die Band: „Vor Gary kann man uns im Studio als lockere und [etwas fahrlässige] Band beschreiben. Uns war manchmal alles scheißegal. Doch Gary brachte ein ganz anderes Arbeitsethos mit. Er achtete darauf, dass alles exakt und absolut stimmig war. Auch das [Gitarren]-Vibrato musste sitzen. Wir arbeiteten deutlich härter, verbrachten viel Zeit mit den Proben, dachten mehr über die Songs nach und wie wir rüberkamen. Im Studio war er wirklich ein ganz anderer, denn er hörte kaum wahrnehmbare Sachen. Mit Robbo und den anderen lief es immer nach der Devise ‚Oh, tja das können wir später schon wieder richten.' Bei Gary hieß es: ‚Oh, das machen wir sofort noch mal.'"

„Er mag zwar nicht der Boss gewesen sein, aber jemand, auf den man hörte, da man wusste wie gut er war. Er wollte nicht das Ruder übernehmen, nur grandiose und beständige Ideen einbringen. Und das Album hatte unbestreitbar Substanz, und vermutlich war es das Erste, das so ein substanzielles Feeling ausstrahlte. Der ganze Sound wurde knackiger und prägnanter. Es war sein erstes Album mit Thin Lizzy und mein Gott – er wollte daraus ein gutes machen." Scott erklärt auch, dass Gary für ihn persönlich bereichernd war. „Bei ‚Do Anything You Want To' gibt es einen bestimmten Lauf, und solche Tonleitern spiele ich normalerweise nicht. Wir setzten uns hin und arbeiteten daran, bis alles klappte. Ihm fielen Gitarren-Parts ein, von denen ich nicht mal wusste, dass ich sie überhaupt spielen konnte. Und in diesem Punkt brachte er mich weiter. Er zwang meine Hände förmlich, ein besserer Gitarrist zu werden, und das werde ich immer an ihm schätzen. Ich sah mich gezwungen, eine Stufe höher zu steigen. Man muss mit wirklich erstklassigen Musikern spielen, um selbst einer zu werden. Da darf man keine Angst haben. Die Leute haben mich gefragt, ob ich Angst vor Gary Moore gehabt habe. Verdammt noch mal nein – warum sollte ich mich vor jemanden ängstigen, von dem ich etwas lernen wollte? Wir setzten uns hin, er zeigte mir was und wir arbeiteten daran, denn auch er wollte sich mit guten Musikern umgeben."

Tony Visconti führte eine solide Arbeitsbeziehung mit Gary, die sicherlich zum Erfolg des Albums beitrug. Auch basierte darauf die Tatsache, dass das Album überhaupt fertiggestellt wurde, denn der Produzent wurde zunehmend genervter von den Auflösungserscheinungen, die er um sich herum bemerkte. Phil kam ins Studio, verbrachte Stunde um Stunde mit dem Gesang, veränderte den Text und meinte dann lapidar, dass es sich nur um den Pilot-Gesang handele und er die Vocals später korrekt aufnehmen würde. Der Hauptgrund für diese Verzögerung lag bei den Auswirkungen des Kokains auf seine Stimme, denn sie wurde dadurch nasal. Scott gibt zu, dass in Paris, „das Feiern richtig begann, und dann fiel alles auseinander... Es war der Anfang des Niedergangs von Thin Lizzy."

„Got To Give It Up" stellte Phils Versuch dar, einen Anti-Drogen-Song zu schreiben, doch die Devise „Beweise es und quassle nicht rum" hat immer noch Bestand. Egal, was Phil auch immer über die Gefahren von Drogen schrieb, er nahm seinen eigenen Ratschlag selbst nicht an. Er gab das damals gegenüber Leuten wie Harry Doherty zu: „Wie oft sagt man, dass man etwas aufgeben wird, es aber dann doch nicht macht?" Laut dem Tontechniker Kit Woolven waren Cannabis, Koks und Courvoisier immer in Griffweite, während Phil versuchte den Song aufs Band zu bringen, der für Tony eine Art letzter Rettungsanker war. Doch die gesamte Situation verschlimmerte sich noch. In Paris „spielten" Phil und Scott mit Heroin, zwar nicht bis zum Exzess, aber schon auf dem Weg zur rutschigen Fahrt ins Tal.

Als Drogen-Kumpels fanden die beiden eine gemeinsame Ebene. Dadurch entstand ein Wirrwarr aus Intrigen und Geheimnissen, ein unterschiedlicher

Level der Kommunikation, bei dem alle, die nicht zum Drogen-Zirkel gehörten, ausgeschlossen waren. Scott erzählt, dass er und Phil „immer zusammenhingen, all die Drogen nahmen und Clubs besuchten. Gary machte so was einfach nicht mit, und ich glaube, dass er damals noch nicht mal trank. Wir machten keine Anstalten ihn anzurufen. Wir waren sternhagelvoll mit Alk, mit Drogen bis obenhin dicht und hatten mächtig viel Spaß. Ich glaube, Gary war ein wenig eifersüchtig auf Phil und mich, auf die Beziehung, die wir hatten. Er wurde eigentlich nur beachtet, wenn er sich die Gitarre umhängte – darüber hinaus hieß es ‚Kümmere dich nicht drum. Du musst nicht bei ihm anklopfen'. Zurückblickend hätten wir mehr machen müssen, um ihn in unsere Truppe zu integrieren." Tony Visconti hatte bereits das Lizzy-Album *Bad Reputation* produziert und erkannte eindeutig, dass Gary nicht zu dem sich dahinschleppenden Lizzy-Tross der Auflösung passte. Eines Tages drehte er sich zu Gary und fragte: „Was um alles in der Welt machst du noch in dieser Band?"

Gary ließ Lisa von LA aus nach Paris fliegen. Sie berichtet davon, dass bei der Abschlussparty von *Black Rose* Heroin die Runde machte: „Für Gary glich das nüchtern bei einer Party von Alkoholikern zu sein. Er stand immer außen vor."

Trotz aller Risse im Fundament entwickelte sich 1979 zum wichtigsten Jahr der Bandgeschichte. Thin Lizzy mussten auf wichtige Promotion-Tourneen gehen, darunter auch in den USA, die das Potenzial für einen Durchbruch als Major-Band hatten – so lange sie eine komplette Tour ohne mindestens zehn desaströse Zwischenfälle ablieferten. Doch wie Scott sagt: „Auch wenn etwas schieflaufen kann, ist man unachtsam. Das war der Fluch von Thin Lizzy. Und so war es nun mal."

Im März ging es in die Staaten, wo Lizzy als Vorband von Nazareth auftrat. Von Ende März an tourten sie mehrere Wochen im UK und in Europa, doch die letzten Termine im Mai mussten abgesagt werden. Offiziell hieß es, Phil habe sich eine Lebensmittelvergiftung aufgrund schlechter Milch zugezogen. Der wahre Grund waren die Drogen, was Gary laut Lisa „richtig ankotzte".

Brian Downey flog dann zurück nach Irland, während sich die restliche Band mit Mark Nauseef und Huey Lewis zu den Bahamas aufmachte, um weiter an Phils Soloalbum zu werkeln und Garys Nachfolgesingle zu „Parisienne Walkways" aufzunehmen, betitelt „Spanish Guitar". Aber auch hier wirkte Gary seltsam fehlplatziert. Scott erinnert sich: „Es war brütend heiß, und wir lagen alle um den Pool herum und tranken was. Dann taucht Gary auf – mit einem schwarzen T-Shirt, schwarzen Hosen, schwarzen Schuhen und setzt sich mit schneeweißer Haut unter einen Sonnenschirm. ‚Ey, verdammt, Gary. Komm doch in den Pool. Was machst du denn da?' Aber er wollte nichts davon wissen."

Auf der Nazareth-Tour machte die Band in New York Halt, wo sich Phil und Scott zusammen mit Willy DeVille von der Band Mink DeVille einen Schuss setzten. Zum ersten Mal zeigte sich Blut an den Dornen der schwarzen Rose. Für Gary war die Situation mit den Drogen/dem Saufen im Studio während der Aufnahmen tolerierbar. Er setzte sich oft mit Tony Visconti zusammen, wenn die anderen mit Abwesenheit glänzten, um mit ihm das komplette Album zu verbessern. Im Studio kann man in der Theorie einen Part natürlich so oft wiederholen, bis er perfekt ist. Auf der Bühne gibt es nur eine einzige Chance! Mittlerweile hatte Gary die Nase voll davon, dass die After-Show-Partys zunehmend schon vor der Show starteten.

Er erzählte Mark Putterford eine Story über Phil, der so lange für die Vorbereitungen benötigte, dass die Limo ohne ihn losfuhr: „Später kam er zum Konzert und ich sah schon, dass er stocksauer war. Er hatte am vorhergehenden Abend Amphetamine geschluckt und kam gerade runter, was seine Laune zusätzlich verschlechterte ... An dem Abend gingen wir auf die Bühne, und bei Phil brodelte es immer noch. Zu der damaligen Zeit begann er aufgrund seines allgemeinen Zustands immer häufiger Fehler zu machen. Er vergaß Worte, verpasste Einsätze und sang sogar mal während ich ein Solo spielte. Ich schrie ihn auf der Bühne an. Er hatte dem Publikum seinen Rücken zugedreht und keifte zurück. Wir krakeelten beide ein eindeutiges ‚FUCK YOU'!"

Gary erzählt, dass die Fans in der ersten Reihe „Ihr seid Scheiße!" riefen. Zu allem Überfluss platzte noch die hintere Naht von Phils Lederhose, der sich dann hinter dem Drum-Podest verstecken musste, um sich eine andere anzuziehen. Die Crew hätte sich fast totgelacht, da er sich ihr gegenüber verdammt unfreundlich verhalten hatte. Sich Jahre später daran erinnernd, beschrieb Gary diese Episode als „komisch", doch als das Malheur geschah, lachte er sicherlich nicht.

Scott muss zugeben, dass Gary recht hatte, all die Fehler auf der Bühne aufzuzeigen, da er und Phil ein heilloses Durcheinander anzettelten: „Wir haben da ganz schön Scheiß gebaut!" Das stellte einen wahren Affront gegenüber Garys professionelle Maßstäbe dar, und er erzählte es jedem, der ein offenes Ohr hatte. Allerdings hörte ihm niemand zu, da die Crew ebenso fertig war wie ihre Bosse. Und niemand – außer eben Gary – traute sich, Phil herauszufordern. Lynott konnte sich einschüchternd aufführen und war zudem der Band-Leader und damit in einer Position, in der er jeden feuern konnte. Chris O'Donnell zeigte sich zutiefst schockiert, als er von Phils Heroinkonsum erfuhr, da dieser alle darauf eingeschworen hatte, dass davon nichts zum Management durchsickerte. „Egal, wie es war, man konnte es nicht sehen", erinnert sich Chris, „nicht im Geringsten." Und es stimmt: Drogenkonsumenten können sehr gut darin sein, ihren Missbrauch zu verstecken, und auch Phil wirkte standfest und clean.

Trotz der unbestreitbaren Probleme hieß es im Lizzy-Lager hinsichtlich Garys Beschwerden vermutlich: „Lizzy hat den Großteil der Europa-Tour überstanden und auch den ersten Abschnitt der US-Tour. Die Platten laufen sehr gut, die Fans hören auch nicht alles und hey – das hier ist Thin Lizzy und kein Barry Manilow! Lass uns das durchziehen und mach nicht so viel Wind."

Doch das lief so nicht – nicht mit Gary. Sie kamen in LA an, wo Gary und Phil vor dem ersten Gig einige Tage im Studio verbrachten, damit Lynott die Vocals für „Spanish Guitar" einsingen konnte. Gary: „Die Vocals waren so schlecht, dass mich der Tontechniker fragte, ob er eine Erkältung habe." Brian Downey ging auch ins Studio, um mal ein „Ohr zu riskieren": „Die Stimmung zwischen den zwei war seltsam, ziemlich mies. Ich glaube, dass zwischen den beiden während dieser Studio-Session etwas vorgefallen sein musste."

Während sich Gary und Phil in den Staaten an die Gurgel gingen, war in der Heimat ihre Stärke als Kreativteam eindeutig nachweisbar. Zwischen März und Juni erreichte *Black Rose* den zweiten Platz der Album-Charts, „Do Anything You Want To" war in den Top Twenty, während „Waiting For An Alibi" sowie „Parisienne Walkways" beide die Top Ten geknackt hatten. Der letztgenannte Song bescherte Gary als Solokünstler die höchste Single-Platzierung aller Zeiten. Wieder zurück „on the road" absolvierten Lizzy die ersten vier Konzerte mit Journey. Scott hatte immer noch das Gefühl, dass alles gar nicht so schrecklich war, dass es wieder geradegebogen werden könnte und dass nichts Schlimmes geschähe. Und dann geschah es doch!

Am 4. Juli traten Lizzy mit Journey, der J. Geils Band, UFO und Nazareth beim „Bill Graham's Day on the Green Festival" im Oakland Stadium vor

50.000 Zuschauern auf. Laut Gary geschah Folgendes: „Wir spielten diesen Riesengig vor Tausenden von Leuten. Er (Phil) geht nach vorne, vergisst wieder den Text, tritt den Mikroständer um und verhält sich saumäßig ... und dann dachte ich: ‚Das war's. Ich kann das nicht mehr‘."

Im Backstage-Bereich begannen sich die beiden gehörig anzuschnauzen, woraufhin Gary sich wie ein Wirbelwind aus dem Staub machte. Moore ließ sich ins Le Parc Hotel in West Hollywood bringen, wo er mit Lisa wohnte: „Er erzählte mir, dass er den Rest der Tour nicht mitmachen würde und ich entgegnete: ‚Das kannst du nicht machen!‘ Dann riefen sie an, um herauszufinden wo er sich aufhält, und ich erfand schnell die Ausrede, dass wir verschlafen hätten." Tatsächlich befand sich Gary in dem Moment nicht bei Lisa, sondern fuhr zu den Hügeln von Northridge, ungefähr 30 Meilen außerhalb von Hollywood, wo der ehemalige Deep-Purple-Bassist Glenn Hughes ein Haus besaß. Glenn hatte sich im selben Hollywood-Studio aufgehalten, in dem Gary und Phil arbeiteten. Mark Nauseef machte ihn damals mit Moore bekannt, und die beiden kamen gut miteinander klar. Gary erzählte Glenn dieselbe Geschichte. „Er meinte, er wolle die Gruppe verlassen", erinnert sich Glenn, „und sagte: ‚Ich will mit dir eine Band gründen.‘ Tja, ich antwortete ihm, dass das fantastisch sei, aber dass er zuerst die Tour durchziehen müsse. Ungefähr 3 Uhr morgens bimmelte das Telefon. Es war Phil: ‚Wenn du ihn verdammt noch mal versteckst, dann reiß ich dir die Kehle raus, Hughesey!‘ Nun – Phil war jemand, den man nicht verarschen wollte, und ich hatte mich noch nie geprügelt und kam auch nicht von Dublins Straßen."

Lizzy standen kurz vor dem Abflug zu einem Gig am 6. Juli in Reno, und schließlich lockte Chris O'Donnell Gary ans Telefon. Phil befand sich auch im Raum, wie sich Scott erinnert: „Gary war drüben bei Glenn und laberte was davon, von der Band nicht respektvoll behandelt zu werden, woraufhin Chris drängte: ‚Ja, ja, du wirst nicht respektiert und so, aber wann kommst du endlich rüber?‘ Doch Gary meckerte weiter und weiter, bis Phil schließlich sagte: ‚Scheiß doch drauf. Feuer ihn.‘ Ich dachte: ‚Häh, was soll denn das bedeuten?‘ ‚Wir ziehen das als Trio durch‘, sagte Phil. ‚Was? Das ist eine Band mit Twin-Gitarren. Ich kann doch nicht alle Parts spielen! Von was laberst du denn da?‘ ‚Nein, nein, das hast du drauf. Kein Problem.‘" Gary stritt diese Unterhaltung später ab und erklärte, Chris O'Donnell habe ihn gerade heraus gefragt, ob er dabei sei oder nicht. Er habe dann geantwortet, nicht mehr in der Band zu sein. Es existiert noch eine andere Version der Story, abgedruckt im *Melody Maker* im September. Gary soll angeblich zwei Gigs verpasst haben, woraufhin man ihm erklärte, dass er gefeuert sei und die Band als Trio weiterspielen würde.

Nun war eine offizielle Erklärung nötig. Im Musikbusiness wird es üblicherweise verabscheut, die schmutzige Wäsche in der Öffentlichkeit zu waschen, womit eine generelle Entschuldigung angemessen gewesen wäre, ähnlich wie bei Phil am Ende der Europa-Tour. Doch das Management und Phil waren so aufgebracht, dass sie Gary in der Luft zerrissen, indem sie verlauten ließen, man habe ihn gefeuert, weil er „unzuverlässig" sei. Die Medien freuten sich über einen ganz großen Tag. Die Schlagzeilen verkündeten lauthals: „Lizzy haben Gary Moore einen Tritt verpasst", „Thin Lizzy schmeißen Gary Moore raus", „Thin Lizzy – der Schockrauswurf". Chris O'Donnell berichtet, dass es so viele Telefon-Interviewanfragen gegeben habe, dass er die Rolle von Phil übernehmen musste (dieser wusste nichts davon), dem die ganzen Anrufe leid waren. „Als der *Miami Herald* anrief, erklärte ich: ,Wir lassen uns nicht von den Umständen kontrollieren. Wir kontrollieren die Umstände.' Das wurde als Schlagzeile der Wochenendausgabe abgedruckt, die jemand zu Phil in die Garderobe brachte. Dieser kratzte sich am Kopf und meinte: ,Ich kann mich nicht erinnern, das gesagt zu haben', woraufhin ich antwortete: ,Ich aber.' Er sagte: ,Dann ist ja alles gut. Ich mache die Interviews, denn ich brauche niemanden, der mir die Worte in den Mund legt.'"

Was Gary anbelangte: Auch er war fuchsteufelswild. Er wusste, dass er gekündigt hatte und nicht rausgeworfen worden war. Die Band musste seiner Ansicht nach damit gerechnet haben, dass er das nicht stillschweigend über sich ergehen lässt und war ihm nun zuvorgekommen. Chris O'Donnell gibt mittlerweile zu, dass es so gewesen sei, doch argumentiert, dass Gary einen Vertrag gebrochen habe, woraufhin sie ihn rauswerfen mussten. Doch es gab keine Diskussionen oder Unterredungen, sondern nur eine Bekanntgabe, im Eifer des Gefechts gemacht. Natürlich sprachen die Medien auch Gary an, um seine Version der Story zu erfahren, was ihm allerdings nur recht war. Er meinte gegenüber der BBC Radio One: „Ich bin noch nie aus einer Band rausgeworfen worden, sondern verließ Thin Lizzy vor zwei Wochen. Es stimmt, dass ich zu einem Gig nicht erschienen bin, doch ich war völlig fertig von den Ereignissen – was da so alles abging. Zwischen mir und Phil bestanden einige persönliche Probleme. Ich hatte das Gefühl, dass er live nicht den Standard brachte, den die Gruppe verdiente … dazu kamen noch einige private Knackpunkte, auf die ich nicht näher eingehen möchte. Der Grund, warum sie sagen, dass ich gefeuert worden sei, besteht darin, dass ich mitten in einer Tour ausstieg. Die Beziehung zwischen mir und Phil ist sehr intensiv. Entweder geht es hitzig ab, oder nicht so hitzig … Mir tun die Fans sehr leid, aber als Musiker habe ich einen bestimmten Standard, den ich wahren muss. Und es bestand keine Chance so weiterzumachen, bei dem, was ich neben mir auf der Bühne hörte. Ich bin überzeugt, dass die Leute, die dafür zahlen, eine Band live zu sehen, einfach qualitativ bessere Musik verdienen, als das, was wir ablieferten."

Gary unterhielt sich auch mit dem Journalisten Ronnie Gurr vom *Record Mirror*. Dieser fragte den Gitarristen – nachdem Moore sich über das exzessive Partyleben beschwert hatte: „Die stereotype Rolle des Rock-Partytigers ist für dich also nicht attraktiv?" Gary antwortete darauf: „Schätze mal, dass ich komisch bin. Ich habe meinen Spaß, auf die Bühne zu gehen und zu spielen, doch für den Rest [der Band] ist es eher Routine. Was die Musik anbelangt, bin ich sehr gewissenhaft und sehe keinen Grund, warum ich mich davon abbringen lassen soll." Er führte das weiter aus: „Wäre ich der Band-Leader von Thin Lizzy gewesen, hätte Phil Lynott keine Woche in der Gruppe überlebt. Er brachte mich dazu, Fehler zu machen."

Und für Gary bedeutete „sich darauf vorzubereiten", ordentliche Proben abzureißen. Wie wir schon bei der Gary Moore Band gesehen haben, nahm Moore die Proben bierernst, und das wurde zu einem Charakteristikum seiner zukünftigen Karriere als Solokünstler und Band-Leader. Es ist möglich, dass die restliche Band eine eher lockere Auffassung hinsichtlich der Gig-Vorbereitungen vertrat – und einige befanden sich sicherlich in einem Zustand, in dem sie gar nicht anständig üben konnten – doch das kratzte Gary nicht: „Wir spielten während der Journey-Tour vor einigen der größten Zuschauermengen und sie erlaubten uns, das Licht, die PA und unsere Effekte zu benutzen. Wenn das keine große Chance ist, dann weiß ich es auch nicht. Wir haben es vermasselt, da wir nicht genügend probten. Vorher hatten wir zweieinhalb Monate nicht zusammengespielt. Vier oder fünf Tage Proben sind für eine große Tour ein Witz."

Thin Lizzy absolvierten fünf Termine als Trio, bevor Midge Ure „eingezogen" wurde, um seinen ersten Gig in New Orleans zu performen und die Tour zu beenden. Man weiß von Gary, dass er, egal wie wertvoll seine Beiträge für die Band gewesen sein mögen, die Besetzung mit Scott und Robbo als das klassische Thin-Lizzy-Line-up gesehen hat. Wurde er hinsichtlich der Art und Weise seines Ausstiegs gefragt, gab er immer zu, dass er zumindest die Tour hätte beenden müssen. Doch wenn Gary einen Grund fand, sich an Paris 1979 zu erinnern, war es ein Bild der Wut und des Bedauerns. Phil und Gary wechselten geschlagene vier Jahre kein Wort miteinander.

KAPITEL SIEBEN
JET – EIN NEUER ANTRIEB

Als Folge von Garys Ausstieg bei Thin Lizzy entstand eine kämpferische Businesssituation, die man am besten mit dem Sprichwort „Wie du mir, so sich dir" beschreiben kann. Berichten nach wollten Warner Brothers, Lizzys US-Label, die Veröffentlichung von *Back On The Streets* in den USA stoppen, da Phil bei „Parisienne Walkways" und „Don't Believe A Word" sang. Offensichtlich legte Phil dagegen Widerspruch ein, doch Gary entfernte Phils Vocals vom zweiten Song, was allerdings zu keiner Gegenreaktion führte. Auch wurde der Gesang des Lizzy-Musikers auf der im Oktober 1979 veröffentlichten Single „Spanish Guitar" ersetzt. Dennoch erschienen 1.000 Exemplare der ursprünglich angedachten Fassung in Schweden, die sich nun verständlicherweise zu einem Sammlerstück gemausert haben.

Thin Lizzys Management behauptete, sie hätten Gary eine Summe von 30.000 Pfund geliehen, um sich eine Wohnung in der Fitzjohn's Avenue in Hampstead zu kaufen, einer gehobeneren Gegend im Nordwesten Londons. Das Geld war als Lohnvorauszahlung zur Aufnahme eines Kredits gedacht. Gary widersprach und sagte, es sei für bereits geleistete „Dienste" gewesen. Das Management rächte sich, indem es ein Pfandrecht erwirkte, was ihn davon abhalten sollte, die Immobilie zu veräußern. Das ging sogar so weit, dass man die Schlösser austauschte, während sich Moore in den USA aufhielt. Auf unvermeidliche Weise endete das alles vor Gericht. Gary gewann den Prozess, da keine hinreichende Dokumentation zum Status des Geldes vorhanden war. Das spielte sich alles während der seinem Ausstieg im Juli folgenden Monate 1979 ab. Doch was nun? Saß er auf dem Trockenen? Sein Business-Manager Colin Newman repräsentierte auch Monty Babsons Produktionsfirma Mr.

Sam Music und fädelte einen Deal mit einem anderen Klienten ein. *Back On The Streets* sollte nun bei Jet Records erscheinen. Und Jet Records gehörte dem „einzigartigen" Don Arden.

Die Geschichte von Don Ardens kometenhafter und kontroverser Karriere im Musikgeschäft ist bestens dokumentiert. 1926 als Harry Levy geboren, verließ der radikal unabhängige Junge die Schule bereits mit 13 Jahren und lebte seinen Traum im Entertainment aus, wo er als Comedian, Sänger und Impresario tätig war. Arden verlagerte seine Tätigkeiten zur Veranstaltung von Konzerten und brachte Gene Vincent nach Großbritannien (den er dann auch managte) und arrangierte Tourneen für Jerry Lee Lewis, Little Richard und Sam Cooke. Als die Beatles die komplette Musikwelt auf den Kopf stellten, wechselte er vom Rock'n'Roll zum Pop und war zuerst der Agent von The Animals, wonach er im Rahmen von Management-Verträgen die Nashville Teens, Amen Corner, die Small Faces, The Move und das Electric Light Orchestra (ELO) verpflichtete.

Jet Records wurde 1974 gegründet und hatte mit Lyndsey De Pauls Single „No Honestly" kurze Zeit darauf einen augenblicklichen Smash-Hit. Doch ELO, die auch bei Jet veröffentlichten, spülten das große Geld in die Kasse, da sie weltweit Millionen von Alben absetzten und den US-Markt knackten. Somit wurde Jet Records zu einem internationalen Player, was Don die Eröffnung eines Büros in Los Angeles ermöglichte. Don führte das Label damals zusammen mit seinem Sohn David. Bedenkt man seine „Business-Strategie" – er ließ sich mit berüchtigten, halbseidenen Geschäftsleuten ein oder sogar eindeutig Kriminellen, bei denen ein falsches Wort zur Gewalt und Einschüchterung führen konnte – war er immer davon überzeugt, dass der moderne Rock'n'Roll eine Männerdomäne darstellte. Seine Tochter Sharon bewies, wie falsch er damit lag. Ebenso resolut, unbarmherzig und kompromisslos wie ihr Vater, wollte sie auch einen Teil des Kuchens abhaben. Gary hatte einen Plattendeal bei Jet Records unterzeichnet und bei Sharon einen Managementvertrag. Es war sein erster Vorstoß in die Welt der härteren Rockmusik.

Und warum entschieden sie sich für Gary? Zweifellos war er ein überragender Gitarrist, doch die Entscheidung basierte nicht nur auf dieser Tatsache. Der „Guitar Hero" kam wieder in Mode, und der Katalysator für den Trend hieß Eddie Van Halen.

Die ersten beiden Alben von Van Halen wurden unmittelbar nach der Veröffentlichung weltweit Hits, und das schon zu Beginn ihrer Karriere. Sie setzten die essentiellen Maßstäbe für die Heavy-Rock-Explosion der Achtziger und etablierten Eddies bahnbrechende Gitarrentechnik. Gary begegnete Eddie erstmalig auf der 78er-Thin-Lizzy-Tour. Nachdem er sein Spiel beobachtet hatte, schlich sich der besorgte irische Gitarrist auf dem schleunigsten Weg ins Hotel, um sich an der sogenannten Tapping-Technik zu versuchen. Obwohl Gary sich bei Interviews nicht sonderlich von Eddies wildem und reißerischem Stil beeindruckt zeigte und sich eher bedeckt gab, schätzte er – wie auch sein Konkurrent – das Spiel des jeweils anderen. Manchmal sah man Eddie bei Garys Konzerten, wie er vor Freude am Bühnenrand auf und ab hüpfte, während Moore locker einen Lick abzockte. Dann sah er zu Eddie, woraufhin beide lachten.

Ein weiterer Grund für seine Attraktivität für Jet Records lag in dem Erfolg von „Parisienne Walkways". Obwohl sich die Single nur in Europa und nicht in den USA etablierte, bewies sie Moores Potenzial, die Art von Power-Ballade zu komponieren, die für Bands wie Foreigner und Styx einen maßgeblichen Charts-Erfolg nach sich zog. Die beiden zuletzt genannten Gruppen standen damals für die Metal/Pop-Fusion, die während der Achtziger ein weiteres modisches Phänomen des US-Marktes darstellte.

Der Ablauf der Vertragsunterzeichnung von Gary bei Jet lief – gelinde gesagt – etwas bizarr ab. Der Lizzy-Manager Chris O'Donnell erinnert sich, zu einem Meeting mit Sharon und einem Rechtsanwalt ins Beverley Hills Hotel bestellt worden zu sein, um Gary von Lizzy freizukaufen. Ein etwas verwirrter Chris erklärte ihnen: „Hier gibt es nichts zu verhandeln, denn er hat die Band verlassen." Folgend Chris' Einschätzung des Treffens – an das sich Sharon nicht erinnern kann: „Ich schätze, er muss den Ardens gegenüber vorgeschlagen haben, einen Management-Deal zu unterzeichnen. Da sie eventuell dachten, er sei immer noch ein Mitglied von Thin Lizzy, spekulierten sie darauf, er könne die komplette Band mitbringen. Somit würde Lizzy als Band bei Don unterschreiben, woraufhin Don einen Solo-Deal für Gary bei Warner anstreben wollte, Lizzys US-Label." Allerdings finden sich keine eindeutigen Belege, dass Gary einen Management-Deal in der Pipeline hatte, bevor er Lizzy verließ. Hätte jemand gedacht, dass Moore – mit zwei Alben, die unter seinem Namen erschienen waren – auf immer und ewig bei Lizzy bliebe, hätte er sich selbst zum Narren gehalten, auch bei einem korrekten Abschluss der Tour. Nach dem Vertrag für *Back On The Streets* schmiss Jet eine große Party für Gary, was sicherlich nicht spurlos an diesem vorüber ging.

Garys Ausstieg bei Thin Lizzy war nach Sharons Einschätzung „einer der schlimmsten Fehler seiner Karriere. Lizzy erlebten gerade den Durchbruch in den USA und nahmen an Fahrt auf. Es war die perfekte Tour für sie, und er hat's versaut. So eine Schwungkraft lässt sich kein zweites Mal wiederholen." Und da hatte sie recht, obwohl es zur Diskussion steht, ob man Gary dafür die volle Schuld in die Schuhe schieben kann, wenn Phil und Scott sich in so einem angeschlagenen Zustand befanden.

Nun hatte Gary einen neuen Vertrag, aber keine Band. Er und Mark wollten gemeinsam Musik machen, und Gary hatte Glenn erzählt, dass er mit ihm eine Band aufziehen wolle. Mark hingegen kannte Glenn schon von seinem 77er-Soloalbum *Play Me Out*. Die „Stars" befanden sich nun in einer günstigen Konstellation. Natürlich handelte es sich um ein Moore-Soloprojekt, woraufhin man die Band zuerst Moore nannte. Aus irgendeinem Grund empfanden das Jet Records als verwirrend, woraufhin man sich auf den Namen G-Force einigte, nachdem Gary Mark erzählt hatte, dass einige seiner Freunde ihn „G" nennen.

„Die Band wurde um Gary und sein Gitarrenspiel herum konzipiert", erinnert sich Mark. „Meist waren es auch seine Songs, und ich glaube, dass es ein einzigartiges Trio war – Garys [hochindividueller Stil] und Glenn, der ein Fender Rhodes mit einem Taurus Bass-Pedal spielte. Ich würde es mit Power-Soul beschreiben. Das knallte dich voll weg. Wir trafen uns jeden Tag, übten und komponierten in Proberäumen um LA herum, wonach es ins Record Plant ging, um Demos von den neuen Stücken aufzunehmen."

„Doch es nervt mich bis zum heutigen Tag, dass aus dem Trio nichts wurde. Das Management mochte die Band, und Sharon stand hinter uns. Sie kümmerten sich um uns, investierten eine Menge Geld für die Crew, Leihwagen, Vorschüsse und weitere Auslagen, doch mischten sich nicht in die Musik ein. Sie besuchten uns im Studio, hörten sich das an und verschwanden wieder." Unglücklicherweise hieß es für Gary vom Regen in die Traufe, denn er hatte unwissentlich den einen chaotischen Sänger/Bassisten mit dem anderen getauscht. Schon bald war Glenn Hughes ein Wrack. Oder wie es Sharon in ihrer unvergleichlichen Art sagt: „Er hatte sich seine Birne weggeknallt. Das Einzige, was man aus ihm raus bekam war Schafgeblöke."

„Im Musikgeschäft gab es nur wenige Koks-Abstinenzler", denkt Glenn zurück. „Und Gary gehörte dazu – er hasste die Droge. Ich verehrte ihn und wir wurden richtig gute Freunde, sehr gute Freunde. Er sprach das Kokain nie direkt an, aber wenn wir im Rainbow Bar and Grill abhingen – wo sich die Leute ihre Lines vom Tisch zogen – merkte man, dass es ihm nicht behagte. Zu der Zeit, als Gary kurz bei mir wohnte, kurz bevor er bei Thin Lizzy ausstieg, dachte ich: ‚Er ist jetzt der Gast in meinem Haus. Sicherlich kann ich eine Weile lang aufhören – was mir auch gelang.'"

„Doch jeder Abhängige oder Alkoholiker kann seine Sucht nur so lange verbergen, bis sie sich wieder durch die Hintertür einschleicht. Ich war ziemlich aufgekratzt, erkannte aber nicht, dass ich ein Problem hatte. Mein Lebensstil passte nicht zu dem der anderen, denn sie waren eher ein ‚Club der Trinker' – Sharon und David (Arden), Mark und Gary. Bist du in so einer Gesellschaft tatsächlich ein Abhängiger, kann das schnell zu einem Problem werden. Letztendlich versaut es die ganze Party."

„Es passierte im August 1979, exakt an meinem 28. Geburtstag. Sharon richtete für mich eine Party im La Dome am Sunset Boulevard aus. An diesem Abend besoff ich mich total, fiel auf den Wagen, auf dem der Kuchen stand und kugelte mir die Schulter aus. Sharon lachte sich den Arsch ab, was mich total wütend und sauer machte. Dann lallte ich offensichtlich was davon, aus der Band auszusteigen, woran ich mich aber nicht erinnern kann. Am nächsten Tag bekam ich um elf Uhr einen Anruf von Sharon. Ich fragte sie, wann wir denn anfangen und sie antwortete: ‚Tja, wir fangen gar nicht an, denn du hast die Band verlassen.' Ich gab mich kleinlaut, sagte, es nicht so gemeint zu haben, doch Sharon kann verdammt brutal sein. Sie sagte, ich solle erst mal meinen Scheiß geregelt kriegen, bevor ich was anderes mache. Das war also das erste Mal, dass ich einen Job wegen meiner Sucht verlor."

Glenn sprach davon „aufgekratzt" gewesen zu sein, was vermutlich an den Auswirkungen des Kokains lag. Ähnlich wie sein Hass gegenüber Heroin, verabscheute Gary Kokain. Menschen werden durch diese Droge unausstehlich und der Umgang mit ihnen grenzt ans Unmögliche. In bestimmten Arbeitsbereichen – das Musikgeschäft ist sicherlich das beste Beispiel dafür – gehört es quasi schon zur Stellenausschreibung, sich als miesester Typ zu geben, andere fertigzumachen, zu kontrollieren und immer auf der Höhe zu sein. Durch Kokain kann man so etwas „durchziehen" – aber nur zu Beginn. Danach kommt es zu allen erdenklichen Ausprägungsformen der Angst und der Paranoia, und am Ende fällt alles wie ein Kartenhaus zusammen und jeder vermeidet den Kontakt mit so einer Person. Dazu braucht es nicht Jahre, denn so eine Entwicklung kann schon innerhalb von Monaten ihren Lauf nehmen.

Mark erklärt die damalige Lage: „Wir traten auf der Stelle, denn wir wussten, dass wir keinen Musiker wie Glenn an Land ziehen konnten, der den Gesang und das Spiel auf so einem hohen Level bringt. Darüber hinaus schrieb er auch noch. Er hatte mit Ray Gomez und Narada Michael Walden gearbeitet und die hatten was auf die Beine gestellt. Glenn brachte also einen Haufen großartiger Songs mit, die man als eine Art White-Power-Soul charakterisieren kann – hart und heavy, aber dennoch melodisch und soulig." Mit anderen Worten hatten sie eine perfekte Ergänzung zu Garys Spiel und seinem Kompositionsansatz gefunden. Doch nun mussten sie sich anderweitig umsehen.

„Wir checkten alle möglichen Musiker bei Frank Zappa an", führt Mark weiter aus. „Wir ließen sie in einem kleinen, netten Raum vorspielen. Sie waren alle wirklich gut, doch wir waren uns nicht sicher, hofften es beim Hören zu merken, wer der Passendste ist. Ich erinnere mich an Doni Harvey, dem Basser von Automatic Man, der vorbeikam und John Gustafson (der Bassist, der mit Mark in der Ian Gillan Band gespielt hatte) flog sogar aus London ein. Wir testeten auch einige Keyboarder an, die mit ihrem Instrument auch den Bass-Part übernehmen konnten."

„Wir kannten Tony Newton von der Tony Williams Lifetime mit Allan Holdsworth – ein absoluter Killer Basser. Mit 16 hatte er schon mit John Lee Hooker gemuckt, die Supremes mit 17 begleitet und Smokey Robinson als Arrangeur in Form gebracht, wonach Tourneen mit den Stones und Stevie Wonder folgten. Er hatte auch gemeinsam mit Jan Akkerman und Ray Gomez auf dem Album *Sunshower* des deutschen Pianisten Joachim Kühn gespielt. Ich rief Tony an, und er kam vorbei, um uns anzuchecken. Tony vermochte es, aus Gary eine Wahnsinnsenergie herauszulocken und spielte einen Bass mit zwei Hälsen, bei dem er ein Saitenset für die Drone-Sounds nutzte. Er befand sich voll in seinem Element."

„Tony konnte singen, wollte aber kein Sänger sein, der an vorderster Front steht so wie Glenn. Auch Gary scheute sich davor, den Lead-Gesang zu übernehmen, um mehr Freiheit beim Gitarrenspiel zu haben." Sharon schätzt, dass es ungefähr acht Monate bis zur Fertigstellung des Albums dauerte. Doch wie bei einer Wiederholung von Colosseum II lag das Hauptproblem darin, einen geeigneten Sänger zu finden. „Es ist so schwierig, einen Lead-Sänger für eine Gruppe auszuwählen", kommentiert Sharon. „Der großartige Gitarrist und der überragende Sänger – das ist eine Kombination, mit der man gewinnt, aber die so selten ist wie purer Goldstaub."

Schließlich sahen sich Gary und Mark auf eigenem Terrain um. „Das Album *Sunshower* hat zwei Vocal-Tracks, die ein gewisser Willie Dee übernahm. Als Gary und ich uns mit Tony unterhielten, erwähnten wir ihn, da diese Tracks ziemlich gut klangen. Dann stieß Willie zu uns, der in einer modernen Blue-Eyed-Soul-Tradition stand. Nun hatten wir uns gefunden."

Willie Dee (geborener William Daffern) war in der dritten Inkarnation der Seventies-Kult-Band Captain Beyond gewesen, ursprünglich von ehemaligen Mitgliedern von Iron Butterfly, Deep Purple und Johnny Winter gegründet. Er stieg für das dritte Album *Dawn Explosion* ein, veröffentlicht 1977. Die Gruppe zerbrach ungefähr ein Jahr später, aber reformierte sich 1998.

Wenn allein schon die Zusammenstellung der neuen Band Kopfschmerzen bereitete, traf das ebenso auf die Suche nach einem Produzenten zu. Sie hatten bereits einige Demos in den Cherokee Studios mit dem dortigen Tontechniker eingespielt, doch zogen dann aber weitere Produzenten in die Auswahl wie Eddie Kramer und Roy Thomas Baker, wonach sie sich jedoch entschlossen die Produktion in die eigene Hand zu nehmen. Den Mix sollte Dennis Mackay übernehmen, der unter anderem Jack Bruce produziert hatte, woraufhin Jet Records alles absegneten.

Während sie an der Zusammenstellung des Albums tüftelten, tauchte *Back On The Streets* verspätet in den amerikanischen Plattenläden auf. Allerdings gab es keine Band zur Promotion des Albums, was aber auch nicht sinnvoll gewesen wäre, da Gary sich radikal weiterentwickelt hatte. Die Kritiker konnten nur das beurteilen, was direkt vor ihrer Nase lag und so ließen sie die unvermeidbaren Kommentare von einem Album mit zwei stilistischen Seiten vom Zaun. *Cashbox* nannte es „eins der eher hörbaren [musikalischen] Zeugnisse dieses Jahres".

Eine andere Gazette schwärmte: „Das Album ist brutal. Moore beherrscht seine Gitarre so brillant, dass man ihn zu den ganz Großen zählen kann. Damit fordert er alle Ausdrucksformen von zeitgenössischer Hochenergie-Musik heraus." In der *Rocky Mountain News* erschien ein falscher, wenn auch urkomischer Beitrag. Der Reporter vertrat die Meinung, dass Gary „ein Typ voller Angst vor dem Erfolg" sei. Als Beleg seiner Theorie wies er darauf hin, dass Moore Skid Row verließ, „als der irischen Band der Durchbruch in London gelang" und zweimal Thin Lizzy, „wegen des Erfolgs der Gruppe". Gary zeigte sich immer sehr vorsichtig, was seinen nächsten Schritt anbelangte. Doch was der Reporter als „Angst" interpretierte, war die Tatsache, dass Moore sein eigenes Ding durchziehen und Musik zu seinen Bedingungen machen wollte, auch wenn das nicht immer zu seinem Vorteil war. G-Force unterstrich sicherlich den letzten Punkt.

Mark Nauseef berichtet, dass „uns noch Songs aus der Zeit der Aufnahme von *Back On The Streets* aus dem Morgan und von den Bahamas zur Verfügung standen sowie Material, an dem wir gearbeitet hatten, als Glenn noch in Form war – also dieses Power-Soul-Ding. Letzteres hatte wegen Tony das Potenzial noch energiereicher zu wirken. Im Laufe des Prozesses klangen die Songs wie Pop-Nummern, mit diesen Stakkato-Achtelnoten – Gary war für dieses Element verantwortlich. Dann begann sich das gesamte Material zu verändern und ich glaube, dass wir ab diesem Punkt unser Ziel verloren".

Beim Hören dieser Demos, davon drei von den Sessions mit Glenn, fällt auf, dass sich eine Formation zu einer direkten und ernsthaften Hardrock-Band verändert, ohne dabei aber den melodischen Gehalt zu verlieren, der in Marks Augen eine Stärke von G-Force ausmachte. Sharon erklärt, „dass man Gary nicht vorschreiben konnte, in welche Richtung seine Musik abzielte, denn das erzählte er dir – unmissverständlich!" Sharon und Jet suchten damals auf jeden Fall einen Sound, der in den Staaten gut ankam. Gary war selbst unsicher, wie er im Juli 1980 *Musicians Only* aus dem UK nach der Albumveröffentlichung erzählte: „Ich wollte eine Band aufziehen, die wirklich gut war. Dabei dachte ich nur wenig über die stilistische Entwicklung oder Ähnliches nach. Vermutlich richtete ich es [unbewusst] auf den amerikanischen Markt aus."

Das selbstbetitelte Album erschien im Mai 1980, zeichnete sich durch zahlreiche lobenswerte Passagen aus und vermied die Inkohärenz, die einen Teil seiner frühen Arbeiten unterminiert hatte. Insgesamt war *G-Force* ein kompaktes Album des frühen Achtziger-Metal/Pop-Hybrids, gekennzeichnet durch die exzellenten Leistungen der Musiker, viele innovative und eingängige Riffs von Gary (speziell bei „Because Of Your Love") und lebendige Arrangements. Die Songs waren eindeutig Vorboten von Moores Karriere in den Achtzigern und den generellen Entwicklungen in der Musik. „White Knuckles" (das in „Rockin' And Rollin" übergeht) ist offensichtlich eine Antwort auf Eddie Van Halens „Eruption" und wurde zu einem Standard des Live-Programms. Das Album zeichnet sich durch ein Gespür für Pop-Melodien aus, kombiniert mit einer aggressiven Gitarre, was damals kein breites Publikum ansprach. Das änderte sich 1983 mit der Veröffentlichung von Bowies „Let's Dance" (mit Stevie Ray Vaughan an der Gitarre) und Eddie Van Halens Solo-Beitrag zu einem der ganz großen Pop-Hits des Jahres – Michael Jacksons „Beat It". Ein Zufall? Vielleicht, aber es besteht auch die Möglichkeit, dass sich einer der Musiker von Garys Steilvorlage inspirieren ließ.

Allerdings tauchte auch die Einschätzung auf, dass das Album über-produziert worden war. Die Streicher-Arrangements deuteten Richtung ELO und auch Garys Sound klang streckenweise befremdlich. Er hatte die Gitarre nämlich über eine DI-Box direkt ins Mischpult eingespielt, was den Klang synthetisch und kratzig erscheinen ließ, im Gegensatz zu den druckvollen und warm verzerrten Sounds, die ein regulärer Verstärker bietet. Gary war stolz auf diesen damals noch eher unüblichen Trick. Er erklärte im selben *Musicians Only*-Interview, dass er zuerst bei der Arbeit an Phil Lynotts „Sarah" auf diese Möglichkeit gestoßen war und später dann auf dem G-Force-Album damit weitermachte: „Ich versuchte einen ganz bestimmten Sound zu kreieren, was mir gelang. Ich habe auf keinem der Soli Amps benutzt, da ich es überflüssig fand. Stattdessen habe ich die Gitarre durch einen Verzerrer gejagt und andere technische Spielereien, doch keine Amps eingesetzt. Für mich war das eine gute Möglichkeit, einen direkten und prägnanten Klang zu gewährleisten. Damit kann man alles Mögliche anstellen. Wir setzten auch keine Equalizer ein, [wodurch die Gitarre am natürlichsten klingt]."

Die Wahl der ausgekoppelten Single lässt sich kontrovers diskutieren. Es sollte zuerst die Tony Newton/Willie Dee-Komposition „You Kissed Me Sweetly" sein, da hier die beste Verknüpfung von Pop und treibenden Rockstilen realisiert wurde. Zudem ist es Dees bester Gesangsbeitrag. Doch stattdessen wurde es Garys „Hot Gossip". Es lohnt sich, den Song genauer unter die Lupe zu nehmen, da er laut seiner Freundin Lisa ein direktes Abbild ihrer damaligen Beziehung war. Wieder einmal bestimmte eine obsessive Eifersucht Garys Leben.

I don't mind you going out with your friends, if it's to places where we've both been. But
  I don't like you going with him, don't wanna have to say this again.
I don't mind you going out to a show, if it's
with people that we both know. But I don't like
you going with him, I'm gonna stop this before it begins.

Text und Musik: Gary Moore,
  mit freundlicher Genehmigung Maxwood © 1980

Gary hatte Lisa sogar schon im März 1979 einen Heiratsantrag gemacht, doch sie verfasste einen Brief an ihren Vater, darin erklärend, dass sie nichts übereilen wolle. „Er war unglaublich eifersüchtig. Wenn ich einfach in den Raum blickte, beschuldigte er mich, dass ich den Typen ficken wollte, auf den ich zufällig sah. Er sagte tatsächlich: ‚Mir ist es egal, wenn du mit deinen Freundinnen ins Kino gehst oder in ein Restaurant, wenn ich weg bin, aber ich will zuerst den Film sehen oder zuerst ins Restaurant gehen.'" Lisa behauptet, dass angeblich das komplette G-Force-Album davon handele, wie sie sich durch die Gegend „fickt". Es ist unmöglich, diese Bedeutung zu verifizieren, doch sicherlich lassen sich auf dem Album Songs von Gary finden, die das Thema bedrängender Liebe vermitteln. Bei „She's Got You" wird auf eine Frau angespielt, die „so blond ist, dass es dich [innerlich] zerreißt".

In der Gesellschaft von Sharon Arden ließen Gary und Lisa sicherlich „die Sau raus" und lebten in Saus und Braus. Don Arden greift diesen Lebensstil seiner Tochter in seiner Autobiografie auf, wo er diese Zeit als die „wilden Kinderjahre" von Sharon beschreibt: Sie zog auf unwahrscheinlich teure Shopping-Touren, machte extravagante Geschenke in Form von Luxusschlitten, ließ sich überteuerte Gerichte in den angesagtesten Restaurants in LA schmecken und veranstaltete wilde und ausschweifende Partys in Dons Millionen-Dollar-Anwesen, gebaut im Stil eines Howard Hughes. Jet kam sogar für die täglichen Lebenshaltungskosten von Gary und Lisa auf und die gesamten Auslagen der Band während des sich in die Länge ziehenden Aufnahmeprozesses. „Gary und Sharon kamen unglaublich gut miteinander aus – das wusste jeder", berichtet Lisa, „denn sie hatten denselben Sinn für Humor, waren beide clever und recht ungezogen. Eigentlich schon hysterisch."

Zwischen Gary und Lisa war jedoch nicht alles schlecht: „Wir gingen zum Beispiel in ein mexikanisches Restaurant, wo ein Gitarrist als Alleinunterhalter spielte. Gary fragte, ob er sich seine Gitarre ausleihen könne, was mit einem ‚Nein, nein' honoriert wurde, da Gary wie ein Punk aussah. Doch er gab nicht nach und spielte dann die wunderschönste Konzertgitarrenmusik. Das ganze Restaurant wurde aufmerksam und dachte wohl: ‚WER IST DENN DAS?' Und dann bekam ich eine Gänsehaut und dachte: ‚Mein Gott, er ist ja so talentiert und er gehört mir!'"

Gary und Lisa waren eindeutig nicht füreinander bestimmt, denn sie zog ein Leben als „Party-Girl" vor, das ihre Freiheit in vollen Zügen genoss: „Ich bekam keine Luft mehr, denn er war so eifersüchtig. Schrecklich. Ich dachte, wenn wir uns verloben, wird er sich entspannen. Er kaufte also einen Ring am Sunset Boulevard und wir verlobten uns. Obwohl ich eigentlich Steve Jones liebte." Wie Glenn schon erklärte, spielte sich der überwiegende Teil von Garys Sozialleben in LA im „Club der Trinker" ab, womit eine Spannung zwischen Lisa (die auf Kokain stand) und Gary herrschte, die schnell außer Kontrolle geraten konnte. Ihre Beziehung lässt sich als volatil, paranoid und dysfunktional charakterisieren. Lisa behauptet sogar, dass es gewalttätig geworden sei. Sie rächte sich, in dem sie Garys gesamte Kleidung zerschnitt, womit Tausende Pfund vernichtet waren. In einem Gespräch mit Chris Welch 1982 erwähnt Gary eine Konzertgitarre, die sich eine Freundin unter den lackierten Nagel riss – und das könnte leicht Lisa gewesen sein. Manchmal rannte sie weg und versteckte sich in Sharons Haus: „Sie ließ mich bleiben, riet mir aber, wieder zu gehen und das alles zu klären."

Als Gary mit Lisa nach London zog und in besagter Fitzjohn's Avenue lebte, war auch keine Verbesserung der Gesamtsituation in Sicht: Noch mehr Streitereien, Tränen, gegen die Wand geworfenes Essen, verzweifelte Versöhnungsversuche seitens Gary. Doch Lisas Sichtweise auf das Leben und ihr Lifestyle machten ihn zu unsicher und nervös. Schließlich flog sie nach LA zurück, womit sich alles erledigt hatte.

Gary hatte so eine Situation bereits erlebt, denn das letzte Mal, dass er die Geschicke einer Gruppe lenkte, herrschte im Hintergrund emotionales Chaos. Und nun schon wieder! Und wie zuvor, zeigten sich Auflösungserscheinungen in der Gruppe.

Für eine Band, deren Songmaterial eigentlich amerikanische Fans gewinnen sollte, fanden in den USA seltsamerweise keine Konzerte statt. Keiner der Songs wurde dem „Härtetest der Straße" unterzogen, und auch private Aufführungen oder Gigs bei Partys waren nicht in Sicht. Tony Newton berichtet von Diskussionen, ob die Band vor der Veröffentlichung einige Gigs unter anderem Namen spielen solle, doch stattdessen entschied man sich für ein UK-Konzertdebüt im Vorprogramm von Whitesnake.

Bernie Marsden spielte damals bei Whitesnake und überredete alle, ihn als Support auszuwählen: „Ich konnte es nicht glauben, dass ihn niemand kannte, doch sie waren nicht gerade begeistert, als er die Gigs eröffnete und das Publikum mit einer unglaublichen Lautstärke in die Hölle und zurück blies." Doch ohne es zuzugeben, muss ihnen das Gehörte gefallen haben, denn Neil Murray erzählte 1982, dass sich David Coverdale nach der Trennung von Bernie und Micky Moody ernsthafte Gedanken machte, Gary für die Band zu engagieren.

Das Live-Set bestand größtenteils aus Nummern des aktuellen Albums plus „Back On The Streets", „Parisienne Walkways" und „Toughest Street In Town". Gary wählte nur selten einen Thin-Lizzy-Song für sein Programm aus, womit die Performance des zuletzt genannten Tracks schon außergewöhnlich war. Die Band kam gut an, und zahlreiche Fans verglichen sie wohlwollend mit dem Headliner. Tony erinnert sich: „Wir haben es auf dieser Tour voll gebracht, was möglicherweise am erstmaligen Kontakt der Formation mit einem Publikum lag. Wir hatten die Musiker, Willie sang sich den Arsch ab, und all die Komponenten befanden sich am richtigen Ort. Zudem strebten wir einen eigenen Sound an, und was meine Einschätzung anbelangte, lieferten wir gut ab." Gary beschrieb die Leistungen der Band auf der Bühne später als „ein Desaster", was aber eher seine persönlichen Probleme mit Willie Dee widerspiegelte, denn die Bootlegs der Tour widersprechen dem Urteil, dass die Gruppe einen schlechten Job machte. Ohne die Effekte und den klanglichen Glanz eines LA-Studios waren sie ein wilder Live-Act: Mark und Tony achteten auf einen kompakten und kraftvollen Rhythmus für Gary und zeigten Whitesnake, dass sich die Formation jedes Pfund hart erarbeitete.

Die folgenden Geschehnisse kann niemand schlüssig erklären, obwohl Belastungen und Stresssituationen zum Niedergang von G-Force sicherlich beitrugen. Auf jeden Fall schwand das Interesse von Jet Records. Don Arden prahlte ständig damit, wie viel Geld er in eine Band steckte, um sie zum Erfolg zu führen. Seine Investition in ELO war außergewöhnlich hoch, was besonders an der extravaganten Bühnenshow lag. Jet hatte im Fall von G-Force in alle möglichen Bereiche investiert, doch bis zu dem Zeitpunkt keine nennenswerten Einnahmen gesehen. Jet hatte Gary zwar als Solokünstler unter Vertrag und auch *Back On The Streets* in den USA auf den Markt gebracht, doch nach der G-Force-Tour zogen sie vermutlich den Rückschluss, sich allein auf Gary zu konzentrieren, egal was sie von der Qualität der anderen Musiker der Gruppe hielten. Wahrscheinlich schätzten sie, dass G-Force zu viel Energie von Gary als Solo-Performer „absaugte". Natürlich brauchte er eine Band für die Tourneen, doch es musste nicht unbedingt eine Band sein, die eine kontinuierliche Bezahlung erforderte. Dann sollte G-Force auf dem legendären Reading Festival auftreten, aber offensichtlich gab es für die amerikanischen Musiker Visa-Probleme, während Gary schon längst wieder in England lebte. Moore muss damals gewusst haben, dass Jet ihm nicht die ständigen Hin- und Rückflüge bezahlt, und vielleicht war das seine Art, die Band abzuschreiben, ohne ein unangenehmes Meeting über sich ergehen zu lassen.

Zwischenzeitlich richtete Sharon ihre Energie auf einen anderen Musiker – John Michael ‚Ozzy' Osbourne. Die beiden hatten sich erstmalig 1974 getroffen, als Don das Management für Black Sabbath übernahm. Als Sabbath Ozzy 1979 einen Arschtritt verpassten, unterzeichnete er bei Sharon einen Management-Vertrag. Bei dem Versuch Ozzys Solokarriere anzuschieben, holte sie G-Force zu Hilfe. Mark erinnert sich: „Wir probierten einiges Material mit ihm, brachten ihn auf Vordermann und versuchten das erste Album zusammen zu schustern. Wir schrieben Songs und probten bei Zappa – und Frank gehörte zur näheren Auswahl der Produzenten. Wir schlossen uns felsenfest hinter Ozzy zusammen, und er war fit für die Kooperation, und wollte sie auch. Gary startete mit einem Hochenergie-Intro, spielte, als wäre es sein letzter Tag auf Erden, wonach wir den Gesangs-Part begannen und Ozzy nur noch da stand und sagte: ‚Tja, was soll ich jetzt machen?' Er war so liebenswert, so bescheiden, stand einfach da und hörte zu, was wir spielten. Wir erklärten ihm, dass wir es langsamer angehen könnten, alles cooler spielen würden und er meinte: ‚Nein, Mann, das ist gigantisch!' Er war damals so positiv! Und dann traf ich mich am Abend mit Sharon, legte eine Kassette rein und sie kreischte euphorisch: ‚Ja, das ist es!'"

Dann wollte Ozzy seine Kids sehen, setzte sich ins Flugzeug und reiste nach Hause, was einen Schlussstrich unter die Zusammenarbeit zog. Mark erinnert sich: „Wir wurden bezahlt, bekamen als Geschenk handgefertigtes Reisegepäck, waren jedoch total enttäuscht, dass wir nicht bei der Platte mitwirkten." Allerdings zuckt man allein schon bei dem Gedanken an eine reguläre Zusammenarbeit zwischen Ozzy und Gary zusammen, denn das hätte sich ausgeschlossen. Er hätte sicherlich auch ein Angebot abgelehnt als Gitarrist ohne die G-Force einzusteigen. Letztendlich stieg der legendäre Randy Rhoads ein, und der Rest ist Geschichte. Bei den anderen Musikern bei Jet Records machte damals die Anspielung ihre Runde, dass Garys Karriere einen anderen Verlauf genommen hätte, hätte er sich noch ein bisschen mehr um Sharon gekümmert.

Also mag Ozzy der „Schuldige" gewesen sein, der Sharon emotional und hinsichtlich ihrer Arbeit von der G-Force ablenkte, aber auch Willie Dee hatte seine Probleme, um es milde auszudrücken. Bei einem Interview mit einer Captain-Beyond-Fan-Seite sagte er: „Ich habe dieses ganze Fiasko mit Sharon und der G-Force über mich ergehen lassen ... es glich einem Albtraum, denn Sharon wollte unbedingt dieses Pop-Zeugs machen. Und ich wollte eben kein Pop-Zeugs machen!" Er erzählt, dass viele der Songs ungenutzt blieben, da sie für Sharons Geschmack nicht „poppig" genug waren. Auch behauptet er, „dass Gary und ich uns hassten" und die ganze Situation bei ihm zu einem Nervenzusammenbruch geführt habe.

Bei genauerem Nachdenken kommt Mark Nauseef zu folgender Einschätzung: „Was auch immer es für einen Stress bei der G-Force gegeben hat, bot sich ihm eine gute Chance, denn zweifellos herrschte in der Gruppe eine klasse Einstellung. Ich bin mir nicht sicher, wie er die Situation empfand oder auffasste, dass es sogar zu einem ‚Nervenzusammenbruch' kam. Gary konnte natürlich recht hart rüberkommen und setzte die Musiker manchmal unter Druck. Auch spürte er keine Skrupel, einem anderen aufzutischen, dass er mit dessen Beitrag nicht zufrieden war. Er verhielt sich aber nur so gegenüber den Musikern, von denen er wusste, dass sie das Potenzial zum Abliefern hatten. Gary verschwendete keine Zeit, jemanden anzuspornen, der es nicht drauf oder vor dem er keinen Respekt hatte. Willie sang großartig auf dem Album, und das lag an Gary, der es aus ihm herauskitzelte."

Doch Mark lenkt auch ein, dass bei Gary und einem Tony Newton, mit seiner respektablen Karriere, ein Hang zur Überperfektion herrschte, mit dem Willie eventuell nicht umgehen konnte. Möglicherweise empfand er den Druck als zu belastend. Eins steht fest: Wenn ein Sänger, also der Frontmann, nicht gleichzeitig Band-Leader ist, besteht eine große Wahrscheinlichkeit, dass der tatsächliche Boss, in diesem Fall Gary, ihm Vorschriften bezüglich des Gesangs und der Performance macht. Und das kommt bei keinem Sänger gut an!

Mark berichtet von der ambitionierten Einstellung der Formation. Es ist anzunehmen, dass Tony Newton – mit seinen tiefgreifenden und mannigfaltigen Erfahrungen in der Musik – ein Wörtchen mitreden wollte. Er erklärt, dass „es sich nach meinem Verständnis um ein Gruppenprojekt handelte und nicht um eine Gary-Band per se". Dann lässt er seiner Kritik über den Klang des Albums freien Lauf, der durch Garys hartnäckiges Bestehen auf einen eigenen Gitarren-Sound befremdlich wirkt: „Er dachte, dass es dem Ganzen einen hochindividuellen Charakter verleiht – und der Klang hat auch etwas ganz Besonderes – es ist ein schrecklich kratziger Scheißsound." In einem anderen Interview machte Gary einen Rückzieher, und meinte, dass es im Studio für seine Ohren gut geklungen habe, aber „sich nicht optimal aufs Vinyl übertragen ließ. Ich war vom Endresultat ein wenig enttäuscht … es war nicht warm genug und klang abgegrenzt von den Backing-Tracks."

Tony zeigt sich kritisch gegenüber nachfolgenden Bandmitgliedern von Gary und meinte, dass er und Mark Nauseef auf einem anderen Level gespielt hatten, verglichen mit „stinknormalen" Begleitmusikern: „Mich überraschte, dass Gary keine großartigen Musiker engagierte, dass er nicht klug genug war, um zu wissen, dass man damit insgesamt viel besser ist. Vielleicht wusste er auch nicht, wie man mit solchen Leuten umgeht." Laut Tonys Meinung war er „ein fantastischer Komponist und Gitarrist, der regelrecht aufblühte, aber niemals sein Potenzial ausschöpfte". Bedenkt man Garys Zerwürfnisse mit Star-Musikern, die auch Band-Leader waren oder sein konnten – wie zum Beispiel Phil, Glenn und später Cozy Powell – mag er Recht haben.

Die Band wurde nicht durch ein konkretes Ende gestoppt, sondern verlief eher im Sand. Tony erzählt, dass sie einen Wochenlohn erhielten, „der irgendwann einfach nicht mehr kam. Doch niemand wurde angerufen. Schließlich kontaktierte ich Don Arden und traf mich mit ihm. Er meinte, er wisse nicht, was er mit Gary anfangen solle."

Sharon sucht die Erklärung für den Split bei Gary: „Gary und ich verbrachten viel Freizeit miteinander. Ich kann mich an keine Details erinnern, aber er war immer unzufrieden. Keine geeigneten Sänger zu finden, wirkte für ihn wie ein Stolperstein. Doch zu guter Letzt brauchte er keinen Frontmann – denn er war selbst einer. Er wollte berühmter werden, wollte mehr erreichen. Nichts passte ihm und dadurch zeichnet sich ein ambitionierter Musiker aus. Er erreichte niemals das, was ihm exakt vorschwebte."

Don mag zwar seine Probleme mit der Promotion einer Metal/Pop-Band namens G-Force gehabt haben, doch wie Mark richtig erkannte, hatte er immer noch den Gitarristen Gary Moore unter Vertrag, der sich nicht für ein einziges Album verpflichtet hatte, und somit mehr abliefern musste.

Zurück im UK scharte er eine Band um sich, die die härtere Seite von *Back On The Streets* und *G-Force* umsetzen konnte. Rekrutiert wurden der geradezu archetypische Rock-Schlagzeuger Tommy Aldridge, der früher bei Black Oak Arkansas und bei der Pat Travers Band getrommelt hatte, Vokalist Kenny Driscoll, früher bei Lone Star, der Blues-Rock-Basser Andy Pyle und Garys Kumpel aus seligen Colosseum II-Zeiten Don Airey an den Keyboards, der bei Rainbow spielte und später zur Ozzy Osbourne Band wechselte. Vor einer regulären Tour wollte Gary ein Live-Album aufnehmen. Mithilfe des Tontechnikers Chris Tsangarides trat die Gruppe unter dem Namen Gary Moore and Friends Anfang November 1980 an zwei Abenden im Marquee auf.

Das Album war fast eine Neuauflage des G-Force-Sets. Indem Moore Songs wie „She's Got You" und „Because Of Your Love" auswählte, repräsentierte er die Energie der ehemaligen Band zu ihrer Blütezeit für die, die sie niemals live erlebten. Gary spielte auch das von ihm als neuen Song angekündigte „Nuclear Attack" sowie das eher düstere „Run To Your Mama". Insgesamt fand er hier eine Blaupause für seine stilistische Entwicklung im Laufe der nächsten Jahre.

Gegensätzlich zur Kontroverse, die sich um die Aufnahme von Thin Lizzys *Live And Dangerous* dreht – wie viel tatsächlich live war, und was nachbearbeitet wurde – erklärte Chris Tsangarides, dass die Platte ein „richtiges Live-Album" ist.

Doch Jet veröffentlichten die Scheibe nicht. Gary ging mit der Band – er wechselte Driscoll gegen Charlie Huhn (ex-Ted Nugent) aus und holte den Bassisten Jimmy Bain ins Boot – ins Morgan Studio und spielte die Songs ein, die man Jahre später als *Dirty Fingers* veröffentlichte. Darauf finden sich acht neue, aber eher unscheinbare Kompositionen, sowie mit „Hiroshima" ein weiterer Anti-Atomwaffen-Song, und mit „Don't Let Me Be Misunderstood" eins der ersten Neu-Arrangements eines Klassikers, der nun im Heavy-Rock-Stil erklang, ohne die Ausstrahlung des Originals zu mindern. Einige Hörer werden die Moore-Fassung sicherlich vorziehen. Die restlichen Nummern klingen wie Füllmaterial, um vertraglichen Verpflichtungen gerecht zu werden. „Really Gonna Rock" ähnelt „Rockin' And Rollin'" und „Dirty Fingers" lässt sich als eine Abstraktion von „White Knuckles" beschreiben. Laut Chris wurde das Album noch nicht einmal regulär beendet. „An einem bestimmten Punkt angelangt, fertigten wir einen schnellen Mix an und das war's dann." Positiv betrachtet, liegt ein bestimmter Reiz in dem rauen Charakter des frühen 80er-Heavy-Rock, auch wenn der letzte Feinschliff und die Finesse fehlen, auf die Gary bestanden hätte. Als die beiden angesprochenen Alben Jahre später endlich auf den Markt kamen, um aus Moores internationalem Erfolg Kapital zu schlagen, zogen einige Metal-Kritiker *Dirty Fingers* den damals zeitgenössischen Veröffentlichungen vor. Warum? Weil hier nicht die Pop-Synthie-Sounds vorkamen, die in eher puristisch orientierten Metal-Zirkeln verpönt waren.

Doch das konnte Gary nicht gnädig stimmen, der von Jets Geschäftsgebaren enttäuscht war. Das Debakel mit *Dirty Fingers* war beispielhaft für seine Erfahrungen mit dem Label. Er erklärte 1984 gegenüber *Sounds*: „Ich ärgere mich. Für sie war es vor vier Jahren nicht gut genug, als ich es ursprünglich schrieb. Nun haben sie es als einen Rohmix veröffentlicht. Die Songs sind okay, wurden aber nie ordentlich aufgenommen oder abgemischt. Das komplette Album klingt wie zusammengewürfelt … die Veröffentlichung hat nichts mit mir zu tun."

2001 hatte sich Garys Einstellung abgemildert. In einem Gespräch mit *Classic Rock* sagte er: „Tatsächlich empfinde ich kein großes Bedauern [über die Zeit bei Jet]. (Nachdem G-Force auseinander gingen) ... wollte ich was mit Cozy Powell und Tim Bogert auf die Beine stellen, doch Jet sabotierten das. Sie bezahlten überhaupt keine Rechnungen. Schließlich kaufte ich mich aus dem Vertrag raus, aber ich habe kein Problem mehr mit Don Arden. Es ist klar, dass einige berühmt-berüchtigte Aktionen abliefen, aber er hat sich mir gegenüber immer okay verhalten. Ich habe ihn besucht, mit ihm gesoffen und gesehen wie er sich rührselig und feinfühlig gab. Wir haben uns niemals gestritten."

Und warum wurden die Alben damals nicht veröffentlicht? Aus der zeitlichen Distanz bleiben nur Spekulationen. Jet konnten den Erfolg Garys nicht vorhersehen, der eine spätere Veröffentlichung sogar noch lohnenswerter machte. Die Entscheidung gegen eine Veröffentlichung muss also unmittelbar mit Jet in Zusammenhang gestanden haben. Laut Chris Tsangarides versuchte die Firma sogar noch vor Veröffentlichung des Studioalbums einen Deal mit Geffen in die Wege zu leiten und dabei die Band als Großbritanniens Antwort auf Van Halen zu promoten. Vielleicht war es also eine Art Botschaft an Gary, nicht schon wieder eine neue Besetzung für ihn aufbauen zu wollen?

Geffen wurde mit Unterstützung von Warner Brothers 1980 gegründet, ins Leben gerufen von David Geffen, dem ehemaligen Boss von Asylum Records. Donna Summer, ihr erster unter Vertrag genommener Act, bescherte ihnen mit *The Wanderer* ein Goldalbum. Zudem hatte auch John Lennon bei ihnen unterschrieben. Am 8. Dezember 1980, zwei Wochen nach der Veröffentlichung von *Double Fantasy*, seinem ersten Soloalbum in fünf Jahren, wurde der ex-Beatle in New York erschossen. David Geffen stellte John Kalodner als ersten A&R-Mann des Labels ein. Er war als eine Art König Midas der Künstlersuche berühmt, da er für Atlantic Records bereits Foreigner, AC/DC, Peter Gabriel und Phil Collins verpflichtet hatte. Somit hatte sich alles, was er auswählte zu Gold verwandelt. Chris Tsangarides erinnert sich: „Eine Woche nach Lennons Tod schickte Geffen John Kalodner vorbei. Wir bauten für die Gruppe eine PA im Studio auf, eine Lichtanlage, einfach alles. Niemand mochte ihn, besonders nachdem man uns erzählte, dass er eine Haartransplantation hatte, und Achtung – ‚bitte nicht lachen!'"

Wie zu erwarten konnte dabei nichts rauskommen. Keiner mochte Kalodner, und die Hoffnung auf einen Deal verpuffte.

Möglicherweise versuchte Jet auch die Kosten radikal zu minimieren (die beträchtlich sein mussten) oder sie wollten sich Gary entledigen, da er zu starrköpfig war. Vielleicht war das Label aber auch vom geringen Interesse an G-Force enttäuscht? Eventuell war es auch eine Kombination aller drei hypothetischen Faktoren. Allerdings kann man sich auch gut vorstellen, dass Dons „extravagantes" Verhalten ihn einzuholen begann und er tonnenweise Geld für Rechtsanwälte benötigte, die eine Klage nach der anderen abwehren mussten.

Laut Chris versuchte die Band beide Alben auf die „billige Tour" zu produzieren. Nachdem der Deal mit Geffen sich in Luft auflöste, erhielt niemand mehr genügend Geld oder sogar gar nichts mehr. Und wenn eine Studiorechnung nicht beglichen wurde, rückte Monty Babson von Morgan das Bandmaterial eh und je nicht raus! Zu dem Zeitpunkt war Don Ardens finanzielle Lage so prekär, dass er mit dem Gedanken spielte in wenigen Monaten ein Kronjuwel zu verkaufen – die Verlagsrechte von ELO. Damit hätte Jet keine andere Möglichkeit mehr gehabt, als auf den Alben sitzen zu bleiben, in der Hoffnung eines Tages einen Käufer zu finden. Somit standen Gary und seine Band ohne finanzielle Mittel da, und als Tommy Aldridge für Ozzys Truppe abgeworben wurde – was Moore vermutlich noch mehr gegen die Ardens aufbrachte – war „Schicht im Schacht". Obwohl Gary ständig dazu lernte, muss er die gesamte Lage als einen weiteren Fehlschlag empfunden haben, seine Solokarriere in die richtige Bahn zu lenken.

Ohne ein regelmäßiges Einkommen, freute er sich über jeden Job, den er als „Miet-Gitarrist" bei anderen Projekten bekam. 1979 nahm er bereits den Track „The Killer" für Cozy Powells erstes Soloalbum *Over The Top* auf, bei dem er wieder mit Don Airey ein Team bildete. Weitaus wichtiger war die erste Begegnung mit Jack Bruce, aus der sich eine jahrelange, enge Freundschaft entwickelte. Auf dem Album fand sich auch ein für Jeff Beck komponierter Song mit dem Titel „The Loner". Der Urheber war der Keyboarder Max Middleton, doch später bearbeitete Gary den Song so grundlegend, dass auch er als Komponist erwähnt wurde.

Im Sommer 1981 zog Cozy zu Aufnahmen seines zweiten Soloalbums *Tilt* mit einem beinahe unveränderten Line-up in die Britannia Row Studios. Garys Beiträge: der Song „Sunset" (eine längere und gleichmäßig getaktete Solo-Komposition, die stark an eine Instrumentalversion des G-Force-Tracks „I Look At

You" erinnerte) und „Blister" (mit Don Airey geschrieben). Damals machten Gerüchte die Runde, Gary wolle eine Band mit Cozy, Jack und Don an den Start bringen, was Jet jedoch niemals finanziert hätte. Kurz nach den Recordings kam ein Anruf mit der Bitte, zu einer Studio-Session mit Greg Lake zu kommen.

Emerson, Lake and Palmer stellten das Sinnbild der Exzesse des „Arena Rock" der Siebziger dar: eine Karawane von Trucks, eine Armee von Tour-Personal, darunter ein eigener Arzt, und Greg, der während des Auftritts auf einem echten persischen Teppich stand. Doch es war nicht die New Wave, die der Band den Garaus machte. Nach der Veröffentlichung von *Love Beach* ging ihnen sprichwörtlich die Puste aus.

Das stürzte Greg in eine Identitätskrise und tiefe Unsicherheit hinsichtlich der stilistischen Orientierung. Statt in seiner Komfortzone zu verharren, machte er sich nach Los Angeles auf, um neues Material anzutesten mit Mitgliedern von Toto sowie dem Gitarristen Snuffy Walden, früher bei Stray Dog, die auf ELP's Manticore-Label veröffentlicht hatten. Später komponierte dieser die Musik für *Im Zentrum der Macht* sowie für TV-Serien und Filme.

Immer noch ohne ein Gespür, wohin die Reise denn gehen sollte, kehrte Greg nach Großbritannien zurück und nahm in verschiedenen Studios auf, darunter auch dem Abbey Road. Der Wendepunkt der rastlosen Suche wurde von Gary Moore initiiert.

„Ich hatte einen Song mit Bob Dylan geschrieben, betitelt ‚I Love You Too Much'. Er wirkte durch das grundlegende Feeling eines 12-Takters, und ich stellte mir ein glühend heißes Gitarrensolo dazu vor. Ich fragte meinen Manager: ‚Wer hat das drauf?' Und er antwortete: ‚Gary Moore wäre perfekt dafür!'"

Die erste Überraschung bei der Session war Garys pünktliches Erscheinen zur Mittagszeit – er tauchte sogar eine halbe Stunde zu früh auf. „Er kam rein, trug diesen langen schwarzen Mantel und hatte eine Strat dabei", erinnert sich Greg. „Sein Roadmanager war schon früher da gewesen und hatte einen Marshall am Ende des Studios aufgebaut. Wir begrüßten uns. Gary war sehr angenehm, charmant und sogar ein bisschen schüchtern. Dann fragte er: ‚Soll ich rein gehen und stimmen?' Ich sah, dass er ein wenig nervös war und dachte, dass das mit der Session zusammenhinge, doch tatsächlich war er nur schüchtern."

„Er ging also in den Aufnahmeraum, legte den Koffer auf den Boden, holte die Gitarre raus, hängte sie sich um, steckte sie in die Klinkenbuchse und begann mit dem Stimmen. Dann setzte er sich die Kopfhörer auf und fragte: ‚Wollt ihr den Track mal laufen lassen?' Ich willigte ein – und wenn ich das mache – auch wenn es sich nur um einen Probedurchgang handelt – nehme ich direkt auf, denn man weiß nie, was für ein Resultat dabei rauskommt. Der Backing-Track lief also und es war eine Freude ihm zuzuhören. Ohne den Song zu kennen, wusste er instinktiv, was er spielen musste. Und das kam dann auf die Platte. Am Ende des Stücks standen alle im Studio auf und applaudierten. Ich glaube, dass ihm exakt das gefiel. Einfach reinkommen und jeden umblasen." Was Gary für ein Warm-up gehalten hatte, wurde in einem Moment der Brillanz auf Band verewigt.

Nachdem Greg gehört hatte, wozu Moore in der Lage war, wollte er um nichts in der Welt, dass er seine Gitarre nahm und abzog. Nachdem Greg jahrelang Bass gespielt hatte, wollte er sich wieder der Klampfe widmen. „Gary war ein Segen des Himmels! Niemand war wohl besser geeignet als er um zur Gitarre zurückzukehren!" Greg musste zur Album-Tour eine Band zusammenstellen und so lud er Gary ein, den Drummer Ted McKenna, und den Keyboarder Tommy Eyre. Die Konzertreise sollte im Oktober und November durch das UK führen und im Dezember ihren Abschluss in den USA finden. Gary verriet dem *Kerrang*: „Greg kann gut mit Worten umgehen – er würde einen klasse Politiker abgeben – denn er ist gut darin, andere von dem zu überzeugen, woran er selbst glaubt. Bevor ich mich versehen konnte, war ich schon in seiner Band."

Greg: „Ich hockte mit Gary in einem Studio – er und ich spielten einfach so Gitarre – und er rührte mich wegen seiner außergewöhnlichen Fähigkeit regelrecht zu Tränen. Gary fing an und war plötzlich Hank Marvin, wonach er etwas Irisches spielte, dann Elvis und danach Country & Western. Ich meine nicht, einfach nur ein paar Licks! Du hast einen Country-Song genannt und er spielte ihn. Er brachte mich in vielerlei Hinsicht wieder zum Gitarrenspiel, zog mich quasi auf."

„Moore hatte immer eine Gitarre über der Schulter hängen, was so weit ging, dass es manchmal richtig befremdlich wurde. Manchmal hörte er überhaupt nicht zu. ‚Gary, Gary! Kannst du mal für 'ne Sekunde aufhören? Es ist wichtig.' Eines Tages fragte ich ihn: ‚Wird es dir nicht irgendwann langweilig?' Er antwortete lapidar: ‚Weißt du was, Greg? Wenn ich in ein Hotel ginge und da lägen eine nackte Bo Derek und eine Stratocaster auf dem Bett, dann würde ich mir die Strat schnappen.' Und wir waren beide durchgeknallte Gitarrenfreaks, denn alles drehte sich um Gitarren, Gitarrenspiel, Verstärker oder Saiten. Die Musik wurde da fast zur Nebensache. Wir unterhielten uns ständig, und ich schätze mal, dass obsessiv das richtige Wort dafür ist."

Greg war von Garys Gitarrenspiel so angetan, dass er sogar „Nuclear Attack" auf seinem ersten regulären Soloalbum veröffentlichte. Abgesehen von „I Love You Too Much", verewigte sich Gary auch auf „Retribution Drive" und anderen Nummern gemeinsam mit Steve Lukather von Toto. Gary und Greg fanden mit dem glühenden Griffbrett einen gemeinsamen Nenner, aber auch die Angst und die Unsicherheit, welcher musikalische Weg denn anstand, verband die beiden. Gary meinte mal über Greg, dass dieser um die halbe Welt ziehen würde, nur um sich eine Tasse Zucker vom Nachbarn zu besorgen, was auf eine eher konservative Grundeinstellung hindeutet. Allerdings litt das im September 1981 veröffentlichte, selbstbetitelte Album unter derselben mangelnden Kohäsion wie auch Garys frühe Arbeiten. Greg erzählt, dass „das Album einige Hunderttausend Einheiten absetzte, aber Chrysalis sich davon enttäuscht zeigte. Sie erwarteten ELP-Umsätze in Höhe von zwei Millionen."

Greg war endlich wieder auf Tour und genoss die Zeit: „Liebenswerte Menschen, großartige Musiker, witzig, alles witzig. Gary hatte einen tollen irischen Humor." Die Show am 5. November im Hammersmith Odeon wurde für ein Live-Album aufgezeichnet und beinhaltete ein wahres Feuerwerk an hochkarätigen Songs. Neben Stücken von King Crimson, ELP und dem aktuellen Album führten sie Garys Eigenkompositionen „Nuclear Attack" und „Parisienne Walkways" auf. Gary plauderte mit Chris Welch über diese Tournee, der damals auch für *Kerrang* schrieb. „Wir flogen in die USA, hatten dort aber Pech … , denn die Stones und AC/DC tourten zur selben Zeit, woraufhin wir höchstens die Hälfte der angepeilten Tickets absetzten. Aber einige der Shows machten ungeheuer viel Spaß … Besonders für mich war es klasse, etwas ganz Großes, da ich noch nie die Chance gehabt hatte, in so einer Formation in den USA aufzutreten … ich spielte mit Lizzy als Teil eines Gitarren-Teams in den

Staaten, doch niemals ‚normal'. Für mich war es großartig, und ich schloss auch einige Freundschaften. Die meisten [Zuschauer] hatten noch nie etwas von mir gehört."

Die Albumbesprechungen reichten von kindischen Verrissen, die natürlich aus den Federn der „No(o) Wave"-Punk-Schmierfinken stammten bis hin zu den Autoren, die sich durch die Bühnenshow der Formation bestärkt fühlten. Ein Autor des *Melody Maker* ließ seiner negativen Fantasie freien Lauf und bemerkte, dass „der bourgeoise Romantizismus eines Greg Lake schwerlich zu dem proletarischen Macho-Mackertum Gary Moores passt".

Damals suchten sowohl Gary, als auch Greg einen Weg nach vorne. Garys bisherige Erfahrungen mit dem Typus Frontmann/Bassist (Brush, Phil, Glenn) waren höchst kreativ gewesen, aber auf persönlicher Ebene zerstörerisch. Doch nun hatte er einen Partner auf derselben Wellenlänge gefunden, mit dem er ein nerdiges Interesse an allem teilte, was Gitarren anbelangte. Wie auch Gary schrieb er starke Songs und hatte ein hochausgeprägtes Feingefühl für Texte, nicht zu vergessen seine Wertschätzung Moores, die keine Grenzen zu kennen schien. Hätten die beiden gemeinsam etwas auf die Beine stellen können?

Sicherlich stellte Gary eine wichtige Komponente für die Produktion von Gregs Nachfolge-Album *Manoeuvres* dar, denn er spielte alle Gitarren, komponierte einen Song und war Co-Komponist von zwei Tracks. Doch Greg plagte sich immer noch ab, einen stilistischen Weg zu finden. In einem späteren Interview gab er zu, dass es besser gewesen wäre, Stings Pfad zu folgen – also im Grunde genommen denselben Mix aus Reggae/Jazz/Pop und World Music zu spielen, aber ohne The Police. In Gregs Fall hätte vermutlich eine Weiterentwicklung von King Crimson und ELP auf dem Plan gestanden, angepasst an die Hörgewohnheiten der Achtziger. Doch stattdessen wurde das Album von den Kritikern mit Kanonen beschossen und versank mit allen Mitgliedern an Bord – obwohl ein Teil des Materials auf den AOR-Stil Asias hinwies. Als John Wetton die Gruppe verließ, stellte das für Greg ein Warnsignal dar und er verzichtete darauf, weiterhin eine Solokarriere zu verfolgen. Letztendlich fand er seinen Weg zurück zu ELP.

Mark Nauseef stimmt wahre Lobeshymen an, wenn er an die von Sharon investierte Arbeit denkt, um die G-Force abheben zu lassen. Tony Newton pflichtet bei: „Sie zählte zu denjenigen im Business, die einen überaus scharfen

Verstand hatten. Für die Band war sie einfach nur exzellent und kümmerte sich auch um uns – da bestehen keine Zweifel." Auch wenn alles in einem Tal der Tränen endete, konnte sie zumindest Gary noch einen Gefallen erweisen. Sie stellte ihm Steve Barnett vor, der Moores Manager wurde und sein bisheriges Pech direkt in Erfolge verwandelte.

KAPITEL ACHT
ROCKIN' EVERY NIGHT

Steve Barnett startete 1970 seine Karriere im Musikgeschäft als Agent für Gerry Bron. Er kümmerte sich damals um Colosseum und Uriah Heep, wonach er als Agent für NEMS Enterprises tätig war, der Firma, gegründet von Brian Epstein. Er präsentierte Künstler wie Elton John, Black Sabbath und Deep Purple. 1980 schloss er sich mit Stewart Young zusammen, dem Manager von ELP und Greg Lake, und rief die Managementfirma Part Rock ins Leben. Steve übernahm 1981 Garys Management (er war sein erster Künstler), und durch diese Partnerschaft entstand der Kontakt zu Greg Lake.

Die dringlichste Aufgabe bestand darin, für Gary einen anständigen Plattenvertrag an Land zu ziehen. Doch zuerst beschaffte Steve einen Verlagsvertrag, da er einen guten Kontakt zu Richard Griffiths von Virgin Music Publishing unterhielt. Richard war der erste Agent von AC/DC außerhalb Australiens gewesen und auch für Paul Kossoff, nachdem dieser Free verlassen hatte: „Ich war noch nass hinter den Ohren und hatte keine Ahnung, steckte aber voller Tatendrang. Steve arbeitete schon damals als Agent und nahm mich unter seine Fittiche." Richard wechselte zu Island Records und dann zu Virgin. Zuerst wurde Gary also für den Verlag von Virgin verpflichtet, wonach Richard Simon Draper, den Mitbegründer von Virgin Records überredete, Moore auch für die Plattenfirma an Land zu ziehen.

Seit der Gründung im Jahr 1972 durchlief Virgin verschiedene Stadien. Sie begannen als Label für Progressive Rock mit Künstlern wie Tangerine Dream und Mike Oldfield, schalteten danach mit den Sex Pistols einen Gang höher und verdingten sich in den frühen Achtzigern als New-Wave-Pop-Label, wobei sie die Karrieren von Culture Club, der Human League und ABC in Schwung brachten, nicht zu vergessen, die des sich neu erfindenden Phil Collins und später der Simple Minds. Während Gary sich auf sein erstes Album für das Label vorbereitete, ging es der Firma in finanzieller Hinsicht recht gut. Richard Branson und Simon Draper beabsichtigten 1982 zu expandieren und ein neues Label für stilistisch anders gelagerte Musik zu gründen, benannt Ten Records, da zehn Jahre seit der Gründung von Virgin vergangen waren.

Um den Deal mit Virgin abzusichern, musste Gary einige Demos zusammenschustern, bevor er tatsächlich eine neue Band formierte. Bedenkt man seine bisherigen Erfahrungen, muss die Aussicht auf eine erneute Musikersuche nicht sonderlich angenehm gewesen sein, auch wenn am Ende des Regenbogens ein Topf mit einem Plattenvertrag eines erfolgreichen Labels wartete.

Zu Beginn des Jahres 1982 ging Gary in die Londoner AIR-Studios, um Demos mit praktisch allen Tracks aufzunehmen, die sich später auf seinem ersten Virgin-Album wiederfanden. Ihm zur Seite standen der Basser Kenny Aaronson und der launische, aber brillante Drummer Bobby Chouinard. (Beides „Leihgaben" von Billy Squires Band.)

Als nächster Punkt der Tagesordnung stand die Suche nach dem richtigen Produzenten an. Gary erinnerte sich an ein Treffen mit dem amerikanischen Tonschmied Jeff Glixman, der vier Alben für Kansas produziert hatte, darunter zwei ihrer größten Charts-Erfolge, *Leftoverture* (1976) und *Point Of Know Return* (1977). „Ich bin rüber nach Großbritannien, um mit Magnum zu arbeiten", berichtet Jeff, „die bei Jet Records unter Vertrag standen. Ich saß im Büro und durch die Tür kam Gary Moore. Don Arden machte uns miteinander bekannt, und ich erzählte ihm, dass ich ein großer Fan seiner Arbeit mit Thin Lizzy war. Wir unterhielten uns dann noch ein bisschen im Flur, aber das war es auch schon. 1982 erhielt ich dann einen Anruf von Steve Barnett."

Steve spielte Jeff die bei den Sessions mitgeschnittenen Demos vor, sowie eine andere Nummer mit dem Titel „End Of The World", aufgenommen am 8. Februar, auch mit Squiers Rhythmus-Sektion, aber mit Jack Bruce am Gesang, dessen expressive Kadenzen ihn zu einem der am deutlichsten unterscheidbaren Rocksänger machte. Nachdem er das von Gary bisher eingespielte Material gehört hatte, musste Jeff erstmal tief Luft holen: „Ich sagte, dass man bis auf den Track mit Bruce alles am besten von Neuem aufbauen müsse, denn ich konnte mir nicht vorstellen, wie man das Material weiter produzieren sollte. Steve gab zu bedenken, dass sie nur noch ein Budget für 21 Studiotage übrighätten. Einige Pilot-Tracks waren bislang fertig und auch manche Overdubs, doch viele der Arrangements klangen wackelig. Ich schlug vor: „Lasst uns mit einer wirklich coolen Band ins Studio gehen und alles live aufnehmen – Gary kann das. Und wenn Gary bereit ist, kümmern wir uns um einen Sänger. Wir besprachen das mit Moore, und er zeigte sich interessiert. Während sie alles ausarbeiteten, produzierte ich Triumph. Dann rief mich Steve an und gab grünes Licht."

Und wer sollte nun in dieser „wirklich coolen Band" sein? Jeff erklärte, er würde gerne mit Ian Paice arbeiten: „Gary fragte, ob ich ihn kenne, was ich verneinte, doch Steve sagte, er könne es einfädeln. Gary hatte unglaubliches Glück, überhaupt in die Lage zu kommen, so einen Weltklassetrommler zu engagieren. Der Grund dafür: David Coverdale hatte sich wegen persönlicher Gründe dazu entschlossen, Whitesnake aufs Wartegleis zu verschieben, woraufhin die Rhythmus-Sektion, bestehend aus Neil Murray – den Gary gut kannte – und dem berühmten Drummer auf Jobsuche war. Gary engagierte danach den ihm freundlich gesinnten und überaus talentierten Tommy Eyre als Keyboarder und schon war die Gruppe vollständig. Sie probten während der zweiten Junihälfte im E-Zee Hire, doch als Jeff wieder in Großbritannien ankam, traf er auf einen bedrückt wirkenden Moore. „Er sagte: ‚Ich mache mir über Ian Sorgen. Er sitzt da so rum, mit nur einer Bass-Drum, einer Snare und einer Hi-Hat und klopft einfach nur den Takt mit.'"

„Wir trafen uns im Proberaum, arbeiteten uns durch die Songs, übten danach zwei Tage und schon waren insgesamt drei Tage verbrannt. Am zweiten Tag zeigte Ian zumindest einen kleinen Funken Einsatzwillen und ließ einen unglaublichen Snare-Wirbel vom Stapel. Ich ging zu ihm und lobte: ‚Großartig! Noch mehr davon wäre klasse!' Er schaute mich an und meinte beruhigend: ‚Ich weiß, was dir durch den Kopf geht, Kumpel. Ich mache das schon eine lange Zeit, habe 'ne Menge Platten aufgenommen. Ich habe mir die Arrangements eingeprägt. Wenns ins Studio geht, läuft alles.' Und das war auch so. Bei den Proben übte er die Stücke nur auf Halblast."

Zum ersten und vermutlich auch letzten Mal hatte Gary einen Musiker in seiner Band, dessen Ruf seinen eigenen weit überstrahlte.

Doch Ian war sich der Realität der Lage bewusst: „Gary war der Boss. Sein Name stand auf dem ‚Firmenschild'. Ich habe mich möglicherweise ein bisschen mehr als die anderen engagiert, was zu einer Juniorpartner-Situation führte, mit der ich gut klarkam. Ich wollte mich aber nicht weiter reinhängen, denn dann hätte ich möglicherweise etwas versemmelt. Letztendlich war es Garys Baby."

Ians Auffassung, sich nicht zu stark zu binden, glich Garys Verhalten, als dieser Thin Lizzy zum ersten Mal 1974 verließ, womit er alle vertraglichen Verpflichtungen vermied, die ihn längerfristig gebunden hätten. Auch Ian bestand auf seinen Optionen und sah die Band nicht als langfristiges Projekt. Aber auch Gary teilte die Einstellung, wie er Chris Welch berichtete: „Es ist keine langfristig angelegte Gruppe, einfach nur ein Line-up für das Album."

Als Chris ihn nach einem Bandnamen fragte, antwortete dieser: „Gary Moore and his Expensive Friends. Wir zahlen jedem Musiker eine bestimmte Summe für die Produktionszeit. Jeder verhandelt seine Gage einzeln, und wer sich am cleversten anstellt, erhält natürlich die höchste. Hörst du mich gerade, Ian? … Wenn du dir nur mal die Autos anschaust, mit denen sie zu den Proben kommen, erkennst du sofort, wer das meiste Geld bekommt. Ich muss immer Fahrrad fahren …"

Laut Neil Murrays Tagebuch wurde der überwiegende Teil der Stücke in den AIR-Studios im Juli aufgenommen, verbunden mit einigen Feinarbeiten in den Virgin-eigenen Town House Studios. Allerdings war das Problem mit dem Gesang immer noch nicht gelöst. Jeff berichtet, dass Glenn erneut zur Diskussion stand, „doch als ich Gary bei den Proben hörte, riet ich ihm: ‚Du kannst das singen. Das weißt du, mach es einfach.' Und er antwortete: ‚Ich kann aber nicht immer gleichzeitig spielen und singen.' ‚Okay, dann flicken wir die Stellen, wenn es mit der Gitarre nicht klappt.' Und so machten wir es und es wurde großartig." Auch Virgin waren nicht unbedingt scharf auf einen separaten Sänger, argumentierend, dass sie Gary als Solokünstler engagiert hatten und somit nur eine Stimme – und zwar seine – auf den Aufnahmen hören wollten.

Mit einem beschränkten Budget – das im günstigen Fall zu einer hohen Konzentration führen kann – sprinteten die Musiker durch die einzelnen Songs. „Einige Soli wurden als Overdubs aufgenommen, doch die meisten waren schon bei den Basic-Takes top", erinnert sich Jeff. „Gary hatte mich gewarnt, dass er oft nicht mit den Produzenten harmoniert, doch er verhielt sich großartig. Einige Künstler haben eine klar umrissene Vorstellung von dem, was sie verwirklichen wollen und einige Produzenten empfinden die Zusammenarbeit dann als schwierig, doch ich finde das fantastisch. Ich habe zwei Platten mit Tony Iommi gemacht und drei mit Yngwie Malmsteen, der angeblich der komplizierteste Mensch auf der ganzen Welt sein soll. Bei Gary versuchte ich ein angenehmes Umfeld zu garantieren, das ihn schützte und gleichzeitig erlaubte, ganz er selbst zu sein – eben Gary Moore."

Gary stand 1982 an einem Scheideweg seiner Karriere. Mit 30 Jahren hatte er bereits 15 Jahre als professioneller Musiker gearbeitet und sich einen beeindruckenden Ruf als Gitarrist mit Skid Row, Colosseum II und Thin Lizzy erspielt. Doch nach zwei fehlgeschlagenen Versuchen, eine eigene Band zu etablieren, fürchtete er sich vor dem nächsten Schritt zum nächsten Level. Auf die Frage nach dem „Spielplan" für Gary erklärte Steve Barnett: „Wir beabsichtigten, einfach raus zu gehen und eine Fangemeinde aufzubauen. Er wollte schon immer der (!) ‚Guitar Hero' sein und unter seinem Namen auftreten. Wir stimmten alle überein, diesen Weg zu verfolgen und versuchten ihm die besten Musiker an die Seite zu stellen. Da er zu den großen Musikern zählt, wollte auch jeder mit ihm spielen – eine Art Superstar-Band aufziehen – was natürlich der Unternehmung half, und das war erst der Anfang."

Gary unterstrich den Punkt in einem Interview: „Ich weiß, dass man nur durch ständige Auftritte eine treue Gefolgschaft aufbaut. Man muss sich nur AC/DC und all die Truppen ansehen, die es in den letzten fünf oder zehn Jahren auf diese Ebene geschafft haben." Im Grunde genommen gab er zu, auch nach all den langen Profijahren als Solokünstler wieder von Null anzufangen. Gary kam vermutlich auch zu dieser Einsicht, weil er nur ein Jahr zuvor mit Greg Lake in den Staaten aufgetreten war und dabei erkannte, dass er für das Publikum immer noch ein „Nobody" war. Auch was die Erwartungshaltung bezüglich des nächsten Albums anbelangte, musste er realistisch sein. Er erklärte *Sounds*: „Wir rechnen bei dem Album mit keinem großen Erfolg. Es ist eher gedacht, mich erneut zu etablieren." Moore wählte den Titel *Corridors Of Power* aus, nach dem Politroman *Korridore der Macht* von C. P. Snow, der sich mit dem Problem des Ausstiegs aus einem Atomwaffenprogramm auseinandersetzt, einhergehend mit der Suche nach einer Alternative.

Gary hatte bereits mit „Nuclear Attack" und auch bei „Hiroshima" (*Dirty Fingers*) die Problematik eines nuklearen Armageddon angeschnitten. Sie tauchte auf diesem Album mit „End Of The World" erneut auf und sollte zu den Themen gehören, die er immer wieder aufwarf. Obwohl Moore einiges an Prügel für diese Positionierung bezog – die als flache Anbiederung an die alternativen Bewegungen interpretiert wurde – muss man daran denken, dass Gary als Kind der Fünfziger eine tatsächliche Bedrohung schon einmal erlebte. Gary war gerade erst neun Jahre alt, als die Welt wegen der Kubakrise am Rand des Abgrunds stand. Jack Bruce kann sich zum Beispiel noch deutlich daran erinnern, wie er auf dem Weg zu einem Gig in der Londoner U-Bahn fuhr und in all die besorgten Gesichter blickte. Als leidenschaftlicher Atomwaffengegner stand er sicherlich im Einklang mit den in „End Of The World" ausgedrückten Befürchtungen.

Auf die geschmackvolle Neubearbeitung von „Don't Let Me Be Misunderstood" von *Dirty Fingers* folgte eine Coverversion von Frees „Wishing Well". Gary lenkte ein, dass er mit dem Stück etwas warten musste, bis die Leute „das Original fast vergessen haben". Er fuhr fort und erklärte: „Ich habe den Song schon immer gemocht und mich ziemlich ans Original gehalten, die Nummer lediglich ein bisschen härter gespielt. Die Aufnahmemöglichkeiten sind im Laufe der Jahre deutlich besser geworden, womit auch der Sound besser ist. Wenn Free den Track jetzt neu einspielen würden, käme dabei auch etwas Unterschiedliches raus."

Alle Beteiligten wollten verständlicherweise die große Hit-Single „einfahren", was sie mit „Always Gonna Love You" im September 1982 versuchten, dabei aber scheiterten. Virgin unternahm mit „Falling In Love With You" im folgenden Februar einen weiteren Versuch, bei dem Don Airey und der außergewöhnliche Session-Bassist Mo Foster für den Remix ins Studio kamen. Trotz seiner öffentlichen Darstellung als mürrisch dreinblickender und aggressiver „Guitar Hero" hatte Moore ein ausgeprägtes Gefühl für starke melodische und Pop-orientierte Tonbögen. Dass er dennoch kein Airplay bekam, nervte ihn immens. In einem Interview mit dem *Kerrang*, bemerkte er: „Wir haben gutes Material, doch es muss im Radio gespielt werden. Hätte man die von uns veröffentlichte Single gespielt (‚Always Gonna Love You'), dann – da bin ich mir sicher – wäre es ein Hit geworden. Bislang eröffnete sich die Chance noch nicht für uns … Wenn ich mir die Charts ansehe, sind da immer Stücke zu finden, mit denen mich etwas verbindet. Und warum habe ich keinen Song in den Charts? Ich glaube, wir haben es genauso verdient wie viele andere. Ich werde es weiter versuchen und sie in ihrem eigenen Spiel schlagen."

Für die Single hockte sich Steve Levine hinter das Mischpult, Produzent von Culture Club, um der Nummer den gewissen Glanz zu verleihen, der manchmal einen großen Unterschied ausmacht. Gary zeigte sich von der Zusammenarbeit begeistert. „Ich liebe die von Culture Club aufgenommenen Songs – sie sind höchst einprägsam und erreichen viele Menschen. Ich will ihm freie Hand lassen und abwarten, was dabei herauskommt. Er meinte, wir könnten es nach unserem Geschmack machen, aber ich will wissen, wie *er* arbeitet. Die Zeiten verändern sich, und es ist gut für uns, mit einem jetzt angesagten Tonkutscher zu arbeiten." Ian kommentiert trocken: „Entweder wird es unglaublich gut oder ein Trümmerhaufen." „Es ist ein Experiment", verdeutlicht Gary. „Alles verändert sich. Und wir müssen uns auch verändern." Am Ende war es weder unglaublich gut, noch ein Trümmerhaufen. Es wurde schlichtweg von zu wenigen wahrgenommen.

Mit „Love Can Make A Fool Of You" wurde eine zusätzliche Ballade eingespielt, die bis 2002 unveröffentlicht blieb und erst mit der Remaster-Version erschien. Der Track wurde Berichten nach auch anderen Künstlern offeriert wie zum Beispiel Anni-Frid Lyngstad von Abba für ihr von Phil Collins produziertes Soloalbum *Something's Going On* (1982).

Der wohl stärkste und dramatischste Track war das hymnische „I Can't Wait Until Tomorrow". Mehr als alle anderen autobiografisch geprägten Kompositionen brachte der Song Garys ruhelose Suche auf einen Nenner, seine anhaltende Frustration, sich nicht sicher zu sein, wonach er eigentlich suchte oder ob er zufrieden sein würde, wenn er es gefunden hat. Dieses rastlose Umherirren hatte sich bis zu dem Zeitpunkt in seiner Karriere widergespiegelt, doch sollte aus heutiger Sicht auch für die folgenden Jahre ein aufwühlendes und eigentlich vorhersehbares Thema sein. Um den Punkt zu belegen und vielleicht auch den Albumtitel zu erklären, kann man auf einen Traum von Gary hinweisen, von dem er Donna berichtete. Darin sieht er sich einen langen Flur mit vielen Türen entlang schreiten, ist sich aber nicht sicher, welche er öffnen soll.

Jeff erinnert sich an die Einspielung: „Ian hatte bei dem Track viel Fun mit Moore. Zu Beginn von Garys Solo ist eine freie Passage, bei der die Taktzählung nicht durchläuft. Die beiden sahen sich [wie bei einem Duell] an, wer zuerst

‚zieht', wer den Einsatz spielt – und dann gelingt es ihnen exakt zur selben Zeit. Es gab noch ein anderes Erlebnis, [an das ich gerne zurückdenke]. Jack Bruce war im Studio und Keith Emerson schaute vorbei und alle improvisierten dann frei. Verblüffend! Und Ian hatte viel Spaß dabei."

Jeff verlebte mit den englischen Musikern eine angenehme Zeit, „da sie die Grundhaltung vertraten: ‚Hey, das ist mein Bier und das deins. Zieh einfach dein Ding durch.' Und Gary wollte nur einen guten Sound, da er sich mehr um die Produktion kümmerte und weniger um die Tontechnik. Ihm war es wichtig, dass die gespielte Musik seinen Ideen als Songwriter nahekam."

Bei der Veröffentlichung im September 1982 reagierte die Kritik mit positiven Reviews. Chris Welch beurteilte die Scheibe im *Kerrang* als ein „fantastisches Album, das beste seiner Karriere". Die Tatsache, dass man die Aufnahmen zügig durchzog, zahlte sich aus: „Das Resultat besteht aus Performances, die Spontanität und Frische ausstrahlen." Eine der wohl angenehmsten Überraschungen für Chris waren Garys Vocals: „Unprätentiös, beseelt und so leidenschaftlich wie seine Gitarrenarbeit." Dann folgte das wohl schönste Lob, das ein Gitarrist von so einem altverdienten und respektierten Musikjournalisten bekommen kann: „Das herausragendste Merkmal … bleibt Garys Gitarre, die ein Lächeln mit sich bringt, denn hier werden Enthusiasmus und Virtuosität entfesselt. Seine Improvisationen stecken voller unerwarteter Sprünge, Wendungen und [melodischer] Spiralen. Er spricht durch seine Gitarre, auf eine Art, die man seit den großen Tagen von Jimi Hendrix nicht mehr gehört hat … Ein Fünfsterne-Album, dass seinen Einzug in die Hall of Fame verdient hat."

Dave Roberts von der *Sounds* äußerte sich weniger überschwänglich (speziell zu Garys Gesang), aber verlieh dem Album immer noch eine Viersterne-Bewertung. In seiner Besprechung hob er hervor, dass Gary beim Songwriting große Sorgfalt walten ließ: „[Er] kombiniert Heavy-Metal-Power und Energie mit prägnanten Melodien." Überraschenderweise wählten beide Rezensenten keinen „Sturm und Drang"- Heavy-Rock-Titel, sondern „Always Gonna Love You" als ihren Lieblingstrack, was den Platz im AOR-Radio rechtfertigte, in einer Reihe mit dem Besten, was Journey oder REO Speedwagon anboten.

Roberts wies allerdings darauf hin, dass Moore noch „sein definitives Statement" veröffentlichen musste. „Doch für die Zeit bis dahin ist es eine

Rock-Offenbarung im HM/HR, akzentuiert von einer Griffbrett[arbeit] mit beängstigender Überlegenheit [gegenüber der Konkurrenz]."

Obwohl in Garys Lager die Erwartungen auf einen Erfolg bereits recht bescheiden waren, zeigte sich Richard Griffiths von Virgin Publishing mit der mangelnden Unterstützung im UK unzufrieden. „Ich erinnere mich an einen heftigen Streit mit Simon Draper, am Tag bevor das Album erstmalig in den Charts notierte. Ich latschte zu ihm rüber, wir gingen uns regelrecht an die Kehle und dann rannte er aus *seinem* Büro und ließ mich überkochend dastehen." Die Platte erreichte einen respektablen Platz 30 in den UK-Charts und setzte weltweit ungefähr 250.000 Einheiten ab. Obwohl Virgin Gary bis in die Neunziger vorbildlich unterstützte, waren sie ein Label, das das Pop-Segment ins Visier nahm. Das bedeutete in den frühen Tagen ein Unvermögen, Gary angemessen zu promoten. Wie Steve Barnett sagte: Im Grunde genommen hing alles davon ab auf Tour zu gehen, bei der Gary erneut sein Lehrgeld bezahlen musste, um sich als Solokünstler einen Headliner-Status zu erkämpfen, was eindeutig mehr war als einfach nur ein außerordentlicher Gitarrist zu sein.

Mitte August ging die Band wieder in den Proberaumkomplex E-Zee Hire, um sich für den ersten Abschnitt der UK-Tour in Schwung zu bringen, die bis Weihnachten dauern sollte. Gary hatte das Glück, noch von Ian Paice, Neil Murray und Tommy Eyre unterstützt zu werden. Allerdings stand Moore vor einem Problem. Obwohl Jeff ihn davon überzeugt hatte, alle Gesangs-Parts auf dem Album zu übernehmen, fühlte er sich immer noch unsicher, live das Gitarrenspiel und die Vocals gut rüberzubringen.

In einem Gespräch mit der *Chicago Sounds* Mitte 1984 war das Problem immer noch aktuell: „Ich habe immer in Bands mit einem starken Lead-Sänger gespielt, also nie den Drang verspürt, selbst zu singen. Bei Thin Lizzy war Phil natürlich der Sänger und Greg Lake übernahm natürlich auch seine Vocals, womit ich mich auf den Backing-Gesang beschränkte. Eigentlich will ich nicht in der ersten Reihe stehen. Mein Gitarrenspiel ist ein ‚Frontmann' an sich, und das funktioniert gut. Mir ist es egal, wenn ich hinter dem Sänger stehe: Ich liebe es sogar! Auf der Bühne habe ich eine tolle Zeit … und ich muss mir keine Gedanken machen, wer denn was singt!"

In einem anderen Interview mit *Music UK* sprach Moore von der Schwierigkeit gleichzeitig Gitarre zu spielen und zu singen: „Man kann sich nicht vorstellen, wie schwierig das ist, bis man es selbst macht. Ich muss meine Atmung besser kontrollieren, denn ich war schon in Situationen, in denen ich zum Beispiel nach einem Solo – in dem ich alles gegeben habe – vom Schlagzeugpodest gesprungen bin, dann zum Mikro rannte [und so wenig Luft bekam], dass ich kaum etwas rauskriegte oder schief sang oder was auch immer ... Ein weiteres Problem besteht in der Bedienung meiner Effektpedale, ohne auf den Boden zu sehen, denn wenn ich das mache, kann ich zwangläufig nicht mehr ins Mikro singen. Bis zu einem bestimmten Grad muss ich also meine Effekte einfacher anordnen und anders aufstellen, doch das scheint in Ordnung zu gehen." Für die 82er-Tour wandte sich Gary wieder an den altbewährten Charlie Huhn.

In einem Gespräch mit Chris Welch drückte Moore seine Zufriedenheit mit den Proben aus: „Wir haben bisher nur zehn Tage geübt, und es ist jetzt schon ziemlich tight. Sie verstehen alles sehr schnell und können es direkt umsetzen. Die hatten alle meine neu geschriebenen Songs in fünf Minuten drauf!" Das allerdings war nicht so überraschend, denn ein Großteil des Programms bestand aus Titeln des neuen Albums, die von den Musikern – bis auf Charlie – geprobt und eingespielt worden waren. Ian empfand das als überflüssiges Wiederkäuen: „Er [Moore] war penibel darauf bedacht, alles bis ins kleinste Detail zu üben (ganz im Gegensatz zu Ritchie Blackmore) und manchmal probten wir die Stücke zu Tode. Man hat die ersten drei oder vier Auftritte schon im Proberaum durchgezogen und ist dann gelangweilt, bevor es tatsächlich zur Sache geht. Für ihn waren die Details ungemein wichtig, auch wenn es die anderen in den Wahnsinn trieb."

Die Gruppe absolvierte zwei Warm-up-Gigs im Marquee und einen weiteren auf dem Reading Festival, wo die Performance von einem unglaublich schlechten Sound zunichte gemacht wurde. Für Charlie Huhn fiel damit der letzte Vorhang, er nahm ein Angebot von Geffen Records wahr, flog zurück in die Staaten und komponierte für Trevor Rabin. Gary berichtet Chris Welch: „Und nun muss ich das gleichzeitige Singen und Gitarrenspiel üben." Moment mal! Nicht so schnell! Neil Murray spielte Gary Demos einer Band mit dem Namen Badlands vor, mit dem Vokalisten John Sloman, der schon bei Lone Star und Uriah Heep gewesen war. Gary mochte die Stimme, engagierte John und tauschte Tommy Eyre gegen Don Airey aus, was dann fast zwei weitere

Wochen im Proberaum bedeutete. Dann begann die Tour endlich mit dem Auftakt am 24. November in der Surrey University.

Die Band wählte die Highlights des Auftritts für ein 35-minütiges TV-Special für das deutsche Fernsehen aus, gesendet kurz vor Weihnachten. Schaut man sich die Zusammenstellung auf YouTube an, sind die inhärenten Probleme Garys klar zu erkennen, die er mit der Rolle Frontmann/Lead-Sänger hatte. Er zeigte sich zwar gewillt, einige der Gesangs-Parts zu übernehmen, doch nicht alle. Das bedeutete – John Sloman musste auf der Bühne sein, wenn sein Gesang gefragt war. Zumindest konnte er Keyboards spielen und musste nicht wegen der „gesangsfreien" Zeit einfach so rumstehen. Allerdings war ein zweites Keyboard vollkommen überflüssig, da ja schon Don Airey die Tasten drückte. Auf Chris Welchs Frage für einen Artikel im *Kerrang*, warum denn nun John neben Don Keyboards spielen würde, traf Ian Paice den Nagel auf den Kopf: „Tja, er teilt sich die Vocals mit Gary und wenn er nicht singt, würde er mit einem Tamburin in der Gegend rumstehen und wie ein Volltrottel aussehen … und so kann er ja auch was Konstruktives machen und ein bisschen besser wirken."

Durch dieses Arrangement wirkte auch die Bühnenpräsenz seltsam. Gary war eindeutig der Frontmann, nicht nur weil die Gitarre im Fokus stand, sondern auch sein Gesang, was im Gegensatz zu den meisten namhaften Rockgitarristen stand, die so eine Rolle den langmähnigen, oberkörperfreien Lead-Sängern überließen. Bei der angesprochenen TV-Show erreichte das „Gesangsrollen-spiel" einen neuen Gipfel der Dümmlichkeit, denn John Sloman „kroch" hinter seinen Keyboards hervor und sang Garys persönlichsten Song „I Can't Wait Until Tomorrow", in dem Gary seine Einstellung zur gesamten Karriere vor-trug. Aber er intonierte noch weitere Stücke, von denen „Rockin' And Rollin" in einem Stil vorgetragen wurde, den man nur als exzessiv melodramatisch beschreiben kann. Und als das Instrumental „Hurricane" an der Reihe war, verließ John einfach die Bühne und überließ Gary und Don das musikalische Duell – ähnlich wie sie es schon bei Colosseum II gemacht hatten – wonach sie mit Volldampf zu Ians Solo überleiteten.

Obwohl es nach dem Ende der Tour 1983 noch unklar war, welchen Weg Gary einschlagen würde, gingen die musikalischen „Flitterwochen" mit John Sloman in eine Trennung über. Moore erklärte dem *Kerrang*, dass sich John nun auf seine Solokarriere konzentrieren wolle, „was wir schon vorhersehen konnten. Nun stellt sich uns nicht mehr die unangenehme Frage, wie er am besten zu platzieren ist und was er nach seinen Vokal-Parts auf der Bühne anstellen soll, wenn ich ein langes Solo spiele. Rumgehen und mit dem Arsch wackeln? Ich glaube, ihm verursachte das ganze Ding Unbehagen." Gary gab darüber hinaus zu, dass er beim Hören der Mitschnitte erkannte, dass John nicht weniger Schwierigkeiten beim Singen der Stücke hatte wie er selbst: „Mir wurde klar, dass es keinen Grund gibt, mit einem Sänger aufzutreten, der es auch nicht besser kann als ich selbst. Als Songwriter stellst du dir exakt die Stilistik vor, in der ein Stück aufgeführt werden soll. Hört man sich die Performance eines anderen an, wird man schnell wählerisch und urteilt: ‚Warum singst du die Passage nicht wie ich?' Hat man das ausgesprochen, kommt man schnell zu dem Gedanken, es eigentlich selbst zu singen."

Offensichtlich kamen Gary und John zu einer einvernehmlichen Lösung, bei der sich nicht ein Hauch von Feindseligkeit festsetzte. Kurz nach Johns Ausstieg, halfen ihm Gary und Neil bei der Aufnahme von Demos in den Barge Studios, im Rahmen eines Versuchs seine Solokarriere zu starten.

Das *Kerrang*-Interview erschien jedoch einige Monate danach. Während Gary seinem ehemaligen Sänger unter die Arme griff, versuchte Don Airey alles, ihn von seinen Vocals zu überzeugen. „Ich erläuterte Gary, dass er deutlich besser singen könne, als all die Typen, mit denen wir es versucht hatten." Am 16. März trat die Band im Paris Theatre auf, wo Gary zum ersten Mal den kompletten Gesang übernahm, gefolgt von einer Serie von Festival-Gigs in Europa, bei denen er seine Vocals einer geschätzten Zuschauerzahl von 100.000 Musikfans vorstellte.

Dann hatte Moore die Chance auf eine große US-Tour als Vorband von Def Leppard, einer Truppe, die oft im Kontext der „New Wave of British Heavy Metal" genannt wird. Ihr drittes und von Mutt Lange produziertes Album *Pyromania* war auf den zweiten Platz der Billboard-Charts geschossen und hatte zehn Millionen Einheiten abgesetzt. Gary musste die Konzertreise jedoch ohne Don Airey absolvieren, da dessen Frau schwanger war und er verständlicherweise zu keiner längeren US-Tour aufbrechen wollte. Als Don eigentlich wieder zur Rückkehr bereit war, stieg er bei Ozzy Osbournes Band ein, um mit ihnen *Bark At The Moon* aufzunehmen.

Für einen Session-Musiker war das eine alltägliche Sache, doch Gary nahm es – wie eventuell vorherzusehen – persönlich und interpretierte es als eine Art Verrat. Er holte in den Medien aus, äußerte sich scharfzüngig und meinte sogar in einem Interview, dass Don nicht zur Band passe, da er zu technisch spiele. Gary suchte eher einen Musiker mit einem Rock'n'Roll-Ansatz, statt eines technisch orientierten Tastendrückers. Doch er ging noch einen Schritt weiter und erklärte, die Schwangerschaft sei vermutlich ein vorgeschobener Grund gewesen, da Don in eine erfolgreichere Band einsteigen wollte und so weiter und so fort. Doch es war nur eine kurzfristige Phase, da die beiden Freunde blieben und wieder zusammenarbeiteten, wie wir noch sehen werden.

Gary suchte sich dann einen interessanten Ersatzmann für die Tournee aus. Er kannte den Keyboarder, Gitarristen und Sänger Neil Carter noch aus der Zeit mit Brian Robertsons Wild Horses, die vom selben Management vertreten wurden wie Thin Lizzy. Neil: „Später lud mich einer meiner Freunde, der als Roadie für die G-Force malochte, zu einer Bandprobe ein – und Gary schmiss mich raus. Wir haben später oft darüber gelacht."

Zur Zeit des Rauswurfs spielte Neil bei UFO. „Für mich ging es von einer Band schwerer Alkis zu einer noch schlimmeren Truppe. Zwar musste man Brian Robertson und Jimmy Bain nichts mehr über Musik beibringen, doch in anderer Hinsicht hatten die noch viel zu lernen. Es war das reinste Chaos."

Garys damaliger Gitarrentechniker Dirk Sommer hatte sich einen Namen als Tormanager für Wild Horses gemacht und holte Neil ins Boot, da er glaubte, es würde Gary entlasten. „Manchmal eignet sich eine zweite Gitarre besser für ‚Füll-Passagen' als ein Keyboard." Neil war sich bewusst, was Gary brauchte: „Einen Keyboarder als Ersatz für Don, aber auch jemanden, der Gitarre spielen konnte. Das beschränkte sich auf die Rhythmus-Gitarre, und ich war kein frustrierter Lead-Klampfer. Die Rolle, die ich in Garys Band besetzte, war perfekt für mich – eine eher unterstützende Funktion, ein bisschen Gitarre und ein bisschen Gesang. Die Keyboards waren nebensächlich. Ich hatte mir einen guten Job geangelt, aber fühlte mich bei der Idee, ein Ersatzmann für Don Airey zu sein, nicht so wohl. Wir spielten nicht in derselben Liga, aber ich nahm die Herausforderung an."

Neil machte sich im Mai zum Pink Pop Festival auf, um sich von Don einige Parts zeigen zu lassen. Das bereitete dem Neuzugang aber einiges an Kopfzerbrechen, weil das Set immer noch einige der eher komplexen Jazz-Rock-Elemente beinhaltete, denen er sich nicht gewachsen fühlte. „Ich wäre niemals in der Lage gewesen, auch nur in die Nähe der Musik zu kommen", urteilt er. Daraufhin stellte die Gruppe ein auf Heavy Rock ausgerichtetes Set zusammen. Letztendlich hatten sie als Def-Leppard-Vorband nur 35 Minuten zur Verfügung.

Die Neuausrichtung kam gut an. Neil konnte sich zudem als Gitarrist und Backing-Sänger auch auf dem vorderen Teil der Bühne sehen lassen, womit sich das Problem des „Halb-Vokalisten, der sonst nichts zu tun hatte" erledigte. Außerdem hatte er eine überzeugende Ausstrahlung, die Gary und seine Gitarre nicht überstrahlte.

Die Def-Leppard-Tour stellte für Gary eine große und bedeutende Chance dar. Unglücklicherweise waren sie der dritte Act des Tour-Trosses und wurden noch hinter der Schweizer Combo Krokus gelistet, deren aktuelles Album *Headhunter* in den Staaten Platin erreicht hatte. Für Neil war der Platz als zweite Vorband ein wenig „herabstufend", denn Leppard hatten früher als Support für UFO gespielt und davor sogar die Verstärker für Wild Horses getragen. Neil Carter musste jedoch zugeben, „dass sie eine regelrechte Aura des Erfolgs umgab, doch auch bei Gary spürte man, dass etwas Großes bevorstand, dass er auf der Erfolgsleiter nach oben eilte. Steve Barnett war zudem ein guter Manager, und Gary ließ sich von nichts abhalten."

Ian weist darauf hin, dass Gary sich hinsichtlich der Tour realistisch zeigte und sie professionell sah: „Die anderen Bands hatten in den Staaten erfolgreiche Alben draußen. Jeder im Business weiß, dass es nicht darum geht, der Beste zu sein, sondern um die Zahl der Zuschauer, die dich sehen wollen. Wenn man also ein eigenes Statement abgeben will, muss man vor möglichst vielen Leuten auftreten, um eine gute Chance zu haben. Def Leppard zogen jeden Abend 20.000 Zuschauer an, was nicht schlecht ist. Außerdem hatten wir viel Spaß mit den Jungs. Sie wussten, wer die besseren Musiker waren, doch ihr Name stand auf der Leuchtreklame. Gary juckte es nicht, als Vorband zu spielen, denn er war kein dummer Mann."

Corridors Of Power tauchte nicht in den US-Charts auf, doch die lokalen DJs stimmten wahre Lobeshymnen auf Garys Musik an, und er wurde oft im

Radio gespielt. Tony Starr vom Sender WOUR sagte: „Die Geschichte über die vielen Anrufe nach einem Radioeinsatz von Gary Moore entsprechen der vollen Wahrheit! Wenn du das nicht glaubst, dann leg einfach mal ‚End Of The World' auf und du siehst sofort wie die Telefonanlage wegen Überlastung den Geist aufgibt!" Nikki Stevens gab süffisant zu, dass der Song Hörer von KSJO „in verschiedene Stadien des akustischen Orgasmus versetzt". Bei WDVE stand er sogar auf der Nummer Eins der Hörerwünsche, wohingegen Sky Daniels von WLUP allgemeiner erklärte, dass „Gary Moore endlich den Push bekommt, der einem Gitarristen seiner Finesse gebührt". Außerdem wurde ein Artikel veröffentlicht, bei dem unter anderem Dave Meniketti von Y&T, Eddie Van Halen und andere an einem runden Tisch sitzen und sich über Gitarristen unterhalten. Zwangsläufig tauchte die Frage nach dem besten Gitarrero auf: „Wer ist der beste Rockgitarrist?" Dave antwortete darauf: „Nun, der Beste ist gerade nicht hier. Der hockt drüben in England und heißt Gary Moore."

Falls Gary aber eine Erinnerung nötig gehabt hätte, an welchem Platz er genau in der Hackordnung stand, dann waren es die letzten Gigs der Tour, die sie als Headliner bestritten. Die Band trat in kleineren Clubs vor ein paar Hundert Zuschauern in Dallas, Houston und Austin auf. Nach einer Urlaubspause im August begannen zwei Wochen weiterer Proben in John Henry's Proberaumkomplex in London, um sich für die Einspielung des nächsten Albums in den Sarm West Studios vorzubereiten, deren Start für den 3. Oktober festgelegt worden war. Doch die beiden Wochen erwiesen sich als mühselig und unproduktiv und auch der Aufnahmeprozess lief nicht so reibungslos ab wie bei *Corridors Of Power*.

Zuerst einmal fanden in dem Studio in Notting Hill – im Westen von London gelegen – Renovierungsarbeiten statt, wobei ständig jemand bohrte oder hämmerte. Gary plante, das Album selbst zu produzieren, doch entschied sich in letzter Sekunde anders und rief Jeff Glixman an. Moore hatte zudem Probleme mit dem Bassspiel von Neil Murray, der das kommentiert: „Garys Wunsch nach sollten die Drums und der Bass für eine Grundlage ohne irgendwelche Überraschungen sorgen. Er wollte nichts zulassen, was ihn nach eigener Auffassung stören könnte. Bei der Einspielung von *Corridors Of Power* schlug ich vor, während wir ‚Wishing' Well spielten, dem Original von Free mit einigen simplen Basslinien zu folgen. Nette Sache. ‚Nein' erwiderte Gary, ‚Mach das nicht, spiel das', was aber langweiliger war. Doch bei den Live-Versionen von „Parisienne Walkways" verzierte ich die Endpassagen mit zahlreichen Läufen, nahm sein Spiel zur Grundlage und ‚umschmeichelte' es. Dabei hielt er mich nicht auf, sondern ließ mich meist machen. Was man von mir auf dem Album erwartete, hätte jeder andere auch abgeliefert. Es ist eine Schande, denn ich hätte mehr Persönlichkeit eingebracht."

Neil berichtet, dass er auch mit Jeff Glixman in der Vergangenheit seine Probleme gehabt hatte, der sich zwangsläufig auf Garys Seite schlug. Doch auch bei dem neuen Album wurde es zunehmend brenzlig. Jeff bestätigt, dass es Neil schwerfiel „meinen Anweisungen zu folgen. Er wollte immer verzieren." Das lief meist wie folgt ab: „Gary sagte zu Neil: ‚Du spielst nicht punktgenau!' ‚Nein, ich bin exakt mit den Drums zusammen.' ‚Aber du spielst nicht mit mir!' ‚Die Drums spielen doch den Downbeat.' ‚Ja, aber ich ziehe das Tempo an und ich will, dass das auch der Bass macht.' ‚Nein, der Bass muss mit dem Schlagzeug übereinstimmen!' ‚Nicht in diesem Fall. Ich will ihn dort haben.' Jeff bemerkte, dass „Gary am liebsten mit Felix Pappalardi gespielt hätte. Das wäre fantastisch gelaufen. In vielerlei Hinsicht wäre auch Jack Bruce perfekt gewesen, denn er sah den Bass wie eine Art von Gitarre. Er konnte sehr solide und bodenständig spielen, aber er nahm sein Instrument wie ein Gitarrist wahr."

Ian Paice empfand das Zusammenspiel mit Neil als sehr angenehm: „Er war ein wirklich guter Bassist, und ich mochte diese kleinen tonalen Einwürfe. Für mich funktionieren Bassläufe exakt so. Doch Gary wollte, dass er 100% [nach seinen Vorstellungen spielt] und wenn ein Bassist nur 50% davon annimmt, sind es für Gary 50% zu wenig. Ich spiele zu Mustern und ich kann auch mit verschiedenen Basslinien was anfangen. Das ist für mich gleichbedeutend. Wenn Gary Neils Basslinien als zu frickelig empfand, bedeutet das nicht, dass sie falsch waren. Sie passten einfach nicht zu dem, was er sich vorstellte."

Ian erklärte das weiter: „Es gibt keine festgesetzten und unverschiebbaren Regeln. Bei vier oder fünf Musikern in einem Rock'n'Roll-Outfit ist meist gar nichts ausnotiert, sondern es kommt zu einer Verschmelzung der einzelnen Spieltechniken und Gefühle. Man erkennt wie die Musiker zusammen harmonieren, ob sie sich gut oder bedrückt fühlen. Das unterscheidet sich vom Blattspiel. Wenn einer der Instrumentalisten nicht zum Konzept des Band-Leaders passt, muss er halt ausgetauscht werden."

Und einen Austausch gab es auch, denn laut seinem Tagebuch wurde Neil darüber informiert, dass Mo Foster seine Spuren neu aufnimmt. Bob Daisley, ein anderer Bassist, wurde auch noch berücksichtigt. Bob kam gerade von der Ozzy Osbourne Band, wo man ihn kurz vor Veröffentlichung des *Bark At The Moon*-Albums gefeuert hatte. Das führte im Laufe der nächsten Jahre zu einem qualvollen juristischen Gezerre um die Kompositionsrechte. Gary spielte auf seiner Scheibe sogar einige Bass-Parts selbst ein. Wer also auf den finalen Tracks zu hören ist, lässt sich nicht mit Sicherheit sagen. Neil und Gary trennten sich dann am 23. Oktober.

Gary sah sich kurz danach mit einer anderen Veränderung konfrontiert, die aus einer unerwarteten Ecke kam, denn überraschenderweise gab Ian Paice bekannt, für die Recordings nicht mehr gut genug trommeln zu können. „Schlagzeuger haben eine innere Uhr, die ihnen beim Takthalten hilft – und ich hatte meine verloren. Ich konnte das Tempo nicht mehr regelmäßig durchziehen. Ich erklärte Gary, dass er einen anderen holen müsse, denn zu dem Zeitpunkt wusste ich nicht mehr, was ich tat. Beim zweiten Album ging das schrecklich schief, und in einem Studio kommt es darauf an, das Timing exakt zu halten. Uns stand kein Click-Track zur Verfügung, und so musste es stimmen – und ich wusste nicht, was bei mir los war. Ich brauchte dann vier oder fünf Monate, um es herauszufinden. Um es einfach zu erklären – ich hatte einen zu harten Anschlag, bei dem ich zu viel Muskeln statt Technik einsetzte." Neil Carter erinnert sich auch daran, „dass es Unzeiten dauerte, bis die Drums eingepegelt waren und Ian dabei sein Mojo verlor." Gary konnte von Glück reden, denn ihm bot sich die Gelegenheit kurzfristig Bobby Chouinard zu engagieren, der auf vier der acht Tracks trommelte. Trotz aller Probleme erschien das *Victims Of The Future* betitelte Album planmäßig im Dezember 1983.

Obwohl die Platte keine deutliche musikalische Weiterentwicklung gegenüber *Corridors Of Power* erkennen lässt, lassen sich bestimmte Punkte herausstellen. Das Album war härter als der Vorgänger und eher im Mainstream der Heavy-Rock-Veröffentlichungen zu verorten. Gute Beispiele hierfür sind der Titeltrack, das semi-autobiografische „Teenage Idol" sowie „All I Want", eine clever arrangierte Fassung von Jeff Becks/The Yardbirds „Shapes Of Things" und „Law Of The Jungle" – letztgenannter Song ein massiver und brachialer Rocker im Stil von Led Zeppelin/Black Sabbath. Ozzy Osbourne sollte den

Titel trällern (ursprünglich auch als Albumtitel vorgesehen), doch seine Teilnahme wurde entweder durch Tour-Verpflichtungen oder Krankheit vereitelt – das hängt ganz davon ab, wessen Version man hier glauben mag. Allerdings gab es einen Gastauftritt, denn Noddy Holder sang die Backing-Vocals („sehr laut", wie Neil Carter sich erinnert) beim Refrain von „Shapes Of Things". Der Part wurde laut Garys Erzählung in der Studiotoilette des Town House aufgenommen, um den gewünschten Echo-Effekt zu kreieren.

Moore stemmte sich immer gegen die Einschätzung, dass er ein Heavy-Metal-Gitarrist sei, denn gegenüber der „Flitzefinger"-Gilde, die ihr Spiel meist auf harte Riffs auf den tiefen und blitzschnelle Arpeggien auf den hohen Saiten beschränkten, nutze er das gesamte tonale Spektrum des Instruments. Ein gutes Beispiel dafür ist das Solo bei „Shapes Of Things", das Jeff Glixman wie folgt beschreibt: „Gary wollte das Solo auf eine ganz bestimmte Art und Weise spielen. Wir nahmen es also in verschiedenen Abschnitten auf und vermieden längere Takes des gesamten Solos in einem Rutsch – Gary spielte erst weiter wenn er sich absolut sicher war, dass ein Part stimmte." „Murder In The Skies" ist ein anderes Beispiel dafür, dass Garys Vorstellungskraft weit über der anderer Klampfer lag.

Am 1. September 1983 befand sich Korean Air Lines Flug 007 auf dem geplanten Flug von New York City über Anchorage nach Seoul, als die Maschine von einem sowjetischen Kampfflieger über dem japanischen Meer abgeschossen wurde. Alle 269 Passagiere und die Crew kamen dabei ums Leben. Der tragische Zwischenfall rief einen internationalen Aufschrei hervor und veranlasste Gary seine eigene Sichtweise in einem Song zu verarbeiten. Zwar ist der Text einfach und schlicht gehalten, doch die Vocals grenzen ans Schreien (hier sicherlich angebracht). Der Song machte ihn in Südkorea zu einem Nationalhelden, was sicherlich auch an dem Gitarrenspiel lag, denn er nutzte die Möglichkeiten des Instruments, um die Geschichte zu erzählen – wir hören hier die Explosionen eines beschossenen Jets, kreischendes Metall und den Absturz, bei dem die Maschine spiralförmig ihrem grausigen Ende entgegen trudelt.

David Coverdale musste zu dem Song die Anmerkung vom Stapel lassen, dass er solche Texte nicht schreiben würde, stattdessen eher weinen. Gary verpasste dieser Einstellung mit einem bissigen Kommentar im *Kerrang* eine Abfuhr:

„All [diese Leute] schreiben nur über sich selbst. Es ist total egozentrisch auf die Bühne zu gehen und über deinen Schwanz zu singen!"

Neben seinen anderen Fähigkeiten verewigte sich Neil Carter auf dem Album auch als Songwriter. „Empty Rooms", ein späterer Publikumsliebling, wurde vom Chaos in Neils Privatleben inspiriert: „Ich war ziemlich durcheinander, denn ich hatte mich gerade von meiner Frau getrennt. Gary und Neil Murray waren im Studio, als ich mit einer Multi-Track-Aufnahme ankam – sie verhielten sich ziemlich gemein und verarschten mich – da besonders Gary meine Frau nicht besonders mochte. Ich schrieb den Song in einem Hotelzimmer in Texas. Die Version, die ich von UFO mitbrachte, klang recht ähnlich, doch Gary kann die Melodie und das Finish seinem Konto gutschreiben."

Und schließlich, wie ein Business-Plan, der sich erfüllt, begann sich das Album in den weltweiten Charts sehen zu lassen. In den USA war es nur ein bescheidener Erfolg, doch im UK erreichte es Platz 12, in Finnland die Position 7 und in Schweden den Rang 15. Auch die Umsätze in Japan fielen stark aus. Trotzdem warteten die Verantwortlichen immer noch auf die alles entscheidende Hit-Single, wobei zahlreiche Versuche unternommen wurden „Empty Rooms" in die Charts zu hieven. Leider blieb sie immer vor den Top 50 stecken, aber es wurde Garys „Show-Piece" nach „Parisienne Walkways".

Virgin war eine überaus gewiefte und clevere Firma, indem sie im Grunde genommen den 360-Grad-Deal erfanden. Wenn ein Künstler bei Virgin einen Vertrag unterschrieb, galt dieser für den Tonträger, die Verlagsrechte und die Aufnahme des Albums in den firmeneigenen Studios (Gary nutzte oft das Town House), womit der Finanzfluss von der einen Tasche in die andere verlief. Allerdings ermöglichte dieser Vertrag den Musikern die Freiheit, eine langfristige Karriere aufzubauen, da nicht mehr alles vom Erfolg eines einzelnen Albums abhing. Die Firma konnte sich somit großzügigere Vorschüsse und Aufnahme-Budgets leisten, aber nichts darüber hinaus.

Nun kam Steve Barnett ins Spiel, von dem Peter Price von Virgin erzählt: „Er war einer der besten Manager aller Zeiten und wusste wie man den Firmen jeden Penny abschwatzen konnte. Ich bekam zum Beispiel einen Anruf von Steve, der drängelte: ‚Wir haben nicht genügend Geld, um dies oder das zu machen!' Ich entgegnete: ‚Steve, wir haben das Budget voll ausgeschöpft.' Dann rief er Rick Griffiths an, von dem ich zehn Minuten später einen Anruf erhielt, mit der Anweisung: ‚Ich habe dem Extra-Budget zugestimmt.'"

Für Plattenfirmen wie Virgin gehörte es damals zur Geschäftspraktik Lizenzverträge mit anderen Labels abzuschließen, um eine weltweite Distribution zu gewährleisten. Doch es war der Mitarbeiter Ken Berry, der die Vision hatte, dass – Virgin durfte sich damals über internationale Hits freuen – diese auch auf dem eigenen Label erscheinen sollten. Daraufhin eröffnete Virgin weltweit Filialen, und Garys Anziehungskraft in Skandinavien, Deutschland und dem Fernen Osten stellte sich dabei als überaus wichtig für das Label heraus. Er war im Grunde genommen ihr einziger Künstler, der eine signifikante Virgin-Präsenz in exakt den Ländern begünstigte und erst ermöglichte, in denen Musik von Heavy Rockern in knallengen Hosen für eine Plattenfirma mit einer Gelddruckmaschine gleichzusetzen war.

Ian löste seine Probleme noch rechtzeitig zum Start der *Victims Of The Future*-Tour 1984, doch Gary befand sich immer noch auf der Suche nach einem neuen Basser. In der erstaunlicherweise recht kleinen Welt des Heavy Rock kannte fast jeder jeden. Craig Gruber kannte Mark Nauseef noch von der gemeinsamen Zeit bei der Band Elf, für die Ronnie James Dio sang. Craig spielte gleich zwei Mal bei Rainbow – bei denen unter anderem auch Dio, Don Airey und Bob Daisley ihre Stippvisiten gaben – und ersetzte Geezer Butler bei Black Sabbath für einen Zeitraum von neun Monaten. Seine eigene Combo Bible Black blieb in den Startlöchern hängen, woraufhin er auf der Suche nach neuen Engagements nach London zog. Er unternahm einen Versuch bei Ronnie James Dios Band, da er gehört hatte, dass es mit Jimmy Bain nicht so gut liefe, rief jedoch letztendlich bei Steve Barnett an, der ihn für Gary vorspielen ließ. Einer seiner Songs hieß „Blinder", wurde für *Victims Of The Future* eingespielt, doch kam nicht auf das Album. Die Band führte die Nummer aber bei einigen Konzerten auf.

Craig erinnert sich daran, dass man ihn direkt ins kalte Wasser warf: „Der erste Auftritt war eine TV-Show für die BBC – und wir sollten da gar nicht auftreten! Doch Gary rief mich an und erklärte, David Coverdale sei krank geworden und fragte: ‚Willst du Sonntagabend auftreten?' Ich antwortete mit einer Gegenfrage: ‚Willst du mich verscheißern?' Und es war Mittwoch und wir hatten nichts vorbereitet. Aber er beruhigte mich: ‚Scheiß drauf, ich denke, wir sollten es machen. Es wird übertragen und wir müssen nur eine Stunde lang spielen.' Garys Stimme klang heiser und er traf eigentlich nur alle Noten nach mindestens zehn Konzerten, aber wir machten keinen einzigen Fehler."

Craig war sich seiner Rolle in der Band bewusst: „Ich bildete die Grundlage, und Gary wollte einen Bassisten, der ein Plektrum benutzt. Ich hatte schon bei Rainbow mit einem Plektrum gespielt, wodurch man saubere und klar erkennbare Töne bringt, die nicht in einer Art Brei untergehen. Ein Plektrum artikuliert die Note, man kann knackiger und direkter anschlagen, erhält einen kräftigeren Klang und kann präziser mit dem Drummer spielen, sich mit der Bass-Drum zusammenschließen."

Nach Auftritten im britischen Fernsehen und Rundfunk machte sich die Band zu Garys zweiter Japan-Visite auf, ein Jahr nach der ersten. Bedenkt man Deep Purples Status in dem Land, stellte Ians Präsenz natürlich eine gute Promotion dar, aber auch Garys Fan-Basis wurde stetig größer. Das erste Album setzte 60.000 Einheiten ab, das zweite brachte es auf stattliche 80.000 und wenn man den frenetischen Empfang von 1983 betrachtete, ließ sich nur der totale Wahnsinn vorhersagen.

Craig erinnert sich: „Als wir um ungefähr vier Uhr morgens auf dem Norita-Flughafen landeten, warteten dort schon drei- bis viertausend Fans auf uns. Der Gary-Moore-Fanclub hatte von jedem Musiker lebensgroße Figuren gebastelt, bei denen alles stimmte – Frisur und Kleidung inbegriffen! Das war wirklich unheimlich. Was sollten wir mit diesen Dingern anstellen? Wir bedankten uns natürlich überschwänglich wie es in dem Land üblich ist. Die Japaner sind allgemein eher konservativ – du hättest dir mal den ungläubigen Ausdruck auf den Gesichtern der Hotelmitarbeiter ansehen müssen, als wir die Figuren reinschleppten. Ich wuchtete meine ins Zimmer und hatte dann das Gefühl mit mir selbst zu reden!"

Und das war erst der Anfang: „Wir konnten in dem Hotel natürlich nicht unter dem eigenen Namen einchecken. Die Fans rannten über Autos und versuchten durch die Fenster einzusteigen. Verrückt! Absolut verrückt!" Gary kommentierte das: „Nicht zu fassen! Ich habe noch niemals so eine Art des Empfangs erlebt, weiß gar nicht, was ich sagen soll. Das war wie bei den Beatles." Auch Neil Carter erwischte es auf dem falschen Fuß, denn er war nicht im Geringsten auf so einen Empfang vorbereitet. „Gary und Ian verarschten mich, denn sie schickten mich in die Hotellobby, wo ich quasi in der Falle steckte und 40 Minuten lang wie am Fließband Autogramme gab."

Gary Bushell von der *Sounds* reiste mit der Gruppe und ging auch in die Falle: „Steve Barnett drückt mir einen Stapel Gary-Moore-Fanpostkarten in die Pfoten und schlägt vor, sie an die Fans zu verteilen, um sie bei Laune zu halten. Die erste Gruppe, an die ich mich vorsichtig anschleiche, senkt die Köpfe vorsichtig, bis ihnen klar wird, dass ich nicht gaffe, etwas verkaufe oder sie rausbefördern will. Als sie sich die Karten krallen, geht bei ihnen die Lampe an, als würde ich ihnen einen Fünfer überreichen. Plötzlich höre ich ein seltsames, stampfendes Geräusch, ähnlich dem Klang durchgehender Pferde … sie kommen aus allen Richtungen … und gerade in dem Moment, als ich glaube, in einem Schwall voller Jungfrauen unterzugehen (was für ein Heldentod!), bemerke ich, dass sie Gary Moore entdeckt haben, der sich auf einem zügigen Rückzug befindet." Neil erinnert sich, dass dieselbe Gruppe Mädels ihnen überall hin folgte: „Sie setzten sich in den Zug und fuhren dir zum nächsten Gig nach. Zwar zeigten sie sich respektvoll, waren aber ständig da."

Gary meinte gegenüber *Sounds*: „Das ist wirklich ein wenig peinlich. Albern. Man sollte Menschen nicht auf einen Sockel stellen. Ein großartiger Gitarrist ist auch nicht besser als ein großartiger Klempner … Trotzdem will ich mich nicht beklagen, denn das ist es [die Anerkennung], nach der wir alle streben … Das Problem ist nur, dass ich mehr Angst vor ihnen habe, als sie vor mir."

Alle Konzerte waren ausverkauft, darunter auch die Veranstaltung in der Budokan-Halle mit einer Kapazität von 14.000 Plätzen. Konzerte in Japan wirken manchmal recht befremdlich für Bands aus der westlichen Hemisphäre. Zum Beispiel: Um die chaotische Rush Hour in der U-Bahn Tokios zu vermeiden, beginnen Budokan-Gigs um 18:30 Uhr ohne eine Vorband. Somit erscheinen viele Zuschauer Aktenkoffer-tragend noch in Anzügen, da sie direkt aus dem Büro kommen. Während der Songs sitzen sie höflich und ruhig auf ihren Plätzen, was so manche Band vermuten lässt, sie habe es verbockt – und am Ende rasten sie vollkommen aus. Craig erinnert sich, dass speziell der letzte Gig ein Riesenerfolg war: „An diesem Punkt lief einfach alles zusammen. Es war ein klasse Sound, wir spielten laut und wir besorgten es ihnen so richtig, wie ein Donnerschlag." Ungewöhnlicherweise heizten sie das Publikum so an, dass es während des gesamten Konzerts klatschte. Nach einer Zugabe kreischend, präsentierte man ihnen die Single „Hold Onto Love", die eigentlich nicht auf der Set-Liste stand. Laut Gary Bushell brachte das den legendären japanischen Veranstalter Mr. Udo dazu, „aufzustehen und voller Freude zu tanzen".

Der begleitende Journalist Bushell kam zu der folgenden Einschätzung: „Die meisten Pop- und Rockbands lassen sich dadurch charakterisieren, dass kleine Talente von großen Egos aufgeblasen werden. Gary Moore ist eine Ausnahme dieser Regel der Verblödung, da er ein riesiges Talent hat – also einer der wenigen ‚Guitar Heroes' ist, bei denen die Beschreibung tatsächlich zutrifft – und sich zudem als sehr netter Mensch gibt, als ein wahrer ungeschliffener Diamant. Er verdient es, der internationale Star zu werden, der er gerade wird, aber er verhält sich nicht so."

Als die Gruppe wieder nach Großbritannien kam, hatte sie einen vollen Terminplan europäischer Gigs, als Vorbereitung für die nächste Attacke auf die USA im Mai, diesmal im Vorprogramm von Rush. Doch plötzlich zog sich Ian von der Tour zurück, da seine Frau ihr drittes Kind erwartete. Während dieser Zeit bot ihm das in Reformierung befindliche klassische Deep-Purple-Line-up eine Summe an, die jedem die Tränen in die Augen getrieben hätte. Somit kehrte Ian nicht zu Gary zurück. Und wieder einmal war Bobby Chouinard der Mann erster Wahl, denn Gary mochte seinen Stil. Bobby hatte schon bei *Victims Of The Future* ausgeholfen, war direkt aus dem Flieger ausgestiegen und ins Studio gefahren. Er sprach 1985 mit der Zeitschrift *Modern Drummer* darüber: „Ich liebe diese Art von Herausforderungen. Außerdem ist es ein gutes Gefühl, wenn man seinen Freunden aus der Patsche helfen kann. Zwischen mir und Gary besteht eine intuitive Beziehung, denn ich habe mit ihm gearbeitet und weiß, wie er spielt und was er hören will. Ich habe ihm aus einer Klemme herausgeholfen, [und das freut mich]."

Als Bobby den Anruf erhielt, wurde gerade das aktuelle Billy-Squier-Album abgemischt, doch die Proben für die Squier-Tour sollten nicht vor dem Juni starten, und so hatte er genügend Zeit, um mit Gary zu touren. Nach einer viertägigen Probe mit Moore fand der erste Gig in Albuquerque, New Mexico statt, wonach 40 knüppelharte Dates in Stadien mit einer Kapazität von über 20.000 Zuschauern folgten. „Und überall, wo wir auftraten, erschienen angesagte Musiker, um sich die Shows anzusehen", erinnert sich Craig. „Whitesnake, Jeff Beck, Eric Clapton, Eddie Van Halen und sogar Neal Schon, der einen

Abend in San Francisco mit uns spielte." Gary berichtete dem *Kerrang*: „Die Leute tickten da völlig aus. Wir spielten so scharf, dass Alex Lifeson sich alle Mühe geben musste, um an das ranzukommen, was Neal und ich angestellt hatten. Es war auch das erste Mal, dass ich sah, wie er seinen Vibrato-Arm manisch bediente."

„Das amerikanische Publikum liebte Gary, denn er überrollte es", urteilt Craig. „Wenn man Gitarre spielte und wusste, wer Gary Moore war, ist man da aufgelaufen. Nach den Auftritten wurde er von Gitarristen und Fans aus der ganzen Welt regelrecht bedrängt. Ich erinnere mich noch an diese japanischen Mädchen, die man bei fast jedem Gig sah – egal, ob in Tokio, dem LA Forum, Castle Donnington oder irgendeinem Gig im Mittleren Westen. Sie tauchten auf! Ich lud sie mal in die Garderobe ein und wir schenkten ihnen Platten und T-Shirts. Die sind ausgeflippt."

Craig zeigte sich beeindruckt, wie gut die Behandlung seitens der Headliner war: „Am ersten Abend gingen wir in den Backstage-Bereich und dort standen Fruchtkörbe, Wein und Champagner zu Garys Tour-Begrüßung. Und zu allem Überfluss kamen [die anderen Musiker] zu uns und schwärmten: ‚Wir sind solche Fans von euch und finden euch unglaublich gut. Wir wollten euch unbedingt bei dieser Tour dabeihaben.' Das glich einer richtigen Familie. Unvorstellbar! Wir waren verblüfft."

Auch Bobby Chouinard wurde mit offenen Armen begrüßt, aber wie Neil sich traurig erinnert, war er „ein totaler Maniac, ein völlig chaotischer Mann, sehr liebenswert, aber hoffnungslos". Und der Grund dafür? Craig erklärt, dass „Bobby ständig soff und sich Line nach Line Koks in den Kopf zwirbelte. Dadurch wurden die Tempi verdammt zitterig und lagen oft neben der Spur. Einmal verstolperte er den Rhythmus, woraufhin sich Gary zu mir umdrehte und den Kopf schüttelte. Eines Abends schrie er ihn aggressiv an: ‚Jetzt hör verdammt noch mal zu. Ich bezahle dich! Das hier ist eine professionelle Band und wir sind auf Tour.'" Das bewirkte jedoch so gut wie gar nichts, denn laut Dirk Sommer „zog er sich wieder eine Line und sagte: ‚Hier zieht die Eigentumswohnung von dannen.' Und dann hörte man schon das nächste Sniefen mit dem Kommentar: ‚Und nun ist auch der Ferrari weg.'"

Nach den Tour-Terminen wechselte Bobby zur Band von Billy Squier – und wieder einmal musste Gary dringendst ein neues Bandmitglied rekrutieren, kaum einen Monat vor dem prestigeträchtigen Konzert beim Monsters of Rock Festival. Nach intensivem Vorspielen fiel die Wahl unerwarteterweise auf den ehemaligen Drummer von Roxy Music, Paul Thompson.

Vielleicht war das ganze hin und her ein böses Omen der Dinge, die da noch kommen sollten, denn wie Ian Paice berechtigterweise beobachtete, ist die Tatsache, der beste Musiker weit und breit zu sein, keine Garantie für den kommerziellen Erfolg. Zumindest war der Gig beim Monsters of Rock in Castle Donnington gerettet. Als die Band auf die Bühne kam, herrschte plötzlich eine Todesstille. Es folgten beklemmende und unangenehme Sekunden, bis Gary ein loses Kabel an einer Seite der Bühne entdeckte. Er rannte rüber, drängte die sich abplagenden Roadies zur Seite und verpasste dem Kabel einen Fußtritt. Damals begann die furchtbare Zeit, in der betrunkene Metal-Fans es sich zur Gewohnheit machten, bei großen Festivals Bierdosen in Richtung Bühne zu werfen. Plötzlich kippte die Stimmung und richtete sich gegen Gary. Don Airey (damals noch bei Ozzy Osbourne) stand an der Bühnenseite: „Die Reaktion war schrecklich und ich litt mit Gary, der da draußen stehen musste. Zwischen uns bestand immer eine starke spirituelle und musikalische Beziehung, und er war immer noch mein Freund. Und dann begann er das Solo von ‚Empty Rooms'. Wäre im Zuschauerbereich eine Nadel gefallen, dann hätte man es gehört. Im Backstage-Bereich hielt jeder inne – Musiker, die Crew, Gäste und das Management. Jeder hörte mit dem auf, was er gerade machte und lauschte den Tönen. Ich kann diesem überwältigenden Solo mit Worten nicht gerecht werden, nicht beschreiben, wie daraus ein Höhepunkt von Garys Karriere wurde. Auch nach 30 Jahren höre ich es noch in meiner Vorstellung."

Ein junger Fan, den man für das *Emerald Isles*-Video interviewte, sah Gary bei dem Konzert und fand, dass er „ein normaler Typ war, der Gitarre mit mehr Reife spielte als die Vollpfosten von Kiss und Mötley Crüe, die überhaupt nicht spielen können. Hab' die in Donnington gesehen und die waren abstoßend. Gary zerstörte sie in jeder Hinsicht ... blies Van Halen weg, Jake E. Lee (Ozzy Osbourne) und all die anderen Typen ... viel besser ... der Beste".

In den frühen Wintermonaten des Jahres 1984 herrschte Flaute, was Tourneen und Studio-Einspielungen betraf. Allerdings bescherte das Gary einige wichtige Konzerte, denn abgesehen von einigen Gigs mit den Greedies, war er seit fast zehn Jahren nicht mehr in Irland aufgetreten. Das allein hätte schon genügt, um Gary in einen Panikzustand zu versetzen, der dadurch noch intensiviert wurde, dass der Mitschnitt zweier Konzerte, eins in Belfast und das andere in Dublin, geplant war. In der Band entstanden Spannungen. Erschwerend kam hinzu, dass nach Craig Grubers Ansicht der neue Trommler Paul Thompson nicht zur Band passte.

„Die ganze Dynamik hatte sich verändert, [in allen Bereichen]. Gary gab sich kurz angebunden, und Paul hockte immer noch hinter den Drums. Mit Ian war alles anders gewesen, denn wir mussten uns zur Orientierung noch nicht mal ansehen. Das lief einfach, wohingegen Paul und ich uns alles mühsam erarbeiten mussten, beinahe jeden einzelnen Takt. Gary war total gestresst, was seine Berechtigung hatte, denn die Gruppe klang nicht gut, wirklich nicht. (Trotz aller Probleme) war Bobby ein kraftvoller Rock-Schlagzeuger gewesen und Paul war es nicht. Man könnte sich eine Band wie Roxy Music niemals mit harten Drums vorstellen. Paul befand sich nicht in seinem Element, denn er bat mich leiser zu spielen, woraufhin ihm Gary riet, doch lauter zu trommeln. Es funktionierte einfach nicht. Ich sagte, wenn es unbedingt sein müsse, bliebe ich, denn ich wollte sie nicht hängen lassen. Doch ich konnte niemals sagen: ‚Setz Paul Thompson vor die Tür'." Im Kontrast dazu steht die Aussage von Neil Carter, der zugibt, überrascht von Garys Wahl gewesen zu sein, aber auch sagt, dass „Ich genau so überrascht war, wie gut es klappte".

Obwohl Craigs Zeit bei Gary nicht glücklich endete, unterstreicht er mit Vehemenz das Positive: „Ich wurde ein besserer Musiker, ein besserer Bassist und ein besserer Songwriter. Meine Technik steigerte sich immens. Als ich Garys Band verließ, war ich nicht mehr derselbe Bassist, der eingestiegen war. Ich wuchs als Musiker und zwar aufgrund der Disziplin und Präzision. Ich spielte nicht schlecht, vielleicht nur drei falsche Töne in 18 Monaten – aber er hörte jeden einzelnen Fehler. Sogar wenn ich etwas unsauber griff, oder aus Versehen auf das Bundstäbchen kam – also keinen eindeutig falschen Ton servierte – dann hörte er das."

Craig erklärt weiterhin wie unterschiedlich die Zeit mit Gary verglichen mit all den anderen Bands gewesen war: „All die Drogies, die Säufer und die Party-Typen hätten es in dieser Band nicht weit gebracht. [Das war nicht wie] bei Rainbow, wo wir zum Beispiel für Montag einen Raum zum Proben buchten. Ritchie kam dann am Donnerstag um 16:30 Uhr mit seinem ‚Todesstrahlen'-

Blick – wir nannten das so – als sei er von allen angepisst. Ronnie sagte dann: ‚Wo zur Hölle hast du die letzten drei Tage gesteckt?' Und dann stritten sie sich. Als Nächstes schleuderte jemand ein Glas Scotch an die Wand, Ritchies Stratocaster knallte auf den Boden und er verzog sich bis zum nächsten Montag. Unser Roadmanager begab sich dann auf die Suche nach Ritchie und umschmeichelte ihn. Ronnie fuhr weg und ich fuhr zurück nach Malibu Beach und soff mir einen an. Es war schrecklich."

„Gary war hingegen der beste Band-Leader, mit dem ich jemals zusammenarbeitete – laser-scharf fokussiert, total organisiert, und es gab Struktur und Disziplin. Wir wussten, was an jedem einzelnen Wochentag zu tun war. Die Proben liefen von Montag bis Freitag von 10 Uhr bis 18 Uhr. Jeder bekam ein Gehalt. In den anderen Bands, in denen ich muckte, war der Tourmanager der Boss. Bei Gary war er zu 100% der Leader und für die Gruppe verantwortlich, die Crew und die Anstellung von Neuzugängen. Sie übernahmen zur Probe ihren Job für einen Tag. Gary behandelte sogar den unwichtigsten Mitarbeiter gut. Das ist sicherlich ein Zeichen wahren Charakters, zeigt, wer der Mensch wirklich ist. Egal, wer es war, Gary nahm sich immer die Zeit, um dir die Hand zu geben und eben ‚Hello' zu sagen." Worauf aber schon andere hinwiesen: „Wenn er sich die Gitarre schnappte, ging es zur Sache und dann gab es keine Mätzchen mehr, dann hieß es: ‚Okay, jetzt geht es an die Arbeit, ihr seid Profis, ihr dürft keine Fehler machen, saufen, euch Drogen reinziehen, dumm rummachen oder Amok laufen.'" Für die Irland-Konzerte im Dezember sprang Bob Daisley ein, doch zwischenzeitlich baute Gary schon eine Brücke zu einem anderen Bassisten, den er nur allzu gut kannte.

Wenn man in London lebt, dieselben Pubs und Clubs besucht, dieselben Leute kennt und sich dieselben Bands ansieht, ist es unvermeidlich, dass sich die Wege zweier Personen kreuzen. Und so war es auch bei Gary und Phil Lynott. „Ich habe ihn in verschiedenen Nachtclubs angetroffen", erinnert sich Gary in einem Gespräch mit Mark Putterford. „doch wir versuchten uns möglichst zu ignorieren. Das war wirklich dämlich. Eines Abends hielt ich mich im Dingwalls mit Jeff Beck und einigen Frauen auf, und wir lachten die ganze Zeit. Phil saß betrübt in einer Ecke, und man sah, dass er sich zu uns gesellen wollte, es aber nicht machte, weil ich da war. Es war wirklich traurig, aber irgendwie auch lustig."

Ende 1982 befand sich Gary auf dem Weg zurück aus Deutschland und Phil kam aus Dublin – und die zwei begegneten sich im Heathrow Flughafen. Um genau zu sein, sahen sich zuerst die beiden Crews der Musiker. Jeweils ein Crewmitglied von Gary und Phil zeigte seinem Boss den Opponenten. Dann verharrten die Techniker in Lauerstellung und warteten ab, was denn nun geschehen würde. Die Fehde ging nun schon vier Jahre, zu lange für Musiker, die man eigentlich als Seelenverwandte und innige Freunde bezeichnen kann.

Thin Lizzy planten für das Jahr 1983 eine Abschiedstournee, mit einem großen Reunion-Gig im Hammersmith Odeon am 12. März. Dort sollten alle ehemaligen Gitarristen noch einmal antreten. Für Gary war es klar, dass er alles geben musste, und er war auch der einzige Musiker, der nach dem Soundcheck schwitzte. Phil kam spät, doch als er die Bühne betrat, ging er direkt auf Moore zu. Sie gaben sich die Hand und lachten herzhaft. Jeder Klampfer absolvierte ein ihm angemessenes Pensum, doch bei „Black Rose" zogen sich die anderen zurück, denn Gary war der Einzige, der die schwierigen Parts spielen konnte – und er musste sogar Phil an die korrekten Basslinien erinnern. Da Phil Thin Lizzy „abwickelte" und Gary 1983 tourte, gab es kaum eine Chance, dass sich ihre Wege kreuzten. Erst Ende 1984 lud Gary Phil ein, ihn als Gast bei seinen irischen Konzerten zu begleiten. In diesem Zusammenhang denkt man unwillkürlich an das Sprichwort des „Propheten im eigenen Lande", was aber nicht auf den „Guitar Hero" zutrifft. Man kann sich gut vorstellen, wie Gary sich fühlte, als er am 17. Dezember auf die Bühne der Ulster Hall in Belfast ging und von einer ekstatischen Menge gefeiert wurde. 1967 stand er selbst noch im Zuschauerraum und sah mit heruntergeklappter Kinnlade Peter Green. Später erzählte er einem Journalisten wie er den Energie-Hammer von The Who erlebte und er und seine Freunde sich geschlagen fühlten – und wie ein Lehrer ihm davon abriet, Tagträumen vom Leben eines Superstars nachzuhängen. Und nun stand er auf dieser Bühne – nicht mit einer Gitarre, einem Satz Saiten und einem schlaffen AC 30-Amp, sondern mit 32 Tonnen Equipment, seiner eigenen Band, seinem Namen auf den Plakaten, und rammte das junge Publikum mit der brachialen Wucht seines Sounds regelrecht in den Boden.

Obwohl die Band nur ihr Standard-Set zum Besten gab, ohne auf die Unruhen in Irland anzuspielen, gab es doch einige Stücke, die hinsichtlich der politischen Lage eine andere Bedeutung annahmen: Gary, der wieder „Back On

The Streets" ist, sein Publikum, die zu „Victims Of The Future" werden und sich die Frage stellen, ob es wirklich „The End Of The World" ist. „Wishing Well" von Free ruft die Menschen auf, ihre Waffen niederzulegen, wohingegen bei „Shapes Of Things" erneut ein militärisches Thema angeschnitten wird.

Und da war auch noch „Out In The Fields". Vermutlich wurde der Song nur in Dublin gespielt, da man es als zu heikel empfand ihn nördlich der Grenze aufzuführen. Obwohl Gary abstritt, dass das Stück vor dem Hintergrund des Nordirland-Konflikts geschrieben wurde, assoziierte man es – nicht zuletzt durch das martialische Video – mit der Gewalt in Belfast. Wie dem auch sei. Man konnte Gary nicht den Vorwurf machen, unberechtigterweise Kapital aus den Vorkommnissen zu schlagen oder den Text grundlos verfasst zu haben. Der Mann seiner geliebten Tante Phylis wurde nämlich am 27. Mai 1976 von der Loyalist Ulster Volunteer Force (UVF) in einem konfessionell bedingten Attentat erschossen, was auch auf seinen Cousin George zutraf, den die UVF mit nur 23 Jahren umbrachte. George wurde durch einen Kopfschuss getötet, wonach man ihm die Kehle aufschnitt. George gehörte selbst zur UVF, doch eines Abends beleidigte er aus Versehen einen gleichgesinnten Anhänger, der danach Rache nahm. Sein Mörder wurde nie gefasst, obwohl viele Leute – wie es damals oft der Fall war – exakt wussten, wer er war. Phylis erzählt, dass er sogar heute noch auf freiem Fuß ist.

Bei den Konzerten fühlte sich Gary von der Reaktion der Zuschauer regelrecht überwältigt. Junge Fans hielten Alben und Autogrammbücher fest umklammert in den Händen, umringten Gary, wo immer er auch signierte, und als sich Band und Crew nach den Dublin-Gigs ins Gresham Hotel zurückzogen, überrollten die Fans sein Zimmer. Gary, der einen über den Durst getrunken hatte, wurde im Bad regelrecht in die Enge getrieben. Verwirrt von allem, was um ihn herum vorging, ähnelte sein Gesichtsausdruck dem eines Kaninchens, das in die Scheinwerfer eines Autos starrt.

Nach einem harten Jahr der Tourneen zur Promotion von *Victims Of The Future* blieb Moore kaum eine Pause um tief durchzuatmen, denn er stand schon im frühen Januar 1985 im Studio, um die Aufnahmen zum nächsten Album zu beginnen. Beschreibt man die Recordings von „Victims" als mühselig und beschwerlich, waren sie immer noch ein Kinderspiel, verglichen mit den Puzzle-Sessions, aus denen das passend betitelte *Run For Cover* entstand.

Zum Zeitpunkt der Fertigstellung im Juni hatte Gary „viereinhalb" Produzenten verschlissen (Gary übernahm auch einen Teil der Produktion), drei Drummer (ein Teil der Schlagzeugspuren stammte von Samples), drei traditionelle Keyboarder (darunter Beiträge von einem der Produzenten), einen Synthesizer, drei Sänger (darunter er selbst) – aber natürlich nur einen Gitarristen.

Die Geschichte von *Run For Cover* lässt sich nur im Kontext von Garys Beziehung zu zwei bassspielenden Sängern erzählen, die sich beide in verschiedenen Stadien der Orientierungslosigkeit befanden. Nach seinem ruppigen Rauswurf aus der G-Force war Glenn Hughes immer noch high und ganz und gar nicht geerdet, wodurch er sein Talent maßlos vergeudete. Dann traf er auf Pat Thrall, den er zuerst mit der Pat Travers Band sah, wo er sich mit deren Boss die Lead-Gitarrenarbeit teilte. Nachdem Thrall die Band verlassen hatte, kontaktierte er Glenn, um sich zu erkundigen, was denn gerade so ansteht. Die beiden trafen sich daraufhin in LA, um einige Demos mitzuschneiden. 1982 kam das *Hughes/Thrall*-Album auf den Markt, produziert vom legendären Andy Johns. Die pompös arrangierte Platte wurde von Thralls synthetischen Gitarren-Sounds dominiert, bei denen sich Pop- und Rock-Elemente erfolgreich vereinten. Obwohl sich die Plattenkäufer eher zurückhielten, nahm die Industrie das Album mit Begeisterung auf. Es sollte den amerikanischen AOR-Sound während der gesamten Achtziger grundlegend beeinflussen.

Auch Gary bekam davon Wind, und er rief Hughes quasi aus dem Nichts an: „Er kam wieder zu einem Konzert in die Stadt, bei dem er als Vorband für Rush auftrat. Zu dem Zeitpunkt hatten sich Hughes/Thrall schon wieder aufgelöst. Wir sollten zwar noch ein weiteres Album einspielen, doch das funktionierte damals nicht. Was sollte ich also machen? Und dann höre ich Gary, der wie aus dem Blauen heraus sagt: ‚Wir müssen wieder was zusammen machen. Komm in meine Band, schreib Songs oder sing auf dem Album.'"

Wahrscheinlich war das *Hughes/Thrall*-Album ein Beweis für Gary gewesen (wenn auch ein naiver Gedanke), dass Glenn wieder alles auf die Reihe bekam. Natürlich wollte er Glenns Stimme bei der Produktion berücksichtigen, da er eindeutig zu den besten Sängern der Szene gehörte. Hughes: „Für mich war es eine große Ehre, dass Gary all diese Dinge über mich sagte." Glenn flog zu den Sessions nach London, wo man ihn für die Dauer der Arbeit in einer kleinen, aber netten Wohnung in Maida Vale einquartierte. Wenn Gary den Sound von

Glenns Album nachahmen wollte, wäre es sinnvoll gewesen Andy Johns als Produzenten ins Boot zu holen. Möglicherweise war er nicht verfügbar, denn man entschied sich zum Engagement des amerikanischen Produzenten Beau Hill, der aus dem Nichts kam, dann aber die Chance erhielt, Ratts Debütalbum *Out Of The Cellar* zu produzieren. Die Scheibe setzte allein in den USA drei Millionen Einheiten ab und katapultierte Hill auf eine internationale Ebene.

Im Januar wurden die ersten Songs mit Hill aufgenommen – „Out Of My System" und „Nothing To Lose", gedacht als eine Art Experiment, um zu checken wie gut Gary und Glenn im Studio miteinander arbeiteten. Dante Bonutto, Berichterstatter für *Kerrang*, wollte von Moore erfahren, wie viel er über Hill wusste: „Oh, ich kannte nur das erste Ratt-Album. Witzigerweise missfiel mir ein Aspekt der Produktion – und ich sagte ihm das auch – denn für mich waren die Gitarrensoli nicht laut genug. Er lenkte ein, sie seien eine Art ‚der Fortführung der Energie des Tracks' und all so 'nen Scheiß, aber ich dachte mir nur: ‚Fuck it, ich will meine Soli lauter hören.' Da gab es also einen kleinen Konflikt. Ich schätze mal, dass es sich hier um die jeweilige Einstellung handelt. Ich möchte meine Soli klar und deutlich hören und jede Note erkennen."

Neil Carter und Paul Thompson gehörten zur Tourband und tauchen auch auf dem Album auf, doch Gary schien sie nicht durchgehend für die Keyboards und Drums vorgesehen zu haben. Bis auf eine Ausnahme handelte es sich bei den Stücken um neues Material, und so wollte sich Moore vermutlich alle Möglichkeiten offenhalten – und der Fokus lag auf Glenn, obwohl hinter vorgehaltener Hand einige Zweifel laut wurden. Moore: „Es bildete sich eine regelrechte Opposition gegen mich, weil ich wieder was mit Glenn machen wollte. Mein Management warnte mich davor, und meine Plattenfirma wollte erst gar nichts davon hören. Ich musste gegen so viele Leute kämpfen, um es wenigstens zu versuchen. Die meinten alle: ‚Das wird dir noch leidtun!' Doch ich stemmte mich dagegen: ‚Das ist mein Problem, und ich will sehen, wie es funktioniert.'"

Peter Price von Virgin Records erinnert sich, dass „Gary darauf bestand mit Glenn Hughes in einer Band zu spielen. Er ließ da einfach nicht locker. Schließlich fand ich für ihn eine Telefonnummer in den Staaten. Ich erklärte Steve, dass ich ihn auf Wunsch Garys anrufen solle, woraufhin mich Richard Griffiths in die USA entsandte. Ich traf mich mit Glenn und fragte ihn direkt, ob er Zeit habe, und ob da noch ausstehende Verträge existieren. ‚Nein, nein, alles klar – bin frei. Ich kann das machen.' Schließlich suchte ich den amerikanischen Rechtsanwalt von Virgin auf. Glenn saß kleinlaut in der Ecke und auf dem Tisch vor ihm lag ein Stapel Papiere – alles Verträge, in denen er einen Teil seines Lebens im Laufe der letzten fünf Jahre verschachert hatte und an die er sich kaum oder gar nicht mehr erinnerte."

Zwischenzeitlich stellte sich heraus, dass Beau Hill nicht der geeignete Mann war. „Wir verbrachten geschlagene fünf Tage im Studio … doch als wir die Mixe hörten, gefielen sie uns ganz und gar nicht, da sie fad und dumpf klangen. Was noch hinzukommt: Ich mochte Beaus Einstellung hinsichtlich meines Gitarrenspiels nicht, die zwar nicht negativ, aber eher zurückhaltend war. Ihn interessierte es nicht, was ich mit meiner Gitarre machte, oder was ich umsetzen wollte. Ich spielte zum Beispiel in einem Raum ein Solo ein und er hockte in einem anderen, um Keyboard-Overdubs aufzunehmen. Ihn interessierte es mehr, die Band aus dem Studio rauszuhalten und seinen eigenen Kram zu verwirklichen. Das kotzte mich an und ich stellte zur Debatte, ob man mit ihm weitermachen solle … Ich schätze mal, dass wir nicht zueinander passten." Der letzte Tropfen, der das Fass zum Überlaufen brachte, war Hills Ablehnung von „Out In The Fields", wie dieser selbst zugab: „Ich dachte, [der Song] würde nicht zu ihm passen … Ich schätzte mal, dass es sich hier um einen raueren und wilderen Sound handelt, typisch Englisch. Ich wollte ihm Stücke ermöglichen, um seine eigenen Spuren darauf zu hinterlassen, und darum zog ich „Nothing To Lose" und „Out Of My System" vor."

Virgin gelang es schließlich Andy Johns zu engagieren, den Produzenten von *Hughes/Thrall*, der dann nach England kam (zusammen mit dem auf der genannten Platte spielenden Drummer Gary Ferguson). Er produzierte „All Messed Up", „Reach For The Sky" und den Titel-Track „Run For Cover". Letzterer wurde – und das gibt Gary offen zu – von dem Opener „Got Your Number" der *Hughes/Thrall*-Platte inspiriert. Moore „borgte" sich sogar das Textfragment „don't run for cover" für den Albumtitel aus.

Da beim amerikanischen Publikum während der Rush-Tour „Empty Rooms" besonders gut ankam, entschied man sich zu einer Neuaufnahme, um damit eventuell in die US-Charts einzusteigen. Während einer Tourpause schleppte Gary die Band mit dem Produzenten Peter Collins in die Union/Western-Studios in Los Angeles. Collins hatte zwei Alben der Mod-Revival-Combo The Lambrettas in Form gebracht, sowie ihren Top-10-Hit im UK, eine Coverversion der Leiber/Stoller-Komposition „Poison Ivy". Darüber hinaus konnte er auch die 82er-Nummer-1 von Musical Youth mit dem Titel „Pass The Dutchie" seinem Konto gutschreiben. Der Song setzte sich in den USA nicht durch, doch Rush waren vom Sound so beeindruckt, dass sie sich Collins für ihr 85er-Album *Power Windows* schnappten (und drei weitere Platten). Damit war Peter leider aus dem Rennen und konnte *Run For Cover* nicht produzieren, was Gary eigentlich gehofft hatte. Doch für Peter blieb noch genügend Zeit, um „Empty Rooms" „aufzufrischen". Diesmal verpackte er die Nummer in einen klassischen 80er-Pop-Sound nur mit Gary (und Neil bei den Backing-Vocals), garnierte sie mit Synthesizern und überließ dem Tontechniker Jimbo Barton die Drum-Samples. Erneut als Single veröffentlicht, schaffte es der Titel auf Platz 12 in Irland und drang in die Top 30 Großbritanniens vor, womit sich das Virgin-Lager halbwegs zufrieden zeigte, die Idee verfolgt zu haben. Die Rockjournalisten kritisierten die Nummer jedoch aufgrund der Ideenlosigkeit.

Weitere Kreise zog hingegen das von Peter Collins produzierte „Out In The Fields", bei dem Gary Phil für die Aufnahme eingeladen hatte. Seit der Auflösung von Thin Lizzy war es mit Lynott ständig bergab gegangen, wobei der Alkohol- und Drogenkonsum völlig außer Kontrolle geriet. Aus Sicht der Musikindustrie stellte er einen hohen Unsicherheitsfaktor dar. Der irische DJ Smiley Bolger lobte Gary wegen dieser Geste: „Man muss ihm zugutehalten, dass er [an Phil glaubte], während einer Zeit, in der ihn niemand wegen seines [damaligen] schlechten Rufs mit der Kneifzange angefasst hätte. Fernsehauftritte mussten am Ausstrahlungstag abgesagt werden, da Phil zwar erschien, aber vollkommen durch den Wind war. Es ist eine kleine Industrie und solche Nachrichten verbreiten sich wie ein Lauffeuer. Er hätte eigentlich einen Deal für [seine Band] Grand Slam verdient, und dass man ihn nicht beim Live Aid auftreten ließ, glich einem Tritt in die Eier. Wenigstens Gary sorgte dafür, dass er wieder in der öffentlichen Wahrnehmung auftauchte."

Doch es war nicht Gary, der die schwierigen Details ausarbeitete. „Steve Barnett und ich sorgten für eine vertragliche Vereinbarung", erinnert sich Peter Price. „Wir zogen also zu seinem Haus in der Kew Road mit diesem großen, roten Tor, durch das kein Panzer durchgekommen wäre. Es diente als Abwehr vor Drogen-Razzien. Wir setzten uns hin und warteten eine halbe Stunde. Dann kamen drei Frauen die Treppe runter, gefolgt von einem aufgedunsenen Phil, der gar nicht gut aussah." Aus juristischer Sicht wurde Lynott immer noch von der Thin Lizzy Company vertreten, die sich nicht sonderlich erfreut zeigte, dass Phil bei Ten Records für eine Barsumme von 5.000 Pfund unterschrieb, die wahrscheinlich auf direktem Weg in der Tasche eines Dealers landeten.

Trotz des ungünstigen Starts warf Garys und Phils letzte Kooperation eine kultige Hit-Single ab, unterstützt von einem Video, dass die Jungs in Militärjacken zeigte, vor dem Hintergrund einer zerstörten Stadt. Veröffentlicht im Mai 1985 entwickelte sich die Single zu einem Top-5-Hit in vier Ländern (darunter auch Großbritannien) und sollte Garys beste Single-Charts-Platzierung im UK sein. Die beiden schlugen möglichst viel Kapital aus dem Erfolg und traten in jeder sich nur bietenden UK-Pop-Show im Fernsehen auf.

Zu der damaligen Zeit und auch danach, haben einige Gary dafür gelobt, seinem Freund Phil eine Chance auf ein Comeback zu ermöglichen, was Moore aber niemals als einen Gefallen sah: „Obwohl (‚Out In The Fields') schon lange vor Phils Mitarbeit geschrieben wurde, waren es seine Ideen, die den Song zu so einem Hit machten. Er kam auf die Militärjacken, die wir während der Promotion trugen, denn Phil hatte ein Talent für das Marketing, ein großartiges Gespür, wie man einem Publikum etwas verkauft."

Die Videoaufnahme war Teil des Promo-Videos von NFL, das die irische Tour Ende 1984 dokumentierte. Als Promo-Videos kamen „Out In The Fields" und „Empty Rooms" zur Geltung sowie „Military Man", ein weiterer Song von Phil (und anderen) der auf *Run For Cover* veröffentlicht wurde, aber ursprünglich für Grand Slam vorgesehen war.

Tony Platt, Co-Produzent des Live-Albums *We Want Moore!* und einiger der Backing-Tracks von *Run For Cover* war auch an der Produktion und am Schnitt des Videos beteiligt. Er zeigte sich beeindruckt von der Professionalität und den kreativen Ideen von NFL: „Das war seitens Steve Barnett ein wahrer Geniestreich – statt einfach einen langweiligen altbackenen Film abzukurbeln. Diese Typen von NFL sind gut darin, interessante Passagen vorauszusehen und die Action spontan einzufangen. Sie waren unglaublich innovativ, hatten Techniker, die ständig neues Equipment bastelten. Einer von ihnen baute eine

35-mm-Kamera aus einer alten Panzerkamera, die man an Garys Gitarre befestigte. Damit wurde eine irre Einstellung die Saiten hinab gefilmt. Das sieht so aus, als würden sich Gary und der Hintergrund bewegen, aber nicht der Gitarrenhals. Einige von der Crew installierten die erste Sky-Cam, eine Kamera, die an vier Stahltauen an allen Seiten des Auditoriums befestigt war und die man über die Arena steuerte. Das war das erste Mal, dass so ein Ding zum Einsatz kam."

„Wir drehten nach dem im Business üblichen Fahrplan: Eine Story wurde entworfen, nach den Aufnahmen folgte der Schnitt und danach die Post-Production. Beim Schnitt mussten wir besonders aufpassen, denn Gary besaß einige Strats, jedoch mit unterschiedlichen Lackierungen. War man also nicht aufmerksam, wandelte sich das Bild bei einem Song von der einen zur anderen Gitarrenfarbe und wieder zurück, da wir mehrere Konzerte mitschnitten. Darüber hinaus integrierten wir irische Musik von den Chieftains, Dialoge und eine Erzählung, was den innovativen Charakter des Streifens ausmachte, da es sich nicht nur um eine Doku über einen Gitarristen handelte, [sondern vielschichtiger angelegt war]."

Während der Aufnahmezeit von *Run For Cover* wurde ein Qualitätsschub hinsichtlich des Songwritings notwendig, und Phil leistete dazu einen wichtigen Anteil. Vielleicht mag Gary immer noch gehofft haben, dass Glenn wieder seinen Weg findet, doch im Fall von Phil zeigte er sich schon damals völlig desillusioniert. Moore konnte rein gar nichts unternehmen, um seinen alten Freund von den Drogen loszureißen. (Damals tauchten Gerüchte auf, dass Gary einen Drogenentzug für Phil bezahlt haben soll.) Doch zumindest half er Phil die stark angeknackste Selbstachtung wieder aufzubauen. Trotzdem musste sich Gary mit einer schwierigen Situation auseinandersetzen. Phil wurde immer von einem Security-Mann nach Drogen abgetastet, bevor er das Studio betrat, woraufhin das Personal für ihn Whiskey in die Räumlichkeiten schmuggelte, damit er seine Nervosität betäuben konnte. Davon abgesehen – und trotz der wieder- auflebenden Freundschaft zwischen den beiden und des Erfolgs – stellte der Gedanke einer gemeinsamen Tournee nie eine Option dar. Gary erklärte das einem schwedischen Radiojournalisten: „In so einer Situation arbeiten wir nicht besonders gut zusammen. Das endet meist in Streitereien, gefolgt von einem Split ... [Phil und ich] sind unterschiedliche Persönlichkeiten, harmonieren im Studio aber gut miteinander. Uns fällt immer etwas ein, was die Leute mögen, und so kann man sicherlich von einer Art Chemie zwischen uns sprechen."

Was Gary nicht erwartete: Auch die Beziehung zu Glenn näherte sich einer Explosion. Moore war auf die Barrikaden gegangen, um Glenn in das Projekt zu integrieren, hatte alle Warnungen ignoriert und war über das Resultat zutiefst enttäuscht. Aufgebracht und in „bester Form" ließ er seinen Dampf in der Presse ab. Abgesehen von dem Drogenproblem, war Glenn stark übergewichtig. Einen Teil seiner Zeit in Großbritannien verbrachte er in Garys Haus, wo er sich angeblich alles einverleibte, was möglich war: „Wir drängten ihn: ‚Los Glenn, du musst dich unbedingt zusammenreißen!' In der einen Minute sagte er dann: ‚Hey, ich bin gelaufen!', doch in der nächsten setzt man ihn bei seiner Wohnung ab und ertappt ihn kurz darauf dabei, dass er sich in einem Süßwarengeschäft sechs Mars-Riegel kauft." Gary behauptete, dass Glenn zum Beispiel bei einem Besuch in einem indischen Restaurant doppelt so viel aß wie die anderen, alles in sich reinstopfte, einfach alles. Außerdem hatte er von Glenn im Studio deutlich mehr erwartet: „Nach den ersten beiden Tracks mit Beau flog er zurück nach LA, da ich mit Phil arbeitete. Doch er machte rein gar nichts, saß einfach nur auf seinem Arsch rum. Ihm stand so viel Zeit zur Verfügung, dass ich fest daran glaubte, er würde mit Material für das Album zurückkommen, doch das geschah nicht. Den einzigen Song, den wir von ihm nutzen wollten war ‚Still The Night', doch dann fanden wir heraus, dass er schon einem Verlag gehörte. Dennoch versuchten wir alles und kämpften um die Nummer."

Der Grund, warum sie die Nutzungsgenehmigung für den Song nicht erhielten, deckte einen wunden Punkt Garys auf – Glenns gleichzeitige Beteiligung an einem Konzeptalbum von Bronze Records betitelt *Philomena*, bei dem unter anderem Cozy Powell und Neil Murray mitwirkten. Das Album wurde ein Reinfall, ein totaler Flop wie Gary vorhergesagt hatte: „Und aus diesem Grund wollte ich nicht, dass er dabei mitmachte. Ich wollte, dass er bis zur Veröffentlichung von *Run For Cover* wartet, damit die Leute sagen: ‚Großartig, hier hat er etwas ganz Besonderes geleistet!' Aber er hörte nicht zu. Er war so verzweifelt, dass sein Name wieder in den Magazinen erscheint, so darauf aus, jedem zu beweisen, dass er immer noch ein angesagter Künstler ist – was momentan natürlich nicht stimmt! ... Ich versuchte alles, damit er glänzt! Es wäre gut für ihn gewesen, aber er dachte nur, ich wolle ihn aufhalten."

Das Zerwürfnis begann bei den vorbereitenden Tour-Planungen zur Promotion des Albums. „Er wollte, dass ich unter dem Namen ‚Gary Moore Band featuring Glenn Hughes' auftrete, doch ich entgegnete ihm: ‚Moment mal, erstmal lautet der Bandname nicht Gary Moore Band, sondern wir treten einfach unter Gary Moore auf. Man kann da nicht einfach Gary Moore featuring Glenn Hughes und Neil Carter draus machen ... Ihm schwirrte immer noch die Vorstellung im Kopf herum, dass sein Name etwas bedeute, doch er hätte noch nicht mal das Klo aus dem Marquee ausverkauft, wenn er allein aufgetreten wäre – so sah die Realität der gesamten Situation aus."

Doch Gary mochte Glenn als Menschen, denn „hinter seiner Fassade ist er ein wirklich netter Kerl". Laut Moores Analyse hatte Glenn seine Zeit bei Deep Purple nie vergessen, lebte noch in einem Traum, was dadurch verstärkt wurde, dass er immer noch von Abhängern umzingelt war und sogenannten Freunden, die sein Ego umschmeichelten. Das ging sogar so weit, dass sie während der Zeit, in der Glenn bei Gary lebte, ihn dort anriefen. Moore vermutete, dass einer dieser Anrufe von zwei Typen kam, denen Glenn sogar einen Job bei der Gruppe angeboten hatte, wenn sie aus LA rüberflogen.

Gary erklärte, dass er ernsthaft versuchte, Glenns Karriere wieder in die richtige Spur zu bringen, ihm vielleicht sogar einen Deal mit Ten Records vermitteln wollte, falls das Album und die Tour gut liefen. Doch Steve Barnett kannte Glenn noch aus den Tagen, in denen er als Agent für Trapeze schuftete. Während dieser Zeit machte er Hughes das Leben schwer, da dieser seine Finger nicht von den chemischen Substanzen lassen konnte. „Und das hatte seine Berechtigung", gibt Glenn zu. Aus Versicherungsgründen verlangte Steve von Glenn eine Blutuntersuchung auf Drogen, bevor es mit ihm auf Tournee ging. Glenn wusste nur zu gut, wie das Resultat ausfallen würde, ließ den Arzttermin sausen und setzte sich in den Flieger nach Hause.

Hughes erzählt heute, dass ihn Garys Kommentare zutiefst verletzten, besonders die abfälligen Bemerkungen hinsichtlich des Essens. „Ich bin mal in einer Nacht runter in die Küche, um mir ein Sandwich zu machen und war sicherlich kein Vielfraß." Er gibt zu bedenken, dass sich Gary vor allem über den Koks-Konsum aufregte, aber die Droge vermutlich aus juristischen Gründen in Mars-Riegel umtaufte. Auch empfand er Garys Wut als überzogen, da es scheinbar nicht mehr nur um das Übergewicht und die Drogen ging: „Ich habe niemals zuvor solche Aggressionen erlebt. Das glich einer Situation, als sei er mein großer Bruder gewesen und ich hätte ihm etwas Schreckliches angetan." Die Ähnlichkeit zu der Beziehung mit Phil muss Gary eindeutig aufgefallen sein.

Zwar waren Garys wenig schmeichelhafte Kommentare für Glenn schmerzhaft, wirkten aber wie ein schrillender Weckruf. „Als ich so fertig war, konnte man mir nicht trauen … Während der Aufnahmen hatten wir an den Wochenenden frei, und dann konnte ich tun und lassen, was ich wollte. Ich hing mit Lemmy im Embassy Club ab, und man weiß ja, was da abgeht! Während der Woche habe ich mir nie Drogen eingefahren, doch an einem Montagmorgen …"

Um gegenüber Gary fair zu bleiben: Seine Tirade in der Presse war vermutlich eine Antwort auf einige Sprüche, die Glenn vom Stapel ließ, als er wieder zu Hause war. Um die Trennung zu rechtfertigen, behauptete Glenn, dass es zwischen ihm und Gary musikalisch nicht funktioniert habe. Das brachte Moore zur Weißglut, da er wusste, dass es nicht stimmte.

Bei all den verschiedenen Musikern und diversen Produzenten, die sich bei der Produktion von *Run For Cover* die Klinke in die Hand gaben, hätte das Album ein Paradebeispiel für Schlamperei werden können. Glücklicherweise stieß Mike Stone zum Projekt, der in den Siebzigern eine lange Geschichte als Tontechniker von Queen schrieb und als Produzent Hits mit Asia und Journey auf den Weg brachte. Er mischte das komplette Werk ab (und produzierte zwei Nummern von Anfang an), wobei er die verworrenen Teile, Einzelstücke und Fragmente zu einem in sich stimmigen Album vereinte.

Wie er selbst zugab, war Dante Bonutto kein großer Fan von Garys Musik, doch er schrieb über die neue Veröffentlichung: „Ich werde von dem Album unweigerlich angezogen mit einer emotional aufwühlenden Leidenschaft, die der einen Kindes gleicht. Wie ein Kind, dass man in einem Karussell fahren lässt, überwältigen mich die reichhaltig dargebotenen [Sounds], die zu unkontrollierbaren Zuckungen führen können, purpurnen Gesichtern und ernsthaften Aggressionsschüben, falls sie nicht unter elterlicher Aufsicht Song für Song absorbiert werden." Steffan Chirazi von der *Sounds* zeigte sich weniger überschwänglich und stellte sich die Frage, warum nur sechs neue Kompositionen auf einem Album mit insgesamt neun Tracks zu finden sind. Er kommentierte argwöhnisch – das, was er und andere als übermäßigen Einsatz von Synthesizern und Keyboards einschätzten – und interpretierte es als eine Hinwendung zur „verblödeten Kommerzialisierung" auf Kosten der Erwartungen der Gitarren-Fan-Base Moores. Er dachte, Gary würde es beim nächsten Mal besser machen und könne es auch, doch sah voraus, dass das Album „einen Freudensprung in die Charts machen wird und den Erfolg auch verdient hat". Und er sollte Recht behalten. Im UK und in Schweden kassierte die Platte Gold und setzte in vielen Ländern anständige Stückzahlen ab, mit der befremdlichen Ausnahme der USA. Gary konnte dort immer noch kein Gold ergattern und weigerte sich in den Jahren 1985 und 1986 eine Promo-Tour in den Staaten abzureißen, was er dem *Kerrang* aufgebracht mitteilte: „Es ist dumm, irgendwo hin zu gehen, wo dich niemand will." Zwischenzeitlich hatte sich eine halbwegs stabile Besetzung herauskristallisiert, bei der Neil Carter, Bob Daisley und der Drummer Gary Ferguson nach den Album-Sessions zur Band gehörten und Phil drei Mal im UK einen Gastauftritt absolvierte.

Mark Putterford verfasste eine Besprechung zum Konzert im Edinburgh Playhouse zu Beginn der Konzertreise und unterstrich, dass Gary immer erstklassige Musiker um sich scharte, wodurch er eine knackige und kraftvolle Show garantierte, bei der sein packendes Gitarrenspiel im Vordergrund stand. Nicht nur die Geschwindigkeit lag im Fokus „wie das langsame und laszive ‚Cold Hearted' und das beeindruckend schöne ‚Empty Rooms' belegen, denn bei diesem Jungen aus Belfast geht es nicht um ‚Flitzefingereien' und aufblitzende Plektren – er hat wahre Tiefe". Das Album war im Juni in trockenen Tüchern und die Tour begann im September. In der Zwischenzeit wurde – geheiratet!

Kerry Booth stammte aus Lincolnshire und war erst 17 Jahre alt, als sie 1981 nach London zog, um eine Karriere als Model anzustreben. Sie teilte sich eine Wohnung mit Susan, einem anderen Model, verheiratet mit Paul Thompson, damals noch Drummer bei Roxy Music. Kerrys Vater Dave verdingte sich von 1982 bis 1985 als erfolgreicher Manager des Grimsby Town FC.

„Pauls Freundeskreis bestand überwiegend aus Musikern. Eines Abends besuchten wir einen Club und ein gemeinsamer Freund, ein von Gary Moore regelrecht besessener Gitarrist, sprach die ganze Zeit über ihn. Susan drehte sich zufällig um und sagte: ‚Hey, schau mal, da drüben ist Gary Moore.' Wir trafen uns kurz, und er kam danach zu einer Party in unserer Wohnung, wonach er mich regelmäßig anrief. Ich war wegen des großen Altersunterschieds (ungefähr elf Jahre) nicht so sehr interessiert. Dann ging er nach New York, und zufälligerweise traf ich seinen Manager Steve Barnett. Steve setzte sich mit Gary in Verbindung und schwärmte: ‚Ich habe da gerade dieses Mädchen getroffen, dass du wirklich mögen wirst'. Ziemlich bizarr. Aber so was passiert manchmal."

„Als er aus New York zurückkam, rief er mich ununterbrochen an, war richtig hartnäckig, und schließlich gingen wir zusammen Mittagessen. Zu dieser Zeit (circa 1981/1982) trank er sehr viel. Als er zu der Party kam [in der Wohngemeinschaft] war er sturzhagelvoll und das passte überhaupt nicht zu mir – ich fand es abstoßend. Doch nach seiner Rückkehr aus New York erlebte ich ihn am Tag, es war lediglich ein Mittagessen, aber das zeigte mir mehr von ihm selbst – einem liebenden und beschützenden Menschen. Er wusste, dass ich mit dem Modeln kaum etwas verdiente. Ich war sehr dünn und er machte sich wirklich Sorgen, führte mich weiterhin zum Essen aus. Und so lernte ich ihn besser kennen und das empfand ich als aufregend. Er war ständig von Leuten aus dem Musikgeschäft umgeben, was überhaupt nicht meine Welt ist. Damals war ich noch grün hinter den Ohren und naiv. Ich glaube, sein Manager wollte, dass Gary mit mir zusammenkam, da er glaubte, ich sei ein beruhigender Einfluss. Ein paar Leute warnten mich hingegen vor ihm, denn er hatte einen verdammt schlechten Ruf wegen der Trinkerei und seines aufbrausenden Temperaments."

Kerry zog in die Wohnung in der Fitzjohn's Avenue, die Gary mit dem Geld von Thin Lizzy erworben hatte, wonach sie sich ein Haus in Highgate kauften und später in ein Mietshaus in Maida Vale zogen. Gary nahm Kerry mit auf die Support-Gigs mit Def Leppard und Rush, und er wollte nicht, dass sie weiterhin arbeitet, da sie sonst nicht für die Touren zur Verfügung gestanden hätte. Auf Tour war er oft einsam, denn man konnte ihn keineswegs als Partylöwen beschreiben, schon recht nicht im exzessiven Thin-Lizzy-Stil. Er lachte zwar mit der Band und den Technikern und machte seine Witze, doch verschloss sich weiterer Geselligkeit. Moore war nun mal der Boss und es gibt nicht viele, die sich wünschen, die Freizeit mit dem Boss zu verbringen.

Kerry traf die Hochzeitsvorbereitungen, doch bemerkte, dass „Gary es sich absolut wünschte, aber sich eingesperrt und eingeschränkt fühlte. Wenn ihn diese Gefühle überkamen, versuchte er zu flüchten. Ich konnte das sehen. Einige

Nächte kam er gar nicht nach Hause. Phil war wieder zurück in der Szene, doch wohnte in keinem schönen Haus. Allerdings war es das Epizentrum für Partys, und Gary ließ sich da ein bisschen hineinziehen. An einem Abend stand wieder eine Party an, zu der wir gemeinsam gingen. In dem Haus drängelten sich windige und abgehalfterte Gestalten. Es wurde 1 Uhr morgens und ich sagte, ich wolle nach Hause gehen, doch Gary wollte bleiben. Daraufhin meinte Phil: ‚Ich werde dich begleiten.' Typisch Phil! ‚Nein, lass das mal lieber …'"

Gary und Kerry heirateten im Juli 1985 in dem Dörfchen in Lincolnshire, in dem Kerrys Eltern lebten. Natürlich wurde auch Phil eingeladen. Peter Price erhielt einen Anruf aus Chris Morrisons Büro: „Die fragten, ob ich mich um Phil kümmern könne. Der Zug sollte um 9 Uhr abfahren. Ich und Richard (Griffiths) stehen am Gleis. Kein Zeichen von Phil. Gerade als das Pfeifensignal ertönt, kommt da ein heilloses Durcheinander in Form eines Menschen an, den ein Roadie in den Zug bugsiert. Er sah so aus, als sei er die ganze Nacht wach gewesen. Als der Zug abfuhr, fragte ich in die Runde: ‚Möchte jemand einen Tee oder Kaffee?' Phil stand hinter mir am Tresen und ich fragte ihn direkt: ‚Möchtest du etwas?' ‚Ich will sechs Brandys.' ‚Phil, es ist neun Uhr am Morgen!' ‚Okay, dann nur fünf.' Nachdem wir in den Regionalzug umgestiegen waren, ging Phil direkt auf die Toilette. Der Zug muss wohl geruckelt haben, denn als er wieder zu uns kam, sah man eine Line Koks verteilt auf seiner Brille."

Lynott wurde später sicherheitshalber halbwegs im Zaum gehalten und auf ein Abstellgleis verschoben, denn laut Kerry „platzte er vollkommen fertig mitten in die Zeremonie hinein. Gary meinte, dass er immer den anderen das Rampenlicht stehlen wollte".

Gary erinnert sich 2008 in einem Gespräch mit dem *Record Collector* an die Ankunft seines Freundes: „Er lief mit diesen verdammt knallengen schwarzen Jeans in der Kirche auf. Er hatte sich zwar einen Anzug zugelegt, empfand die Hosen aber als zu weit geschnitten, wodurch man seinen Schwanz nicht gut genug sehen konnte." Gary, Phil, Neil Carter und Gary Ferguson gestalteten das Musikprogramm, doch laut Moore kam Kerry nach dem ersten Solo und bat sie leiser zu spielen. „…und dann musste Phil noch unbedingt die Brautjungfer bumsen – ich mache da keine Witze!" Als Antwort auf die Frage, ob die Brautjungfer denn das Bouquet gefangen habe, antwortete Gary: „Sie hat etwas Langes und Farbiges bekommen, aber ich bin mir nicht sicher, ob es das Bouquet war." Phils Version von verbalen Hochzeitswünschen lautete auf jeden Fall: „Tja, du hast es dir endlich besorgt." Phil und Gary spielten das letzte gemeinsame Konzert am 28. September im Hammersmith Odeon im Rahmen der *Victims Of The Future*-Tour.

Als sich das Jahr seinem Ende näherte, sahen die Phil nahestehenden Menschen – aus der Retrospektive wird das den meisten überdeutlich – einen toten Mann, der noch gerade mal gehen konnte, denn Lynott befand sich in miserabler Verfassung. Seine Mutter fand ihn Weihnachten bewusstlos im Haus an der Kew Road. Nach zahlreichen Zwischenstationen und Irrwegen – darunter ein Privatarzt in London, der immer seinen Rezeptblock zückte und eine Reha in Wiltshire mit dem Namen Clouds House – fand sich Lynott auf der Intensivstation des Salisbury Hospital wieder. Phil lag elf Tage im Krankenhaus und rang um sein Leben, doch verlor den Kampf und verstarb am 4. Januar 1986. Jahre des chronischen Drogen- und Alkoholmissbrauchs hatten seinen Körper gegen die Infektion geschwächt, die schließlich sein Leben forderte.

Gary und Kerry befanden sich auf Teneriffa, als sie den Anruf mit der schrecklichen Nachricht erhielten: „Gary liebte Phil, liebte diesen Menschen von ganzem Herzen. Diese Nacht war seltsam, denn wir hatten das Gefühl, als wäre Phil mit uns im selben Zimmer." Gary meinte: ‚Er war hier. Er war auf jeden Fall hier.' Tragischerweise konnte Gary der Beerdigung am 9. Januar nicht beiwohnen, denn laut Kerry „kamen wir einfach nicht rechtzeitig zurück, da es keine Flüge gab". Gary hingegen erzählte dem Lynott-Biografen Mark Putterford, dass er an den Strand ging, „und die schreckliche Erkenntnis erreichte mich in Wellen, [und wurde immer heftiger]. Das traf mich so hart, dass ich nicht mehr wusste, was ich machen sollte. An dem Abend gingen wir in diese Bar und ‚Out In The Fields' lief auf der Video-Jukebox ... Ich fühlte mich wie ein Zombie, stand dort wie betäubt. Ich brauchte sehr lange, um wieder einen klaren Kopf zu bekommen und dann wurde mir klar, dass ich es nicht ertragen konnte, zur Beerdigung zu gehen."

Jeff Glixman berichtet davon, dass er Phil mit Tony Iommi im Rainbow Bar And Grill in LA noch im November gesehen habe „und dann rief mich Gary an und sagte, dass er gestorben sei. Er saß einfach am Telefon und weinte fünf Minuten lang – ein Gespräch fand nicht statt. Und dann begann er von

‚Parisienne Walkways' und ‚Out In The Fields' zu reden. ‚Ich kann dir nur eins sagen, diese großartigen Tage sind vorüber.'"

Im darauffolgenden Mai versammelten sich 30.000 Fans zum „Self Aid"-Konzert in Dublin, dessen Erlös den Arbeitslosen zugutekommen sollte. Natürlich fanden im Rahmen des Programms auch Tribute-Einlagen für Phil statt, wobei Gary im Rahmen einer Thin-Lizzy-Reunion auftrat. Doch zu diesem Zeitpunkt war der nachhaltigste Tribute an seinen Seelenverwandten schon längst in Planung.

KAPITEL NEUN
HEUTE HAIR METAL, MORGEN MEHR METAL?

In einem seiner letzten Interviews, das im Dezember 1985 aufgezeichnet wurde, erzählte Phil Lynott einem schwedischen Journalisten, dass er im Januar mit Gary ins Studio gehen wolle, um einen Nachfolger zu „Out In The Fields" einzuspielen. Der Song hieß „Over The Hills And Far Away", doch statt des nächsten potenziellen Hits, wurde die Nummer für Gary zum Sprungbrett für das nächste Album *Wild Frontier*.

Die ruhmreiche Rückkehr nach Irland im Jahr 1984, die Reunion mit Phil und sein Tod, der beim Self-Aid-Konzert für Gary wieder an Brisanz gewann, führten dazu, dass Moore sich gedanklich mit seinen irischen Wurzeln beschäftigte. Möglicherweise fand sich der Ursprung der Idee auch in dem Ansatz, die romantische, mystische und kriegerische keltische Tradition mit all dem Feuer und der Wucht des Freiheitsgeistes von Thin Lizzy zu spielen, doch ohne die Drogen-Eskapaden und konterkarierenden Gefühlsausbrüche.

Auch wenn Gary sich auf die Vergangenheit besann, blickte er in die Zukunft und auf all die neuen Technologien, die auf einen Musiker zukamen. Seine melodiezentrierte Vorstellungskraft hob ihn von den Begrenzungen der meisten Heavy-Rock-Gitarristen der Ära ab. Sein zunehmendes Selbstvertrauen als Sänger und der Beweis, ein erstklassiger Songwriter zu sein, dessen Stücke sich von der Banalität des sogenannten „Cock Rock" abhoben, machten ihn zu einem außergewöhnlichen Musiker. Zwar stand er noch in einer Ecke und wurde mit einem Genre assoziiert – bedingt durch Fans, Journalisten und dem Musikgeschäft an sich – doch er war fest zu einem Ausbruch entschlossen.

Zwischen Januar und Mai begann Gary an neuen Songs zu arbeiten und machte sich dabei Gedanken zu möglichen Produzenten. Als Billy-Idol-Fan führte er Gespräche mit Keith Forsey, aber auch Steve Lillywhite (U2) und Pete Smith, der bei Stings *The Dream Of The Blue Turtles* mitgewirkt hatte. Die Aufnahmen starteten mit Smith hinter dem Mischpult und den regulären „Front-Musikern", denen aber der Session-Drummer Charlie Morgan zur Seite stand. Sie arbeiteten an drei neuen Stücken.

Der erste Song lässt sich als ein Celtic-Roots-Rocker im mittleren Tempo beschreiben, mit einem direkten und unmittelbaren Kommentar zum Nordirland-Konflikt. Er hieß „Wild Frontier" und enthielt Twin-Gitarren im Thin-Lizzy-Stil sowie einen klar auf Phil gemünzten und treffenden Text mit den Zeilen: „And I remember a friend of mine/so sad that he is gone/They tell me I'll forget/As time goes on."

Zwar standen die Gitarren im Mix immer an vorderer Stelle, doch Garys Intention auf dem aktuellen Album bestand darin, die Soli kurz und bündig zu gestalten (wie zum Beispiel bei „Take A Little Time"), was als Hommage an Billy Idols „Rebel Yell" gedacht war. Das Stück zeichnete sich durch stark autobiografische Elemente aus und spiegelte Garys Konflikt mit dem Lizzy-Manager Chris O'Donnell wider, während die beiden per Telefon über seinen Ausstieg bei Lizzy stritten. Gary kommentierte das eher verschlüsselt: „Der Song handelt von einer Person, die [deine Anwesenheit] für selbstverständlich hält – tatsächlich ist es jemand, den ich kenne ... aber keine berühmte Persönlichkeit wie Glenn Hughes. Der Text soll ausdrücken: ‚Du behandelt mich nicht mit dem Respekt, mit dem du mich behandeln müsstest.'"

Der dritte neue Titel war der Anti-Heroin-Song „Stranger In The Darkness". Großbritannien sah sich seit dem Ende der Siebziger mit einer gewaltigen Heroin-Epidemie konfrontiert. Die Regierung startete die erste Anti-Drogen-Medienkampagne mit dem Titel „Heroin Screws You" und The Who gründeten die Wohltätigkeitsorganisation Double O. Beide kanalisierten Spenden zu den auf Drogen spezialisierten Behandlungszentren. Zahlreiche Rock-Benefiz-Konzerte sorgten für eine höhere Sensibilisierung hinsichtlich der von Drogen ausgehenden Gefahren und zusätzliche Spenden für Therapien.

Gary konzentrierte sich nach eigener Aussage auf „die Kids, die nach London kommen und sich in dem ganzen Soho-Sumpf verfangen. Sie wenden sich dem Heroin zu, um dem Druck des Lebens zu entfliehen, wenn man [zum Beispiel] 16 Jahre alt ist und keinen Job hat. Einige müssen sich prostituieren, um das Geld für ihre Sucht aufzubringen. Das ist verdammt hart. Ich will hier aber nicht den Pfarrer spielen! ... Nach dem Tod von Phil war das ein Thema, das mich sehr belastete ... Den Kids muss erklärt werden, dass es nicht so witzig ist, mit 18 zu sterben und es überhaupt nicht toll ist, zusammengekrümmt auf einer Straße in Soho zu liegen. Ich hatte eine Freundin, die beinahe daran gestorben wäre, und ich habe tatsächlich jemanden gesehen, der vor meinen Augen blau anlief und schleunigst ins Krankenhaus gebracht werden musste ... Heroin ist eine allumfassende Droge, die nicht nur den Konsumenten zerstört, sondern auch das Leben der Menschen um ihn herum."

Während der Zeit arbeitete Gary an einem Jeff Beck gewidmeten Instrumental mit dem Titel „The Loner". Es war von dessen Keyboarder Max Middleton komponiert worden, doch Beck spielte es nie. Der Song wurde erstmalig mit Clem Clempson an der Gitarre auf Cozy Powells Album *Over The Top* veröffentlicht. Gary arrangierte ihn radikal neu, nahm den Mittelteil, setzte ihn an den Anfang und schrieb zusätzlich acht Takte, die er statt des alten Parts an besagter Stelle platzierte. Dadurch konnte er sich einen Teil der Komponisten-Tantiemen sichern: „Ich habe immer schon melodiöse Figuren gemocht ... und wollte das Stück eher wie ‚Parisienne Walkways' interpretieren, statt auf diese jazzige Art wie auf *Over The Top*. Ich bin damit sehr zufrieden. Es ist das erste Gitarren-Instrumental seit langer Zeit und mir gefällt es, eine eher emotionalere Nummer zu spielen." Der Song entwickelte sich schnell bei Konzerten zu einem Highlight.

Während der Runde der Sommerkonzerte 1986 testete Gary das neue Material vor Publikum. Zum ersten Mal in ungefähr vier Jahren, blieb er beim selben Line-up für aufeinanderfolgende Tourneen. Gary Ferguson war immer noch der von ihm favorisierte Schlagzeuger, der auch gut mit dem Bassisten Bob Daisley harmonierte. Gary sagte über den Basser: „Als die Sache mit Glenn Hughes nicht in die Gänge kam und Bob zur Verfügung stand, habe ich ihn mir augenblicklich gekrallt. Ich konnte es gar nicht erwarten, ihn in der Gruppe zu sehen. Bob gehört zu den besten Bassmännern, die momentan zu haben sind, und er hat diesen Sound drauf, der exakt zu dem passt, was Gitarristen spielen ... Er liefert einen fetten, voluminösen Klang ab, mit dem er einer Gitarre ein Fundament gibt, ähnlich einem modernen Jack Bruce. Es ist ein aggressiver, dreckiger Bass-Sound, den ich schon immer liebte ... Die meisten wollen einen Funk-Bass zu rockorientierter Musik spielen, doch das passt absolut nicht. So ein Bass-Sound ist zu clean und höhenreich und kommt einer Gitarre in die Quere ... Für diese Art von Musik ist das einfach falsch, da die Gitarre dann verwaschen rüberkommt, denn sie braucht einen tiefen Bass zur Unterstützung. Und [Bobs Spiel] harmoniert mit Gary [Fergusons] Stil, da dieser ein sehr breites Klangbild liefert."

Moore vertiefte darüber hinaus die Beziehung mit Neil Carter, besonders, was das Songwriting anbelangte: „Neil liefert viele Beiträge, doch wird bei weitem nicht für alle Ideen erwähnt, mit der er die Gruppe bereichert. Auf (der Vinyl-Version von *Run For Cover*) spielte er nur auf wenigen Songs, doch brachte viele Ideen ein, denn er war oft da, wenn ich die Stücke schrieb. Er schrieb mit mir ‚Empty Rooms' ... und ihm fallen großartige Riffs ein wie das von ‚All Messed Up', das ist ein typisches Neil-Carter-Riff. Er ist höchst produktiv und man trifft ihn nie ohne seinen kleinen Fostex an (einer der frühesten Multi-Track-Rekorder, bei denen noch eine Kassette zum Einsatz kam). Neil schreibt permanent und wir finden immer gutes Material, das wir benutzen."

Vor der Band lag eine Reihe von Konzerten in größeren Locations, darunter auch einige Termine als Vorgruppe von Queen, die – wie sich später herausstellte – ihre letzte Tour mit Freddie Mercury war. Die Gigs starteten im Råsundastadion in Schweden mit einer Kapazität von 35.000 Zuschauern. Allerdings gab es einen Aufschrei der Empörung. Einige nationale Journalisten verweigerten sich der Pressekonferenz aus Protest gegen Queens Verhalten, die während der Apartheid-Ära in Südafrika in dem Vergnügungs-Ressort Sun City aufgetreten waren. Das geschah zu einer Zeit, in der andere Bands das Land boykottierten. Gary konnte damit umgehen und gab sich diplomatisch wie er im *Kerrang* berichtete: „Wenn man sich meine Songs anhört, erkennt jeder, was ich über die Lage in Südafrika denke. Man muss nicht weiter als bis zu ‚Out In The Fields' schauen, bei dem ich darauf hinweise, dass es egal ist ob jemand schwarz oder weiß ist ... Mir ist es wichtig, dass ich hier für meine Fans spiele. Ich schätze mal, dass die Hälfte der Kartenkäufer uns sehen will, denn wir können hier mühelos über 10.000 Zuschauer ziehen. Ich würde nicht in Sun City auftreten, aber ich werde in Stockholm spielen."

Die Band betrat die Bühne im strömenden Regen und der Sound war auch nicht der Beste, doch Neil zog die Aufmerksamkeit auf sich, da er einen lindgrünen Zweiteiler trug, ein weißes Hemd und weiße Schuhe und eine mit Diamanten besetzte Kette sowie eine Regenjacke, die alles „harmonisch" abrundete. Bis auf die kurze Sommertour trat Gary 1986 nicht mehr auf, da die restliche Zeit den Aufnahmen vorbehalten war. Schon zu Beginn der Sessions traf Moore eine der am meisten kontrovers diskutierten Entscheidungen seiner bisherigen Aufnahmegeschichte: Er verzichtete auf einen Schlagzeuger!

Gary befasste sich mit dem Songwriting am liebsten Zuhause und brachte die komplett ausgearbeiteten Stücke mit ins Studio. Das lag einerseits an Budget-Beschränkungen, aber auch an seinen klar umrissenen Ideen, die er direkt umsetzen wollte. Zum ersten Mal benutzte er seine eigene Drum-Machine außerhalb des Studios, was für ihn einer Offenbarung gleichkam, denn was das Timing anbelangte, war Moore ein absoluter Pedant. Bei der Arbeit an den frühen Demos hatte ihn Pete Smith mit dem bereits verstorbenen Roland Kerridge bekannt gemacht, Schlagzeuger der New Wave/Synthie-Pop-Band Re-Flex. Kerridge transferierte Garys Drum-Parts auf einen leistungsstärkeren Linn 9000 Drumcomputer, da Moore sich damals noch nicht mit der Bedienung vertraut gemacht hatte. Gary nutzte einige Werkseinstellungen wie die Snare-Sounds – auch unter dem Namen Park Snares bekannt, da sie in den Park Gate Studios in Wales aufgenommen worden waren – und auch Tom Tom- sowie Hi-Hat-Overdubs, die Kerridge bereitstellte.

„In der Vergangenheit", erinnert sich Gary, „wurden die Aufnahmen nach der altmodischen Methode gemacht. Man brachte seine Ideen halbwegs in Form, ging ins Studio, ließ die Drums knüppeln und hatte hoffentlich einen Backing-Track mit einem halbwegs anständigen Timing. Danach musste man all die Fehler des Drummers kompensieren und alle Parts, die aus dem Takt fielen. Man kann einfach nicht sicher über einen Track spielen, der (rhythmisch schwankt), und das war immer eins meiner Probleme gewesen, bevor all diese Maschinen auf den Markt kamen und eine Alternative boten. Ich habe Schlagzeugern das Leben verdammt schwer gemacht, um einen regelmäßigen Track zu garantieren. Manchmal erhielt man dann Drum-Spuren, die vom Timing gut waren, doch der Schlagzeuger spielte so angespannt, dass er keine Experimente mehr wagte. Dann hatte man einen stocksteifen und sterilen Sound, bei dem das Feeling fehlte."

„Das Sampling ist für mich wichtig geworden. Programmierte Drums, angetriggerte Samples. Ich arbeite auf eine unterschiedliche Art und Weise, denn die Band spielt nicht mehr zusammen im Studio … (Die Aufnahme des Albums) bedeutete nicht mehr mit einer Gruppe ins Studio zu gehen, ständig etwas zu verändern und somit die Essenz eines Songs zu verlieren. Auf die [neue] Art liegt das Endresultat deutlich näher an meiner Vorstellung. In der Vergangenheit habe ich meine Richtung verloren, weil ich die Musiker zu früh mit einbezog und die Stücke nicht selbst zu Ende brachte. Das ist etwas, an das ein Songwriter denken sollte! Geht man mit einem halb fertig geschriebenen Stück zu einer Probe, trägt jeder Ideen dazu bei, was in einem Durcheinander endet." Gab es jemals eine treffendere Aussage, warum Gary die Band Gary Moore nannte, dann ist sie an dieser Stelle zu finden, denn dieser Kommentar aus dem *Metal Rendezvous* lässt keinen Zweifel übrig.

Der neue Produktionsansatz verdammte Gary Ferguson auf die Ersatzbank. Laut dem Drummer „waren zuerst Gary, Bob, Neil und Pete Smith an der Produktion und der Tontechnik beteiligt. Nachdem wir die Nummern gelernt hatten, gingen wir ins Studio, um sie einzuspielen. Alle schienen zufrieden zu sein. Dann zog ein wenig Zeit ins Land und wir erhielten per Fax einen Aufnahmeplan. Ich freute mich und rief das Management an, was mir aber mitteilte, dass sich Gary dazu entschieden hatte, das Album überwiegend mit programmierten Drums aufzunehmen. Für mich ruinierte das *Wild Frontier* ganz klar, woraufhin ich die Biege machte."

Der Produzent Peter Collins war zwar zu Rush gewechselt, doch Gary konnte ihn für die Produktion des neuen Albums gewinnen. Er hatte einen starken und wegweisenden Einfluss, den Moore begrüßte. Außerdem scheute er sich nicht, Gary im Studio auf einen wagemutigeren Pfad zu bringen. Gary erinnert sich: „Während des Mixes der Single-Version von ‚Empty Rooms' waren wir bei der ersten Strophe angelangt und (Peter) nahm das Schlagzeug aus dem Mix, um etwas zu überprüfen. Ich hörte mir die Sequenzer ohne Drums an und schlug vor: ‚Vielleicht sollten wir es dabei belassen und die erste Strophe ohne das Schlagzeug nehmen.' Er fragte nach: ‚Bist du dir sicher? Das wäre mutig!' Und ich antwortete ihm: ‚Ja, lass uns mal mutig sein. Mach's mal!' Er ist ein cleverer Typ, denn obwohl er scheinbar gar nichts macht, überprüft er ständig alle Nuancen. Falls es nur den Hauch eines Fehlers gibt, erkennt er ihn sehr schnell. Oder er lässt mich in einem Song Passagen ändern, denn er gehört keinesfalls zu den Leuten, die sich scheuen, mir etwas unter die Nase zu halten. Wenn ihm Parts nicht zusagen, muss ich sie manchmal neu schreiben."

„Der ursprüngliche Refrain von ‚Wild Frontier' klang vollkommen anders. Als er das Stück hörte, meinte er, es sei ein guter Song, aber er möge den Refrain nicht. Ich fühlte mich wie am Boden zerstört, denn ich fand ihn wirklich gut, doch die Art wie er es mir sagte, stachelte mich an, mir etwas Besseres einfallen zu lassen. Das dauerte Woche um Woche, doch schließlich fand ich was und er meinte: ‚Gut, das ist in Ordnung. Das machen wir.' Er ging nicht ins Studio, bevor er sich vollkommen sicher war."

„Peter lehrte mich einen neuen Arbeitsstil, und ich glaube, dass ich es noch weiter ausgereizt habe, als er es mir zuerst zutraute – ich fing mir das Virus der ‚Maschinenkrankheit' ein – wie er es nennt – und will nun alles perfekt im Timing haben."

Doch Garys Experimente beschränkten sich nicht nur auf das Schlagzeug, denn auch die Gitarren mussten dran glauben. Der Tontechniker James Burton erinnert sich an Moores Gitarren-Techniker Keith Page, der „für Gary Gitarren auf dem Boden der Regie zusammenbaute. Er begann am Morgen und der ganze Boden war mit Einzelteilen übersät. Um 1 oder 2 Uhr nachmittags spielte Gary die Klampfe." Moore benutzte zu der Zeit hauptsächlich Strats und Les Pauls, doch setzte manchmal auch Charvel-Gitarren ein, ein Tick, der bis zur Aufnahme von *G-Force* 1979 zurückreichte. Unter den Charvels befand sich auch ein Modell mit einem Stoffbezug im Leopardenfellmuster! Zum Zeitpunkt der Aufnahme des neuen Albums schnappte sich Keith Page ein Standardmodell und wechselte das Schlagbrett und die Pick-ups aus. Zudem wählte er den Hals einer anderen Klampfe aus und ersetzte ihn mit dem der Charvel.

Damals war der Gitarreneigenbau der ganz große Hype, eine einzigartige Klampfe aus diversen Einzelteilen „zusammen zu zimmern" wie es zum Beispiel Eddie Van Halen mit seiner „Superstrat" machte. Laut Graham Lilley, dem Nachfolger von Keith als Garys Gitarrentechniker, „waren die meisten neuen Gitarren zu der Zeit einfach nur Mist. Und so baute man sich ein Custom-Modell. Allerdings überlebten die Eigenbauten nur eine kurze Zeit, vielleicht ein oder zwei Touren, bis dann der nächste Trend kam. Das ist typisch für Musiker, die immer auf der Suche nach einem einzigartigen Sound, Ton oder Look sind."

„Bewaffnet" mit seiner neusten Gitarre und hochkonzentriert beim Aufnahmeprozess mit Peter Collins, widmete sich Gary den Rest des Jahres 1986 seinem neuen Album. Collins erklärt, wie er Moore im Verlauf der Sessions bei der Entwicklung seiner Gesangsstimme half, ein Punkt, den beide mit großer Sorgfalt behandelten. Eigentlich war es das erste Mal in Garys Karriere, dass er sich so intensiv mit den Vocals auseinandersetzte, denn zuvor hatte er immer gehofft, den grandiosen, aber schwer zu findenden Sänger für die Band zu engagieren.

„Das bereitete viel Mühe, denn ich suchte einen ganz bestimmten Klang in Garys Stimme. Es gab ein Spektrum seiner Vocals, das mir überhaupt nicht gefiel, eine Art sonorer und fetter Sound, der für meine Ohren nicht kommerziell klang, woraufhin ich versuchte seinen Ansatz zu singen zu ändern. Mir schwebte ein großartiges Timbre vor, das man [mit viel Arbeit] erreichen konnte, und er zeigte sich glücklich über den Vorschlag. Damals standen uns noch nicht die Feinstimmungs-Möglichkeiten zur Verfügung und die verschiedenen Effekte zur Bearbeitung, die man heute einsetzt. Ich war sehr darauf bedacht, das jeweilige Stück in der geeigneten Tonart umzusetzen. Manchmal war das aber aus Sicht der Gitarre überhaupt nicht gut – und somit gab es hin und wieder Streit und Krach! Doch ich ließ mich nicht abbringen und bestand immer darauf!"

„Er kam auf fantastische Ideen, und ich integrierte sie an den Stellen, wo sie am effektivsten wirkten – Phrasierungen und Ausdrucksformen der Vocals, Background-Vocals und Arrangements. Ich schlug zum Beispiel vor: ‚Wir müssen hier rausgehen, diesen Hook an die Stelle packen und hier brauche ich etwas Ruhiges und Sensibles, zur Vorbereitung einer harten Passage.' Manchmal riet ich beispielsweise: ‚An dieser Stelle des Songs muss eine Wendung kommen, die sich vom Bisherigen radikal unterscheidet – und er lieferte ab, großartige Beiträge.'"

Zur Fortführung der keltischen Themen komponierten Gary und Neil das energiereiche „Thunder Rising". Neil erklärt die Herangehensweise: „Ich habe mir in der letzten Zeit zahlreiche Geschichtsbücher angeschafft und mich für die Legenden Irlands interessiert. Die alten irischen Krieger ritten los und schlugen ihren Gegnern die Köpfe ab, die sie dann von den Pferden baumeln ließen! Ich bin nicht scharf drauf, diesen äußerst bildhaften Aspekt der irischen Mythologie zu erhalten, liebe aber den Geist jener Tage. Außerdem sind die Iren von Natur aus sehr warmherzig, obwohl man das nicht glauben kann, sieht man sich die Nachrichten an. Es sind freundliche Menschen, die schon immer Musik und Gedichte geliebt haben."

Auf dem Album befand sich zudem Garys offensichtlicher Tribut an Phil. „Johnny Boy" war als irische Ballade geschrieben und live im Studio mit Paddy Moloney (von den Chieftains) an den Uillean Pipes aufgenommen worden, unterstützt durch Don Airey und Gary an den Akustik-Gitarren.

Was die Cover-Version anbelangte, fällte Gary mit dem Easybeats-Hit „Friday On My Mind" eine ungewöhnliche Entscheidung: „Er gehörte zu den Songs, mit denen ich aufwuchs. Obwohl sich schon Einige daran versuchten, wie zum Beispiel David Bowie, wollte ich der Nummer meinen eigenen Stempel aufdrücken, indem ich etwas Neues dazu schreibe ... Für mich gibt es keinen Grund ein Cover aufzunehmen, wenn man nicht etwas anderes daraus macht ... Die Fassung unterscheidet sich genügend und ist modern genug, womit sie ihre Berechtigung hat. Diesmal sollte es auch nichts von den Yardbirds sein." Zum Thema einer Sitar auf dem Track erklärte Moore: „Ja ... das hört man auf diesen alten Tamla-Motown-Nummern. Wir setzten sie dort ein, weil es irgendwie verrückt war. Als wir die Sitar-Overdubs machten, bepissten wir uns vor Lachen, denn das ganze Studio klang wie ein indisches Restaurant. Wir sollten vielleicht noch einen ‚Tandoori-Mix' machen, schätze ich mal."

Im Gespräch mit dem *Juke*-Magazin sprach Gary über das Gefühl, das Album nach Phils Tod geschrieben zu haben: „Die ganze Zeit war merkwürdig beklemmend, denn man verkraftet so eine Sache nicht in einer Nacht ... Ich war damals emotional verzweifelt, sehr deprimiert ... aber es gab mir auch Auftrieb, denn ich dachte: ‚Was hätte Phil von mir erwartet?' In meinem Kopf schwirrte alles Mögliche herum, aber ich hatte das Gefühl, ein Album produzieren zu müssen, auf das Phil stolz gewesen wäre, da er ja ein Teil davon war."

Veröffentlicht im März 1987 wurde *Wild Frontier* Garys erfolgreichstes Album in den Achtzigern und erntete Platin in Schweden, Gold in Finnland und Silber in Großbritannien. Das Album schoss in mehr als einem halben Dutzend

Ländern in die Top 20. „Over The Hills And Far Away" wurde in Finnland und Norwegen sogar eine Nummer 1 und gelangte auch in anderen Ländern in die Charts. Mit der Überschrift „Ein Bouquet roter Rosen" veröffentlichte Paul Elliott von der *Sounds* eine Besprechung, gekrönt von einer Fünfsterne-Bewertung. „*Wild Frontier* versprüht in seinen bedächtigen Momenten einen unvergleichlich melancholischen Charme. Und wenn es kraftvoll-ruppig zur Sache geht, ist es so treibend und aufbauend wie [gute] Rockmusik sein sollte."

„Erfrischenderweise hat Moore seine Musik von den alten, leicht sperrigen Metal-Schablonen befreit, und lässt ihr mehr Raum für Farbe und Wärme. Außerdem präsentiert er uns sein irisches Erbe wie nie zuvor, was von dem traditionellen Gefühl eines Folk-Jigs bei ‚Over The Hills And Far Away' reicht bis hin zu einer deutlicheren Reife der Texte. Man muss bis ins Jahr '79 zurückgehen und Thin Lizzys *Black Rose*, um Garys Wurzeln zu finden, die durch die Songs schimmern."

Trotz des offensichtlichen Widerhalls von Lizzy ist das Album keineswegs, „schamlos [geklauter], selbstsüchtiger und sentimentaler Plunder, so wie es vielleicht erscheinen mag. Moore hat sich einfach von seinen angerosteten [Heavy]-Metal-Ketten losgerissen und packt sich die zutiefst emotionale Qualität, die Lizzy so einzigartig machte."

„*Wild Frontier* hat diesen lodernden, doch niemals überzogenen Romantizismus, am deutlichsten zu hören bei ‚The Loner' und ‚Johnny Boy'. Ich bin nie jemand gewesen, der bei virtuosem Gedudel in Lobhuldigungen ausbricht, doch während ‚The Loner' – ein träumerisches Instrumental mit einem, ich traue es mir zu schreiben, delikaten Pariser Flair – *spricht* die Gitarre. Und damit meine ich nicht, dass sie die Art geschwätziges Kauderwelsch brabbelt, das sich Eddie Van Halen und seine Imitatoren ‚abfiddeln'."

„Nach Jahren intensiven musikalischen Kuddelmuddels hat Moore einen eigenen Stil gefunden, der seinen außergewöhnlichen Fähigkeiten keinen Abbruch tut ... *Wild Frontier* lodert hell, besänftigt, rockt, macht dich an und besorgt es dir. Es ist die Art von Platte, die einen bestimmten alten Rocker sehr glücklich gemacht hätte."

1987 war eine Welttournee zur Promotion des Albums geplant, doch zuerst musste sich Moore um einen neuen Schlagzeuger als Ersatz für Gary Ferguson kümmern. Im März hatte Bob Daisley den Bass auf dem neuen Black

Sabbath Album *Eternal Idol* gespielt und Gary daraufhin den Drummer bei dieser Session, den Amerikaner Eric Singer empfohlen. Dieser trommelte seit 1985 statt Bill Ward bei Sab. „Ich war schon immer ein großer Fan von Gary, habe die Alben *Corridors Of Power* und *Victims Of The Future* tot-genudelt. Jeff Glixman produzierte die beiden Scheiben wie auch die Sabbath-Platten, auf denen ich trommelte. Das Vorspielen lief gut, doch sie meinten, noch einen anderen antesten zu wollen. Und so bin ich wieder zurück ins Hotel, habe eine Kassette eingeworfen und noch mehr Songs gelernt wie ‚Thunder Rising'. Am nächsten Tag bin ich zum John Henry's [Proberaumkomplex], wo sie mir am Ende sagten, dass ich den Job hätte. Das einzige Problem bestand darin, dass mein Schlagzeugset in einer Lagerhalle in Heathrow steckte, und ich es nicht ausgehändigt bekam, da Black Sabbath die Rechnung nicht bezahlt hatten. Daraufhin lieh ich mir von Cozy Powell ein Set und tourte dann mit der Beschriftung ‚Cozy Powell – Whitesnake' auf den Flightcases."

„Vor Beginn der Tour probten wir einen geschlagenen Monat, was mir wirklich guttat, denn ich konnte mir das Material bequem aneignen und in eine gute Spielform kommen, denn vor mir stand die größte Tournee, die ich je gemacht hatte. Bob und Neil lebten in Brighton und mussten nach den Proben immer noch den Zug nach Hause abpassen, doch Gary wollte weitermucken und somit blieben wir und jammten Lizzy-Songs. Er ‚solierte' unendlich lange, hatte aber immer spannende Ideen. Das war erfrischend."

Die Tour startete im März, und die Band walzte alles nieder. Eine Besprechung ihres Konzerts in der NEC-Arena in Birmingham von Paul Henderson im *Kerrang* – es war erst der zweite Termin einer Welttournee mit sage und schreibe 70 Konzerten – sprudelte vor Begeisterung über: „Während der überwiegende Teil der ‚Old School' Guitar Heroes entweder in Rente gegangen ist, sich im Winterschlaf befindet oder im Scheintod vor sich hin vegetiert ... wächst die neue Generation von Geschwindigkeits-Technophilen mit einer alarmierenden Vervielfältigungsrate heran. Gary Moore nimmt hingegen eine einzigartige Position ein ... denn er ist stilistisch [und technisch] in der Lage in jedem Lager zu bestehen, überbrückt die Kluft mühelos. Ich könnte keinen einzigen aktiven Musiker benennen, der dessen fähig wäre."

„Moore ist ein erstaunlich vereinnahmender Gitarrist, dem man zuhören muss – [er hat] eine unglaubliche Kontrolle, ist sich seines Talents bewusst und präsentiert einen mehr oder weniger einzigartigen Mix aus Geschwindigkeit und dem ‚altmodischen' Feeling. Auf der aktuellen Tour erweist er sich bei der Präsentation auch als optisch interessant, denn er verlässt den ermüdenden, aber immer noch angeblich unerlässlichen Bühnenaufbau, bei denen die Marshall-Türme von einer Seite der Bühne bis zur anderen reichen oder die konzeptuellen Kulissen. Stattdessen hat er sich zu einer Art ‚kubistischem' Aufbau, bei dem das Equipment sorgfältig versteckt wurde, und einem ebenso modernen Lichtdesign entschieden, das mit geschmackvollen Spot-Bewegungen arbeitet."

„Gary kam auf die Bühne und trug eine schwarze Armeejacke mit goldenen Armabzeichen eines hochrangigen Offiziers und führte seine kleine, aber höchst schlagkräftige Einheit durch ein hartes und ungestümes Set, das seinem Ruf vollends gerecht wurde. Gesegnet mit einem kristallklaren Sound eröffneten sie das Konzert mit ‚Over The Hills And Far Away', wobei eindringliche Gitarren-Kaskaden neben elegant gesampleten Klängen keltischer Instrumente standen sowie präzise Harmonien. Die Double-Bass von Neu-Drummer Eric Singer donnerte durch die NEC-[Arena] als würden Sprengladungen hochgehen. Jeder Song behielt die kunstvoll geschmiedete Struktur der Studioeinspielung."

„Gary selbst spielte meisterhaft und manchmal hypnotisierend. Er alternierte zwischen Hochgeschwindigkeits-Pyrotechniken und einem eher geschmackvollen Ansatz, der gelegentlich die Grazie und Kontrolle des wunderbaren Jeff Beck evozierte. Besonders bei der kurzen Einleitung vor ‚Empty Rooms' und während ‚Wild Frontier' offenbarte Moore eine Seite seines Gitarrenspiels, die man oft übersieht – die des höchst geschmackvollen Stils und vor allem des Feelings. An anderer Stelle erhöhte er den klanglichen Druck mit einer teuflischen Intensität. ‚Military Man', das zermalmende Riff von ‚Victims Of The Future' und ‚All Messed Up' standen für die schwergewichtige Wildheit, die er bei seinen Soli beweist. Während ‚Shapes Of Things' erklomm er ein Podium und tauchte tief in ein Potpourri verschiedener Gitarrenstile, denen man mit Wonne zuhörte."

„Nachdem das Set mit einem intensiven und tonal perfekten ‚Out In The Fields' beendet war ... kam die Band wieder zurück und präsentierte heißblütige Fassungen von ‚Rockin' Every Night' und ‚Wishing Well'. Die meisten Gruppen hätten es hierbei belassen – mit einem schnellen Ende, einem lauten Ende und einem harten Ende. Doch anstatt das Publikum mit einem frenetischen Finish loszuwerden, widmete sich Moore den fantasievollen Gefilden, in dem er das schöne und elegante ‚The Loner' zelebrierte."

„Es war ein Abschiedsgeschenk, das auf die Hörer direkt und ehrlich wirkte, das kollektive Herz der Stadt durchdrang und der NEC-Arena einen Schluck eines emotionalen Drinks servierte, für den man einige Zeit benötigt, um ihn zu verstoffwechseln."

Henderson war sich möglicherweise nicht über die Bedeutung eines bestimmten Kommentars bewusst: „Jeder Song behielt die kunstvoll geschmiedete Struktur der Studioeinspielung." Gary war besonders auf die Live-Darbietung bedacht, die bis ins kleinste Detail wie zum Beispiel die Beckenschläge ausgearbeitet war. Eric Singer erinnert sich: „‚Over The Hills' steht in einem 6/8-Takt, und ist beinahe ein Shuffle. Es war eine sehr schnelle Nummer, bei der man mit einer Hand die Beats auf einem Becken spielte. Manchmal musste ich schummeln und zwei Hände dafür benutzen, also über Kreuz spielen [um die Geschwindigkeit zu garantieren]. Doch Gary meckerte: ‚Nein, nein, ich will, dass du es mit einer Hand spielst.' Ich versuchte dann weiterhin mit beiden zu spielen, und wenn er sich umdrehte, wechselte ich zu einer Hand."

„Ein Stück wie ‚The Loner' konnte acht oder auch siebenundzwanzig Minuten lang sein. Wenn er sich auf einen langen Jam einließ oder ein langes Solo, stellte ich mich auf eine Improvisation ein, bei der man aufeinander einging. Allerdings wollte er nicht, dass man das ganze Arsenal der Schießbude einsetzte. Ähnlich wie bei einer Kochstunde: ‚Ich möchte Fleisch und Kartoffeln, aber brauche keine anderen Zutaten. Ich muss wissen, dass alles im Schrank ist, benötige es aber vielleicht nicht.' Das schien bei allen von ihm ausgewählten Musikern das vorherrschende Thema zu sein." Falls Gary meinte, man spiele zu viel, konnte man sich fest darauf einstellen, dass man dieses Werturteil noch auf der Bühne mitten während eines Konzerts serviert bekam.

So war Gary Moore. Entweder man passte sich an – oder nicht! Dieses Line-up stellte sich auf ihn ein, und während die Band Großbritannien niederwalzte, dann Japan und danach Europa (wo sie mehr Karten als Prince absetzten), lieferten sie denselben Level einer hochqualitativen Performance ab und das vor Tausenden von Zuschauern in meist bis zum Bersten gefüllten Locations. Ein gutes Beispiel, um den hohen Perfektionsgrad des Zusammenspiels zu erleben, zu sehen wie gut Gary spielte und mit was für einem Selbstvertrauen, kann online geschaut werden und zwar beim NFL-Film von Garys triumphalem Konzert in Stockholms Isstadion am 25. April.

Trotz seines Widerwillens erneut in den USA aufzutreten, hatte Moore jeden Grund zu glauben, dass er die Staaten mit einer top performenden Band und einem höchst erfolgreichen Album knacken konnte. Viele Besprechungen in der amerikanischen Regionalpresse fielen positiv aus, wobei die meisten sich einig zeigten, dass Gary endlich seine Belohnung verdient habe. Obwohl „Over The Hills" es in die Top 30 schaffte, erreichte das Album nicht mal die Top 100. Als Gary die Konzertliste sah – bis auf zwei Konzerte lediglich Club-Gigs vor wenigen Hunderten Zuschauern – muss er zutiefst enttäuscht gewesen sein.

Gerry Raymond-Barker war Moores Produktionsmanager während der Tour: „Das einzig nennenswerte große Konzert als Headliner fand am letzten Tag der Tour im Paradise Theater in Boston statt. Die anderen Locations lassen sich praktisch als miefige kleine Clubs beschreiben, bei denen es den lokalen Veranstaltern scheißegal war, wen sie vor sich hatten. Es gab so gut wie gar keine Organisation. Ich rief ständig die amerikanischen Agenten an, die es nicht interessierte, da sie andere Acts bevorzugten und bloß keinen Stress mit den Club-Besitzern haben wollten. Sie erhielten also einen Prozentanteil der Gage, boten aber keinerlei Unterstützung. Das Catering war scheiße, was auch auf die lokalen Hilfskräfte zutraf. Gary zeigte sich natürlich NICHT BEEINDRUCKT! Er konnte die ganze Arschkriecherei nicht ab, die man in Amerika durchziehen muss, wenn man bei jedem Sender der Stadt auflaufen muss, in der man gerade spielte – zwei oder drei Mal am Tag. Und das auf der gesamten Tour! Er war ein verdammt guter Gitarrist – was er auch wusste – musste aber immer noch in einer Art von Läden auftreten, die er in Großbritannien und Europa schon seit Jahren hinter sich gelassen hatte."

Allerdings spielte die Band noch einen weiteren größeren Gig. Beim Metal Mania Festival im Sam Houston Coliseum in Texas stand sie ganz unten auf dem Plakat – hinter Y&T, Ace Frehley und TNT. Garys bissiger Kommentar verdeutlichte seine Gefühle: „Heute Abend treten hier aber viele Vorbands auf."

Der Hauptgrund, warum Gary den schlecht bezahlten und unbedeutenden US-Club-Terminen zustimmte, lag in seinem „Steuerfreijahr" begründet. Um die Berechnungsgrundlage und den damit zu entrichtenden Betrag zu reduzieren, musste ein in Großbritannien veranlagter Steuerzahler mindestens zehn

Monate außerhalb des UK verbringen. (In diesem Fall war es das Fiskaljahr vom 1. April 1987 – 31. März 1988.) Gary hasste das wie er im *Juke*-Magazin unverblümt zugab: „Man wird zu einer Art Urlaub gezwungen, was eine verdammte Qual ist, denn statt notwendigerweise an einem verdammten Strand zu liegen, möchte man zuhause sein und an den Songs der nächsten Platte arbeiten. Am Strand abzuhängen klingt wahrscheinlich recht gut, aber es ist eine andere Sache, wenn man es muss. Das fühlt sich an, als stecke man in einem Gefängnis. Natürlich kann man überall hingehen und sich den ganzen Tag sonnen, aber nach einer Zeit kotzt dich das an … Ich will zurück nach England und diesen verdammten Regen sehen!" Die gesamte Situation wurde von der Tatsache noch weiter verkompliziert, dass Kerry mit ihrem Sohn Jack schwanger war. „Ich bin im sechsten oder siebten Monat in die Staaten gereist, weil Gary mich dort haben wollte, doch letztendlich musste ich wieder nach Hause." Nach dem Tourende flog Gary nach Spanien, wo Ian Paice ein Haus besaß, wohin ihm Kerry nach der Geburt von Jack folgte. Gegen Ende des Jahres reiste er nach Irland, um am Nachfolger von *Wild Frontier* zu arbeiten, der recht zügig veröffentlicht werden sollte.

Kein Bandmitglied stand auf der Gehaltsliste, denn es war eine „pay to play"-Vereinbarung getroffen worden. Aus diesem Grund machte sich Bob Daisley nach LA auf, um einige Tracks für das aktuelle Yngwie-Malmsteen-Album und Bill Wards Soloprojekt aufzunehmen, wonach er Ozzy Osbournes Album *No Rest For The Wicked* rettete, auf dem er nicht nur den Bass zupfte, sondern auch einige der Songs schrieb und alle Texte, gefolgt von einem Aushilfsjob für Geezer Butler bei einem US-Termin von Sabbath. Neil Carter flog zu dieser Zeit mehrmals nach Dublin und zurück und begann im Januar 1988 mit Moore an neuen Songs zu arbeiten.

Gary hatte mit *Wild Frontier* einen Nerv getroffen, denn sowohl das Publikum, als auch die Plattenkäufer erwärmten sich für die keltisch angehauchte Atmosphäre. Die Verbindung zu Phil bedeutete, dass er die Musik mit ganzem Herzen machte, was die Leute aufgrund der Aufrichtigkeit und Überzeugungskraft schätzten. Obwohl Moore den Medien gegenüber erklärte, dass *After The War* nicht in Zusammenhang mit *Wild Frontier* stand, konnte er damals nicht anders, und ließ einen Hauch „Irland" in der Musik durchschimmern. Die Tracks „Dunluce" (Parts 1 und 2) und das autobiografische „Blood Of Emeralds", das Garys frühen Umzug von Belfast nach Dublin dokumentiert, wurden in den USA geschrieben. Als die Band in den PUK Studios in Dänemark weitermachte, ging es kompositorisch eher in Richtung Mainstream. Ein Track hätte aber auch aus dem Thin-Lizzy-Songbook stammen können: „Livin' On Dreams" lässt sich als eine Zeitreise beschreiben und handelt vom Aufwachsen in Belfast, dem Traum vom Ruhm eines Rockstars, während ihm sein Busgeld von den Schlägern vor dem Maritime abgeknöpft wird.

Während des Aufenthalts in Dublin hatte Moore eine neue Fassung von „Emerald" mit Brian Downey an den Drums aufgenommen und fragte ihn daraufhin, ob er nicht in die Band kommen wolle. Doch der ex-Lizzy-Trommler lehnte höflich ab, woraufhin Gary – der wieder ein „richtiges" Drumset auf dem Album haben wollte, sich an den härtesten Drummer der Szene wandte – Cozy Powell. Dieser hatte damals von Bands die Nase voll und wollte sich als „Miet-Schlagzeuger" neu profilieren. Auf dem Album tauchten einige von Andy Richards' programmierte Drums auf, doch neben Cozy spielten auch Simon Phillips und der von Peter Collins bevorzugte Session-Drummer Charlie Morgan auf dem Werk. Peter Collins erinnert sich daran, dass auch die Besten von ihnen vor Herausforderungen standen: „Bei ‚Blood Of Emeralds' musste man ein verdammt schnelles Pattern auf der Double-Bass spielen. Während der Aufnahme bekam Simon Krämpfe in den Beinen, was die Nummer erstmal abwürgte. Er bat alle, den Raum zu verlassen, eine Pause zu machen und ihn in Ruhe zu lassen. Wir hörten, dass er im Studio einige Übungen durchzog, sich dann [an das Pattern machte] und ganz langsam die Geschwindigkeit steigerte. Ungefähr nach 40 Minuten rief er uns zurück und trommelte es perfekt ein."

Gary war niemals verlegen, in der Öffentlichkeit einen Rundumschlag zum Musikbusiness und zeitgenössischen Trends zu machen oder einzelne Musiker und Bands anzugiften. Diesmal nutzte er das Medium eines Tonträgers dazu. Der Track „Led Clones" richtete sich an die Band Kingdom Come mit dem deutschen Sänger Lenny Wolf, die allgemein eine harsche Kritik einstecken mussten, da die Nähe zu Led Zeppelin so frappant war, dass einige Hörer tatsächlich glaubten, Zeppelin habe sich reformiert. Gary entnahm die Steilvorlage aus einem Pressekommentar, in dem die Band „Kingdom Clones" geschimpft wurde und auch eine an David Coverdale gerichtete Kritik beinhaltete, auf dessen Album *Whitesnake* (auch als 1987 bekannt) er angeblich wie

Robert Plant geklungen habe. Der Track war clever arrangiert, denn man hört fernostöstliche Elemente, die an Zeps „Kashmir" anklingen und einen Ozzy Osbourne, der ein recht passables „Robert-Plant-Geheul" zum Besten gibt. Was Plagiate anbelangt, fällt eine deutliche Ähnlichkeit zwischen „This Thing Called Love" und „Hot For Teacher" von Van Halen auf, obwohl Moore darauf beharrte, den Song nicht zu kennen.

Gary versuchte für das Album eine Coverversion von Roy Buchanan aufzunehmen, was aber nicht gelang. Im August 1988, während der Einspielungen, beging Buchanan tragischerweise Selbstmord in einer Polizeizelle, nachdem man ihn wegen eines häuslichen Streits im alkoholisierten Zustand festgenommen hatte. Daraufhin coverte Gary als Tribut „The Messiah Will Come Again".

Erneut saß Peter Collins im Produzentensessel. Er erinnert sich an einen frühen Streit, den der Tontechniker verursachte: „Das PUK war ein Studio mit Unterbringungsmöglichkeiten nahe Aarhus im Norden Dänemarks und sehr beliebt, denn auch George Michael hatte dort aufgenommen. Jeder wohnte in seinem eigenen kleinen Haus. Wir engagierten diesen Tontechniker, der schon häufig mit Pink Floyd gearbeitet hatte, was besonders Gary gefiel, da er den Gitarrensound von Floyd mochte. Allerdings erschien der Tonkutscher mit seiner Frau im Schlepptau, was der Verletzung eines ungeschriebenen Gesetzes gleichkam. Sie hockte sich am ersten Tag in die Regie, was Gary überhaupt nicht behagte, woraufhin er mich anwies, den Techniker zu fragen, ob seine Frau das Studio verlassen könne, während wir arbeiteten. Ich bat ihn also und sie verließ das Studio. Später aßen wir noch gemeinsam, wonach Gary und ich noch etwas arbeiteten. Er trat an mich heran und meinte: ,Ich glaube nicht, dass das hier alles glatt läuft, habe das Gefühl, dass es nicht funktioniert.' Egal, wir trafen uns wieder am nächsten Morgen und sahen – keinen Tontechniker! Er hatte sich verzogen. Wir standen also in Dänemark auf einer Art überdimensionalem Acker – Gary und die Band waren bereit – aber kein Tontechniker weit und breit. Als Nächstes gab es einige Panikanrufe bei Virgin, und sie kamen auf die Idee Ian Taylor zu verpflichten, der Kansas und Cheap Trick produziert hatte. Wir hatten ihn zwar noch nie getroffen, waren aber verzweifelt und seine Erfolgsliste wirkte überzeugend. Er kam also rüber geflogen und es klappte vom ersten Moment an. Ian war ein fantastischer Mann, ein grandioser Kollege und er zauberte uns diesen fetten Analogsound, auf den wir total standen. Er war es!" Wie sich später herausstellte, war er auch der Mann für mehr Moore-Alben als jeder andere Tontechniker/Produzent.

Gary wollte den Gitarrensound erneut zum Brennpunkt des Albums ausrichten. Er war mittlerweile so selbstsicher geworden, dass er Peter bei der Aufnahme der Soli nicht mehr in seiner Nähe wissen wollte. Er sollte sie nur noch abnicken. Darüber hinaus wollte Moore weitere Dimensionen einbringen: Bei „Livin' On Dreams" spielte er die Bottleneck-Gitarre parallel ein, während das Solo von „Led Clones" aus sechs Tracks für die Bottleneck-Klampfe bestand und einem Rückwärts-Echo.

Die Rückkehr zu einem Stil, bei dem die Gitarre deutlicher dominierte, war zugleich ein Statement von Gary über sein Entsetzen über die neue Gitarristen-Riege, die sich alle an vorgegebenen spieltechnischen Charakteristika orientierten. Er erklärte im *Guitarist* (März 1989), dass er bei modernen Gitarristen nicht mehr so ein eindringliches Gefühl empfindet wie bei Hendrix, Clapton, Green oder Beck: „Heute haben wir eine Riege unspezifischer Gitarristen, die alle den [an einen Drill erinnernden] Lernprozess beim Guitar Institute of Technology durchliefen. Um ehrlich zu sein, bin ich davon kein großer Fan. Wahrscheinlich sagen jetzt viele ‚Das ist doch Mist!' und vermuten, dass ich persönliche Gründe habe, sie anzugreifen. Doch Tatsache ist, dass alle Musiker aus dieser [Talentschmiede] verdammt ähnlich klingen. Sie wurden niemals ermutigt, ihre individuellen Talente zu zeigen … es ist eine Art ‚Fließband-Produktion' von Gitarristen, die selbst nicht viel zu sagen haben … Im Grunde genommen drücken sie sich [mit ihrem Instrument] aus und spielen auch unglaublich viele Töne, doch es ist völlig humorlos … Ich hasse die Platten, die die Typen produzieren, denn die Hälfte davon klingt wie Demo-Tapes für Ibanez und die andere Hälfte wie Lehrmaterial für Gitarre. Das Ganze wirkt so, als würden sie all die Skalen aneinanderkleben."

Trotz eines britischen Produzenten und Tontechnikers, fiel die Entscheidung über den Endmix auf einen Amerikaner – Duane Baron. Dieser zeichnete zuvor für die Tontechnik und den Mix bei unter anderem Quiet Riot, Mötley Crüe, W.A.S.P., Krokus, Poison und Ted Nugent verantwortlich. Die Intention war offensichtlich: Man benötigte einen Amerikaner, der mit den Bands gearbeitet hatte, die nach Virgins Meinung mit Gary Moore assoziiert werden sollten und der mit dem US-Radiosound vertraut war.

Das Album wurde im Januar 1989 veröffentlicht, mit einer Silbernen Schallplatte in Großbritannien ausgezeichnet und mit Gold in Schweden und Deutschland. Die Gesamtverkaufszahlen steigerten sich verglichen mit *Wild Frontier* kaum, mit der Ausnahme eines leichten Plus in den USA. Vor der Veröffentlichung erklärte Gary dem *Raw* seine Einstellung zu den Touren in den Staaten: „Das letzte Mal sind wir da rüber und haben eine Club-Tour durchgezogen, die uns nichts gebracht hat, und ich bin nicht bereit, das noch mal zu machen. Wenn die Platte gut läuft, werden wir uns dort blicken lassen, aber wenn nicht, will ich da nicht hin, um wieder Geld zu verlieren."

Peter Collins hatte Moore verdeutlicht, dass er sich seiner Meinung nach wiederholen würde, was natürlich nicht gut ankam, obwohl Gary letztendlich zustimmen musste. Die Besprechungen fielen unterschiedlich aus. Die Rockjournalistin Valerie Potter krönte das Album mit der Maximal-Punktezahl von Fünf und beschrieb es als „einen Killer" mit „einem unglaublichen Live-Feeling … einer Frische und Durchschlagskraft". Sie lobte die „großartigen Songs und das superbe Spiel" und beendete das Review mit dem Satz: „Meine erste Besprechung des Jahres – hoffentlich werden sie alle so gut." Das eigentlich unterstützende *Kerrang* begann mit der Schlagzeile „Lass den Krieg mal sein" und verriss das Album als Garys „schwächstes Soloalbum bislang". Es litt ihrer Meinung nach extrem unter „dem Fehlen prägnanter und erinnerungswürdiger Songs, einer kohärenten musikalischen Richtung und eigentlich allem anderen, was man braucht, um ein Album aus der Umklammerung der Mittelmäßigkeit zu reißen". Die Rezension endete mit dem Todesstoß-ähnlichen Kommentar, dass Gary versuche, in dem bewegten und trügerischen Wasser des Hardrock zu plantschen: „Wenn man das Album mit den innovativen und ideenreichen Platten der jungen und lebendigen Gruppen vergleicht, wird eins deutlich: *After The War* ist durchschnittlich und sollte vergessen werden."

Das Album hatte aber durchaus seine humorvollen Seiten. „Ready For Love" war als Persiflage an die Macker-Männer in Los Angeles gerichtet, die mit nacktem und behaartem Oberkörper und einem „schicken" Anhänger über die Boulevards stolzierten. Das Problem: Ein solcher Song, gerichtet an ein sexistisch ausgerichtetes Hardrock-Publikum konnte leicht als „ernst" empfunden werden, und das traf auch auf einige Journalisten zu, die den Witz nicht verstanden.

Zu dem Zeitpunkt quälte sich Gary mit ernsten Bedenken hinsichtlich des Verlaufs seiner gesamten Karriere. Wenn er als abergläubischer Mensch nach Omen Ausschau hielt, wurden seine Befürchtungen von den Ereignissen vor und während des ersten Teils der Tour nicht abgemildert. Da Cozy das Material so gut kannte, wäre es sinnvoll gewesen, ihn für die Tour zu verpflichten – zumindest theoretisch. Man muss daran denken, dass Gary stets darauf bestand, die Songs auf der Bühne exakt so zu spielen wie auf der Platte. Schon zu Beginn der Proben sah Bob Daisley den heraufziehenden Ärger: „Cozy spielte zum Beispiel ein Fill und Gary meckerte: ‚Nein, nein, auf der Platte ist an der Stelle kein Fill, also lass es. Aber an dieser Stelle kommt eins. Das musst du so und so spielen.' Cozy hatte sprichwörtlich keine freie Hand. Am Ende der Woche, es war ein Freitag, rief ich Gary an und mahnte zur Vorsicht: ‚Ich glaube, das wird so nicht laufen.' Ich sah den Split förmlich kommen. Doch Gary antwortete: ‚Keine Sorge, das wird schon gut werden, wenn er sich angepasst hat.' Ich ließ es auf sich beruhen, doch dann rief Gary mich an und meinte: ‚Ich denke, dass du recht hast.'" Bernie Marsden erzählte, dass Cozy ihn am Abend anrief, als er die Gruppe verließ: „Er meinte: ‚Das ziehe ich mir nicht mehr rein.' Ich hakte nach: ‚Was hast du denn gemacht?' ‚Das werde ich dir sagen. Ich habe ihn dahin gebracht, wo er jetzt ist! Und ich bin es leid, dass er mir ständig befiehlt, was ich spielen soll. Ich bin Cozy – verflucht noch mal – Powell.'" Er stieg im März aus, weniger als eine Woche vor Beginn der Tour – und ging dann an die Öffentlichkeit mit ähnlich kraftvollen und unliebsamen Aussagen. Er meinte gegenüber der Presse: „Man engagiert keinen Drummer meines Kalibers und befiehlt ihm dann, was er machen muss. (Schlagzeuger) empfinden einen Song einfach anders. Ich hatte gerade das Problem mit Gary Moore … er wollte, dass ich einen Track exakt so spiele, [wie er es mir vorschreibt]. Dagegen ist grundsätzlich nichts zu sagen, doch ich wollte mich nicht verbiegen und es auf Tour exakt reproduzieren … Wenn man vor einem Publikum spielt, muss einem [bis zu einem bestimmten Grad] erlaubt werden, das eigene Ding durchzuziehen … Und ich hatte das Gefühl, dass Gary unglücklich mit meinen Interpretationen der Songs war … Das Problem bezog sich nicht auf die komplette Show, nur auf bestimmte Nummern. Ich habe [die Musik] nicht so empfunden, wie er es wollte. Die Art, wie es endete, stimmt mich dennoch traurig. Ich respektiere Gary als Musiker, denn er ist ein grandioser Gitarrist, aber die Art, wie man mit meinem Abgang umging, war gelinde ausgedrückt, ein wenig undiplomatisch. Viele Fans dort draußen, die sich die Tickets für die Konzerte gekauft haben, werden ein wenig enttäuscht sein, so wie es sich entwickelte."

Der Kommentar deutete auf ein weiteres unausgesprochenes Thema hin, das hinter der Kulisse rumorte. Gerry Raymond-Barker erinnert sich: „Wir hatten tonnenweise Equipment bestellt, von dem kaum anzunehmen war, dass Cozy alles brauchen würde, [mehr Teile, als er nutzen konnte] – und dann hörten wir, dass er einen separaten Merchandise-Deal für sich selbst abgeschlossen hatte [für exakt das überflüssige Equipment]. Das kam gar nicht gut an. Garys Antwort darauf: ‚Scheiß drauf! Das hier ist keine Gary Moore/Cozy Powell-Show.' Und das brachte das Fass zum Überlaufen."

Nun wurde wieder einmal zur Jagd auf einen Schlagzeuger geblasen. Graham Lilley erinnert sich: „Wir hatten gerade die Proben im John Henry's abgeschlossen und wollten nach Elstree, wo man auf einer dieser riesigen Bühnen die Produktionsproben durchziehen kann. Wir mussten die gesamte Lichtanlage und die PA dorthin karren, um einige Tage lang die Show zu testen, wonach es nach Edinburgh und Sheffield gehen sollte. Ich musste dann noch kurz zurück ins John Henry's, um etwas abzuholen. Ich stand vor dem Büro und plauderte mit einer der Angestellten, als plötzlich Gary an der Strippe hing und nach Ted McKennas Telefonnummer fragte (ex-Alex Harvey Band, Greg Lake). Mein erster Gedanke: ‚Oh, oh!' Als ich zurück nach Elstree kam, hatten sie bereits Cozy Powells Drumset weggeräumt. Wie sich herausstellte, sollte Chris Slade zur Band stoßen (ex-Manfred Mann's Earthband, Paul Rodgers, The Firm und David Gilmour). Chris blieb erst zuhause und schaffte sich die Musik mit Tapes drauf, und danach lernte er die Show innerhalb der drei Tage, in denen wir uns in Elstree befanden. Er hatte 'ne Menge zu üben! ‚Blood Of Emeralds' war eine teuflische Nummer, denn sogar Simon Phillips brauchte eineinhalb Tage zur Aufnahme, und er kannte die Nummer schon von den vorhergehenden Proben. Wir mussten dann die beiden ersten Konzerte in Edinburgh und Sheffield absagen." (Sie wurden später nachgeholt.)

Obwohl das Programm zwangsläufig etwas ungeschliffen anmutete, feierte Gary am zweiten Tag der Tour erneut eine triumphale Rückkehr nach Belfast, seiner Geburtsstadt. Diesmal „salutierten" ihm auch die Journalisten einhellig und bejubelten die heißblütige, packende und ehrliche Performance der Songs, die beim Belfaster Publikum eine unglaubliche Resonanz hervorrief, das die Nummern mit geballten und in die Luft gestreckten Fäusten miterlebte. Am 12. März stand ein riesiger Gig in der Wembley Arena auf dem Programm – der aber beinahe ins Wasser gefallen wäre. Graham Lilley denkt an den – nach eigener Aussage – „Albtraum" zurück und bietet damit einen Einblick, wie die unwahrscheinlichsten technischen Probleme bei einem Konzert auftauchen können.

„Der Veranstaltungsort, eine große Halle, war renoviert worden, wobei man die alte Bühne zurückversetzt hatte, um die Kapazität zu erhöhen. Was sie uns aber nicht verrieten: Während der Neuinstallation der Bühne wurde die Elektrik nicht grundlegend überarbeitet. Stattdessen hatten sie nur den Hauptanschluss, den die großen Produktionen anzapften, einfach verschoben und neu installiert. Statt das überbleibende Kabel zu kürzen, rollten sie es einfach auf und versteckten es unter dem neuen Bodenbelag, was dann quasi eine große Induktionsspule ergab! An dem besagten Tag baute das Produktionsteam die Anlage auf, wobei sich die Dimmer der Lichtanlage am üblichen Platz befanden, also auf dem Bühnenboden in der rechten Ecke, über dem Hauptanschluss und dem zusammengerollten Kabel! Nachdem wir das Band-Equipment aufgebaut hatten, entdeckten wir ein unglaublich lautes Brummen/Surren bei der Gitarre."

„Wir verbrachten den restlichen Tag mit der Suche nach der Ursache des Problems, doch nichts verminderte das laute Brummen oder verminderte es genügend, damit es nicht die Gitarre übertönte. Wir hatten Garys Equipment für die ‚After The War'-Tour ziemlich aufgemotzt. Es war also verdammt laut, mit einem hohen Input in der Signalkette. Das kombiniert mit einer großen Anzahl alter Gitarren, die an sich schon einiges an externen Frequenzen – oder auch ‚Dreck' – vom Hauptanschluss übertrugen – und schon ergab das einen lauten Klangbrei."

Gary zeigte sich hinsichtlich Soundchecks immer pingelig. Egal, wie groß der Veranstaltungsort auch war – bis auf die Band und die Techniker durfte sich dort niemand aufhalten. Das bereitete denjenigen des Teams natürlich regelmäßig Kopfschmerzen, die man damit beauftragte, die Neugierigen zu vertreiben. Da sich am besagten Tag das Problem scheinbar nicht beseitigen ließ, stieg bei Graham der Stresspegel immens. „Schließlich verschoben wir die gesamten Verstärker von ihrem gewohnten Platz, um – wie man uns viel später erklärte – von dieser riesigen Induktionsspule wegzukommen, die das Brummen verursachte. Zusätzlich musste sich Gary noch mit dem Stress abplagen ‚Die große Show in London' abzuliefern, denn eins war sicher: Viele Gäste würden das Konzert besuchen, aber auch Vertreter der Plattenfirma und der Medien. Während wir uns immer noch auf der Fehlersuche befanden – nachdem schon geöffnet worden war und das Publikum saß – hockte Gary mit David Gilmour in der Garderobe. Er redete auf ihn ein und sagte etwas in der Art: ‚Na und, mach das Beste draus und hab deinen Spaß!'"

„Kurz zuvor hatte unsere Vorband, Victory aus Deutschland, aufgebaut, aber als sie ihre drahtlosen Gitarrensender einsteckten, wurden sie vom Brummen praktisch nutzlos gemacht. Das bedeutete: Weiter hin und her rennen, im verzweifelten Versuch das Problem in den Griff zu kriegen, da ihnen [Victory] die Zeit davonlief. Schließlich mussten wir sie von der Bühne holen und wieder Garys Equipment zurechtrücken, was sich natürlich auch wieder verzögerte, da wir immer noch den Fehler suchten."

Während Graham sich um die Gitarren-Probleme kümmerte, musste sich Gerry Raymond-Barker mit eigenen Schwierigkeiten auseinandersetzen: „Das Publikum wartete auf den Einlass, die Türen blieben noch verschlossen und die Experten waren mittlerweile angerufen worden. Steve Barnett hatte bereits ein Krisengespräch mit Gary geführt, wobei sie sich entschieden, den Aufbau zu verändern. Allerdings waren die Kabel für das einfache Verschieben [der Amps] nicht lang genug, woraufhin wir alle Verbindungen ausstecken mussten. Zwischenzeitlich lief die Vorband Amok, denn das war ihre große Chance, und all die Vertreter ihrer Plattenfirma hatten sich angekündigt." „Einige Zeit darauf", berichtet Graham, „ging Gary auf die Bühne und spielte einen Großteil des Auftritts mit einer Gitarre mit niederohmigen Pick-ups, die das Brummen nicht so sehr verstärkten wie die anderen Klampfen."

Trotz der Verzögerung gewann Moore das Publikum schnell für sich. Er erwähnte besonders Chris Slade und verwandelte danach ein potenzielles Desaster in einen wunderschönen Abend. Gary belohnte die Menge mit dem immer beliebten „Parisienne Walkways" für ihre Geduld. Vermutlich war es das erste Mal, dass er den Song seit der 85er „Run For Cover"-Tour gespielt hatte.

Die 89er-Tour fand nur in sehr großen Veranstaltungsorten statt, darunter dem Stockholm Globe mit 16.000 Plätzen, wo Gary das erste offizielle Konzert bestritt, vorausgehend eine Gala-Eröffnung mit Bob Dylan. Nach einem halben Dutzend Auftritten in Japan ging es ins Hammersmith Odeon, wo der wahrscheinlich beste Gig stattfand. Doch Gary fand keine Freude an dem langen Flug, der ihn nach Japan brachte. Graham: „Er wurde dort krank und blies einige Essen mit Veranstaltern und Vertretern der Plattenfirma ab. Dann spielte er eine Show mit diesem befremdlichen Gesichtsausdruck, der zu sagen schien: ‚Warum bringst du mich dazu, das alles zu machen?'" Ohne Frage – hier schien sich eine Veränderung anzukündigen!

Ausverkaufte Tourneen, Alben und Singles mit hohen Charts-Platzierungen, die Goldene oder Silberne Schallplatten einbrachten, Beifall der Kritiker, Fans, die Moore verehrten und ein weltweit positiver Ruf bei seinen Kollegen – es hätte kaum besser sein können, und so scheint die Frage lächerlich zu sein: „Und was lief nun schief?" Doch es lief schief oder besser ausgedrückt in kommerzieller Hinsicht viel zu schwach. Virgin und Steve Barnett hatten von einem Musiker sicherlich mehr erwartet, der auf einer Ebene mit jedem anderen Gitarristen der damaligen Zeit stand. Zwar verkaufte sich jedes Album ein wenig besser als der Vorgänger, doch die Umsatzzahlen blieben durchschnittlich bei einer halben Million Einheiten stecken, während die Bands, die man als Garys Rivalen beschreiben kann, mehrere Millionen absetzten. Der Grund des gesamten Problems liegt in der Tatsache begründet, dass Moore die USA nicht für sich gewann. Natürlich lässt sich das nicht als alleinige Antwort heranziehen und einige der Probleme bezogen sich nicht auf die Staaten, doch die USA [war für Briten] schon immer der ganz große Preis gewesen. Wenn man das Knäuel der Schwierigkeiten entwirrt, lässt sich hier ein roter Faden für den Misserfolg finden. So frustrierend es auch klingen mag: Ein großartiger Musiker zu sein ist noch lange keine Garantie für den kommerziellen Erfolg. Faktoren wie das richtige Timing, das Image und der Stil triumphieren oft über Virtuosität und sogar über Genie. Gary selbst wies darauf hin, als er über den Gitarristen Allan Holdsworth sagte: „Hier hat man einen wahrhaften Pionier ... (doch) wer zum Teufel hat schon von ihm gehört, abgesehen von einer Handvoll Leuten in den Staaten und einigen wenigen aus der Jazz-Szene hierzulande? Er ist ein wahrer Künstler, der auf eine bestimmte Art für uns leidet. Schau dir nur mal an, was er kreiert hat, und dann schau dir mal die Leute an, die das für sich beanspruchen – die Zahl ist endlos! Und er hockt in seinem Haus und muss eigentlich selbst dafür bezahlen, dass seine eigenen Platten erscheinen. Das ist wirklich verdammt unfair!"

Worauf es ankommt: Am richtigen Ort zur richtigen Zeit zu sein und die richtige Musik zu machen! Einige Fehler beim Timing sind unabänderbar. Gary wurde zu spät geboren, um zur Riege der „Great British Guitar Giants" zu gehören, zu der unter anderem Clapton, Beck und Page gezählt werden. Er wurde allerdings zu früh geboren, um ein Protagonist eines anderen Phänomens zu werden, das kurz nach dem Disco-Zeitalter begann: Der Heavy-Rock-Gitarren-Messias, womit all die Klampfer gemeint sind, die sich auf die Schultern der Trendsetter Joe Satriani, Steve Vai und Yngwie Malmsteen hockten und sich drängelten. Wie wir bereits wissen, hatte Gary rein gar nichts für den pompösen und völlig überzogenen Gitarrenstil übrig. Hier sollte der Rockgitarre eine besondere Bedeutung und eine fragwürdige Qualität zugeschrieben werden, wenn man sich an die Rockzipfel der Klassiker wie Paganini hängte, Bach und Liszt. Statt eines Quantensprungs in der Entwicklung der Gitarre lieferte die neue Generation eine Flutwelle ähnlich klingender Alben ab, völlig verwürzt mit Arpeggien-Dudelei, oft ohne nennenswerte Begleitung. Überwiegend war es leere, seelenlose „Virtuosität", die jegliche Leidenschaft abwürgte – also eine Antithese zu der Musik, für die Moore stand. Wenn Gary auf der Bühne beim Gitarrenspiel sein Gesicht wie vor Schmerzen verzog, hatte das kaum etwas mit einer Show zu tun. Es waren die Passion und die intensiven Gefühle, die sich auch bei den Proben, bei Aufnahmen, beim Soundcheck, eigentlich immer widerspiegelten. Gary schien damals durch ein Alleinstellungsmerkmal aufzufallen, denn ein Kritiker zitierte einige der oben zitierten „Jungspunde", die Moore als eine „Verbindung" zwischen den alten und den aktuellen „Gitarrengöttern" sahen. Vielleicht war es aber keine Brücke, die er schlug, sondern ein tiefer Sturz zwischen die Lager?

Was das Timing anbelangt: Hinsichtlich des von ihm angestrebten stilistischen Genres schien er ein wenig zu spät zur Party erschienen zu sein. Beginnend als „Wunderkind" in den späten Sechzigern, verfolgte er einen schwierigen, verschlungenen und unsicheren Pfad, bis er damit begann, sich als Solokünstler einen eigenen Namen aufzubauen. Ian Paice beschreibt sogar *Corridors Of Power* als das „falsche Album zum Erscheinungstermin". Damals hatten sich die schwergewichtigen US-Heavy-Bands – wie zum Beispiel Kiss, Aerosmith und Van Halen – schon als sichere Hitlieferanten etabliert, was auch auf die etwas härter ausgerichteten AOR-Bands zutraf wie REO, Journey und Styx, mit denen Gary mit seinen eher melodisch ausgerichteten Balladen konkurrierte. Im UK sah sich Moore mit den jungen Vertretern der New Wave of British Heavy Metal konfrontiert, zu denen Saxon, Iron Maiden, Judas Priest und Def Leppard gehörten.

Eine weitere Schwierigkeit bestand in der permanenten Suche nach dem Killer-Lead-Sänger, mit dem er arbeiten konnte, falls er es überhaupt wollte. Aber ein „Front-Team" bestehend aus einem Top-Gitarristen und einem überragenden Sänger mit „Paradiesvogel"-Auftreten war – wie Sharon Osbourne bemerkte – der Standard für eine erfolgreiche Rockband und die grundlegende DNA. Eine Liste beginnend mit den Stones, Zeppelin, Sabbath, Purple, Whitesnake, Aerosmith kann problemlos weitergeführt werden.

Außerdem war eine Hinwendung in Richtung der Pop-Gefilde oft finanziell sehr günstig. Journey hoben in kommerzieller Hinsicht erst ab, als sie sich von einer basierend auf der instrumentalen Virtuosität orientierten Band hin zu einer von Steve Perry dominierten Metal/Pop-Combo wandelten. Und hier lautet das Zauberwort Band, was für Gary ein unlösbares Problem darstellte, denn er versuchte als „Solokünstler" in der Welt des Heavy Rock/Metal zu bestehen. Das Genre wird von einer Art „Stammesdenken" bestimmt: Die (meist männlichen) Fans wollen einen „Stamm", sprich Gruppe/Band sehen, bei dem sie sich an unterschiedlichen Individuen orientieren und im Laufe der Zeit eine Beziehung zu ihnen aufbauen können.

Die Vorstellung einer Band, besonders einer, die zusammen groß geworden ist, hat einen unverkennbaren Reiz, bei dem das Zusammengehörigkeitsgefühl, eine Art Bruderschaft, eine unglaublich wichtige Rolle spielt. Es ist dieses „Jeder hasst uns, aber das ist uns egal"-Gefühl, das so ansprechend wirkt, auch wenn die Musiker nach dem Gig in ihren Luxuskarossen in unterschiedliche Hotels fahren. Natürlich gibt es auch Konflikte, eine manchmal quälende innere Dynamik und die gelegentlichen Abgänge – doch der Kern – meist der Sänger und der Gitarrist, bleibt bestehen. Auch wenn sie sich ständig streiten achtet man darauf, dass der Zug weiter mit hoher Geschwindigkeit unterwegs ist. Diese Illusion wird von der Berichterstattung in der Presse, der Promotion und dem Merchandise in allen Formen aufrechterhalten. Natürlich lassen sich

Ausnahmen von der Regel aufzeigen wie zum Beispiel Alice Cooper und Ozzy Osbourne, die sich als Solokünstler durchsetzten, aber erst (!) nachdem sie sich in Vorläufer-Bands etablierten wie der Alice Cooper Group und Black Sabbath. Bei Gary drehte sich immer alles nur um Gary – sein Name, sein Gesicht, die Gitarre und seine Stimme standen an erster Stelle – und er machte alles allein. Das begründete sich in seiner Persönlichkeit, denn es war für ihn der einzige Weg zu arbeiten und sich dabei gut zu fühlen.

Die Erwähnung von Ozzy Osbourne wirft zwangsläufig das heikle Thema des Images auf. Wäre Jimi Hendrix so erfolgreich und populär geworden, wenn er sich einzig und allein auf sein Talent verlassen hätte? Wenn er sich nur in Jeans und einem T-Shirt hingestellt und gespielt hätte? Wohl kaum! Auch das Timing spielte in dem speziellen Fall eine große Rolle, denn Hendrix kam zum Höhepunkt der Swinging Sixties nach London, dem Epizentrum des Coolen. Doch Jimis musikalischer Stil – ausgebildet durch zahlreiche Stunden mit schwarzen Blues-Künstlern und als Backup-Musiker von Little Richard und den Isley Brothers – und sein optisches Auftreten vereinten sich zum „Gesamtpaket". Das Gitarrenspiel, die Stimme, die Songs, die durch seine Kleidung zusätzlich unterstrichen wurden, die Haare, der Sex-Appeal, die außergewöhnliche Bühnen-Show und auch die Auto-Destruktion waren ein Gewinn auf allen Ebenen. Dann befeuerte die Tatsache, dass er ein international berühmter Schwarzer in der Welt der Weißen war, seine Popularität zusätzlich. Schließlich sagte er resigniert, er sei es leid „den Clown zu spielen", doch er hatte selbst diese psychedelische Zwangsjacke gemeinsam mit Chas Chandler entworfen.

Wie sah es bei der Konkurrenz aus? Neben einem unbarmherzigen Tourplan und dem Stil, der ein deutliches Markenzeichen ausmachte, veröffentlichten Kiss zwischen 1974 und 1984 insgesamt 20 Alben, ohne nennenswertes Airplay, von denen 15 den Goldstatus erreichten und 13 Platin. Und das war alles noch vor der Zeit von MTV, dem „Game-Changer" für die gesamte Musikindustrie und wahrscheinlich der wichtigste Faktor, weshalb der Ende der Siebziger erlahmende Geschäftszweig in den Achtzigern einen unvergleichlichen Boom erlebte. Ab dieser Zeit war das richtige Image für einen Künstler immens wichtig, wenn er einen kommerziellen Erfolg in den USA anstrebte, wie einige Stilikonen aus Großbritannien bewiesen. Die Bands mit dem eindeutig besten MTV-Image stammten aus dem Heavy Rock/Metal-Lager. Sie waren spindeldürr und symbolisierten damit den „Heroin-Chic", trugen die Haare hochtoupiert, legten Make-up auf und verzichteten nie auf die Spandex-Hosen, in Deutschland als „Eierkneifhosen" bekannt. Dazu gehörten – um nur wenige aufzuzählen – Mötley Crüe, Ratt, Twisted Sister und Quiet Riot. Dazu konnte man noch „Poison" nehmen! Millionen von Alben wurden abgesetzt, ohne sich dem althergebrachten Radio anzubiedern. Von 1983 – 1984 schossen die Umsätze der Heavy-Metal-Alben von respektablen 8% bis auf unvorstellbare 20%. 1986 zog die MTV-Sendung *Headbangers Ball* 1,3 Millionen Zuschauer wöchentlich an. Im Juni 1987 führten U2 die US-Alben-Charts an, gefolgt von den Acts des härteren Genres Whitesnake, Poison, Mötley Crüe und Ozzy Osbourne. 1989, als das damals aktuelle Album von Moore in die Regale der Plattenläden kam, klassifizierte man 40% der insgesamt veröffentlichten Platten als Heavy Metal, was den *Rolling Stone* dazu veranlasste, den Heavy Metal als „den Mainstream des Rock'n'Roll" auszurufen.

Jedes Mal, wenn Gary in den Staaten ein Album veröffentlichte, musste er sich gegen eine Multiplatin-Konkurrenz stellen wie *Pyromania* (Def Leppard), *Slippery When Wet* (Bon Jovi), *Master Of Puppets* (Metallica) und David Coverdales Durchbruch *1987* (Whitesnake*)*. Ein Großteil des Erfolgs der zuletzt genannten Platte basierte auf dem Input eines gewissen John Kalodner und der Co-Produktionsarbeit von Mike Stone, der auch bei *Run For Cover* werkelte. Neben dem Bühnenaufbau der Metal-Bands, der einem Ausflug ins Horror-Kino glich, hatte jeder der damals erfolgreichen Interpreten klar erkennbare Ecken und Kanten. Springsteen, Tom Petty und John Mellencamp punkteten durch eine großartige Produktion und einem Arbeiterimage mit musikalischen Roots-Bezügen, Bon Jovis Hymnen des „Saubermanns" wurden durch den glatten Filmstar-Look von Sänger Jon Bon Jovi unterstrichen, die zwar zur Mode und dem wilden Auftreten der Hair-Metal-Bands passten, aber ohne Gewalt und einen allzu deutlichen Sexismus auskamen.

Und wo exakt war Gary in dem Kontext zu verorten? Nirgendwo – und das hasste er. Ihm war in aller Ehrlichkeit nicht daran gelegen mit all diesem „Quatsch" zu konkurrieren – waren es nun die seelenverbrennenden Tourneen, die „blöden Videos" (wie er bei „Led Clones" schrieb), das Make-up, das Abbeißen von Fledermausköpfen oder das „sich Hineinquetschen" in super-knallenge Klamotten. Einige seiner Songs konnten sich beim AOR-Radio gut schlagen, doch erreichten nie das Level der Rundfunk-Standardprogramme, und darüber hinaus war er einfach nicht MTV-freundlich, womit ihm ein großer Hit verwehrt blieb. Ein Versuch, sich als der große Rockstar aufzubauen, mit einer riesigen Show und coolen Videos, um Alben und Singles abzusetzen, wäre bei ihm fehlgeschlagen. Gary Moore wollte einfach nur spielen – und wenn die Leute ihn sehen und seine Alben kaufen wollten – dann sollte es so ein. Und wenn nicht – dann war alles egal. Es musste zu Garys Bedingungen laufen oder gar nicht. Im Laufe der Zeit entwickelte er eine zunehmende Desillusionierung, was die Knochenmühle der Rockmusik anbelangt und die einseitige Gewichtung von Stil über Inhalt. Gary sprach einmal über die Kompromisse, die David Coverdale für den Durchbruch in den USA eingehen musste: „Er ließ einige kosmetische Veränderungen über sich ergehen, um das zu erreichen – wobei *kosmetisch* ein Leitwort darstellt – und ich bin nicht dazu bereit, das zu machen, was er tat. Sie (die **Amerikaner**) müssen mich so nehmen wie ich bin oder überhaupt nicht. Natürlich sieht man sich gezwungen, bis zu einem bestimmten Grad Kompromisse einzugehen, denn sonst würden wir alle in T-Shirts und alten Latschen durch die Gegend rennen. Auch muss sich die Bühnenshow lohnen, da die Leute ihr hart verdientes Geld dafür ausgeben. Doch das Image steht [für mich] immer an zweiter Stelle."

Gary stellte zur Planung und dem Entwurf diverser Bühnenaufbauten professionelle Berater ein, was der Produktionsmanager Gerry Raymond-Barker auch offen zugibt: „Bei uns tauchten ab und an Elemente von Spinal Tap auf, was sich aber in Grenzen hielt, denn bei Garys Gitarrenspiel benötigte man keine großartigen Effekte. Aber es war nun mal eine Rockshow, bei der man ein bisschen Pyro brauchte, einige Lichteffekte und einen Bühnenaufbau, der gewissen Vorgaben mehr oder weniger folgte." Doch wie Gary humorvoll bemerkte: „Wenn jemand am Ende des Konzerts zu mir kommt, und sagt: ‚Die Lichtshow war grandios', dann ist klar, dass ich Probleme habe! Lässt man sich auf das große Rennen der bombastischen Produktionen ein, die beinahe schon die Ausmaße einer Theatervorstellung annehmen, befällt einen das Pink-Floyd-Syndrom und man muss jedes Jahr mit einer größeren Show auffahren. Ich will nicht mit 20 Trucks touren, denn dann verdient man gar kein Geld mehr. Ich erinnere mich an Greg Lake, der mir davon erzählte, wie ELP ein komplettes Orchester mit auf Tour nahmen ... Eines Abends ging er nach draußen, blickte über den Parkplatz und sah zwölf Trucks voller Equipment. Er dachte: ‚Verflucht noch mal. Ich bezahle das hier alles??!' Am nächsten Tag feuerte er das Orchester."

Dann traf Gary den Nagel auf den Kopf: „Mir wird wirklich schlecht, wenn ich daran denke, dass so viele Bands da rausgehen und sich hinter ihrem Bühnen-Hokuspokus verstecken. Rock ist das perfekte Spiel für Leute, die bluffen und im Laufe der Jahre haben viele Leute, die weder singen noch spielen können eine Menge Geld gemacht ... Heute ist alles vorgegeben: ‚Lass uns einen guten Friseur besorgen, dann müssen wir diese Klamotten tragen und danach dieses großartige Video machen. Und wie sieht es mit der Musik aus?'"

„Unterhält man sich über die Videos und die Bedeutung, die mit ihnen einhergeht, wird mir beim Glotzen regelrecht schlecht ... Ich muss es über mich ergehen lassen. Wenn ich kein Video mache, dürfte ich auch keine Platten mehr produzieren, denn man konkurriert [mit anderen]. Das beste Video stammt von Prince, und er ist in dem verdammten Ding nicht zu sehen. Ich bin kein Schauspieler. Die Leute wollen nicht sehen, wie ich die Straße runtergehe, mit ein paar Frauen in ihrer Unterwäsche. Was auch immer ich in einem Video mache – es muss eine Gitarre dabei sein!" Gary hatte nie das Gefühl, dass er auf der Bühne wie ein Schauspieler arbeiten würde: „Das machen einige, wie zum Beispiel die ganzen Designer-Rockbands. Von mir siehst du nur eine Facette auf der Bühne – die des Extrovertierten. Wenn ich live spiele, lasse ich alles raus. Ich muss dort sein [auf der Bühne], denn sonst würde ich das alles hier nicht machen. Aber ich versuche dabei so ‚normal' wie möglich zu sein, was auch immer das bedeutet, aber stelle dieses Ego-Ding in den Vordergrund. [Die Bühne] ist ein guter Ort, um seine Frustrationen rauszulassen."

Gerry Raymond-Barker bestätigt, dass „Gary sich nicht für das Licht interessierte, so lange es hell war! Er interessierte sich auch nicht für den Merchandise, und um ehrlich zu sein, gab es auch niemanden mit einem Hang zum Künstlerischen und dem Interesse die veröffentlichten Produkte zu kritisieren oder einzuschätzen. In dieser Hinsicht kümmerte sich Gary nicht um die ‚künstlerische Ausrichtung'. Wenn ich frei hatte, arbeitete ich als Bühnenmanager für George Michael bei der ‚Faith'-Tour 1988. George wollte immer alles wissen, auch die kleinsten Details, was sogar bis zum Design der Broschüren ging, dem

Artwork, dem Bühnenaufbau, die Kamera-Positionen, einfach alles, was mit der Show zu tun hatte, wirklich alles bis zum winzigsten Detail."

    Dann passierte es. Still und leise. An einem Abend im April 1989 mit der Band in Deutschland. Bob Daisley erinnert sich: „Gary und ich saßen im Raum zum Instrumentenstimmen, klimperten rum und spielten dies und das, ein wenig Blues und etwas vom *Bluesbreakers*-Album. An diesem Abend in Deutschland schlug ich Gary ganz zufällig vor: ‚Hey, warum machen wir kein Bluesalbum? Das wird die größte Sache, die du jemals veröffentlichen wirst!'"

Gary Moore im Alter von acht Jahren, 1960.

Gary beim Angeln.

Die Strandtown Grundschule. Gary steht ganz links in der oberen Reihe.

Gary mit seinem Jugendfreund Ian Hunter.

The Barons

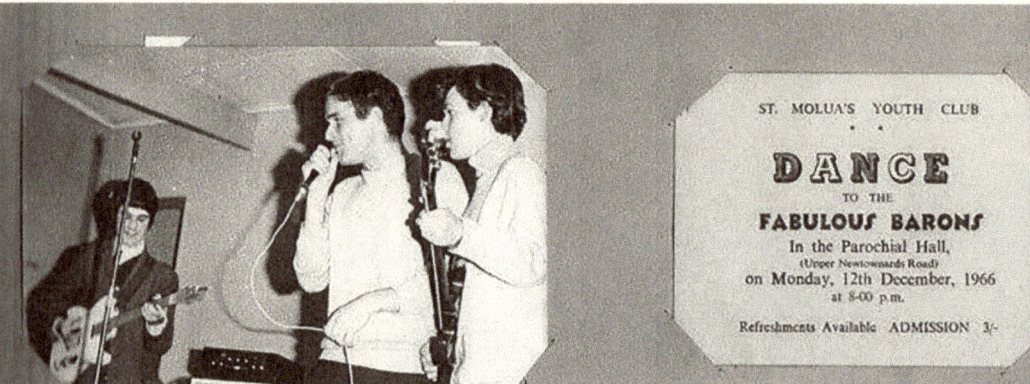

The Barons

Platform Three

Gary in Sandymount, Dublin, 1969.

Skid Row

Skid Row im Marquee.

ie Gary Moore Band. Von l. nach r.: Phil Donnelly,
ary, Pearse Kelly, Jan Schelhaas, Frank Boylan.

Skid Row
© Jorgen Angel

Thin Lizzy

Gary und G-Force 1980.

Gary und G-Force 1980.

Auf Tour mit Greg Lake, 1981.

Gary Moore Band 1982.

Gary bereitet sich auf ein Konzert vor, 1982.

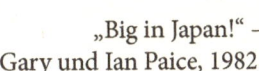

Gary und Jack Bruce, 1982. © Neil Murray

„Big in Japan!" – Gary und Ian Paice, 1982.

links oben: Chillen in Japan, 1983.
rechts oben: Im Tourbus, 1983.
links unten: Gary und Carlos Santana.

...t Phil Lynott auf der „Run For Cover"-Tour. © George Bodnar/IconicPix

„Evening of the Blues", London, 1990.

Gary und B.B. King.

Gary und Albert King.

Gary und Albert Collins. © George Bodnar/IconicPix

Gary und George Harrison.
© Richard Young

Joe Bonamassa, Gary und John Mayall.

BBM. © Albert Thain

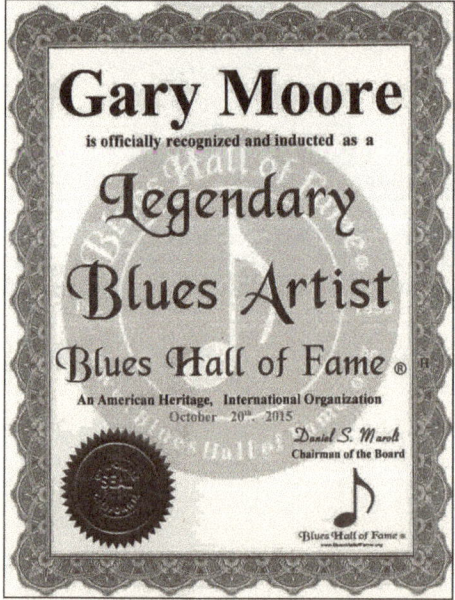

Endlich Anerkennung: Blues Hall Of Fame.

Scars 2002.

KAPITEL ZEHN
THE BLUES IS ALRIGHT

Laut dem Tontechniker Tony Platt ließ sich Garys dringlicher Wunsch nach einem Bluesalbum bis ins Jahr 1984 und den Aufnahmen von *Run For Cover* zurückverfolgen. „Gary zeigte sich zunehmend desillusioniert, da jeder einen Popstar aus ihm machen wollte. Er und ich tranken einige Abende ein paar Flaschen Bier und quatschten miteinander. Ich fragte ihn: ‚Scheiß doch auf alles, Gary. Warum produzierst du nicht ein Bluesalbum?' Er meinte, er würde es liebend gerne realisieren, aber das Management wolle davon nichts hören. Wir versuchten es ein paar Mal durchzudrücken, aber niemand wollte etwas davon wissen."

Fünf Jahre später ließen sich bei Garys Interviews deutliche Hinweise auf seinen brennenden Wunsch erkennen. In einem Interview, in dem er gegen das nach seiner Meinung nach seelenlose „Gitarren-Shredding" wetterte, sagte er: „Ich muss wirklich darüber lachen. Wenn man eine Platte von B.B. King auflegt, klingt das Zeugs bedeutungslos." In einem Gespräch mit dem *Guitarist* (März 1989) feierte er den Neuzugang des jungen, weißen „Guitar Heros", Jeff Healey: „Von diesem Typen kommt unglaublich viel und er klingt nicht wie die anderen ... Es ist [authentisch] und da ist nichts Angestaubtes oder Altbackenes in seinem Spiel zu hören. Es ist frisch und er hat erst 22 Jahre auf dem Buckel ... [Healey] hat mich dazu angeregt, auf solche Musiker zu hören, wenn sie gerade rauskommen." Gary sinnierte dann über die Vorstellung, dass damit eine neue Blues-Revolution in Großbritannien stattfinden könne, denn er wies darauf hin, dass momentan „alles in den USA geschieht". Das war eine Referenz an die offensichtliche Tendenz, dass man sich in den USA wieder für den Blues begeisterte. Jeff Healeys Debütalbum wurde 1988 unter großem

Beifall veröffentlicht, während John Lee Hookers Karriere 1989 mit *The Healer* einen kommerziellen und von den Kritikern gefeierten Schub erfuhr, was sich auch über Bonnie Raitt sagen lässt, die im selben Jahr *Nick Of Time* auf den Markt brachte.

Der Gitarrist und Journalist Neville Marten interviewte Moore vermutlich häufiger als jeder andere und erzählt von Garys umfassendem Musikwissen: „Er hat mich einige Male schockiert. Ich stellte ihm eine Frage zu Larry Carlton: ‚Kennst du was von Larry Carlton?' Und dann spielte er mir ‚It Was Only Yesterday' vor, nicht nur die Jazz-Akkorde, sondern auch ein improvisiertes Solo im Stil von Barney Kessel oder Joe Pass. Natürlich wollte ich wissen, warum er so etwas nicht aufnimmt. Er antwortete: ‚Das erwartet man nicht von mir. Die wollen aufgedrehte Marshall-Verstärker und eine Les Paul, die in den höchsten Lagen kreischt'."

Neville erinnert sich an einen Gitarren-Jam ungefähr 1989 im Londoner Astoria: „Ich war im Backstage-Bereich und hörte ‚Hideaway' aus einem Raum über mir. Das klang exakt wie auf Platte. Es war Gary, der danach den Blues-Klassiker ‚Need Your Love So Bad' spielte. Er brachte dann beide Songs auf der Bühne – und zusätzlich ‚A Whiter Shade Of Pale' mit Gary Brooker am Gesang und an den Keyboards und ‚Wide-Eyed And Laughing' mit Andy Fairweather-Low. Gary spielte (während der beiden zuletzt genannten Stücke) phänomenale Soli. Und nachdem ich die beiden Blues-Nummern in der Garderobe gehört hatte, riet ich ihm: ‚Du solltest das wirklich machen, das bist du und da stehst du auch dahinter.'" An dem Abend lief Chick Coreas Gitarrist Frank Gambale auf und Gary verblüffte ihn, indem er sich mit ihm hinsetzte und Chick-Corea-Licks wie ein Ass aus dem Ärmel zauberte. Gary überdachte damals seinen kompletten spielerischen Ansatz und interessierte sich auch für Jazz: „Momentan beschäftige ich mich gedanklich mit einer simpleren Spieltechnik – wie dem Bluesstil ... Ich höre mir alle möglichen Stilistiken an, doch wenn ich mir momentan etwas Jazziges reinziehe, dann wäre es der eher traditionelle Jazz-Gitarrenstil, der mich ansprache, statt des Siebziger-Fusion ... Ich höre mir auch gerne Bill Connors an ... er war ein sehr emotionaler Musiker und hatte einen Stil wie kein anderer."

Wissend, dass weder Jazz noch straighter Blues das war, „was sie von mir erwarten" sprach Gary das Thema zögerlich während der „After The War"-

Tour bei Steve Barnett an. „Ich erinnere mich, gesagt zu haben, dass mir das alles reicht. Das ist da draußen doch alles wie ein verdammter Zirkus. Jedes Mal, wenn wir auf die Bühne gehen, habe ich das Gefühl in einer Art Kasperletheater zu stehen. All diese großen Würfelaufbauten, von denen man runterspringt und Pyrotechnik, die dir unter dem Arsch hochgeht, und was ist mit der Musik? Ich erklärte, ein Bluesalbum machen zu wollen und zu meiner großen Verblüffung antwortete er ‚Tolle Idee'." Gary spekulierte, dass Steves Enthusiasmus möglicherweise etwas mit dem aktuellen Boom in den USA zu tun hatte, doch zumindest hatte er die Idee nicht teilnahmslos weggewedelt.

Am Anfang starteten die Musiker das Projekt eher spartanisch. Trotz der Tatsache, dass Gary dem Hardrock seinen Rücken zukehren wollte, sollte es sich hier um ein eher bescheidenes Vorhaben handeln, ein Album, das aus dem Vertragsrahmen fiel. Wie bei Gary zu erwarten, bedeutete eine neue Stilistik gleichzeitig eine neue Band, doch diesmal wollte er die aktuelle Besetzung nicht in die Wüste schicken. Allerdings konnte Neil Carter keinen Bezug zu der Musik herstellen, die Gary und Bob immer in der Garderobe klimperten. Er fühlte sich „abgeschnitten … es war alles ein bisschen rau, obwohl ich verstand, dass Gary etwas Anderes machen musste. Ich fand das irgendwie schräg, nicht unangenehm, aber ein bisschen peinlich." Für Chris Slade lautete die Devise: „Wo auch immer mich meine Stöcke hinführen" und sie führten ihn zu AC/DC. Bob Daisley fühlte sich hingegen ein wenig verletzt: „Als ich sagte, wir sollten ein Bluesalbum auf den Weg bringen, meinte ich *wir*, die damalige Band." Obwohl Bob Gary schon zu Beginn des Materialsichtens vorschlug, sich „Oh Pretty Woman" anzuhören, spielte er später nicht bei der Nummer.

Gary begann sich nach den seinem Gefühl nach geeigneten Musikern für eine Blues-Formation umzusehen. Durch seine langjährige Leidenschaft für Fleetwood Mac dachte er zuerst daran, Mick Fleetwood und John McVie zu kontaktieren, um zu herauszufinden, ob sie sich für so eine Idee begeistern könnten. Snowy White wurde als hypothetischer zweiter Klampfer gehandelt und Mike Vernon, Macs Original-Produzent, als „Oberaufseher" des Projekts. Während Gary sich noch mit diesen Gedanken herumschlug, rief er Andy Pyle an, mit dem er in den frühen Tagen von Colosseum II geprobt hatte. Andy brachte direkt den Schlagzeuger Graham Walker und den Keyboarder Mick Weaver mit. Moore versuchte zudem verschiedene Besetzungen aufzustellen, um herauszufinden, wer zu wem passt. Somit lud er Brian Downey, Clive Bunker (ex-Jethro Tull), Bob Daisley und Jack Bruce zu Jams ein. Im Laufe einer Woche trafen sich die verschiedenen Gruppierungen im John Henry's Proberaumkomplex. Auch bimmelte er Don Airey an, der in den nächsten Jahren ein wichtiger Mitstreiter bei Garys stilistischer Neuorientierung wurde.

„Ich hatte gerade mit Judas Priest in der Provence aufgenommen. Gary rief mich an, und fragte, ob ich ihn im E-Zee Hire treffen könne, ganz in der Nähe vom John Henry's. Bis zum Rückflug vertrieb ich mir die Zeit mit einem Kaffee an der Promenade des Anglais in Nizza. Als ich dann Gary am Abend in einem Londoner Café traf, hing exakt über meinem Platz ein Foto der besagten Promenade des Anglais, wo ich mich noch am Morgen aufgehalten hatte. Ich dachte: ‚Wenn das kein gutes Omen ist!' Zu Beginn gab es nur Skizzen und Entwürfe einer konkreten Idee. Er jammte zuerst mit Andy und Graham und Andy meinte nach einigen Stunden: ‚Okay, jetzt klingen wir wie eine Band.'"

Gary befand sich voll in seinem Element, wie er später erklärte: „Das war fantastisch. Wir gingen wöchentlich einfach ein paar Tage in den Proberaum und hauten einige alte Standards raus. Wir arbeiteten an Stücken, die uns gefielen. Und während wir all die alten Nummern durchspielten, kam mir die Idee für einige eigene Songs … Es fühlte sich gut an, einen Proberaum zu betreten und mit den Leuten um der Musik willen zu spielen, statt für eine Tour zu proben und sich um alles Sorgen zu machen."

„Das Ganze glich einem Neu-Erlernen. Alles wurde aufs Nötigste reduziert, was auch den Sound anbelangte, weg von den Wänden von Verstärkertürmen und hin zu kleinen Amps, die man im Proberaum benutzte. Man führte also alles auf die grundlegende Essenz zurück, startete von dem Punkt an neu und entdeckte exakt das wieder, was man im Laufe der Jahre vergessen hatte, all diese schönen Details, die Gründe, warum man eigentlich mit der Musik anfing. Meiner Ansicht nach tapsen viele Musiker in eine Falle. Sie stecken in einem Hamsterrad und je erfolgreicher sie werden, desto weiter entfernen sie sich von ihren eigenen Ursprüngen, dem Grund, warum sie zu spielen begannen – und hoffentlich war es nicht das Geld, sondern die Liebe zum Instrument, die Liebe zur Musik."

Das Kern-Trio plus Frank Mead (Mundharmonika und Saxofon) und Nick Payn (Saxofon) zog in ein Studio in Woodcray, Berkshire, um mit Ian Taylor einige

Demos aufzunehmen, der schon bei *After The War* im Team gewesen war. Cozy Powell erwähnte die Tonschmiede während der damaligen Recordings und Gary hatte dort bereits bei einer Session für Mo Foster gespielt. Zudem lag es nicht weit von Garys damaligem Haus in Shiplake, nahe Henley-on-Thames entfernt.

Als Erstes spielten sie den alten Mac-Track „Stop Messin' Around" ein, dann Jimmy Rogers' „Walking By Myself" und die beiden Songs von Gary, „Midnight Blues" und „Look The Other Way". Als Nächstes testete die Band das Sarm West an, wo sie die Demos von „Still Got The Blues (For You)" und „Oh Pretty Woman" aufzeichneten. Alles lief entspannt ab, denn zu dem Zeitpunkt glaubte Gary, dass es sich um ein Nebenprojekt handele und nicht „Das nächste Gary Moore Album". Die Ideen flossen wie das Wasser in der Themse, und wie sich Don Airey erinnert, stapelten sich später „47 Bänder mit 24 Tracks, alles unterschiedliche Ideen, unterschiedliche Takes."

Dann spielte Gary Steve Barnett die Demos vor, der zu dem Entschluss kam, dass sie noch leicht überarbeitet werden mussten, bevor man sie Virgin übergab. „Da gab es etwas ganz Besonderes an dem Song ‚Still Got The Blues (For You)', aber ich war überzeugt davon, dass die Idee [musikalisch] besser formuliert werden musste, bevor es zur Plattenfirma ging, denn es handelte sich hier um einen radikalen Wechsel in Bezug auf Stil und Fokus. Ich ließ die ganze Sache ein wenig sacken. Als ich ihn wiedertraf, hatte er anständige Demos gemacht, was dem Ganzen einen logischen Zusammenhalt gab."

Steve machte sich auf zur Plattenfirma und spielte den Verantwortlichen die Bänder vor: „Jeder, der ‚Still Got The Blues (For You)' hörte, empfand das als (einen besonderen Moment) – denn der Song stellte eine Neudefinition von Gary dar, woraufhin sich alle hilfreich und unterstützend zeigten." John Wooler, A&R-Mann von Virgin, bestätigt die Sichtweise: „Zuerst dachten wir, dass es sich hier um ein non-vertragliches Album handele, so in der Art ‚Lass Gary mal machen und dieses Blues-Ding abhaken'. Aber als sie die Demos hörten, reagierten sogar die Leute darauf, die mit Blues nichts am Hut hatten, da sie der Meinung waren, dass hier ein größeres kommerzielles Potenzial lauerte als bei einem ganz normalen Bluesalbum. Die Gedankengänge zielten auf das großartige Spiel ab, das den Gitarren-Fans gefallen würde und die melodischere Seite der Songs, die vielleicht ein größeres Publikum erreichten. Danach waren die Bosse fest entschlossen, ein ‚richtiges Album' mit einem anständigen Budget zu finanzieren. Und exakt an dem Punkt entschloss sich Gary, seine eigene Truppe zusammenzurufen, statt eine Art ‚Back to the roots'-Konzeptalbum mit Mike Vernon und Fleetwood Mac in die Wege zu leiten."

Nun ging's los! Doch wer sollte so eine Platte produzieren? Peter Collins war momentan Garys Ansprechpartner, doch Moore glaubte, dass er sich für ihn nicht eigne. Stattdessen schlug Ian Taylor vor, das Album doch selbst zu produzieren. Sarm West war das Studio der Wahl, und Taylor machte sich an die Arbeit. „Uns stand kein übermäßig großes Budget zur Verfügung und Sarm West war nun mal recht teuer, woraufhin wir nur wenige Tage buchten und darauf abzielten, die Platte in höchstens einem Monat, besser noch in einer kürzeren Zeit im Kasten zu haben. Dann ließ ich das Equipment im großen Studio aufbauen. Garys Amps befanden sich in einer abgetrennten Kabine, aber er stand im selben Raum wie die Musiker, um das bestmögliche Live-Feeling zu kreieren. Wir wollten unbedingt, dass alle Musiker in einem Raum zusammen sind, statt alle Spuren auseinander zu reißen und später massig Overdubs draufzuklatschen."

Ian erinnert uns daran, dass sich bei den Aufnahmen „alles um Gary und seine Gitarre drehte. Er arbeitete gerne mit mir, denn ich konnte aus seiner Klampfe einen guten Sound rauskitzeln. Außerdem verstand ich auch, an welcher Stelle er sein Instrument im Mix hören wollte und erleichterte ihm damit das Leben im Studio. Der Signalweg der Gitarre sollte so simpel wie möglich sein, um [einen unverfälschten Klang zu garantieren]. Man sollte niemals zu viel damit rumspielen, sondern sehr gute Mikrofone benutzen und sie optimal positionieren. Ich konnte recht schnell einen guten Sound finden, wodurch er direkt ins Studio ging und nicht erst großartig rumchecken musste. Auch fing ich bestimmte Elemente schnell ein, und so reagierte Gary auch nicht launisch oder ärgerlich. Die anderen kommen an, er ist in bester Stimmung, und schon bringt man alles zum Laufen. Wenn Gary die Gitarre in die Hand nahm, wurde aus ihm ein anderer Mensch. Er wirkte geladen, angespannt und das geschah halt im Studio. Er kam immer recht entspannt an, aber sobald er die Klampfe in den Händen hielt, musste alles sofort passieren, denn sonst war der [günstige] Moment verloren."

„Auch widerstrebten ihm Überraschungen seiner Backing-Band. Er bestand auf eine klar erkennbare Basis, damit er exakt das machen konnte, was ihm vorschwebte. Was ihm überhaupt nicht schmeckte: Wenn der Basser oder der Drummer mit unerwarteten Fills um die Ecke kam, die er nicht vorhersehen konnte. Graham (Walker) und Andy waren ideal für ihn: Rhythmisch sicher, simpel und sicher keine Leute, die nach Aufmerksamkeit gierten."

Von den zwölf Tracks der Original-CD waren auf der einen Hälfte die Musiker vertreten, die Gary für die Demos zusammengetrommelt hatte: Graham, Andy, Mick Weaver und Don Airey – sie spielten auf den frühen Songs mit der Ausnahme von „Look The Other Way", was bislang unveröffentlicht blieb. Dasselbe Line-up nahm auch die finale Version von „Still Got The Blues (For You)" auf, bei der das Solo in „einem Rutsch" eingespielt wurde. „Wir spulten dann kurz zurück", erinnert sich Ian, „und ersetzten zwei Noten, bei denen die Tonhöhe nicht perfekt war. Da Gary sein Spiel immer sehr kritisch begutachtete, wurden diese minimalen Fehler behoben. Ich glaube, er wusste gar nicht wie gut das Solo war, sah es lediglich als eine Möglichkeit an. Doch während wir es uns komplett anhörten, wurde es glasklar – das war das Solo!" Wie alle seiner besten Soli hatte es eine Art symphonischer Struktur. Er arrangierte es in sorgsam ausgedachten Einzelabschnitten und unterstrich damit einen beständigen und nachhaltigen Song von schicker, aber vereinnehmender Grazie, Intensität und einer langanhaltenden emotionalen Eindringlichkeit, ausgedrückt mit einer absteigenden Akkord-Progression.

Der besagte Track wurde von Streichern unterstützt, wohingegen Gary allgemein eine Bläser-Sektion engagierte, um einen Bigband-Blues-Sound zu gewährleisten. Bei diesen Passagen erwies sich Dons musikharmonisches Wissen von unschätzbarem Wert, da er die Streicher dirigierte und alle Arrangements für Streichinstrumente und Bläser schrieb. Als sie sich dann zur Promotour aufmachten, berief man Don zum musikalischen Leiter. Gary wusste nur zu gut, dass –auch wenn er ein Bluesalbum aufnahm – immer ein Hardrock-Element in seinem Spiel auftauchen würde. Garys im Gegensatz zu den Hörgewohnheiten der Sixties etwas stärker verzerrter Sound entwickelte sich zu einer Art Markenzeichen für seinen Bluesstil und unterschied ihn von den ursprünglichen Klangbildern eines Peter Green oder Eric Clapton. Aber auch eine Bläser-Sektion stellte einen Unterschied dar, was Gary wusste und was ihn vor neue Herausforderungen stellte.

Mit einer größeren Band aufzutreten entsprang der Idee, einige der Top-Blueser aus den USA zu engagieren. Gary wollte unbedingt „Oh Pretty Woman" aufnehmen, und warum sollte man nicht den Mann ins Boot holen, der den Song berühmt gemacht hatte – Albert King? Virgins Begeisterung drückte sich in einer minimalen Erhöhung des Budgets aus, was diesen Traum ermöglichte.

„Er war immer ein großes Idol für mich gewesen", erzählt Gary, „seit ich ihn auf dem kleinen Transistorradio hörte, das bei uns zuhause stand. Der Song hieß ‚Cold Feet'. Niemand kann wie Albert King spielen, mit diesem präzisen Anschlag des Daumens und den langgezogenen und dramatisch inszenierten Tönen. Als ich ihn hörte, dachte ich nur: ‚Wer zur Hölle ist der Typ?' Er hat mich total weggeblasen." Gary wies auf den Einfluss von Albert King auf Hendrix hin („Foxey Lady") und die Tatsache, dass Eric Claptons Gitarrenspiel bei „Strange Brew" direkt von Albert abgekupfert wurde. Die Reihe der von ihm inspirierten Gitarristen reichte damals bis hin zu Stevie Ray Vaughan. „Die Chance, mit so einem [Musiker] wie ihm auf dem Song zu spielen, haute mich regelrecht um."

Zufälligerweise hatte John Wooler bei Virgin die Ideen durchgedrückt, ein Sub-Label für Blues zu starten und es Pointblank zu nennen. Er knüpfte Kontakte zur amerikanischen Blues-Gemeinde und unterhielt sich mit Albert darüber, dass dieser der erste Künstler des Labels sein könne. „Gary bat mich an ihn [mit dieser speziellen Idee] heranzutreten, was damit endete, dass ich mit seinem Rechtsanwalt in Arkansas sprach, da er keinen eigenen Manager hatte. Schließlich arbeiteten wir einen Vertrag aus."

„Albert flog Erste Klasse und ich war dafür abgestellt, ihn in Heathrow abzuholen, zum Hotel zu fahren und dann am nächsten Morgen zur Aufnahme ins Studio. Ich stehe also um Mitternacht im Heathrow – aber kein Zeichen von Albert, nicht das Geringste. Am Morgen erhielt ich einen Anruf von ihm: ‚Wo bist du gewesen?' Wie sich herausstellte, hatte er einen anderen Flug genommen, sich aber nicht bemüht, mir das mitzuteilen. Es ist also zehn Uhr morgens und er dirigiert mich: ‚Komm und hol mich ab. Ich will mit den Aufnahmen anfangen!' Normalerweise kam Gary erst um 14 Uhr ins Studio. Ich versuchte also wie ein Wahnsinniger Gary und Steve zu erreichen, um ihnen zu erzählen, dass Albert keine Zeit verschwenden wolle, sondern direkt aufnehmen. Gary lebte etliche Kilometer vom Studio entfernt, woraufhin ich zu Albert fuhr und ihn zum Frühstück einlud, um die Aktion zu verzögern und sonst noch alles Mögliche unternahm, um Zeit zu schinden."

„Alberts Track sollte in den Metropolis Studios in Chiswick eingespielt werden, westlich von London gelegen. Nachdem ich Gary angerufen hatte, sauste er dorthin und nahm die Session bis Mittag auf. Das bedeutete für Albert, dass er nur noch ins Studio kommen musste, den Song aufnehmen, wonach es schon wieder nach Hause ging."

Albert sah die ganze Angelegenheit eher nüchtern. Gary erzählte dem Journalisten der *Guitar World*: „Das war alles ziemlich angespannt. Für ihn war ich ein x-beliebiger Nobody, und er kam zuerst nur wegen des Geldes rüber. Er betrat das Studio und fragte: ‚So, was steht an?' Ich meinte enthusiastisch: ‚Wir haben eine Fassung von ‚Oh Pretty Woman' von deinem *Born Under A Bad Sign*-Album eingespielt.' Er antwortete streitlüstern: ‚Das will ich hören!' Wir legten das Band auf und schon bei der zweiten Zeile der ersten Strophe sprang er auf und rief: ‚Anhalten! Anhalten! Der Text lautet ‚sure is the rising sun' und nicht ‚she is the rising sun'.' Ich brauchte fast eine Woche, um mir den verdammten Text abzuhören, der irgendwo hinten im Klangbrei verschwand und habe dieses Wort falsch verstanden! Und er hat mich dann den ganzen Tag deswegen geröstet! Jedes Mal, wenn wir beim Abspielen bei dieser Passage anlangten, schaute er mich wie ein Lehrer über seiner Brille an und sagte: ‚sure is the rising sun', sure is the rising sun'!"

Albert hatte alles Recht in der Welt, skeptisch zu sein, denn er hegte einen Groll gegen weiße Gitarristen, die seiner Meinung nach ihre Karrieren aufbauten, in dem sie seinen Stil abkupferten. In einem späteren Interview wurde er zu Gary befragt: „Ich dachte, er sei wieder einer dieser Jungspunde, die versuchen, in die Welt der Bluesgitarre einzudringen. Aber als er erstmal zu spielen begann, wurde es von Mal zu Mal besser, du weißt schon, worauf ich anspiele. Ich schaute ihn mir an, spielte und mir fielen einige Ideen ein – und die vergaß ich dann, weil ich ihm zuschaute! Junge, Junge, er spielte die wildesten Sachen! Golly Moses – wo kam der her? Die Gitarre war schärfer als Pfefferpudding."

Albert merkte sofort, dass Gary kein Möchtegern-Blueser war, da der „Jungspund" das Instrument in all seinen Facetten beherrschte. So weit wie es möglich war, erwärmte sich Albert ein wenig, doch zuerst jagte er allen eine Höllenangst ein, indem er einen Haufen Kugeln auf den Tisch legte, auf der Suche nach seinem Messer zum Pfeifenreinigen. Es stellte sich heraus, dass er in seiner Heimatstadt Memphis als Deputy Sheriff arbeitete. Rief man King also zuhause an und er war nicht dort, fand man ihn im Streifenwagen. Zum Beweis zückte er an dem Tag seine Dienstmarke! Ganz vorsichtig ausgedrückt, hätte man sich mit ihm auch nicht angelegt, bedenkt man eine Größe von über 1,90 Meter und ein Gewicht von über 110 Kilogramm.

Das ganze Team fieberte der Ankunft von Albert entgegen, denn jeder wollte seine legendäre Gibson Flying V sehen, auch bekannt als Lucy. Stellen sie sich nur mal den Schock vor, als Albert ins Studio kam und unter seinem Arm einen Pappkarton mit einem Strick drum herumtrug. Wie sich herausstellte, war es nicht das Original, aber dennoch konnten sie nicht glauben, dass er keinen anständigen Gitarrenkoffer besaß. Er klopfte prüfend auf Garys Case, der daraufhin Graham Lilley fragte, ob er Albert einen neuen Koffer besorgen könne: „Doch er musste leicht sein, um ihn gut zu transportieren. Garys Case war aus 9 mm-Holz gefertigt, mit Metalleinfassungen und großen Eck-Beschlägen. Die darauf spezialisierte Firma Chandlers produzierte aber auch wesentlich leichtere Koffer aus Aluminium. Ich setzte mich mit ihnen in Kontakt und es gelang, noch auf die Schnelle so ein Ding zu fertigen. Der Typ arbeitete dafür extra das ganze Wochenende. Als der Koffer angeliefert wurde, waren alle zufrieden, denn die Gitarre passte exakt in die Hartschaumaussparung." Doch laut Ian Taylor gab es einen Wermutstropfen: „Albert mochte die Farbe des Hartschaums nicht oder etwas Ähnliches und wollte demzufolge auch nicht dafür bezahlen – obwohl er tonnenweise Geld für die Einspielung bekam! Der Koffer war niemals als Geschenk gedacht."

Taylor erinnert sich auch an die Schwierigkeiten bei der Fertigstellung des Tracks, bei dem Albert einen Overdub über dem Rhythmus-Track spielte: „Er holte die Gitarre aus dem [Pappkarton] und stimmte sie behelfsmäßig. Graham Lilley schlug vor: ‚Willst du nicht ein elektrisches Stimmgerät haben?' Albert meinte: ‚Nein, alles in Ordnung.' Und dann starteten wir die Bandmaschine und er lag meilenweit neben der Stimmung. Als Nächstes kam die Ansage: ‚Albert, die Stimmung muss zum Track passen.' ‚Nein, nein, ihr müsst euch auf mich einstellen.' Er war es gewohnt mit seiner eigenen Band zu spielen, die immer nach seiner Gitarre stimmte – nicht anders herum. Wenn in so einem Fall nicht die standardmäßige Konzert-Stimmung genutzt wird, ist es egal, da alle Instrumente miteinander übereinstimmen. Wenn er sagt, eine Nummer ist in E und sie nicht dem Standard-E entspricht, sondern dem Albert-E, stimmten die anderen einfach ihre Instrumente nach ihm. Dann versuchten wir das Band in unterschiedlichen Geschwindigkeiten laufen zu lassen, [um uns anzugleichen]. Danach verbrachten wir Stunden damit das Solo Note für Note zu bearbeiten und kurbelten an den Reglern, bis diese förmlich glühten. Gary schaute mich an und fragte: ‚Was macht ihr hier eigentlich? Es klingt nicht besser und erst recht nicht wie Albert. Vergesst es! Wir machen mit dem weiter, was wir haben.'"

John Wooler und Gary führten einige Gespräche, welche anderen Blues-Gitarristen man für das Album engagieren könne. „Wir waren gerade in einem Proberaum gewesen, und ich fuhr Gary und Steve (Barnett) zurück. Während der Fahrt quatschten wir. Ich wollte von Gary wissen: ‚Hast du schon mal was von Albert Collins gehört? Ich werde dir mal einen fantastischen Track vorspielen. Du wirst die Art mögen, wie er Gitarre spielt.' Ich spielte ihm dann [den Klassiker] ‚Too Tired' vor und Gary war hin und weg. ‚Das ist unglaublich. Ich habe in meinem ganzen Leben noch nie was von dem Typen gehört.' Und so stellte ich Gary ein Tape zusammen." Zufälligerweise hielt sich Albert Collins für einen Gig im Londoner The Forum in der Stadt auf. Er kam ins Studio, und sie hatten „Too Tired" in drei Takes aufgenommen. Albert Collins war der umgänglichste Mensch auf der Welt und man konnte absolut problemlos mit ihm arbeiten – keine „Zickerei" oder „Abtickerei".

Dann lud Albert Gary ein, bei seinem Konzert mitzuspielen. Wie Gary dem Magazin *Blues in Britain* 2006 berichtete, war er völlig baff, wie entspannt sich Albert vor einem Gig zeigte. „Ich bin also zum Auftritt, und die Band ging auf die Bühne – sie spielten immer ein oder zwei Nummern, bevor er als ‚Hauptattraktion' auftauchte. Während der Zeit saß Collins in der Garderobe, hielt Hof und war von etlichen Leuten umringt. Er hatte eine Flasche Wodka in den Händen, seine Gitarre lag neben ihm auf der Bank und er war unglaublich cool – so cool. Hätte ich dort gesessen, hätte ich vor Lampenfieber gebibbert und niemand wäre auch nur in meine Nähe gekommen … und er feierte eine kleine Party in der Garderobe. Als Nächstes schnappte er sich die Gitarre, legte sie über eine Schulter und sagte: ‚Bis gleich, Gary' und schon war er weg. Ich muss ihn einfach bewundern."

Ein überwiegender Teil des Albums wurde von der Grundbesetzung eingespielt, doch Gary wollte weitere Nuancen in das Klangbild integrieren. Bei „As The Years Go Passing By" (ein Riff, das Duane Allman schneller spielte, um daraus „Layla" hervor zu zaubern) setzte Gary Bob Daisley und Brian Downey ein, was ihm zusätzlich die Gelegenheit bot, mit guten Freunden zu mucken. Bob war der einzige, der Gary immer zum Lachen bringen konnte – ein wahrer Meister der einzeiligen Sprüche, der die Atmosphäre immer entspannte.

Auf dem Album trat auch ein „Special Guest" in Erscheinung – George Harrison. Als Gary und Kerry von London aus in die Gegend von Henley-on-Thames zogen, gehörten sie schon bald zur – in Kerrys Worten – „The Thames Valley Gang". Es war eine regelrechte Enklave von Musikern und ihren Familien, darunter Ian Paice, Mick Ralphs, Dave Edmunds, Jim Capaldi, Alvin Lee und George Harrison. Kerry: „Ständig fanden Gastessen, Partys und Jams statt. Doch sie waren sehr vorsichtig, wen sie in diesen Kreis lassen sollten, was auch auf Gary zutraf. George war [als ex-Beatle] natürlich besonders vorsichtig. Eines Tages gingen wir zu Alvins und Suzannes Haus, wo Alvin ein Studio eingebaut hatte, in dem alle jammten. Gary gab sich große Mühe und blies sie alle weg. Somit war seine Aufnahme in den erlesenen Kreis besiegelt, und schon gehörten auch wir zum Set. Er wurde akzeptiert."

Trotz der ursprünglichen Zurückhaltung war es laut Kerry George, der die engste Beziehung mit Moore knüpfte: „Sie lagen auf derselben Welle. Es gab eine starke Gemeinsamkeit und sie konnten mühelos miteinander umgehen, fühlten sich einfach wohl im Umgang. George musste immer lachen, wenn Gary spielte, denn es wirkte auf eine positive Art urkomisch auf ihn. Und Gary hielt George immer für einen fantastischen Gitarristen, aber nicht nach den Maßstäben, die man normalerweise anlegt. Gary meinte immer, dass George so präzise sei und einen Song vervollständigte, ein Genie, die richtige Tonfolge an der richtigen Stelle zu spielen. Sie schätzten sich also in professioneller Hinsicht, konnten sich darüber hinaus auch über alles Mögliche unterhalten. Bei George gab es keine Hierarchie, denn er war immer geerdet und witzig – und Gary hätte sich [von einer Hackordnung] auch nicht beeindrucken lassen. Beatle oder nicht, Gary hatte selbst ein großes Ego und war sich bewusst, an welcher Stelle er stand."

Gary sagte später über George: „Er war einfach wie die meisten Leute, hatte seine unterschiedlichen Seiten. George hatte einen klar umrissenen Charakter, wirkte sehr charismatisch und war ein besonderer Mensch. Er hatte diese bestimmte Güte und dazu noch einen unglaublichen Sinn für Humor …

[manchmal] führte er sich wie ein ungezogener Schuljunge auf, mit einem Glitzern in den Augen ... Ich verbrachte tolle Zeiten mit ihm. Aber manchmal wurde es auch peinlich. Zum Beispiel spielte er mir den Anfangsakkord von ‚A Hard Days Night' vor, den ich über all die Jahre anders gegriffen hatte. Ich fragte: ‚Stimmt das denn? Bist du dir da sicher, George?' Er schaute mich an und antwortete: ‚Ja, Gary, der stimmt.' Ich fühlte mich total scheiße, so als hätte sich die Erde geöffnet und mich verschlungen. Wenigstens zeigte er mir den Akkord. Als ich ihn sah, ergab alles plötzlich einen Sinn, denn das Arpeggio am Ende ... ist eine tonale Aneinanderreihung des Akkords."

„Es war großartig in seiner Nähe zu sein, all die Beatles-Gitarren zu spielen, die in seinem Heimstudio an der Wand hingen. Er holte mir die Rickenbackers [zum Antesten] runter und auch die rote Les Paul, die ihm Eric Clapton schenkte, nachdem er ‚While My Guitar Gently Weeps' aufgenommen hatte, all die Gibson Akustiks und andere Klampfen. Ich fühlte mich wie ein Kind in einem Süßwarenladen."

Auf Garys Album spielte und sang George auf dem selbstkomponierten Song „That Kind Of Woman", der von Clapton 1990 auch für das Benefizalbum *Nobody's Child: Romanian Angels Appeal* interpretiert wurde, unter der Schirmherrschaft von Olivia Harrison. Doch auch ein Pianist hinterließ seine Spuren auf *Still Got The Blues*. Nicky Hopkins sorgte für einige wunderschöne Klavierpassen. Zuerst klang das Instrument zu tief, obwohl es regelmäßig gestimmt wurde. Ian unterbreitete dann den Vorschlag, einfach das Band langsamer laufen zu lassen, damit die Tonhöhe des Backing-Tracks zum Klavier passte und es beim Mastering wieder in Standard-Geschwindigkeit abzuspielen. Somit erledigte sich der Anruf beim Klavierstimmer.

Gary konnte zwar „Unzulänglichkeiten" bei Albert King akzeptieren oder sogar abfeiern, doch wenn es um sein eigenes Spiel ging, tolerierte er keine unsauberen Passagen. Ein gutes Beispiel hierfür ist „King Of The Blues". Graham Lilley erinnert sich an Garys Frustrationen: „Ständig hieß es: ‚Was wäre, wenn wir dieses oder was wäre wenn wir jenes machen würden?' Schließlich zogen wir nach Hook End, ‚bauten' die Mischpulteinstellungen nach und veränderten alles Mögliche, was für Garys Ohren aber immer noch nicht reichte. Die Art wie er es wahrnahm, sprach ihn nicht an, fand keinen Widerhall." Bei „Texas Strut", seiner Hommage an den berühmten weißen Blues-Gitarristen

Stevie Ray Vaughan, gelang ihm die Umsetzung des „Walking Bass"-Grundlaufs nicht so, wie er ihn sich exakt vorstellte. Und dann wünschten sich Virgin noch mehr B-Seiten, wodurch neue Songs eingespielt werden mussten, die nicht für das Album gedacht waren: „The Stumble", „Mean Cruel Woman" und „Left Me With The Blues".

Als Ian Taylor zum Mastering des Albums in die Abbey Road Studios ging, hörte er erstmalig, was ihnen möglicherweise gelungen war: „Chris, der für das Mastering zuständige Tontechniker, gehörte zu den älteren Mitarbeitern. Zuerst nahm er einige Angleichungen vor, woraufhin er das Band in Echtzeit für den Vinyl-Schnitt abspielen musste. Er drehte sich zu mir um und schwärmte: ‚Das ist aber ein wirklich gutes Album.' Und das kam von einem Techniker, der sich den ganzen Tag über Alben anhört. Zum ersten Mal wurde mir klar, wie gut die Platte war, denn beim Mastering hört man sie sich in ihrer Gesamtheit an. Im Studio ist man ständig mit Kleinarbeiten beschäftigt, Frickeleien und [konzentriert sich auf winzigste Passagen]. Ungefähr zwei Wochen danach rief mich Steve freudig an und urteilte: ‚Das wird eine ganz große Scheibe'."

Zwischenzeitlich kümmerte man sich um eine Promo-Tour der nun so benannten Gary Moore and the Midnight Blues Band. Der Schlagzeuger Graham Walker saß auf heißen Kohlen: „Gary brauchte Ewigkeiten um zu entscheiden, wer zur Tourband gehörte. Ich freute mich, beim Album dabei gewesen zu sein und als ich dann den Anruf mit der Nachfrage zur Tour bekam, war ich überglücklich." Gary stellte eine Kernband mit Andy und Don zusammen, sowie der Bläser-Sektion. Sie starteten mit einem Warm-up-Gig in Folkestone auf dem Weg zum Hafen in Dover, wonach sich die Gruppe zu einer kurzen, dreiwöchigen Europa/UK-Tour aufmachte.

„Oh Pretty Woman" und das Album kamen im März auf den Markt, gefolgt von der Single „Still Got The Blues (For You)" im April, während die Tour-Karawane ihrer Wege zog. Schon früh ließen sich Anzeichen erkennen, dass das Album gut laufen würde. Die Band befand sich in einem Hard Rock Cafe ähnlichem Laden, wo das komplette Album lief, und aus scheinbar jeder Raststätten-Jukebox dudelte „Still Got The Blues (For You)". Doch erst Ende Juni – die Band trat beim renommierten Parkpop Festival in Holland auf – realisierten die Musiker, dass etwas Unvorhersehbares „abging". Graham Walker erinnert sich: „Wir kamen von der Bühne, und da standen all diese Fernsehkameras.

The Blues Is Alright

Vor uns lag ein roter Teppich, begrenzt von Kordeln an jeder Seite und am Bus drängelte sich eine Biker-Eskorte. Wir waren absolut geschockt, verstanden nicht, was hier vor sich ging. Man stolperte förmlich über die Leute von der Plattenfirma."

Und was ging nun ab? Der lang ersehnte Erfolg hatte sich von hinten an Gary herangeschlichen und klopfte ihm nun auf die Schulter. Vor der Album-Veröffentlichung hatte er sich große Sorgen gemacht, sein Rockpublikum zu verlieren und befürchtete, dass die Blues-Community die Musik als Fake-Blues verspotten würde. Die Plattenabsätze verdeutlichten aber eine andere Entwicklung. Sie schossen letztendlich über drei Millionen Einheiten. Auf der ganzen Welt wurde die Platte mit Platin, Gold oder Silber ausgezeichnet, darunter das für Moore bahnbrechende Gold in den Staaten, wo die Single-Auskopplung sogar in den Top 100 landete. Diesmal hatte Gary – trotz aller widrigen Umstände – das richtige Album zur richtigen Zeit veröffentlicht. Der Blues nahm erneut Anlauf auf einen periodisch wiederkehrenden, modischen Höhepunkt, während all die langmähnigen Rockbands der Achtziger, mit ihren fetten Riffs und den aufgeblasenen Produktionen, vom Radar verschwanden, angesichts der bis aufs Nötigste reduzierten Sounds von Nirvana und Guns N' Roses. Das Publikum war wieder bereit, die zeitlose Simplizität des Blues zu erleben, der unverfälschte Emotionen mit Geschmack und Eindringlichkeit vermittelte, statt Musik mit manischem „Shredding" „voll zu kleistern".

Gary musste sich zudem keine Sorgen über die Resonanz der Kritiker machen. Obwohl sich nicht alle Schreiberlinge (besonders die der Metal-Publikationen) vom Album überzeugt zeigten, schmeichelten die Kommentare und Schlagzeilen: In der *Guitar World* (Juli 1990) wurde die Besprechung mit der Überschrift „Flying In A Blues Dream" eingeleitet [eine Anspielung auf Joe Satrianis erfolgreiches Album *Flying In A Blue Dream*], während die *Guitar* im September 1990 „das atemberaubendste und prägnanteste Solo-Spiel" postulierte. Im *Billboard* Magazin stand am 30. Juni 1990 „das Album brennt von Anfang bis Ende wie ein Haus in hellen Flammen" und ähnelte weiteren überschwänglichen Reviews. Auch das *Q* stimmte in den Chor des Lobes ein, wählte die Platte unter die Top 50 1990 und deklarierte: „Einer der Überraschungshits des Jahres ... wobei Gary die wohl heißblütigsten Licks seiner Karriere abliefert." Es war für Gary der (!) Durchbruch, der in der Vergangenheit mit zunehmender Sicherheit geglaubt hatte, dass beim Stapfen durch den Sumpf des Musikgeschäfts das Marketing jedes Mal die Musik übertrumpfte. Das war hier aber nicht der Fall. Sowohl bei den Platten- als auch den Konzertkritiken lobten die aufmerksamen Journalisten, dass Gary endlich zu sich selbst stand und sich wesentlich besser in seiner Haut fühlte als zu irgendeinem anderen Zeitpunkt in den Achtzigern. Auch das Publikum erkannte die Aufrichtigkeit und Ehrlichkeit seines Schaffens und honorierte es. Das Cover des Peter Green gewidmeten Albums erzählte Moores Geschichte. Auf der Vorderseite sitzt ein Gary ähnelnder Junge in seinem Zimmer auf dem Bett und übt vermutlich Blues-Licks. Ein alter Plattenspieler steht auf dem Boden „umzingelt" von Plattenhüllen und über allem hängt ein Poster von Jimi Hendrix. Auf der Rückseite sitzt Gary allein in einem Hotelzimmer – was auch häufig der Realität entsprach – und übte immer noch. Auf dem Boden stand ein Tablett und es lagen einige Tonträger herum, wie John Mayalls *Hard Road*, die neben dem CD-Player liegt. Der Albumtitel mutet fast wie eine Metapher für Garys eigene, sich windende und schlängelnde Reise an.

Don Airey hatte mit Unterbrechungen mit Gary im Laufe der zurückliegenden 15 Jahre Musik gemacht, „doch sein Spiel auf dieser Tournee war überragend. Ich konnte es manchmal gar nicht fassen, was ich da hörte. Während der Tour kam Jon Lord zu mir und ließ ein Kompliment über mein Hammond-Spiel vom Stapel. Doch dann lenkte er ein: ‚Verstehe das bitte nicht falsch, aber es [dein Spiel] ist gar nicht so überraschend, wenn man hört, was vorne auf der Bühne passiert'."

Nun drehte sich alles um Gary und seine Gitarre. Es war endlich eine Blues-Show und kein Rockkonzert. Nun stand keine „Band" im Fokus, womit sich die alten „Stammesrituale" erledigten. Im Laufe der langen Geschichte des Genres standen immer die Namen der singenden Gitarristen in Großbuchstaben auf der Werbung: Muddy Waters, B.B. King, Albert und Freddie King bis hin zu Eric Clapton, Rory Gallagher, Johnny Winter und anderen. Der Rest der Gruppe – wie kompetent sie auch sein mochte, und die Midnight Blues Band brachte überragende Leistungen – waren für das „normale" Publikum meist „Nobodys". Auch was den Gesang anbelangte, fühlte sich Gary hörbar wohl, verglichen mit der Zeit, in der er versuchte, höhenreiche Passagen bei Heavy-Songs zu „schreien". Dazu kam noch der symbolische Charakter des neuen Spielfelds, auf dem sich Moore austobte: Er war nun der ikonenhafte Bluesmann, eine einsame Gestalt, die mit dem Rücken zur Wand stand und auf die Welt blickte, wie Clapton seine eigene Reise auf einen Nenner brachte. In den Sechzigern hatte John Mayall ein Album mit dem Titel *The Blues Alone* aufgenommen, wohingegen Gary bei Skid Row während eines Solo-Parts eine Hommage an Duster Bennett zelebrierte und zu einer One-Man-Bluesband wurde. Doch im Gegensatz zu Mayall und Clapton war Gary keineswegs ein „Blues-Gelehrter". Als er in seiner Schulzeit Eric hörte, wollte er sich nicht auf die Spurensuche nach Robert Johnson oder Muddy Waters begeben. Stattdessen reagierte er rein auf das eindringliche Klangbild der Musik, das auf ihn wie eine Elektroschockbehandlung des Gehirns wirkte, da er hörte, was mit einer Les Paul und einem Marshall möglich war. Diese Inspiration glich einem emotionalen Stromschlag.

Moore ließ sich nie von der Illusion täuschen, dass er nichts mehr lernen konnte – ganz im Gegenteil. Die Aufnahmen mit den Bluesgrößen waren für Gary allein schon aufregend, doch er fühlte sich überglücklich, als er die Chance hatte, mit ihnen gemeinsam Konzerte zu bestreiten. Albert Collins stieß für einige Juni-Termine zur Tour und ließ es sich nicht nehmen, bei Garys erstem Gig auf dem Montreux Festival dabei zu sein. „Jeden Abend kam er auf die Bühne", berichtete Gary, „und spielte Titel wie ‚Too Tired', ‚Cold, Cold Feeling' und ‚Further On Up The Road'. Oft stand ich nur im Hintergrund und hörte ihm zu. Ich hatte einfach nichts, was sich beitragen ließ, fühlte mich, als würde es reichen, nur auf der Bühne neben diesem Typen zu sein." Albert Collins war ein Sinnbild von Liebenswürdigkeit – cool, entspannt und jede Minute mit Gary genießend. In der kurzen Zeit, die sie miteinander verbrachten, verband sie eine enge Freundschaft.

Die Beziehung zu Albert King sah da ganz anders aus, denn hier lautete das Motto immer: Meister und Schüler! King flog nach London, um zwei Abende im Hammersmith Odeon aufzutreten. John Wooler berichtete von den Proben: „Albert verhielt sich extrem konkurrierend und er spielte immer sehr laut. Doch mit zunehmendem Alter kam er mit dem immensen Schalldruck nicht mehr klar. Schon bei der Aufnahme meckerte er Gary an: ‚Mach mal halblang und dreh den Verstärker leiser!' Auch die Bläser-Sektion bekam ihr Fett ab, denn er schrie sie an, was sie zu tun hätten. Dieses Verhalten änderte sich nicht bei den Proben zu den Konzerten, denn King wollte immer die Oberhand behalten. Die beiden diskutierten über ‚Stormy Monday'. Albert fragte: ‚In welcher Tonart willst du die Nummer haben?' ‚Alles außer As', antwortete Gary. ‚Ich mag die nicht, denn sie ist für mich die schwierigste Tonart.' Albert geht dann auf die Bühne des Hammersmith, um ‚Stormy Monday' aufzuführen, ruft in Richtung Gary ‚As', und beginnt direkt mit der Nummer. Der Ausdruck auf Garys Gesicht! Ein klassischer Moment."

Gary erzählte später, er habe sich in Alberts Gegenwart unbedeutend gefühlt: „Das war mir alles zu hoch, doch auf [eine bestimmte Art] war es bestärkend. In nur wenigen Tagen brachte er mir eine Menge über das Gitarrenspiel bei … Er meinte: ‚Niemand wird dich erschießen, wenn du mal zwei Sekunden gar nichts spielst' … Er musste dann zum Flughafen und als sein Wagen ankam, sagte ich: ‚Ich möchte dir für alles danken, Albert!' Dann umarmte ich ihn fest und er antwortete: ‚Hör mal, ich wollte dir noch mal was zu dem zu laut spielen stecken … du und Stevie Ray Vaughan seid meine Paten. Verstehst du es jetzt?' Er hatte mir also eine Lektion erteilt!"

Die Tour stellte sich als ein großer Erfolg heraus, reichte bis in den September hinein und dauerte letztendlich sechs Monate. Gegen Ende der Konzertreise ließ sich die Band bei ganz großen Festivals sehen, darunter einem in Dänemark vor 300.000 Zuschauern. Gary erhielt in dem Land eine Platin-Auszeichnung, wonach die Band mit Tina Turner auf ihrer „Foreign Affair"-Europatour in großen Stadien auftrat. Auf einen Erfolg folgt der nächste, denn plötzlich kamen Angebote aus aller Herren Länder. Endlich bot sich Gary die Chance zum Durchbruch in den USA und einer extensiven Tour in Japan, Australien und Neuseeland. Aber dann ließ Moore eine Bombe hochgehen – er sagte Nein!

Im Januar 1989 erzählte Gary noch dem *Raw*-Magazin: „Ich fände es nicht schlecht, eine Blues-Band zusammen zu trommeln, um in einigen kleinen Clubs zu spielen und für 24 Stunden der Peter Green der Achtziger zu sein." Doch nach Veröffentlichung des Albums und der ausgedehnten Tournee fühlte sich Gary, als würde er wieder in die Knochenmühle des Rockzirkus hineingezogen, der er eigentlich entkommen wollte. Obwohl eine bestens strukturierte Organisation hinter ihm stand, wollte er die großen Tourneen mit den damit verbundenen Reisen nicht auf sich nehmen, die komplizierte Logistik, die Hotels und die Soundchecks. Um Garys Ängsten und seinem Hang zur Perfektion gerecht zu werden, wären ernsthafte und lange Proben notwendig gewesen, auch wenn das Material bereits „on the road" getestet worden war. Die Konzerte hätten auch bedeutet, eine lange Zeit nicht zu Hause zu sein, fern von Kerry und Jack, mittlerweile schon ein kleiner Junge.

Dazu „gesellten" sich noch Probleme mit dem Gehör. Moore war dafür bekannt mit einer phänomenalen Lautstärke zu spielen, sogar bei Proben, wie sich Graham Walker erinnert: „Als ich zu ihm stieß, traf ich ihn in diesem kleinen Proberaum im John Henry's. Ich dachte, der dritte Weltkrieg sei ausgebrochen. Der ganze Raum vibrierte. Er meinte beschwichtigend: ‚Keine Sorge – morgen werde ich einen anderen Amp haben.' Und das war auch glücklicherweise der Fall." Der Produktionsmanager Gerry Raymond-Barker erzählt eine ähnliche Geschichte: „Einmal besuchte ich ihn im Studio. In der Regie war es schon ohrenbetäubend laut, und er sagte: ‚Hey, mach es doch etwas lauter.' Der Tontechniker schob die Regler hoch, und ich hatte das Gefühl, als würde mir jemand einen Dolch in den Schädel rammen. Und Gary stand einfach so da und meinte: ‚Ja, das ist besser.' Beim Soundcheck hielt ich es nie aus, direkt vor seinen Verstärkern zu stehen." Moores Musiker nannten den Bühnenbereich zwischen Gary und seinen Verstärkern immer ironisch „die Todeszone".

Die wahnsinnige Lautstärke forderte ihren Preis. Gary musste seine Verstärker leiser stellen und Ohrenstöpsel tragen, wodurch er aber an sich wiederholenden Gehörgangs-Infektionen litt.

Don Airey war der erste, dem das Problem auffiel, und zwar während der Blues-Tour: „Wir waren in München zu einem Konzert im Deutschen Museum. Wenige Tage davor hatten wir beim großen Hockenheimring-Festival gespielt. Gary ging es nicht gut. Er saß allein in einem Park und trank einen Kaffee. Ich schlenderte an ihm vorbei und bemerkte wie aufgewühlt er war."

Kurz zuvor hatte man sich über eine mögliche Tour mit den Vaughan-Brüdern in den USA unterhalten, doch am 27. August 1990 kam Stevie Ray bei einem Hubschrauberabsturz ums Leben, wodurch sich weitere Planungen erübrigten. Obwohl sich das Album gut verkaufte, wäre es riskant gewesen, als Headliner aufzutreten, statt mit einem zugkräftigen, etablierten amerikanischen Blues-Künstler. Gary wollte unbedingt den Club-Touren entkommen, ein Vorhaben dessen Aussicht auf Erfolg durch Vaughans Ableben zunichte gemacht wurde. Eine zusätzlich tragische Komponente verfinsterte Garys psychischen

Zustand, denn Albert King wollte seine „Patenkinder" nicht nur erziehen, sondern hoffte, lange genug zu leben, um sie gemeinsam auf der Bühne zu sehen. Das wäre zweifellos geschehen, hätte die Tournee stattgefunden. Wer hätte gedacht, dass er Stevie überleben würde, jedoch nur für eine kurze Zeit. Albert Kings Gesundheitszustand war nicht der beste, und er verstarb im Dezember 1992 an einem Herzinfarkt. Albert Collins verlor ein Jahr später mit nur 61 Jahren den Kampf gegen den Krebs.

Viele reagierten mit Befremden auf Garys Weigerung, in den USA zu touren, besonders weil er sich Ende 1990 dort niederließ. Dass sich die Blues-Tour so lange hinzog, hatte sich als vorteilhaft erwiesen, da Gary ab April 1990 ein weiteres „Steuerfreijahr" einlegte und mit seiner Familie nach Connecticut zog. Kerrys Freundin Lesley war die Frau des Deep-Purple-Bassers Roger Glover, die in der Nähe von Greenwich lebten, während Garys Manager sich abmühte, ein US-Büro in Philadelphia zu eröffnen. Zusätzlich standen noch Schnittarbeiten an einem Video von NFL-Films an – betitelt *An Evening Of The Blues* – die Aufnahmen einer Show vom 11. Mai im Hammersmith Odeon.

Kerry berichtete davon, dass Gary nach der Ankunft – obwohl er seine Familie um sich herum wusste – in eine tiefe Depression fiel. „Es war so schwierig, festzustellen, was in ihm vorging. Das ließ sich nur mit einer Selbst-Sabotage vergleichen. Er stand kurz davor, die USA zu knacken, die Plattenfirma war da um ihn zu unterstützen, aber er konnte nicht mehr. Er hatte auf dem zweiten Wilburys-Album gespielt, in der Rolle des Ken Wilbury. Als wir in den USA lebten, wurde Gary zu einem Videodreh für ‚She's My Baby' nach LA eingeladen, doch er sagte, er fühle sich nicht gut und wolle nicht reisen. Sogar Bob Dylan fragte Gary, ob er bei ihm einsteigen wolle! Doch Gary weigerte sich oft, unter Druck zu etwas bewegt zu werden. Ihm gefiel es, einfach abzuhängen. Durch den Golfkrieg wurde dann ein Rückflug nach Hause [um sich zu erden] schwierig, obwohl wir uns dort nicht lange aufhalten durften. Alle verfielen in Panik." Gary hatte eine Grippe, eine Ohrenentzündung, und wollte [vermutlich wegen der Depression] nicht zum Videodreh nach LA fliegen. Trotz dieser Beschwerden empfanden die ihm nahestehenden Menschen das als „eine total verpasste Chance", wie es Graham Lilley ausdrückte, denn er hätte sich endlich ins Zentrum des amerikanischen Rockpublikums katapultieren können. Auf einer anderen Ebene war es auch für Virgin und Steve Barnett zutiefst frustrierend. Letzterer sagte diplomatisch (und spiegelte damit Sharon Osbournes Kommentar zu Gary und Thin Lizzy wider): „In der Welt, in der wir uns bewegen, muss man heftig zuschlagen, wenn sich einem die Möglichkeit bietet."

Schließlich kam Gary wieder auf die Beine und machte sich Gedanken zum nächsten Album – das schwierige zweite Blues-Album – denn Virgin wollte zu dem Zeitpunkt unbedingt einen würdigen Nachfolger für *Still Got The Blues*. Ian Taylor, der sich schon als Produzent in Wartestellung befand, bemühte sich, Gary vom Druck zu befreien und erzählte ihm (recht vernünftig), dass es kaum eine Chance oder nur eine sehr kleine gab, dass die nächste Bluesscheibe so erfolgreich sein würde wie die erste. Und so solle Gary auch nicht zu ängstlich sein. Allerdings war sich Moore über den Schwierigkeitsgrad der vor ihm liegenden Aufgabe bewusst: „Es ist immer hart, einen Nachfolger für ein erfolgreiches Projekt abzuliefern, da die Leute eine so hohe Erwartungshaltung hinsichtlich des nächsten Albums haben. Wenn man dann noch [so gestrickt ist] wie ich und von sich selbst viel abfordert, wird man überkritisch und bleibt stecken. Eine positive Erfahrung lässt sich nicht so einfach wiederholen. Du kannst nicht in ein Studio gehen und ein Album wie *Still Got The Blues* aus dem Ärmel schütteln, denn es wurde so gut, weil es ohne Hintergedanken zustande kam. Man kann einfach nicht ins Studio gehen und so frei mit der Musik umgehen. Die Spontaneität geht verloren, was sich nicht nur auf das Spielen bezieht, sondern auch auf den ganzen Ansatz, das Schreiben und die Performance [bei der Aufnahme]." Gary war zum Blues geflohen, um sich vom Druck des Status eines Heavy-Rock-Guitar-Heroes zu befreien und tappte nun erneut in die Falle – als ein überaus erfolgreicher Blues-Musiker.

Graham Lilley machte sich dann auf die Suche nach einem Studio: „Ursprünglich waren die Aufnahmen in Florida geplant, vielleicht sogar im Criteria. Gary, Kerry, Jack und ich machten daraus einen größeren Ausflug von Connecticut aus in einem 4x4. Wir fuhren gemütlich durch Virginia und Georgia und besuchten die örtlichen Gitarrenläden und Bekleidungsgeschäfte. Letztendlich schafften wir es nicht ins Studio, denn die ganze Gegend entsprach überhaupt nicht unseren Vorstellungen. Sie landeten im Ritz Carlton und ich wohnte in einer kleinen Strandhütte und ließ mir Details über Studios von (Steve Barnetts) Büro in Philadelphia per Fax zukommen. Das musste alles genau geprüft werden, da wir auf vernünftige Schallkabinen und bestimme Mischpulte achteten. Das Fax spuckte Seite für Seite aus."

Da Gary sich in den USA aufhielt, weit entfernt von den gewohnten Studios und den Musikern, mit denen er am besten arbeiten konnte, war eins sicher – die Arbeit am nächsten Album würde nicht so „flutschen" wie bei *Still Got The Blues*. „Wir nahmen einige Demos im Soundtec auf und entschlossen uns dann für das Beartracks Studio in New Jersey", berichtet Graham. Sie ließen Graham Walker und Andy Pyle einfliegen, und auch Tommy Eyre gesellte sich zur Truppe, da er bereits in New York lebte. Laut Graham lief es aber schon zu Beginn, „nicht gut. Die Songs waren nicht ausarrangiert und die Coverversionen widersprachen [dem Konzept]. Am Ende flogen Andy und Graham wieder nach Hause."

Im Februar 1991 sicherte sich Gary einen Auftritt in der *David Letterman Show*, wo er „Still Got The Blues (For You)" aufführte, gemeinsam mit der Hausband mit Anton Fig (Schlagzeug) und Will Lee am Bass. Er zeigte sich vom musikalischen Können der beiden vollauf begeistert, woraufhin sie in die Carriage House Studios in Connecticut zogen und einige Demos aufnahmen, sowie einen Track mit Albert Collins – Little Miltons „The Blues Is Alright". In einem Interview während der Promo des Albums erinnert sich Gary, dass er und Collins den Song erstmalig in einem schwedischen Café während der „Still Got The Blues"-Tour gehört hatten: „Während der restlichen Konzerte spielten wir das Stück immer als Zugabe." Die beiden „Lettermänner" Will und Anton reisten dann ins UK und gingen ins Hook End, um mithilfe der Produzentenkünste von Ian Taylor weitere Recordings zu tätigen. Taylor erinnert sich an einen lustigen Zwischenfall: „Es war die Woche von Wimbledon und George Harrison rief an und fragte: ‚John McEnroe ist gerade bei mir. Dürfen wir ins Studio kommen?' Nun, Gary vermutete, dass sie kommen würden, um zu jammen, was ihm nicht passte. Er bat also Graham alle Gitarren wegzupacken, bis auf seine eigene. Dann kamen George und John an, wir aßen zusammen und George schlug vor: ‚Warum jammen wir nicht ein bisschen?' Wir sahen uns alle verlegen an und dann antwortete Gary: ‚Oh, wie schade! Ich habe nur eine Gitarre hier!' ‚Kein Problem', warf George ein. ‚Wir haben unsere eigenen mitgebracht.' Wir schlenderten ins Studio, Anton und Will stehen da, die Mikrofone schon vor den Instrumenten, und in der Regie sitzen Gary, George und John, die einen

Blues jammen, bei dem jeder ein Solo spielt. Für Gary und George war das ein leichtes Ding, doch John wirkte wie ein Zwölfjähriger – überhaupt nicht wie sein Image als Tennis-Ass – und spielte ungefähr wie ein Vierzehnjähriger!"

Die Aufnahmen für die nächste Platte verliefen ruckartig und wurden häufig unterbrochen, nicht zuletzt, weil Gary und Kerry frühzeitig nach England zogen. Dort besuchten sie umgehend die befreundete Sängerin Vicki Brown, die im Juni 1991 an Brustkrebs verstarb (und der das neue Album gewidmet wurde). Wegen der Vorgabe, ein Jahr außerhalb des Landes verbringen zu müssen, nahm Gary die meisten Parts in Paris auf. Der überwiegende Teil der Tracks wurde von einer vierköpfigen Band eingespielt, doch welcher Musiker exakt welchen Teil zum Album beitrug, zählt immer noch zu den strittigen Punkten, da sich auch zahlreiche Gäste verewigten. Zum Beispiel: „Story Of The Blues" wurde von verschiedenen Bassisten eingespielt, gefolgt von Gary, der das Instrument am Ende übernahm, aber immer noch nicht zufrieden war. Wirft man einen Blick auf das Cover, werden als Basser Andy Pyle, Bob Daisley und Will Lee genannt. Mo Foster und Kuma Harada tauchen bei den Danksagungen auf und rechnet man Gary noch hinzu, kommt man auf die stattliche Summe von sechs Bassisten. Dieses Phänomen war ein Indikator, mit dem sich der Unterschied zwischen diesem Album und dem Vorgänger bestimmen lässt. *Still Got The Blues* wurde recht zügig aufgenommen, wodurch Gary sich kaum Gedanken machte und sich auch nicht großartig einmischte. Nun hatte er die Zeit und das Geld, ein Charakterdefizit voll und ganz auszuleben – das der Unentschlossenheit. Und das traf speziell auf den Endmix zu. Ian Taylor fasst das zusammen: „Er hatte richtige Probleme ‚Ja, das ist großartig', zu sagen."

Still Got The Blues lässt sich als eine Hommage an die grandiosen Gitarristen des British Blues beschrieben, die Gary in seiner Jugend inspirierten. Auf dem neuen Album *After Hours* zielte Moore auf einen von Stax beeinflussten Sound ab – auch in dem Versuch, sich nicht zu wiederholen – wobei er die legendären Memphis Horns wie auch die Midnight Horns einsetzte. Letztere waren schon beim vorausgegangenen Album und der darauffolgenden Tour dabei gewesen. Moore erzählte, dass er sich zu der Zeit mit einem damals erschienenen Stax-Boxset auseinandergesetzt hatte. Er wollte die Bläser fester in seinem Klangbild integrieren, und im Verlauf des Songwritings sah er auch Raum für weibliche Backing-Sängerinnen. „Im Gegensatz zu früher, wo ich die

Bläser hinterher zu dem Bestehenden arrangierte, dachte ich jetzt schon beim Schreiben an die Parts ... bei ‚Story Of The Blues' (textlich eine Collage von Schnipseln von Blues-Klassikern) spielten die Bläser die Melodiebögen und die Gitarre ‚beantwortet' diese ... Die stilistische Ausrichtung der Kompositionen erforderte auch Harmonie-Vocals, nicht nur eine einzige Stimme. Bei ‚Separate Ways' sangen die Mädels die zum Refrain überleitenden Linien ... Sie und die Memphis Horns machten den Song zu etwas Besonderem, was ich mochte, denn davor ‚pfiff er aus dem letzten Loch'. Er lag schon eine ganze Zeit auf Halde und ich stellte mir die Frage, wie man ihn im Kontext mit den anderen Nummern zum Leben erwecken konnte. Jeder wollte ihn auf dem Album haben, doch ich war mir nicht so sicher. Doch als die Bläser das Gitarren-Riff doppelten, die Vocals die Melodieführung zum Refrain übernahmen und ich alles musikalisch beantwortete, hob das Ding ab. Damit war (der Track) in trockenen Tüchern und gehörte wieder zum Programm."

Bei *Still Got The Blues* lag der Fokus von Garys Eigenkompositionen bei den Balladen, und er folgte diesem Weg auch auf *After Hours*. Seiner Ansicht nach, konnte man sich damit abplagen und quälen, schnelle Blues-Nummern zu schreiben, die aber niemals so gut waren wie das riesige Repertoire aus zur Verfügung stehenden Klassikern. Beim Schreiben von „Since I Met You Baby", das nicht nur im Stil von B.B. King war, sondern tatsächlich wie ein Song des Meisters klang, hatte er eine gute Idee, um diese Ähnlichkeit zu verschleiern. Wer wäre wohl der ideale Gastmusiker? „Er hatte sich das *Still Got The Blues*-Album zugelegt, und wir versuchten schon seit einem Jahr etwas gemeinsam zu machen. Ich schickte ihm also eine Kassette mit ‚Since I Met You Baby' und er schaffte es, sich einen Tag von seinem engen Tourneeplan freizuschaufeln, um rüberzukommen und das Ding einzuspielen. Diese Typen sind ja ständig auf Tour, und darum ist eine Zusammenarbeit auch so schwierig. Sogar in einem so hohen Alter verbringen sie ihr Leben auf einer ununterbrochenen Konzertreise. Sie verkaufen nicht viele Platten und müssen darum auch auftreten. Ich hatte meine Teile schon eingespielt, und er kam an einem Nachmittag rüber. Er nahm die Gitarre auf, dann den Gesang, wonach wir am Abend das Video drehten. Das wirkte wie ein Traum und war rasend schnell vorbei. Ich kann immer noch nicht glauben, dass er es geschafft hat. [King] war ein wahrhaft charmanter Mann, mit dem man leicht arbeiten konnte, ohne dass er dabei auf die Uhr schaute. Wirklich professionell."

Das Interview enthüllte eine weitere Komponente des Kreativprozesses, die Songabfolge. Gary gab zu, dass er in dieser Hinsicht noch altmodisch dachte, also dem Muster Seite A/Seite B folgte und „Separate Ways" an das vermeintliche Ende der ersten Seite einer Vinyl „packte", womit er die Stimmung zur Vorbereitung der zweiten Seite abkühlte. Das stellte zudem einen starken Kontrast zur Eröffnungsnummer dar, dem hart klingenden „Cold Day In Hell", von der Gary sagte, dass er sie auch brachial spielte, um „die Aufmerksamkeit zu erhöhen", denn sonst „hätte das nicht zu mir gepasst". Damit stellte er auch einen Gegensatz „zum sauberen [und sterilen Gitarrensound einiger her], die ich erwähnen könnte". Das war sicherlich ein Seitenhieb auf Eric Clapton, der nach Garys Empfinden seinen Biss als Blues-Musiker verloren hatte, eine Meinung, die er bereits deutlich schärfer zum Besten gegeben hatte. Gary meinte zur Titelabfolge allgemein, dass man bei einer falschen Anordnung „die gesamte Dynamik einer Platte verlieren kann. Man möchte nicht, dass zwei aufeinanderfolgende Stücke in ein und derselben Tonart stehen, man achtet stattdessen auf unterschiedliche Einleitungen – und sogar die Zwischenräume haben ihre Bedeutung (er ließ einen extra langen Freiraum nach ‚Separate Ways'.) Diesmal dachte ich über verschiedene Abfolgen nach, das kannst du mir glauben. Die Leute meinen, dass man verrückt ist, weil man sich so lange damit beschäftigt, doch die Qualität einer Platte wird dadurch erhöht."

After Hours kam im März 1992 auf den Markt. Wie voraussehbar, lag das Album weit unter den Verkaufszahlen von *Still Got The Blues*, obwohl es in einigen Ländern, darunter auch Großbritannien, mit einer Goldenen Schallplatte ausgezeichnet wurde und sogar eine höhere Charts-Platzierung als der Vorgänger erreichte.

Das Londoner Hard Rock Café war der Gastgeber der Release-Party, wo Gary und B.B. King gemeinsam „The Thrill Is Gone" und „Since I Met You Baby" mit der Wilbury-Crew aufführten, bestehend aus Harrison, Petty und Lynne. Am 6. April revanchierte sich George Harrison mit einer Einladung zu einem Benefizkonzert zugunsten der gerade gegründeten Natural Law Party, tatsächlich einer politischen Partei, die auf den Prinzipien der Transzendentalen Meditation beruhte, eine Technik, die Gary von George gelernt hatte.

Gary sollte einige Nummern seines neusten Blues-Albums mit der sogenannten „The Hijack Band" aufführen. Die Formation trug diesen Namen, da Harrison sie von Eric Clapton für den Abend „entführt" hatte. Er wollte, dass Gary bei „While My Guitar Gently Weeps" auftritt. Während der Probe versuchte Moore die Musik zu dominieren, indem er das Solo mit voller „Gary-Härte" spielte. George ging zum Mikro, schüttelte den Kopf und erklärte: ‚Gary, Gary, das Stück heißt ‚While My Guitar *Gently* Weeps'! Gary lief rot wie eine Ampel an, wiederholte das Solo und brachte es auf den Punkt. An dem Abend des Auftritts – und das wird bei dem YouTube-Clip deutlich – dreht sich George um und zeigt seine Wertschätzung, während Gary das Solo beendet.

Dann ging es wieder in die USA, um Ferien mit den vorbereitenden Tourproben zu verknüpfen. Gary wohnte zuerst in Disney World in Florida und spielte dann im Universal Amphitheatre in Los Angeles und im Beacon Theatre in New York. Es waren die letzten Gigs in den USA, wonach die Tour mit einem stürmischen Auftritt am 7. Juni im Hammersmith Odeon begann.

Am Ende des ersten Monats nahmen sie sich eine Auszeit für einen besonderen Anlass. Die Gruppe trat im Hammersmith Odeon als Hausband beim von Mick Jagger initiierten National Music Day auf. Neben Mick zeigten sich auch Ron Wood und Charlie Watts auf der Bühne. (Keith Richards war hingegen weit und breit nicht auszumachen. Angeblich hatte sich Mick geweigert dessen Flug nebst Entourage mit einer Concorde aus Kanada zu bezahlen.) Die Blues-Legenden Jimmy Rogers, Buddy Guy und Pop Staples traten hingegen auf, und auch Otis Rush war zu sehen, der mit Gary ein großartiges „So Many Roads" zelebrierte. Graham Walker zu den Hintergründen: „Während der Europatour 1990 haben wir uns die Stones angesehen. Ich, Gary und Andy haben sie im Backstage-Bereich getroffen und ein bisschen gejammt. Albert Collins begleitete uns damals, und die Stones waren sehr an ihm interessiert und stellten Fragen, welche Saiten er denn nutze und Ähnliches. Sie standen total auf *Still Got The Blues* und fanden es gut, dass Gary nun Blues spielte. Als Mick uns dann fragte, ob wir auftreten wollten, flogen wir aus der Schweiz ein und fuhren direkt ins Hammersmith Odeon, um mit all den unterschiedlichen Leuten zu proben."

Unglücklicherweise mussten fast alle Augusttermine wegen Garys anhaltender Gehörprobleme abgesagt werden, doch zuvor hatte man noch einige Auftritte für die Veröffentlichung von *Blues Alive* 1993 mitgeschnitten. Die Aufnahmen belegten, dass sich Moore trotz seiner Bedenken und Ängste als absolut glaubwürdiger Blues-Künstler neu erfunden hatte. Damit übernahm er die Fackel von den Helden des Genres, die er in seiner Jugend so verehrte und stand nun mit den weltweit besten Bluesern Seite an Seite auf der Bühne. Dafür existiert vermutlich kein besseres Beispiel wie das atemberaubende Duett mit B.B. King in Londons Town and Country Club am 11. November, seinem letzten Gig in dem Jahr. Der Auftritt ist auf YouTube zu sehen und zeigt beide Musiker, die durch künstlerisch intensivste und lupenreinste Präzision überzeugen. Allerdings lässt sich auch eine Art düsterer Prophezeiung bei der Songauswahl erkennen, denn „The Thrill Is Gone" sollte die Moore-Familie in den folgenden Monaten noch heimsuchen.

KAPITEL ELF
TRAUM ODER ALBTRAUM?

1993 war Gary kaum im Studio und tourte auch nicht. Unerwartet erhielt er einen Anruf von Jack Bruce, der seinen Gitarristen Blues Saraceno an die Glam-Metal-Band Poison verloren hatte. Vor Jack lagen einige August-Auftritte in Esslingen in Deutschland, der Geburtsstadt seiner Frau Margrit. Steve Topping zeigte sich bereit, am ersten Abend auszuhelfen, doch hatte am zweiten keine Zeit, woraufhin Jack Moore bat, doch freundlicherweise einzuspringen.

Damals trommelte Gary Husband für Bruce, den „augenblicklich Garys durchschlagender Einfluss als Gitarrist beeindruckte. Er stand hinter jedem einzelnen Ton, und das bedeutete mir viel. Wir spielten überwiegend Cream-Klassiker, was nicht zu meinen Lieblingsbeschäftigungen zählte, da ich es hasse, den Platz eines anderen einzunehmen, bei Songs, die in einem besonderen und persönlichen Stil entstanden sind. Als aber Gary auftauchte, beschlich mich schon vom ersten Augenblick an das Gefühl, als würden ihm die Stücke ‚gehören', als sei er der Gitarrist in der ursprünglichen Formation gewesen. Mich beeindruckte es immer zutiefst, wie er das machte."

In einem Interview mit dem Autor dieses Buchs erzählte Gary 2009: „Der Gig in Esslingen lief [vermutlich] so gut, weil ich Jack fragte, ob er einige Songs schreiben wolle, denn ich plante das nächste Gary-Moore-Album." Gary hatte damals versucht ein Studio in seinem Haus in Shiplake einzurichten. Er experimentierte zuerst mit dem geräumigen Umkleideraum für den Außenpool, was aber nicht aufging, woraufhin er sich ein Haus in der Nähe mietete, dass als Büro und 8-Spur-Studio diente. Gary meinte, dass „Jack rüberkam und am Tag mit mir arbeitete. Ich hatte schon einige Songs geschrieben, aber ich fand sie recht schräg, da sie eher auf seinen Stil hinausliefen und ich dabei an ihn als Sänger dachte."

Anfang November feierte Jack mit einer All-Star-Band seinen 50. Geburtstag in Köln. Zu ihr zählten Ginger Baker, Simon Phillips, Clem Clempson, Dick Heckstall-Smith, Pete Brown, Gary Husband und auch Gary erhielt eine Einladung.

Am Tag des Konzerts versammelten sich die Musiker, um von einem Transporter zum Veranstaltungsort [dem E-Werk] gefahren zu werden, doch Gary verschwand in einer Limo und murmelte etwas über „verdammt dickköpfige Rockstars". Die Limo folgte dem Transporter, doch als dieser zum E-Werk abbog, machte sich die Luxuskarosse mit Moore aus dem Staub. Erst eine Stunde später tauchte er wieder auf. Wie sich herausstellte, war er wegen des wichtigen Gigs sehr nervös gewesen und hatte den Fahrer instruiert, fernab vom E-Werk zu parken, wo er auf dem Rücksitz Platz nahm und Gitarre übte.

Während Clem Clempson am ersten Abend Lead-Gitarre spielte, übernahm dies Gary am zweiten. Er startete mit Jack und Simon Phillips mit Bruce' aufwühlendem „Life On Earth", gefolgt von einer „aufgemotzten" Version von „Tales Of Brave Ulysses", bei der das Riff in einem halsbrecherischen Tempo gerockt wurde. In den letzten drei Jahren hatte sich Gary in der Kunst des „bluesigen Zurückhaltens" geübt, doch nun hatte man das Gefühl, er sei von der Leine gelassen worden – Gary Moore, der Rockgitarrist, heißblütig bis zum Abwinken, der sich an die vertrackten und ausufernden Improvisationen von Colosseum II erinnert. Jack liebte das, denn die beiden schauten und lächelten sich an, inspirierten sich mit Riffs und Licks und „pushten" sich auf ungeahnte Höhepunkte. Simon beendete das Ganze mit einem Schlagzeugsolo, während Jack und Gary an der Bühnenseite standen und sich freundschaftlich umarmten.

Nach Simon Phillips setzte sich Ginger Baker auf den Drum-Hocker. Gary muss in dem Moment wahrscheinlich gedacht haben, dass alle bisherigen Weihnachten an nur einem Tag zusammenfielen. Sie starteten mit „NSU". Hätte sich Moore jemals vorstellen können – als er den Song vor circa 30 Jahren vor Horden verblüffter Kids aus Belfast spielte – dass er eines Tages die Rolle von Eric Clapton übernehmen würde? Dass er in einer ausverkauften Halle mit 2/3 von Cream vor einem deutschen Publikum spielen würde – das Land, in dem er eine große und begeisterte Fangemeinde hatte? Dann folgten „Sitting On Top Of The World", „Politician", „Spoonful" und „White Room". Es war seitens Gary eine bravouröse Vorstellung, denn ihm „gehörten" tatsächlich die Songs, wie schon Gary Husband beobachtet hatte. Die Jahre fielen von Ginger und Jack ab, denn sie spielten so energiereich wie früher, und man konnte sogar Ginger bei einem seltenen Lächeln beobachten. Und er initiierte auch die wohl unerwartetste Wendung in der Geschichte von Gary Moore.

„City Of Gold", „Waiting In The Wings" und „Can't Fool The Blues" zählten zu den ersten Songs, an denen Jack und Gary arbeiteten. Das Projekt war immer noch auf Garys nächstes Album ausgerichtet, dass – gemessen an der Stärke der geschriebenen Stücke – nicht als exklusives Blues-Album geplant wurde. Man hatte bereits Gary Husband über das Projekt informiert. Sowohl Jack als auch Gary hätten ihn gerne dabei. Doch die Wochen zogen ins Land und der Drummer hörte rein gar nichts. Als dann doch der Anruf hinsichtlich der Aufnahmen kam, hatte sich der multitalentierte Musiker schon als Keyboarder einem Album mit Billy Cobham verschrieben. Jack schlug daraufhin vor, Ginger zu fragen. Gary lenkte ein: „Bist du dir da wirklich sicher?" Den zwei Streithähnen war es irgendwie gelungen, einen einzigen Gig ohne nennenswerte Traumata zu überstehen, doch die Jack-Ginger-Hassliebe war legendär. Konnte diese Formation tatsächlich als Band funktionieren? Jack hatte merkwürdigerweise keine Vorbehalte: „Yeah, das wird großartig. Mach dir keine Sorgen." Mit Ginger Baker mit von der Partie standen sie vor einem völlig unterschiedlichen Projekt. Realistisch betrachtet, durfte es kein neues Album von Gary sein, mit den „Begleitmusikern" Jack und Ginger. Nun mussten sie ein neues Vermarktungsformat anvisieren und sich als eigenständige Band einen Album-Deal sichern.

Steve Barnett war in die USA gezogen, um das „Hard to Handle"-Management aufzuziehen, das den US-Ableger von „Party Rock" darstellte. Es hatte sich während Garys Zeit in Connecticut bewährt, doch die Zusammenarbeit war nach Moores Rückkehr nach Großbritannien zu aufwendig geworden, woraufhin sich Steves UK-Partner Stewart Young um die täglichen Aufgaben kümmerte. Zwischenzeitlich hatte Gary mit John Martin einen neuen Tourmanager engagiert, der im Laufe des Jahres 1993 eher zögerlich die Rolle des Managers übernahm, da die Arbeit mit Stewart nicht harmonierte. Allerdings war Steve immer noch der magische Deal-Maker, wenn es um Vertragsverhandlungen ging, und so flog er aus den USA ein, um mit Virgin zu pokern.

Er präsentierte der Plattenfirma das meist unheilvolle Konzept der „Super-Group", das aber diesmal mit einer besonderen thematischen Dimension punktete, denn Cream waren zu Beginn des Jahres in die Rock and Roll Hall of Fame eingezogen. Die Musiker traten zum ersten Mal seit dem Split von Cream 1968 zusammen in der Öffentlichkeit auf. Umarmungen und Glückwünsche standen auf der Tagesordnung, was im Musikbusiness zu heller Aufregung führte, da alle auf eine Reunion spekulierten. Das hing jedoch von Eric Clapton ab, denn er verfügte über die Organisation, mithilfe derer so ein Vorhaben verwirklicht werden konnte. Vermutlich „schielte" er mit einem Auge auf seine Solokarriere und entschloss sich aus dem Grund dagegen. Der Name Cream gehörte nun zu den heißen Themen im Musikbusiness, und Virgin wurde das verlockende Angebot unterbreitet, 2/3 der Band mit ihrem Star-Gitarristen zu kombinieren. Das Konzert in Deutschland hatte bereits bewiesen, was für ein unglaubliches musikalisches Potenzial in so einem Projekt lag. Der Deal lief für Gary auf einen sogenannten „nicht verbindlichen" Vertrag mit Ausschluss hinaus, was bedeutete, dass damit Moores regulärer Vertrag mit Virgin unberührt blieb.

Zu diesem Zeitpunkt stand John Martin noch vor der offiziellen Management-Übergabe von Stewart Young. „Ich erinnere mich, Steve nach Heathrow gefahren zu haben", berichtet John. „Ich erzählte ihm von Garys Angebot, ihn zu managen. Steves Gesichtsausdruck war abzulesen, dass es sich hier um kein Zuckerschlecken handeln würde. Er fragte mich: ‚Bist du dir sicher, dass du das wirklich machen willst?'" Wie sich zeigte, entwickelte sich Johns erster Vorstoß in die Gefilde des Managements zu einer regelrechten Feuerprobe.

Es begann jedoch alles in Ruhe und Frieden. Die Musiker zogen sich in den großen Proberaum/Studio-Komplex in Hook End zurück. Gary war es gelungen, als Geschenk für Ginger dessen altes Ludwig-Schlagzeug mit einer Double-Bass-Drum aus Cream-Tagen in einem Schlagzeuggeschäft im Norden Londons aufzustöbern. „Ginger kam rein", erinnerte sich Gary, „und flippte vor Freude aus, als er die unerwartete Überraschung sah – sein altes Drum-Set. Letztendlich spielte er nicht mit dem [Ludwig], da sein neues Set wesentlich besser klang." Gary sorgte sich vor der ersten Begegnung mit Ginger in der für ihn neuen Situation. Der Produzent Ian Taylor erklärt, „dass Ginger eine

Menge Kohle für den Job bekommen hatte, von den USA aus mit der Business-Klasse eingeflogen worden war, aber mit vielen Schnittverletzungen und Wundschorf hier ankam." Glücklicherweise stammten die Verletzungen von keiner Prügelei, denn Baker hatte für seine Pferde Zäune errichtet, woraufhin seine Hände wie die eines Handwerkers aussahen. Da Ginger auch noch vom Scheunendach gefallen war, hatte sich eine gigantische Beule auf seinem Kopf gebildet, die das Spielen aber scheinbar nicht einzuschränken schien.

Nachdem sie zum Aufwärmen einige Cream-Songs gespielt hatten, „begannen wir die tatsächlichen Tracks mitzuschneiden", berichtet Gary „was sehr leichtfiel. Es gab überhaupt keine Probleme, sondern machte Spaß und ermöglichte mir einen Einblick in die Chemie zwischen Jack und Ginger. Ich hatte etwas anderes erwartet, denn sie gingen sich nicht an die Kehle. Ich glaube, dass Jack tatsächlich zu Ginger aufschaut und dieser das auch weiß. Ginger hingegen würde Jack niemals sagen, dass er ein guter Musiker ist. Sie ähneln zwei Brüdern, ziehen sich ständig auf. Eines Tages bat ich Jack: ‚Kannst du bitte Ginger fragen, ob er das Hi-Hat-Pattern so spielen kann wie bei ‚Born Under A Bad Sign'? ‚Auf gar keinen Fall! Ich frag ihn (!) doch nicht! Du fragst ihn!' Ich drückte die Gegensprechanlage in der Regie und fragte, ob er das Pattern spielen könne und er antwortete ganz locker: ‚Yeah, na klar, Mann, kein Problem.' Jack sah mich sprachlos an. Die beiden glichen einem alten verheirateten Paar. So waren sie drauf." Ian Taylor stimmt dem zu. Bedenkt man die Egos der drei Musiker, verliefen die Aufnahmen bemerkenswert friedlich: „Wir hatten nur ein kleines Problem mit Ginger. Bei ‚Where In The World' benutzten wir einen Click-Track und Ginger wollte oder konnte nicht damit spielen. Für die älteren Drummer kann das tatsächlich ein Problem sein. Ich erinnere mich an eine Session mit Gary, bei der ich Cozy Powell dazu bewegen wollte, mit einem Click-Track zu spielen – es war fürchterlich. Doch Gary war immer ein Fanatiker, was die Tempi anbelangte. Schließlich ersetzten wir [Powell bei einer früheren Session] durch Arran Ahmun an den Drums – doch davon abgesehen, lief es gut."

Nun benötigte die Band nur noch einen Namen. Sie kamen auf folgende Möglichkeiten: Driver's Arm, Rocking Horse, Herbal Remedy, Worldwide Cargo, Mega Bite, In + Out, Piece Of Cake, Thrilled To Bits, Tit Bits, Fantastic Three, Grand Three, Expanding Universe. Letztgenannter Name stand eine Zeitlang zur Diskussion, ganz im Gegensatz zu „The Pope's Wank" von Ginger, der nie aus den Startlöchern kam. Nichts setzte sich durch, woraufhin sich die drei schließlich auf BBM einigten. Kurzfristig versuchte eine Band namens Bang Bang Machine Stress zu machen, was aber im Sande verlief. Mit dem Album im „Kasten", begannen sich die drei Gedanken zum Cover zu machen. John Martin erzählt, dass sie sich auf den Fotografen David Shineman einigten: „Wir haben einen ganzen Tag lang Einzelaufnahmen der Musiker gemacht, zum Beispiel Jack beim Spiel eines Cellos und so weiter. Dann bat David Ginger, sich vor Engelsflügel zu stellen, die noch von einem Mode-Shooting stammten. Als wir die Kontaktabzüge von Virgin erhielten, sahen wir, was für ein starkes Image das war." Das Foto strahlte einen verblüffenden und krassen Gegensatz aus. Der „Brummbär" wird in einem langen schwarzen Mantel und eine Kippe rauchend als himmlisches und ätherisches Wesen präsentiert. Ein klassisches Rockcover.

Das Album mit dem Titel *Around The Next Dream* erschien zum Beginn der Tour am 17. Mai 1994. Die vorherrschende Stimmung, die auf eine mögliche Cream-Reunion hingedeutet hatte und die Tatsache, dass die Hälfte der Songs ihre „Vorläufer" im Repertoire der legendären Band fanden, gaben den Kritikern genügend Munition. Kommentare wie „Sie konnten Eric nicht engagieren, und so machten sie es mit Gary", lagen weit von der Wahrheit entfernt. Gary erinnerte sich, dass ein Interviewpartner ihn tatsächlich dreist fragte: „‚Wollten Sie schon immer Eric Clapton sein? Nun dürfen Sie es.' Und ich dachte: ‚Oh, nein, du Arsch.' Und dann ging Ginger rabiat dazwischen und meckerte: ‚Gary spielt wie Gary. Eric spielt wie Eric.'" Jack empfand die „Cream für Arme"-Vergleiche höchst ärgerlich: „Es war ja zu der Zeit, in der Oasis die Beatles kopierten und so dachte ich mir: ‚Warum sollte ich mich nicht mal selbst zitieren!?' Es war beabsichtigt und lief für mich sehr gut."

Einige Kritiker fielen nicht in den allgemeinen Tenor ein. Das *Q* beschloss die Besprechung mit der Aussage: „Angenehm abgerundet ... was belegt, dass BBM keine reformierten Cream mit einem fehlenden Musiker sind, sondern eine Band, die für sich allein stehen kann." Sogar der „scharfzüngige" Charles Shaar Murray schrieb für den *Rolling Stone*, dass die verbesserte Aufnahmetechnik der Band einen Sound ermöglicht, der „bombastischer, sauberer und abgerundeter klingt und deutlich definierter als die oftmals verschwommenen, dreckigen und zu stark komprimierten Cream auf all ihren Alben". Er vertrat auch die Meinung, dass Gary mit seiner Gibson und den modernen Marshall-Amps seinen illustren Vorgänger übertrumpfte. Trotz der allgemeinen Verrisse verkaufte sich das Album in Europa gut und erreichte sogar den neunten Platz in den UK-Charts.

Die meisten Besprechungen erschienen jedoch erst, als die Tour schon angelaufen war, und exakt in der Live-Situation zeigten sich die ersten Risse bei BBM. Sie spielten einen „das schlimmste verborgene Geheimnis"-Warm-up-Gig im Marquee, bei dem die Band sich beinahe schon aufgelöst hätte. Bei Cream liefen die Kämpfe immer zwischen Jack und Ginger ab, wobei sich der eher friedliebende Eric heraushielt oder als „Peacemaker" in Erscheinung trat. Egal, mit welchem Überbegriff man Garys Charakter beschreiben möchte, ein „friedliebend" wäre auf jeden Fall ein Fehlgriff gewesen. Ein „keltischer" Band-Leader stand nun gegen einen anderen „keltischen" und hitzköpfigen Band-Leader, der aus demselben „Stein gemeißelt" worden war. Das Studio und die Bühne sind grundlegend unterschiedliche Umgebungen. Auf der Bühne steht ein Musiker vor einem zahlenden Publikum, eine „Performance" läuft ab, es besteht keine Möglichkeit für Wiederholungen oder Overdubs und jemand muss die Songs ein- und ausleiten. Alles drehte sich darum, wer auf der Bühne der Boss war.

BBM probten in Peter Gabriels Real World Studios in Wiltshire, fuhren zum Soundcheck ins Londoner Marquee und noch immer herrschte eitel Sonnenschein. Doch als der Gig begann, änderte sich alles schlagartig. Gary: „Ich nutzte nur einen kleinen Amp, da das Marquee so klein war, dass ich nicht allzu laut spielen wollte. Ich hatte also einen 50-Watt-Marshall mitgebracht, doch Jack karrte drei Basstürme an, drehte sie gleichzeitig auf und blies mich mit der brutalen Lautstärke fast von der Bühne. Ich schreie also den Roadie an: ‚Was ist das für 'nen Scheiß? Ich kann nur den verdammten Bass hören!' Und dann steckte ich Jack nach dem Gig noch einen Spruch und er blickte mich finster an: ‚Ich diskutiere keine Gigs nach einem Gig. Das ist meine Regel!' Dann sagte ich etwas wirklich Schlimmes, was ihn ungeheuer aufregte. Ginger stand draußen, rauchte 'ne Kippe und sagte: ‚Siehste Gary, darum sind Cream auseinander gegangen!'" Jack erklärte hingegen später, dass „mir Ginger an diesem Abend wieder auf die Nerven ging. Er hatte eine üble Laune." Laut

John Martin gab es natürlich den üblichen Streit zwischen den beiden, der sich um die Lautstärke drehte. Doch diesmal war Ginger eher der Zuschauer an der Seitenlinie. Zumindest betraten Jack und Ginger die Bühne für eine Zugabe, während Gary zusammen mit John Martin den Laden verließ. Die beiden schlugen im nahegelegenen Groucho Club auf. Und so begann es ...

Der nächste Gig, eigentlich das Eröffnungskonzert der Tour in Garys Heimatstadt, wurde abgesagt. Für den vermeintlichen Grund existieren mehrere Versionen, abhängig davon, mit wem man sich unterhält. Entweder wurde die Zeit genutzt, damit sich die Gemüter beruhigten und/oder Gary verdeutlichte mit Unterstützung von John seinen beiden Mitmusikern, wessen Name aktuell ganz oben auf der Liste stand. Die Tournee begann regulär im Barrowlands in Jacks Heimatstadt Glasgow, wo der Empfang so positiv ausfiel, dass Bruce sagte, „dass er Hoffnung für die Band aufkeimen ließ, wie damals bei Lifetime". Das traf aber nicht auf den nächsten Gig zu, den man zur 21. Geburtstagsparty von Virgin im The Manor in der Nähe von Oxford veranstaltete. Laut Gary „war es scheußlich, denn sie änderten unsere Set-Liste und wir gingen auf die Bühne und niemand sah in unsere Richtung. Die standen da, mit uns zugedrehtem Rücken, soffen und quatschten. Wir waren verdammt wütend darüber."

Dennoch – bei den überwiegenden Gigs nahmen BBM die Läden sprichwörtlich auseinander – wenn sie es erstmal auf die Bühne geschafft hatten. Man kann die Formation als superben Live-Act beschreiben, der all die Erwartungen und Versprechen von Jacks 50. Geburtstag erfüllte. Gary fand besonders an den Spanien-Gigs Gefallen, denn „das waren die besten. Wir jammten viel in bewährter Cream-Tradition und erwiesen uns als eine magische Band".

Nachdem John Martin das Zepter des Managers übernommen hatte, rekrutierte er Ian „Robbo" Robertson als Tourmanager. Als ehemaliges Mitglied eines Fallschirmjägerregiments hatte er sich bereits als Security für das Konzert zugunsten der Natural Law Party in der Royal Albert Hall verdient gemacht. An dem Abend hatte er seinen Freund Darren Main, einen ex-Soldaten und Vollzeit-Feuerwehrmann eingeschleust. Zurückblickend erzählt Robbo: „Ich glaube, Darren Main einzustellen war das Beste, was ich für Gary tun konnte." Er begann als Security für Gary, doch verwandelte sich schnell in einen langjährigen persönlichen Assistenten mit der Fähigkeit des Multi-Tasking. Als Freund

und Vertrauter (der ein wenig Radar O'Reilly von *MASH* glich), wusste er, was Gary wollte, bevor es diesem überhaupt klar war.

Moore musste anerkennen, dass die Beziehung zwischen ihm und Jack Bruce trotz der außergewöhnlichen musikalischen Telepathie eine „politische" Dimension hatte: „Man muss sich immer daran erinnern, dass es drei Führungspersönlichkeiten in der Band gab, nicht nur zwei – wirf die zusammen und schon wird ein Kompromiss auf einer bestimmten Ebene sehr schwierig. Ich glaube, dass Jack dachte, es sei eher mein Ding. Er wollte wieder mehr Einfluss über seine eigene Musik ausüben, obwohl ich ständig versuchte, alles so gerecht wie möglich zu gestalten. Um ehrlich zu sein: Damals war ich sicherlich der bekannteste Musiker von uns dreien und konnte die großen Hallen in ganz Europa ausverkaufen. Vermutlich dachte Jack, ich würde ihn mitziehen, doch das lag nicht in meiner Absicht."

Von der ganzen Politik abgesehen, waren die beiden die besten Freunde. Nach dem Gig zog sich Ginger auf sein Zimmer zurück, um einen Tee zu trinken und zu kiffen, während Gary und Jack mit „Haltung und Anstand" durch die Bars zogen. Gary: „Wir hockten in einer Bar und irgendein Typ kam zu mir und quatschte mich voll. Ich saß da, während Jack jede Frage beantwortete, einfach alles über sich ergehen ließ. Wir tranken Brandy, soffen uns voll und dann meinte er plötzlich: ‚Sollen wir zurück?' Und es war 4 Uhr morgens und wir mussten den Flieger nach Hause erreichen."

Darren blieb es oft überlassen, die Trümmer einer wilden Nacht zusammenzukehren. Manchmal musste er auch auf die „körperliche Unversehrtheit" der beiden achten. Einmal wollte Jack noch eine Mahlzeit serviert bekommen, nachdem die Bar aber schon geschlossen hatte. Er drohte damit, einen Marmortisch in Richtung des Tresens zu schleudern, doch unter Darrens wachsamen Augen, schätzte Bruce das Gewicht ein, womit er von weiteren Aktionen abließ.

„Wir besuchten einen Nachtclub in Spanien", erinnert sich Darren. „Es waren Robbo, Jack, Margrit und Gary. Ich sah mich um und bemerkte einen Streit, der eskalierte, als Gläser durch die Gegend flogen und Flaschen gezückt wurden. Gary, Jack und Margrit tanzten überwacht von Robbo vor dem DJ, während ich den Streit im Auge behielt. Dann schnappte sich einer einen Stuhl, und das Chaos rückte in gefährliche Nähe. Ich warnte: ‚Noch einige Meter und wir müssen uns verziehen!' Dann wurde es dafür höchste Zeit. Als wir durch die

Tür gingen, flog der erste Tisch durch den Schuppen – und wir? Wir gingen in einen anderen Club."

Wenn Gary davon redete „den Flieger nach Hause zu erreichen", klingt das so, als hätten er und Jack im Internet gesurft, sich Tickets gekauft und seien abgeflogen. Doch 1994 gab es noch keine Online-Buchungen. Somit hätten sie sich vermutlich durch die ellenlangen und in gebundenem Format erhältlichen Flugpläne wälzen müssen, um exakt zu erfahren, wie man am schnellsten nach Hause kommt und wieder rechtzeitig zum nächsten Konzert erscheint. Doch an dieser Stelle kam Robbo ins Spiel! Als Tourmanager oblag es ihm, die Forderungen der tatsächlich fordernden Künstler so gut zu erfüllen, wie es nur möglich war. Fast jeder Tourmanager kann diese Ansprüche problemlos erfüllen. Wie er selbst zugibt, war Robbo aber noch *nicht* so erfahren und hatte somit auch nicht das „dicke Fell" „das man für den Job braucht". Wie der mit allen Wassern gewaschene Tourmanager John Martin einwirft „muss man für diesen Job ein totales Arschloch sein und darf den ganzen Scheiß nicht an sich ranlassen". Robbo berichtet „dass die BBM-Tour die schlimmste meines Lebens war. An einigen Abenden saß ich allein in meinem Hotelzimmer und musste weinen".

Auch John Martin war gerade erst für den Job eines Managers ausgewählt worden, was sich von der Tätigkeit eines Tourmanagers unterscheidet. Als Tourmanager kümmert man sich um einschätzbare Aufgaben: Stehen genügend Hotelzimmer zur Verfügung? Hebt der Flieger rechtzeitig ab, um die Anschlussverbindungen zu erreichen? Ein Manager muss hingegen wichtige Entscheidungen fällen: Ist das der richtige Song für eine Single-Veröffentlichung? Ist es günstig, das Album an diesem oder jenem Tag zu veröffentlichen? Wie viel soll ich als Vorschuss verlangen? Für so einen Job muss man über andere Fähigkeiten verfügen, ein anderes Talent an den Tag legen. Ein Manager ist zudem auch ein Ansprechpartner, was triviale Themen anbelangt. Egal, wann die Schützlinge anrufen – ob am Tag oder in der Nacht – muss man zur Verfügung stehen. Die BBM-Tour war so kompliziert, weil Robbo und John alles versuchten, um die Beziehung zu den Musikern so angenehm wie möglich zu gestalten. Doch es gab ein weiteres Problem. Sie mussten zusätzlich mit Gingers Frau Karen und Jacks Frau Margrit verhandeln, die ihre Männer managten und beim Auftauchen eines Problems sofort auf die Barrikaden gingen. Somit häuften sich die potenziellen Reibungspunkte.

Während des Verlaufs der Tournee wurden Pläne und Budgets für eine mögliche US-Tour diskutiert, da lukrative Angebote lockten. Doch allein schon die Europatournee geriet wegen Garys Gehörproblemen ins Stocken. „Wir versuchten wirklich alles", erinnert sich John Martin. „Ich unterhielt mich mit Pete Townshend darüber, Audiologen und testeten neue Ohrschutzstoffe." Ginger hatte mittlerweile die Schnauze voll und beschwerte sich darüber, dass Gary trotz seiner Schwierigkeiten immer noch mit höchster Lautstärke spielte. Die Band musste sogar den Gig im Pariser Le Zenith abblasen, da Gary meinte, er habe sich einen Finger an einem Packen Papierhandtücher verletzt. Jack fand das alles recht seltsam: „Ich habe Gigs gespielt, bei denen einer meiner Finger herumbaumelte. Gary war auf der Bühne immer recht unsicher. Er wollte zum Beispiel für das Konzert in der Brixton Academy eine Probe ansetzen, was Ginger zur Weißglut brachte, weil er nicht üben wollte. Den ganzen Schlamassel schob er mir dann in die Schuhe. Ich hörte ihn, wie er den Flur entlang stampfte und schrie: ‚Ich werde diesen Jack Bruce umbringen!' Doch Gary bestand darauf. Er behielt viel für sich, sogar mir gegenüber. Wir führten einige sehr gute Gespräche, doch er blieb immer ein wenig verschlossen, und es schien ihm wichtig zu sein, bestimmte Dinge für sich zu behalten."

Es gab jedoch ein Thema, das Gary am liebsten für immer und ewig für sich behalten hätte. Letztendlich trug es zu dem toxischen Mix aus Egos, Gefühlsausbrüchen und taktischen Entscheidungen bei, die über BBM hereinbrachen und die Band schließlich versenkten. Am 23. November 1993 enthüllten *The Sun* und *The Daily Mirror* Garys Affäre mit dem Kindermädchen der Familie Moore.

Kerry gibt offen zu, dass Gary sich nie zufrieden fühlte: „Ich kann mich an einen bestimmten Tag erinnern, bei dem wir viel Spaß mit Jack hatten. Es war einfach ein wunderschöner Tag. Wir besaßen ein schönes Haus, hatten liebenswerte Freunde und alles war, [wie es sein sollte] … und ihm ging es schlecht. Ich erinnere mich, ihm gesagt zu haben: ‚Was würde dich glücklich machen? Wenn ich dich direkt frage – was würde dich jetzt glücklich machen, denn wir haben all das und du bist immer noch nicht zufrieden.' Und er antwortete: ‚Ich weiß, dass es mir nicht gut geht.' Er wollte um alles in der Welt glücklich sein, doch wusste einfach nicht wie."

Kerry erklärte, dass beide Probleme hatten, sich an einem Ort niederzulassen. Sie stammte von rumänischen Roma und Sinti ab, wohingegen sich Gary vermutlich wurzellos fühlte, weil er sein Zuhause schon in so einem jungen Alter verlassen hatte, ohne Erinnerungen an glückliche Kindheitserlebnisse. Kerry erzählt, dass sie sich beide ständig nach Häusern umschauten, egal, wo sie auch waren. Während Gary sich nach einem sicheren Familienumfeld sehnte, fühlte er sich gleichzeitig gefangen. George Harrison gab gegenüber Gary zu, in denselben emotionalen Widersprüchlichkeiten zu stecken. Das erscheint logisch, denn beide wuchsen auf den Straßen in einem harten Arbeitermilieu auf. Natürlich genossen beide auch die Ablenkungen des exklusiven Rockstar-Lebens. Aber sie redeten miteinander über das Gefühl des Gefangenseins, hinter den Zäunen einer abgeschlossenen Wohnsiedlung zu leben, und was das alles für das „wilde Kind" bedeutete, das noch in ihnen steckte.

Kerry bemerkte, dass sich Gary oft isoliert fühlte, denn „er hatte außerhalb des Musikgeschäfts keine Freunde. Und zuhause herrschte immer dieser Druck, die Übergangsphase von einer Tour zu kommen und plötzlich zuhause zu sein, mit unendlich viel Zeit, die einem zur Verfügung stand. [Bei einer Tournee] ist man darangewöhnt, dass der Tag minutiös für dich geplant ist, man weiß meist nicht, wo man sich gerade befindet. Als wir nach Shiplake rauszogen, musste ich ihm erstmal das Autofahren beibringen …"

Und was die Ehe an sich anbelangte, „hatten wir keine großen Probleme, doch im Lauf der Zeit gab es einige unschöne Ereignisse. Als wir von unserem Jahr (1991) in den USA zurückkehrten, wurde ich wieder schwanger, verlor das Baby jedoch mit sechs Monaten. Ich machte damals eine Ultraschalluntersuchung, und [die Ärzte] klärten mich auf, dass das Baby nicht mehr am Leben sei. Gary befand sich mit B.B. King im Studio und konnte da nicht weg, während ich die Operation über mich ergehen ließ. Dann mussten wir ein ganzes Jahr warten, bis wir es wieder versuchten, und ich musste wöchentlich für Blutuntersuchungen nach London, was sehr stressig war. Dann wurde ich mit Gus schwanger (1993 geboren). Wir waren gerade zum Essen, als die Fruchtblase platzte. Danach lief alles schief, und ich unterzog mich einem Notfall-Kaiserschnitt. Gus und ich waren beide sehr krank."

„Camilla hatte sich auf eine Annonce in der lokalen Zeitung gemeldet und arbeitete dann als Kindermädchen für uns. Einige Male sagte sie mir: ‚Oh, ich möchte so ein Leben haben', doch meine Alarmglocken schlugen nicht an. Dann verließ sie uns, weil wir sie nicht mehr brauchten. Gary konnte sich manchmal so richtig bemitleiden. Dann brauchte er 100% Aufmerksamkeit. Er wollte, dass ich für ihn da war, doch ich konnte mich natürlich nicht so auf ihn konzentrieren [wie auf die Kinder]. Offensichtlich traf er Camilla zufällig, ungefähr ein Jahr nachdem sie uns verlassen hatte. (Sie lebte ganz in der Nähe.) Gary ließ sich da hineinziehen, denn dort war jemand, der ihm Aufmerksamkeit schenkte und ihm schmeichelte."

Camilla Harding-Saunders war damals 23 Jahre alt und Gary 41. Kerry berichtet, dass sie keinen blassen Schimmer von dem hatte, was da vor sich ging, bis Camillas Freund kam und mit ihr über das Intercom am Eingangstor redete. „Gary war zuhause, als der Typ am Zaun erschien. Er meinte, nichts von dem würde stimmen und wütete: ‚Ich geh da raus und klär das!' Dann fuhr er weg, und alles hatte sich erledigt. Ein Abschluss? Der fand niemals statt. Später rief er mich an, und sagte, dass alles stimmen und er nicht zurückkommen würde. Es gab keine Gespräche. Er ging einfach. Aber so war Gary – dräng ihn in eine Ecke und er flüchtet."

Gary machte sich irgendwann zu Beginn des Novembers 1993 aus dem Staub (die Zeitungen druckten einen Schnappschuss ab, mit ihm und Camilla, die einen Einkaufswagen durch den Supermarkt schoben). Er zog in das Haus, in dem er sein Büro und das Studio eingerichtet hatte. Richard Griffiths von Virgin erinnert sich daran, dass er Camilla im Hook End Manor während der Aufnahmen zum BBM-Album sah und dass sie auch bei der Tour dabei war. Beide Zeitungen stellten jedoch die Behauptung auf, dass die Affäre begann, als sie noch als Angestellte der Moores arbeitete, was alle Seiten als nicht der Wahrheit entsprechend verneinten. Letztendlich mussten sich die Rechtsanwälte der Problematik annehmen.

„Gary rief mich an und meinte, er würde nicht mehr zuhause leben", erinnert sich John Martin. „Es war eine schwierige Zeit. Wir wandten uns an Brian Carr von Compton-Carr, den ich in seiner Funktion als Rechtsanwalt für The Clash und Spandau Ballet kannte. Mit so einem Typen will man keinen Stress haben. Er ist verdammt gut. Briefe wurden verfasst, und es gab Verhandlungen mit Tom Crone (Rechtsanwalt des *Daily Mirror*), wonach wir eine Gegendarstellung und eine Schadensersatzzahlung erhielten, und auch die Kosten beglichen wurden."

Doch der Schaden nahm weit größere Ausmaße an, als die Desinformation in der Regenbogenpresse. Gary kappte die Beziehung zur „Thames Valley Gang", da ihm sein Fremdgehen zutiefst peinlich war. Laut Kerry versuchte er, sich auf eine unsichere Art wieder zu versöhnen, doch dafür war es schon zu spät. „Ich befand mich in einer Situation, in der ich ihn nicht mehr mit offenen Armen willkommen heißen konnte. Er wusste, was ich von so einer Sache hielt. Bei mir herrschte eine ziemlich strenge Moral, ein klar unterscheidbares Schwarz und Weiß. Er hatte die Linie überschritten, und so gab es kein Zurück mehr, denn das Vertrauen war für alle Zeiten verloren. Er war ein impulsiver Mensch, der manchmal etwas aus einer Laune heraus anstellte, und danach mit dem Schaden leben musste."

Kerry beharrt aber darauf, dass Gary „immer ein guter Vater war. Er kam immer vorbei, um die Jungs zu sehen und zu seinen Gunsten kann ich sagen, dass er niemals den Kontakt verlor". Nachdem Kerry das Haus in Shiplake veräußert hatte und aus der Gegend weggezogen war, folgte ihr Moore zuerst nach London, dann nach Henley und schließlich nach Brighton, um in der Nähe seiner Söhne zu leben. Doch Gary erklärte Kerry – obwohl er sie verlassen hatte – dass er es nicht wolle, wenn sie sich mit jemanden träfe, den er kenne.

„Ich besuchte die Party einer Freundin, zu der auch Eric Clapton eingeladen worden war. Wir verließen das Haus zur selben Zeit, was einem Reporter auffiel. Dann erhielt ich einen Anruf von einer Zeitung, die eine Story über mich und Eric bringen wollte, denn damals spielte Gary bei BBM und das hätte eine ‚wunderbare' Schlagzeile gegeben: ‚Gary stahl Erics Band und Eric riss sich Garys Frau unter den Nagel.' Ich setzte mich mit Erics Manager in Verbindung, der das wieder ins Lot bringen sollte. Glücklicherweise kam es nicht in die Presse und Eric schickte mir sogar Blumen, weil er gehört hatte, wie nah mir das gegangen war. Doch Gary glaubte nicht, dass ich kein Verhältnis mit Eric hatte."

„Ungefähr sechs Monate nach der Trennung, hatten sich Gary und ich einigermaßen arrangiert und verabredeten uns zum Mittagessen. Ich erschien ein wenig eher im Restaurant und wer saß da wohl – Eric Clapton, der sich mit einer Frau traf! Ich dachte nur: ‚Mein Gott, das wirkt jetzt aber wie gestellt.' Gary kam rein und bemerkte Eric nicht mal, der mir mit seinen Lippen ein ‚Seid ihr wieder zusammen?' andeutete. Als Gary das Restaurant verließ, bemerkte er Eric, der einfach ‚Hi' sagte. Gary war nun fest davon überzeugt, dass ich mich mit Eric treffen würde und dieser dort saß, um ihn im Auge zu behalten. Aber es war einfach ein lächerlicher Zufall."

Trotz aller Streitereien bei BBM sagte Gary, dass er nur positive Erfahrungen durch das Zusammenspiel mit Jack und Ginger gemacht habe. Letzteren beschrieb er als „den besten Drummer, mit dem ich jemals gespielt habe … beide halfen mir sicherlich, ein besserer Musiker zu werden. Sie veränderten mein Rhythmusgefühl und lehrten mich, (wie auch die Blueser) ein wenig zurückhaltender zu spielen und nicht immer so wild. Jack gehört zu den wenigen Menschen, die ich als ein ‚Genie' bezeichne. Ich war von seinen Soloalben immer hin und weg. Phil Lynott und ich hörten uns den ganzen Tag *Songs For A Tailor* an. Die Musik, die er machte, war so beeindruckend und verblüffend, so ‚andersweltlich', und keiner komponierte solche Stücke. Er ließ [die Titel] wunderschön melodisch fließen. Ich verehrte ihn."

Nach dem Ende von BBM und seiner Ehe verschwand Gary für den überwiegenden Teil des Jahres. Er muss sich aber über die Resultate der zehnjährigen Jubiläumsumfrage des *Guitarist* 1994 gefreut haben, einem Zeitraum, in dem er mit *Still Got The Blues* den dritten Platz in der Kategorie „Bestes Album" belegte und den zweiten Platz in der Rubrik „Bester Blues-Gitarrist", direkt hinter Stevie Ray Vaughan. In der Kategorie, in der Gitarristen allgemein gewählt wurden, erreichte er hinter Vaughan und Clapton den dritten Platz und schnitt auch als drittbester Act hinter Pink Floyd und Queen ab.

Da nun kein zweites BBM-Album folgen würde, diskutierte man eine Gary Moore „Best Of", laut John Martin ursprünglich als ein die Geschichte Garys abbildendes 4-CD-Boxset geplant. „Wir versuchten ‚Checkin' Up On My Baby' und ‚Going Down' zu veröffentlichen, die beide mit den Stones beim National Music Day aufgezeichnet worden waren." Doch das wurde nie verwirklicht, woraufhin man die Idee des Boxsets verwarf und stattdessen *Ballads And Blues 1982-1994* auf den Markt brachte.

Der Titel zeigte unmissverständlich, dass es sich hier um keine „Gary Moore – Gitarrenflitzer" handelte. Was auch immer Virgin für kommerzielle Gedanken hegten – die Compilation wirkte wie eine in sich schlüssige Erinnerung an die Plattenkäufer, was Gary als beseelter Songwriter bisher produziert hatte. Aus der Retrospektive gesehen, war es auch ein Fundament, von dem aus Moore in bislang unbekannte Stilistiken vordringen konnte. Doch bevor sich Gary erneut auf die Reise machte, fällte er die Entscheidung, seine größte Inspirationsquelle gebührend zu ehren.

Peter Green war zu der Zeit komplett aus der Öffentlichkeit verschwunden. Während der „After The War"-Tour sah ihn Graham Lilley im Richmond Park: „Da saß so ein merkwürdiger alter Kerl in der von mir weit entfernten Ecke und rieb sich ziemlich heftig den Kopf mit dem Handballen. Von dort, wo ich saß, sah ich die langen Fingernägel. Er sah so ungepflegt und unordentlich aus. Und dann erkannte ich ihn – es war Peter Green."

Peter hatte einen Comeback-Versuch Ende der Siebziger/Anfang der Achtziger unternommen, diesen aber nach einer Reihe uneinheitlicher Alben abgebrochen. Auch das unter seinem Niveau liegende Outfit Kolors verschwand schnell von der Bildfläche wie auch Green selbst, der durch seine psychische Erkrankung und die begleitende Medikation zu Nichts zu gebrauchen war. Es gab also keine Anzeichen, dass Green bald wieder aktiv sein würde, als Gary – der ihm *Still Got The Blues* widmete – über ein komplettes Album nachdachte, auf dem er Peters Musik zelebrieren wollte.

Den Einfluss der Musik seines Vorbilds auf Gary lässt sich nur schwerlich überschätzen. Sich an seine frühen Tage erinnernd, berichtet Gary: „Peter steckte im Club Rado seine Gitarre in einen Selmer-Verstärker und kreierte den wunderschönsten Ton, [den ich je gehört hatte]. Er blies das gesamte Publikum mit diesem beeindruckenden Klang und seinem Spiel weg. Am meisten verblüffte mich die Klarheit, die [er] von der Bühne aus ausstrahlte, die unglaubliche Tiefe seines Tons, durch die die Wände und der Boden gleichzeitig vibrierten."

Verglichen mit den damaligen Gitarristen erreichte Green ein Alleinstellungsmerkmal, denn er war ein hochindividueller Musiker mit einem hochindividuellen Klang. Wenn er spielte, glich das einem Bad in der dunklen Quelle der emotionalen, leidenden und spirituellen Sehnsucht. Daraus resultierten Klanggedichte wie „Man Of The World", „Oh Well" oder „The Green Manalishi (With The Two Prong Crown)", Zeugnisse der Melancholie, des Fatalismus und des Aberglaubens, tief verborgen in einer vom Judaismus geprägten Psyche. Die Auswirkungen auf den jungen Gary Moore kamen einem Erdbeben gleich, und er stand tief in der Schuld des Ausnahmemusikers. Am wichtigsten waren hierbei die Erkenntnis, dass die Gitarre einem Song dienen musste, das

Erlernen des sogenannten Frage- und Antwortspiels und die Interaktion mit der Rhythmussektion. Durch diese musikalischen Lektionen angetrieben, achtete Gary immer auf viel Feeling in seinem Spiel und ertränkte nicht jede Note in einer klanglichen „Vielton-Attacke". In einem Gespräch mit dem *Record Collector* im Juni 1995 sagte Gary über Peter: „Die jungen Musiker wurden noch nicht auf seinen Stil aufmerksam gemacht, und das wirkte sich auf die Ausrichtung des gesamten Gitarrenspiels aus. Dem heutigen Spiel fehlt es eindeutig an Geschmack, Dynamik und Subtilität. Man braucht einen Gitarristen wie Peter Green, der den Menschen einen anderen Weg aufzeigt."

Ballads And Blues 1982-1994 war veröffentlicht worden, um die Strahlkraft von Garys Profil aufrecht zu halten. Allerdings waren noch keine neuen Aufnahmen geplant, aber Garys Karriere zeichnete sich damals klar am Horizont des Blues ab. Offensichtlich war die Zeit gekommen, um eine lang ersehnte Idee zu realisieren – mit der Einschränkung, dass ihn Bernie Marsden im Studio eventuell schlug!

Marsden: „Ich hatte einige Zeit im Silvertone gebucht, was im Gebäude der alten Morgan Studios in Willesden lag und werkelte dort mit Tony Platt und Chris Tsangarides, die beide mit Gary gearbeitet hatten. Meine Idee war, ein den John-Mayall-Gitarristen gewidmetes Album einzuspielen. Jeder bejubelt Clapton, Green und Taylor, doch der wahre Held war John Mayall, denn er entdeckte sie und wirkte sich auf meine Generation als richtungsweisend aus. Ich wollte die Scheibe ‚Waiting For The Mayall Man' nennen, woraufhin ich einige Kumpels anrief (darunter Steve Dixon, der später mit Gary tourte) und ihnen mein Vorhaben unterbreitete. Tony konnte an zwei Wochenenden eine preisgünstige Auszeit anbieten. Wir spielten es ein, kreierten einen guten, altbackenen Chicago-Blues-Sound und [man hatte das Gefühl] als wäre die Atmosphäre im Studio elektrisch aufgeladen. Dann machte Tony den Vorschlag, einige Bläser einzusetzen. Ich rief also die Midnight Horns an, Garys Bläsertrupp, und sie kamen alle rüber."

Am Montag nach dem zweiten Wochenende probte Gary mit den Midnight Horns.

„Hey, Leute, was habt ihr so gemacht?"

„Eine fantastische Session gespielt."

„Und was stand an?"

„Wir waren mit Bernie Marsden den ganzen Sonntag im alten Morgan!"
„Ja, und was habt ihr gemacht?"
„Er hat diese Peter-Green-Songs aufgenommen."
„Was??? Ich plane das seit zwei Jahren!"
„Tja, jetzt hat er's gemacht."

Das traf allerdings nur partiell zu. Bernies Album, das schließlich unter dem Namen *Green And Blues* erschien, fokussierte den überaus einflussreichen British Blues der Sixties und war weniger eine Hommage an Peter. Es beinhaltete „Hideaway" (die Eric-Clapton-Fassung mit John Mayall) und „Snowy Wood" (Mick Taylor), obwohl Peter-Green-Nummern die Hälfte des Albums ausmachten.

Für sein Album zog Gary Andy Pyle, Graham Walker und Tommy Eyre in Erwägung, die den Peter-Green-Sound einer angemessenen, aber möglichst originalgetreuen Frischzellenkur unterzogen, womit man die Musik am besten beschreiben kann. Gary Moore und Ian Taylor nahmen die Produzentenrollen mit viel Liebe und Zuneigung ein und richteten die Aufmerksamkeit auf die Details, statt einfach nur die Songs abzufeiern. Gary erklärte jedoch ein Dilemma, in dem er steckte: „Ich näherte mich respektvoll [der Materie], da die Musik mir persönlich viel bedeutet. Allerdings beschäftige ich mich schon eine lange Zeit damit, wodurch die Stücke für mich beinahe in Stein gemeißelt sind. Ich versuche also nicht, zu weit abzuweichen, doch will mich gleichzeitig auch selbst einbringen. Die Balance zwischen den beiden Ansätzen zu gewährleisten – exakt darin besteht die Herausforderung." Gary gelang dies mit einer großen Geschicklichkeit, was sogar so weit ging, dass er Tracks wie „Long Grey Mare" und „I Loved Another Woman" „auffrischte", nicht zu vergessen die superbe Neuinterpretation von „Looking For Somebody". Er erklärte Neville Marten in einem Interview für *Guitarist* (April 1995), dass er verglichen mit den beiden vorhergehenden Alben auf einen eher spartanisch ausgerichteten Ansatz hinsichtlich des Blues abzielte. „Ich will zurück zum nackten und unverfälschten Feeling. ‚Merry-Go-Round' wurde nur mit Bass und Schlagzeug aufgenommen und klingt trocken und eindringlich. Es strahlt die Essenz dessen aus, was Peter ausmachte, also eine abgespeckte, minimalistische Art des Gitarrenspiels. Auf vorherigen Platten habe ich das nur selten gemacht, höre mir das jetzt aber mit vollem Genuss an."

Garys Titelauswahl wurde von seinem dringlichen Wunsch getrieben, dass Peter all die Tantiemen allein erhielt, wodurch sein ehemaliger Manager Clifford Davis leer ausging. Letztendlich erschienen zwei Stücke, bei denen die Tantiemen aufgeteilt werden mussten sowie Little Willie Johns „Need Your Love So Bad". Obwohl Greens finanzieller Vorteil im Vordergrund stand, war Gary ein sensibler und intelligenter Mensch, der sich darüber klar gewesen sein musste – zu einer Zeit, in der sein Privatleben dem reinsten Chaos glich – dass er einige pointierte Statements in der Öffentlichkeit vom Stapel ließ. Zwar waren die betreffenden Songs des Albums auf eine bestimmte Art „getarnt", was einigen Nahestehenden aber sofort auffiel. Bei „Love That Burns" drückt Gary seinen Wunsch nach einer immerwährenden Liebe aus, während „I Loved Another Woman" die Ablehnung durch eine begehrenswerte Frau thematisiert.

Nun begann Peter wieder aus der Versenkung aufzutauchen und stand ein wenig im Rampenlicht. Bernie Marsden erinnert sich daran, dass er die Liner Notes neu schreiben musste, da er einen Anruf von Michelle Reynolds erhielt – Peters Managerin und Clifford Davis' ex-Frau – die sagte, dass „das verschollene Genie" direkt neben ihr säße. Bernie war Feuer und Flamme und erzählte, dass Peter sich sehr über das Kompliment gefreut habe, aber auf seine typisch lakonische und entwaffnende Art antwortete: „Das hätte aber nicht sein müssen." Als Peter dann Garys Album hörte, dachte er, Moore habe ihm eine alte Fleetwood-Mac-Kassette übergeben – war das schon wieder ein Kompliment gewesen?

Wie zu erwarten, ließen einige Kritiker die „Was soll das Ganze"-Sprüche vom Stapel, doch den Fans gefielen beide Alben sehr gut, da sie unter anderem den unglaublich talentierten Peter in den Vordergrund rückten. Sie dokumentierten ihn auf eine individuelle Art als Gitarristen, Songwriter und Sänger – und das ist in dieser Kombination äußerst selten! Außerdem ordneten sie Green unter die „Guitar Heroes" der Sechziger ein, dessen Qualität nur von einem Jimi Hendrix übertroffen wurde. Gary und Bernies Promotion für Peter – und die Publikation von Martin Celmins exzellenter Biografie, in der Peter erstaunlicherweise kundtut, dass ihn die Aufmerksamkeit Garys geschmeichelt habe – bereiteten eine Plattform vor, von der aus Green zaghaft zu Auftritten und Alben zurückkehrte.

Bei dem Gig zur Veröffentlichung von Garys Tribute-Album am 27. April im Shepherd's Bush Empire ließ sich ein nervöser Peter Green an der Bühnenseite sehen. Auch Gary war ängstlich, denn er hatte seit einem Jahr keine Konzerte mehr gegeben, spielte Musik, die seine jungen Fans nicht kannten und machte eine Performance, die vor einem ausverkauften Saal sowohl gefilmt als auch professionell mitgeschnitten wurde. Mit einem gequälten Lächeln druckste er: „Wie viel Druck kann man nur auf sich laden?"

Zwar fand keine reguläre Tour statt, aber Gary trat bei einem Festival in Hamburg auf und ließ sich zu seinem zweiten Montreux-Konzert blicken, dessen Set-Liste Songs seiner wichtigsten Einflüsse enthielt – also Stücke von Peter Green und dem sogenannten „Beano"-Album von John Mayall. Somit verdeutlichte er die Härte eines Eric Clapton und die Subtilität von Peter Green. Niemand hätte jedoch vorhersagen können, welches Stück vom Publikum am leidenschaftlichsten bejubelt werden würde – „Still Got The Blues (For You)". Am Ende des Songs erlebt der Zuschauer einen bewegenden Moment, denn Gary zieht einen Ton in die Länge, während das Publikum klatscht und lauthals Beifall bekundet. Moore wirkte auf der Bühne glücklich und entspannt, denn er wusste eine Top-Band hinter sich, bestehend aus Graham, Andy, Tommy und den Midnight Horns, die alle simpel agierten, gerade heraus und unterstützend.

Die wenigen verbleibenden Gigs des Jahres wurden abgeblasen. John Martin zog den Stecker beim „Loreley Festival" in Deutschland, nach einem heftigen Streit mit dem Veranstalter. Damals arbeitete Andy Crookston als Produktionsmanager: „Wir mussten John über jeden Schritt Bericht erstatten. Schließlich wurde alles aufgrund eines vertraglichen Streits abgebrochen. Ich hatte die Show für Gary gebucht, lief dort auf, aber sah keinen Moore weit und breit. Sie klebten Gaffa-Tape über seinen Namen auf den T-Shirts und schoben mir die Schuld in die Schuhe. Die hätten mich fast umgebracht. Wir verbrachten einen Abend in Deutschland, durften uns nicht die anderen Bands anschauen, hauten dann ab und wurden total fertig gemacht." Graham Walker erinnert sich an einen Anruf von John, während er auf den Transporter wartete, der ihn abholen sollte. „Er meinte: ‚Die schlechte Nachricht ist, dass der Gig ins Wasser fällt, die gute, dass du bezahlt wirst.'"

Nun war John an der Reihe, angesäuert zu sein. Zwischen Garys Büro und dem der Stones etablierte sich während des National-Music-Day-Gigs 1992 eine gesunde Beziehung. Laut John investierte er eine Menge Arbeit, damit die Stones *Blues For Greeny* in ihren Händen halten konnten, mit dem Hintergedanken, dass Gary und Kollegen als Vorband der Stones bei den großen Sommerkonzerten spielen durften. Doch Gary entschied sich, dass es ihm nicht gefiel, die zweite Geige verglichen mit den Stones zu spielen. „Die Konzerte waren ausverkauft", berichtet John. „Es war [eigentlich] sein Publikum – und es hatte nichts mit Geld zu tun. Ich war mehr als nur angepisst!"

1996 begannen weitere Veränderungen in Garys Leben, da er sich privat und kreativ veränderte. Durch den Wandel entstanden einige seiner besten Songs, während seine „Armee" von Blues- und Rock-Fans sich wunderte und ungläubig am Kopf kratzte.

KAPITEL ZWÖLF
NEUE BEATS

Es ist der September 1995. Gary ruft seinen Freund und Produzenten Chris Tsangarides an: „Er berichtete mir, eine Band zusammenzustellen, um einen einzelnen Song für diesen Hendrix-Film aufzunehmen. Wir gingen ins Hook End Manor, mit einigen der Musiker, die auch auf dem Album landeten – Guy Pratt und Gary Husband." Guy war ein durch und durch erfahrener Session- und Tour-Musiker (und später ein Stand-up-Comedian), den man besonders durch seine Zeit mit Pink Floyd und den post-Floyd-Projekten mit Roger Waters und David Gilmour kennt. „Interessanterweise nahmen wir ‚The Wind Cries Mary' am 18. September auf, dem Todestag von Jimi", erinnert sich Chris. „Ich wies Gary darauf hin, nachdem wir den fantastischen Track im Kasten hatten – der meines Wissens nach niemals genutzt wurde – und wir schauten uns in dem Moment ungläubig an. ‚Wie unheimlich ist das denn?' Dann unterhielten wir uns. Er mochte die Band und fragte mich, ob ich einen coolen Programmierer kenne – was zutraf – und so stieß Phil Nicholas zu uns. Wir begannen mit der Arbeit im Metropolis, wonach es wieder ins Hook End ging, wo ein Großteil fertiggestellt wurde, und dann hatte Gary sein „Steuerfreijahr".

Ungeachtet einer kostspieligen Scheidungsvereinbarung, ging es Gary in finanzieller Hinsicht recht gut. Obwohl die beiden Alben *Ballads And Blues* sowie *Blues For Greeny* nicht im vertraglichen Rahmen enthalten waren (da es sich um keine neuen Soloalben handelte) verhandelte John Martin immer noch anständige Vorschüsse, ein netter Trick, bedenkt man die Tatsache, dass das erste Album aus Songs bestand, für die Virgin bereits bezahlt hatte – und das zweite nur Coverversionen enthielt. Darüber hinaus gab es einen heftigen Vorschuss für das neue Werk – das erste reguläre Album seit *After Hours*, 1992. Seit dieser Zeit hatte Gary neben den Blues-Projekten ständig Songs geschrieben und ein großes Füllhorn neuer Titel anzubieten.

Wie eigentlich immer plagten Moore Zweifel, welchen stilistischen Weg er einzuschlagen gedachte. Das neue Release sollte weder eine Rückkehr zum Heavy-Sound der Achtziger werden, noch wollte er wieder eine Blues-Scheibe produzieren. Das Album entfaltete sich eher in Richtung songorientierter Stücke, bei denen die Gitarre keine dominante Rolle spielte, aber immer noch greifbar war. Was im Rahmen der nächsten Zeilen folgt, bietet dem Leser einen Einblick in Garys peniblen Kreativprozess, während er im Grunde genommen die Welt bereiste, immer auf der Suche, die Sounds in seinem Kopf real zu manifestieren.

Gary Husband war der auserwählte Drummer für die Kooperation mit Jack Bruce gewesen, und Moore zeigte sich nun überaus erfreut, endlich mit ihm längerfristig zu arbeiten. Doch der Drummer zeichnete sich durch weitaus mehr Fähigkeiten als die eines bedächtigen und hochintelligenten Perkussionisten aus, denn er war selbst ein Komponist mit eigenen Vorstellungen, was die klangliche Färbung eines Songs anbelangte. Gary akzeptierte Schlagzeuger nicht unbedingt auf derselben Augenhöhe, ein Muster, das sich nicht zum ersten Mal in seiner Karriere manifestierte. Husband: „Ich erinnere mich an große Spannungen, die während der Zeit dieser Aufnahmen alles durchdrangen. Tatsächlich war es eher ein offener Streit über Drum-Fills, die ich an verschiedenen Stellen bei diesen Recordings spielte." Viele Songs hatten stark autobiografische Züge, wobei „Business As Usual" zu den offensichtlichsten Beispielen zählt. „Falls es nicht jedem sofort auffällt – das Stück handelt eindeutig von ihm", erinnert sich Husband. „[Es thematisiert] seine Kindheitserinnerungen, die ihn heute noch umtreiben, seine Erfahrungen und Reaktionen gegenüber dem, was um ihn herum vorging und all seine Gefühle, besonders die nackte Angst. Ich wollte emotional auf den Text und wie er ihn sang reagieren und mit dem Schlagzeug auf eine bestimmte Art in Korrespondenz treten. Beim Abspielen des Tracks wurde Gary auf einen Drum-Fill aufmerksam und empfand seinen Song plötzlich als überaus wichtig und bedeutsam. Mit anderen Worten – ich durfte nicht von seinen Vorstellungen abweichen. Ich widersprach. Und ich würde immer noch widersprechen! Es ist viel zu auffällig, da ich bei jeder Strophe und jedem Refrain dieselben Einleitungen spiele. Das klingt für mich dümmlich. Es ist steif ... oder man erhält den Eindruck, dass ich an Ideenarmut leide, was noch schlimmer ist. Doch nun ist es auf der Aufnahme. Ich kann es für mich ausblenden, denn ich höre mir Garys Selbstportrait an, was sehr emotional und eindringlich rüberkommt. Aber ich verstand niemals, warum er sich so verhielt und mich nicht einfach reagieren ließ, was natürlicher gewirkt hätte. Ich vermute mal, dass es von seiner Laune an dem Tag abhing, denn ich meine mich daran zu erinnern, dass er mich später darauf ansprach und sagte: ‚Es tut mir wirklich leid! Ich wollte nicht, dass du dich schlecht fühlst und ich wollte dich auch nicht zurückhalten.' So war Gary."

Gary Husband unterstrich, wie sehr Gary aus einer Laune des Augenblicks heraus regelrecht getrieben werden konnte: „Der große Gary-Widerspruch zeigte sich bei ‚Where Did We Go Wrong?' und ‚Like Angels', da er mir dort alle Freiheiten ermöglichte. Zurückschauend nehme ich einige emotionale und dramatische Passagen wahr, die ich für angemessen und gut hielt. Dazu hörte ich kein einziges Wort der Kritik. Er nahm es an und wir ließen alles so, wie es bei den ersten Takes aufgenommen worden war!"

Husband amüsierten einige Persönlichkeitszüge von Gary, die gelegentlich zum Vorschein kamen: „Er hatte immer diesen ulkigen Spleen – wenn wir zum Beispiel am Vorabend kräftig einen gehoben hatten und zerknautscht im Studio erschienen, er aber nicht. Dann schickte Gary immer Entschuldigungen wie: ‚Hier gibt es ein Gasleck, und ich musste auf den Installateur warten', oder ‚Das Dach ist eingekracht.' Darauf konnte man nur beschwichtigend antworten: ‚Hey Gary. Meine Güte – du bist der Boss. Du hast die Verantwortung. Wenn sich jemand entschuldigen muss, dann sind wir es, nicht du.'"

Später mussten sie aus steuerlichen Gründen im Ausland weiterarbeiten und begaben sich in ein französisches Studio mit Unterbringungsmöglichkeiten namens Miraval, ein charmantes, reizvolles und atmosphärisches Gebäude, das sich nun im Besitz von Brad Pitt und Angelina Jolie befindet. Das Studio taucht in einer Chris-Rea-DVD über die Aufnahme des Albums *Dancing Down The Stony Road* auf. Chris Tsangarides kannte es bereits von vorherigen Produktionen. Die Arbeit im Miraval begann zeitgleich mit Garys „Steuerfreijahr". Zuvor reisten die Musiker in Blöcken von jeweils zwei Wochen zwischen Frankreich und Hook End Manor hin und her.

Dann ging es nach Barbados, um die Sonne zu genießen und in Eddie Grants Blue-Wave-Studio aufzunehmen, wo Gary wieder dem Produzenten Jeff Glixman begegnete: „Ich arbeitete dort mit Musikern aus Trinidad. Gary kam rein, steckte seine Gitarre in einen alten Fender Bassman-Amp und jammte mit den drei Reggae-Kids – sie standen alle auf Metal-Reggae und auf Gary. Wir begannen am Nachmittag und das Ganze ging bis Mitternacht. ‚I'm Lost In Your Love' – wir hatten ihn gerade erst mitgeschnitten – war einer der Songs, den wir spielten. Das glich Bob Marleys [Musik] auf *Exodus* – und stellte sich als das größte musikalische Erlebnis heraus, dass ich mit Gary erlebte – so entspannt und locker, einfach nur unglaublich."

Gary wurde im Studio mit offenen Armen begrüßt – und das ließ sich nicht generell von Musikern aus Großbritannien behaupten. Sie waren auf Barbados angekommen, kurz nachdem die Band Happy Mondays ein großes Chaos verursacht hatte oder um präziser zu sein, die Autos demolierte, wie Guy Pratt erzählt: „Sie versuchten 18 Mietwagen zu bekommen. Shaun Ryder konnte einen ergattern, aber kam kurz danach ins Studio gestolpert, mit dem Lenkrad in der Hand. Die ganze Zeit, in der wir uns aufhielten, tauchte keine der Kisten auf, denn man hatte den Verleihfirmen erzählt: ‚Da ist eine englische Band im Studio, die Mietwagen braucht'."

Doch das war nicht die einzige Problematik, die zu Verzögerungen führte. Falls es in der Karibik damals zu technischen Schwierigkeiten kam, konnte man nicht so einfach einen Elektrotechniker anrufen, denn dieser arbeitete eventuell an einem Ort, der vier Stunden entfernt lag oder hielt sich in Miami auf. Das Album war auf einem 16-Spur-2-Inch-Band aufgenommen worden, um den Sound dynamischer zu gestalten, also noch mehr „Luft nach oben" zu haben. Die Gruppe wurde also auf diesem Band aufgenommen und die anderen Sounds auf einem Band mit 24 Spuren. Für jede einzelne Spur benutzte man also zwei unterschiedliche Bänder, von denen jedes einzelne 3-4 Kilogramm wog. Schließlich lagerten in allen Ecken und Winkeln des Studios Bandkartons mit einem ungeheuren Gewicht. Natürlich brauchten sie auch einen Synchronizer, damit beide Maschinen mit exakt derselben Geschwindigkeit liefen. Wie erzählt wird, saß ein in Eddie Grants Studio angestellter Assistent und musste einen bestimmten Druckschalter des auf dem Boden stehenden Geräts mit dem Fuß festhalten, damit die Kiste während der Session ihren Dienst verrichtete.

Plötzlich gab der Synchronizer seinen Geist auf und alles kam zum Erliegen. Einfach in ein Musikaliengeschäft gehen und einen neuen kaufen? Unmöglich! Es blieb ihnen nichts anderes übrig, als sich an den Strand zu hocken und darauf zu warten, dass ein neuer Synchronizer per Luftpost geliefert wurde. Zwischenzeitlich tickte die Uhr.

Nach der Kombination Urlaub/Aufnahmesession flogen sie wieder nach Großbritannien, wo – soweit es Chris Tsangarides anbelangte – nur noch der Endmix durchgezogen werden musste. „Gary wollte eine Pause über den Sommer einlegen, worauf wir uns immer eingestellt hatten und die Termine nach ihm ausrichteten. Doch weder Phil Nicholas noch ich konnten uns eine Zeit von drei Monaten frei nehmen. Wir mussten schließlich unsere Brötchen verdienen. Wir flogen also nach Kanada, um an einem anderen Album zu arbeiten, wonach wir bereit für den Mix waren. Doch Gary mochte das nicht. Er begann zu meckern: ‚Hey, ihr werdet zu erschöpft sein, um ein Album [abzumischen].'"

Obwohl Gary und Chris zuvor letztmalig während der Jet-Zeiten zusammengearbeitet hatten, verband sie eine langjährige Freundschaft, und auch ihre Familien standen sich nahe. Die Beziehung wurde etwas schwieriger, als Gary Kerry verließ: „Gary glaubte, wir würden uns auf Kerrys Seite schlagen, doch wir blieben neutral. Wenn man von einer leichten Tendenz spräche, dann tendierten wir zu Gary, bis die Wahrheit ans Tageslicht kam, was dann aber eher mit einem lapidaren ‚Ach du meine Güte', abgetan wurde. Doch uns verband eine enge Beziehung, bei der wir vielleicht lange Zeit nicht miteinander redeten, uns dann aber bei einem Wiedersehen augenblicklich wieder verstanden, als sei nichts geschehen. Ich glaube, dass das auch auf die Produktion des Albums zuträfe, dass sich alles klären würde, wusste dann aber nicht, was da abging."

Die Vorstellung, ein erfahrener Produzent wie Chris könne „zu erschöpft sein", um Garys Album die uneingeschränkte Aufmerksamkeit zu widmen, war lächerlich und wie sich herausstellte eine Entschuldigung, denn Gary konnte Chris nicht mit der Wahrheit konfrontieren. Er wollte nämlich einen anderen Ansatz ausprobieren. Falls es ein Budget erlaubt – wie es hier der Fall gewesen war – engagiert ein Künstler oft einen anderen Toningenieur, sozusagen mit „frischen Ohren". Doch Gary ging noch weiter, denn zweifellos hatte ihn die Beziehung mit einer Frau, die ungefähr nur halb so alt war wie er, mit den neusten Ambient-Sounds in der Populärmusik bekannt gemacht. Um genau zu sein, hörte er das im Mai 1996 veröffentlichte Hit-Album *Walking Wounded* von Everything But The Girl, bei dem elektronische Klänge und moderne Dance-Sounds dominierten. In den Achtzigern tätigte Gary die Aussage, dass sich Musik verändern muss, und er begrüßte die neue Technologie mit viel Leidenschaft, zum Entsetzen von damaligen Bandmitgliedern, Fans und Journalisten. Was die Modernisierung des Klangbilds anbelangte, stand Gary in den späten Neunzigern nicht allein da. Das Programmieren von Sounds unterlegte Eric Claptons 98er-Album *Pilgrim*, doch er ging ein Jahr zuvor mit der unter dem Pseudonym veröffentlichten *Retail Therapy* (Bandprojekt T.D.F.) neue Wege, bei dem Trip-Hop eine Rolle spielte, Techno, moderner R&B, Ambient und New Age. Berichten nach arbeitete auch Bryan Ferry an einem stilistisch ähnlich gelagerten Werk, was aber nie veröffentlicht wurde. Die stark technologisch orientierten Sounds der Neunziger erlaubten komplexere Rhythmen mit einer Geschwindigkeit von 130 bpm, die erstaunlich gut mit den bluesigen Tracks harmonierten, denen oft ein halbiertes Metrum zugrunde lag. Somit wollten Künstler wie Gary und Eric ihren Sound auffrischen und die Aufnahmen in diese Stilistik lenken, ohne damit die grundlegende Ästhetik zu kompromittieren.

Nach der Fertigstellung des Albums erklärte Gary gegenüber dem *Guitarist*, die Einflüsse, die sich stark ausgewirkt hatten: „Ich höre mir in der letzten Zeit eine ganz andere Musik an. Alles, was ich mir in der nächsten Zeit zulegen werde ... sind [Alben] von Massive Attack und Spring Heeled Jack ... Die Musik hat sich grundlegend verändert. Sogar die Rockmusik, jetzt nach dem [Seattle]-Boom. Ich höre mir sehr viel an, sogar eine Menge Reggae und bin zum ersten Mal richtig auf Bob Marley gestoßen." Mit einer möglichen Referenz an Camilla fährt er fort und erklärt „mit vielen jüngeren Leuten [abzuhängen], die in der Club-Szene sind, was mich darauf brachte. Das steht im Gegensatz zu vielen Musikern meiner Generation, die nicht offen genug sind oder einfach keinen Zugang dazu haben."

Andy Bradfield hatte *Walking Wounded* abgemischt und wurde von Garys Büro kontaktiert, das ihm mitteilte, erfreut darüber zu sein, wenn er an Moores neuem Album arbeiten würde. Gary befand sich mittlerweile im Miraval und dort begann Andy seinen Job. Andy hatte den Keyboarder/Programmierer Magnus Fiennes im Schlepptau (Bruder des Schauspielers Ralph Fiennes), die beide schon zusammen im Townhouse Studio von Virgin tätig waren. Erst kürzlich hatte sich Magnus als Co-Produzent des Debütalbums der All Saints verwirklicht, aus dem die weltweit erfolgreiche Single „Never Ever" ausgekoppelt wurde.

Gary hatte Andy für zusätzliche Produktionsarbeiten ausgewählt, das Programmieren, Hinzufügen von Loops, also eine grundlegende Neugestaltung des vorhandenen Materials. Laut Andy „hatte er einen Großteil des Materials bereits aufgezeichnet, doch letztendlich nahmen wir wesentlich mehr auf, wovon aber nicht alles auf dem Album landete. Er hatte klare Vorstellungen, von dem was er wollte und setzte sie auch durch, war mit Feuer und Leidenschaft bei der Arbeit und holte alles aus sich heraus. Wollte er eine bestimmte Idee verwirklichen, ließ er nicht davon ab, bis er sie umgesetzt hatte. Und auch wenn alles nach seinen Vorstellungen lief, hieß es: ‚Ich glaube, wir können da noch was rausholen.' Für ihn stellte das einen notwendigen Teil des Kreativprozesses dar, auch wenn viel Zeit dabei drauf ging."

Gary wiederholte sein Reisemuster und pendelte ständig zwischen dem UK und dem französischen Studio, achtete aber darauf, nicht die Obergrenze der ihm im UK erlaubten Aufenthaltszeit zu überschreiten. „Und dann wünschte Gary sich noch Streicher, woraufhin wir in die Abbey Road Studios zogen, was bedeutete – ein ganzes Ensemble! Es gab aber einige Tracks, bei denen wir eine fernöstliche Stimmung kreieren wollten, diese Art, bei der die Tonhöhenveränderung durch [das sogenannte] Bending [Saitenziehen] erreicht wird. Tja, und die Londoner Typen spielen wirklich nicht so! Irgendjemand machte uns auf einige Musiker aufmerksam. Ich glaube, es waren ein Türke und ein Ägypter. Dann erschienen die beiden eleganten Gentlemen und spielten die dominanten Melodielinien absolut fantastisch. Schließlich ergänzten wir das mit den anderen Streichern, was phänomenal klang. Das Ensemble spielte die Akkorde und die Gastmusiker die Motive, bei denen das Saitenziehen vonnöten war."

Nach ungefähr einem Monat im Miraval wechselten sie in ein Studio auf der Insel Capri. Es war ein umgebautes Hotel, in dem die Drums im alten Ballsaal aufgenommen wurden, von dessen Decke noch eine Glitzerkugel hing. „Nur dort ergaben sich Probleme mit dem Gitarrensound", erklärt Andy. „Wie sich herausstellte, mussten sie bei der Einrichtung des Studios aufgrund mangelhafter Stromleistung die gesamte Elektrizität über eine Batterie laufen lassen, was ein Vermögen kostete. Sie nutzten einen bestimmten Wechselstrom, und darum arbeiteten die Gitarrenverstärker nicht richtig. Dieser wurde umgewandelt und gespeichert und dann wieder abgerufen. Für das digitale Equipment, das Mischpult und die Bandmaschinen war das vollkommen in Ordnung, aber ein Amp ist von der konstanten Energiezufuhr des Wechselstroms abhängig. Somit blieb uns nichts anderes übrig, als uns aufs Programmieren zu beschränken und einige Gesangsspuren. Gary wollte vor dem Endmix alle Tracks bis ins Kleinste checken, denn damals musste man die Bänder noch verschicken, was einen ganz schönen Aufwand darstellte." Eine Aufnahmesession in Capri klingt verlockend, doch nicht im November, wenn der Regen mit Wucht auf die Dächer prasselt.

„Afraid Of Tomorrow" gehörte zu den letzten Tracks, die geschrieben wurden. „Ich habe tatsächlich einen Take mit einer Telecaster eingespielt", berichtet Gary. „Ich spielte die Akkorde recht brachial und all die kleinen Riffs, die zu den Akkorden am Ende passten. Andy nahm das direkt mit dem Computer auf und arrangierte es auch. Damit erhält man die Frische des ursprünglichen Takes. Erstmal aufgezeichnet, lässt sich danach alles Mögliche damit anstellen. Und so spielte ich all die kleinen Arpeggien über den Hauptrhythmus. In früheren Zeiten musste man Grundtakes so lange spielen, bis sie gefielen, wodurch man aber Gefahr lief, dass sie immer schlapper und schlapper klangen [was man im Eifer des Gefechts kaum wahrnahm]."

Nach Fertigstellung des Albums gab es laut Andy „eine Riesendiskussion darüber, wo wir es mixen sollten. Uns boten sich diverse Optionen, doch weder Gary noch ich hatten eins der Studios von innen gesehen, woraufhin wir uns auf die Werbematerialien und Einschätzungen anderer verlassen mussten. Es war ein umfangreiches Projekt, denn damals benutzten wir noch ein traditionelles, analoges Mischpult – und ich zog insbesondere ein SSL-Mischpult vor, und so mussten wir eine Location mit einem anständigen SSL finden. Doch als wir nach den eher ungewöhnlichen Studios Ausschau hielten, wurde es schwieriger und schwieriger."

Eigentlich hätte Graham Lilley die ganze „Laufarbeit" übernommen, um die geeignete Tonschmiede zu finden. Doch ungefähr im November 1995 hatte er die an ihn täglich gestellten Forderungen seitens Garys satt, die auf dessen Unfähigkeit oder besser Lustlosigkeit beruhten, einen Scheck auszustellen oder

Geld von einem Bankautomaten abzuheben. Zusätzliche Arbeit verursachten Moores zahlreiche Umzüge, denn er „flitzte" von einer sündhaft teuren Residenz (ein Haus in Stock Row in Oxfordshire) zur nächsten – dem Conrad Hotel am Chelsea Harbour – und schaute Graham dabei zu, wie er von einem Ort zum anderen hetzte, um alles zu arrangieren. Dieses Verhaltensmuster lässt sich bis zu Jon Hisemans Beobachtung zurückverfolgen, dass Gary niemals einsah, dass er sich mit den profanen Dingen des Alltags auseinandersetzen musste. Graham hatte genug und schlug sich ins AC/DC-Lager, kam aber ungefähr Anfang 1997, circa ein Jahr später, zurück.

Zwischenzeitlich hatten sich Gary und Andy endlich auf das Crescent Moon geeinigt, Gloria Estefans Studio in Miami. Sie wohnten im Biltmore Hotel, einem Luxusetablissement, dessen Preis jedem die Tränen in die Augen trieb und begannen den Prozess des Abmischens. „Das lief alles hervorragend", erinnert sich Andy. „Gary war glücklich, doch meinte, er wolle noch mehr Material. Und so kam Magnus, der uns zu dem Zeitpunkt bereits verlassen hatte, für ungefähr eine Woche nach Miami. Wir nahmen neue Stücke auf und setzten uns auch mit altem Material auseinander, was fast einem Remix glich. Bei einigen Stücken ersetzten wir das Schlagzeug durch Loops, Gary spielte einige Parts neu ein sowie einige Bassspuren."

„Gary war ein phänomenaler Musiker und ein liebenswerter Mensch, doch gehörte zu der Sorte nervtötender Instrumentalisten, die ein absolut brillantes Solo einspielen und dann urteilen: ‚Das kann ich aber besser.' Und dann zockt er tatsächlich ein besseres Solo ab! Ich baue also alles auf, kitzele einen fantastischen Gitarrensound aus dem Mischpult und nehme ein umwerfendes Solo auf. Dann halte ich das Band an, und er sagt, dass er es besser könne! ‚Wirklich! Bist du dir da sicher?' Ja, Ja. Du kannst das aber [als Reserve] auf dem Band lassen.' In jenen Tagen war alles ein wenig komplizierter, denn man wollte nicht das verlieren, was man gerade unter Mühen aufgenommen hatte. Natürlich arbeiteten wir vornehmlich mit Bändern (obwohl auch Computer zum Einsatz kamen), womit die Anzahl der verfügbaren Spuren von der Hardware abhing. Einige der Songs waren [hinsichtlich der Tonquellen] umfangreich auf viele Spuren verteilt. Ich wechselte also die Spur, und er packte es und spielte ein verdammt gutes Solo ein. Ich kommentierte: ‚Du hast es.' Wir mussten beide lachen und Gary antwortete: ‚Siehst du, ich hab's doch gesagt.'

Er war als Gitarrist absolut auf sein Instrument eingepegelt und verfügte über dieses natürliche Feeling."

„Auf Capri hatten wir einen neuen Song mit Keyboards aufgenommen. Ich fertigte einen schnellen Rohmix in ungefähr einer halben Stunde an, wonach wir die Nummer anständig mixten. Allerdings erreichte ich nicht die Qualität des Rohmixes und so wählten wir wieder die schnell zusammengeschusterte Version aus, eine Entscheidung, die von Gary gefällt wurde. Die Version hatte das bestimmte Etwas, und Gary beharrte darauf, egal, was auch kommen sollte. Letztendlich war [die Vorgehensweise] exemplarisch für das Album – ein mutiger Versuch, egal, ob die Fans ihn mögen würden oder nicht. Und so eine Einstellung ist sicherlich nicht einfach durchzuziehen."

Gary hatte niemals so viel Zeit und Geld in ein Album investiert. Geplant war eine Fertigstellung zu Weihnachten 1996, und bis zuletzt hing das Erreichen der Deadline am seidenen Faden. Es gelang nicht, woraufhin die beiden Weihnachten zuhause verbrachten, dann wieder für eine Woche nach Miami flogen, und die Arbeit unter zunehmenden Druck seitens der Plattenfirma beendeten.

Guy Pratt erzählt, dass er Gary zum Titel inspirierte: „Es war ein Zitat von David Coverdale: ‚Heute fängst du dir entweder eine schreckliche Krankheit ein oder sie hängen dir einen Prozess an den Arsch. Für einen Schwanzträger sind das dunkle Tage.'" Doch der Titel *Dark Days In Paradise* spiegelte für Gary eine wesentlich treffendere Wahrheit wider, als die möglichen Gefahren, wenn man ‚einen wegsteckt'.

Persönlich war Gary weit entfernt von dem archetypischen, selbstbewussten und prahlerischen „Cock Rocker" – und das lässt sich auch mit der Geschichte des Album-Fotos beweisen.

Während sich der Modefotograf Stuart Weston gerade in Südafrika aufhielt, erhielt er einen Anruf von seinem Agenten mit der Bitte, direkt nach Miami zu fliegen. Er nahm den Flug über Frankfurt, und als er endlich am Miami Airport ankam, befand sich dort niemand um ihn abzuholen. Somit musste sich Stuart einen Wagen mieten und während eines Unwetters im strömenden Regen und mit Orkanböen zum verabredeten Hotel fahren, das meilenweit von Garys Residenz im Biltmore entfernt lag. „Als ich im Hotel ankam", berichtet Stuart, „rief mich dieser Typ von Virgin an, und sagte, ich müsse zu Gloria Estefans Studio kutschieren, was eine weitere Autofahrt von ungefähr eineinhalb Stunden bedeutete. Dort angekommen, ging's in den Aufzug, wo mir der sehr, sehr nervöse Virgin-Mitarbeiter erklärte, dass Gary schrecklich, schrecklich schüchtern sei. Wir latschten dann in die Regie des Studios, wo ein gut gebräunter Gary in einem strahlend weißen T-Shirt und weißen Jeans saß und sehr gesund wirkte. Der Virgin-Typ stellte uns vor, und ich sagte ‚Hi', was Gary aber nicht beantwortete. Das wirkte unangenehm verkrampft und peinlich. Zu dem Zeitpunkt war ich schon total geschlaucht, wegen all dem ganzen Stress voll neben der Spur."

„In den Räumlichkeiten stand eine lange, weiße Ledergarnitur an einer Wand und dort am Ende lag eine klasse aussehende, cremefarbene Strat. Ich schnappte mir das Teil, sagte, was ich davon hielt, was Gary mit einigen Sätzen kurz beantwortete. Irgendein Gitarrengott hatte sie ihm wohl geschenkt, vielleicht sogar B.B. King, aber ich kann mich nicht mehr daran erinnern. Ich bin zwar ein Drummer, kann aber ein bisschen klampfen, und die einzige Passage, die ich halbwegs drauf hatte war (summt die Melodie des Riffs von „Parisienne Walkways"). Plötzlich wirkte die Luft so dick, dass man sie mit einem Messer hätte durchschneiden können. Ich schaute also hoch und fragte ‚Was ist los?' Gary antwortete: ‚Du neunmalkluges Schwein!' ‚Wie bitte? Wovon redest du?' Und dann platzte er fast vor Lachen, während der Virgin-Typ vor Kichern fast erstickt wäre. Ich hatte wirklich nicht die leiseste Idee, was ich denn angestellt hatte, denn ich konnte mich nicht daran erinnern, dass der Song von ihm stammte. Und damit war das Eis gebrochen. Wir verabredeten den Zeitplan und alles weitere, und als ich wieder in den Lift ging, meinte der Mann von Virgin: ‚Du bist ein verdammtes Genie.' Ich entgegnete: ‚Ehrlich Kumpel, ich wusste nicht, was ich da angestellt habe.'"

Geplant war ein Shooting am Key Biscayne, was aber das Wetter nicht zuließ. Stuart war nur für einen Tag gebucht, und die Zeit zog vorüber und nichts geschah. Mittlerweile hatte sich zwischen ihm und Gary ein sehr gutes Verhältnis entwickelt, woraufhin Stuart zusagte, so lange wie nötig zu bleiben. Er verlangte kein zusätzliches Honorar, sondern nur die Kosten und einen Umzug ins Biltmore, um Gary nahe zu sein. „Was ich über Gary lernte? Dass er ein unglaublich schüchterner, sensibler und unsicherer Mensch war. Man konnte ihn aber auch als liebenswert, herzlich und sanft beschreiben, doch jeder um ihn herum schien ihn für eine Art Scheusal zu halten."

Er bat mich in seine Hotelsuite, um meine Meinung zur aufgenommenen Musik zu erfahren, die mich wirklich wegblies. Meine Güte, er war eine Legende und fragte mich? Seine Zuneigung galt dem Blues, doch was ich in dem Raum hörte, stand weit, weit darüber – künstlerisch und intellektuell. Er machte fantastische Musik."

„Moore vertraute mir an, dass bei der Videoaufnahme für das Album ein Mädchen mitwirkte, auf das er stand. Er wollte dann, dass ich sie für das Cover mit einbeziehe." Das Gespräch lief wie folgt ab:

„Was ist, wenn sie es nicht zulassen, dass ich sie buche?"

„Zum Himmel noch mal, du bist Gary Moore. Du sagst *ihnen*, was *du* willst. Und schließlich bezahlst du auch dafür."

„Und was soll ich nun machen?"

„Du rufst ihre Agentur an. Du buchst sie. Und dann holst du sie in einer dicken Limo ab."

Und genau das tat er auch. Und dann ging es am Morgen zum Shooting an den Strand. Als Nächstes erschien diese Stretch-Limo und hielt neben dem Location-Bus. Das wirklich süße Mädel (ich kann mich nicht mehr an ihren Namen erinnern) ging dann in den Bus. Und Gary war total verkrampft und zugeknöpft. Jedes Mal, wenn sie ihn ansah, wurde er rot. Bekam kein einziges Wort raus."

„Wir saßen den ganzen Morgen rum, doch der Regen wollte nicht aufhören. Ich schlug dann vor: „Lasst uns mal einige Aufnahmen hinten in der Limo schießen." Ich brachte Gary also dazu, sich rechts hinzusetzen und platzierte das Mädchen auf der linken Seite. Ich achtete auf eine bestimmte Distanz, die suggerieren sollte, dass sie sich gerade gestritten hatten. Dann sagte ich dem Mädchen: ‚Ich möchte, dass du die Beine ein wenig spreizt, so ein bisschen anzüglich.' Und Gary schrie auf: ‚Stuart! So was kannst du doch nicht sagen!' Das Mädchen kicherte nur, denn sie fand das alles urkomisch. Dann wies ich Gary an: ‚Ich will, dass du ihr die Hand auf das Bein legst.' Er wurde knallrot, brachte es nicht über sich. Ihm war das alles ungeheuer peinlich. Irgendwann schaffte er es dann, doch sie verwendeten die Aufnahme nicht."

„Irgendwann im Lauf der nächsten Monate rief mich Gary an. Ich hockte gerade mit einigen Freunden in einem Pub und meinte, er solle doch auf ein Pint vorbeikommen. Als ich den Kumpels erzählte, wer denn gleich erscheinen würde, hörte ich ein verblüfftes ‚Was?!' Ich glaube, dass Gary keine richtigen Freunde hatte. Und das fand ich beklemmend, denn für einen Mann wie Gary Moore sollte das nicht so sein. Ich kenne allerdings viele andere berühmte Persönlichkeiten, die keine Freunde haben, denn so viele unterschiedliche Menschen wollen [aufgrund ihres Status] etwas von ihnen abhaben."

Obwohl sich Moore in der Öffentlichkeit nicht spezifisch zu dem Album äußerte, ließ sich viel von dem Plattencover ableiten. Eins der Schlüsselthemen des Albums – möglicherweise ein Highlight seiner Karriere und voller Überraschungen und Neuerungen – war seine Beziehung zu Camilla. Gary gab 1997 ein Interview, in dem er sagte: „Jeder Song hat etwas mit den Ereignissen in meinem Leben zu tun, exakt in dem Zeitraum, in dem die Stücke entstanden. Es sind sehr persönliche Songs ... [sie werfen Themen auf], über die man nur schwerlich etwas sagen kann ... Es sind alles wahre Geschichten ... Wenn ich schreibe erzähle ich die Wahrheit. Ich erfinde nichts und will das auch nicht." Nun muss man nur die einzelnen Punkte verbinden, um zur gesamten Geschichte zu gelangen.

Es existiert eine Phrase, die immer auftaucht, befragt man verschiedene Personen zu Garys Gefühlen gegenüber Camilla – und diese Phrase lautet „völlig vernarrt sein". Es war für Gary tragisch, dass diese Emotionen auf keiner Ebene mit einer ähnlichen Intensität erwidert wurden. Zumindest gab es keine Hinweise. Gary neigte dazu, Frauen auf ein Podest zu stellen und fühlte sich dann „hundeelend", wenn sie nicht seinem Ideal von der Liebe entsprachen. Was alles noch verschlimmerte: Camillas ex-Freund, der immer noch in Henley lebte, ließ auf lokaler Ebene Sprüche vom Stapel, dass Gary als „die Gans [gesehen wurde], die goldene Eier legt". Natürlich empfanden die Menschen in Garys nächster Nähe eine gehörige Portion Skepsis. Er sparte an nichts: Autos, die Kosten für einen Pferdestall und bezahlte auch die besten Hotels und Restaurants sowie Flüge in der ersten Klasse. Offensichtlich schenkte er Camilla auch einen Batzen des Geldes, das er als Entschädigung von *The Sun* erhalten hatte. Irgendwann flog Camilla aus einer Laune heraus nach Afrika und erkrankte dort schwer. Moore kam für die Kosten der medizinischen Behandlung auf und auch für den betreuten Rückflug.

Gary mochte es nicht, sich in der Sonne aufzuhalten, aber der Hauptgrund, warum sie sich Studios „an exotischen Orten" suchten – wie es Andy erzählt – war Camilla. Ihr gefiel es, in der Sonne zu liegen und sich zu erholen. Am Ende schien sie sich einfach in Luft aufzulösen. So empfanden es die Moore nahe Stehenden – in der einen Minute war sie noch da, in der nächsten verschwunden.

In den Texten werden all die Irrungen und Wirrungen der emotionalen Achterbahnfahrt, in der sich Gary gefangen fühlte, schonungslos offengelegt: Verehrung, Freude, Verleugnung, Wut, Ressentiment, Melancholie und Resignation. Künstler, die ihre Qualen und Schmerzen mithilfe ihrer Arbeiten ausdrücken wollen, nehmen sich meist eine bestimmte Auszeit, um die psychischen „Erdbeben" zu reflektieren, bevor das gesamte Trauma in der Kunst sublimiert wird. Gary hingegen schrieb Songs, die seine angeschlagene Gefühlslage direkt ausdrückten. Auf dem Album lässt sich der Schmerz sozusagen in „Echtzeit" wahrnehmen, während Moore gleichzeitig den gesamten Aufnahmeprozess professionell kontrollierte. Gary Husband: „Gary schien [auf eine bestimmte Art] durch die Turbulenzen unsicherer Beziehungen [künstlerisch] aufzublühen. Er ließ sich davon inspirieren, wobei all das Chaos in seine Songs und sein Spiel einfloss. Er war hoffnungslos in seinem eigenen Elend gefangen."

Wie bereits erwähnt, steckte Gary außerordentlich viel Arbeit in die Auswahl der Song-Reihenfolge eines Albums, um damit eine sich insgesamt ergänzende Dynamik zwischen den einzelnen Titeln herzustellen. Das war seine oberste Priorität, statt eine simple Chronologie der Beziehung zu Camilla anzustreben. Man muss also zu verschiedenen Titeln „hüpfen", um die gesamte Geschichte zusammen zu puzzeln. Allerdings schafften es zentrale Songs nicht auf das Master, die dann später aber auf diversen Veröffentlichungen als zum Beispiel Maxis oder Bonustracks (2003) erschienen. Interessanterweise ist der Titel-Track nicht gelistet, sondern findet sich als „Hidden Track" wieder.

Die Songs waren über einen Zeitraum von zwei Jahren komponiert worden, der während der BBM-Tage und dem Beginn der Beziehung zu Camilla begann. „I Have Found My Love In You" ist das erste Stück des Albums, das die modernen Ambient-Sounds einführt und das erste Verliebtsein sowie die gegenseitige Skepsis ausdrückt. Dabei finden sich aber auch Reflektionen über die folgende Abkühlung der Leidenschaft.

I can still remember
Like it was yesterday
The pain inside my heart
As you turned to walk away

I don't know
I don't care
What my friends all say
I don't know I don't care
Love you anyway

Textabdruck mit freundlicher Genehmigung von Bonuswise Ltd.
© 1997, Bonuswise Ltd./ BMG Rights Management (UK) Ltd.

Liest man allerdings die gesamten Texte der sieben Songs, die sich vermutlich mit der Beziehung auseinandersetzen, findet sich in dieser Nummer die einzige positive Referenz. „Cold Wind Blows" wirkt hingegen besonders düster. Hier finden sich emotionsstarke Aussagen, doch die geschilderte Person wird auch dargestellt, als unfähig der Liebe und des Vermittelns von Geborgenheit, wenn er über ihren „bad seed" schreibt sowie vor ihr warnt. Das weist textlich auf die Welt des expressiven und dunklen Voodoo-Blues mit einem Hauch World hin und kombiniert Tribal-Rhythmen der amerikanischen Ureinwohner und Aborigines mit einer Sitar, nicht zu vergessen einem „knurrigen" Fuzz-Gitarrensolo. Das Stück wirkt durch das Gefühl der Bedrohung und spielt auf dunkle Mächte an. Was den Okkultismus anbelangte, war Gary recht abergläubisch. Einigen Kommentaren nach soll Camilla behauptet haben, solch gelagerte Kräfte zu besitzen. „Always There For You" verdeutlicht eindeutig Moores Sichtweise auf die Beziehung, die er als eine Einbahnstraße empfindet. „All The Way From Africa" lässt sich hingegen als direkte Referenz auf Camillas Reise interpretieren, da Gary die Frage aufwirft, ob sie das gefunden hat, wonach sie suchte.

Da der Titelsong zugleich ein „Hidden Track" ist, lässt das einen Rückschluss auf die Symbolik zu. Unter der Oberfläche der Sonne, Wärme und des guten Lebens, die man auf einem Inselparadies wie Barbados findet, verbergen sich Garys Gefühle der Einsamkeit und der Unzufriedenheit mit seinem Privatleben. Auch wenn man beim folgenden Text eine gewisse dichterische Freiheit einräumt, kann man sich nicht des Eindrucks erwehren, dass eine Person – wie naiv auch immer – alles in eine Beziehung investiert hat, die grausam endet. Vielleicht war es eine Form der künstlerischen Vergeltung.

Als Stuart Weston 1997 in Miami ankam, war Camilla schon längst gegangen.

I should be feelin' so happy
To wake up each day in the sun But I can't seem to raise a smile Since this day's begun.
'Cos when you're feelin' so lonely
There's just one thing you need
Dark days in paradise
Dark days indeed

I followed her to the airport
I got down on my knees
But she stood there smiling Ignoring all my pleas.
Then she left me so lonely
It made my poor heart bleed Dark days in paradise Dark days indeed.

Textabdruck mit freundlicher Genehmigung von of Bonuswise Ltd.
© 1997, Bonuswise Ltd./ BMG Rights Management (UK) Ltd.

Bei „Business As Usual" unternimmt Moore hingegen keinen Versuch, die von seiner Biografie inspirierten Themen zu verhüllen. Er nimmt uns mit in seine Kindheit und dem frühen Leben als Profimusiker mit Phil, den Strangelys, Skid Row und dem Einfluss von Peter Green, wonach er „vorspult" und vom Skandal seiner Affäre mit Camilla berichtet, gefolgt vom Liebeskummer, der sich in den Zeilen ausdrückt: „a heart broken, but it wasn't for the last time."

Sind Menschen aufgrund ihrer aktuellen Situation einsam, deprimiert oder unglücklich, denken sie oft an schönere Zeiten zurück. Als würde Gary diese Erinnerungen wiedererwecken wollen, machte er 1996 Aufnahmen mit den Strangelys. Die Formation hatte seit *Heavy Petting* 1970 kein weiteres Album auf den Markt gebracht, und nun machten sie sich an *Alternative Medicine: That Difficult Third Album*. Die Band hatte bereits einige Aufnahmen in London absolviert und kehrte dann nach Irland zurück, wo Gary sich in einem kleinen Analogstudio zu ihnen gesellte, gelegen in dem Örtchen Ballyvourney im südwestlichen County Cork. „Es lag mitten in der hügeligen Landschaft" berichtet Tim Booth. „Er freute sich dort zu sein und genoss unsere Gesellschaft. Wir finanzierten das Album selbst und fragten ihn: ‚Was sollen wir dir bezahlen?' und er lachte nur: ‚Mich könntet ihr gar nicht bezahlen!' Natürlich nahm er kein Geld an. Während der Zeit der Aufnahmen lachten wir die ganze Zeit und rissen Witze." Für einen kurzen Augenblick konnte Gary wieder der Jungspund mit seiner scharfen Gitarre sein, der einfach in die Stadt kam und nicht die Firma Gary Moore Ltd. mit einem Haufen von Angestellten, die sich auf ihn verließen, um ihren Lebensunterhalt zu bestreiten.

„Einige Zeit später kam Gary vorbei, nachdem er ein paar Overdubs für einen Animationsfilm von mir eingespielt hatte", berichtet Tim. „Meine Freundin führte damals einen Wäscherei-Service. Wir saßen bei uns im Haus mit einer Flasche Wein und sie sagte: ‚Ich muss noch die Bügelsachen ausliefern.' Und sie sah Gary an und meinte witzelnd: ‚Würdest du es machen? Der Typ, dem ich die Lieferung bringen muss ist einer deiner größten Fans.' Es war ein Drogist, der in seiner Freizeit ein wenig Gitarre spielte, und er hatte einige Fotos entwickelt, die ich von Gary im Studio schoss. Er sah sich die Fotos an und fragte verblüfft: ‚Ist das Gary Moore?' ‚Ja, das ist er.' ‚Oh, ich würde ihn so gerne treffen.' Und Gary meinte zu der Aktion: ‚Na klar, das mache ich doch glatt.' Und so latschte er in Marks Geschäft – es war ungefähr 19 Uhr – mit der Wäsche unter dem Arm und hielt sie ihm direkt unter die Nase: ‚Ihre Lieferung, Sir.' Mark starrte ihn an, seine Kinnlade klappte bis zum Boden runter, und er rannte aus dem Laden, um ein Album und eine Kassette für ein Autogramm zu holen, [die zufälligerweise in seinem Auto lagen]." In „Business As Usual" macht Gary eine Anspielung auf Sylvia, das Mädchen aus Tipperary, das ihm seine Unschuld „raubte" und die Tatsache, dass er drei Kinder hatte – neben Jack und Gus gab es natürlich noch Saiorse. Gary plagten so schwere Schuldgefühle, dass er sie aus seiner Lebensgeschichte herausgeschrieben hatte und nun zum Besten gab, sie sei lediglich das Ergebnis eines One-Night-Stands gewesen. Saiorse sah Gary nur in ganz seltenen Momenten ihrer frühesten Kindheit. Sie berichtet „dass an meinem 10. Geburtstag ein Taxi kam, mit einer Geburtstagskarte und 20 Pfund. Es war das erste Mal, dass so etwas passierte."

Der erste längere Kontakt fand erst nach Garys Trennung von Kerry statt und zwar zu der Zeit, in der er mit Camilla zusammen war. „Während der BBM-Tage gab es viele Anrufe", erinnert sich Saiorse. „Wir versuchten alles so unverbindlich wie möglich zu halten, sprachen darüber wie ich Schauspielerei studierte und auch über die Musik, doch er war von Camilla so besessen, dass er ständig nur über sie reden wollte. Ich ließ ihn labern. Was er Kerry angetan hatte, machte mich ziemlich sauer. Er sprach mit meiner Mum – kurz bevor die Story publik wurde – und versprach fest, dass er den Kontakt zu mir aufrechterhalten und Brücken bauen wolle. Und dann geschah das alles und ich dachte: ‚Oh nein, das wird sich nie ändern.'"

„Dann verschwand er für ungefähr ein Jahr und änderte sogar seine Nummer. Ich konnte ihn nicht erreichen, was mich verdammt sauer machte. Und dann hörte ich eine Nachricht auf dem Anrufbeantworter, circa 5 Uhr am Morgen. Er steckte in Miami, war aber besoffen, durcheinander und vom Liebeskummer geplagt. Das führte dann zu dem längsten Zeitraum, in dem wir Kontakt hatten." Doch ihre Beziehung war laut Saiorse „ein wahres Durcheinander und kompliziert. Als wir uns näher kennenlernten, schämte er sich noch mehr wegen seiner Abwesenheit. Wenn ich von Kindheitserinnerungen sprach, merkte ich sein Unbehagen und dass er schnell das Thema wechseln wollte. Ich hatte immer das Gefühl, ich könnte [in seiner Gegenwart] nicht ich selbst sein. Das war schon schräg, denn als wir uns authentisch gaben, wurde alles nur noch komplizierter." Diesmal war es Saiorse, die „wegging", da sie sich noch nicht genügend „geheilt fühlte", um Garys Unbehagen zu ertragen. Sie spürte immer noch Wut. Textlich drehten sich die anderen Stücke um quasi-philosophische Themen und fernöstliche Religionen, die unseren Platz im Leben und den Wunsch nach Frieden und Aussöhnung behandeln. Ein gutes Beispiel hierfür ist „Afraid Of Tomorrow", bei dem die beiden Violinisten und nordafrikanische Kehlkopfsänger gastierten. Der Song wurde von Paulo Coelhos Buch *Der Alchimist* inspiriert. Der allegorische Roman beschreibt die Reise des andalusischen Schäfers Santiago nach Ägypten, nachdem er einen wiederkehrenden Traum gehabt hat, in dem er dort einen Schatz findet. Garys verbürgte Intention war es, dort all seine Einflüsse im Laufe der Jahre zu verarbeiten. „One Fine Day" spiegelt hingegen das von einem George Harrison geprägte Beatles-Gefühl der späten Sechziger wider und mag auch die enge Beziehung zu dem Musiker reflektieren.

„Like Angels" ist eine klassische Gary-Moore-Ballade, möglicherweise der am besten realisierte Track des Albums und eine Nummer, die für Gary schon beim Schreiben etwas Besonderes darstellte: „Ich nahm zuhause ein Demo nur mit Keyboards und einem Drum-Computer auf, alles recht simpel. Doch sogar in diesem Anfangsstadium erkennt man, ob ein Song gut ist, man spürt es, sogar in den ersten fünf Minuten ... Es ist eines meiner Lieblingsstücke ... Ich mag ganz besonders das Thema ... Hier setzte ich die Gitarre anders ein als üblich ... Vor dem Solo ist ein winziger Part, ein kleiner Break, der mich jedes Mal, wen ich ihn höre [anspricht] ... Ich kann nicht sagen, was mich exakt so aufhorchen lässt, aber in der Sequenz vor dem Solo geschieht etwas."

Gary erklärt weiterhin, wie er einen verblüffenden Effekt mit der Gitarre kreierte, eine Art des ätherischen Aufschreis: „Ich wollte, dass die Gitarre wie ein Engel singt und versuchte einen Weg zu finden, um das bestmöglich umzusetzen. Ich nahm mir also einen Schraubendreher mit einer dünnen Metallspitze, legte die Gitarre auf den Schoß und spielte mit dem Werkzeug rum, was einen durchdringenden Ton ergibt ... Und diesen Effekt setzte ich auch bei ‚What Are We Here For?' ein, denn er strahlt eine fernöstliche Atmosphäre aus, nicht vergleichbar mit dem Slide-Stil des Blues ... Man kann das Werkzeug viel schneller hin und her bewegen, denn man berührt die Saiten mit einer kleineren Oberfläche und agiert mit mehr Geschick."

Die biografischen Einflüsse schlagen sich in den Texten nieder, aber auch die musikalischen Inspirationen sind eindeutig wahrnehmbar. Im Rahmen des gesamten Albums und der später veröffentlichten Tracks hört man Hank Marvin, Musik aus der Ära von *Grinding Stone*, Chicago Blues wie auch Klänge, die eindeutig vom Aufenthalt in der Karibik inspiriert wurden. Hierzu gehören die paradoxerweise entspannten Calypso-Beats auf „Dark Days In Paradise" und offensichtlicher Reggae. Vermutlich begründet sich die vorrangige Inspiration des Albums darin, dass Gary wegen Jack Bruce' Einfluss neue Ziele suchte.

Moore gibt zu bedenken, dass das Album aufgrund von BBM und der Zusammenarbeit mit Jack in dieser Form nie entstanden wäre: „... Er befreite mich, womit ich einen melodischeren Weg einschlug und damit begann, interessantere Songs zu schreiben." Gary wies auf den stetigen Einfluss von Jack hin, der sich nicht nur auf die Zeit mit Cream beschränkte, „sondern auch auf seine Solo-Veröffentlichungen. Ich hörte mir all seine Soloalben an, auf denen ich unglaubliche Musik entdeckte. Wenn die Leute nur wüssten, wie talentiert er ist … er agiert wie ein klassischer Komponist in der Moderne. [Jack] schreibt nicht innerhalb der Grenzen der Rockmusik oder anderen Stilen und zieht sein eigenes Ding durch. Für ihn gibt es keine Grenzen, denn er ist total frei, komponiert in diversen Stilistiken und bringt alles zum Laufen. In seiner Nähe spürte ich all diese Charakteristika, die sich in meiner Musik niederschlugen und mich zum Schreiben dieser Songs führten. Eindeutig."

Dark Days In Paradise ist ein wunderschön gestaltetes und ausgefeiltes Album voller moderner Kompositionen und eine Art von „Orden" für jeden, der daran mitwirkte. Zugebend, dass das Album für ihn kein ungetrübter Erfolg war, muss Gary Husband dennoch einräumen, dass „Like Angels" und besonders „Where Did We Go Wrong?" „reinste Juwelen sind, schöne und immens beseelte Balladen. Hier zeigt sich der Gary, an den ich mich am liebsten erinnere, seine hauchzarte, verletzliche und leidenschaftliche Seite, die sich hier bei der Performance ausdrückt. Ich empfand seine Gegenwart und die Tatsache, bei den Recordings mitgewirkt zu haben, als wirklich angenehm. Auch Guy spielte auf den beiden Stücken und zeigte sich von ihm beeindruckt und auch ich fühlte mich wohl, erneut mit ihm zu arbeiten." Hört man sich *Ballads And Blues 1982-1994* an, fällt auf, dass die Compilation stilistisch nicht allzu weit von Garys inhärent beseelten Texten entfernt lag. Musikalisch war es jedoch keine Rockmusik oder Blues und die Gitarre ergänzte eher das Material, statt es zu dominieren. Somit konnte niemand damit rechnen, dass es ein Top-10-Album werden würde. Während die Kritiker die Single „One Good Reason" recht gut annahmen, zeigten sich die üblichen Journalisten der Rock- und Metal-Presse von Garys Arbeiten nicht beeindruckt. Dennoch gelangte das Album in den meisten Ländern, in denen Gary für gewöhnlich gut verkaufte, in die Top 30, während es im UK nur für die Top 50 reichte.

Als Nächstes musste eine Frage beantwortet werden – würde Gary mit dem Album auf Tour gehen? Sicherlich gefiel ihm das Zusammenspiel mit Guy und Gary Husband: „Ich habe eine so gute Rhythmus-Sektion, die bei allen Songs gleichmäßig spielt. Da gibt es also keine Probleme." Und alle wollten mit Magnus touren!

Doch wie sollte das Programm gestaltet werden? Wenn sich Gary nach der Veröffentlichung des neuen Albums zu einer Tour aufmachen wollte, musste er etwas vom neuen Material mit einbeziehen. Doch wie würde das Publikum reagieren? Kurz vor Beginn der Tour witzelte Gary gegenüber dem *Guitarist* über die Set-Liste: „Ich habe mir darüber Gedanken gemacht, was ich aus der Vergangenheit mit ins Programm nehme, das zu den neuen Songs passt. Ich könnte natürlich ein komplettes Set aus dem neuen Material zusammenstellen, doch es gibt einige Nummern, die wir immer spielen müssen und vor denen wir uns nicht drücken können – ‚My Way' [Hit von u.a. Frank Sinatra] und ‚It's Not Unusual' [Hit von u.a. Tom Jones] – all meine großen Erfolge." Doch als er im europäischen und vom Blues Rock geprägtem „Hinterland" wie Deutschland und Skandinavien auftauchte, Heimat seiner größten Fan-Basis, lief es eindeutig nicht so gut.

Magnus berichtet, „dass das Publikum Blues und Rock erwartete. Sie waren schockiert – ähnlich wie bei Dylan, der sich auf dem Newport Folk Festival auf einen ‚elektrischen' Sound verlagerte. Man hörte wütende Schreie wie ‚Blues!' und ‚Rock'n'Roll!', und wenn Gary Octopads und Loops antriggerte, schaute man schon in einige verwirrte Gesichter." Guy stimmt zu: „Im Programm gab es eine unglaublich schräge Drum'n'Bass-Sektion. Wir wussten, was dann geschehen würde und dachten: ‚Müssen wir uns das wirklich antun?' Garys Ansatz hinsichtlich der Drums und des Basses war lobenswert, denn in der Theorie kann das eine höchst musikalische Angelegenheit werden – Jazz/Funk und komplizierte Drum-Pattern. Doch er verstand nicht, dass das alles vom Herkömmlichen und auch der gebräuchlichen Tonalität abweichen muss und meist von Leuten gespielt wird, die keine Ahnung von den Akkorden haben. Und so versuchte sich Gary an den eher knackigen Fusion im Stil von Herbie Hancock, der aber bei einem Drum'n'Bass-Publikum nicht funktioniert und erst recht nicht bei Rockhörern. Dann traten wir beim Montreux Jazz Festival auf. Wir spielten den Programmteil, was mit einer Todesstille honoriert wurde. Einer aus dem Publikum brüllte: ‚Nein, Gary, Blues und Rock'n'Roll!' Ich stürmte an das Mikro und meckerte: ‚Yeah, rock me, Amadeus.'"

Analysiert man das gesamte Montreux-Konzert, war die Resonanz gar nicht so schlecht. Ja, ab und an war es mucksmäuschenstill, doch „One Fine Day" und „Cold Wind Blows" entwickelten sich bei der Bühnenpräsentation zu waschechten Rocksongs, und bei „Business As Usual" übernahm die Gitarre eine tragende Rolle, was die Zuschauer am Ende wertschätzten. Auch die Songs, vor denen Gary sich niemals drücken konnte, wurden energiereich vorgetragen und vom Publikum beklatscht. Er führte sogar ein stürmisches „Out In The Fields" auf, was natürlich den meisten Beifall erntete.

Bei den Bühnenfassungen der Titel des neuen Albums wollte Gary exakt den Sound der Studioversionen nachahmen – und war angesichts der lauwarmen Reaktion des Publikums hartnäckiger und fester entschlossen als je zuvor. Magnus erkannte den inhärenten Konflikt: „Als musikalisch Verantwortlicher hat man eine bestimmte Vision hinsichtlich des Sounds, des Arrangierens, und man will unbedingt in der Lage sein, das jedes Mal zu reproduzieren, es Abend für Abend abzuliefern. Man möchte nicht, dass die Musiker sich allzu weit von den vorgegebenen Strukturen entfernen. Für einen Musiker kann das aber nervend werden, wenn er nie die Möglichkeit bekommt, etwas beizutragen oder aus dem Stehgreif zu improvisieren. Bei der Reproduktion von *Dark Days In Paradise* war das zusätzlich komplex, denn alle Rhythmen wurden von Gary Husband getriggert, womit sich der Raum für Experimente gegen Null bewegte. Es musste alles abgestimmt sein – das Tempo, die einzelnen Parts und die Funktionalität der Playbacks verschiedener Elemente."

Gary Husband war also der „Strippenzieher" der Rhythmen für die Live-Darbietung des neuen Materials, doch bei einem Bluesstandard schlug er sich mit dem „zweiten Gary" beinahe die Köpfe ein. „Bei einer Gelegenheit, verletzte ich die Regeln – ich glaube es war ‚Pretty Woman' oder etwas Vergleichbares – und trommelte ein bisschen anders. Danach starrte er mich übelst an, ganz offensichtlich höchst unzufrieden. Nach dem Ende der Nummer musste er das Publikum auch noch darauf hinweisen, indem er mich als [dummen Jazzer] runterputzte: ‚Der Drummer hat zu viele Nächte im Ronnie Scott's gespielt! Ha!'"

„Tja, ich bin zwar nicht von der Bühne gestürmt, musste aber diesen Impuls runterschlucken! Nach dem Konzert ging ich direkt zu ihm, und warnte, dass – wenn er mich noch ein einziges Mal vor einem großen Publikum demütigen würde – ich mir das nicht gefallen ließe. Ich gehöre nicht zu den Leuten, die sich einem Song oder einer längeren Komposition mit einer ‚Anti'-Haltung nähere. Ich bin zuallererst ein [banddienlicher] Musiker und den Unterschied [zu eher undisziplinierten Drummern] musste ich ihm unbedingt klar machen. Ich kann nicht an jedem Abend exakt so spielen wie am Abend zuvor, wie ein Computer …

und er hätte sicherlich seine Schwierigkeiten, jemanden wie Jack Bruce oder Ginger Baker zu so etwas zu drängen. Ich habe ihm unmissverständlich klar gemacht, dass er sich einen ‚Arbeitsgaul'-Drummer beschaffen solle, wenn er jemanden wolle, der nicht im Geringsten abweicht und jede einzelne Note detailgetreu wiedergibt. Dann ließ sich Gary lang und breit darüber aus, wie geschätzt ich in seiner Band doch sei und wie sein Programm für mich ‚maßgeschneidert' sei!! Oh, Mann!"

Die Gigs waren insgesamt ereignisreich, besonders ein Konzert, bei dem Magnus seinen „Gefühlen" freien Lauf ließ. Guy: „Wir spielten auf einem Biker-Festival, aber Magnus ist eigentlich kein Live-Musiker. Diesmal ließ er sich von der Atmosphäre davontragen. Er spielte Maschinengewehr-Effekte und zielte mit seinem Instrument auf das Publikum, [als würde er auf sie feuern]. Er posierte so überzogen, dass er sich die Schulter auskugelte. Und so wetzte er durchs Publikum. Und wir mussten ohne Keyboarder weitermachen! Er rannte überall hin, hoffend, auf jemanden zu treffen, der ihm die Schulter wieder einkugelt, doch diese Biker waren ein Haufen von Schlappschwänzen. Schließlich landete er im Zelt des Roten Kreuzes, das bis oben hin voll mit austickenden Leuten war, die sich selbstangebaute psychedelische Drogen gepfiffen hatten. Er schaffte es zum dritten Song wieder auf die Bühne und sah weiß wie ein frisch gewaschenes Bettlaken aus."

Abseits der Bühne verlief die Tour reibungslos. Guy zeigte sich von dem ganzen Drumherum beeindruckt: „Man kümmerte sich gut um uns. Gary bezahlte ordentlich, die Hotels waren hübsch und die Auftritte folgten in lockerer Reihenfolge. Am Ende der Tour taten sich Magnus und ich zusammen und kauften Gary eine wirklich schöne Donna Karan Steppjacke als Geschenk – und es kommt nur selten vor, dass man einem Künstler in diesem Zusammenhang ein Geschenk macht."

Das Lob für die Organisation galt allerdings der gradlinigen Professionalität der eingesprungenen Tourmanagerin, der zukünftigen Mrs. Moore – Jo Rendle.

Garys Büro befand sich in Richmond und wurde von Melissa Fountain geleitet. Sie hatte vorher bei der Circle Agency Auftritte gebucht und auch einige Produktionen durchgezogen, und verfügte über viele Kontakte im Business. Melissa wurde von Pete Brewis eingestellt, der den Job als Garys Gitarrentechniker während Graham Lilleys Abwesenheit übernahm. „Wenn Gary im

Ausland war", erinnert sich Melissa, „verbrachten wir drei oder vier Stunden am Telefon, abhängig davon, was er gerade machte. Das war noch vor der Zeit, als ich ihm begegnete und wir daraufhin eher persönliche Gespräche führten. Ich ging mit Phil Lynott aus, bevor er verstarb. In seiner Wohnung lungerten immer so schreckliche, wirklich schreckliche Menschen herum. Ich habe Gary aber nie von Phil und mir erzählt."

Melissas Mann Richard kannte Jo, eine Grafikdesignerin, die mit einer künstlerisch angehauchten und kreativen Clique in Chelsea abhing. Als Melissa einmal Urlaub machte, sprang Jo ein und übernahm die Büroarbeit. Zwischen Gary und Richard entwickelte sich im Laufe der Zeit eine enge Freundschaft und er schenkte ihm auch die Fransenjacke, die er nur bei dem Cover-Shooting von *Wild Frontier* getragen hatte – und dort fand sich immer noch das Preisschild!

Melissa erzählt, dass Jo und Gary miteinander harmonierten, „und als in Deutschland Promoarbeit für *Dark Days In Paradise* anstand, schlug ich vor: ,Warum nimmst du nicht Jo?' Er stimmte zu und schon im Flieger verliebten sich die beiden."

Da sich Gary im Ausland aufgehalten hatte, basierten die ersten Kontakte mit Jo auf Telefongesprächen. Er fragte dann nach: „Wer ist dieses Mädchen?"

Jo: „Als die Albumpromotion aktuell wurde, fragte er mich, ob ich mit ihm essen gehen wolle, was ich ablehnte. Als wir dann im Flugzeug in der Ersten Klasse saßen, fragte er mich erneut, diesmal aber mit lauter Stimme. Ich willigte ein, aber nur damit er endlich leiser sprach. Wir absolvierten einige Termine in Deutschland, aber er wollte dort nicht touren. Er meinte, er sei es leid, immer unterwegs zu sein. Die Sache mit Camilla hatte ihn ziemlich fertig gemacht und sein Vertrauen in andere Menschen war auf dem Nullpunkt angekommen."

Schließlich willigte Gary ein, aber nur unter der Bedingung, dass Jo auch dabei sein würde. Garys damaliger Tourmanager Andy Crookston stand damals nicht zur Verfügung – und Jo bekam den Job trotz der Tatsache, dass sie ein Neuling in dem Metier war. Jo verhielt sich äußerst vorsichtig, um alles auf einer professionellen Ebene durchzuziehen. Sie schliefen zum Beispiel in getrennten Zimmern, denn sonst hätte es ihre Autorität gegenüber der Crew unterminiert, denn diese hätte sie nicht mehr als Boss, sondern als Garys Freundin gesehen. Nach Ende der Tour spielte Jo eine Schlüsselrolle bei der Stabilisierung Garys, wobei sie ihn erdete und mit der täglichen Realität des ganz normalen Lebens vertraut machte.

Das stellte sich für Moore als wichtig heraus, denn hinsichtlich seiner geschäftlichen Belange deuteten sich Veränderungen an. Nach zahlreichen Streitigkeiten mit Gary und dessen Buchhalter/Business-Manager Colin Newman hängte John Martin 1996 seinen Job an den Nagel. Für eine Weile machte Gary ohne einen Manager für die alltäglichen Angelegenheiten weiter, doch er spürte das Defizit, woraufhin Stewart Young ab 1998 die Aufgabe für einige Jahre übernahm.

Was sich aber noch schwerwiegender auswirkte: Nach einer über fünfzehnjährigen Zusammenarbeit mit Virgin, wurde er aufgrund enttäuschender Verkaufszahlen von *Dark Days In Paradise* fallengelassen. Damals arbeitete Peter Price, einer seiner ehemaligen Verbündeten bei Virgin, für Warner Brothers in Irland. Er kehrte nach London zurück, um ein kleines Warner-Sublabel namens Coalition aufzuziehen und gab bei Gary einige Demos in Auftrag, hoffend, ihm einen Vertrag zu verschaffen. „Als wir ernsthafte Gespräche führen wollten", erzählt Peter, „warfen sie mich raus und ließen die Idee mit dem Label fallen."

Nun hatte Gary weder einen Plattenvertrag, noch einen Vorschuss, arbeitete aber schon am nächsten Album. Obwohl Ian Taylor allgemein nur mit früheren Aufnahmen von Gary in Verbindung gebracht wurde, rief Moore ihn an, um ihn als Co-Produzenten und Tontechniker zu engagieren, nicht zu vergessen für den Endmix. Abgesehen von Gary, der Gitarre, Bass und zusätzliche Keyboards spielte und sang, war Gary Husband, der für eine Handvoll Tracks ins Studio kam, der einzige deutlich erkennbare Musiker des Albums. Sonst blieb es allgemein der Geschicklichkeit des Programmierers Roger King überlassen, unterstützt von Phil Nicholas.

Gary nahm das Marcus Studio 3 ins Visier und buchte einen Block von fünf bis sechs Monaten. „Wir hatten den kleinen Raum im Studio zu jeder Tages- und Nachtzeit zur Verfügung", berichtet Graham Lilley. „Somit konnten wir uns einige Wochen am Stück dort niederlassen – abhängig von Ian Taylors Terminplan – aber auch einige Wochen frei nehmen, ohne das Equipment umzuräumen oder die Einstellungen am Mischpult zu verändern. Man ließ einige Tracks einfach ruhen, um sich nach einem gesunden Abstand erneut damit zu beschäftigen. Das bedeutete natürlich einen längeren Produktionszeitraum, aber Gary hatte keinen Vertrag und somit lief alles recht entspannt ab."

Das Album wurde seinem Titel *A Different Beat* vollends gerecht, denn Gary erkundete die Welt des Drum'n'Bass noch weitaus intensiver verglichen mit *Dark Days In Paradise*. Moore ließ sich partiell von Fatboy Slim beeinflussen, dem er einen Track widmete und vielleicht auch von der britischen Band Apollo 440, die für einen eklektischen Sound-Mix aus Rock, Ambient und Techno standen. Gary ging mit einigen bereits geschriebenen Songs ins Studio, was darauf hindeutet, dass sie aus dem Zeitraum von *Dark Days in Paradise* stammten. Hinsichtlich der Texte hätte man das neue Werk problemlos als „Dark Days 2" beschreiben können, da Gary immer noch die Dämonen austrieb, die aus der Zeit der unglücklichen Beziehung mit Camilla stammten.

Moore wusste allerdings nur zu gut, dass ihn ein erneutes Experimentieren mit Drum'n'Bass schon zu Beginn als „Loser" abstempeln würde, „denn die Leute, die mein Gitarrenspiel mochten, hassten diese Rhythmen und die Leute, die solche Rhythmen mochten, hassten mein Gitarrenspiel. Und mich noch mehr!"

In Wahrheit tat sich Gary keinen Gefallen. Er hatte sicherlich recht, dass er mit der Musik das Club-Publikum nicht beeindrucken würde, doch auf dem Album tauchten deutlich mehr Gitarrenpassagen für seine treuen Fans auf. Tatsächlich ließ sich genügend angemessenes Material finden, um es als modernes Blues-Album zu beschreiben, wenn auch immer noch der hirnrissige Versuch ebenso durchschimmerte, cool und hip zu sein. Die besten Beispiele hierfür sind „Go On Home", „Lost In Your Love", „Bring My Baby Back", „Can't Help Myself" und besonders „Worry No More". Hier finden sich aufpeitschende und ruppige Gitarren, Slide-Gitarrenspiel über donnernden Rhythmen, die fließende Blues-Lyrik von „Surrender" und mit „Worry No More" ein ansprechender „Mash-up" der abgespeckten Blues-Stilistiken eines John Lee Hookers oder R.L. Burnside. Mit der Coverversion von „Fire" würdigt Gary sein Vorbild Jimi Hendrix.

Schon häufig wurde darüber spekuliert, welchen stilistischen Weg Hendrix wohl eingeschlagen hätte. In den Siebzigern hätte er sich vermutlich mit Jazz und Fusion auseinandergesetzt. Doch im Rahmen der auftauchenden neuen Technologie der Neunziger, ist der Gedanke nicht weit hergeholt, dass er diese Möglichkeit genutzt hätte um seinen Sound zu modernisieren, aber immer noch seinen Blues-Wurzeln treu zu bleiben, wie es Gary bei diesem Track macht.

Die Programmverantwortlichen verschiedener Plattenfirmen kamen zu einer Hörprobe ins Studio, darauf spekulierend, dass es sich möglicherweise um eine weitere *Still Got The Blues* handeln könne. Sie verließen die Tonschmiede jedoch schnell und recht verwirrt. Schließlich wurde ein Vertrag mit Castle ausgehandelt, doch wie Gary schon vorhergesagt hatte, fiel das Album zwischen zwei Stühle und versank ohne viele Spuren zu hinterlassen. Er meinte später zu dem Gitarren-Journalisten Neville Martin, dass er der einzige gewesen sei, der die Platte tatsächlich mochte.

Nun war die Zeit der Experimente abgeschlossen. Gary machte sich Gedanken über seine weitere Karriere, denn nun musste er sich um eine Familie kümmern – Jo war schwanger. Es wurde Zeit, dass der Blues-Zug erneut die Station verließ.

KAPITEL DREIZEHN
BUSINESS AS USUAL

Während Gary 1998 das neue Album aufnahm, fand keine reguläre Tournee statt. Er ging jedoch auf Jack Bruces Bitte ein, als Trio mit Gary Husband eine Handvoll Gigs im Norden Englands zu spielen. Jack erwiderte den Gefallen, in dem er in derselben Formation bei einem Wohltätigkeitskonzert in Chelsea auftrat, das Jo organisierte, um einen Abenteuerspielplatz zu retten, ganz in der Nähe ihrer gemeinsamen Wohnung mit Moore. Garys nomadenhafte Existenz zu der Zeit war schwindelerregend, denn er kaufte und verkaufte Immobilien fast so häufig wie sich andere ein Glas Milch besorgen.

Nachdem er Kerry verlassen hatte, war er zuerst nach Pishill gezogen, wo er das Gebäude mit dem Büro/Studio gemietet hatte. Danach kaufte er sich mit Camilla ein Haus in Henley, was er nach der Trennung wieder veräußerte. Danach wohnte Jo in Pishill, aber auch in ihrer Londoner Wohnung in der Lotts Road in Chelsea, um den Kunstabschluss an der Londoner Guildhall zu machen. Allerdings empfand sie Garys Rückzugsort als zu ländlich, wohingegen Gary den Frieden und die Ruhe des Landlebens genoss und nicht auf permanenter Basis in London leben wollte, obwohl er dort immer noch eine Wohnung unterhielt. Als nächster Schritt stand der Erwerb eines Hauses in Henley an, bei dem zahlreiche komplexe Renovierungsarbeiten vorgenommen werden mussten, damit Jack und Gus ihn und Jo an den Wochenenden besuchen konnten. Kerry hatte nämlich zwischenzeitlich Little Pastures, das Anwesen in der Siedlung der Schönen und Reichen in Shiplake veräußert und war nach London gezogen.

Garys Geschäfte wurden jedoch in London abgewickelt und er gab ein Vermögen für die Hin- und Rückfahrten in Taxis aus sowie exorbitant teure Hotels, da er am liebsten im Conrad Hotel in Chelsea wohnte. Als Jo schwanger wurde (Lily kam am 3. September 1998 auf die Welt) beendete sie Garys unstetes Leben und überredete ihn schließlich zum Kauf einer Wohnung im Conrad Complex in Chelsea.

Obwohl es sich nur um einen Charity-Gig für einen Spielplatz handelte, standen drei Musiker auf der Bühne, bekannt dafür, immer 100 % zu geben. Mit Wucht und spielerischem Elan präsentierten sie eine Auswahl von Cream, Songs von Jack Bruce' Soloalben und BBM-Stücken, darunter eine lange Fassung von „Born Under A Bad Sign" und „Sleepy Time Time". Jack widmete den letzten Song der Texterin, seiner ex-Frau Janet, die sich im Publikum befand. Für die beiden wurde es ein hochemotionaler Abend, denn es war das erste Mal, dass sie sich nach dem Tod ihres Sohnes nach einem Asthma-Anfall 1997 trafen.

Die Performance der Band, die sich eigentlich statt BBM gegründet hätte – wäre das Schicksal anders verlaufen – verdeutlichte, dass sie möglicherweise einen längeren Zeitraum überstanden hätte, verglichen mit den wenigen ungestümen Monaten von BBM. Natürlich bestand immer das Problem der verschiedenen Egos, aber der ungünstige Stempel der „zweitklassigen Cream" wäre entfallen und auch die immer schwelenden Spannungen zwischen Jack und Ginger. Darüber hinaus hätte eine Band von drei Komponisten mit Sicherheit packende und aufregende Musik abgeliefert.

Das dringlichste Problem für Gary bestand in einer Tour 1999. Es ging dabei vorrangig darum, wieder eine Beziehung zum Blues-Publikum aufzubauen, und somit suchte Gary Musiker, die eine einfühlsame, aber straighte Begleitung zu seiner Gitarre ablieferten.

Der Keyboarder Vic Martin gehörte zu den Urgesteinen der Session- und Tour-Musiker und trat regelmäßig mit Barnes Blues im Bulls-Head-Pub in Westlondon auf. Pete Rees, Bassist der Gruppe, zählte hingegen zu den „Veteranen" der Londoner Blues- und Rockszene. Bei ihren Gigs luden Barnes Blues oftmals Gastmusiker ein. Eines Abends sollte die Band auftreten, doch Vic und Pete erschienen aus einem unerklärlichen Grund nicht. Da Gary aber gekommen war, lud ihn der Gitarrist Papa George auf die Bühne ein. Danach besorgte sich Jo Petes Telefonnummer, woraufhin Gary ihn zuerst ansprach und danach Vic, der berichtet: „Das wirklich Letzte, das ich für möglich gehalten hätte, war ein Angebot von Gary Moore." Graham Lilley schickte Pete und Vic eine CD mit all den Songs, die – abgesehen von „Fire" zu einem Standard-Blues-Set von Moore gehörten.

Walking By Myself
Oh Pretty Woman
Since I Met You Baby
Tore Down
Need Your Love So Bad
I Loved Another Woman
All Your Love
Fire
Still Got The Blues (For You)
Too Tired
The Sky Is Crying
Further Up On The Road
The Blues Is Alright
Parisienne Walkways

Gary Husband übernahm bei den ersten Gigs den Job des Schlagzeugers, doch straighter Blues war sicherlich nicht sein Ding, er machte sich aus dem Staub und stieg in der Band von Mark King ein, nachdem sich Level 42 aufgelöst hatten. Danach testete Gary an zwei Tagen acht verschiedene Drummer an, darunter Ted McKenna, mit dem er in der Greg Lake Band gespielt hatte und Geoff Dunn (Earth Band, Van Morrison und Procol Harum). Der letzte Trommler war der von Don Airey empfohlene Darrin Mooney, der auf einer lockeren Basis mit Primal Scream Musik machte. Als sie sich während der Probe an „Surrender" von *A Different Beat* machten, blickten sich Gary und Graham vielsagend an, woraufhin sie Darrin den Job augenblicklich anboten. Allerdings wollten ihn auch Primal Scream fest bei sich haben, was dann zu einer Rangelei zwischen den beiden Gruppen führte, die sich um den Drummer stritten. Beide Formationen hatten denselben Agenten, und somit ließ es sich leicht arrangieren, dass Darrin Gary zur Verfügung stand, wenn Primal Scream nicht unterwegs waren. Im Laufe der nächsten Dekade bildeten Pete,

Vic und Darrin das Rückgrat von Garys stabilster Formation im Laufe seiner Solokarriere.

1999 war Darrin gerade erst 22 Jahre alt und ein talentierter, aber relativ unerfahrener Schlagzeuger, während Pete und Vic aus der entspannten und informellen Welt der Londoner Pub-Rock-Szene ins Rampenlicht traten. Was haben die beiden wohl gedacht, als sie sich dem strengen Probe-Regime Garys unterwerfen mussten? Hier wurden gänzlich neue Erfahrungen gemacht.

Gary wollte im Programm einige neue Nummern von *A Different Beat* vorstellen. Sie machten sich an „Surrender" und „Lost Your Love", beide verhältnismäßig einfach, aber auch an ein Instrumental mit dem Titel „The Prophet", dass Gary möglicherweise für das letzte Album vorgesehen hatte, aber nicht nutzte. „Schon bald nannten wir die Nummer ‚The Bastard'", erklärt Vic. „Sie war sehr kompliziert, und man konnte sie nicht einfach so spielen, sondern musste sie einstudieren. Wenn man nur eine einzige Note falsch spielte, stach die unüberhörbar heraus! Man musste also alles präzise umsetzen und wir wiederholten und wiederholten das Stück, bis meine Hände fast bluteten. Und am schlimmsten war, dass ich die Nummer einleiten musste!"

Schon von Anfang an fand sich der junge und lebhafte Darrin in der Komplexität des Beziehungsmusters von Gary zu seinen Schlagzeugern verstrickt. „Damals hatte ich ein ausgeprägteres Ego, doch aus heutiger Sicht erkenne ich, dass es seine Sache war. Ich wollte ständig mehr spielen, doch konnte mich letztendlich arrangieren. Wenn man einen schwachen Charakter hat, wird man schnell eingeschüchtert, und ich habe Bassisten erlebt, die die einfachsten Läufe vermasselten, weil sie plötzlich durch Gary so unsicher wurden. Gary hörte etwas, das er nicht mochte, und kritisierte es. Auch ich hatte von Zeit zu Zeit einige Streitereien mit ihm, doch er hatte eigentlich immer Recht. Aber ich wollte [damals] nur ein Drummer sein und überall draufhauen. Ich argumentierte: ‚Du willst eher einen Mitch-Mitchell-Stil, also mehr angetäuschte und leise Schläge?' ‚Nein, nein, spiel es direkt und gerade!' Wenn er seine Soli spielte, gab er mir mehr Freiraum, denn ich verpasste ihm einen Tritt in den Arsch, was er mochte, denn nur so kam er in die Gänge. Ich baute die Spannung auf, spielte Phrasen, auf die er einging und somit bildete nur noch der Bassist die Basis. Bei den Blues-Nummern improvisierten wir im Stil von Jimi Hendrix und Mitch Mitchell."

Graham Lilley erinnert sich, dass beide Musiker „bei den Soundchecks musikalisch das Letzte aus dem jeweils anderen herausholten".

Pete war von Garys ausgeprägter Musikalität erstaunt: „Wir probten gerade im Music Bank, improvisierten ein wenig und er begann mit John McLaughlins ‚Inner Mountain Flame'. Das ist eine höchst komplizierte Komposition, und er spielte sie so nebenbei." Vic, der das auch hörte, kommentiert gerade heraus: „Ich hatte fast einen Herzinfarkt."

Der erste Abschnitt der sogenannten „The Different Beat"-Tour begann mit wenigen Konzerten im UK, wonach das Ziel Europa hieß. Die Band hatte gerade erst vier Termine absolviert, als das Schicksal zuschlug. Bei Gitarristen, die ständig üben, bildet sich eine starke Hornhaut auf den Fingerkuppen, die schützend wirkt und es den Instrumentalisten erlaubt, dünne Metall-Saiten zu ziehen, ohne sich dabei Schnittverletzungen zuzufügen. Der Tourmanager Andy Crookston erzählt, was geschah: „Wir befanden uns im E-Werk in Köln und Darren (Main), meinte, dass Gary mich sehen wolle. Ich ging in die Garderobe und er fluchte: ‚Ich hab ein Problem.' Die harte Hornhaut des kleinen Fingers seiner linken Hand hatte sich teilweise abgelöst. Er meinte: ‚Schau dir das mal an.' Er zog die Saite, die in seiner Fingerkuppe verschwand. Wir versuchten alles, probierten es auch mit einem Superkleber, doch es funktionierte nicht."

Der Laden war ausverkauft und das Publikum rief seinen Namen im Chor. „Gary wurde regelrecht panisch, fürchtete sich vor der miesen Reaktion, die eine Absage verursacht. Ich riet ihm runter zu kommen, wollte die Durchsage machen, wonach es wieder ins Hotel ging. Plötzlich abzuhauen, hätte alles nur noch schlimmer gemacht. Ich sagte dann das Konzert ab, was die Zuschauer [erstaunlicherweise] verständnisvoll honorierten. Und das war sicherlich besser, als das Gebäude fluchtartig zu verlassen." Während Gary zur ärztlichen Versorgung zurück nach London flog, fuhr die Band vor, hoffend, dass die Tour weiterläuft. Doch das geschah nicht.

„Gary schätzte die Art und Weise sehr, wie ich mit dem Problem umging", erklärt Andy. „Später machte er mir in der Lounge der ersten Klasse in Oslo ein sehr großzügiges Geschenk – es war eine Vase von Émile Gallé – er meinte: ‚Crookston, rüber kommen!' Und dann gab er sie mir. Sie gehört zu den schönsten Gegenständen, die ich besitze und ist eine wunderschöne Erinnerung an

Gary." Das Malheur mit dem Finger kostete Gary und die Band die restliche Tour, doch sie hatten Glück und holten alle Konzerte im folgenden Jahr 2000 nach. Die Gruppe nannte die Konzertreise „den zweiten Abschnitt" der „The Different Beat"-Tour, bei der Graham Walker als Ersatz für Darrin spielte, der während der Zeit mit Primal Scream auftrat.

Zum ersten Mal in seiner Karriere schaute Gary in Richtung Osten und nicht Westen und spielte seinen ersten Gig in Russland. Die Gruppe trat zuerst in Estland auf und fuhr dann über 600 Kilometer zur russischen Grenze, wo sie geschlagene vier Stunden warten mussten, bevor man sie durchwinkte. In dem Land angelangt, lernten die Musiker Einiges über den miserablen Zustand der Straßen. Sie reisten mit einem Bandbus und einem Mercedes. Vic Martin litt an Rückenproblemen, während Gary schnell genug davon hatte, durch die Schlaglöcher durchgeschüttelt zu werden. „Wir befanden uns mitten in einem verfluchten Wald", erzählt Pete. „Gary hielt an, stieg aus und sagte, er wolle nicht mehr weiterfahren, bis er eine gescheite Karre hat. Ungefähr 15 Minuten später taucht eine riesige Stretch-Limo im Wald auf. Keine Ahnung, wo die herkam. Und dann hatten wir zu allem Überfluss auch noch eine Polizei-Eskorte, die uns mit Blaulicht und Sirenen die ganze Strecke bis St. Petersburg begleitete."

Beim Gig in der The New Arena hielt die Armee das Publikum in Schach, das fast 500 Meter von der Bühne entfernt auf seinen Stühlen hockte. Niemand traute sich aufzustehen, bis „Parisienne Walkways" an der Reihe war. Die Menge drängte zur Bühne und die Soldaten verloren die Kontrolle.

Mit Beendigung der Tour, inklusive der abgesagten Gigs, ging es wieder in die Heimat, um Garys Comeback-Album *Back To The Blues* einzuspielen. Chris Tsangarides nahm erneut im Produzentensessel Platz und saß in einer ganz besonderen Regie, speziell für die Bedürfnisse der Aufnahmen zugeschnitten. Graham Lilley erklärt, „dass die Proben meist im Music Bank in einem der beiden großen Studios stattfanden, wobei Sony-Walkman-Rekorder genutzt wurden, um die Sessions mitzuschneiden. Sie waren großartig, um den Raumklang einzufangen, doch der Gesang ging vor der Geräuschkulisse der anderen Instrumente meist unter. Ich schloss also die Monitoranlage des Studios an, um alles auf DAT festzuhalten. Wir mussten nur noch einige Raummikros platzieren, und schon hatten wir Rohaufnahmen, die sich Gary später zuhause anhörte. Beim Gespräch über die erreichten Resultate kamen wir auf die Idee, tatsächlich in dem Raum aufzunehmen, und alles mit einem unten auf dem Parkplatz stehenden Mobilstudio mitzuschneiden."

„Die Ideen wurden weiter ausgefeilt, und so bauten wir eine Regie im Lounge-Bereich des Studios. Dort befand sich auf der Länge des Raums ein doppelverglastes Fenster, durch das man ins Studio sah. Zusätzlich installierten wir eine Art ‚Katzenklappe' für das Multicore, wodurch die Doppeltüren geschlossen blieben, und der Sound nicht zu uns rüber drang."

„Wir hatten bereits für *A Different Beat* einen 24-Spur-Digitalrekorder gekauft und Chris besaß die Mikrofone, Effekte und so weiter. Wir brauchten nur noch ein Röhren-Mischpult und mussten einige Paneele für die Akustik installieren. Wir mieteten die Räumlichkeiten auf Tagesbasis und erklärten, nichts umstellen zu wollen. Das lief fantastisch, denn wir probten und nahmen an manchen Tagen zusätzlich einige Takes auf." Gary mochte schon immer die Idee, ein eigenes Studio aufzubauen. Er und Graham hatten sich über die Jahre einige Gebäude angeschaut, doch dieses Arrangement kam zumindest in die Nähe der Wunschvorstellung.

Garys Neigung, in Konzertlautstärke zu proben und aufzunehmen, verursachte Vic einiges an Kopfschmerzen. „Er benutzte immer eine ganze Batterie von bis oben hin aufgerissene Marshalls und trug Ohrstöpsel, während ich meinen armen kleinen 40-Watt-Leslie-Lautsprecher nicht mehr hören konnte. Ich musste mir dann zwei leistungsstarke Monitore an jeder Seite der Hammond aufbauen. Auf der Bühne hatte ich keine Probleme, da immer gute Monitor-Tontechniker für uns arbeiteten. Wir nahmen das Album dann im Music Bank auf, mit all den Aufnahmegerätschaften in der Lounge. Es war alles recht einfach und spartanisch. Oftmals ähnelt die Produktion einer Platte einer Zahnwurzelbehandlung, doch das lief verhältnismäßig schmerzfrei ab."

In einem Interview erklärte Moore die Absichten hinter dem Album: „Ich wollte keine zweite *Still Got The Blues*. Sie wurde damals produziert, nachdem ich eine lange Zeit Rock gespielt hatte und es gab viele überzogene Passagen. Mit dieser Platte habe ich mich davon gelöst. Ich wollte den Leuten zeigen, dass sich der Blues, den ich jetzt spiele, unterscheidet. Weil ich eine Halbakustik benutzte, bekam ich auch einen anderen Sound, einen klareren Sound. Ich wollte Musik und Klang vereinen und alles simpel und direkt gestalten. Die von mir geschriebenen Songs waren auch einfacher, denn bei [komplexeren] Titeln wäre alles ruiniert gewesen und hätte sich in eine andere Richtung entwickelt. Alles was nicht zur Musik passte, wurde rausgeworfen."

„Chris (Tsangarides) hat einen recht natürlichen Sound kreiert, und exakt das wollte ich auf dem Album hören. Es klingt, als würde man direkt mit der Band spielen. Wir ließen es recht rau, und setzten kaum Echo ein. Dieser Produktionsstil ging sogar so weit, dass ‚Stormy Monday' komplett live war, lediglich ein Rohmix. Das trifft auch auf ‚Drowning In Tears' zu, ein Take, und das einzige Mal, dass wir die Nummer spielten. Ich hatte gedacht, dass der Song wegen der Länge am schwierigsten werden würde, doch wir haben ihn schon beim ersten Mal gepackt... Für das komplette Album brauchten wir nur einen Monat."

Nach zwei Alben, bei denen die komplexe und intensive Studioarbeit dominierte, wollte Gary nicht „einstauben" und es wieder krachen lassen. Der Erfolg von *Still Got The Blues* hätte eine neue kommerzielle Plattform etablieren können, für den eher leichtfüßigen und unterhaltenden, statt packenden Blues, der damals von Eric Clapton oder ansatzweise Chris Rea kam, doch das wäre für Gary niemals aufgegangen. Die Fans warteten auf leidenschaftlichen Blues und kraftvolle Bluesrock-Tracks wie „Enough Of The Blues", „Cold Black Night" und „How Many Lies".

Garys Einflüsse ließen sich oft schon leicht unter der Oberfläche erkennen. Die harsche und abgehackt wirkende Aggression von „Stormy Monday" erinnert an Erics Solo auf „Have You Heard" (auf dem „Beano"-Album), „Drowning In Tears" lässt sich als eine verlängerte Neufassung von Fleetwood Macs „Looking For Somebody" von ihrem Debütalbum beschreiben, nicht zu vergessen das grundlegende und fernöstlich angehauchte Roy-Buchanan-Feeling bei „The Prophet". „Picture Of The Moon" war eine klassische Moore-Ballade, die an „Parisienne Walkways" sowie „Still Got The Blues (For You)" anklang, während sich Moore Billy Boy Arnolds „I Ain't Got You" in der Yardbirds-Fassung annahm. Veröffentlicht im März 2001 auf dem neuen Label Sanctuary erkämpfte sich das Album in den letzten Jahren verlorenes Charts-Territorium zurück und verkaufte sich in Schweden am besten.

Die Band tourte zur Promotion von *Back To The Blues* intensiv in Großbritannien und in Europa. „Die Gruppe spielte sehr tight", erinnert sich Vic. „Da wir nur vier Musiker waren, reduzierte sich der Reiseaufwand – wie zum Beispiel ein luxuriöser Tourbus, der nun überflüssig war – und die Hotels erwiesen sich immer als top. Ich habe schöne Erinnerungen an diese Tournee ... Darrin und Pete waren immer zum Lachen aufgelegt. An einem freien Abend im Celtic Manor in Newport kippten wir uns einen hinter die Binde. Als wir ins Hotel zurückkamen, entdeckten wir, dass die Schilder mit den Zimmernummern leicht und leise abgeschraubt und vertauscht werden konnten. Das taten wir dann auch und vergaßen es bis zum Frühstück am nächsten Morgen, als an der Rezeption die Hölle ausbrach. Die Leute kamen nicht in ihre Zimmer, da die Schlüssel nicht mehr passten."

Die Veranstaltungsorte variierten extrem: Laut Vic waren einige Orte „atmosphären-frei" oder ähnelten der Lea Cliff Hall in Folkestone, mit ihrer „beleidigenden Akustik", aber er freute sich über den Gig im The Barrowlands in seiner Heimatstadt Glasgow, da das Publikum sich „ruppig und wild aufführte. Dann ging es wieder nach Deutschland, wo sich der smarte Promoter George Hofmann so gut wie möglich um uns kümmerte."

George kannte Gary seit der „Monsters of Rock"-Tour 1984 in dem Land, das ihn immer herzlich willkommen hieß. „Das kann man laut sagen", bestätigt er. „Die Deutschen liebten ihn und lieben ihn immer noch. Das deutsche Publikum ist sehr loyal und erwartet von einem Künstler, dass er regelmäßig seine Auftritte macht." Schaut man sich die Auftrittskalender seiner kompletten Karriere an, dann spielte Gary in keinem Land außerhalb des Vereinigten Königreichs häufiger als in Deutschland.

„Bei Gary gab es keinen Graubereich", erklärt George. „Entweder liebten ihn die Leute oder sie vermieden ihn. Er war der wohl direkteste Typ, dem ich je begegnet bin. Er versuchte sich nie einzuschmeicheln, und wenn er jemanden nicht mochte, sagte er ihm das auch. Zudem waren seine Ansprüche nie überzogen, und er kümmerte sich immer um seine Band-Kollegen und die Crew. Er ließ nie jemanden im Stich, der für ihn arbeitete. Andererseits erwartete er 100 % Einsatz, und da gab es keine Ausreden. Gary fällte seine eigenen Entscheidungen und versteckte sich nicht hinter einem Manager. Als Promoter war das für mich brillant, denn ich redete mit ihm direkt über alle Geschäftsangelegenheiten."

„Wir hatten viele gemeinsame Interessen und standen beide auf Equipment, und so machte es eine Menge Spaß, mit ihm durch die Musikgeschäfte zu ziehen. Einmal waren wir in einem großen Laden und dort stand ein Gibson-Wes-Montgomery-Modell. Ich schnappte es mir, und Gary begann traditionelle Django-Reinhardt-Musik zu spielen, was man niemals erwartet hätte. Plötzlich herrschte eine Totenstille und die Leute schauten sich um: ‚Wer spielt denn verdammt noch mal hier?' Die anderen Kunden standen alle um uns herum und plötzlich kam der Ladenbesitzer rüber, der sich wunderte, warum ich die Gitarre ohne zu fragen von der Wand genommen hatte. Dann schaute er näher hin und meinte: ‚Meine Güte. Es ist der Boss!'

„Ich besaß eine Les Paul von 1959, die er unbedingt haben wollte. Er bot mir 25.000 Pfund an, woraufhin ich entgegnete: ‚Nein. Ich möchte 100.000 Pfund.' ‚Aber ich bin Gary Moore.' ‚Ja, aber das ist meine Gitarre.' Zwischen uns bestand niemals eine reine Geschäftsbeziehung, denn er spielte auch in meinem Privatleben eine große Rolle und gehörte zur Familie. Er war für mich wie ein Bruder – und unsere Kneipenbesuche wurden legendär."

Im Juli erkrankte Gary, und einige Gigs mussten abgesagt werden, doch im September beendeten sie die Tour mit weiteren Konzerten im UK. Zurückschauend lassen sich Hinweise auf den kommenden stilistischen Wandel in Songs wie „Cold Black Night" und „How Many Lies" finden. Das war weniger Blues, sondern mehr Powerrock im Stil von Jimi Hendrix, wobei Pete und Vic für eine solide Basis sorgten, während Darrin die Mitch-Mitchell-Rolle übernahm, nach der er sich so sehnte, Gary antrieb und die Musik so richtig aufwirbelte. Moore erklärte einem Journalisten, sich viel Jimi Hendrix angehört zu haben. Nun wollte er den Weg des Power-Trios einschlagen. Es war eine Überraschungsentscheidung – und eine, die entweder Pete Rees oder Vic Martin ausschloss.

Silvester 2001 in Garys und Jos Wohnung. Versammelt sind Jack (14), Gus (8) und Lily (3) sowie Melissa und Richard Fountain. Melissa: „Gary hatte Jack diese kleine Gibson Les Paul gekauft. Wir saßen in seinem Wohnzimmer und ich meinte zu Gary: ‚Ich schätze, dass du das Solo von ‚Eight Miles High' nicht kannst – und er spielte es – Note für Note!'" Doch es war eine Nacht für die Kinder. „Jack spielte Gitarre, Gus saß an den Drums und Lily sang einen von ihr ausgedachten Song mit dem Titel ‚Rocking Badger'. Gus begann zu singen und Lily drehte sich um und meckerte: ‚Hör auf. Der Drummer singt nicht.'"

„Richard und Jo gingen in ein chinesisches Restaurant und bestellten etwas vom Menü. Es war eine schöne, frostige Nacht, einfach magisch. Jo und ich standen am nächsten Morgen spät auf. Gary und Richard hatten schon aufgeräumt und Gary bereits ein Frühstück für alle zubereitet."

Sich an seinen Dad erinnernd, erzählt Jack: „Er war einfach witzig. Neben seiner Rolle als Vater, konnte man auch mit ihm abhängen, einen trinken, sich hinsetzen und Gitarre spielen. Er verhielt sich immer so cool. Die mit der Familie verbrachte Zeit war immer die schönste. Er liebte Weihnachten – und erwies sich als ein großzügiger Mensch, liebte es Geschenke zu machen, Leute glücklich zu machen – war immer sanft und warmherzig. Doch er konnte auch ein richtiger Vater sein, wenn es nötig war. Falls man aus der Reihe tanzte, merkte man es sofort."

Auch Lily hat gute Erinnerungen. Gary und seine junge Tochter unternahmen gemeinsam Fantasiereisen und stellten sich andere Welten vor: „Er war ein lustiger Dad. Er ließ sich unzählige Geschichten einfallen – zum Beispiel vom Spiegelland, in dem alles seitenverkehrt war, von Silly Billy und der Mondfee, die ganz aus Käse gemacht war. Ich wurde in der Schule ein bisschen gehänselt, und das hatte er ja auch erlebt. Er erklärte mir immer, was ich sagen sollte. Mum beschwichtigte meist: ‚Nein, nein, räch dich nicht. Geh zur Klassenlehrerin.' Doch dann riet mir Dad: ‚Nein, du musst ihnen das sagen. Sag etwas Schlimmeres.' Er wusste, wovon er redete. Als ich es dann aussprach, hörte alles auf."

Obwohl Gary schon einmal dem Familienleben entflohen war, war es diese Normalität, die er wollte und brauchte. Er hielt die Tourneen kurz, nicht länger als sechs bis acht Wochen an einem Stück, damit er ein ganz normaler Vater sein konnte Er brachte die Kinder zur Schule, besuchte die Elternabende, erfreute sich an Strand-Picknicks, den Besuchen in Restaurants und Spaziergängen. Lily denkt zurück: „Ich habe nie gedacht, dass er weg sei, denn er kam regelmäßig nach Hause. Ich hatte niemals das Gefühl, ihn zu vermissen." Zu dem Zeitpunkt meditierte Gary regelmäßig und unterzog sich sogar einer Aggressionsbewältigungstherapie, um sein aufbrausendes Temperament unter Kontrolle zu bringen.

Darren Main erinnert sich mit viel Zuneigung, dass Gary „seine Familie vergötterte und immer über sie sprach, zum Beispiel davon, wie es in der Schule lief. Wenn die Kids mit auf Tour kamen, mussten sie immer die Hausaufgaben machen. Irgendwann lernte Gus Latein und versuchte uns dazu zu bringen, dass wir ihm halfen! An einem Tag spielten wir eine Show mit Ian Anderson und The Bootleg Beatles. Es war in einem Stadion mit einem Pferdeparcours. Nach dem Gig rannte Gary die Strecke entlang und brüllte: ‚Komm schon, lass uns aufbrechen. Ich werde morgen früh nach Hause fahren.' Er war in solch einer Eile, um ins Hotel zu gelangen und nach Hause zu kommen, dass ich ihn daran erinnern musste, dass wir erst am nächsten Morgen abflogen!"

In professioneller Hinsicht durfte sich Gary über eine andere Familie freuen – eine sehr loyale und gut organisierte Gruppe von Personen, die sich um seine Interessen und Belange kümmerten – Graham Lilley, Colin Newman, Darren Main, Tourmanager wie Andy Crookston und später Steve Croxford und Dick Meredith (der einen engen Kontakt mit ihm pflegte), seine Soundtechniker Robbie McGrath, Andy May und Chris „Privet" Hedge sowie das Team von Agenten, die ihn vertraten – Barry Dickins und Pru Almond – sie alle arbeiteten daran, Gary auf die Bühne zu hieven. Andy Crookston bringt alles auf einen Nenner: „Gary war nur auf dieser Welt, um Gitarre zu spielen. Was den Rest anbelangte – da war er nicht besonders gut. Man konnte wirklich total von ihm genervt sein, und dann ging er raus und spielte und schon hatte sich wieder alles erledigt."

Gary brauchte für das Tourneeleben eine gut geschmierte Maschine, die ihren Dienst mit militärischer Präzision verrichtete – keine Überraschungen, alles griffbereit, eine Routine vor jedem Gig – und das reichte alles schon bis zur Besessenheit. Der Mann, der die Ölkanne immer in seinen Händen hielt, war der ex-Soldat Darren Main, der zu dem Job wie die Faust aufs Auge passte. Wenn er Gary nicht bei einer Tournee begleitete, ging er seiner regulären Arbeit als Feuerwehrmann nach. Mit beiden Jobs zu balancieren, war sicherlich nicht einfach, wurde aber von der Tatsache erleichtert, dass der Feuerwehrchef ein großer Gary-Moore-Fan war. Darren kannte den „Drill" eines Auftritts nur allzu gut:

„Wenn wir uns auf dem Weg zu einem Veranstaltungsort befanden, riefen wir Graham an, der alles schon vorbereitet hatte. Wir erzählten ihm, wie weit wir noch weg waren, damit er uns zeitgenau den besten Eingang zur Bühne weisen konnte, um dann den Soundcheck zu machen. Das konnte immens stressig werden, denn Gary mochte es überhaupt nicht, wenn sich irgendwelche Leute den Soundcheck anhörten. Es war mein Job, die Leute draußen zu halten, was schwierig werden konnte, wenn man in einer großen Halle mit vielen Eingängen auftrat."

Es musste immer ein Soundcheck gemacht werden, ausgenommen bei Festivals, weil es dort wegen der bereits wartenden Zuschauer unmöglich war. Allerdings versuchten sie es auch bei solchen Großveranstaltungen. Andy Crookston erinnert sich an eine heftige Auseinandersetzung mit Joe Cockers Crew, die einen anständigen Soundcheck von Gary verhindern wollten. „Schließlich einigten wir uns darauf, dass wir um 11 Uhr an der Reihe waren, kurz vor dem Einlass." Doch Joe spielte einen Song nach dem anderen, „während ich mich mit dem Typen stritt, der den Hauptstromanschluss für die Backline überwachte. Joe Cocker war kurz davor, einen weiteren Song anzufangen, und so zog ich selbst den Stecker".

Darren unterstreicht den Punkt, „dass niemand an Garys Bühnensound heranreichte. Es war alles sehr laut. Um eine gute Balance mit den anderen Bandmitgliedern herzustellen, damit diese sich auch selbst hörten, musste man als Tontechniker verdammt gut sein. Alle die für Gary Arbeitenden gehörten zur obersten Riege. Die ungefähr ersten zehn Jahre, die ich bei ihm war, nahm er jedes Konzert auf DAT auf. Er hörte sich alle [Bänder] an und war seinem Spiel gegenüber sehr kritisch – er wollte einen professionellen Job abliefern und das zu 100%. In dem Augenblick, in dem Graham Gary die Gitarre übergab, machte es ‚klick' und er befand sich in einer anderen Welt." Diese Perfektion immer zu gewährleisten, wurde manchmal zu einem alltäglichen Kampf. Darren erklärt, dass „sich der Sound vom Check bis hin zur Show verändern kann, wenn sich der Veranstaltungsort füllt. Graham übergab Gary eine gestimmte Gitarre, die sich aber zum Auftrittszeitpunkt schon wieder verstimmt hatte." Man kann sich Garys Reaktion nur allzu gut vorstellen, obwohl es sich immer um einen Fall der heftigen Gefühlsexplosion handelte, die schnell abklang – ohne Nachwirkungen, ohne Nachbesprechungen.

Darren fuhr mit Gary auf dem Weg zu einem Probedurchlauf im Aufzug eines Hotels, „und plötzlich steigt Kirk Hammett von Metallica ein. Man sah, dass sie sich beide erkannten. Kirk freute sich, Gary zu sehen und meinte: ‚Weißt du was, Alter? Wir wollten immer nur einen Sound und wollen ihn immer noch – deinen! Wie kriegst du das hin?' Gary gab sich bescheiden und antwortete: ‚Tja, nimm meine Gitarre und einen Marshall-Amp.' Er hat vor berühmten Persönlichkeiten niemals angegeben – sondern überließ der Gitarre das Gespräch. Moore wusste, dass er Fans hatte, andere Künstler, junge Musiker. Ich bin mir aber immer noch nicht sicher, ob es ihm klar war, wie viele zu ihm aufschauten".

Einer von Garys legendären Tour-Spleens betraf Hotels. Jeder Tourmanager musste sich vergewissern, dass keine Bauarbeiten in oder beim Hotel durchgeführt wurden. Man hätte das leicht unter der Kategorie „Rockstar-Allüren" verbuchen können, doch der Grund dafür lag auf der Hand. Gary schlief gerne lange und wollte sich nicht durch Klopfen oder Hämmern aufwecken lassen – und seine Ohren reagierten auf diesen speziellen Lärm besonders sensitiv. Auch bestand er aufgrund seiner Fitness auf einen Swimmingpool – und als er damit aufhörte, da seine Fingerkuppen zu sehr aufweichten – nahm er immer einen Crosstrainer mit auf Tour. Darren zerrte das schwere Teil aus und in alle möglichen europäischen Hotels. Darüber hinaus schleppte er immer ein großes Flightcase mit, in dem sich die Gegenstände des alltäglichen Bedarfs befanden, Kabel zum Handy-Aufladen, ein Fön, Elastoplast, eigentlich alles, was Gary oder ein anderes Bandmitglied benötigt.

Die Suche nach einem geeigneten Hotel hätte einem Tourmanager einmal beinahe das Leben gekostet. Er wurde in letzter Sekunde gerettet – von Gary. Der fragliche Mann war Steve Croxford, der von 2002-2003 für Moore arbeitete: „Ich buchte ihm das beste Hotel in Brüssel, das Amigo. All die schönen Restaurants und ein großartiger Platz lagen in der Nähe. Als wir ankamen, bemerkte ich, dass es in einer engen Seitenstraße lag, durch die man nicht mit dem Bus fahren konnte. Zu allem Überfluss hatte man auf dem gegenüberliegenden Hotel ein riesiges Gerüst aufgebaut. Und Gary stand außerhalb des Gebäudes und wies mich an, eine andere Unterkunft zu suchen. Es ist Mitternacht und ich rufe den 24-Stunden-Service einer Reiseagentur in London an und frage: ‚Was gibt's denn sonst noch in Brüssel?' Wie sich herausstellte, fanden sich keine anständigen Alternativen. Ich stehe vor dem Hotel, den Rücken einem Taxi zugewandt, das plötzlich schnell losfuhr. Gary schubst mich von der Straße weg, denn sonst hätte es mich umgemäht. Ich hatte die Kiste gar nicht bemerkt und meinte zu Gary: ‚Und womit habe ich das nun verdient?' ‚Drehe niemals einem Taxi den Rücken zu!'"

Vor jedem Auftritt richtete Darren die Garderobe auf Garys Bedürfnisse zugeschnitten ein, was zu einer Routine wurde, über die er gar nicht mehr nachdenken musste. Um Garys Magen und seine Nerven zu beruhigen waren Gaviscon, ein Mittel gegen Sodbrennen, und ein (oder zwei) Glas Weißwein immer griffbereit. Gary trat schon seit seiner Kindheit öffentlich auf, und so war es eigentlich undenkbar, dass er unter starkem Lampenfieber litt. Allerdings kann eine solche nicht zu unterschätzende Beschwerde mit dem Alter zunehmen. Was erschwerend hinzukam: Gary war von Natur aus ein eher ängstlicher Mensch und musste zusätzlich schon seit den frühen Achtzigern die Verantwortung für den Erfolg jeder einzelnen Show tragen – Abend für Abend. Lampenfieber kommt sogar bei den erfahrensten Künstlern vor. In einem Radiointerview enthüllte Annie Lennox, dass sie so darunter leide, dass sie sich vor einer schweren Panikattacke auf der Bühne fürchte. Vor jedem Auftritt bereitete sich Moore mit einem Ritual vor. Er schloss sich in der Garderobe zu einer Art von Meditation ein, und nur Darren war der Zutritt gestattet. Manchmal gingen Darren und er spazieren, damit Gary den Kopf frei bekam. Dem Beispiel sollte natürlich jeder Tourmanager folgen, um einem Herzinfarkt bei seinen Schützlingen vorzubeugen. Moore überließ nichts dem Zufall, was einigen seiner Musiker bei den Proben auffiel, denn die Songs wurden oft so häufig geprobt, [dass sie schnell zu routiniert wirkten]. Zwei Stunden vor einem Gig befand sich Gary mental gesehen schon auf der Bühne. Während des Tages nutzten er und Darren hingegen eine andere Form der Ablenkung, nämlich das Shopping. Die beiden stöberten in den örtlichen Geschäften nach Gitarren, Effektgeräten und Gadgets sowie Kleidung. Eine von Darrens zahlreichen Aufgaben bestand darin, die Security zu gewährleisten – was ein bisschen merkwürdig klingt. Es war höchst unwahrscheinlich, dass sich Horden von kreischenden Teenagern auf den Gitarristen stürzten, während er durch die Straßen schlenderte. Allerdings war Gary schüchtern und auf der Hut vor anderen, die er nicht kannte. Und exakt aus diesem Grund – und nicht wegen einer Form des Rockstar-Snobismus – hielt Darren ihm Fremde vom Leib, auch wenn sie sich in guter Absicht näherten. Bei einer offiziellen und vorher angekündigten Autogrammstunde hatte Moore keinerlei Probleme. Viele Fans berichten von seiner Freundlichkeit, von der Bereitschaft ihm alles Vorgelegte zu unterschreiben, einem netten Gespräch und gemeinsamen Fotos. Andere wiederum behaupten, er habe sich ruppig und unhöflich verhalten, da sie ihn auf dem falschen Fuß erwischten. Darren ging immer hinter Gary und ein wenig seitenversetzt, damit er jeden sich Nähernden im Blick hatte, „doch wenn wir an einer Ampel ankamen, die schon ein akustisches Signal sendete, rannte er unbeschwert vor mir über die Straße. Mit ihm ein Gitarrengeschäft zu besuchen, war eine tolle Erfahrung, denn man erkannte seine Lebendigkeit und die Begeisterungsfähigkeit. Ich sah dann auch all die anderen Kunden, die tuschelten. Er wusste so viel über Gitarren und war vernarrt in Fußboden-Effektgeräte. Wenn er sich eine ‚Tretmine' anschaffte, kaufte er sich direkt zwei Exemplare. Und er warf niemals etwas weg, sondern lagerte es."

Auch was die Mode anbelangte, ging es nach der Devise „x-fach hält besser", dann legte er sich nicht ein Hemd zu, sondern sofort sechs. Nach der Show wusch und bügelte Darren exakt das Shirt vom Gig, denn er wusste, dass es Gary am nächsten Abend tragen wollte – obwohl noch fünf in der Garderobe hingen. „Er hat das mit dem sechsten Hemd niemals hinterfragt, denn ich achtete immer darauf. Wenn das besagte Hemd nicht zur Verfügung stand, zog er kurzfristig eins von den Fünfen an, aber kam so schnell wie möglich auf Nummer Sechs zurück. Keine Ahnung, ob er mir damit auf die Nerven fallen wollte. Schließlich meinte er, ich solle es nicht mehr waschen, was ich aber tat – und er zog es auch an. Es war einfach ulkig!"

Gary näherte sich jeder Tour, als wäre es das erste Mal – und kaufte sich immer neue Unterwäsche, Socken und T-Shirts! Während eines Kunstkurses fertigte Jo eine Installation mit dem Titel „Dark Matter", nur aus Garys Socken bestehend!

Aber so war Gary nun mal – ein Gewohnheitstier und ein Mensch, der keine Überraschungen mochte. Das übertrug sich auch auf die ihn Umgebenden, da sie sich nach bestimmten festgelegten Mustern verhielten. Sie wussten exakt, was, wann und wie man etwas machen musste, damit ihr Boss zufrieden war und sich auf die ihm zugedachte Aufgabe konzentrieren konnte. Diese solide Basis und Organisation ermöglichten Moore den gedanklichen Freiraum, um seinen nächsten Schachzug zu planen.

Gary ließ sich von der Musik treiben und inspirieren – was er zu dem Zeitpunkt hörte oder jemand aus seinem nahen Umfeld. Er hatte sich in der letzten Zeit erneut für die Musik von Jimi Hendrix begeistert, doch hörte sich auch die Musik seines Sohnes Jack an wie zum Beispiel Rage Against The Machine oder die Kings Of Leon. Während seiner letzten Tournee hatte er beim Aufwärmen Rock-Riffs auf einer Fender Strat gespielt, was der Phase ähnelte, in der Moore bei *After The War* Blues-Licks einfließen ließ, was ein Signal für darauffolgende Intentionen war. Gary steckte sprichwörtlich voller Musik, die aus ihm herauszuströmen schien, die er nur schwerlich unterdrücken konnte, und nun konzentrierte er sich darauf, etwas im Hendrix-Stil zu produzieren, aber in einem aggressiveren Rocksound und mit jüngeren Musikern. Darrin Mooney stand immer noch zur Verfügung und er brachte seinen Freund mit, den Bassisten Cass Lewis, der von den gerade aufgelösten Skunk Anansie kam. Gary zeigte sich erstaunt, dass Cass mit ihm spielen wollte, „aber wie sich herausstellte, war er ein riesiger Thin-Lizzy-Fan. Als er zu uns kam, kippte er das Gleichgewicht in eine härtere musikalische Richtung. Ich hatte Spaß dabei, mich einfach gehen zu lassen, den Flow mitzumachen ... der ganze Kreativprozess war ungeheuer inspirierend. Zwischen uns bestand eine tolle Chemie und wir waren nach weniger als fünf Minuten eine richtige Band. Als ich an dem Tag zum Proberaum kam, hatten Darrin und Cass schon zusammengespielt und sich aufeinander eingeschossen."

Das Projekt war von Anfang an als Band geplant. Als sich Gary mit Jack und Ginger zusammentat, stand es außer Frage, die Formation unter dem Namen „Gary Moore" laufen zu lassen, und auch Cass wollte einen anderen Weg einschlagen. „Ich war nie ein Session-Musiker, niemand, der auftaucht und in Diensten anderer spielt. Er meinte, er wolle eine Rockband im Stil von Hendrix aufziehen, eine Idee, der ich zustimmte. Ich war überhaupt nicht daran interessiert einfach Blues wiederzukäuen." Als Gary *Still Got The Blues* auf den Markt brachte, hatte er befürchtet sein Publikum zu verlieren. Nun zählte er zu den etablierten Blues-Künstlern und sorgte sich als Frontmann einer Rockformation *diese* Zuhörer zu verlieren.

Und somit mussten sich die Drei auf die Suche nach einem Bandnamen begeben. Laut Darrin „fiel uns keiner ein und es wurde zunehmend lächerlich. Gary tippte unsere Namen in eine Suchmaschine, woraufhin verschiedene zufällige Begriffe erschienen, darunter auch Scars – was natürlich recht heikel anmutete, denn Gary schämte sich wegen seiner Gesichtsnarben und regte sich unglaublich auf, wenn ihn jemand ‚Scar Face' nannte."

Moore schloss sich erneut mit Chris Tsangarides zusammen, der im Music Bank das Studio eingerichtet hatte und nutzte auch Sarm West und Hook End. Scars arbeiteten nun an ihrem Album. Wie auch auf Tour wollte Gary, dass im Studio alles wie ein Uhrwerk abläuft, was Chris und seinem Assistenten Tim Hole gefiel, denn sie wussten, was man von ihnen erwartete. Hier gab es keine überflüssigen Diskussionen. Tim: „Einige Künstler kommen und haben sich nicht mal die Mühe gemacht, Saiten aufzuziehen! Dann müssen wir ungefähr drei Stunden warten, bis sie genug Dope gepafft haben, um performen zu können. Bei Gary war das anders. Es begann um 11 Uhr. Graham Lilley versicherte sich, dass die Röhrenverstärker warm waren, die Gitarren neue Saiten hatten und die Intonation stimmte. Darrin und Cass erschienen um 12.30 Uhr und begannen zu jammen, damit sie bereit waren, wenn Gary um 13 Uhr das Studio betrat, seinen Mantel in die Ecke warf und loslegte. Dann spielten sie ungefähr einundeinhalb Stunden, machten 15 Minuten Pause für eine Tasse Tee und ein Sandwich, hörten sich das Mitgeschnittene an, wonach es wieder losging bis zur Teepause um 16.30 Uhr, gefolgt von weiteren einundeinhalb Stunden bis 18 Uhr. Während der nächsten Stunde zogen wir Sicherheitskopien und um 19 Uhr machte sich Gary auf den Heimweg. Wie ein Tag im Büro."

Die Sicherheitskopien erwiesen sich als wichtig: „Wir hatten ungefähr 150 Takes von Songs, und man wusste nie, an was Gary arbeiten würde. Es hieß zum Beispiel: ‚Die Version, die wir um 14 Uhr am Mittwoch eingespielt haben, die war gut, lass uns da weitermachen.' Gary brachte manchmal Stücke mit, die er zuhause geschrieben und von denen er Demos gemacht hatte, doch er schrieb auch mit Cass im Studio, da beide gut miteinander harmonierten. Bei ‚Rectify' kam Cass auf das Riff, Gary stieg ein und doppelte es und von da aus ging es weiter. Hier war ein Song quasi aus dem Nichts heraus entstanden."

Dennoch lief nicht alles nach Plan. Unglaublicherweise latschte der Studiomanager während eines Takes in den Live-Raum. Chris saß mitten in der Kriegszone: „Plötzlich hörte ich einen unglaublich lauten Knall von der Gitarre und Gary zog diesem armen Typen einen neuen Scheitel, das kannst du glauben. Er tat mir leid, aber wenn die rote Lampe leuchtet, geht man da nicht rein – und er war nun mal der Studiomanager [und hätte es besser wissen müssen]. Ein anderes Mal nahmen wir die Gitarre im Studio One in Sarm West auf – und Gary hatte den Verstärker natürlich voll aufgerissen! George

Michael, der unten den Gesang aufnahm, beschwerte sich, dass die höllisch laute Gitarre in sein Mikro streute – trotz des ganzen Top-Schallschutzes. Und dann verzog er sich, bis wir fertig waren."

Das von der Gruppe geschriebene Album wurde von Sanctuary im September 2002 veröffentlicht. Es hat die Gary-Moore-Fans seitdem gespalten. Die Meinungen reichen von seinem besten bis zu seinem schlechtesten Album und allen dazwischen liegenden Schattierungen. Als Konsens einigten sich die meisten auf ein solides Album mit einigen guten Titeln, das aber keine neue Stilistik signalisierte. Mit „World Of Confusion" („Manic Depression"), „Ball And Chain" („Voodoo Child") und „World Keep Turnin' Round" sprang der Hendrix-Einfluss den Hörer regelrecht aus den Lautsprechern an. Für Cass war es nicht das moderne Rockalbum, das er sich erhofft hatte, denn „der Blues schlich sich ein". Der Fotograf Stuart Weston kannte Cass schon vor dem Tag, als Gary ihn bat, im Hook End Manor die Fotos für das Cover zu schießen. Stuart und Cass wurden später beste Freunde und lebten auch zusammen in einem Haus, und der Fotograf erfuhr schnell, dass Cass der stilistische Wandel von Scars gar nicht schmeckte, da er von einer „angespannten" Atmosphäre im Studio berichtete.

Nachdem sie sich zu einer Tour aufgemacht hatten, gewann Garys Standard-Blues-Repertoire schnell die Oberhand. ZZ Top kamen im Oktober nach Europa, und da beide Bands denselben Agenten hatten, wurden Scars als Begleitband eingeladen. Nicht als Vorgruppe – denn Gary hätte dagegen sein Veto eingelegt – sondern als „very special guests". Sie unterschrieben einen vorteilhaften Vertrag mit einer Garantiesumme und einer prozentualen Beteiligung von ZZ Tops Einnahmen. Deren Manager wollte wissen, warum Gary so eine hohe Gage erhielt, doch als sie in Deutschland ankamen, fand er es schnell selbst heraus. Billy Gibbons schaute sich die Auftritte an, wobei ihm Garys Qualitäten sofort auffielen und die Resonanz des Publikums, das voll auf den Iren „ansprang". „Wenn man bei einer [großen] Tournee als ‚special guest' auftreten kann", erklärt Pru Almond von ITB, „erreicht man ein größeres Publikum. Gesetzt dem Fall, man gewinnt 10% von 70.000 Zuschauern und vergleicht das mit einer 2000er-Halle, wird der Vorteil offensichtlich."

Der Zahltag der Tour – die Gruppe trat am 14. Oktober im Le Zenith in Paris auf – wurde im angemessenen Stil gefeiert. Melissa und Richard hatten gerade erst geheiratet und verbrachten die Flitterwochen in der französischen

Metropole, was Jo und Gary dazu brachte, eine kleine Feier zu veranstalten. Gary holte die beiden aus der Absteige, in der sie wohnten und lud sie ein, im Le Faubourg zu übernachten, einem sehr teuren Pariser Hotel, wo die Band Zimmer gebucht hatte. Melissa erinnert sich gerne an eine ganz besondere Nacht zurück: „Scars spielten am Montag, und wir fuhren nach dem Konzert im Tourbus zurück. Nachdem ich mich frisch gemacht hatte, trafen wir uns mit Gary, Jo, Cass und Darrin sowie meinen Freunden Jean-Jacques, Darren Main und Steve Croxford. Gary bestand darauf, für den ganzen Abend zu bezahlen und wir tranken unzählige Flaschen Cristal-Champagner. Richard brachte uns an dem Abend den ‚Stuhltanz' bei, denn die unfreundlichen Kellnerinnen zogen dir sofort die Sitzgelegenheit [wegen Überfüllung des Etablissements] unter dem Hintern weg, passte man nicht auf. Und wir mussten nur 100 Meter bis zum Hotel zurücktorkeln."

Die Gruppe absolvierte 2003 weitere Gigs, doch diesmal unter dem Namen Gary Moore bei der „Monsters of Rock"-UK-Tour mit Whitesnake und Y&T. Am Spiel gab es nichts zu beanstanden, denn die Gruppe agierte solide und tight und wurde vom Publikum begeistert angenommen. Viele Zuschauer waren nur zu glücklich einen Gary Moore wieder zu erleben, der das Griffbrett hoch und runter raste. Gleichzeitig war er auf eine bestimmte Art eine „Geisel seines Erfolgs" und spielte Coverversionen aus den Achtzigern wie „Wishing Well" oder „Shapes Of Things". Zuvor hatte er sich aber gegenüber den Journalisten in aller Länge dazu ausgelassen, wie sehr er Hair Metal und den Stadionrock der Achtziger verachtete. Die Kritiker zögerten nicht lange und ließen ihn aus großer Höhe fallen.

Das Album erzielte nur schwache Verkaufszahlen, und die letzten Konzerte der Tour mussten abgesagt werden, darunter auch der Auftritt beim Montreux Festival. Gary erzählte der Presse etwas von einem Unfall unter der Dusche, doch aus heutiger Sicht kann sich niemand erinnern, warum exakt die Gigs abgesagt wurden. Moore hatte den Journalisten immer erzählt, dass Scars langfristig angelegt sei, doch er muss schon zum Zeitpunkt der Aussage gewusst haben, dass es nicht lange laufen würde. Möglicherweise langweilte Moore die Musik und er blickte nach vorn, um etwas Neues zu entdecken. Er und Cass hatten dann einen unglaublichen Streit in der Garderobe, da Gary auf der Bühne mitten während eines Songs einfach stoppte und Cass böse anschaute, nur weil dieser ein unerwartetes Fill gespielt hatte. Cass berichtet, dass die beiden nie wieder gemeinsam Musik machten: „Doch er schenkte mir alle Songs, die es nicht aufs Album geschafft hatten, und wir wurden gute Freunde. Jedes Mal, wenn er sich in London aufhielt, rief er mich an. Wenn ich zum Beispiel einen Gig in Brighton spielte, kontaktierte er mich, dass er kommen wollte. Er war ein Axt-schwingender Serienmörder! Top Mann! Wenn es einem gelang, dass er aus seinem Schutzpanzer hervorkroch, man ihn zum Entspannen brachte und er sich nicht mehr so vorsichtig verhielt, war er ein wunderbarer Mensch, eine liebenswerte Persönlichkeit."

In einem Interview mit *Guitar and Bass* 2004 reflektierte Moore über die kurze Umleitung, die er vom Blues-Highway nahm: „Es war die Rückkehr zu einem wesentlich härteren Rocksound." Allerdings gibt er rückblickend zu, dass er Cass dazu instrumentalisierte, dem Weg zu folgen, den dieser aber ausbauen wollte: „Ich glaube, dass es zu weit ging, wesentlich weiter, als ich es ursprünglich beabsichtigte. Vielleicht bedauere ich das – doch ich hatte meinen Spaß dabei, die Gitarre klanglich zu erforschen." Möglicherweise lässt sich die Erwähnung der Gitarre noch weiter interpretieren. Statt der bevorzugten Modelle spielte Gary bei dem „Scars-Trip" eine Gibson Explorer, ähnlich der, die Chris Tsangarides gehörte.

Der Interviewer vertrat die Meinung, dass die Teilnahme an der „Monsters of Rock"-Tour ein wenig fehlplatziert wirkte, angesichts der davor veröffentlichten Alben. „Um ehrlich zu sein, wollte ich es zuerst auch nicht machen. Ich wollte keine verdammte Sekunde lang mit Whitesnake touren. Damit will ich nicht David Coverdale runterputzen, denn es war eher eine stilistische Frage. Tatsächlich mag ich David, und er fragte uns, ob wir mitmachen wollten, was sehr nett war."

„Doch ich habe in den Neunzigern das Statement abgegeben, die Achtziger hinter mir gelassen zu haben. Ich wollte nicht mehr damit in einen Topf geworfen werden." Darauf bezugnehmend, fragte der Journalist verständlicherweise: „Und warum machst du es jetzt?" Gary antwortete: „Uns wurden zehn große Konzerte angeboten, mit der Möglichkeit an jedem Abend vor Tausenden aufzutreten. Wir lieben Auftritte und Scars hatten Zeit, wodurch es eine gute Idee zu sein schien. Dazu kam noch, dass wir auch auf dem Live-Album und einer DVD einen Platz erhielten. Und ja, und wir wurden sehr gut bezahlt."

Nach dem Interview folgt ein Kommentar des Journalisten: „Moore missfiel die Reaktion der Rockpresse, die ihn wegen des Fehlens von Blues-Songs kritisierte." Gary: „Man hatte wieder das Gefühl im *Kerrang* zu stehen, eins verpasst zu bekommen, wenn dem Kritiker dein Hemd nicht gefiel. Wir nahmen nicht an der Tour teil, um Blues zu spielen. Das Motto lautete ‚Monsters of Rock' und nicht ‚Monsters of Blues'." Um fair zu bleiben: Es gab auch eine ähnlich laute Kritik, dass Gary tot-genudelte Coverversionen von „Wishing Well" und „Shapes Of Things" zum Besten gab und damit – aus der Sicht der Journalisten – sich zu häufig wiederholte. Doch Gary wusste sicherlich nur zu gut, dass er kämpfen musste, um ein zumindest gefälliges Review zu ergattern.

In dem Artikel äußerte sich Moore zur Teilnahme von Y&T, und meckerte, dass sie eine bedeutendere Band benötigt hätten, um mehr Zuschauer anzulocken. Der Journalist kommentierte zuerst beschwichtigend, legte dann aber los: „Gegen diesen zynischen Kommentar kann man kaum etwas einwenden, und er ist zumindest ehrlich. Doch seine Kritiker können damit Öl ins Feuer schütten. Wenn er keine Rockmusik machen wollte, warum veröffentlichte er dann das rockorientierte Album mit Scars? Dann spielte er bei der Monsters-Tour, machte es wegen des Geldes und beschwerte sich dann über [negative] Besprechungen von genau den Menschen und dem Genre, von dem er sich distanzieren wollte." Wie der Journalist herausstellt, zeigte sich Gary zutiefst ehrlich, obwohl das seinen Interessen oft nicht dienlich war, doch was das Geld anbelangt, muss man immer daran denken, dass Moore als Profimusiker seinen Lebensunterhalt bestritt. Wenn er ein lukratives Angebot erhielt, musste er sich aus Vernunftgründen ernsthafte Gedanken darüber machen. Doch bei ihm drehte sich nicht immer alles ums Geld, denn er hatte schon weitaus höhere Angebote abgelehnt, wie zum Beispiel eine Welttournee während der *Still Got The Blues*-Ära.

Von *Scars* und seiner eher experimentell angelegten Platte ging jedoch insgesamt eine klar erkennbare Botschaft aus. Er hatte auf dem *Scars*-Album unnötigerweise gesungen: „Wasn't born in Chicago/But I can play the blues". Nun wurde er als erstklassiger Blues-Künstler anerkannt – und sogar dafür kritisiert, wenn er auf die Bühne ging und keinen Blues zelebrierte. Der Weg war vorgegeben und Gary kehrte wieder auf den Blues-Pfad zurück, mit dem neuen Album *Power Of The Blues*, das er mit Darrin, Chris Tsangarides und seinem alten Kumpel Bob Daisley produzierte.

In seiner Autobiografie *For Facts Sake* erinnert sich Bob, zuhause in Australien gewesen zu sein, als das Telefon klingelte. Er schaute sich gerade eine Sendung über die Untersuchung von Flugzeugabstürzen an und war froh, in nächster Zeit nicht fliegen zu müssen. Gary eröffnete das Gespräch mit: „Ich beginne nächste Woche mit den Aufnahmen meines neuen Albums in London. Hast du Lust mitzumachen?" Bob: „Da gab es kein langes Überlegen. Ich habe über Gary immer das Beste gedacht und stimmte augenblicklich zu. Es war schön, wieder etwas von ihm zu hören und wir plauderten ein bisschen. Ich hatte ihn zwar zu verschiedenen Anlässen in England wiedergetroffen, doch schon seit über zehn Jahren nicht mehr mit ihm gearbeitet."

Bob flog nach London und traf sich mit Moore, um die Details des Albums zu besprechen, denn er war kein Mietbassist, sondern auch ein Songwriter und Arrangeur: „Wir planten eine eher spontane, raue und eindringliche Scheibe, bei der der Glanz nicht wegpoliert werden sollte."

Danach ging es in die Sphere-Studios in Battersea – im Süden Londons gelegen – und als sie als ein Trio mit Darrin begannen, „fühlte sich alles natürlich und angenehm an. Gary konnte sich manchmal fordernd und pedantisch geben, was nicht unbedingt schlecht sein muss. Doch bei diesem Album war er entspannter und offen für die Freiheit des Ausdrucks. Er spielte selbst wie ein [aus der Hölle befreiter] Dämon. Jeder Song wurde arrangiert, zügig geprobt und das war's auch schon – mit einem Knall war die Nummer eingespielt. Ich fand es großartig, auf so eine Art aufzunehmen – Rhythmus-Gitarre, Bass und Drums zusätzlich mit den Pilotvocals, alles auf einmal. Damit ließ sich das lebendige Feeling einfangen, das frische, prickelnde und spontane Gefühl von allem. Zwischen uns bestand eine tolle Atmosphäre und gegenseitige Unterstützung und genau danach suchte Gary. Ein großer Teil des Albums stammte aus seiner Feder, denn was das Songwriting anbelangte, verfügte er meist über genügend Material. Ich verewigte mich als Co-Komponist bei dem ‚Getaway Blues' und dem Titeltrack ‚Power Of The Blues'." Die Band arbeitete von Montag bis Donnerstag, gefolgt von einer zweiten Woche. Am Ende hatte sie zwölf Basic-Tracks, mit denen Gary zufrieden war. Bob: „Ich erinnere mich an seinen Kommentar: ‚Ich brauchte drei Monate mit dem letzten Album, um an diesen Punkt zu gelangen.' Die beiden Stücke ‚How Blue Can You Get' (B.B. King) und ‚You Know My Love' (Willie Dixon) schafften es nicht auf die

Platte ... Mein Lieblingssong war jedoch ‚That's Why I Play The Blues' von Gary. Wir nahmen ihn live im Studio auf, gemeinsam mit den Keyboards und Bläsern, obwohl letztere beim finalen Mix nicht berücksichtigt wurden. Mir wäre die Version mit ihnen lieber gewesen."

„Ich genoss jede Minute der neun zusammen verbrachten Tage im Studio. Wir mussten hart und konzentriert arbeiten, doch das Resultat ist wirklich befriedigend. Auch Gary war mehr als zufrieden."

Und dazu hatte er auch jeden Grund. In manchen Facetten war *Power Of The Blues* das Album, welches er sich bei Scars gewünscht hätte – ein Blues-Album eines Power-Trios, welches dem Gitarristen den Freiraum gestattete, sich auszuleben. Er wurde von einem extrem versierten Schlagzeuger wie Darrin unterstützt, der die Initiative ergriff, Gary anzutreiben, wohingegen Bob die zuverlässige und druckvolle Bass-Arbeit banddienlich leistete.

Mit diesem Album reifte Gary als Blues-Gitarrist, denn er hatte seine Lektionen von Albert und B.B. King gelernt, die ihm eigene Aggression und das raue Element beizutragen, diese einzigartigen Splitter im Herzen des Blues. Auf dem Album finden sich superbe Soli wie speziell bei „There's a Hole", „I Can't Quit You Baby", „That's Why I Play The Blues" und „Can't Find My Baby". Gary integrierte auf seinen Alben oft Tracks, die schnell im Mittelfeld untergingen, doch nicht hier. Kurz, hart und knackig – rein, raus – bis zum nächsten Mal!

Diesmal war die kritische Resonanz durchgehend positiv. *Classic Rock* schrieb: „Moore beweist immer noch Power. Wie er bereits mit *Still Got The Blues* in den Neunzigern bewiesen hat, verfügt er über ein beinahe übernatürliches Talent hinsichtlich der dargebotenen Form ... Es ist der Sound von jemanden, der seine Lektionen gelernt hat. [Moore] war selten in einer solchen Form." Das *Powerplay* stellte fest: „Nach dem letztjährigen, harsch kritisierten Live-Set, haben sich viele die Frage gestellt, welche Richtung Moore einschlagen würde. Glücklicherweise hat er sich mit seinem besten Album seit *Still Got The Blues* auf seine Wurzeln besonnen."

Erfrischt und voller Energie diskutierte Gary mit Bob über eine Tour 2004 zum Album. Im Juni spielten sie zwei Gigs als Support von Bob Dylan in Irland, gefolgt von einem Konzert in den Østfoldhallen in Fredrikstad, Norwegen am 2. Juli. Es war der erste Termin einer geplanten Europa- und UK-Tour. Dann ereilte Gary ein grausamer Schicksalsschlag. Er hatte ernsthafte Beschwerden mit seiner Hand, die so schlimm wurden, dass er dachte, er könne nie wieder spielen.

Die Gary Nahestehenden geben zu, dass er gelegentlich ein Hypochonder sein konnte. In diesem Fall klagte er über Schmerzen in einer Hand und ließ sich von einem Londoner Spezialisten als Therapieversuch eine Spritze verabreichen. Dann machten er und Jo mit Melissa und Richard für einige Tage Urlaub in Rimini, kurz vor Beginn des nächsten Tourabschnitts in Rumänien. Während der Ferien „zwickte" Melissas Hund Gary in seine Hand, was aber völlig harmlos war. Kurz darauf erhielt sie von Jo einen Anruf, die panisch erzählte, dass alle Gigs abgesagt worden seien, darunter auch der beim Pistoia Blues Festival in Italien, den sie alle besuchen wollten. Melissa stand unter einem Schock und dachte: „Mein Gott, ich habe einen Gitarristen auf dem Gewissen!" Doch es handelte sich um eine Infektion durch die Injektion von Steroiden. Garys Hand war stark angeschwollen, er musste entzündungshemmende Medikamente nehmen, doch nichts half. Er flog direkt nach Großbritannien zurück. Dort angelangt, war die Hand auf eine enorme Größe angeschwollen und er konnte kaum mehr eine Gabel halten, von einer Gitarre ganz zu schweigen.

Daraufhin sah man sich gezwungen, die restliche Tour abzusagen. Und dann kam der Hammer seitens der Versicherungsgesellschaft: Sie weigerten sich zu bezahlen, da es sich ihrer Auffassung nach um einen bereits vor dem Versicherungszeitraum bestehenden Krankheitsfall handelte. Und so blieb Gary auf hohen Rechnungen sitzen. Jede Show ist so kalkuliert, dass alle Kosten eingespielt werden müssen und zusätzlich ein Gewinn generiert wird. Die Liste des Budgets, also die feststehenden Ausgaben, ist sehr lang. Zu den einzelnen Punkten gehören die Vorbereitungskosten, der Lohn für die Musiker und das Team sowie Hotel- und Reisekosten. Ein durchschnittliches Tourbudget für eine kleinere Tour in Großbritannien und Europa belief sich auf ungefähr 50.000 Pfund. Dazu kamen noch die Versicherungskosten für Veranstalter, die im Fall einer Absage entschädigt werden mussten – und die Aufzählung ist noch nicht zu Ende. Hätte Gary über bessere Einnahmen verfügt, wäre das durchaus zu bewältigen gewesen. Was jedoch die Absatzzahlen der Platten anbelangte und seine Tantiemen, befand er sich auf einem absteigenden Ast. Seit *Still Got*

The Blues war er nie wieder in die Nähe eines solchen Erfolgs gekommen. Die mickerigen Einnahmen hätten sich durch Tourneen „aufpolstern" lassen. Es bestand immer noch eine weltweite Nachfrage, besonders in Ländern, in denen man ihn noch nie oder schon lange nicht mehr gesehen hatte. Dazu gehörten Mittel- und Südamerika, Japan und der Ferne Osten. Doch es gab eine große Barriere zum Status eines gut verdienenden Globetrotters: Gary litt unter einer unerträglichen Flugangst, die sich zunehmend verschlimmerte.

Das Fliegen wird immer noch als eine der sichersten Reisemöglichkeiten bewertet, doch wenn man notwendigerweise häufig in einem Flugzeug unterwegs ist, werden die nervösen und ängstlichen Gäste schnell eine einschüchternde Berechnung anstellen. Je mehr man fliegt, desto höher ist die Wahrscheinlichkeit, dass etwas passiert. Das erklärt auch, warum Gary zu *Still Got The Blues* keine Konzertreise unternahm und warum er sich nicht in Japan sehen ließ, wo ihn die Fans absolut vergötterten. Jeder Journalist, der Gary dafür kritisierte, die „Monsters of Rock"-Tour wegen des Geldes gemacht zu haben sollte in dem Kontext an die Tatsache denken, dass er einen Gewinn (!) von 150.000 Pfund für einen Auftritt in Korea ausschlug, wo er immer noch wegen der Komposition von „Murder In The Skies" als Nationalheld gefeiert wurde. Auch Veranstalter in Mexiko, Brasilien oder Dubai konnten Gary nicht mit unvorstellbar hohen Angeboten in Versuchung führen.

Der Reiseplan für eine Gary-Moore-Tour stellte oft einen logistischen Albtraum dar. Einige Veranstaltungsorte, die man durch möglichst kurze Flüge erreichen konnte, waren die Ausnahme, denn die Regel bestand aus extrem langen Straßenrouten. Pru Almond, Garys Agentin, berichtet: „Er machte mir oft das Leben schwer – aber nur auf dem Anrufbeantworter. Er hinterließ lange und energische Botschaften, und ich rief ihn dann zurück und fragte: ‚Was ist denn los, Gary?' ‚Äh, tja, äh …' Nach kürzester Zeit hatte man ihn wieder umgestimmt. Ich habe niemals davor zurückgeschreckt ihn zurückzurufen. Er hatte einfach zu wenig Vertrauen – und das in fast allen Belangen. Er brauchte meist nur eine Person, die ihn unterstützte und dann stimmte er schon zu – und verhielt sich unglaublich nett und dankbar."

Um Gary von der Russland-Tour zu überzeugen, benötigte man große Landkarten. Diese wurden auf einem Tisch ausgebreitet, um zu klären, wie man die Reise in verschiedene Abschnitte unterteilt und dann noch einige zusätzliche

Konzerte bucht, um die Zeit der Zwischenaufenthalte so gering wie möglich zu halten, wonach es zügig weitergehen sollte.

Gary kannte sich mit Flugzeugen aus, wie der Scars-Tourmanager Steve Croxford erklärt: „Er stieg nie in einen kleinen Flieger ein. Stattdessen nahm er lieber eine strapaziöse Autofahrt von über 600 Kilometern auf sich. Bevor man ein Konzert unter Dach und Fach brachte, musste man ihm genau erklären, wie man dorthin kam und – falls nötig – in welche Maschine man ihn verfrachten würde. Und er kannte jedes Modell, womit sich Flieger mit nur einem Propeller ausschlossen und solche die über weniger als drei Sitze pro Reihe verfügten. Und er musste irgendwo zwischen den Reihen Zwei und Fünf sitzen, denn die Business Class hört meist hinter der fünften Reihe auf. Und auf keinen Fall durfte es die erste Reihe sein. Und dafür gibt es einen Grund. Auf einem der ersten Flüge mit Gary saß ich wenige Reihen hinter ihm. Wir hockten beide auf Plätzen direkt neben dem Mittelgang. Als das Flugzeug abhob, klappte er das Tablett runter und klammerte sich mit seiner linken Hand daran fest, bis sie ihm erklärten, er solle es doch wieder hochklappen, [was er widerwillig machte]. Das Geheimnis der ersten Reihe? Dort gibt es kein Klapptablett!"

„Bei Gary musste man 110% abliefern. Falls man ihn anlog oder sich etwas geändert hatte, was man ihm nicht direkt mitteilte, starrte er dich an und ließ einen Schwall unflätiger Wörter los. Falls man ihm aber alles erklärte und die Gründe darlegte, war er ein äußerst schlauer und verständnisvoller Mensch – denn er hörte zu."

Einmal befanden sich Gary und Darren Main in der Abflug-Lounge, „und dort sah man weder das Personal, noch die Passagiere oder die Crew, einfach niemanden. Und ich bettelte ihn an, schleunigst vom Klo zu kommen. Schließlich erreichten wir den Flieger noch rechtzeitig. Insgeheim ging ich zum Piloten und bat ihn, den Passagieren einen vorteilhaften Wetterbericht durchzugeben, damit Gary nicht die Flucht ergreift. Er war so freundlich, aus dem Cockpit zu kommen und beruhigend auf Gary einzureden. Allerdings ergaben sich manchmal Situationen, in denen Gary das Flugzeug verließ – obwohl die Türen schon geschlossen und die Sicherheitsgurte angelegt waren. Gary keuchte dann panisch: ‚Sorry, aber ich kann das nicht, und wir müssen aussteigen.'"

Das geschah zum Beispiel im August 2002 beim Billund Airport in Dänemark. Scars waren gerade erst beim Smukkeste Festival aufgetreten und mussten zum Bulldog Bikers Bash in Gloucestershire. In letzter Minute wechselte die Fluggesellschaft das Modell aus und Gary war raus! Sie mussten 250 Pfund für ein Taxi nach Kopenhagen blechen, wo es mit einer Maschine der British Airways nach Heathrow ging, gefolgt von einer Autofahrt über Landstraßen zum Gig. Gary kam dort gerade noch rechtzeitig an. Bedenkt man die Probleme mit der Versicherung, die sich verschlechternden Umsätze aus dem Tonträgerverkauf, das Abschlagen von finanziell höchst interessanten Angeboten und die Lebenshaltungskosten (darunter auch die Unterhaltszahlungen) ist eins schnell vorstellbar – Gary häufte einen enormen Schuldenberg an. Er und Jo diskutierten damals ernsthaft darüber, was er im Fall einer Erwerbsunfähigkeit oder -minderung machen könne: Sie sprachen über das Schreiben von Kinderbüchern, basierend auf den Geschichten, die er sich immer für Lily ausdachte. Auch stellten sich die beiden die Frage, ob es der richtige Zeitpunkt für Gary sei, seine Autobiografie zu verfassen. Damals gelang es ihm jedoch, sich einige Male als Gitarrist sehen zu lassen. Er trat beim 50. Jubiläumskonzert von Fender im September auf und nutzte dabei seine abgewetzte Strat mit einem ultra-dünnen Saitensatz [008]. Seine Gänsehaut-Version von „Red House" wurde mit „Standing Ovations" honoriert. Im Oktober spielte er bei Roger Daltreys Wohltätigkeitskonzert zur Unterstützung der Kinderkrebshilfe im Ronnie Scott's, gefolgt von einem Gastauftritt mit John Mayall im November. Es folgten keine weiteren Konzerte in dem Jahr. Gary steuerte dann auf eine unglaubliche Entscheidung zu, eine Entscheidung, von der in Gitarristen-Zirkeln heute noch gesprochen wird – er verkaufte seine geliebte Peter Green Les Paul!

Was den Verkauf und die darauffolgenden Geschichten des legendären Instruments anbelangt, machen zahlreiche Behauptungen und Gegenbehauptungen die Runde – und einige davon wurden sogar vor Gericht ausgefochten. Nur einige wenige Personen waren im Verlauf der verworrenen Story daran beteiligt. Jeder hat eine eigene Version des Geschehenen, doch keiner lässt an den jeweils anderen ein gutes Haar. Sich der Wahrheit anzunähern wird durch „Verschwiegenheitsklauseln" hinsichtlich der Höhe der Verkaufsbeträge erschwert, was allerdings lächerlich anmutet, bedenkt man Kunstwerke die bei öffentlichen Auktionen in zweistelliger Millionenhöhe einen Zuschlag erhalten. Der Käufer mag zwar anonym bleiben, doch der Verkaufspreis sicherlich nicht.

Wenn man ins Internet abtaucht und Gitarren-Foren besucht, finden sich wilde Gerüchte, Spekulationen und Beleidigungen, die der eine dem anderen „um die Ohren" haut. So weit wie sich sicherstellen lässt, liefen die Ereignisse wie folgt ab:

Die Peter Green Les Paul Standard mit der Seriennummer 92038 kann ohne Zweifel als ein legendäres Instrument beschrieben werden, dessen Mythos über die Jahre stetig zunahm, was auch den Wert anbelangte. Gary hatte schon vor der Handverletzung mit der Idee eines Verkaufs gespielt, da das Instrument zu wertvoll wurde, um es auf Tour mitzunehmen. Dennoch spielte er es bei einer Handvoll von Konzerten 2004 und den Aufnahmen von *Power Of The Blues*. „Ich holte sie für einen Tag aus dem [gesicherten] Lagerhaus", erinnert sich Graham Lilley, „und brachte sie auf dem schnellsten Weg dorthin zurück, meist noch am selben Tag. Wenn wir uns in London aufhielten, behielt ich sie nachts bei mir, nur für den Fall."

Trotz der legendären Herkunft war die Gitarre längst nicht mehr in dem Originalzustand, in dem Peter sie Gary verkauft hatte. Sie hatte nun andere Mechaniken, eine neue Brücke, Potis, jeweils eine neue Back- und Jack-Plate, Schrauben und Hals-Bindings. Im Laufe der Zeit wurde sie zudem ein wenig ramponiert. Moore entschied sich, den Verkauf selbst zu übernehmen (was rückblickend nicht die beste Entscheidung darstellte) und begann Gespräche mit einem Gitarrenhändler im Westen Londons. Gary war ein Privatmensch und unternahm seit der Bloßstellung in der Regenbogenpresse im November 1993 alles, um sich solch gelagerter Publicity zu entziehen. Er glaubte, sich einige Kritik gefallen lassen zu müssen, wenn er eine Gitarre veräußerte, die für ihn einen so hohen emotionalen Wert darstellte. Aufgrund dieser Bedenken machte er es sich schon von Anfang an selbst zur Bedingung, die Gitarre an einen Sammler zu verkaufen und keinen Händler. Außerdem sollte alles ohne den Druck der Öffentlichkeit über die Bühne gehen. Die Verhandlungen zogen sich verständlicherweise in die Länge, bis ins Jahr 2005.

Schließlich wurde Gary kontaktiert, denn es hatte sich ein Käufer gefunden, der von Phil Winfield vertreten wurde, einem Briten, der ein Geschäft mit dem Namen Maverick Music in North Carolina unterhielt. Soweit Gary nun wusste, agierte Winfield als Mittelsmann für einen anonymen Käufer. Gary sollte einen Preis von 300.000 Pfund erhalten (oder 500.000 Dollar nach dem damaligen

Wechselkurs), für den als Beweis eine Kopie der Übereinkunft mit dem Datum 6. März 2006 auf der Webseite von Maverick Music zu finden ist.

Doch dann erfuhr Gary ärgerliche und aufregende Neuigkeiten. Die Gitarre wurde keinem mysteriösen Sammler übergeben, sondern auf einer Gitarrenausstellung in Dallas gezeigt – und das mit einem Preisschild, auf dem eine Summe stand, die den Verkaufspreis bei weitem überstieg. Zwar wollte Gary zuerst Stillschweigen bewahren, entschloss sich dann aber an die Öffentlichkeit zu gehen und sprach in einem Artikel in der *Guitar and Bass* aus dem November 2006 über die Angelegenheit.

„Ich bin von der ganzen Episode schockiert und traumatisiert … Ich besaß die Gitarre beinahe 35 Jahre, und es war eine regelrechte Qual, sie loszulassen. Er [Winfield] provoziert meine Kommentare, da er sie überall ausstellt und sich nicht an die Vereinbarung hält, so wie ich sie verstanden habe. In einem Interview mit einem amerikanischen Sender erzählte ich, höchst enttäuscht über den Verlauf der Dinge gewesen zu sein, weil ich es auch war. Es existierten keine abfälligen Kommentare, aber auch wenn es so gewesen wäre, wer gibt ihm das Recht zu sagen, ich hätte den Vertrag verletzt?"

Der Artikel ergänzt, „Moore behauptet, dass das Geschäft zwar auf einer Vertrauensbasis beruhte, er aber auch schriftliche Dokumente besäße, unterzeichnet von Winfield, in denen nachzulesen sei, dass der Verkauf der Gitarre zugunsten einer dritten Partei ablief. In den Dokumenten gäbe es eine ‚eindeutige Aussage', dass Winfield die Gitarre weder als Einzelperson noch auf seiner Webseite verkaufen dürfe. Nach dem Interview wurde *Guitar and Bass* eine Kopie des Dokuments mit den angesprochenen Informationen vorgelegt."

„Nach weiterer Recherche bestätigt Rick Zsigmund (der Londoner Händler), seine Beteiligung beim Verkauf und dem weiteren Ablauf der Geschehnisse. Auch er hatte den eindeutigen Eindruck, dass die Gitarre an eine dritte Partei weitergegeben würde. Er sagt: ‚Phil hat mir niemals zu verstehen gegeben, dass er der Endkäufer sei.' Und für was für einen Preis wurde die Gitarre tatsächlich verkauft? Zsigmund meint: ‚Ich kenne Gary und falls er Ihnen einen Preis genannt hat, wird das der Wahrheit entsprechen.'"

„Auf die Frage nach Garys Behauptung, er habe eine Summe erhalten, die nicht in die Nähe von einer Million Dollar läge, versuchte Winfield zuerst alle möglichen Missverständnisse bezüglich des Wechselkurses Dollar/Sterling auszuräumen. Nach der Klärung, dass er und Gary über dieselbe Einlieferungsrechnung in Sterling verfügen, fragte *Guitar and Bass* ob die auf dem folgenden Verkaufsangebot genannte Summe dem Sterling-Äquivalent entspricht."

„Dort muss eine andere Zahl erscheinen", gibt Winfield zu, „denn ich musste den Erste-Klasse-Flug bezahlen, Erste-Klasse-Hotels, Kosten für einen Mietwagen, Geschäftsessen, Rechtsanwälte, die Buchhaltung ... die Gitarre kostete mich substanziell mehr, als das Verkaufsangebot angibt."

„Es blieb mir überlassen, ob ich dieses Geld ausgeben wollte, doch letztendlich, wenn es dazu kommt meine Investitionen wieder reinzuholen – ob und wann ich die Gitarre verkaufe – kann ich die Tatsache nicht ignorieren, dass ich diese Auslagen hatte. Also ja, er sagt, dass es einen Unterschied gäbe, doch laut meinen Büchern und der Aussage meines Buchhalters hat die Gitarre zusätzliche Kosten verursacht."

Eine Nachfrage über die Höhe des tatsächlichen Verkaufsangebots wird abgewiesen. „Sie können gerne Garys Rechnung veröffentlichen, falls er das zulässt. Mir ist klar, dass Gary über seinen Verkauf verärgert ist ..."

Doch wie verhält es sich mit Moores Annahme, dass die Gitarre im Namen einer dritten Partei gekauft wurde und Winfield nur als Vermittler agierte? Und wo ist das dementsprechende Dokument? „Das [die Rolle des Vermittlers] war auch der Fall", erklärt Winfield in aller Ruhe. „Zum Zeitpunkt, an dem ich das Dokument unterschrieb, traf das zu. Ich habe Beweise, die belegen, dass Maverick am Tag der Transaktion die Gitarre nicht erwarb. Ich kann nachweisen, dass das Geld aus einer Quelle stammte, die nichts mit Maverick zu tun hat."

Er weigert sich, das „sehr einflussreiche, bekannte und gut situierte" Individuum zu benennen, doch erklärt, dass die besagte dritte Partei „wahrscheinlich" erst am Ende der zweiten Hälfte der Verhandlungen ungefähr im Dezember 2005 in Erscheinung trat. Winfield bezweifelt die Erklärungen von Gary und Rick Zsigmund, dass der Deal geplatzt wäre, hätte man an irgendeinem Zeitpunkt gewusst, dass er der „Endkunde" gewesen sei und nicht der Vermittlungsmann.

„Ich weiß nicht, was man Gary erzählt hat, aber ich wusste nicht, dass er sie mir nicht verkaufen wollte", erklärt Winfield. „Der gesamte Deal benötigte eine lange Zeit, und als ich davon erfuhr, war ich persönlich interessiert." Laut Winfield entschied sich der Sammler, also die sogenannte dritte Partei, aufgrund der negativen Publicity, die das ganze Thema aufwarf, zum Verkauf der Gitarre. Anfang Juli 2006 wurde die Gitarre Maverick Music verkauft. Die dritte Partie machte einen Profit von 50.000 Dollar.

Das ist die von *Guitar and Bass* 2006 berichtete Story. Die Quittung beweist, dass Gary im März 2006 bezahlt wurde, jedoch eine Summe erhielt, die nicht an die eine Million Dollar heranreichte.

Es besteht durchaus die Möglichkeit, dass während der Verhandlungen zwischen Gary, Rick Zsigmund und Phil Winfield ein Sammler im Hintergrund mit im Spiel war, der sich jedoch zurückzog. Jedoch wurde niemand exakt benannt, noch liegen Beweise vor, dass dieser oder ein anderer mysteriöser Käufer die Gitarre nach dem Verkauf im März 2006 besaß und sie dann aufgrund negativer Publicity wieder veräußerte.

Die einzige andere Person, die in den Vorgang verwickelt war, aber zu der Zeit nicht namentlich auftauchte, war der britische Juwelier Melvyn Franks. Winfield agierte jedoch nie „stellvertretend" für Franks und gab das auch in einer an den Autor dieses Buches verfassten E-Mail zu. Er und Franks waren effektiv Geschäftspartner. Es erscheint so, dass die Quelle, aus der das Geld stammte, nicht Franks war, sondern seine Frau Rebecca, eine Rechtsanwältin. Weitere Hinweise auf die Partnerschaft von Winfield und Franks finden sich auf der Maverick-Music-Webseite, denn auf den Versandversicherungsdokumenten werden beide Namen genannt.

In der Welt der „Vintage Gitarren" gilt ein Motto: „Du hältst mir den Rücken frei, während ich ein Messer in deinen ramme!" Besonders in den ultra-prozesssüchtigen USA war ein böses Ende vorprogrammiert, und so standen sich Winfield und Franks Auge in Auge vor dem Bezirksgericht in North Carolina 2012 gegenüber, um den Streit über den Besitzanspruch hinsichtlich der Gitarre zu klären. Franks besaß das Instrument noch im Jahr 2012, das dann aber angeblich aus dem Land „gezaubert" und nach Großbritannien verfrachtet wurde. Hiermit sollte einer Konfiszierung im Rahmen einer möglichen Pfändung zur Verlustreduktion eines unbezahlten Bankkredits vorgebeugt werden. Die Gitarre wurde dem Händler Phil Harris übergeben, der sie öffentlich ausstellte, da Franks sie nun verkaufen wollte. Harris und Franks waren aber auch in Streitigkeiten über nicht zurückgezahlte Schulden verwickelt, und schließlich kaufte Kirk Hammett die Gitarre 2014 – von wiederum einem anderen britischen Händler namens Richard Henry. Der Metallica-Gitarrist hatte also Garys Tipp „Wenn du meinen Sound willst, dann brauchst du meine Gitarre" wortwörtlich genommen.

Und was für eine Summe bezahlte Hammett? Ungefähr dieselbe, für die Gary die Gitarre 2006 abgab. Egal, was für ein lächerlich hoher Betrag auf dem „Preisschild" stand, war die Gitarre doch nur so viel wert, wie jemand dafür bereit war, zu bezahlen. Obwohl sich Gary über die verworrene und unangenehme Geschichte maßlos ärgerte, verdiente er am Verkauf genug, um sich aus seinen dringlichen finanziellen Problemen zu befreien und weiterzumachen.

Vor dem Phil-Lynott-Memorial-Konzert im August 2005 absolvierte Moore einen weiteren öffentlichen Auftritt. Er trat zu Ehren des großartigen britischen Saxophonisten Dick Heckstall-Smith auf, dem er zusammen mit Jack Bruce und Gary Husband gedachte. Durch die „Zwangs-Ruhepause" begann der Heilungsprozess von Garys Hand, und in Dublin schien er wieder zur feurigen und wilden Höchstform aufzulaufen. Nun hatten sich alle Sorgen hinsichtlich eines Karriereabbruchs in Luft aufgelöst.

In einem Interview mit *Blues in Britain* erklärte Gary, wie er den Mix aus Bluescovern und Originalmaterial sowie zwei Neuaufnahmen von Songs von *Still Got The Blues* gestaltete, die auf *Old New Ballad Blues* (2006) erschienen.

„Ich hatte einige eigene Nummern, die ich aufnehmen wollte und auch älteres Material, das schon seit einiger Zeit in der Schwebe hing. Das kann manchmal gut sein, denn so baut man sich eine nette Sammlung von Songs auf. Ich hatte so ein Album schon länger nicht mehr anvisiert, und so gab es auch keinen Platz für die Stücke. Und plötzlich standen mir vier oder fünf Nummern zur Verfügung, die stark genug waren, um sie zu nutzen."

„Es gab auch einige Songs, die ich neu aufnehmen wollte, weil mir die bereits veröffentlichten Fassungen nicht gefielen. Einer davon war ‚All Your Love' … Die Version, die ich vorher aufgenommen hatte, war zu schnell und nicht gebührend respektvoll gegenüber der Aussage des Originals. Es ist ein sinnlicher und leidenschaftlicher Song … Das Stück hat eine bestimmte Magie, und ich hatte das Gefühl, dass ich das Feeling des Songs nicht einfing … Ich wollte es seitdem oft erneut versuchen. Und so spielte ich die Nummer langsamer, was ihr mehr Intensität verlieh. Auch die Gitarre klingt viel rauer verglichen mit meiner ersten Fassung … Bei ‚Midnight Blues' haben wir damals das Demo genommen, da uns keine Zeit für eine Neueinspielung blieb. Ich fand immer, dass der Sound nicht gut genug war und ich eine bessere Version einspielen kann ... In den mittleren acht Takten haben wir Bläser eingesetzt, um dem Ganzen eine andere Facette zu geben. Und hoffentlich ist auch das Gitarrensolo besser. Jetzt haben wir meiner Meinung nach eine viel stärkere Fassung."

„Ich versuche immer wenigstens einen Willie-Dixon-Song auf einem Album unterzubringen, da er mein Lieblings-Blues-Songwriter ist. Auf dem letzten Album habe ich sogar zwei von ihm ausgewählt, da ich seine Arbeit so liebe. Diesmal nahm ich den Song ‚You Know My Love' der wie ‚All Your Love' von Otis Rush aufgenommen wurde. Ich stehe da drauf, denn es ist einer der Songs mit einer großen Leidenschaft ... Ich mag auch die Struktur, da es sich um keinen 12-Takter handelt, also nicht um die offensichtliche Bluesform. Das verleiht dem ganzen Stück ein nettes Format. Außerdem ist es in Moll geschrieben und ich habe immer Moll-Songs geliebt, was bis zu der Zeit zurückreicht, in der ich Peter Green das erste Mal hörte. Er spielte immer einen Blues in A-Moll. Ich mag diesen unheimlichen Klang, der davon ausgeht."

„Ich nahm auch einen Elmore-James-Titel namens ‚Done Somebody Wrong' auf." Gary erzählt, dass er ihn das erste Mal von den Allman Brothers hörte, während einer Tour mit Skid Row, doch das Original erst später zu Ohren bekam: „Ein großer Song, toller Text und viel Emotionen. Auch bot er mir die Gelegenheit das Bottleneck einzusetzen, was ich nur selten mache. Aber wenn man einen Song von Elmore James spielt, bleibt einem nichts anderes übrig."

„Ich bin mit dem Album sehr glücklich. Viele sagen, es sei die beste Platte, die ich seit Jahren gemacht habe, und das hoffe ich auch. Die Aufnahmen klingen frisch und lebendig. Außerdem war es angenehm, wieder mit Musikern wie Don Airey zu arbeiten, der schon bei *Still Got The Blues* dabei war wie auch die Bläser-Sektion."

Don und Gary hatten seit dem Ende der „Still Got The Blues"-Tour nicht mehr miteinander gearbeitet und sahen sich erst bei der Scars-Tour wieder, als Don plötzlich in der Garderobe auftauchte: „Ich freute mich, ihn wiederzusehen. Wir redeten ungefähr 20 Minuten miteinander und als ich ging, kam Darrin – ein guter Freund – zu mir und fragte: ‚Bist du wieder in der Band?'" Es ist durchaus denkbar, dass Gary sich die alten Songs aus dem Jahr 1990 wieder vorknöpfen und mit Don zusammen Bläser beisteuern wollte. Vielleicht wollte er damit die Atmosphäre seiner kommerziell erfolgreichsten Zeit wiederbeleben. Die anderen Musiker der Band waren Darrin und Jon Noyce am Bass.

Gary erzählt weiter: „Ich produzierte gemeinsam mit Ian Taylor ... Ich hatte ungefähr seit sieben oder acht Jahren nichts mehr mit ihm gemacht, und freute mich, ihn wieder an Bord zu wissen. Da wir so lange nicht mehr miteinander gearbeitet hatten, brachte das eine bestimmte Frische in den Aufnahmeprozess und auch die Atmosphäre war angenehm. Wir ‚tüteten' alles in 18 Tagen ein, was für meine Verhältnisse sehr schnell ist. Alle Tracks waren nach fünf Tagen im Kasten, das Album wurde in sechs Tagen gemixt und dann machten wir noch einige Overdubs mit den Bläsern. Somit finden sich viele Live-Einspielungen. Tracks wie ‚Gonna Rain Today' ... wir spielten davon einige Live-Takes ein, immer mit Live-Gesang. Es lassen sich viele spontane Passagen entdecken, und ich habe wirklich meinen Spaß [bei der Produktion] gehabt."

Das Album war ein Beweis, dass Gary wieder in Höchstform zurück war, mit einer schwindelerregenden Virtuosität bei allen Songs, einem harten und exzessiven Spiel mit einem kristallklaren Ton. Das lässt sich bei den dreckig klingenden Slide-Passagen wahrnehmen bis hin zu dem charakteristisch „unheimlichen", aber trotzdem emotional ergreifenden Sound eines Peter Green. Doch das Solo von „You Know My Love" lässt den Zuhörer sprachlos zurück. Auf dieselbe Art und Weise wie die pure und unverfälschte Musikalität von Colosseum II Bernie Marsden zum Lächeln brachte (der daraufhin aus der Regie rausgeworfen wurde), wird man von Garys Kombination von Passion und Energie ergriffen, der ein technisches Können zugrunde liegt, durch das er sich frei entfaltete. Als er aber vom Magazin *Guitar Techniques* auf das Solo des Songs angesprochen wurde, der beim vorhergehenden Album keine Berücksichtigung fand, reagierte er eher lapidar: „Es war die erste Nummer am ersten Tag. Alle steigen ein, und die Stimmung ist aufregend und leidenschaftlich. Wir haben das Ding in wenigen Takes aufs Band gehauen, und wer mich kennt, weiß was ich dann sagte: ‚Ich lass jetzt die anderen ran und spiele das Solo später ein.' Doch mir gefiel es immer besser. Es ist zwar nicht perfekt, aber ich mag das Feeling. Wenn mir ein Solo nicht bei den ersten Takes gelingt, versuche ich es immer wieder, bis es schließlich klappt."

Ein anderer Song stellte einen weiteren Höhepunkt von Moores Karriere dar – das herzzerreißende „Flesh & Blood". Wenn wir ihn beim Wort nehmen – dass Songs, die autobiografisch anmuten, meist autobiografisch sind – stellt sich die Frage, wer exakt hier thematisiert wird. Bis auf den Text lassen sich keine anderen Hinweise finden, doch er scheint in Richtung von Saiorse zu deuten und die immensen emotionalen Barrieren, die beide überwinden müssen. Die grundlegende Stimmung ähnelt „Tears In Heaven". Obwohl sich die Begleitumstände beider Titel unterscheiden, wird immer ein Verlust behandelt.

I wish I could get through to you
Seems like you don't want me to
But still I try

I know when you're not feeling strong
When things for you are going wrong
But still I try

I remember the first time
That I looked into your eyes
I remember the first day
Of your life

You're my flesh and blood
I knew it from the very first moment
You're my flesh and blood
I knew it from the very first moment

I see the sadness in your eyes
I wish that I could paint your eyes
A brighter blue

You build these walls around yourself
Protecting you so that no one else
Can get to you

You're my flesh and blood
I knew it from the very first moment
You're my flesh and blood
I knew it from the very first moment

Text und Musik: Gary Moore,
mit freundlicher Genehmigung Maxwood © 2006

Gary beabsichtigte als Nächstes mit der Studioband zu touren, doch Jon und Don hatten andere Verpflichtungen. Daraufhin sprach Gary Pete Rees und Vic Martin an und wollte auch seine alte Musikerfreundschaft mit Brian Downey erneuern. Brian berichtet, dass er Gary nach dem Phil-Lynott-Konzert gefragt habe, was er als Nächstes machen wolle: „Er meinte, dass eine Tour anstehen würde und lud mich dazu ein. Da musste ich nicht lange überlegen – ich bin rein und habe mit ihm die nächsten Jahre gespielt."

Gary wurde angesprochen, ob er die ersten fünf Konzerte im Rahmen der sogenannten letzten Tour von B.B. King spielen wolle. Gary: „Das machte [die Gigs] zu etwas ganz Besonderem. Brian Downey ist mit dabei, und er war es, der mich in meiner Jugend auf viele unterschiedliche Musikrichtungen brachte, darunter auch B.B. King. Er ist ein großartiger Blues-Schlagzeuger. Ich wollte auch die Bläser mitnehmen, die Don Airey arrangieren sollte, doch es kam etwas dazwischen, und er konnte die Aufgabe nicht übernehmen. Außerdem möchte man nicht den Anschein erwecken, man würde in Konkurrenz zu B.B.'s Bläsern treten, denn das käme nicht gut an." Gary zeigte sich hier von seiner diplomatischen Seite, denn Kings Leute hätten es niemals zugelassen, dass er sich die Bühne gemeinsam mit der Legende teilt – auch wenn einer der Termine am 4. April gesetzt war, Garys Geburtstag – und sogar in der Wembley Arena, einem der prestigeträchtigsten Veranstaltungsorte des Landes. Doch gegen Ende des Jahres durfte sich Gary über zwei kontrastreiche Begegnungen mit Blues-Künstlern freuen.

Während neue und hart rockende Blues-Gitarristen in steter Regelmäßigkeit auftauchen, kann man nur selten von einem Entwicklungssprung in der Musik reden, der das Genre öffnet. Vorhang auf für Otis Taylor – Banjo-Spieler, Mann an der Mundharmonika und Sänger, 1948 in Chicago geboren. Seine Blues-Einflüsse entstammten eher dem Akustik-Blues, wobei Mississippi John Hurt eine Schlüsselfigur darstellte, doch er spielte auch in den späten Sechzigern kurzfristig mit dem extravaganten Tommy Bolin. Es folgten weitere Blues-Projekte, wonach er sich radikal von der Musik abwendete und einer erfolgreichen Karriere als Antiquitätenhändler und Pro-Cycle-Coach nachging. Er kehrte 1995 zurück und gewann einen W.C. Handy Award in der Kategorie „Bestes Newcomer-Debüt" (er wurde darüber hinaus drei Mal für andere Kategorien nominiert). Das Siegeralbum trug den Titel *White African* und handelte von den Erfahrungen von Afroamerikanern.

Als er Gary 2007 begegnete, hatte Taylor schon eine ganze Sammlung von W.C. Handy- und *Downbeat*-Awards und wurde mit Lobhuldigungen von Musikkritikern der größten US-Zeitungen überschüttet wie der *New York Times* und der *Washington Post*. Sie feierten seine eindeutig tranceähnlichen Blues-Drones, kombiniert mit einem Hauch weißer Country-Musik oder Psychedelic-Rock. Es waren Kompositionen, die textlich soziales Bewusstsein und ein Gespür für Ungerechtigkeit aufzeigten.

„Ich tourte gerade in England," erzählt Otis, „und spielte in Brighton, wo dann diese beiden Typen reinkamen, die ziemlich hart wirkten. Am Ende – als schon fast alle gegangen waren – kam einer von ihnen zu mir und sagte: ‚Ich bin ein Blues-Gitarrist.' ‚Hey, das ist klasse', lautete meine Antwort. ‚Ich habe 19 Jahre ausgesetzt.' Ich hatte keine Ahnung, wer das sein konnte, doch bin zu den Fans immer nett. Er fragte: ‚Und wo wohnst du?' Ich dachte er wollte mich ausrauben, oder so was. ‚Du hast mich wirklich umgehauen', meinte Gary. ‚Jedes Mal, wenn ich dachte, du solltest eine andere Passage spielen, hast du es auch gemacht. Hier ist meine Telefonnummer.' Und dann verschwand er durch den Notausgang. Als Nächstes kam der Besitzer angerannt und freute sich: ‚Hey, das war Gary Moore!' Am nächsten Tag rief ich ihn an und meinte: ‚Ich habe gehört, dass du verdammt berühmt bist. Willst du auf meiner Platte spielen?' Und danach wurden wir Freunde."

Gary spielte zwei Gastbeiträge für Otis Taylor ein und zwar bei *Definitions Of A Circle* (2007) und *Pentatonic Wars And Love Songs* (2009). „Ich musste dafür niemals etwas bezahlen, und fand das verdammt stark! Sogar meine Tochter (Cassie Taylor) spielt nicht für lau auf meinen Platten!" Otis schickte Gary die Bänder, damit dieser im Studio eine Gitarre „overdubben" konnte. „Er kannte meine Musik und wollte nicht dominieren. Würde er zu einem meiner Gigs kommen, säße er wahrscheinlich die ganze Zeit bis zum Überkochen da. Ich würde ihn dann so richtig aufziehen – ‚Na, los komm schon – zeig's mir.'"

„Ich glaube, dass ich Gary an Vieles erinnerte – seine Beziehung zu Phil und den älteren Blues-Typen. Vielleicht passte ich in eine Art psychologisch [fassbare] Kategorie." Gary revanchierte sich bei Otis und nahm den Musiker und seine Band mit auf Tour. Taylor: „Er war der Eckpfeiler meiner Karriere, und ich lernte, wie man ein Band-Leader wird. Davor hatte ich niemals auf so einer Ebene getourt – mit all den Bussen, den Trucks und den Sound-Technikern. Außerdem lernte ich viel über die Produktion. Gary bezahlte seine Jungs wirklich gut und war sicherlich kein James Brown!"

„Wir reisten nach Schottland (2007) und hatten die Wahl entweder mit dem Tourbus oder dem Flugzeug nach London zurückzukehren. Ich, Pete (Rees) und Vic (Martin) entschieden uns zum Fliegen. Wir hielten uns am Flughafen auf, wo ich meinte: ‚Bis gleich dann.' Pete fragte nach: ‚Wohin willst du? Bleib bei uns und treib dich nicht hier herum.'" Das war toll! Sie wussten wie man zugunsten der Show auf Nummer sicher geht. Ich werde das nie vergessen – nein, nein, nein – du bist in einem fremden Land und wir passen auf dich auf – weil ich ein Teil des Programms war. Ich eröffnete das Konzert für Gary auf der akustischen Gitarre, und dann gab es noch die gemeinsame Zugabe – und somit gehörte ich dazu. Um den letzten Tourtermin in Brighton mitzumachen, ließ ich mir die Chance entgehen für Barack Obama im Wahlkampf zu spielen". Gary lehrte Otis auch, wie man über Hotelzimmer meckert: Die Beschwerde wurde von ihm nicht direkt an das Hotel gerichtet, sondern vom Tourmanager vorgebracht, denn Moore war viel zu schüchtern, um mit einem Fremden zu verhandeln. Gary war erstaunt, als er Otis beim Shopping erlebte: „Ich drängte ihn, sich mal ein Banjo anzuschaffen und handelte den Verkäufer um 15 Pfund runter. Gary fragte dann: ‚Wie machst du das nur?' So ziehe ich das immer durch, Gary. Ich lasse es nicht zu, dass du den Ladenpreis zahlst."

Doch es gab noch einen weiteren „alten Blueser", der eine wichtige Rolle bei Garys musikalischer Ausbildung spielte. In der Band dieses Mannes spielten tatsächlich drei Ikonen des Stils und zwar in rascher Abfolge – Eric Clapton, Peter Green und Mick Taylor – und nun stand ein großer Mann mit einem federleichten Anschlag neben ihm – Buddy Whittington.

Am 24. Oktober 2006, einen Tag nach dem Konzert mit Otis im Komedia in Brighton, kaufte Gary ein Ticket, um sich John Mayall im Brighton Dome anzusehen. „John meinte: ‚Komm mit und begrüße die Band.' Und sie drängten mich: ‚Du spielst doch heute Abend mit, Gary?' Ich musste die Babysitterin anrufen, die mir eine Gitarre in einem Taxi zukommen ließ! Und so bin ich rauf auf die Bühne, spielte, und es fühlte sich großartig an. Auch Mick Taylor trat auf, dem es genauso viel Spaß bereitete. Bei einem weiteren Termin riefen wir vorher an und fragten, ob es okay sei, vorbeizuschauen. Sie reagierten freundlich: ‚Yeah! Wir stellen dir einen Amp hin und bereiten alles vor.'"

Buddy Whittington war Johns Gitarrist und Gary liebte es, mit ihm bei den Bluesbreakers zu spielen und auch bei Buddys späteren Solo-Auftritten. „Er ist ein waschechtes Original", kommentierte Gary. „Auch wenn er aus Texas kommt und eine Strat benutzt – na ja, diese Lentz-Gitarren sind eine Art Mini-Strat – klingt er nicht wie Stevie Ray. Er stand da mit seinem kleinen 18 Watt Dr. Z Amp und brachte diese klassischen Country-Licks und tanzte dabei über die Saiten. John versuchte, dass so eine Art musikalisches Duell zwischen uns stattfand. Er spielte eine Melodielinie und ich die Harmonien dazu, wodurch wir wie die Allman Brothers klangen. Wir spielten gleichberechtigt und zuckersüß zusammen, und das geschieht nicht oft. Wenn er hier leben würde, würde ich ständig mit ihm Musik machen."

Und diese Aussage ist ein treffender Punkt, der auf Gary zu jener Zeit zutraf. Seit über 25 Jahren hatte er große Tourneen gespielt, oft als Headliner vor Tausenden von Zuschauern. Nun war er schon zufrieden, als Gastmusiker aufzutreten, egal, ob es sich um den Brighton Dome handelte oder einen lokalen Pub, der an irgendeiner Seitenstraße lag. Es ging ihm einzig und allein um den Spaß zu spielen. Kein Druck mehr, einfach die Gitarre in den Klinkeneingang stecken und spielen.

Ein Beispiel hierfür war ein „Aushilfsjob" bei Nine Below Zero. Er hielt sich im Januar 2007 im Hook End auf, um das nächste Album aufzunehmen, als es zu einem Stromausfall kam. Der Mundharmonikaspieler von Rory Gallagher und NBZ, Mark Feltham, sollte auch mit von der Partie sein, doch sie konnten nicht weitermachen. Gary erzählte *Guitar and Bass*: „Witzigerweise musste (Mark) noch in einem Pub namens The Crooked Billet oben an der Straße auftreten ... womit die Anfahrt nicht umsonst war. Ich meinte, ich würde hier doch nicht die ganze Nacht bei Kerzenlicht rumsitzen und mir den Arsch abfrieren. Natürlich wollte ich mir den Gig ansehen. Als ich da auftauchte, fragten sie mich, ob ich spielen wolle und letztendlich war ich beim halben Set mit dabei. Der Laden war so klein, dass ich jedes Mal, wenn die Kellnerin vorbeikam, den Gitarrenhals heben musste, um sie passieren zu lassen. Solche Gigs mache ich gerne, wenn sich die Gelegenheit bietet."

Nachdem die Technik wieder mitspielte, produzierten Gary und Ian Taylor ein gradliniges und solides Album, bei dem Garys Stärken offensichtlich wurden wie auch der Einfluss vorheriger Erfahrungen mit Otis und John Mayall. Der britische Radiosender Planet Rock fragte, ob er sich überlegen würde, sechs Blues-Sendungen als Gastgeber zu moderieren, wo er alle Songs auswählen und vorstellen durfte, zusätzlich mit Gitarren-Licks aus dem Studio.

„(Beim neuen Album) entschieden wir uns dazu, so viel wie möglich live einzuspielen, und somit sind die meisten Soli und sogar ein Teil des Gesangs direkt aufgenommen worden, da ich die natürliche Atmosphäre bewahren wollte. Zu den anderen Änderungen gehörte, keine Effektpedale zu benutzen. Mir schwebte Folgendes vor: Gitarre, Verstärker, ich und die Songs und damit hatte es sich schon erledigt. Es ist erdig und direkt."

Moore entschied sich das Album *Close As You Get* zu taufen. „Man kann den Titel in zweierlei Hinsicht interpretieren. Es ist eine sehr persönliche Platte, somit bedeutet es, dass man so nah wie möglich an eine Person kommt. Aber es hat auch etwas mit dem Blues-Snobismus zu tun. Hier geht es darum, das zu entdecken, was sich tatsächlich [hinter der Musik verbirgt] – Die Menschen, die den Blues spielen, haben nicht zwangsläufig die ‚richtige Hautfarbe' oder stammen aus den [damit assoziierten] Städten oder Orten. Damit spreche ich die [authentischen] Musiker an und sage ihnen, dass sie so nah wie möglich [zur Seele der Musik] vorgestoßen sind. Man kann den Titel auch so auffassen."

Der erste Track „If The Devil Made Whiskey" zählt zu den fünf Eigenkompositionen des Albums: „Ich wachte eines Morgens auf, und mir schwirrte dieses Riff im Kopf rum. Wir gingen ins Studio und spielten die Nummer direkt ein. Ich benutzte dazu eine alte Telecaster, die ich tiefer stimmte, ähnlich einem „Open E", der auf D runtergestimmt wird. Dann spielte ich mit einem Bottleneck, um das erdige Feeling zu kreieren. Beim Intro schlug ich auf den Pick-up, um diesen rauen Klang zwischen den einzelnen Tönen hinzubekommen. Man hört das Klacken auf der tiefen E-Saite, die auf den Tonabnehmer trifft."

Auf der folgenden Tour wurde der Titel zuerst als Opener des Sets genutzt, was Vic Martin überhaupt nicht schmeckte: „Ich fand keinen Raum für die Tasten und während die Tour lief, entschied sich Gary kurzfristig, dass der Song ein guter Opener sei. Das bedeutete, dass ich erst zum zweiten Song zur Band stieß ... was mir die Euphorie raubte, zusammen mit den Jungs auf die Bühne zu gehen ... Gnädigerweise wurde der Song nach den ersten paar Gigs fallen gelassen."

Garys Titelauswahl bewies, wie gerne er Coverversionen spielte, doch immer individuelle Fassungen daraus machte – und er vermied die offensichtlichsten Songs. Für das Album – und auch bei der Auswahl der Songs für die Radiosendung – entschloss er sich zu Sonny Boy Williamsons „Eyesight to The Blind" und Chuck Berrys „Thirty Days", welches er aber eher im Stil von Johnny Winter präsentierte und auf der Tour mit einem halsbrecherischen Tempo rockte. Der Einfluss des „Beano"-Albums ließ sich nie ausschließen, und da er als Gastmusiker bei John Mayall aufgetreten war, entschloss er sich zu „Have You Heard", was auf der Bühne bis zu zehn Minuten ausgedehnt wurde. Gary erklärte einem Interviewer, dass er trotz des allgemeinen Live-Charakters der Platte das Solo von „Have You Heard" als Overdub aufnahm, „denn ich spielte zu viele Clapton-Licks von der Originalfassung. Es war also auf eine Art ‚vorbelastet'. Nachdem die Band das Studio verlassen hatte, wechselte ich die Gitarre [und wenn man genau hinhört] kann man noch ein bisschen vom Signal des ersten Takes wahrnehmen."

Lisa Sharken, eine Interview-Partnerin von *Ultimate Guitar* mit einem ausgeprägt scharfen Gehör, machte einen Vibrato-Arm am Ende von „Hard Times" aus, was nicht mit den hauptsächlich von Gary genutzten Gitarren übereinstimmte. Gary: „Ja, das stimmt. Es ist eine Burns Artist Guitar aus den Sechzigern mit einem schmalen Korpus ... Sie besitzt noch die Original-Pick-ups ... Am Ende hört man die Federn, die sich wieder zusammenziehen ... aber das hat Persönlichkeit. Manchmal ist es wichtig, so etwas in [den Gesamtsound] zu integrieren. Es verleiht dem Song einen speziellen Charakter."

Im selben Interview, wurde Moore zu seinem Lieblings-Track oder -Solo befragt und er wählte das Solo von „Trouble At Home", was ihm die Möglichkeit bot, seine Gefühle bezüglich des Heranreifens seines Blues-Gitarrenspiels über die Jahre auszudrücken: „Es ist das erste Mal, dass ich exakt das umsetzen konnte, was ich auch live mache – nämlich große Freiräume zwischen den Phrasierungen zu lassen … Ich glaube, dass es vor allem expressiv klingt. Als Gitarrist musste ich lernen, Pausen zuzulassen. Gitarristen haben immer dieses Problem, aus Angst ein ‚Loch' zu lassen, in das sie gedanklich hineinfallen." Er erzählte die Geschichte von Albert King, der ihm zu Freiräumen riet: „Das bedeutet eigentlich alles. Ich brauchte sehr lange, um darauf zu kommen. Aber er hatte vollkommen Recht. Lässt man eine Pause – und wenn man einen guten Ton hat und so ausdrucksstark spielt, dass man die Leute mitnimmt – dann können sie es gar nicht erwarten, bis die nächste Note kommt. [Du spannst sie also auf die Folter]. Und das macht den Reiz aus. Ich bin mit Peter Green aufgewachsen und mich verblüfft es immer noch, wie gekonnt er diese Freiräume ließ. Man denkt dann: ‚Na, los – spiel den nächsten Ton!'"

Gary verwirklichte auf dem Album auch seinen Hang zu den großen Blues/Soul-Balladen. Bei „I Had A Dream" im Stil eines Otis Redding verziert er den Song mit einer bedächtig anmutenden Telecaster im Country-Stil und zusätzlich liefert er ein stilistisch ähnlich gelagertes „Evenin'" ab, basierend auf Jimmy Witherspoons Vorlage. Moore schwebte ursprünglich „I Put A Spell On You" in der Fassung von Nina Simone vor, doch er erzählte *All Out Guitar*: „Wir nahmen einige Takes auf und ich entschied: ‚Warum um alles in der Welt sollen wir das machen? Das hat doch schon jeder gebracht!' Brian Downey warf ein: ‚Warte, ich zeig dir mal, woher der Song kommt.' Wir gingen ins Internet und fanden die Jimmy-Witherspoon-Version, die Brian in einer Dubliner Band namens Sugar Shack spielte. Ich war da gerade erst 16 Jahre alt. Als ich das Stück hörte, erinnerte ich mich sofort daran und wollte es unbedingt machen. Es ist so ein wunderschöner Song, aber selten zu finden, und so kennen ihn viele Leute nicht. Natürlich war es besser so eine Nummer vorzuziehen und auch interessanter. Wir drückten ihr auch einen eigenen Stempel auf, denn auf der Jimmy-Witherspoon-Fassung ist eine Flöte und T-Bone Walker spielte Gitarre – soweit ich weiß. Dadurch wirkt es jazziger. Unsere Interpretation fällt ein wenig unheimlicher und eindeutig melancholischer aus. Der Text ist niederschmetternd, handelt von jemanden, der sich selbst bedauert, vom Schicksal verdammt wurde."

Gary hatte keine Angst sich vor einem Publikum hinzusetzen und akustische Blues-Gitarre zu spielen, doch erst auf diesem Album verwirklichte er den Stil mit Son House' „Sundown". Garys künstlerische Interpretation des Blues bezog sich nie auf die Geschichte oder die Politik, denn er sah es von einem rein emotionalen Standpunkt aus. Für ihn als Gitarristen war es das beste Medium, um sich auszudrücken. Doch im Fall von Son House kam die Auseinandersetzung mit dem Künstler im Rahmen der Suche nach frischen Tracks einer Neuentdeckung gleich. Während der Beschäftigung mit Son House erzählte Gary Nevile Marten die Story der Wiederentdeckung des Musikers von jungen, weißen Blues-Fans, die zur Aufnahme des Albums *Father Of The Delta Blues* führte und ergänzte sie mit seiner eigenen Story. „Was witzig war: Ich ging in diesen Vinyl-Laden, um etwas für Weihnachten zu kaufen und begann Platten zu sammeln. Sie hatten zwei Blues-Scheiben, eine von Skip James mit ‚I'm So Glad' und die andere war ein Son-House-Album ... Ich kaufte beide und es war einfach wunderbar. Einige der Blues-Texte reichen schon an Lyrik heran."

Im Gespräch mit Brian Holland von *All Out Guitar* thematisierte Gary die Wiederentdeckung der Nummer für das Album: „Ich brauchte einige Zeit, um es zu packen, denn ich hatte noch nie einen Akustik-Blues für ein Album aufgenommen. Es ist eine ziemliche Herausforderung. Schließlich setzte ich mich auf die Couch hinten in der Regie, aber es stimmte immer noch nicht. Eines Abends sind wir alle in den Pub gegangen und kippten uns einige Drinks hinter die Binde – natürlich nur aus Respekt vor Son House! Wahrscheinlich hat er immer so aufgenommen. Ich habe mich dann auf die Stimmung eingepegelt und wir schafften es in einem Take ... es wurde wirklich gut und so hat man mehr Zuversicht in dieser Richtung."

Die Band mit Pete, Vic und Brian tourte fast das ganze Jahr 2007, wobei sich die meisten Termine vom März bis in den November erstreckten. Dabei zogen sie durch Großbritannien, Skandinavien und Deutschland, die Ukraine und Russland, gefolgt von weniger ausgetretenen Pfaden in Serbien und Bulgarien. Das Jahr wurde mit einem Paukenschlag beendet – und zugleich einem der zahlreichen Karrierehöhepunkte des Ausnahmemusikers – Gary Moore spielte Jimi Hendrix.

Die Songs von Jimi Hendrix befanden sich schon seit dem Frühbeginn von Garys Laufbahn in seinem Repertoire. In den letzten Jahren traten sie jedoch deutlicher in Erscheinung, bedenkt man die Innovationen von *A Different Beat* und das Konzert zum 50. Fender-Jubiläum. Doch nun eröffnete sich bei der DVD-Veröffentlichung des Monterey-Pop-Festivals eine Gelegenheit, das Thema gebührend abzufeiern. Gary stellte ein Trio mit Darrin und dem Bassisten Dave Bronze zusammen, das bei der Filmaufführung spielen sollte. Es folgte ein Gig am 25. Oktober im Londoner Hipppodrome, wo Gary sogar mit Billy Cox und Mitch Mitchell auftrat.

Wie schon mehrfach bemerkt, konnte Gary fast alles spielen, was man bei ihm abfragte und – so überzogen das auch klingen mag – ähnlich gut oder sogar besser als das Original. Darrin erlebte das direkt bei „Proben, denn manchmal jammten wir und wenn man ihn auf einen verdammten Gitarristen ansprach, spielte er dir das vor – Beatles-Riffs, Jimi-Songs, Sex Pistols, Rage Against The Machine. Er ließ sogar System Of A Down von der Leine und einige der Metallica-Nummern." Vic erwähnt ein anderes Beispiel: „Jan Akkerman war mal bei Gary in der Garderobe. Die beiden saßen zusammen und Gary spielte ‚Sylvia' besser als Akkerman selbst. Er kannte einfach alles."

Es lässt sich kaum ein anderer Gitarrist auf diesem Planeten vorstellen, der besser vorbereitet war, um vor einem Publikum zu stehen und für die Nachwelt gefilmt zu werden, während er die Musik des einflussreichsten Gitarristen aller Zeiten darbietet – und sich dann noch die Bühne mit dessen ehemaligen Begleitmusikern teilt.

Der Druck hätte nicht größer sein können: Gary spürte das, während sie bei langen Proben ihre Hausaufgaben erledigten. Wir haben erfahren, dass Moore ein höchst sensibler, nervöser Mensch mit der Neigung zur Schüchternheit war, doch tief in seinem Inneren muss er gewusst haben, wie gut er war, denn sonst hätte er niemals den unglaublichen Mut und das außergewöhnliche Selbstvertrauen aufgebracht, sich auf solch ein Wagnis einzulassen. Auf einer bestimmten Ebene überraschte der phänomenale Triumph des Abends nicht, doch es war immer noch eine absolute Meisterleistung. Sie wird für immer und ewig Zeugnis seiner immensen technischen Fähigkeit bleiben, einer Fähigkeit mit der er das Herz und die Seele seiner Gefühle mithilfe von sechs dünnen Stahlsaiten ausdrückte.

2007 war ein gutes Jahr für Gary gewesen und fand einen würdigen Abschluss: Er hatte ein immens wichtiges Konzert gegeben, so viel oder so wenig getourt wie er wollte, und die Traumata des Problems mit der Hand und der darauffolgenden Komplikationen waren nun nur noch ein böser Traum. Darüber hinaus hatte er seinem Katalog ein starkes Album hinzugefügt und er durfte sich sowohl professionell als auch privat über eine solide Unterstützung freuen. Doch innerhalb der nächsten zwölf Monate war die Landkarte von Garys Privatleben einem massiven Erdbeben ausgesetzt.

KAPITEL VIERZEHN
TROUBLE AIN'T FAR BEHIND

Die Band tourte von April bis Juli und ging dann ins Sphere Studio, in dem Gary *Bad For You Baby* produzierte, das eine Hinwendung zum eher ruppigen Blues-Stil von *Power Of The Blues* markierte. „Das Album ist deutlich aggressiver als das letzte, denn wir spielten es nach einer Tour ein, und ich versuchte bei den Songs meinen Live-Stil zu integrieren. Hat man eine Tour beendet, befindet man sich meist auf dem spielerischen Höhepunkt. [Ein Musiker] steckt noch voller Energie, und das ist eine ideale Zeit, um aufzunehmen. Wir nahmen uns einen Monat frei, wonach es ins Studio zur Aufnahme von elf Tracks in nur fünf Tagen ging. Dann standen zehn weitere Live-Termine an, bei denen viele der Album-Songs aufgeführt wurden, was dem ganzen Projekt dienlich war. Diese Gigs liefen fantastisch. Durch sie wurde mein Selbstvertrauen hinsichtlich des Gesangs gestärkt. Als wir dann wieder im Studio standen, erlebten wir einen Energieschub, da die Leute das neue Material zu mögen schienen."

Hal Horowitz schrieb in seiner Besprechung für *allmusic.com*: „Ein neues Jahr, ein neues Blues-Rock-Album von Gary Moore, das sich fast mit dem letzten austauschen lässt. Das ist für Fans und Newcomer sicherlich kein Problem, denn trotz der oberflächlichen Ähnlichkeiten der Veröffentlichungen, scheint sich Moore niemals eindeutig zu wiederholen, um seinen bereits umfangreichen Katalog um eine neue Platte zu ergänzen. Seine harten Gitarrenmelodien sind bissig, aber stilecht, und seine unterschätzte Stimme wirkt stark und überzeugend auf den Eigenkompositionen und Coverversionen, die die Basis des Blues-Rock bedienen, ohne dabei wie auswendig gelernt anzumuten. Obwohl man auf keine Überraschungen stößt, ist *Bad For You Baby* keinesfalls enttäuschend. Moore führt eine Reihe von ruppigen Blues-Rock-Nummern fort, die seit *Still*

Got The Blues, also der Post-Hardrock-Ära, auf seiner Agenda stehen. Er vereint seinen kehligen Gesang und die ungezähmte Gitarre so gekonnt bei einigen Muddy-Waters-Songs, dass es einen beeindruckenden Effekt erzeugt. Niemand wird seine Versionen von Waters' „Walkin' Thru The Park" oder „Someday Baby" mit den klassischen Nuggets aus der Chess-Ära verwechseln, die sie nun mal sind. Moores angerockte Attacke auf die Stücke trifft aber den Nagel auf den Kopf, denn sie bleiben melodisch verhältnismäßig authentisch, auch wenn er seinen Power-Blues-Schlaghammer schwingt. Moore spielt bei J.B. Lenoirs „Mojo Boogie" einen Shuffle, als habe er den Rhythmus selbst erfunden. Auch wenn der heisere Gesang niemals mit Lenoirs grellen und schrillen Vocals verwechselt werden würde, stößt er mit genügend Energie in den Song vor, um alles im Songbook eines Johnny Winter zum Erbeben zu bringen. Fans der Gitarren-Flitzefinger werden sich von der heißen Griffbrett-Akrobatik von „Down The Line" in Double Time packen lassen, und diejenigen, die dachten, Led Zeppelins Debüt sei ihre Sternstunde gewesen, dürfen sich die hart rockenden „Page-Ismen" von „Umbrella Man" zu Gemüte führen. Mit der süßlichen Ballade „Holding On" haut Moore einen für die Ladys raus. Zwar wird das Stück sicherlich keinen Preis für lyrische Komplexität ergattern, aber es wartet mit einer liebreizenden Melodie auf und Cassie an den Backing-Vocals, Otis Taylors Tochter. Cassie tritt bei dem Swamp-Blues „Preacher Man Blues" mit ihrem Dad in Erscheinung (der ein kaum hörbares Banjo zupft), einer Nummer, bei der Moore sich effektiv mit einer Mundharmonika einbringt. Es ist das einzige Mal, dass er dieses Instrument auf dem Album einsetzt. Al Koopers langsames, sehnsuchtsvolles „I Love You More Than You'll Ever Know" aus seiner New Yorker Zeit mit den Blood, Sweat & Tears wird einer ausführlichen, fast elfminütigen Moore-Behandlung unterzogen und wirkt ähnlich vereinnahmend wie die von BS&T's. Wer darauf gehofft hat, dass Moore seinen Horizont erweitern würde, muss noch ein wenig länger warten, doch die bestehenden Fans und besonders die, die Musik aus dem Bauch heraus mögen, werden mit *Bad For You Baby* bestens bedient."

Der erste Tourabschnitt wurde mit einem Gig bei der Bikers Convention in Faro, Portugal beendet, nach dem Gary und Jo für einen Urlaub dortblieben. Zu dem Zeitpunkt waren die zwei bereits verheiratet. Nach einigen Jahren, in denen Gary Jo mit Heiratswünschen ständig auf die Nerven fiel, hatte sie sich schließlich bereit erklärt, ihn im November 2006 zu heiraten. Bei der Hochzeit entschied man sich gegen einen direkten Trauzeugen des Mannes, aber mit Graham und Dick Meredith waren zwei Zeugen anwesend. Dick war im Mai/Juni als Tourmanager zu Garys Team gestoßen und entwickelte sich zu einem wichtigen Mitarbeiter und engem Freund: „Ich musste die allererste Show mit Gary absagen, denn meine Frau erwartete unseren zweiten Sohn und war schon über den eigentlichen Termin. Ich latschte also ins Music Bank und steckte Gary, dass ich den Auftritt nicht machen könne, ich aber einen klasse Ersatz habe. Zuerst musste ich die berühmt-berüchtigte Standpauke über mich ergehen lassen, aber als er hörte, dass es sich um Familie und Kinder handelt, hätte ich alles Mögliche anstellen können."

„Ich erinnere mich an einen Zwischenfall in Dänemark, bei dem Gary den Veranstalter grillte, da etwas mit der Garderobe nicht in Ordnung war – und er schoss aus beiden Läufen. Das war am Anfang der Zusammenarbeit, und ich dachte mir: ‚Oh, nein!' Dann drehte er sich um, schaute mich an und blinzelte – wonach er den Raum verließ. Das sagte eigentlich schon alles. Zu dem Punkt wusste ich, sein Vertrauen gewonnen zu haben und auch was er beabsichtigte. Für mich bedeutete es eine große Ehre, bei seiner Hochzeit gewesen zu sein, denn es war ein ganz besonderer Tag, an dem ich Jo unglaublich glücklich erlebte."

Für Gary bedeutete die Familie alles: Otis Taylor erzählte, dass sich die Gespräche der beiden meist um die Familie drehten und auch bei Darren Main, Chris Tsangarides und anderen Personen des inneren Zirkels lag der Schwerpunkt bei diesem Thema. Doch im Juli 2008 – an einem Strand in Portugal – spürte Jo, dass etwas nicht stimmte.

Gary trank häufig am Ende einer Tour, um „runterzukommen", „doch diesmal war es anders", erinnert sich Jo. „Er trank bis zu dem Punkt, an dem ich ihn fragen musste: ‚Was ist eigentlich los mit dir?' Schließlich verkürzten wir den Urlaub und flogen nach Hause." Jo glaubt nicht, dass eine andere Frau zu der Zeit in Garys Blickfeld aufgetaucht war, doch er distanzierte sich und wurde immer deprimierter.

Im Oktober geschah es dann. Garys deutscher Promoter und Freund, George Hofmann, gibt sich die Schuld: „Dieses Mädchen stand bei jedem Gig in der ersten Reihe. Gary sollte dann bei der deutschen TV-Sendung *Schmidt & Pocher* in Köln auftreten. Nach der Show kamen wir aus dem Fernsehstudio und gingen zum Bus. Draußen wartete eine Menschenmenge, die Autogramme haben wollte, und wir haben uns dann auf den Weg zu einem Chinarestaurant gemacht. Gary meinte: ‚Besorg doch ein Mädchen, das mit uns kommt.' Und ich deutete auf die besagte Dame. Obwohl sie immer bei den Gigs aufgetaucht war, hatten sich die beiden bis zu dem Abend noch nie getroffen, und so sehe ich es als meine Schuld an." Die besagte Frau war eine große Blondine in ihren frühen Dreißigern mit dem Namen Petra Nioduschewski.

Wie bei jeder Tournee rief Gary zuhause an, doch wie Jo augenblicklich bemerkte, hatte sie nun einen anderen Gary an der Strippe. „Ich weiß, dass es Halloween war, denn bei mir hielten sich viele verkleidete Kinder auf. Wir wollten für ihren Halloween-Abend ins Booth Museum gehen. Er rief also an und ich erklärte ihm, dass ich gehen müsse, was für ihn in Ordnung war. Er wollte nicht am Telefon bleiben, was ich recht ungewöhnlich fand, was ihm überhaupt nicht glich. Ich dachte: ‚Was stimmt da nicht? Wer ist da im Raum mit ihm?' Ungefähr zehn Tage später kam er wieder zurück, und ich fragte ihn einfach: ‚Was zum Teufel hast du vor?'"

„Er sagte später, sie [die Affäre] sei vorbei. Er wollte, dass wir zusammenbleiben. Aber er war so ein Idiot, denn sein Handy lief auf meinen Namen. Ich schrie: ‚Du erzählst mir das eine, aber die Telefonrechnung erzählt mir was anderes. Warum sind da so viele Anrufe nach Deutschland, wenn ich nicht da bin?' Daraufhin beschwichtigte er: ‚Ich muss ihr ein neues Auto kaufen, denn sonst wendet sie sich an die Presse.' Doch das war alles nur eine Entschuldigung."

Gary zog aus dem Familienwohnsitz aus und mietete sich ein Haus ganz in der Nähe, angeblich, um einen klaren Kopf zu bekommen und wieder zurückzukehren. Doch Jo erzählt: „Gerade als er ausgezogen war, landete ein Flug von Deutschland in Gatwick. Ich wusste das, denn ich erhielt all seine Kreditkartenabrechnungen. Das war wirklich nicht schlau."

Jo wollte ihren 40. Geburtstag kurz vor Weihnachten mit einer großen Party feiern, doch sie sagte die Festivitäten ab. Zwischenzeitlich organisierte Gary eine Band für eine ganz andere Party. Pete und Vic taten sich mit Steve Dixon zusammen, ein mit Pete befreundeter Schlagzeuger aus der Londoner Szene. „Ich traf Gary während eines Gigs mit Buddy Whittington in Worthing", berichtet er. „Gary lebte ganz in der Nähe und kam zum Jammen vorbei. Er lobte mich für mein Spiel und verabschiedete sich mit einem Handschlag. Drei Wochen später erhielt ich einen unerwarteten Anruf von ihm, bei dem er fragte, ob ich während der Weihnachtszeit etwas zu tun hätte."

Für ganz „normale" Menschen erscheint es merkwürdig, wenn große Rockstars, die vor einem großen Publikum in riesigen Arenen spielen und von einer Entourage von „Höflingen" umgeben sind, die ihnen jeden noch so unbedeutenden Wunsch sofort erfüllen, sich die Mühe machen, bei Privatpartys aufzutreten. Doch ein Gig ist ein Gig und einige Künstler fordern für einen einzigen Abend Summen, die in die Millionen gehen, damit ein superreicher Geschäftsmann oder Politiker seine Kinder oder Geschäftspartner beeindrucken kann. Gary zählte sicherlich nicht zur Top-Kategorie, doch er war ein bekanntes Gesicht der russischen Konzert-Szene. Angeblich bezahlte man ihm 250.000 Pfund und luxuriöse Unterbringung für die gesamte Band im Ritz Carlton Hotel in Moskau, um bei einer vor Silvester stattfindenden Party aufzutreten, mitten im Kreml und besucht von Wladimir Putin (damals Premierminister), dem damaligen Präsidenten Dimitri Medwedew und 40 ihrer Freunde.

Graham Lilley erinnert sich: „Unendlich lange Tische, alles Silberbesteck, Bühne an einem Ende des Saals mit einer beweglichen Videowand. An dem Tag ließen sich ein Orchester blicken, Opernsänger, eine Mariachi-Band, ein russisches Pop-Duo und Gary (der nur vier oder fünf Songs spielte). Die unterhaltenden Künstler traten entweder auf der Bühne oder am anderen Ende des Saals auf." Als Gary „The Blues Is Alright" spielte, brachte er damit all die hohen Tiere zum Tanzen.

Dick Meredith erinnert sich an einen potenziell heiklen Moment: „Die Menschen, die angeblich immer so viel Volksnähe zeigen, sagten: ‚Die dem Volke so Nahestehenden wollen zuerst ‚Still Got The Blues (For You)' hören'. Ich hatte wirklich Angst davor, das Gary mitzuteilen. Er schaute mich an und ich wartete auf ein ‚Fuck off', doch stattdessen meinte er achselzuckend: ‚Er bezahlt mir so viel, dass ich es auch rückwärts spiele, wenn er es will.' Woran ich mich noch erinnere – an einen Präsidenten Medwedew, der Luft-Gitarre spielte. Da das Konzert zwischen Weihnachten und Silvester stattfand, bezahlte Gary der Crew das Doppelte."

Sie spielten noch auf einer weiteren Privatparty für den Bürgermeister von Moskau, bei der das Theater im Kreml mit einer Dekoration der Tower Bridge und anderen ikonenhaften Sehenswürdigkeiten Londons geschmückt war. Ende 2010 ging es dann nach Cap Ferrat im Süden Frankreichs, um für einen steinreichen Russen in einem luxuriösen Fünfsterne-Hotel aufzutreten. Der „Laden" mag wohl luxuriös gewesen sein, doch die Crew musste das gesamte Equipment die Treppen hochwuchten. Garys Agentin Pru machte sich zur Rezeption auf, um die Kosten zu regulieren, woraufhin man ihr 110 Pfund für einen durchschnittlichen Salat und ein Glas Wein abknöpfte.

Die Gruppe – immer noch mit Steve Dixon am Schlagzeug – tourte 2009 extensiv, wobei sich der längste Zeitraum, allerdings mit wenigen freien Wochen Unterbrechung – vom März bis zum Dezember des Jahres hinzog. Gary hatte Kerry erzählt, er wolle viel unterwegs sein, was ihm nicht ähnelte, aber bewies, wie schlecht es um die familiären Verhältnisse stand. Schließlich erwarb er für sich und Petra ein Haus in Brighton. Es lag in ungefähr gleicher Entfernung zu Jos Haus mit Lily und Kerrys mit Jack und Gus.

Jo suchte ihn manchmal auf, fand ihn auf den Stufen sitzend oder dabei, wie er sich etwas zum Essen aus dem Kühlschrank holte. Sie stellte ihn vor die Entscheidung, sich darüber klar zu werden, bei wem er leben wollte, obwohl sich ihre Einstellung gegenüber Gary ab 2010 verhärtete. Manchmal tauchte er bei Kerry auf: „Er erzählte mir, dass Petra sich um ihn kümmern würde, doch ehrlich gesagt, stimmte das nicht. Entweder gingen sie Essen oder besorgten sich etwas zum Mitnehmen. Ich machte mir wirklich Sorgen um seine Gesundheit und erzählte auch Jack davon. Gary war aufgedunsen und deprimiert. Ich hatte ihn noch nie so fertig gesehen."

Gary wurde von Schuldgefühlen zerfressen, doch konnte sich offensichtlich nicht selbst helfen. Bei ihm lautete die Devise immer „Alles oder Nichts", egal, ob es die Musik betraf, das Trinken oder Beziehungen. So moralisch verwerflich es gewesen wäre – er konnte sich nicht auf One-Night-Stands in irgendwelchen Hotels einlassen. Darren Main, der Gary während einer Tour immer aus den Federn werfen musste, kann das bezeugen – trotz zahlreicher Angebote oder Gelegenheiten – war es niemals sein Stil gewesen. Er musste sich einfach voll und ganz in eine über-romantisierte und verhängnisvolle Beziehung werfen, obwohl es klar war, dass er niemals glücklich werden würde. Kerry berichtet, Petra habe behauptet, von ihrem Freund aus der gemeinsamen Wohnung geworfen worden zu sein, weshalb sie dann nach Brighton gezogen sei: „Es gab also nie ein deutliches Anzeichen, dass es sich um eine tiefgehende und bedeutungsvolle Beziehung handelt – nicht das Geringste."

Der Familie fiel es zunehmend schwer, mit Gary in Kontakt zu treten. Entweder wurde das Telefon abgestellt, oder Petra nahm den Anruf entgegen. Einige glaubten, sie würde sich zwischen Gary und seine Familie stellen, andere, dass Gary sie als eine Art Schutzschild vorschob, weil er sich wegen der Affäre und seines allgemeinen Verhaltens schämte. Jack Moores Einstellung zu Petra ist hingegen glasklar: „Sie hat ihn ausgenommen, seine Familienbeziehung zerrissen. Er befand sich an einem dunklen Ort, und sie achtete anscheinend nicht auf ihn. Bis zum Zeitpunkt des Auszugs machte ich mir niemals Sorgen um seine Gesundheit. Er war in der Lage, sich um sich selbst zu kümmern, doch er brauchte eine [bestimmte Zuwendung], die er von Petra nicht bekam. Sie machte sich die ganze Situation zunutze und erschwerte selbstsüchtig den Kontakt zu Dad. Ich glaube, dass sie ihn dazu brachte, das Telefon auszumachen und ihn auch zu anderen merkwürdigen Verhaltensweisen drängte. Er schien sich ständig mit etwas zu beschäftigen, war nicht bei der Sache. Er wollte eigentlich beide [Frauen], aber verriet mir: ‚Ich bin mir nicht so sicher, ob Petra nach Brighton ziehen soll.'" Lily erzählt, dass sie selbst sich veränderte: „Ich bin immer Daddys Mädchen gewesen. Doch dann sah ich ihn in einem anderen Licht – wie er auch sein konnte. Ich bin wirklich umgeschwenkt und klammerte mich an Mum, war ständig ein wenig ängstlich."

Gary fühlte sich so verzweifelt, dass schnell eindeutige Anzeichen dafür zu erkennen waren, denn er ließ sich gehen. Zuvor ein durchtrainierter und kräftiger Mann – er wanderte, ging ins Fitnessstudio oder schwamm 50 Bahnen, ohne sich darüber Gedanken zu machen – zeigen die Fotos und Videos des Jahres 2010, dass er eindeutig an Gewicht zulegte. Wie Kerry bereits erzählte, sah es mit der Ernährung immer schlechter aus – und früher war er sogar Vegetarier, was im Rahmen seiner Gastspielverträge berücksichtigt wurde. Darren erzählt eine kleine Anekdote von einem „Schinken-Frühstück": „Einmal ging ich in einem Hotel nach unten, wo wir Garys Frühstück zusammenstellten – Saft, Zerealien, Früchte, Toast, Eier, Tee, aber ja kein Fleisch. Ich latschte also mit einem Riesentablett wieder hoch, stellte es ab, hob kurz den Deckel hoch, um alles zu überprüfen und entdeckte dort einen wahren Schinkenberg! Natürlich wickelte ich das Fleisch in eine Serviette, die ich draußen auf dem Getränkeautomaten liegen ließ. Dann betrat ich sein Zimmer: ‚Hier ist dein Frühstück, Gary.' ‚Hey, danke.' Dann bin ich wieder raus und entsorgte den Schinken im Mülleimer. Später meinte er: ‚Das Frühstück hat heute aber gut geschmeckt. War alles sehr aromatisch.' Ich dachte nur: ‚Wie witzig! Soll ich es ihm erzählen?' Ich ließ es aber sein." Garys Drogentage waren schon längst vorüber und er gehörte mittlerweile zur Anti-Raucher-Fraktion. Wenn bei jemanden im Team eine Zigarette in den Mundwinkeln baumelte, zog er die Augenbrauen hoch. Gary verbot das Rauchen in der Garderobe und versuchte sogar auf Veranstaltungsorte zu bestehen, in denen nicht geraucht werden durfte. Was den Alkohol anbelangte: Der berühmte Schriftsteller F. Scott Fitzgerald meinte, dass er „phasenweise trinke, die Phasen aber lange anhielten", und das verhielt sich auch bei Gary so. Heute würde man ihn möglicherweise einen Komasäufer nennen.

Zeitweise konnte das Trinken zu einem Problem werden. Allerdings sagen viele für das Buch Interviewte, dass sie ihn so gut wie gar nicht beim Alkoholkonsum sahen. Auf Tour trank er so gut wie nichts, ausgenommen am Ende einer Konzertreise. Laut Jo legten sie immer einige Gesundheitswochen ein, wenn sie den Eindruck hatten, er hätte zu exzessiv über die Stränge geschlagen. Pete Rees erinnert sich, „dass er manchmal nachschaute, ob wir vor einem Gig etwas tranken. Am Ende nahm ich kaum mehr etwas Alkoholisches zu mir, womit er mir vermutlich einen Gefallen erwies. Man muss [bei Konzerten] hochkonzentriert sein und darf nicht leicht angeheitert mucken."

Doch Gary trank wenn er sich schlecht fühlte, unglücklich war oder fliegen musste. So eine Kombination war gefährlich und höchst problematisch zu behandeln. Dick Meredith nennt es den ‚Chablis-Trick', eine wirkungsvolle Waffe, um Gary genügend zu sedieren, damit er in einen Flieger stieg. Und wehe dem, der glaubte, er könne es mit Gary aufnehmen, hatte dieser erstmal mit etwas angefangen. Wie in fast allen Lebensbereichen kannte Moore keine Grenzen und ließ sich gehen. „Ich erinnere mich an einen Flug," berichtet Dick. „Irgend so ein unglückseliger Typ dachte, er könne es beim Trinken mit Gary aufnehmen. Plötzlich war er sein bester Freund. Als wir ausstiegen, lag der Junge in sich zusammen gesunken in einer Ecke und hatte sich bepisst. Er war nur noch ein Häufchen Elend."

Aber auch wenn es Gary gut ging, war er niemand, der sich über Überraschungen freute. Man musste sich davor hüten, ihn mit einer Menge von Journalisten zu konfrontieren, wenn er völlig fertig aus einem Flugzeug stieg. Und genau das geschah im November 2009 in Budapest. Dick erklärt, „dass die meisten Veranstalter im ehemaligen Osteuropa überfallartig auf einen Künstler losgehen und ihn in eine Pressekonferenz drängen. Sie haben einen immens schlechten Ruf, weil sie oft Karten an Veranstaltungsorten verkaufen, an denen die Künstler nicht auftauchen, da sie vertraglich nicht verpflichtet wurden. Und somit liegt es in ihrem Interesse, einen Künstler so schnell wie möglich in die Medien zu bringen, wenn er überhaupt einen Fuß ins Land setzt. Dadurch können die Veranstalter ihre Tickets meist an einem Tag absetzen."

Gary war völlig unvorbereitet und das folgende desaströse Interview kann bei YouTube mitverfolgt werden. Dieses Ereignis war exemplarisch, denn mit Petra an seiner Seite wusste niemand, was denn nun gerade vor sich ging. Jo dachte, sie sei einfach mit dem „Model des Jahres" ausgetauscht worden. So banal wie das auch klingen mag, steckt doch ein Fünkchen Wahrheit dahinter, denn auch die auf *Bad For You Baby* zu findende Stilistik deutete einen grundlegenden Wandel an. Gary plante damals, seinen Celtic Rock wiederzubeleben. Bedenkt man sein inhärentes Verhaltensmuster, war die Vorstellung, dass brandneue Musik mit einem neuen Lebenswandel einherging, gar nicht so weit hergeholt. Gary achtete sehr auf sein Image. Möglicherweise beinhaltete eine Vision seiner selbst – ein Musiker, der erneut durch den Hard-Rock-Palast stolziert – die archetypische Blondine als Freundin/Trophäe. Lily berichtet, dass Gary tatsächlich ihren Ratschlag über eine mögliche Rückkehr zu Jo erbat: „Wir unterhielten uns viel darüber. Doch er gab niemals zu, dass auch er älter wurde. Vielleicht hatte er Angst davor." Lily deutete auch eine mögliche Midlife-Krise an.

Während der ersten Hälfte 2010 fanden weitere Konzerte in Russland statt, aber auch in Japan und Südkorea. Der Flug von London nach Moskau war der letzte, bevor alle Verbindungen abgesagt werden mussten, da die Asche eines isländischen Vulkans den Luftraum über Europa verdunkelte. Und von Moskau ging es weiter nach Tokio – und zwar mit dem ersten Flug, der offiziell wieder erlaubt wurde. Als sie aus dem Flugzeug ausstiegen, sahen sie als erstes einen Haufen Medienvertreter geduldig warten. Sofort verfinsterte sich Dicks Wahrnehmung, da er ein neuerliches Budapest-Desaster befürchtete: „Ich rief also blitzschnell den Veranstalter an, der beschwichtigend meinte: ‚Nein, das dreht sich alles nur um den Vulkan – es ist der erste Flug, der es wieder nach Japan geschafft hat.' Gary stand kurz vor einer Eruption, und als ich ihm erzählte, dass die [Reporter] nicht wegen uns gekommen seien, witzelte er: ‚Wie bitte, die kommen nicht wegen uns?' Urkomisch, die ganze Sache."

Dick war der letzte auf einer langen Liste von Musikern und Roadies, die von Garys absolutem Gehör verblüfft wurden: „Während eines Soundchecks auf der Tour drehte sich Gary zu Vic um und sagte: ‚Deine Hammond ist verstimmt.' Und er hatte Recht, da er zu den wenigen Menschen mit einem absoluten Gehör zählte. Wir beendeten den Soundcheck, fanden aber nicht die Ursache für das Problem. Der Saft für die Hammond kam von Generatoren, die aber eine unterschiedliche Frequenz lieferten. Es war aber nur ein winzig, winzig kleiner Unterschied, den niemand wahrnahm – außer Gary. Ein anderes Mal schlenderten wir beim Shopping durch eine Stadt und kamen an einer Kirche mit einem Glockenspiel vorbei. Dort befand sich eine Tafel, auf der die Töne der Glocken angegeben waren. Das wurde zu einem Spiel. Wir fragten Gary, welcher Ton gerade erklang und er hatte immer Recht."

Nach dem Ende des ersten Tourabschnitts im April gab Gary plötzlich die Auflösung der Gruppe bekannt. Pete: „Er erzählte uns, dass er sich wieder auf den Celtic Rock konzentrieren würde. Er wirkte sehr traurig, meinte er würde uns sehr vermissen, aber wolle etwas Anderes machen, ähnlich wie damals mit Scars. Doch er sagte, dass er den Kontakt zu uns aufrecht halten würde, um danach ein weiteres Blues-Album zu produzieren. Ich bin mir sicher, dass er das auch gemacht hätte."

Moores Entscheidung war musikalisch und finanziell begründbar. Die Art von rebellischen und stark maskulinen Stücken kam schon immer gut beim Publikum an, doch auch die Veranstalter waren „scharf" darauf. Der Grund: Es ließen sich verglichen mit dem Blues mehr Tickets verkaufen, was besonders auf die eher exotischen und lukrativen Länder zutraf, aber auch auf Deutschland. Gary hatte Muse gesehen und erkannt, dass sich Rockmusik an ein jüngeres und zahlungskräftigeres Publikum richtet, wohingegen die Blues-Größen unbeirrt ihres Weges zogen und sich ihre Glaubwürdigkeit bewahrten, aber so gut wie keine neuen Zuschauer erreichten. Celtic Rock unterschied sich von beidem, denn als Ire hatte Gary sozusagen die Lizenz sich weiter durch das stilistische Terrain zu pflügen.

Allerdings gab es einen negativen Aspekt für die Entscheidung, denn er musste sich zwei Plagiatsvorwürfen hinsichtlich „Still Got The Blues (For You)" stellen. Die erste Anschuldigung kam seitens eines Pornoregisseurs, der behauptete, Gary habe das Riff vom Soundtrack eines seiner Filme gestohlen. Das wurde allerdings schleunigst abgeschmettert. Der zweite Fall war hingegen ernster und bezog sich auf einen Song namens „Nordrach" von der Band Jud's Gallery. Der Rechtsstreit war langwierig und teuer, da Zeugen und Experten ihre Aussagen beitrugen. Letztendlich urteilte der Richter, keine Beweise für ein absichtliches Plagiat zu finden, da der besagte Song zu der Zeit, in der ihn Gary gehört haben solle, nicht auf einem Tonträger erschienen war. Allerdings war die Melodie so täuschend ähnlich, dass eine Entscheidung unabdingbar war. Letztendlich kam es zu einer außergerichtlichen Übereinkunft mit einer Verschwiegenheitsvereinbarung. Gary musste einen Teil seiner Rücklagen „anzapfen". Neben den zu begleichenden Kosten für das Verfahren, war sein „Cash Flow" stark reduziert, da man Tantiemen wegen des ungewissen Ausgangs zurückgehalten hatte.

Dennoch – Gary hatte seinen stilistischen Wandel schon seit geraumer Zeit geplant. Schon 2005 hatte er vor dem Phil-Lynott-Konzert Jon Noyce einige Celtic-Rock-Tracks vorgespielt. Jon erhielt dann im März 2010 einen Anruf von Moore, also noch während der Tour mit dessen Blues Band.

Die Proben, die zu dem neuen „alten" Stil führen sollten, begannen im Mai. Allerdings regten sich Zweifel bei Jon, aber auch anderen, ob Gary wirklich fit genug sei, um eine körperlich strapaziöse Rock-Show zu bestreiten. „Als Darrin und ich zur ersten Probe ins John Henry's kamen, setzte sich Gary hin. Ich fühlte mich wie vor den Kopf geschlagen, denn er sah aus, als habe er einen Fußball geschluckt. Auch schon im November, als ich ihn im Shepherd's Bush sah, war er nicht mehr so pfiffig. Früher reagierte er schnell und clever. Als es dann weiterging, bemerkte man schnell, dass er sich nicht genügend um sich kümmerte. Sogar Darrin hatte sich für so ein athletisches Set in Form gebracht."

Gary musste zwangsläufig „Parisienne Walkways" und „Still Got The Blues (For You)" im Programm lassen, doch verzichtete mit der Ausnahme von „Walking By Myself" auf das Blues-Set. Die meisten Stücke stammten von *Wild*

Frontier und *After The War*. Obwohl Gary das Material bestens kannte, musste er sich in kurzer Zeit dem stressigen Prozess des „Wiedererlernens" unterwerfen. Das Spielen war körperlich anstrengend, was auch den Gesang anbelangte. Die Tonarten für die Songs lagen deutlicher höher, aber Gary hatte sich die letzten Jahre an die tieferen Blues-Songs gewöhnt, die wesentlich besser zu seinem Stimmumfang passten. Jon berichtet, dass „er viel Zeit damit verbrachte ,The Boys Are Back In Town' zu üben. Er machte sich wirklich Sorgen, diesen schnell aufeinander folgenden Text rüberzubringen". Zu Garys Freude hatten sich Darrin und Jon gut vorbereitet, obwohl die Vorlaufzeit eher kurz ausfiel. Jon erzählt: „Gary wollte etwas auf die Beine stellen. Das Geld sah gut aus, und alles war bereit. Für Auftritte in Japan lag ein ernstzunehmender Betrag auf dem Tisch. Man sprach sogar über die USA."

Eine Japan-Tournee wäre besonders interessant gewesen, denn Gary war dort 2010 mit einem Blues-Programm unterwegs, womit er 2011 durchaus mit einer Rockband zurückkehren konnte, um in denselben Hallen zu spielen und erneut das große Geld zu verdienen. Doch schon zu Beginn gab es große Zweifel, ob er seinem hohen Standard entsprechend auftreten könne. Jon meinte, es wäre manchmal „reine Glückssache gewesen".

Im Juni spielten sie auf einem schwedischen Rockfestival vor 40.000 Zuschauern. Neil Carter, der wieder mit seinen Keyboards dabei war, meinte, dass Gary einfach dort gestanden hätte, „und keine Show abzog. Das ähnelte eher einer außerkörperlichen Erfahrung." Auch Montreux am 6. Juli lief nicht besser. Wie sich Jon und Darrin erinnern, machte Gary einige deftige Schnitzer, wobei er schon beim ersten Song eine komplette Passage vergaß. Auch die Performance beim High Voltage Festival am 24. Juli in London war fast ein Reinfall, da Moore zu allem Überfluss zu viel gebechert hatte. Jon: „Gary war frustriert, da man das Set auf 50 Minuten kürzte. Zusätzlich gab es merkwürdige Bühnenanweisungen, durch die wir vier oder fünf Minuten verloren, wodurch ein weiterer Song ins Wasser fiel. Dick musste auf die Bühne und ihn runterziehen." Seine Musiker reagierten schockiert, denn sie hatten Gary noch niemals in so einem Zustand gesehen, einen Vollblut-Performer, der eigentlich stolz auf seine Bühnendarstellung war.

Im Oktober sollte es wieder nach Russland gehen, was keinen in der Crew zu großen Freudentänzen bewegte. Aufgrund der großen Entfernungen ließen sich die einzelnen Veranstaltungsorte nur mit einem Flieger erreichen. Somit stand jeden Tag ein Flug an und zwar in einer Yak 42, die laut Neil „so aussah, als würde sie jeden Moment abstürzen". Alle wussten, dass Gary unter permanenter Angst leiden und demzufolge auch zu viel trinken würde. Und das führte – wie alle aus der Erfahrung wussten – zu einem komplizierten Umgang. Jon berichtet, dass er ihn während der Reise „einige Male beruhigen und ihm zureden musste, denn er hatte schreckliche Angst". Als wäre das nicht schon schlimm genug gewesen, gab Gary am Vorabend der Abreise bekannt, dass Petra auch mitkäme.

Gary hatte eigentlich zwei Familien, eine in Brighton und eine Tour-Familie. Letztere war mit einer komplizierten Situation konfrontiert. Alle mochten Jo und dachten, dass sie die bessere Frau für Gary sei. Petra? Nicht so sehr. Gary fügte nicht nur einer Familie Schaden zu, sondern gleich zwei. Ungefähr zu dieser Zeit – und es war das einzige Mal, das böse Worte fielen – stritten sich Darren, Graham (und Dick) mit Gary.

Besonders Darren empfand es nach all den Jahren des turbulenten und spaßigen Tourlebens als herzzerreißend, was nun vor sich ging: „Als wir nach Russland reisten, war es nicht mehr zu übersehen. Zum Beispiel kam Dick nicht an Gary heran, wodurch die gesamte Tour kompromittiert wurde. Erst als Gary einige gehoben hatte, war er in der Lage, mir etwas über sein Leben zu erzählen. Man konnte das herrschende Chaos erkennen. Die Nächte wurden immer länger, und da ich nichts trank, sah ich die Qualen, und das schmerzte mich sehr. Beide Familien verloren den Mann, den sie bisher gekannt hatten. Er wurde zu einem anderen Menschen und konnte niemanden mehr davon überzeugen, dass er immer noch der alte war. Manchmal empfand ich es immer noch als angenehm und nett, aber ansonsten war es wirklich schrecklich. Ich beobachtete einen Mann, der gegen sich selbst kämpfte."

Für Petra war es sicherlich die wohl schlimmste Zeit in seiner Nähe zu sein, da Gary alles versuchte, um seinem beanspruchenden und anstrengenden Programm gerecht und zugleich mit den Reiseproblemen fertig zu werden. Er schien auch mit Petra nicht glücklich zu sein, denn laut der Crew stritten sie sich häufig in Anwesenheit anderer. Bei einem bestimmten Streit zankten sich die beiden laut Darren über ein Spielzeug, dass Gary für Lily gekauft hatte. Petra meinte, dass Lily keine Spielzeuge mehr brauchen würde oder zu alt dafür sei. Nachdem sie das Hotel verlassen hatten, machte Darren noch einen Rundgang durch die Zimmer, um zu klären, ob jemand etwas vergessen hatte. Dabei fand er das Spielzeug auf dem Boden.

Darren versuchte Petra zu überreden, nach Hause zurückzukehren, wovon sie sich an einem bestimmten Punkt überzeugen ließ. Doch dann wurde er in eigenen Worten „zum Zimmer beordert". Egal wie unangenehm und zerstörerisch alles ablief, war Gary immer noch der Boss, der jeden von der einen auf die andere Sekunde feuern konnte. Falls das einem Crew-Mitglied nicht schmeckte, wusste derjenige, wo sich die Tür befand. Dazu kam es bei diesem Zwischenfall zwar nicht, doch die Lage hatte sich dramatisch zugespitzt. Während all der Vorkommnisse musste sich Graham Lilley zusätzlich als Produktions-Manager beweisen (bei so einer verschlankten Mannschaft, musste jeder diverse Aufgaben übernehmen). Und so war er mit den verschiedensten Formen des „alltäglichen Wahnsinns" konfrontiert. „Manchmal waren die Bühnen uneben, mit einem Gefälle von vorne nach hinten, und auch das Equipment ließ zu wünschen übrig. Dann hieß es: ,Keine Sorge, das neue Mischpult wird angeliefert.' ,Und wie weit sind sie noch weg?' ,Ungefähr 60 Kilometer.' ,Tja, wir müssen in 20 Minuten auf die Bühne!' Das war eine unglaubliche Strapaze. Sie haben dir direkt ins Gesicht gelogen – fünf Mal am Tag. ,Wo ist dies? Wo ist das? Wann geht es zum Flughafen?' ,Ja, wir fahren nicht zum Flughafen, sondern in ein Restaurant.' Und warum nur? Wie sich erwies, hatte der Promoter die komplette Show an einen lokalen Veranstalter in der Stadt verkauft, der einen Kumpel hatte, dem das Restaurant gehörte. In Wladiwostok sahen die Türen der Hotelzimmer so aus, als habe man sie eingetreten und überall tummelten sich Kakerlaken. Schließlich bekamen wir bessere Zimmer – diesmal vermutlich mit adeligen Kakerlaken."

Trotzdem begannen alle Auftritte ohne Verzögerung. „Einmal hockten wir in diesen dicken Autos," erinnert sich Darrin Mooney, „und ich weiß nicht, wer vor uns fuhr, aber alle machten zügig Platz. Ich glaube, dass diese Konzerte von Leuten organisiert wurden, die man nicht schief anschauen durfte. In Moskau kümmerten sich die Hells Angels um uns."

Trotz aller Probleme wurde die Show immer besser. Schließlich kam Darrin zu dem Urteil, dass „es das Set mit Gary war, an dem ich die meiste Freude hatte. Ich konnte mich glücklich schätzen. Nach den Hendrix-Auftritten war ich wieder bei (Primal Scream), und als ich zurückkehrte, lief alles einfach nur super. Es war die beste Tour, es fanden große Konzerte statt – nur wir, ohne einen Support – und die Menschen liebten es."

Die Zuschauer in den ersten Reihen bemerkten allerdings sofort, dass es sich um ein „klassisches" Gary-Moore-Konzert handelte. „Wir versuchten Gary ständig dazu zu bringen, dass er die Verstärker leiser macht", berichtet Dick, „wie zum Beispiel in Frankreich, [wo bestimmte Maximallautstärken gesetzlich vorgeschrieben werden]. In Russland denken die Leute immer noch, dass die vorderen Plätze gleichzeitig der ‚beste Sitz im Haus' sind, denn alles hängt dort vom Status ab – obwohl der Klang natürlich nicht der optimalste ist. In der ersten Reihe sitzen also immer die Würdenträger – und die wurden von Garys Schalllawine von der Bühne aus geplättet."

Jon meint, dass die Trinkerei, um Gary im Sommer auf die Bühne zu bekommen, außer Kontrolle lief, doch stimmt Darrin zu, dass „er sich bei der Tour in Russland fing und auch die Musik in geordnetere Bahnen gelenkt wurde. Das ermöglichte uns die Chance, als Gruppe eine Ebene zu finden, woraufhin die Gigs regelmäßig gut wurden".

Für die Gruppe, die von den Ärgernissen abseits der Bühne verhältnismäßig unbehelligt blieb, war es eine gute Tournee. Doch als der ganze Tross Ende November nach Großbritannien zurückkam, wirkte die Crew still und eher duckmäuserisch. Garys sonst übliche Runde der Danksagungen fiel aus – was jedem auffiel – und alle gingen getrennte Wege.

Es liegen keine eindeutigen Hinweise dafür vor, dass Gary einen Haufen neuer Songs geschrieben hatte, doch die zu den Aufnahmen führenden Proben begannen im Januar 2011. Basierend auf den Konzerten 2010 verdeutlichte Gary seine Absichten, sich wieder der Rockmusik zuzuwenden. George Hofmann berichtet davon, dass er schon Termine in Deutschland vorgemerkt hatte, und auch Angebote für Festivals trudelten ein. Aber auch Gespräche über Gigs in den USA und Südamerika wurden geführt und laut Dick, lag „ein hohes Angebot aus Australien auf dem Tisch".

Gary startete den ersten Probeabschnitt vom 17. bis zum 20. Januar mit Jon Noyce und dem neuen Schlagzeuger Rob Green. Neil Carter sollte später zu ihnen stoßen. Rob spielte bei Toploader und war – wie es das Schicksal so wollte – der Partner von Garys ex-Frau Kerry. Rob und Gary hatten sich schon einige Jahre zuvor getroffen, als dieser Jack und Gus abholte, „und so war ich natürlich nervös. Doch als wir uns begegneten, redeten wir sofort über Musik und über Schlagzeuger, aber nicht über Beziehungen. Das fühlte sich nie peinlich oder verkrampft an. So lief es dann einige Jahre. Dann war ich bei ein paar Auftritten, hörte mir einige seiner Drummer an und dachte: ‚Das kann ich aber auch.' Eines Tages bat er mich, einen Bildschirm in seinem Haus zu installieren. Während ich das tat, beschwerte er sich darüber, dass Darrin Mooney nicht mitmachen konnte, da Primal Scream mal wieder unterwegs waren. Und ich warf ein: ‚Gary, ich bin immer da.' Wir lachten darüber, und dann fragte er mich: ‚Willst du mal zu einer Probe kommen?' ‚Auf jeden Fall! Warum denn nicht?' Ich kannte das Material ja bereits, denn ich hatte in den Achtzigern einige der Songs in meiner alten Pub-Coverband gespielt. Er hatte mich zuerst nur darum gebeten, drei Tracks für eine Probe im Music Banks zu üben, nicht wissend, dass ich das komplette Set rückwärts spielen konnte."

Die Rückkehr zum Celtic Rock weckte Garys Erinnerungen an Phil Lynott. Jon: „Er sprach viel über Phil, fast an jedem Tag. Das hörte sich immer an, als seien die beiden Brüder gewesen. Sogar bei der letzten Probe war das noch so."

Gary wollte etwas Zeit mit Lily verbringen und mit ihr während der Halbjahresferien in der Schule für einige Tage verreisen, wonach die Aufnahmen zum neuen Album beginnen sollten. Allerdings wollte Lily nicht mit Gary und Petra im selben Raum schlafen und hatte auch keine Lust auf ein Einzelzimmer. Und somit hatte sich der Urlaub erledigt. Gary und Petra fuhren dann allein nach Gatwick. Der Taxifahrer gab später an, Gary habe benommen gewirkt. Die beiden erreichten Malaga am Samstag, dem 5. Februar, um nach Estepona weiterzufahren, wo sie in einem Fünfsterne-Kempinski eincheckten.

Darren Main hatte Moore seit der Rückkehr aus Russland nicht gesehen. Meist trafen sie sich zu Weihnachten in Weston-super-Mare, wo Gary seine Mutter und Geschwister besuchte und Darren mit seiner Familie lebte. Moore nutzte diese Gelegenheit oft, um mit seinem Bruder, auch ein erstklassiger Gitarrist, ein kleines örtliches Konzert zu geben.

Doch Gary ließ sich Weihachten 2010 nicht bei seiner Familie blicken. Aus einer Laune heraus rief Darren am Freitag, dem 4. Februar an: „Er war direkt am Telefon, eigentlich unüblich für ihn. Wir unterhielten uns beinahe eineinhalb Stunden. Er klang glücklich und war positiv gestimmt, so frisch und enthusiastisch. Er war mit Rob und Jon sehr zufrieden, da sich beide optimal auf die Proben vorbereitet hatten und wie versessen darauf, zurückzukommen und mit den Aufnahmen zu starten. Dann berichtete er vom Kauf dreier neuer Gitarren, worüber wir lachten, denn ich sagte: ‚Als würdest du sie brauchen! Und wer muss sie wieder auf einer Tour durch die Gegend schleppen?' Er meinte, dass ich nach seiner Rückkehr doch für ein paar Tage vorbeikommen solle. Es war ein sehr, sehr schönes Gespräch. Wir unterhielten uns über alles, doch er erwähnte Petra kein einziges Mal."

Am Sonntag, dem 6. Februar, nahm Darren einen Handyanruf um circa 7 Uhr morgens an. „Es war Petra, die mir erzählte, dass Gary um 4 Uhr morgens gestorben sei. Ich fragte sie nach der Ursache. Sie entgegnete, dass sie dachte, er sei an seinem Erbrochenen erstickt. Er war ruhig, und sie konnte ihn nicht atmen hören. Sie sagte auch, dass er seit Russland nichts getrunken habe."

Zu dem Zeitpunkt gab es keine weiteren Informationen. Dann fragte Darren Petra, ob sie jemanden von der Familie benachrichtigt habe – sie verneinte das – woraufhin er meinte, alles unmittelbar Notwendige zu veranlassen. „Ich fragte sie auch, ob es ihr gut ginge und ob sie wolle, dass ich jemanden für sie anrufe. Sie verneinte, aber ich riet ihr dazu, ihre Familie anzurufen oder mit wem auch immer sie reden wollte."

Darren wusste, dass er schnell handeln musste, denn er wollte nicht, dass die Familie Moore die Nachricht aus dem Fernsehen erfährt. „Ich rief Jo an, doch erreichte nur den Anrufbeantworter, wonach ich es auf dem Handy versuchte und ihr dort die Nachricht hinterließ, mich unverzüglich anzurufen." Darren hatte sich in den letzten Monaten große Sorgen um Garys Gesundheit gemacht. Jon Noyce erinnert sich daran, dass „Darren sagte: ‚Ich will nicht derjenige sein, der Jo anrufen muss.' Tragischerweise fand er sich mit exakt dieser Rolle konfrontiert."

Danach verständigte Darren Garys Bruder Cliff: „Wir besprachen, dass ich ihn abholen und dann zu seiner Mutter und den Schwestern fahren würde. Danach rief ich Graham, Dick und erneut Jo an. Als Nächstes kontaktierte ich Petra, um weitere Informationen zu erhalten. Sie meinte, sie habe den Security-Dienst verständigt, als sie ihn nicht aufwecken konnte. Danach versuchte sie eine Herz-Lungen-Wiederbelebung, und schlug auf seinen Brustkorb."

„Nachdem ich Cliff abgeholt hatte, fuhren wir zu Mrs. Moores Haus, wo uns Garys Schwester Maggie empfing. Alle standen unter Schock. Winnie bat mich näher zu treten, legte ihre Hände an meine Wangen, zog mich ganz nahe zu ihrem Gesicht und sagte: ‚Du weißt, was du tun musst. Bitte bring mir meinen Jungen nach Hause.'"

Schließlich erreichte Darren Jo, die viele dringliche Fragen hatte, die zu dem Zeitpunkt nicht zu beantworten waren. Nun stand es an erster Stelle, alle Vorkehrungen für eine Überführung zu treffen. Danach machte Darren eine ganze Reihe von Anrufen und verständigte Brian Downey, Cass Lewis, Otis Taylor, Jack Bruce, Pete Rees, Vic Martin, Kerry, Steve Dixon, Chris Tsangarides, Darrin, Jon und Neil und Andy Crookston. Niemand konnte glauben, was geschehen war.

Graham war gerade von einem Spaziergang mit dem Hund zurückgekommen, „als das Telefon klingelte. Es war Darren. Und dann ging es los … Petra hinterließ eine Voicemail-Nachricht, während ich mit Darren sprach. Dann bat mich Jo, ihr zu sagen, dass das alles nicht stimmt, und Don Airey war in Tränen aufgelöst. Ich legte das Telefon nicht mehr aus der Hand. Wir spielten das alles am Telefon durch, denn niemand wusste tatsächlich, was vor sich ging."

Dick erhielt den Anruf um circa 8:30 Uhr: „Ich steckte in einer schweren psychischen Krise, denn meine Ehe war den Bach runter gegangen. Ich sah, dass es Darren war, lag aber noch im Bett und wollte den Anruf nicht entgegennehmen. Doch in dem Moment, in dem ich das Gespräch wegdrückte, wusste ich, dass etwas nicht stimmte und meldete mich unverzüglich zurück. ‚Was ist los?' ‚Gary! Er ist gestorben.' Als der Schock abebbte, rief ich Pru an und danach Simon Moran, seinen Promoter, der Gary in allen Belangen immer sehr unterstützt hatte."

Garys Team begann mit der Organisation. Man besprach, dass Dick in Großbritannien bleiben sollte, um die behördlichen Angelegenheiten mit dem britischen Konsulat zu koordinieren, während Graham, Darren und Cliff am Montag nach Spanien fliegen wollten. Die Nachricht von Garys Tod wurde am Sonntag um 18 Uhr über die Medien verbreitet, einem Zeitpunkt, an dem die wichtigsten Personen schon benachrichtigt worden waren. Graham verfasste danach ein Statement für die Webseite.

Darren und Cliff nahmen schon den ersten Flug von Bristol, der um 6 Uhr abhob, während Graham um 11:15 Uhr von Heathrow nachkam. Sie trafen sich in einem gebuchten Hotel in Malaga, konnten jedoch nicht direkt nach

Estepona weiterreisen, da sie sich zuerst mit dem lokalen Bestatter treffen mussten. Garys Leichnam befand sich in einer städtischen Totenhalle. Nun musste die Überführung in die Wege geleitet werden, die einen nahen Verwandten als Zeugen erforderte, woraufhin Cliff alle nötigen Fragen beantwortete. Graham und Darren identifizierten Gary zuerst. Cliff schaffte es nicht sofort, doch konnte sich dann überwinden. Er betrat das Gebäude, das Graham dann diskret verließ und dabei sagte, dass die „Weston-Jungs" sich nun verabschieden sollten.

Petra wollte Gary keinen letzten Besuch abstatten, da sie laut Darren sagte: „Ich habe ihn bereits tot gesehen." Eine Woche nach Garys Ableben brachte *The Daily Mail* eine Story mit der Überschrift: „Die Trauer der blonden Schönheit, die die letzte Liebe des Thin-Lizzy-Gitarristen Gary Moore gewesen war." Darin behauptete die Zeitung, dass Petra allein im Hotel wohne, da „Garys Familie sie allem Anschein nach mied".

Doch der viel beschworene Anschein kann oft trügerisch sein. In Spanien angekommen, versuchten Graham und Darren alles zu unternehmen (die beiden berichten, dass ihr Petra leidgetan habe, sich selbst in so einer schrecklichen Situation wiederzufinden), um Petra in die Vorgänge mit einzubeziehen und sie immer zu informieren. Die beiden wollten sich versichern, dass sie nicht allein ist, denn sie boten ihr (mehr als einmal) Unterbringung in ihrem Hotel an. Doch Darren gibt an, dass sie jegliche Hilfe ablehnte. Dann fuhren alle nach Estepona ins Hotel, wo Darren die Aufgabe hatte, zum Zimmer mit Meerblick im vierten Stock zu gehen, um Garys persönliche Habseligkeiten zu holen und Kleidung für seine Überführung auszusuchen. In dem Artikel der *Daily Mail* ist ein Foto von Darren zu finden, der das Hotel verlässt und der ihn als Mitglied von „Gary Moores Familie" beschreibt. Vermutlich meinten sie Cliff, entfernten sich aber im Grunde genommen nicht weit von der Wahrheit, denn Darren gehörte in beinahe allen Bezügen zur Familie.

Er bot Petra an, sie zum Flughafen zu begleiten. Zuerst stimmte sie zu, rief ihn aber später an und „schrie mich an, dass sie uns nicht mehr braucht, dass sie ihre eigenen Pläne gemacht habe und dass wir keine Arrangements für sie treffen sollten. Dennoch buchte die Firma einen Flug für sie und bezahlte ihn auch. Dann kam sie eine Stunde zu spät zum Flughafen und verärgerte das Personal beim Check-In zur Abreise, das ich wieder besänftigte. Als Nächstes erklärten wir, dass einige Pläne für die Ankunft in Großbritannien geschmiedet worden waren, weil die Familie die Paparazzi vermeiden wollte. Doch sie setzte sich in den Kopf, es auf ihre Art durchzuziehen und verschwand kurz nach der Ankunft mit Lichtgeschwindigkeit."

In Spanien hatten vorbereitende Untersuchungen zur Todesursache stattgefunden, die darauf hinwiesen, dass Gary an den Folgen eines Herzinfarkts gestorben war. Allerdings machten unbegründete Gerüchte die Runde, dass Gary im „John-Bonham-Stil" an einer Alkoholüberdosis verstorben sei. Die offizielle Untersuchung wurde von der Gerichtsmedizinerin [Coroner] Veronica Hamilton-Deeley am 18. Oktober in Brighton eröffnet. Petra verweigerte ihre persönliche Anwesenheit, doch gab im Büro des Coroners eine telefonische Aussage ab. (Sie lehnte auch eine Interviewanfrage für dieses Buch ab.) Als berufene Zeugen machten Graham und Darren ihre Aussagen, Dr. Mark Howard, ein hinzugezogener Pathologe, verantwortlich für die post-mortem-Untersuchung im UK und Dr. Andrew Smith, ein Toxikologe des Royal Sussex Country Hospital, der die notwendigen Untersuchungen durchführte. Jo und Kerry waren auch anwesend, da sie zu den Personen mit einem rechtlich relevanten Interesse gehörten und somit befugt waren, dem Coroner Fragen zu stellen.

Vor dem Hintergrund der diversen Erzählungen wollten Jo und Kerry den Gerüchten auf den Grund gehen und erfahren, wie viel Gary tatsächlich vor seinem Tod getrunken hatte. Die ihm nahestehenden Menschen wussten, dass er vor und während eines Fluges seine Drinks brauchte. In ihrer Aussage gab Petra an, Gary habe zwei Glas Wein in der Airport-Lounge zu sich genommen und ebenso viel im Flugzeug. Letzteres wurde von einer der Flugbegleiterinnen bestätigt, die zwar nicht die exakte Menge benennen konnte, aber zu Protokoll gab, dass es nicht mehr gewesen sein konnte, da es sich um einen frühen Flug handelte, mit einer Reisezeit von weniger als zwei Stunden. Auf jeden Fall bat ihn Petra aufzuhören, was er auch machte. Nach der Ankunft im Hotel nahmen sie einen Happen zu sich. Die Rechnung, ausgestellt um 16:37 Uhr, beinhaltet Coca-Cola, eine Flasche Champagner, ein Club-Sandwich und einen Burger. Danach gingen sie spazieren.

Die beiden führten keinen zollfreien Alkohol bei sich, und auch die Minibar im Hotel wurde nicht angerührt. Sie gingen dann in ihr Zimmer um fernzusehen und kehrten um 18:41 Uhr für ein weiteres Sandwich und zusätzlichen Champagner zur Bar zurück. Eine weitere Rechnung, ausgestellt um 20:28

Uhr, belegt insgesamt fünf Brandys sowie ein Glas lokalen Likörs, spendiert vom Barmann. Da Petra nicht anwesend war, kann niemand exakt sagen, wie viel Champagner Gary von den zwei Flaschen exakt getrunken hat. Ihrer telefonischen Aussage beim Büro des Coroners ist zu entnehmen, dass sie sich um 21 Uhr in das Zimmer zurückzog (obwohl der Zeitpunkt, den sie gegenüber anderen angab zwischen 21 Uhr und 23 Uhr lag), wo Gary schon im Bett lag und einschlief. An einem Zeitpunkt wachte er niesend auf. Darren wies darauf hin, dass es bei Gary ein sicheres Zeichen für Brandy-Konsum war. Um circa 4 Uhr wachte Petra auf. Sie sagte, sie habe sich Sorgen gemacht, da etwas aus seinem Mund drang. Sie konnte nicht feststellen, ob Gary tatsächlich übel war oder er sich krank fühlte, da er nicht wach war. Sie drehte ihn auf die Seite, woraufhin es ihm eine Stunde lang gut zu gehen schien. Als Petra später keine Reaktion [seitens Garys] erhielt, versuchte sie eine Wiederbelebung und verständigte dann den Security-Mann des Hotels. Der Hotelwächter sagte, dass Garys Körper kalt gewesen sei, was darauf hinweisen kann, dass er schon zum Zeitpunkt tot war, an dem sie ihn umdrehte.

Im Rahmen der Beweisaufnahme erklärte der Toxikologe Dr. Smith, dass es ein Problem mit der unmittelbaren Durchführung verlässlicher Analysen gab, da Garys Körper im Rahmen der Überführungsbestimmungen einbalsamiert worden war, womit diese Flüssigkeit möglicherweise die Testresultate verfälschen konnte. Das bedeutete, dass Dr. Smith nur eine Extrapolation von Drogen- oder Alkoholrückständen annehmen konnte, die nicht absolut akkurat war. Eins war aber sicher – es ließen sich weder verschreibungspflichtige Medikamente noch sonstige Drogen nachweisen.

Was den Alkohol anbelangt, lag der Spiegel über dem der für die Fahrtüchtigkeit von Fahrzeugen zulässigen Menge. Das stellte sicherlich keine Überraschung dar, bedenkt man den Wein, den Champagner, den Brandy und einen nicht näher zu spezifizierenden Likör, der innerhalb eines Zeitraums von 24 Stunden konsumiert worden war. Es fehlte jedoch ein klinischer Rückschluss, ob sich die Alkoholmenge tödlich ausgewirkt haben könnte, da der Arzt nur den Urin (enthalten in der Blase) untersuchen konnte. Das Blut musste aufgrund der Einbalsamierungsflüssigkeit ausgeschlossen werden. Obwohl der Arzt hinsichtlich des nachgewiesenen Alkohols sicher war, verblieb ein unsicheres Element, ob die Höhe des tatsächlichen Alkoholpegels mit der Kalkulation übereinstimmte. Letztendlich zeigte sich jedoch eine Irrelevanz der absoluten Genauigkeit hinsichtlich des Gesamtergebnisses.

Der Pathologe Dr. Howard zeigte sich in der Lage die Geschehnisse näher zu beleuchten, obwohl seine Aussage nicht absolut eindeutig war. Gary verstarb weder aufgrund einer Alkoholvergiftung, noch erlitt er einen Herzinfarkt. Es war die unglückliche Kombination verschiedener Faktoren, die zusammen den Tod verursachten. Ironischerweise hatte die Tatsache, dass er in den vorhergehenden Monaten *nichts getrunken* hatte, ihn besonders verletzlich gemacht.

Dr. Howard fand heraus, dass Gary an einer ernsthaften, nicht diagnostizierten Herzerkrankung litt, die sich im Laufe von Jahren gebildet hatte. Er fand auch heraus, dass Moore eine vergrößerte Leber hatte, was weniger problematisch war, aber dennoch eine Rolle spielte. Kurz gesagt, kann Alkohol sich sowohl bei der Leber als auch beim Herzen wie ein Gift auswirken. Im Fall des Herzens werden die Zellen in Mitleidenschaft gezogen, die die Koordination der Blutzirkulation steuern. Die Leber hingegen arbeitet mit Enzymen, die Toxine wie zum Beispiel Alkohol abbauen. In Garys Fall hatte sich die Leber darauf eingestellt, <u>keine</u> großen Mengen zu verstoffwechseln. Somit standen nicht genügend Enzyme zur Verfügung, um einen plötzlichen und überhöhten Alkoholspiegel zu neutralisieren. So ein Problem zieht eigentlich keine tödlichen Folgen nach sich, doch im Fall von Gary reichte es aus, um den Tod zu verursachen. Bedenkt man die nicht diagnostizierten Gesundheitsprobleme, war ein Desaster zu irgendeinem Zeitpunkt unvermeidlich.

Rückblickend betrachtet, lassen die Befragungen und Gespräche den eindeutigen Hinweis zu, dass Gary schon seit geraumer Zeit nicht seinem früheren scharfsinnigen und fokussierten Selbst entsprach. Er machte auf der Bühne Fehler und wiederholte sich bei Gesprächen. Auch ließen sich ungewöhnliche Anzeichnen von Ermüdung erkennen. Sowohl Jon Noyce als auch Graham bemerkten, dass er während der Proben zahlreiche Pausen machte, was dazu führte, dass sie die komplett gebuchte Zeit nicht nutzten und er dazu tendierte, im Wagen ein Nickerchen zu machen.

Natürlich war Moore ein Mann, der auf die 60 zuging und versuchte eine strapaziöse Rock-Show mit einem harten Zeitplan aufzuziehen, womit es nicht überrascht, dass hierfür eine Quittung ausstand. Gary zeigte zudem all die Symptome eines Menschen mit Herzproblemen, der an unzureichender Sauerstoffversorgung litt. Doch er suchte nur selten einen Arzt auf. Bei der Befragung nach seinem Tod ließ sich feststellen, dass er seinen Hausarzt Dr. Whiteson seit 2007 nicht mehr gesehen hatte und seinen lokalen Arzt Dr. Petzold seit 2009. Jo sagte, dass sie verzweifelt versucht habe, ihn zu einem Termin bei Dr. Whiteson zu überreden, sogar noch nach der Trennung, da sie sah, dass etwas nicht stimmte.

Was die Abfolge der Ereignisse anbelangte, nachdem Gary und Petra zu Bett gegangen waren, wurde die Absorption des Alkohols in den Blutkreislauf vermutlich durch das fettige Essen verlangsamt, zum Beispiel den Burger und möglicherweise das Käse-Sandwich. Er mag angeheitert gewirkt haben, aber auf keinen Fall volltrunken. Der Effekt des Alkohols stellte sich mit Verzögerung über einen bestimmten Zeitraum ein, während dem er nicht mehr bei Bewusstsein war. Der Pathologe vermutet, dass Gary danach nicht mehr das volle Bewusstsein erlangte und seine lebenswichtigen Organe aussetzten, zuerst die Atmung und dann das Herz.

Bei der Untersuchung des Vorfalls stellten sich Kerry und Jo eine Schlüsselfrage – hätte man Gary helfen können? Sicherlich tauchten in Petras Aussage einige Diskrepanzen auf, von denen eine besonders hervorsticht. Sie sagte, dass sie ins Badezimmer gegangen sei, um einen Waschlappen zu holen, um die Substanz wegzuputzen, die aus Garys Mund kam. Als sie zurückkehrte, fand sie ihn nach eigener Aussage niesend auf dem Boden vor. Der Pathologe sagt, dass Gary zu dem Zeitpunkt schon bewusstlos gewesen sein konnte, aber noch am Leben war, denn sonst hätte er natürlich nicht niesen können. Und wenn er sich auf dem Boden befand – wie kam er wieder zurück ins Bett? Kam er wieder allein ins Bett oder half sie ihm dabei? Falls nicht, ließ Petra ihn auf dem Boden liegen? Sie hätte sicherlich nicht die Kraft gehabt, ihn wieder ins Bett zu ziehen. Der Coroner ließ sich [aufgrund der spekulativen Natur] nicht weiter auf diese Fragen ein, denn auch wenn sie ihn ins Bett gezogen hätte, weilte die Person, die diese und andere Fragen beantworten könnte, nicht mehr unter den Lebenden.

Im Lichte der ihm zur Verfügung stehenden Beweise schlussfolgerte Dr. Howard: Falls Gary – auch wenn er vermutlich in einem Koma lag – sofort in ein Krankenhaus gebracht und an Monitore angeschlossen worden wäre, ihm im Fall eines Atemstillstands oder eines Herzinfarkts medizinisches Personal zur Seite gestanden hätte. Allerdings hätte niemand von Petra erwarten können, dass sie die Schwere der Vorgänge erkennen konnte. Auch gab es keine Garantie, dass ein Transport in ein Krankenhaus den Tod tatsächlich verhindert hätte.

Der Coroner akzeptierte Dr. Howards Analyse und vermerkte einen natürlichen Tod „beschleunigt durch einen Zeitraum akuter Vergiftung aufgrund von Alkohol".

Die Beerdigung fand am 22. Februar in der St. Margaret's Church in Rottingdean statt, in der Nähe von Brighton. Es war eine kleine und würdige Trauerfeierlichkeit, zu der ungefähr 100 Menschen gekommen waren. Dazu zählten Garys Familie und nahe Angehörige (außer Bobby Moore, der aus krankheitsbedingten Gründen nicht von Belfast anreisen konnte). Unter den Gästen befanden sich Jack Bruce und seine Frau Margrit, Jon Hiseman und Barbara Thompson, Andy Pyle, Graham Walker, Vic Martin, Neil Carter, Darrin Mooney, Jon Noyce sowie Stewart Young. Bob Daisley und Don Airey schickten Blumen. Auch Rory Gallaghers Bruder Donal wurde eingeladen. Rory verstarb 1995 im Alter von nur 47 Jahren an Komplikationen nach einer Lebertransplantation, die wegen jahrelangen Alkoholmissbrauchs notwendig geworden war.

An einem Punkt während der Zeremonie drehte sich Chris Tsangarides zu Jon Hiseman und meinte, nachdem er sich in der Kirche umgeschaut hatte: „Ist dir klar, dass sich Gary irgendwann mit jedem hier gestritten oder zerstritten hat? Und trotzdem sind wir alle hier." Dann fanden Aufführungen von „While My Guitar Gently Weeps" und „Danny Boy" statt. Saiorse schrieb ihrem Dad einen langen Brief, der in den Sarg gelegt wurde „und der alles sagte. Ich habe ihn oft im Bestattungsunternehmen aufgesucht und viel Zeit mit ihm verbracht."

Lily war das letzte Familienmitglied, das mit ihm sprach und zwar am Tag vor seinem Tod. Sie hatte ihn angerufen, war aber nicht durchgekommen. Später meldete er sich zurück und klang desorientiert und verwirrt, vermutlich, weil es nicht mehr lange bis zum Flug war. Er wiederholte gegenüber Lily, dass „ich dich sehr lieb hab". Ihre letzten Worte waren: „Bye, Dad. Hab dich auch sehr lieb." Mit nur zwölf Jahren schrieb sie die folgenden Worte für ihn:

My dad, a man of extremes and rather colourful shirts
My dad, a childlike boy with his humour
My dad, a loved guitar player, partner, father, uncle, son and an inspiration for many.
I feel proud to belong to his name.
He is the only person I have ever known to be so
Dependent and childlike, immature, but then he can also be the deepest, most creative and loving.

Now we will all have to face a new battle – but I know we will remember him the way he was,
A dad, a family man, a star.
Whatever he was, he will be remembered for ever – he was the kind of person you could never forget.

He had his way, that when he hugged you, you would feel instantly feel better. He used to tell me all these stories about how the moon was made of cheese and how the stars were made of sugar and the clouds were made of marshmallows.
And there was Mirror land and Silly Billy stories.
All these things I will miss dearly
But he would not have been who he was, if it wasn't for every single one of us
And we would not have been who we are if it wasn't for him.

Gary Moore war gerade erst 58 Jahre alt, als er verstarb.

„Ich war niemals der Trend des Monats. Doch manchmal schreibt man einen Song, der aus was für einem Grund auch immer – das weiß niemand – angenommen wird. Entweder berührt er etwas, ruft eine Erinnerung bei den Menschen hervor oder lässt sie etwas Bestimmtes fühlen. Ich habe Menschen im Publikum weinen oder sich küssen gesehen, wenn ich ein gewisses Stück spielte. Und es ist schon fantastisch, wenn man darüber nachdenkt, dass man etwas erschaffen hat, was sich bei den Menschen

so auswirkt. Manchmal tritt irgendein Typ auf der Straße an mich heran und sagt: ‚Bei deinem Song ‚Empty Rooms' haben sich meine Frau und ich verliebt, und dafür möchten wir dir danken.' Da ist ein völlig Fremder auf der anderen Seite der Welt und das bedeutet dann mehr als all der Ruhm und das ganze Geld zusammen."
Guitarist, Oktober 1999.

WÜRDIGUNGEN

„Es gab keinen anderen, der so eine Daseinsberechtigung als Gitarrist hatte – ein Naturtalent, bei dem Gitarren und Musik zu seinem Innersten vordrangen." **Mick Taylor**, Herausgeber

„Gary war einer der besten Blues/Rock-Gitarristen, die je eine Gitarre in die Hand nahmen. Wir alle bei Marshall fühlen uns geehrt und geschmeichelt, dass er für das Spielen und die Aufnahme seiner wundervoll leidenschaftlichen Musik unsere Verstärker auswählte." **Jim Marshall**

„Gary Moore war ein unglaublicher Gitarrist – einer der besten, die ich jemals hörte. Er war auch ein liebenswerter Mann." **Ozzy Osbourne**

„Er war mein Freund. Ich bin wütend, dass er nicht mehr da ist, und es erschüttert mich immer noch, wenn ich daran denke. Die Welt der Gitarre hat sich seit seinem Tod grundlegend verändert – sie ist deutlich oberflächlicher geworden, deutlich." **Gary Husband**

„Er stellte sich mir vor langer Zeit vor. Ich empfinde starke Gefühle für diesen Kerl, denn er war ein wirklich guter Mensch und ein großartiger Gitarrist. Als er starb, dachte ich: ‚Das ist so unglaublich traurig.' Tja, das alles … wurde ignoriert und [ihm] wurde keine große Bedeutung zugeschrieben. Indem ich das hier mache, möchte ich mich bei ihm bedanken. Ich will, dass seine Familie, aber auch die Öffentlichkeit weiß, dass er mir viel bedeutete. Ein guter Weg, um das auszudrücken, besteht darin, den Song von seiner Version zu lösen und zu zeigen, dass er stark genug ist, um ihn für einen jazzigen, clubähnlichen Stil zu adaptieren." **Eric Clapton** zu „Still Got The Blues (For You)", seinem Tribut für Gary in der Royal Albert Hall am 24. Mai 2011.

„Er war ein wilder und ungezähmter Musiker, der sich vor nichts auf seinem Instrument fürchtete. Es war wunderbar, traurig, gefühlvoll, aggressiv, spannungsgeladen, wütend, tränenreich und lustig – das komplette Alphabet [der Musik]. Ich bin froh, dass Gary und ich unsere Beziehung noch kitten konnten." **Glenn Hughes**

„Gary Moore steht auf meiner Liste der Top-5-Gitarristen, gemeinsam mit Jimi Hendrix, Eddie Van Halen, Stevie Ray Vaughan und Michael Schenker. Sein Einfluss ist so stark, dass der Intro-Lick zu ‚Master Of Puppets' die Variation einer von Gary Moore häufig gespielten Phrase ist. Schon als ich ihn zum ersten Mal hörte, blies er mich weg." **Kirk Hammett**

„Was für ein wunderbarer Musiker er doch war … seine Platten werden das immer bezeugen. Doch live … da war er ein Dämon! Ich weiß das, denn wir tourten mit Thin Lizzy in den Staaten … Gary spielte jeden Abend ehrfurchtgebietend und war zugleich der netteste Typ, den man sich nur vorstellen kann." **Brian May**

„Der energiereichste, durch und durch authentischste Blues-Rock-Gitarrist seiner Zeit. Es gab meiner Meinung nach keinen Besseren. Ich habe mit ihm am liebsten gespielt, denn wir kommunizierten miteinander, hatten dieselben keltischen Wurzeln." **Jack Bruce**

„Seine Brillanz als Musiker wird durch seine Aufnahmen und in den Herzen seiner Fans weiterleben. Es war ein Privileg, ihn gekannt und mit ihm gearbeitet zu haben." **Neil Carter**

„Gary ist der beste Musiker, mit dem ich je spielte, und ich denke, er ist einer der ganz großen ‚Guitar Heroes' aller Zeiten. Er war ein Abschnitt meiner musikalischen Reise. Das werde ich nie vergessen und ich vermisse ihn zutiefst." **Darrin Mooney**

„Ich empfinde für Gary als Menschen und Musiker Zuneigung und Respekt. Er war einer der Größten." **Bob Daisley**

„Die Tourneen und Aufnahmen mit Gary waren die Höhepunkte meiner Karriere. Ich werde niemals seine Großzügigkeit vergessen und all das, was er für mich tat." **Otis Taylor**

„Er war als Gitarrist ein riesiger Einfluss. Ich habe vermutlich mehr von ihm abgekupfert, als von allen anderen Gitarristen." **Vivian Campbell**

„Er zählte zu meinen wichtigsten Einflüssen, was das Gitarrenspiel anbelangte … Gary öffnete für mich und viele andere Blues-Rock-Gitarristen die Tür. Er war eine Legende, ein musikalischer Titan und ein sehr netter Mann … Er sagte, dass er meine Musik genießen würde und gratulierte mir zu meinem Erfolg. Ein wahres Original und ein Klassiker." **Joe Bonamassa**

„Meiner bescheidenen Meinung nach war er einer der größten Blues-Gitarristen unserer Zeit. Und generell ein unglaublicher Allround-Musiker. Großartige Stimme, Killer-Licks und ein [eindringlicher] Ton. Er konnte wirklich alle Stile spielen." **Pat Simmons** (Doobie Brothers)

„Einer der größten Blues-Musiker aller Zeiten. Van Morrison, Rory Gallagher und Gary Moore – die glorreiche Trinität der irischen Blueser. Sein Spiel war außergewöhnlich und schön. Wir werden so etwas nie wieder erleben." **Bob Geldof**

„Einer der bedeutendsten britischen Rock'n'Roll-Gitarristen. Es wird nie wieder einen Gary Moore geben." **Slash**

„Gary war ein Freund und ein wahrhaft großartiger Mensch. Ich respektierte, dass er das Spiel so durchzog, wie er es als richtig empfand – keine Zeit für irgendeinen Scheiß. Hinsichtlich seiner Musik war er fokussiert und leidenschaftlich. Er gehörte zu den Besten." **Paul Rodgers**

„Er zählte wahrlich zu den ganz großen Gitarristen, hatte ein riesiges Talent und stellte eine musikalische Kraft sondergleichen dar." **Roger Glover**

„Es ist immer traurig vom Tod eines Kollegen zu erfahren, doch besonders, wenn es sich um einen Gitarristen vom Kaliber eines Gary Moore handelt. Ein toller Sound, wunderbares Vibrato und ein außergewöhnlicher Sänger." **Steve Hackett**

„Die Welt hat einen Giganten verloren. Gary Moore. Ich war ein Fan – ganz sicher. Unglaubliche Saitenbeherrschung und Phrasierungen ... puuuh ... ein loderndes Feuer! Er war so ein netter Typ und ein Monster-Musiker." **Steve Lukather**

„Ich werde an Gary immer als einen Menschen zurückdenken, der sich seinem Gitarrenspiel total widmete. Er versuchte das Bestmögliche herauszuholen und zwar mit einem totalen Fokus, Energie und intensiver Hingabe. Ich glaube nicht, dass ich ihn einmal eine falsche Note spielen hörte ... er war ein sehr witziger und geerdeter Kerl. Sein Ableben ist ein großer Verlust für die Musik." **Neil Murray**

„Ich werde ihm immer dankbar sein, weil er mir die Möglichkeit eröffnete, mit ihm zu spielen. Ich hatte immer das Gefühl, dass er mich als Schlagzeuger und Musiker auf eine andere Ebene bringt. Es war eine Erfahrung und Lehrstunde, die ich niemals vergessen und überall mit hinnehmen werde." **Eric Singer**

„Ob Hardrock, Heavy Metal, feinfühliger Folk oder Heavy Blues – niemand auf diesem Planeten hatte dasselbe Feeling wie der nicht zu imitierende Gary Moore. Er war einer der souligsten, emotionalsten und ungewöhnlichsten Gitarristen dieses Planeten." **George Pacheco**, Cape Cod, *Rock Music Examiner*

„Er hatte einen unglaublichen Enthusiasmus für die Musik, eine riesige Energie und war ein hingebungsvoller Musiker. Man konnte auch gut mit ihm lachen. Viele Leute sagen, dass er mürrisch gewesen sei, aber er hat niemals so auf mich gewirkt ... Sein Enthusiasmus für das Instrument war bemerkenswert. Er hatte das [besondere] Gefühl dafür. Das kann sich so entwickeln – du und deine Gitarre stehen gegen den Rest der Welt. Das war in den frühen Tagen auch bei mir so, aber Gary hat es sich bewahrt." **Eric Bell**

„Er war ein Gitarren-Genie … Sein Beitrag zum irischen Rock-Kanon war immens." **Stokes**, Herausgeber *Hot Press*

„Gary Moore zählte zu den Giganten der zeitgenössischen Gitarristen. Wir fühlten uns geehrt, mit ihm gearbeitet und seine Platten veröffentlicht zu haben. Wir durften ihn einen wahren Freund nennen … Er hinterlässt eine Lücke, die einfach nicht gefüllt werden kann." **Lindsay Brown**, Eagle Rock

„Er war ein fantastischer Musiker, bescheiden, hochintelligent und schlagfertig … Als die ersten Hits eintrudelten, lieferte er erstaunlich virtuose Auftritte ab. Während der Tournee von *Still Got The Blues* 1990 schaute man manchmal ins Publikum und sah, dass irgendwelche Kerle während Garys Soli ihren Freundinnen Heiratsanträge machten." **Don Airey**

„Er war so gut oder vielleicht sogar besser, als jeder Gitarrist, der einem einfällt." **Brian Downey**

„Er verfügte über ein verblüffendes Harmoniegefühl. Insgeheim war er ein Jazzer, hätte das aber nie zugegeben. Er ähnelte Jeff Beck, denn beide suchten, verließen ihre Bands, bauten sich einen guten Ruf auf, doch waren sich nie sicher, wohin die Reise gehen sollte. Wir spielten einmal den Charity-Gig ‚Vibes from the Vine', und als Gary an der Reihe war, sagte ich ihn an: ‚Begrüßen Sie einen guten Freund, der beste Gitarrist in dieser Preiskategorie – Gary Moore!'" **Mo Foster**

„Ich habe im Laufe der Jahre hinter vielen Musikern gespielt, doch nichts ließ sich mit der Zeit mit Gary vergleichen. Die Expertise war offensichtlich, doch die Power und die Präsenz wirkten geradezu angsteinflößend, einfach unheimlich, wie gut er war." **Rob Green**

„Ich bin unglaublich glücklich, dass es Gary war, mit dem ich eine lange Zeit meines Arbeitslebens verbrachte. Er war der Boss, doch agierte immer fair und gab jedem die Chance seinen Job zu machen. Da ist so viel, was ich vermisse –

die Züge durch die Gitarrenläden, lange Autoreisen, bei denen wir uns alles von unseren Familien erzählten, die anderen Musiker. In Gesellschaft war er ein stiller Mensch. So viele wollten ihn kennenlernen, doch es fiel ihm schwer, frei zu reden. Doch kannte er dich erstmal und vertraute dir, zeigte er sich als liebenswerter, sanfter und fürsorglicher Mann. Einmal hielten wir uns in Spanien auf, und er sah einen obdachlosen Mann auf der Straße. Er gab ihm das ganze Geld, das er in seiner Brieftasche hatte. Das müssen ungefähr 300 Pfund gewesen sein." **Darren Main**

„Im August 2010 traten wir beim Pinkpop-Classic-Festival in Holland auf. Billy Duffy von The Cult und wir schauten uns The Fun Lovin' Criminals an und Billy sagte: ‚Ich würde Gary Moore wirklich gerne kennen lernen.' Ich stellte sie beide vor. Gary nahm ihn sofort unter seine Fittiche. Gegenüber anderen Musikern verhielt er sich immer wunderbar – egal ob sie bekannt oder unbekannt waren und sich gerade hocharbeiteten. Doch wenn Egomanen vor ihm standen – dann wollte er nichts mit ihnen zu tun haben." **Dick Meredith**

„Er machte uns alle zu besseren Musikern. Ich habe niemals einen Menschen gesehen, der auf der Bühne so schwitzte – und an jedem Abend war das anders – niemals formelhaft. Er gab alles. An einigen Abenden empfand man das als hypnotisch." **Vic Martin**

„Ich befand mich oft mit Gary im selben Raum. Hatte man ihn erst kennen gelernt, war er ein umgänglicher Mensch, sehr intelligent, mit dem man über viele Themen sprechen konnte, nicht nur über Musik. Was sein Spiel anbelangte, hatte er großes Selbstvertrauen und agierte beinahe unfehlbar. Man sprach zum Beispiel ruhig und sachlich mit ihm, aber wenn man ihm eine Klampfe in die Hände legte, fand eine Metamorphose statt und er wurde zum Unglaublichen Hulk – Gary, das Monster! Er befand sich da an einem anderen Ort und zog seine [Inspiration] aus einem tiefen Brunnen, zu dem nur er Zugang hatte." **Neville Marten**

„Weißt du, was mir zuerst einfiel, als ich von seinem Tod hörte? Ich stellte mir vor, dass er zu meinem Haus kommt, an die Tür hämmert und schreit: ‚Hey,

Alter, du musst mal diese Wilkinson-Rasierklinge benutzen!! Bis gleich dann.' Ich habe immer auf eine bestimmte Distanz zwischen mir und einem Künstler geachtet, doch Gary lud mich häufig zum Dinner mit Kerry ein. Unsere Frauen gingen auch zusammen Shoppen. Er war ein besonderer Mensch in meinem Leben." **Jeff Glixman**

„Ich glaube, dass ich eine gute Beziehung zu ihm hatte, so gut wie es meine Position zuließ. Er war extrem professionell, entschlossen, und war sich seines gottgegebenen Talents bewusst. Und er konnte jeden über den Haufen spielen – und ich meine jeden!" **Steve Barnett**

„Unter der harten Oberfläche fand sich eine unwahrscheinlich sanfte Seele. Ich habe nur gute Erinnerungen an ihn, denn er war ein netter Bursche." **Richard Griffiths**

„Mir fällt es schwer damit klarzukommen, dass er nicht mehr hier ist. Wenn ich an ihn denke, stelle ich mir niemals einen Toten vor. Wir kamen uns sehr nahe und lebten durch die Gitarren. Sie waren auf eine bestimmte Art unsere Familie." **Greg Lake**

Ich kann mich an einen Tag erinnern, an dem ich mich im Backstage im Catering-Bereich aufhielt – uns stand bei einer Tour immer gutes Essen zur Verfügung – und mit Gary über den Gig sprach. Dort hielten sich drei Köche auf, fünf oder sechs von der Crew, ein Tourmanager, ein Veranstalter, Leute von der Bühne, die Security, Garys persönliches Team und drei Musiker. All diese Menschen waren bei ihm angestellt und von ihm abhängig. Er musste in etwas über einer Stunde auf die Bühne und zweieinhalb Stunden vor 5.000 Zuschauern spielen. Er war trotzdem bestens gelaunt. Bei so einer Verantwortlichkeit hätte man ihm sicherlich vergeben, wenn er häufiger launisch gewesen wäre, doch das war nicht der Fall. Ich habe meine kurze Zeit mit Gary genossen. Er wird schmerzlich vermisst." **Steve Dixon**

GARY AUF TOUR – DIE BANDS

Der aktive Zeitraum der verschiedenen Bands kann nur annähernd angegeben werden. Außerdem gab es speziell in den Achtzigern einige Überlappungen, die nicht exakt bestimmt werden können.

- 1964–1967

The Beat Boys: 1964–1965
Gary (Gitarre, Vocals), Bill Downey (Gitarre, Vocals), Robert Thompson (Bass, Vocals), Robert Wilkinson (Drums).

The Barons: 1965–1966

Gary (Gitarre), Pete McClelland (Vocals), Bill Downey (Gitarre), Barney Crothers (Bass), Brian Smith (Drums). Sam Cook (Bass) und Brian Scott (Keyboards) spielten kurzfristig in der Gruppe.

The Suburbans/Life: 1966–1967

Reggie Carson (Vocals), Billy Hunter (Bass), Graham Drennan (Gitarre), Robert Apps (Drums). Gary spielte Aushilfsjobs bei den Suburbans und schnappte sich dann Hunter und Apps um Life zu gründen, mit Gary am Gesang.

Platform Three: 1967–1968

Gary (Gitarre, Vocals), Colin Martin (Bass), Dave Finlay (Drums).

- 1968–1973

The Method: 1968

Gary (Gitarre, Vocals), Nigel Smith (Bass), Wilgar Campbell (Drums).

Skid Row: 1968–1971

Skid Row 1: Phil Lynott (Vocals), Gary (Gitarre), Brush Shiels (Bass), Noel Bridgeman (Drums). Robbie Brennan spielte als Aushilfsdrummer während der Zeit, in der Noel in Deutschland auftrat.

Skid Row 2: Gary (Gitarre), Brush Shiels (Bass, Vocals), Noel Bridgeman (Drums).

Während dieser Zeit ließ sich Gary als Gastmusiker bei Dr. Strangely Strange sehen, Granny's Intentions, Peter Green und einem Bericht nach bei Spinning Wheel, einer Band mit unter anderem Rick Wakeman und dem späteren Colosseum II Sänger Mike Starrs.

The Gary Moore Band: 1972–1973

The Gary Moore Band 1: Gary (Gitarre, Vocals), Chuck Carpenter (Gitarre), Sam Cook (Bass), Pearse Kelly (Drums).

The Gary Moore Band 2: Gary (Gitarre, Vocals), Phil Donnelly (Gitarre), Frank Boylan (Bass) Jan Schelhaas (Keyboards) Pearse Kelly (Drums).

The Gary Moore Band 3: Gary (Gitarre, Vocals), John Curtis (Bass), Pearse Kelly (Drums).

Während dieser Zeit spielte Gary einige Gigs mit Steve York (Bass), Graham Bell (Vocals) and Pearse Kelly (Drums), und absolvierte einen Gastauftritt mit Thin Lizzy im Marquee.

- 1974–1979

Thin Lizzy: Januar–Mai 1974

Gary (Gitarre), Phil Lynott (Bass, Vocals), Brian Downey (Drums).

Colosseum II: 1975–1977
Colosseum II: Mai 1975–August 1976

Gary (Gitarre, Vocals), Jon Hiseman (Drums), Neil Murray (Bass), Mike Starrs (Vocals), Don Airey (Keyboards).

Im Gründungsjahr und während der Vorbereitungszeit für die Formation nahm Hiseman Gary mit nach Deutschland, um mit dem United Jazz and Rock Ensemble zu spielen.

Colosseum II: August 1976–Januar 1977

Gary (Gitarre, Vocals), Jon Hiseman (Drums), John Mole (Bass), Don Airey (Keyboards).

Thin Lizzy: Januar–März 1977

Gary (Gitarre), Phil Lynott (Bass, Vocals), Scott Gorham (Gitarre), Brian Downey (Drums).

Colosseum II: März 1977–Juli 1978

Gary (Gitarre, Vocals), Jon Hiseman (Drums), John Mole (Bass), Don Airey (Keyboards).

Die Band führte eine Live-Darbietung von *Variations* auf, bei der Barbara Thompson (Saxophon, Flöte) und Rod Argent (Keyboards) mitwirkten.

Thin Lizzy: Juli 1978–Juli 1979

Gary (Gitarre), Phil Lynott (Bass, Vocals), Scott Gorham (Gitarre), Mark Nauseef (Drums August–Oktober 1978), Brian Downey (Drums).

Anfang 1978: Phil Lynott gründete die Greedy Bastards (alias The Greedies) mit Gary, Scott Gorham, Brian Downey, sowie (zu unterschiedlichen Anlässen) Chris Spedding (Gitarre), Steve Jones (Gitarre), Jimmy Bain (Bass), Paul Cook (Drums), Bob Geldof (Vocals), Johnny Fingers (Piano). Sie spielten einen Gig in London Anfang 1978 und drei weitere im Dezember.

Januar 1979: Gary formierte eine Band für einen Auftritt beim *The Old Grey Whistle Test*. Das Album *Back on the Streets* (1978) sollte promotet werden. Die Gruppe bestand aus Gary, Don Airey, Cozy Powell, Scott Gorham and Phil Lynott.

- 1979–1981

Red Alert/Moore: Juli–August 1979

Gary (Gitarre), Glenn Hughes (Bass, Vocals), Mark Nauseef (Drums).

G-Force: August 1979–*circa* August 1980

Gary (Gitarre, Vocals), Tony Newton (Bass), Willie Dee (Vocals), Mark Nauseef (Drums).

Gary Moore and Friends: November–Dezember 1980

Gary (Gitarre, Vocals), Andy Pyle (Bass), Kenny Driscoll, (Vocals), Don Airey (Keyboards), Tommy Aldridge (Drums).

Kurzlebiges Line-up, das ein Live-Album aufnahm, wonach Gary Pyle durch Jimmy Bain ersetzte, und Driscoll durch Charlie Huhn, um *Dirty Fingers* im Januar/Februar 1981 einzuspielen.

Greg Lake Band: 1981–1982

Gary (Gitarre, Vocals), Greg Lake (Gitarre, Vocals), Tristram Margetts (Bass), Tommy Eyre (Keyboards), Ted McKenna (Drums).

- 1982–2011

Gary Moore: 1982–1989

Gary Moore 1: August 1982

Gary (Gitarre, Vocals), Charlie Huhn (Gitarre, Vocals), Neil Murray (Bass), Tommy Eyre (Keyboards), Ian Paice (Drums).

Gary Moore 2: November 1982–Februar 1983:

Wie Gary Moore 1, mit der Ausnahme des Neuzugangs John Sloman (Keyboards, Vocals) und ohne Charlie Huhn.

Gary Moore 3: März 1982–Juli 1983:

Ähnlich Gary Moore 1, doch ohne zweiten Sänger, da Gary alle Vocals übernahm.

März 1983: Gary gastierte beim letzten Thin Lizzy-Konzert im Londoner Hammersmith Odeon.

Gary Moore 4: Januar–März 1984:

Gary (Gitarre, Vocals), Craig Gruber (Bass), Neil Carter (Gitarre, Keyboards, Vocals), Ian Paice.

Gary Moore 5: May–July 1984:

Wie Gary Moore 4, doch statt Ian Paice spielte Bobby Chouinard.

Gary Moore 6: August–September 1984:
Wie Gary Moore 5, doch statt Bobby Chouinard spielte Paul Thompson.

Gary Moore 7: Dezember 1984

Gary (Gitarre, Vocals), Neil Carter (Keyboards, Gitarre, Vocals), Bob Daisley (Bass), Paul Thompson (Drums).

Gary Moore 8: September 1985–August 1986

Gary (Gitarre, Vocals), Bob Daisley (Bass), Neil Carter (Gitarre, Keyboards, Vocals), Gary Ferguson (Drums).

Phil Lynott gastierte bei drei Terminen während der 1985 UK-Tour.

Gary Moore 9: März–September 1987:

Wie Gary Moore 8, doch Eric Singer ersetzte Gary Ferguson.

Gary Moore 10: März–Mai 1989

Wie Gary Moore 9, doch Eric Singer verließ die Gruppe und wurde zuerst durch Cozy Powell und schließlich durch Chris Slade ersetzt.

Gary Moore and the Midnight Blues Band: 1990–1993

Gary Moore and the Midnight Blues Band 1: April–September 1990:
Gary (Gitarre, Vocals), Andy Pyle (Bass), Don Airey (Keyboards), Graham Walker (Drums), the Midnight Horns (Frank Mead: Alt- und Tenor-Saxophon, Mundharmonika; Nick Payn: Bariton-Saxophon; Nick Pentelow Tenor-Saxophon; Martin Drower Trompete).

Albert Collins trat bei diversen Konzerten als „Special Guest" auf.

Gary Moore and the Midnight Blues Band 2: März–November 1992

Identisch mit der ersten Besetzung der Midnight Blues Band, doch zusätzlich der Background-Sängerinnen Candy MacKenzie und Carol Thompson.

April 1992: Gary trat als Gast bei George Harrison's Royal Albert Hall Concert auf, zugunsten der Natural Law Party.

Gary Moore and the Midnight Blues Band 3: Juli 1993

Nur wenige Konzerte mit Gary, Pyle, Eyre und Walker.

August-November 1993: Gary spielte einen Gig mit Jack Bruce und Gary Husband in Deutschland, der zur Einladung von Jacks Feier seines 50. Geburtstags in Köln führte. Danach starteten BBM.

BBM: Mai–Juli 1994

Gary (Gitarre, Vocals), Jack Bruce (Bass, Vocals), Ginger Baker (Drums), Tommy Eyre (Keyboards).

Gary Moore and the Midnight Blues Band 4: April–August 1995

Identisch mit der Midnight Blues Band 3, doch zusätzlich mit Nick Pentelow und Nick Payn.

Gary Moore: 1997–2001

Gary Moore 11: Juni–Oktober 1997

Gary (Gitarre, Vocals), Guy Pratt (Bass, Vocals), Magnus Fiennes (Keyboards), Gary Husband (Drums).

Juli 1998: Drei Konzerte in der Besetzung Gary, Jack Bruce und Gary Husband.

Gary Moore 12: Juli–August 1999

Gary (Gitarre, Vocals), Pete Rees (Bass), Vic Martin (Keyboards), Gary Husband (Drums).

Gary Moore 13: Oktober–Dezember 1999

Identisch mit Gary Moore 12, doch Darrin Mooney stieg für Gary Husband ein.

Gary Moore 14: März–Juni 2000

Wie Gary Moore 13, aber Graham Walker ersetzte Darrin Mooney.

Gary Moore 15: Februar–September 2001:

Wie Gary Moore 13

Scars: Februar 2002–Juli 2003

Gary (Gitarre, Vocals), Cass Lewis (Bass), Darrin Mooney (Drums).

Oktober 2003: Gary gehörte zu einem All-Star-Line-up von Roger Daltrey, das ein Wohltätigkeitskonzert im Ronnie Scott's Club spielte. Sie traten unter dem Namen The RD Crusaders, auf, mit unter anderem Zoot Money und Greg Lake. Im Oktober 2004 folgte ein weiterer Gig mit Gary Brooker und Russ Ballard.

Gary Moore: 2004–2010

Gary Moore 16: Juni–Juli 2004
Gary (Gitarre, Vocals), Bob Daisley (Bass), Darrin Mooney (Drums).

September 2004: Gary trat beim 50. Jubiläumskonzert der Fender Stratocaster auf, veranstaltet in der Wembley Arena, London. Hochkarätiges Gitarristen-Line-up, zu sehen auf der DVD *Strat Pack Live in Concert* (2005).

Juni 2005: Gary trat mit Jack Bruce und Gary Husband beim Dick Heckstall-Smith Gedenkkonzert im Londoner Astoria auf.

Gary Moore 17: März 2006–November 2007

Gary (Gitarre, Vocals), Pete Rees (Bass), Vic Martin (Keyboards), Brian Downey (Drums).

August 2006: Gary trat beim „Vibes from the Vines Festival" Charity-Gig auf, organisiert von Mo Foster. 2009 folgte ein weiteres Konzert.

Oktober–November 2006: Gary gastierte bei Paul Rodgers in der Royal Albert Hall. Im Oktober trat er mit Otis Taylor in Brighton und London auf, sowie mit John Mayall & The Bluesbreakers in Brighton, gefolgt von einem Konzert im November im Shepherds' Bush Empire, London.

Januar 2007: Gary spielte mit Paul Weller, Joe Walsh, Jon Lord, Stevie Winwood und anderen bei einem Gedenk-Konzert für Jim Capaldi.

September 2007: Gary trat beim The Sunflower Jam auf, organisiert von Jackie Paice zugunsten der komplementären Krebstherapie. Mit von der Partie: Ian Paice, Roger Glover, Jon Lord und Status Quo.

Gary Moore 18: March 2008

Wie Gary Moore 17, aber mit Sam Kelly statt Brian Downey.

Gary Moore 19: April–November 2008

Identisch mit Gary Moore 17.

September 2008: Gary flog nach Dublin, um an einem Tribute-Concert für den grandiosen irischen Gitarristen Jimmy Faulkner teilzunehmen. Brian

Downey, Brush Shiels und Noel Bridgeman zählten zu den vielen Top-Musikern des Landes, die dort auftraten.

Gary Moore 20: Dezember 2008–April 2010

Wie Gary Moore 17, doch mit Steve Dixon statt Brian Downey.

Gary Moore 21: April–Oktober 2010

Gary (Gitarre, Vocals), Jon Noyce (Bass), Neil Carter (Gitarre, Keyboards, Vocals), Darrin Mooney (Drums).

Garys letzte Tour-Band. Im Februar 2011 begann er mit Jon Noyce und dem Drummer Rob Green Proben. Neil Carter sollte später zu ihnen stoßen, doch leider werden wir nie etwas über das Potenzial dieser möglichen Band wissen.

GARY MOORE: SEIN SOUND
GITARREN, VERSTÄRKER, EFFEKTGERÄTE

Gary war hinsichtlich seiner Gitarren- und Verstärkerauswahl ein Traditionalist, der die heilige Trinität von Fender/Gibson/Marshall bevorzugte. In den Achtzigern sah das anders aus, da er während des Jahrzehnts die „Mode-Gitarren" nutzte, welche auch die populären Hair-Metal-Gruppen spielten. Neben einigen anderen Marken war die Charvel das Instrument der Wahl.

Abgesehen von der Peter Green Les Paul gab es nichts Besonderes oder Erwähnenswertes, was die ausgewählten Instrumente in den anderen Jahrzehnten anbelangte, denn es waren überwiegend Klampfen „von der Stange". Meist experimentierte er im Studio und wechselte die Gitarren bei bestimmten Songs oder wählte eine Gitarre aus, die er möglicherweise nie auf der Bühne eingesetzt hätte. Gary war ein „Equipment-Freak", denn für ihn stellte es den höchsten Genuss dar, wenn er während einer Tournee einen Abstecher zum nächsten Musikalienhändler machten konnte.

Da Moore im Laufe seiner langen Karriere so viel Equipment kaufte, sammelte oder wieder beiseitelegte, ist eine exakte Auflistung der von ihm in jeder einzelnen Situation benutzten Gitarren/Verstärker/Effektgeräte unmöglich. Viele Moore-Fans interessieren sich jedoch lebhaft für das Thema. Was folgt ist eine möglichst akkurate Auflistung seines Equipments. Gary war immer sehr offen, was seine Auswahl anbelangte und sprach ausführlich mit den Kennern unter den Journalisten über seine Präferenzen zum jeweiligen Zeitpunkt. Aus diesem Grund besteht dieser Abschnitt aus Interviewauszügen.

Aber er plauderte auch gerne und mit viel Erfahrung über die Kunst des Gitarrenspiels. Es folgt eine Kollektion von Zitaten aus Interviews, die er über die Jahre gab.

„Ich befinde mich momentan in einer Übergangsphase. Ich bin ungefähr noch 50 % von dem entfernt, was ich als Gitarrist anpeile. Zum ersten Mal im Leben kopiere ich niemanden bewusst. Früher bediente ich mich bei Clapton, Beck und Hendrix, habe ihre Licks genutzt und sie ohne Rücksicht auf Verluste gespielt. Natürlich finden sich in meinem Spiel zwangsläufig noch Spuren dieser Musiker, doch nun ist etwas anderes da. Nun kommen Gitarristen auf mich zu und sagen: ‚Großartig, wenn wir dir beim Spielen zuhören, klingt das nach keinem Anderen.' Wenn die Leute mich das erste Mal erleben, wissen sie nicht, mit wem sie mich vergleichen sollen. Es scheint also zu funktionieren."
Sounds, 1. Mai 1976

„Die Leute fragen mich: ‚Wie genau spielst du?' – und das weiß ich nicht. Beim Spielen denke ich nicht über Tonarten oder Akkorde nach. Ich befinde mich nun in einem Stadium, in dem ich meinen Gitarrenhals kenne und etwas anderes die Kontrolle übernimmt. Wenn du zum Beispiel mit mir sprichst, während ich spiele, höre ich kein einziges Wort, das du sagst – es ist wirklich schwierig zu beschreiben. Ich gehe rauf auf die Bühne und die ganze Welt verschwindet, bis auf die Musik."
Beat Instrumental, Januar 1979

„Nicht viele können sich eine meiner Gitarren schnappen und sie kontrollieren. Wenn man die Hände davon lässt, wird plötzlich alles wirr. Man muss das Instrument genau kennen, wissen, wie man es kontrolliert. Ich erinnere mich an einen Typen, der meine Gitarre nahm und dann fragte: ‚Wie um alles in der Welt spielst du das Ding?' Ich schätze mal, das stammt noch aus der Zeit, in der ich mit beschissenen Gitarren übte. Während einer Tournee lasse ich immer den Saitenabstand [vom Griffbrett] erhöhen, damit ich beim Drücken kämpfen muss."

„Jeder sagt, dass ich nicht so laut spielen soll! Doch die Lautstärke gehört zu meinem Sound. All diese Hilfsmittel – einen Verzerrer zu nehmen und alles

leiser zu stellen – sind doch Mist! Wenn man den Ton eines Instruments herauskitzeln will, muss man es in einer vernünftigen Lautstärke machen."
Guitarist, Nachruf, April 2011

„Falls ich Menschen inspirieren und dazu anregen kann, gut zu spielen und den richtigen Weg einzuschlagen, dann habe ich gewonnen. Wenn ich Gitarristen nur dazu inspiriere schnell zu spielen, wenn sie nur diesen Aspekt meiner Technik annehmen, stelle ich für sie keinen großen Nutzen dar. Dieses Thema bedeutet mir sehr viel."
Guitarist, November 1985

Man muss sich entspannen und es laufen lassen und bloß nicht auf diesen Ego-Trip kommen, wo man denkt: ‚Bin ich nicht wunderbar, ich habe diesen [scharfen] Lick gespielt.' In dem Moment, in dem du das denkst, bist du der nächste [Großkotz]. Man muss immer das Beste aus sich herausholen. Du bist es selbst, der die Standards festlegt und bestimmt, ob du zufrieden bist. Hat man das nicht erkannt, kann man gleich einpacken."
Kerrang, Nummer 94, 1985

„Ich bin kein studierter Musiker, auch nicht, was die Technik anbelangt. Meine Technik hat sich über die Jahre entwickelt, da ich mir andere Gitarristen angesehen und versucht habe, meinen eigenen Stil zu fördern. Darüber hinaus versuche ich das umzusetzen, was zu jedem einzelnen Stil passt. Wenn ich ein eher atmosphärisches Stück spiele, schlage ich die einzelnen Saiten an und versuche, alles unter Kontrolle zu halten. Doch manchmal muss man richtig ‚reinhauen'. Wenn man auf der Bühne auf einen musikalischen Höhepunkt zusteuert, kann man nicht mehr methodisch vorgehen. Ich spiele viele Hammer On/Pull Off-Phrasen, aber auch ein reguläres Picking. Bei mir ist beides möglich."
Guitarist, Januar 1985

[Zur Rolle des Guitar Hero]: „Tja, man drückt mir das Label auf, aber wenn man sich die Alben genau anhört, klingen sie nicht wie die der sogenannten ‚Guitar Heroes'. Bei mir dreht sich [das Gitarrenspiel] um die Songs und die

Gitarre spielt eine Rolle innerhalb der Songs. Auf einem Album hört man keine zehnminütigen Gitarren-Soli, doch auf der Bühne habe ich einige Freiräume, in denen ich dreiminütige Soli bringe. Allerdings versuche ich die Gitarre im Rahmen der Stücke wirken zu lassen. Die Songs sind mir weitaus wichtiger, und mein ganzes Feeling ist dort zu finden. Außerdem ist diese ganze ‚Guitar-Hero'-Sache veraltet. Aber man erwartet es von mir auf die Bühne zu gehen und was abzuziehen – egal ob ich es fühle oder nicht. Manchmal möchte ich nur die Stücke spielen, aber wenn ich nicht [heiße Soli bringe] verlassen die Leute das Konzert enttäuscht."
Sounds, 28. September 1985

„Ein Musiker kann mehr Subtilität und Kontrolle erreichen und die Geschwindigkeit in den Hintergrund stellen. Wenn man älter wird, wird es viel interessanter, etwas auf der melodischen Ebene zu kreieren, statt ständig die Geschwindigkeit zu betonen. Sie wird immer unbedeutender und lässt einem Musiker Platz zum Reifen. Geschwindigkeit allein wird bedeutungslos."
International Musician, Oktober 1982

„Höre ich Musik, empfinde ich sie sehr intensiv. Und wenn ich spiele will ich dasselbe Prinzip verfolgen. Mich beeindruckt es nicht, einen Song halbherzig umzusetzen, denn so bin ich einfach nicht. Wenn ich etwas mache, neige ich zum Extrem – und das trifft auch auf das Gitarrenspiel zu. Ich meine immer, man muss 200% geben – und das die ganze Zeit, jeden Gig nach diesem Motto spielen. Wenn man in der Rockmusik unterwegs ist, muss man viel [Gefühl] einbringen, denn anders kann man es nicht vermitteln. Das ist natürlich, und wenn mir die Leute sagen, dass ich mich entspannen soll, könnte ich es eh und je nicht."
Guitarist, März 1989

„Zwischen dir und der Gitarre gibt es keine Schranken – besonders, wenn man ohne Plektrum spielt … Man kann eine Gitarre direkt spielen und sich unverfälscht ausdrücken, durch die Saiten, das Holz, die Verstärker, das ist der unverfälschte Ausdruck. … Das fühle ich bei einer Gitarre … Sie ist ein widerklingendes Instrument und spricht direkt auf die Berührung an. Spielt man eine Gitarre sanft, wird sie auch so schwingen. Ich finde, dass sie weinen

oder schreien kann, brüllen oder lachen oder was auch immer ... Für mich ist sie ein magisches Instrument."
20th Century Guitar, 9. November 2004

„Man kann sich mit jedem Gitarristen unterhalten und jeder will ein anderer sein. Ich erinnere mich an ein langes Gespräch mit Neal Schon von Journey, als wir mit ihnen tourten ... Neal schätzt Eddie Van Halen ungemein und Eddie will Allan Holdsworth sein."
International Musician, Februar 1989

„Ich habe Gitarristen gehört, die meine Soli mit der Vorlage einer Transkription nachgespielt haben, und um ehrlich zu sein, kamen sie nicht in die Nähe. Eigentlich sollte man hören, dass es nicht exakt so klingt. Ich mag es zwischen den Mustern zu spielen, was sowohl das Timing anbelangt und auch die Töne. Dadurch wird eine Transkription fast unmöglich. Versuch mal mit Eric zu spielen! Der spielt niemals mit dem Beat! Und Albert King: Wenn man seine Songs in perfekter Stimmung performt, klingt das wie ein weißer Junge, der versucht clever zu sein und den Blues zu spielen. Diese Typen bringen es einfach nicht so rüber. Eric Bell meinte mal zu mir: „Wir spielen das viel zu korrekt, und sie machen es anders – sie spielen es rau und das ist wunderschön.""
Guitarist, 2004

„Ich bin mit Melodien groß geworden. Auch als ich den Heavy Rock machte, fanden sich dort immer Melodien. Ich mag kein unmelodisches Gitarrenspiel, denn es ist sinnlos und leer. Zu viel dieser Musik wurde zu einem bestimmten Zeitpunkt gemacht. [Anspielung auf die Flitzefinger der Achtziger.] Die Leute üben in der Öffentlichkeit. Ich wuchs auf und hörte die Beatles und Hank Marvin. Die damaligen Bands waren alle wirklich melodisch ... Ein tolles Solo im Kontext eines ärmlichen Songs bedeutet nichts, aber ein tolles Solo verknüpft mit einem grandiosen Song – da hat man etwas gefunden."
Guitarist, Oktober 1999

„Ich fand es wichtig, im Laufe der Jahre all die verschiedenen Stile zu erforschen und von Musikern zu lernen. Egal, wie gut oder schlecht sie in technischer

Hinsicht waren – es gibt keinen einzigen Gitarristen, von dem ich nichts lernte. Und das habe ich all die Zeit gemacht – gesucht und gelernt."
Guitar Buyer, Nachruf, März 2011

„Ich setze mich momentan mit dem Überraschungsmoment auseinander. Spiele ich zum Beispiel tiefe Töne, wechsle ich unvermittelt zu wirklich hohen Läufen, was einem kurzen Aufschrei gleichkommt. Dadurch wird das Spiel gehaltvoller, als wenn man sich immer in denselben Lagen aufhält. Das ist natürlich eine Frage der Technik – ich lieferte früher meist Triolen ab, bin nur einige Bünde höher gegangen, aber hielt mich immer noch in einem bestimmten Bereich des Halses auf. Ich finde, dass es meinem Spiel damals an Tiefe fehlte. Wenn man sich über den ganzen Hals ausbreitet, erhält man zusätzliche Dimensionen. Ich habe gelernt, das zu meinem Vorteil zu nutzen."
Guitarist, November 1985

„Ich kann auch nicht sagen, was es genau ist, aber wenn ich die Gitarre schultere – egal ob es nun in einem Raum oder auf der Bühne ist – geschieht etwas, und ich habe keine Kontrolle mehr darüber. Ich glaube, das ist der Grund, warum ich auf keinem großen Ego-Trip bin. Wenn ich mir die Gitarre umhänge, liegt das alles nicht mehr in meiner Hand. Habe ich keine Gitarre zur Verfügung, bin ich so wie auch alle anderen, aber wenn ich sie mir schnappe – bin ich ein anderer! Ich habe das schon bei anderen Gitarristen bemerkt … Man unterhält sich zum Beispiel mit ihnen, aber wenn man ihnen eine Gitarre reicht, passiert etwas. Wie zum Beispiel bei Jeff Beck – plötzlich ‚knurrt' er und irgendetwas geschieht. Man kann sich so einer Gabe glücklich schätzen. Als ich das erste Mal eine Gitarre in die Hände nahm, habe ich mich genauso gefühlt. Es fühlte sich natürlich an und ich spürte, dass ich das machen sollte."
Guitarist, März 1989

„Ich weiß, dass ich recht erfolgreich bin, aber ich habe noch nicht meine Top-Form erreicht. Egal, wie erfolgreich man ist, man darf niemals denken: ‚Toll, jetzt lehne ich mich zurück, denn ich kann nicht besser werden.' Es gibt einen Raum für Verbesserungen, denn es ist immer möglich sich weiter zu entwickeln."

„Soli werden eine zu große Bedeutung zugesprochen. (Sie) sind für die Leute wichtig, die sie spielen – und natürlich auch für andere Gitarristen – doch letztendlich müssen sie im Kontext eines Songs gut wirken. Man kann sie über-analysieren. Ich habe das selbst gemacht, wieder und wieder. Wenn ich sie nicht beim ersten Take einspiele, habe ich ein Problem. Dann neige ich dazu, sie viel zu exakt zu analysieren. Doch wenn sie ein gutes Feeling ausstrahlen, lasse ich es meist dabei, auch wenn einige kleine Fehler drin sind."
Guitarist, März 1992

„All meine Gitarren haben eine Geschichte, und ich setze sie alle ein, da ich sie mag. Manchmal klingen die von mir kreierten Sounds und Effekte seltsam. Die Leute fragen mich danach und die Hälfte der Zeit weiß ich nicht, wie ich das hinbekommen habe. Während meiner gesamten musikalischen Karriere habe ich [meinen Stil] verfeinert – alte Ideen neu bearbeitet oder sie ins rechte Licht gerückt. Oft höre ich auf meinen Platten total vergessene [Passagen] … Während ich älter werde, interessiert mich eher die melodische Ebene, auf der ich mich verwirklichen will, statt die ganze Zeit die Geschwindigkeit zu betonen. Die effektivsten Passagen sind oftmals die einfachsten wie zum Beispiel eine Note mit langem Sustain. Jeder kann da abfahren."
Interview mit Chris Welch, 1991

„Ich spiele immer das, was ich in dem jeweiligen Moment fühle – ob es ein gutes oder schlechtes Gefühl ist – doch ich werde keine blitzschnellen Läufe abziehen oder das machen, was andere eventuell wollen. Falls man das umsetzen würde, wäre man nicht mehr als ein Produkt und man wird zu einer reinen Zirkusattraktion. Das hat und hatte noch nie etwas mit mir zu tun. Wünscht man sich ein ehrliches Ansehen und Respekt, dann wird man das nur erreichen, wenn man ehrlich bleibt und die Musik für sich alleine stehen lässt."
Guitarist, Juni 1997

• DIE FRÜHEN JAHRE BIS 1980

Garys erste Gitarre, die er ungefähr im Alter von zehn Jahren bekam, war eine große Akustik mit einem Cello-förmigen Körper, fast zu groß, um damit zu spielen. In einem Interview aus dem Jahr 1994 erzählt Moore, er habe das Instrument von Jackie Milligan erworben, einem Gitarristen in einer Showband und Freund seines Vaters. Moore erinnert sich daran, dass seine Freunde sich in der Gasse hinter ihrem Haus versteckten und dabei zusahen, wie er zu spielen versuchte. Seine erste E-Gitarre war eine Rosetti Lucky Seven, eine Halbresonanzgitarre mit einem Cutaway, die für Rosetti von Egmond in den Niederlanden produziert wurde. Dann ging es weiter mit der ersten „richtigen" Gitarre, einer weißen Telecaster mit einem Ahorn-Hals: „Damals wurden drei Telecaster nach Belfast geliefert, zwei auf Vorbestellung und die letzte blieb für mich." Bevor Gary Belfast verließ, besaß er einen Vox AC30. Moore erzählte später oft davon wie er und Rory Gallagher ihre Amps miteinander verkabelten, um mehr Power zu haben. Bei Platform Three hatte er den Luxus eines Marshalls, den man für ihn mietete.

Als Gary nach Dublin zog und bei Skid Row einstieg, erwarb er eine rote Gibson Les Paul mit schwarzen P 90 Pick-ups, einer vergoldeten Tune-O-Matic-Brücke und einem trapezförmigen Saitenhalter. Er besaß auch eine Fender Stratocaster aus den frühen Siebzigern in Sunburst mit einem schwarzen Schlagbrett und die Gibson SG, die er später verkaufte, um Peter Greens 1959er Les Paul Standard zu finanzieren. Was die Verstärker anbelangte, benutzte Moore bei Skid Row Top-Teile und Boxen von Orange, aber auch einen Hiwatt-Amp mit WEM 4x12"-Boxen.

Bei seinem ersten Soloalbum *Grinding Stone* (1973) setzte Gary die Peter Green Les Paul ein, seine Hauptgitarre zu der Zeit. Zusammen mit Marshall-Amps war das sein Equipment während der Siebziger, also der Zeit bei Thin Lizzy und Colosseum II. Dennoch spielte er gelegentlich mit der Les Paul über einen Fender Twin Reverb, um den „fetten" und verzerrten Sound von Bill Connors auf *Hymn Of The Seventh Galaxy* nachzuahmen.

Bei einem Interview 1974, kurz vor seiner ersten Stippvisite bei Thin Lizzy, gab Gary an, mehr Gitarren besessen zu haben, als bisher dokumentiert wurde: „Ich hatte drei Strats, eine 335, ungefähr drei verschiedene Les Pauls, eine Les Paul TV, zwei SGs und eine Firebird." Allerdings versuchte er alles, um darauf hinzuweisen, dass er diese Gitarren eine nach der anderen benutzte und keine Sammlung besaß, ein Konzept, das er sich zu dieser Zeit schwerlich vorstellen konnte.

„Eric Clapton eilt der Ruf voraus, dass sich ungefähr 200 Gitarren in seinem Besitz befinden. Er hat ungefähr 19 Les Pauls und die erste Flying V, die je gebaut wurde – natürlich mit der Seriennummer 1. Ich erinnere mich, ihn mit Cream gesehen zu haben, wo vier oder fünf Les Pauls auf der Bühne standen, alle in unterschiedlichen Farben. Obwohl ihm an dem Abend drei Mal eine Saite riss, spielte er mit derselben Gitarre weiter. Ich konnte das kaum fassen! Er hatte all die Ersatzgitarren – aber warum nur?" Natürlich muss an dieser Stelle nicht erwähnt werden, dass sich Garys Einstellung zum Sammeln über die Jahre grundlegend veränderte.

Im selben Interview sprach Gary über ein neues Effektgerät: „Ich besitze nun ein Echoplex und mache es mir zur Angewohnheit, nach dem Set von der Bühne zu gehen und das Band weiterlaufen zu lassen. Das erste Mal hat irgend so ein Typ gebuht und mich beschuldigt, den ganzen Abend nur ein Playback gespielt zu haben! ... Eine ‚Umdrehung' des Bandes des Echoplex dauert circa 2 Minuten, und so kann alles während der zwei Minuten aufgenommen werden. Ich kann die Bühne verlassen und dem Ding die Musik überlassen. Das erste Mal, dass ich das Echoplex einsetzte, hat nicht mal die Band kapiert, was da gerade passiert ... die hörten die Gitarre und dachten, ich sei immer noch auf der Bühne. Ich stand hinter den Verstärkern und lachte mir einen." Dann erzählte Gary noch, er sei wieder auf die Bühne gekommen und habe sich mit Phil unterhalten, während das Echoplex noch die Gitarre wiedergab.

Eine Ausnahme von seinem Standard-Equipment war seine Gibson Melody Maker mit einem Cutaway aus den späten Fünfzigern (möglicherweise auch aus dem Jahr 1960), die er auf der Bühne mit Thin Lizzy spielte. Er meinte im Januar 1979 gegenüber *Beat Instrumental*: „Sie hat einen DiMarzio PAF und Grover-Mechaniken, die ich in den USA für 75 Pfund gekauft habe. Die Melody Maker ist ... ich kann es kaum glauben ... das Schöne an der Gitarre ist ... ich hatte eine Vision ... verdammt, das klingt bescheuert! Mir schwirrte ein bestimmter Sound im Kopf herum, den ich hören musste ... ich ging also zu Andy, unserem Gitarren-Roadie, der den DiMarzio einbaute, woraufhin exakt der Sound kam, den ich hören wollte. Ich habe erst gestern Abend ein Solo damit gespielt und der Sound ist so verdammt dreckig ... Sie hat einen hohen Wiedererkennungswert. Die Harmonien sind großartig und auch die hohen Lagen. Ich habe einen höheren Saitenabstand einstellen lassen als bei der Les

Paul und sie ist mit dünneren Saiten bezogen, damit ich besser ziehen kann ... Die Saiten auf der Les Paul haben die Stärken .010, .013, .017, .030, .042 und eine .052 was also einen fetten Bass auf der tiefen E-Saite erzeugt. Die Melody Maker hört schon bei .042 auf."

Dann beschrieb Moore eine komplett modifizierte Strat, deren Hals sich nach einem Streit mit einer nicht näher benannten Freundin gelöst hatte: „Ich ließ dort DiMarzios einbauen. Auch verwende ich ein stark umgebautes Vibrato-System mit einer festeren Halterung." Moore zeigte sich besonders von den DiMarzio Pick-ups angetan, da sie seiner Meinung nach der Firmen-Bestückung von Fender und Gibson überlegen waren: „Ich kann direkt in einen Marshall gehen, ihn aufdrehen und bekomme den wunderbarsten Klang ohne Effekte oder andere Hilfsmittel."

Was Effekte anbelangte, nutzte Gary aufgrund der einfachen Bedienung immer noch das Echoplex, „Ich verwende aber auch einen Coloursound Overdrive, besonders bei der Strat, da er den Klang aufmotzt ... Auch benutze ich ein MXR Phase 100 und ein Coloursound Wah-Wah, doch wenn wir ‚Johnny The Fox' beenden, erübrigt sich das Teil."

Würde er einen Gitarren-Synthesizer ins Spiel bringen? Gary wies darauf hin, ein Modell bei der Frankfurter Musikmesse 1978 gesehen zu haben – einen Hagström Patch 2000, der seiner Meinung nach auch bei schnellen Läufen seine Wirkung entfaltete: „Er funktioniert mithilfe der Bünde und man kann ihn einhändig spielen. Ich glaube, er scannt sie sehr, sehr oft und ich kann nicht schneller sein." Allerdings bemerkte er auch einige Nachteile, denn man konnte damit weder Akkorde spielen, noch Saiten ziehen und benötigte zur optimalen Bedienung einen Hochqualitäts-Amp. Allerdings ließ er sich wie eine Gitarre spielen, wobei die Synthie-Funktion blitzschnell über einen Schalter aktiviert wurde. „Ich spielte ihn durch ein Oberon Expander Modul und es klang wirklich gut." Das gesagt, gab er die Funktionalität bei einigen Songs zu, doch er hätte nicht den ganzen Abend damit spielen wollen. Danach kommentierte er die allgegenwärtige Präsenz japanischer Hersteller bei der Messe, die zu dem Thema Gitarren führte.

„Ja – ich mag Yamaha ... die Yamaha ist so wie die Gibson sein sollte. Sie haben sie optimal entworfen – Klangmöglichkeiten, der Hals, einfach alles ist klasse. Meine Güte, Carlos Santana war ein absoluter Gibson-Freak, aber spielt jetzt eine Yamaha ... Ich habe mal die von Midge von The Rich Kids angetestet – sie hat ein gutes Sustain, einen wirklich netten, schweren Korpus – und ähnelt auf eine bestimmte Art der Les Paul."

Das Gespräch endete mit Garys Eingeständnis, dass seine Probleme mit einer Fender Strat niemals gelöst worden waren, wodurch er auch nie „Ich bin ein Strat-Spieler" behaupten konnte – und das trotz der Tatsache, dass er jahrelang eine Fender einsetzte. Sein Ziel lag darin, den Klang der umgebauten Strat zu personalisieren: „Als erstes wollte ich einen voluminöseren Sound, doch immer noch ein Vibrato-System benutzen. Eddie Van Halen hat das auch gemacht, da er einen alten PAF-Humbucker benutzt – nicht mehr! Na ja, und eigentlich ist es auch keine Strat mehr. Es ist eine Schlason oder was weiß ich. Ich habe niemals zuvor so einen schweren Strat-Korpus in der Hand gehalten. Sie hat diesen Pick-up, ein Lautstärke-Poti, keine Ton-Regler und das war's auch schon – und damit bekommt er so einen großartigen Sound hin, so einen voluminösen Sound ... aber denk dran, die acht Marshalls haben auch was damit zu tun!"

• DIE ACHTZIGER

1981:

Während Gary mit Greg Lake im Studio arbeitete und Auftritte absolvierte, ließ sich ein Gitarrenhändler blicken, mit einer Auswahl von Gitarren, darunter eine 1961 Fiesta Red Fender Strat (möglicherweise ursprünglich in der Farbe Salmon Pink, aber wie damals üblich, neu lackiert um die „Hank-Marvin-Optik" zu Kapital zu machen). Noch vor Gregs Ankunft spielte sie Moore zuerst ohne Amp und wusste augenblicklich, dass es sich um ein erstklassiges Instrument handelt. Doch er musste darauf warten und hoffen, dass Greg sie ablehnt, was auch geschah, da sich das Instrument nicht in einem Top-Zustand befand. Wie sich Graham Lilley erinnert, „hat Gary dem Typen fast den Arm ausgerissen, so schnell wollte er [die Strat] haben." Gary ließ sie neu bundieren (möglicherweise mit Dunlop 6150 Bundstäbchendraht) und besaß für viele Jahre eine Lieblings-Gitarre. Der ursprüngliche Besitzer war angeblich der Klampfer von Tommy Steele, während sie Gary einmal gestohlen wurde. Er erzählte dem *Guitarist* im Januar 1985: „Ich besitze momentan 20 Gitarren, also keine große Kollektion. Ich sammle eigentlich keine Gitarren. Wenn mir eine gefällt, kaufe ich sie mir, aber ich schleiche nicht durch die Pfandhäuser Clevelands um danach zu suchen. Ich stehe [momentan] auf neue Gitarren. Bei der gesamten US-Tour habe ich eine weiße Strat gespielt, gekauft in LA für 600 Dollar von der Stange. Es ist eine '62er-Reissue."

„Was mit der Strat in Salmon Pink [nun in Rot] passierte. Die wurde kurz vor der Tour geklaut. Einer der Typen vom Zoll hat sie sich geklemmt, aber dann fand er heraus, wem sie gehörte, woraufhin die Gitarre über Interpol wieder in Houston in meinen Besitz kam. Ich habe sie ungefähr zur Hälfte der Tournee wieder erhalten, doch da besaß ich schon die weiße und hatte mich daran gewöhnt. Ich mag es nicht, Gitarren während einer Tour auszuwechseln."

1982:

Mit dem Plattenvertrag in der Hand und einer steil ansteigenden Karriere tauchte Garys Gesicht immer häufiger in den Gitarren-Fachmagazinen auf, oftmals sogar auf dem Cover. Folgend einige allgemeine Gedanken über die Beziehung zu Gitarren:

„Ich mag und benutze all meine Gitarren. Ich gehöre nicht zu den Leuten, die rausgehen und sich grüne Gitarren mit gelben Pünktchen zulegen, zusammen mit einer kostenlosen DIY-Blow-Job-Maschine. Ich mag Gitarren, die ich auch einsetzen kann. Das gilt auch für Endorsements. Wenn mir jemand etwas gibt, benutze ich es auch. Es ist doch völlig unfair die Kids zu verarschen, indem man seinen Namen auf einem Produkt erscheinen lässt, obwohl es eigentlich beschissen ist. Das machen viele, doch ich finde es falsch."
International Musician, Vol. 8/10, Oktober 1982

Gary schilderte dann den Einsatz verschiedener Gitarren-Sounds bei dem Track „Don't Take Me For A Loser" des Albums *Corridors Of Power*.

„Das Solo hat einen merkwürdigen Klang, da das Gitarren-Signal gesplittet wurde. Auf der einen Seite lief es über einen Maestro Octave Divider direkt ins Mischpult und auf der anderen durch einen kleinen Monitor, der dann mit einem 2-Spur-Rekorder aufgenommen wurde. Wir routeten die Gitarre zum Monitor, rissen ihn so weit auf, dass er übersteuerte und positionierten dann ein Mikro davor. Somit hatten wir einen dreckigen und verzerrten Sound, der durch den winzigen Lautsprecher kam und diesen sehr cleanen, offenen Sound mit einem Octave Divider für den anderen Kanal." Auch bei „End Of The World" wurde ein Octaver verwendet, um unter die Arpeggien tiefere Noten zu legen.

Auf die Frage wie er im Studio Feedback und Sustain erzeugt, antwortete Gary: „Ich hole einfach alles aus meinem Verstärker mit der Strat heraus – den ganzen verdammten Sound. Ich habe ungefähr drei Gain-Stufen, denn das Ganze läuft über die Digitaleffekte von Roland, die zusätzliches Gain bringen. Das reiße ich dann so weit auf wie es geht. Natürlich erreiche ich dann einen so hohen Verzerrungsgrad, sodass ich die Hände immer auf den Saiten halten muss, damit es nicht quietscht [und das ungewollte Feedback dir die Gehörgänge durchpustet]."

Auf der Bühne begann Gary damals, drei Volumen-Pedale einzusetzen, um die Lautstärke der anderen Musiker zu kontrollieren: „Hinter mir stehen vier Verstärkertürme. [Neben meinem eigenen] ist einer für den Bass, einer für die Keyboards und einer für Neil Carters Gitarre. Mit den Boss FV-100-Volumen-Pedalen – sie stehen vor mir auf dem Boden – kann ich mir während des Spiels den Monitorsound selbst mischen. Jetzt muss ich nicht mehr nach dem Techniker schreien. Das habe ich viel zu viele Jahre gemacht." In dem Interview erzählt er auch von der '62er-Reissue-Strat mit dem Palisander-Hals, die er in den Staaten kaufte, um die Strat zu ersetzen, die nach seinem damaligen Wissen für immer verloren schien.

In einem Interview mit *International Musician*, kurz nach dem Reading-Auftritt im August, beschrieb Moore sein Rack mit dem Roland Chorus Echo, das auch über einen Hall verfügte und einen Boss-Verzerrer, letzterer mit der Strat gespielt. Darüber hinaus erwähnte er explizit zwei neue Gitarren, eine Ibanez mit einem „grünen Ding" und „eine meiner Charvels mit einem Floyd-Rose-Jammerhaken." Während der damaligen Zeit gefielen ihm besonders die entsprechend den Kundenwünschen angefertigten Charvel-Gitarren: „Sie sind wirklich schön. Da gibt es alle nur erdenklichen Custom-Designs. Er (Grover

Jackson eher als Wayne Charvel) liefert einen großartigen Job ab und verbessert die Gitarren so lange, bis du auch zufrieden bist."

Für Gary hatten die Charvels aber auch ihre Einschränkungen. In einem Gespräch mit Tony Bacon von *Music UK*, das ungefähr 1982/1983 stattfand, bemerkte er: „Ich benutze die Charvels gelegentlich, doch habe mir meine Gedanken gemacht. Ich möchte mir eine weitere alte Strat anschaffen und sie bei Tourneen als Ersatz für die pinke Strat dabeihaben. Momentan setze ich die Charvels als Ersatz für die Strat ein, was eigentlich nicht passt. Ich habe mein komplettes Equipment und auch den Sound auf die Strat eingestellt, und wenn man eine Charvel mit diesen Voreinstellungen nutzt, ist sie viel zu laut dafür. Die haben alle möglichen Tonabnehmer – DiMarzios, Seymour Duncans ... und so musst du rüber rennen und alles umbauen, auch die Klangregelung. Das bringt alles durcheinander. [Für eine vernünftige Anpassung] hat man keine Zeit und alles läuft auf einen miserablen Gitarrensound hinaus. Da hätte ich schon lieber eine andere Strat, die ich direkt reinstecke."

In verschiedenen Interviews für *International Musician* und *Music UK*, erzählt Gary von weiteren Gitarren seiner Sammlung. Bei der Arbeit im Studio spielte er eine Takamine: „Sie ist ähnlich wie die Ovation aufgebaut, als Akustik-Gitarre mit einem Pick-up, doch sie hat Potis für Bass, Höhen und Lautstärke in der Nähe des Halsansatzes ... und der Klinkeneingang befindet sich nahe des Gurtpins ... Ich habe sie bei ‚Always Gonna Love You' gespielt ... und dann besitze ich noch eine Gibson ES-5, die ich von Greg Lake gekauft habe. Wunderbar. Kein einziger Kratzer ... eine nette Gitarre, die man gut zuhause spielen kann – sie mit auf die Bühne zu nehmen, wäre lächerlich. Es ist eine der Gitarren, an denen man hängt. Sie ist mit drei dieser schwarzen P 90 bestückt, hat drei Lautstärke-Potis und eins für den Klang – keine Kippschalter. Dann habe ich noch eine Gibson Tennessean, die ich hasse. Das war einer dieser Impulskäufe, die ich eigentlich nie mache."

„Und dann ist da noch die Les Paul Junior aus dem Jahr 1955, die Steve Jones von den Sex Pistols gehörte ... die Vorderseite ist irre ramponiert. Er ließ sie mal in meiner Wohnung zurück, lehnte sie einfach gegen die Wand. Dann stand sie sechs Monate dort, und ihn juckte es scheinbar nicht, denn er holte sie nicht mehr ab. Ich sagte dann, dass ich sie ihm abkaufen würde."

Zum Zeitpunkt des Interviews mit *Music UK* hatte Gary den Bühnenaufbau von *Corridors Of Power* geändert und seine Effekte aufgestockt. Die Gitarre „ist nun auf zwei Marshalls geplittet, einer trocken, der andere mit Effekten. Doch es ist kein Stereo-Splitting. Ich gehe also von der Gitarre durch einen Verzerrer über eine Splitbox in den ersten Verstärker. Aus der Box verläuft ein anderes Kabel zu den Effekt-Pedalen und Echos in den zweiten Verstärker. Der zweite Verstärker ist die ganze Zeit über an, auch wenn ich die Effekte nicht benutze. Somit kommt das Signal durch den ersten und zweiten Amp."

„Damit vermeidet man den Effekt eines gesplitteten Echos, das beim Anschalten den zusätzlichen 100-Watt-Marshall aktiviert, der dir den Kopf wegbläst. Nun ist alles ausbalanciert. Ich habe das früher anders gemacht, doch kam nie mit dem Stereo-Effekt klar. Nun habe ich immer die Leistung von 200 Watt, und wenn ich die Effekte einschleife, sind sie nur auf einer Seite, wodurch der Mann am Mischpult sie so abmischen kann, wie er es für richtig hält. Zum Beispiel: Wenn ich zu viel Echo einsetze und die Halle an sich schon viel Atmosphäre hat, kann er den Amp [bei sich am Mischpult] runterfahren. Ich höre es auf der Bühne aber immer noch so wie ich es mag. Somit ist das ein weitaus vernünftigerer Aufbau."

„Momentan benutze ich viele Effekte, ob du das glaubst oder nicht. Auf dieser Tour habe ich mit mehreren experimentiert, da mir unterschiedliche Sounds gefielen. Ich würde aber nicht mein Leben dafür verwetten, dass ich damit weitermache. Sie können sich nämlich als Problem herausstellen. Ich setze einen Flanger ein, einen Octava-Splitter und einen Chorus – alles von Boss. Den Chorus besitze ich nur, weil mich der Chorus/Echo nicht zufrieden stellt – beim Chorus/Echo setze ich nur den Repeat-Effekt ein und manchmal ein wenig Hall."
„Der Flanger und der Chorus sind externe ‚Tretminen'. Für Violinen-Effekte benutze ich ein Volume-Pedal … das aber nicht oft zum Einsatz kommt. Den Flanger setze ich ein einziges Mal am Abend ein und den Chorus vielleicht

zwei Mal. Wenn man die Dinger die ganze Zeit benutzt ... klingt das beschissen und verdeckt alles, was man [mit seinen Fingern] macht." Man kann Gary im Rahmen des *Rock School*-Programms bei der BBC 2 sehen. (Auch auf YouTube.)

1984:

Bei *Victims Of The Future* war Garys Instrument der Wahl die Les Paul Junior, obwohl die Strat auch auf einigen Tracks zu hören war, wie zum Beispiel „Murder In The Skies" und „Devil In Her Heart" [Bonustrack, aber auch US-Version]. Im Gespräch mit der *Guitar World* gegen Ende des Jahres erklärte Gary den Aufbau des Solos von „Shapes Of Things": „Manchmal arbeite ich die Soli aus, aber nicht nach Tonleitern. Ich achte darauf, was am besten zum Song passt. In diesem Song begann ich das Solo in einem Stück über die Akkord-Passage zu spielen. Dann entschied ich mich, alles in drei Abschnitte aufzuteilen. In der ersten Sektion hörte man eine hoch ‚singende' Gitarre, gefolgt von schnellen Stakkato-Anschlägen über den Breaks. Und danach folgte der Abschnitt mit dem Slide ... So wie ich es [bei dem Stück] machte, erhält man unterschiedliche Stimmungen." Garys bevorzugter Saitensatz stammte von Dean Markley in den Stärken: .010, .013, .017, .030, .042, .052.

In einem späteren Interview mit *International Musician* (November 1985) wurde Gary bezüglich der kleinen Tricks befragt, die er auf der Bühne zaubert. Natürlich gab er sich verschlossen, doch enthüllte Folgendes: „Ich kann die Gitarre so klingen lassen, als käme sie durch ein Wah-Wah, ohne tatsächlich eins zu benutzen. Ich mache das durch eine Art von ‚scratching', zum Beispiel beim Live-Solo von ‚Shapes Of Things'. Wenn ich das auf der Bühne durchziehe, drehe ich dem Publikum den Rücken zu. Ein anderer [Trick] ist das Spielen von Triolen auf der tiefsten Saite, wobei ich den Handballen auflege und mich auf der Saite rauf und runter bewege. Dadurch erhältst du bestimmte Obertöne, die wie plätscherndes Wasser klingen."

„Ich glaube, ich bin der beste Fender-Endorser. Aber als wir uns bei der Firma nach einem bestimmten Vintage-Reissue erkundigten, interessierte sich niemand dafür. Nachdem wir in LA aufgetreten waren, stand in der Presse, wir

hätten Rush von der Bühne geblasen und plötzlich schickte uns Fender eine [Gitarre]. Ist schon merkwürdig, oder?"
Music UK, September 1984

In einem Interview kurz vor den vier irischen Tour-Terminen Ende 1984, erzählte Gary mehr zu seinen Takamine-Gitarren: „Es sind brillante Instrumente. Ich besitze eine schwarze 12-saitige [Takamine], von der es weltweit nur zwei Exemplare gibt. Das eine wurde für Greg Lake gebaut, das andere für mich. Dann ist da noch ein 6-saitiges Semi-Jazz-Modell, mit eingebautem EQ."

In seinem Rack befand sich zu der Zeit ein programmierbares Roland SDE-3000 Digital Delay: „Man hat zwei Einstellmöglichkeiten mit jeweils vier Programmen, die von Fußschaltern angesteuert werden, mit denen man die Programme 1-4 abrufen kann, wonach man auf Position 2 umschaltet und die anderen Programme 1-4 ansteuert." Das Effektgerät wurde mit Werkseinstellungen ausgeliefert, doch Gary änderte die Programme, um sie seinen Bedürfnissen anzupassen: „Ich habe einige sehr lange Delays, einige ADTs sowie ein paar Flanger und Chorus-Effekte ... es ist für einen Musiker wie mich eine sehr praktische Einheit, denn ich will nicht den ganzen Abend einen Stepptanz veranstalten."

Gary berichtet davon, dass er mit einem Dimension D experimentierte, einem Chorus-ähnlichen Effekt, der aber nicht die Tonhöhe beeinflusst, „oder diesen verschwommenen Sound kreiert, den man bei einem zu stark eingestellten Chorus bekommt – [der Effekt] macht den Sound eher fett und verleiht ihm mehr Tiefe."

In diesem Interview sprach Gary vermutlich das erste Mal darüber Hamer-Gitarren anzutesten: „Ich besitze eine Hamer Explorer, die sie kürzlich für mich gebaut haben ... aus einem wunderbaren Stück Ahorn. Man kommt damit einer geschmackvollen Explorer-Form sehr nahe. Sie klingt wirklich fantastisch, und so spiele ich sie auch häufig. Ich setze auch eine Ibanez Roadstar ein, die man für mich produziert hat ... Es ist eine RS110BK mit schwarzer Hardware, sehr schick!"

1985:

Während der Aufnahme von *Run For Cover* und der darauffolgenden Tour entwickelte sich die Hamer zu einem Favoriten in Garys Gitarren-Arsenal. Im November erklärte er einem Journalisten von *Guitarist* enthusiastisch: „Hamer schickte mir Gitarren, die ich liebe und spiele, denn es sind die besten Instrumente, die mir seit langer Zeit ‚über den Weg gelaufen sind'. Sie wollen mich zu einem Endorsement-Vertrag überreden, aber ihre Gitarren tatsächlich zu spielen, ist das Beste, was ich für sie machen kann. Wenn ich eines Abends Lust auf Abwechslung habe, will ich nicht, dass mich ständig jemand im Auge hat und vielleicht berichtet, ich erfülle meinen Vertrag nicht. Ich spiele sie lieber, wenn mir danach ist. Die Hamer kamen auf dem Album oft zum Einsatz. Ich spielte die weiße auf ‚Out In The Fields', eine andere bei ‚All Messed Up' und ‚Nothing To Lose' und die blaue V auf einigen anderen Tracks. Jede Gitarre, die sie mir bislang geschickt haben, war fantastisch. Steve Stevens von Billy Idols Band nutzt die Hamer exklusiv und fährt damit einen klasse Sound. Sie haben einen gleichmäßigen Klang – nicht wie einige Klampfen, die in den tiefen Lagen matschig klingen und in den hohen viel zu schrill. Das ist verdammt wichtig, wenn man wie ich die gesamte tonale Bandbreite benötigt."

In Garys Kollektion befinden sich einige Hamer Chapparal Solidbody, doch er besaß auch eine Explorer, eine Flying V, eine Phantom A5 und eine inoffizielle Gary-Moore-Special. Die Charvel war damals noch die bevorzugte Bühnen-Gitarre, wurde aber von Keith Page, Garys damaligem Gitarrentechniker, grundlegend umgebaut. „Sie besteht aus verschiedenen Charvels, die ich zuvor besaß. (zwei Charvel Strat San Dimas Gitarren). Sie hat einen Korpus in Strat-Form und hatte früher ein verchromtes Schlagbrett und zwei Pick-ups. (Keith Page) hat das Teil auseinandergenommen, ein neues Schlagbrett befestigt und einen EMG-Humbucker. Sie sind sehr gut und verursachen kaum Nebengeräusche. Die Gitarre hat immer noch das Floyd Rose, und letzte Woche haben wir einen neuen Hals angeschraubt."

Keith Page baute vermutlich zwei Gitarren – eine weiß-lackierte mit passender Kopfplatte. Hier hat der Ahornhals eine verchromte Hardware. Die zweite wurde in Rot lackiert und hat ein Rosenholz-Griffbrett und verchromte Hardware.

Gary setzte die Charvel kaum oder gar nicht im Studio ein. Im April 1987 erklärte er dem *International Musician*: „Es ist schon witzig, denn die Charvels sind im Studio weniger gut als auf der Bühne. Es ist schräg, denn sie setzen sich live gut durch, doch im Studio fehlt ihnen Tiefe. Das hängt vermutlich mit der Akustik zusammen. Möglicherweise braucht man auf der Bühne aber etwas mehr Druck, um klar erkennbar zu sein."

1985 zog Gary noch eine wilde Show ab und sprang von Bühnenelementen. Deshalb musste er auf ein reguläres Kabel verzichten und drahtlose Übertragungssysteme benutzen. Eigentlich war er gegen solchen technischen Schnickschnack. Zwar hatte er mehr Bewegungsfreiheit auf der Bühne, „aber ich habe bislang noch nicht den von mir gewünschten Gitarren-Sound gefunden. Ständig wird mein Klang merkwürdig verändert, irgendwie komprimiert ... Ich will all meine Töne exakt hören und bislang habe ich nur herausgefunden, dass die Systeme alles verwaschen. Man kann zwar immer [zum Ausgleich] einen Equalizer und ähnliche Klangregler dazwischenschalten, doch damit verursacht man auf der Bühne meist nur noch mehr Probleme. Ich benutze einen 27-Band-Equalizer und allein da gibt es schon so viele Variationsmöglichkeiten, mit denen man jeden Abend spielen kann ... Ich ziehe es vor, mich von dem EQ fernzuhalten und belasse es bei den normalen Tonreglern der Gitarre."

Bei der „Run For Cover"-Tour setzte Gary ein neues Effekt-Rack ein, hergestellt von Quark: „Ich habe es bislang nur bei drei Konzerten benutzt ... doch bin sehr zufrieden, da ich alles von einer Quelle aus steuern kann ... Im Grunde genommen moduliert Quark die Effekt-Pedale. Die Pedale, die ich bislang brauchte wie den Tube Screamer sind nun doppelt im Rack und ich kann sie vom Pedal-Board aus ansteuern. Das einzige Problem besteht darin, dass ich nicht mehr die Potis verstellen kann. Ich bin es eigentlich gewohnt, mich zu bücken und sie nach meine Bedürfnissen nachzuregeln. Nun versuche ich alles schon von Anfang an dementsprechend einzustellen."

„Ich besitze zwei Roland 555 Bandechos – eigentlich sind es vier, da ich immer zwei als Ersatz mitführe. Dann ist da noch das Roland SDE3000 Digital Delay mit acht Programmen, ein Dimension D und ein Yamaha Digital Reverb mit vier Presets – das R1000. Ich setze sie bei ‚Empty Rooms' ein sowie ‚Parisienne Walkways', also nur für die leiseren Nummern, denn beim Spielen von fetten Power-Akkorden verschwimmt alles. Das ist wirklich Mist, denn im Proberaum gewinnen die härteren Nummern an Volumen, doch in einer Halle geht das alles verloren."

„Ich habe das neue Yamaha Reverb gesehen und auch ein neues Roland ist auf dem Markt, jedes mit zahlreichen Presets und MIDI-kontrolliert.. Für Bühnenmusiker stellen sie allerdings kaum einen praktischen Wert dar, denn a) man braucht gar nicht so viel und b) man benötigt auch noch kein MIDI. Das wird erst interessant, wenn sie Verstärker mit MIDI-Schnittstellen produzieren. In einem Programm braucht man niemals acht unterschiedliche Delays! Ich stehe manchmal da und schaue mir all die Presets an, die in der Anzeige ablaufen. Darum stehe ich auch manchmal an der Bühnenseite … sie haben tatsächlich noch keine LEDs im Pedal-Board eingebaut und man kann nicht zurückschalten."

Auf die Frage nach seinem Verstärker-Aufbau bestätigte Gary, dass er den Marshalls gegenüber immer noch loyal ist, da sie auf der Bühne unschlagbar sind. Allerdings erwähnte er nicht, dass er bei Proben und auf *Run For Cover* Amps von Dean Markley und Gallien-Krueger benutzte. Die GK-Amps waren klein und sahen beinahe wie Übungsverstärker aus, doch konnten 50 Watt pro Kanal „pumpen." Zusammen mit Marshall-Boxen entwickelten sie sich prächtig. Gary zeigte sich beeindruckt: „Sie waren brillant … sehr gleichmäßig, identische Sounds. Man nahm sich zwei Amps, zwei Türme, stellte die Mikros davor und in der Regie erklang praktisch derselbe Sound … es ist schwierig, einen so zuverlässigen Verstärker zu finden." Gary erklärte, er habe den ersten, ihm zugeschickten Dean-Markley-Amp bei „Out Of My System" benutzt, einem von den mit dem Produzenten Beau Hill aufgenommenen Demos eingesetzt, und „er ‚sang' wunderschön. Ein schöner Amp."

Doch was die Konzerte anbelangte, mussten es Marshalls sein. „Es ist ein Sound, den du nicht nur hörst, sondern auch fühlst! Ein sehr körperlicher Klang. Bei den anderen Amps erhält man einen Klangreichtum, all diese Wärme und Vielseitigkeit, aber sie bringen es auf der Bühne nicht rüber."

„Meine Amps stehen ungefähr fünf Meter hinter mir und sie sind durch den metallenen Bühnenaufbau verdeckt. In so einer Situation muss man sie hochfahren, um den Schalldruck rauszudrücken. Die einzige andere Möglichkeit besteht darin die Gitarre durch Seiten- und Front- Monitore laufen zu lassen, aber darauf versuchen wir momentan zu verzichten. Wir legen uns für eine hohe Transparenz nur den Gesang, die Bass-Drum und die Snare auf die Monitore. Würde man dann noch die Gitarre einspeisen, wäre alles am Pfeifen und die Band wird taub. [Bei einer Gitarre auf dem Monitor] muss man die Fader hochziehen, der Sound erklingt an der falschen Stelle und man hat alle nur erdenklichen Probleme."

1987:

Als Gary 1986 mit den Aufnahmen zu *Wild Frontier* begann, testete er Gitarren von Paul Reed Smith. Er erzählte dem Magazin *Bass*, „...dass sie großartig sind, da sie das Alte und das Neue kombinieren. Zum Beispiel verstimmt sich das Vibrato-System nicht, sogar ohne ein Locking-System. Es sieht aus wie das einer Strat, verfügt aber über Locking Tuner statt irgendwelcher Spielereien. Man muss also keinen Abschluss in Ingenieurswissenschaften haben oder ständig einen Werkzeugkoffer mit sich tragen wie zum Beispiel bei einem Floyd Rose. Sie haben auch einen Drehschalter mit sechs Positionen mit denen man die verschiedenen Klänge anwählt. Sie reichen von Strat- bis hin zu Humbucker-Sounds, wodurch dem Musiker eine facettenreiche Gitarre zur Verfügung steht. Zusätzlich sehen sie auch noch fantastisch aus, da die Decken von Hand aus Curly Maple herstellt werden und in all den verschiedenen Farben verfügbar sind. Doch immer findet sich das geschmackvolle Tigerstreifen-Muster. Und dann sind sie noch kinderleicht zu spielen – man hat 24 Bünde und kann bis zum hohen G ziehen. Ich werde sie jetzt mal mit auf Tour nehmen und schauen, ob sie sich bewähren."

Im selben Interview berichtete Gary über den Aufbau seines Heimstudios, wo er *Wild Frontier* schrieb. Er verwendete: „ein kleines 8-Spur in der Regie. Dort stehen ein Fostex 80 mit dem 450er Mixer, die Yamaha RX11 und die Top-Teile von Gallien-Krueger. Bei diesen benutze ich keine Lautsprecher, denn ich gehe mit einer DI-Box direkt ins Mischpult. Dadurch erhält man einen guten Gitarren-Sound, der oft besser ist als der, den ich in den Studios erreiche. Ich habe zahlreiche Effekte ausprobiert – das Korg SDD-1000 Digital Delay und ein Midiverb, was für mich brillant ist. Ich würde gerne auf 16-Spur umrüsten, da ich ziemlich faul bin. Ich steh nicht so drauf, nach dem Ping-Pong-Verfahren zu reduzieren, sondern nehme lieber alles auf separate Spuren auf, damit ich schnell zurückspielen und an den Verfeinerungen arbeiten kann. Das wäre natürlich auch gut für Stereo-Gitarren, Stereo-Keyboards und vielleicht einige doppelt aufgenommene Vocals, um die Illusion eines massiven Sounds zu gewährleisten. Dann würde man schnell erkennen, ob es sich lohnt, den Song oder das Arrangement weiterzuverfolgen."

1989:

Als sich Garys Hardrock-Ära dem Ende neigte, publizierte *International Musician* ein Diagramm seines kompletten Bühnenaufbaus, der aus folgenden Elementen bestand:
Fünf Marshall-Türme auf jeder Seite des Drum-Podests (höhenverstellbar). Vorderansicht von der linken Bühnenseite bis zum Podest, untere Reihe:
1. Bass-Turm, angesteuert mit einem Volumen-Pedal mit einem Marshall-Top JCM 800 1959 100 Watt
2. Gary 4x12" Boxen mit einem Marshall-Top JMP 1959 100 Watt
3. Gary 4x12" Boxen mit einem Marshall-Top JMP 1959 100 Watt
4. Gary 4x12" Boxen mit einem Marshall-Top JMP 1959 100 Watt
5. Dummy

Obere Reihe, von links nach rechts:
1. Dummy
2. Gary 4x12" Boxen mit einem Marshall-Top JMP 1987 50 Watt
3. Dummy

4. Dummy
5. Dummy
Versteckt hinter den Stufen zum Drum-Podest standen 2 TOA 3-Weg Keyboard-Boxen, mit unterschiedlicher Lautstärke.
Roland SRE555
Alesis Midiverb
Roland SDE 3000 Digital Delay
Roland Dimension D
Ibanez ST-9 Super Tube Screamer
Ibanez TS-10 Tube Screamer
Boss DM-3 Delay
Boss Dimension C Pedal (möglicherweise, aber nicht exakt belegbar)
E-Gitarren:
Charvel White
Jackson Soloist – (2)
Gibson Les Paul Standard 1959 (ex-Peter-Green)
Heritage H-150CM (2). Brown Sunburst für die Bühne, Cherry Sunburst für die Garderobe.

Die Firma Heritage wurde 1985 in der alten Gibson-Fabrik in Kalamazoo, Michigan von drei ehemaligen Angestellten gegründet, die nicht mit ihrer alten Firma zur neuen Gibson-Produktionsstätte in Nashville ziehen wollten.

Während der Aufnahme-Sessions zu *After The War* ließ der UK-Großhändler von Heritage Gary eine H-150CM im Les Paul Stil in der Farbe Cherry Sunburst zukommen, um sie anzutesten. Danach schickte er eine H-150CM in Brown Sunburst, mit werksausgestatteten PJ Marx Humbuckern und einer mit Garys Namen gravierten Halsstababdeckung als eine Idee für eine mögliche Gary-Moore-Signature. Der Steg-Pick-up wurde gegen einen EMG 81 ausgetauscht. Exakt die Gitarre ist auf dem Cover von *After The War* und kam auch bei der *Still Got The Blues*-Tour zum Einsatz. Nachdem Gary das Modell in Sunburst Brown genutzt hatte und gut damit klarkam, stimmte er einer stark limitierten Auflage von 75 Gitarren zu, jedoch in der Farbe Amber Burst. Die Signature-Gitarre sollte der Brown Sunburst ähneln, die Gary bei der Tour gespielt hatte, allerdings mit einem Paar EMG 81, seinem Namen auf der Kopfplatte statt der Abdeckung des Halsstabes und einer Standard Schaller-Brücke, also nicht die Version mit den Fine-Tunern, die bei dem Modell in der Farbe Brown Sunburst zur Werksausstattung gehörten, aber während der Tour ausgetauscht wurden.

Aufgrund der großen Nachfrage der Heritage Gary Moore Guitar, bat die Firma um eine weitere Auflage des Modells. Doch die erste Signature war als strikt limitierte Ausgabe beworben worden, jedoch nur in einer Farbe. Gary wollte jedoch an der ursprünglichen Limitierung festhalten, und so entstand die Idee, die Gitarre neu aufzulegen, jedoch in einer anderen Farbe, um sie von der ersten Serie abzusetzen. Erneut wurden nur 75 Exemplare zum weltweiten Verkauf hergestellt, dieses Mal in Almond Burst.

• DIE NEUNZIGER

Nun begann für Moore die Blues-Ära, was einen anderen Spielansatz mit sich brachte und Gary wieder die Fender Telecaster schmackhaft machte – Albert Collins' Gitarre. Doch was den Einfluss der Slide-Gitarren-Arbeit anbelangte, ein spieltechnisches/stilistisches Merkmal, das im Blues beheimatet ist und weniger im Heavy Rock, war Roy Buchanans Einfluss sicherlich größer, denn Buchanan galt als einer der stilechten Vertreter des Instruments. Gary hatte bei der Aufnahme von „The Messiah Will Come Again" bereits eine Roy-Buchanan-Signature gespielt, gefertigt von den Fritz Brothers und zuerst geliehen von George Harrison nach dem *After The War*-Album.

Gary berichtete *Guitar and Bass* 1992, dass das Teil „schrecklich zu spielen ist. Sie stammt aus den Sechzigern und ist ein alter Bastard, hat aber einen verblüffenden Klang." Doch 2007 besaß er immer noch „den alten Still-Got-Bastard", wie er dem Journalisten von *Guitar Buyer* für die November-Ausgabe berichtete. „Ich habe die '63er Tele The Blues seit Jahren und sie bei ‚Moving On' benutzt, dem ersten Track auf *Still Got The Blues*. Sie war auf ‚Open A' gestimmt und ich habe alle Slide-Passagen damit gespielt. Sie hatte schon immer einen tollen Klang, doch die Stimmstabilität ist nicht so gut, und sie ist auch schwer zu spielen. Bevor ich sie gekauft habe, wurde ein neuerer Hals angeschraubt, doch [die Gitarre] hat Charakter und funktioniert einfach. Man kann klagende Laute hervorzaubern, aber auch einen harten und direkten Sound. Es ist eine wirklich alte Streitaxt."

1990:

Für die Aufnahmen von *Still Got The Blues* benutzte Gary seine (andere) '59er Les Paul Standard, einen Marshall Guv'nor, einen direkt aus der Fabrik gelieferten Marshall JTM45 (Reissue) und eine Marshall Box 1960B 4x12" mit Electro-voice-Lautsprechern anstelle der regulären Celestions. Während der Blues-Ära zu Beginn der Neunziger experimentierte er auch mit Soldano SLO-100-Verstärkern. Zusätzlich zu den beiden SLO-100 setzte er auch einen Soldano Hotrod 50 für die '92er „After Hours"-Tournee ein. Allerdings wurden sie durch Marshalls ersetzt, als die klassischen Marshall-Modelle wieder in Neueditionen auf den Markt kamen.

1992:

Die Geschichte der Peter-Green-Gitarre wurde im Zusammenhang mit den damals aktuellen Veröffentlichungen in vielen Interviews von Gary durchgekaut und kam häppchenweise ans Tageslicht. Die Essenz der gesamten Story – also wie Gary sie erhielt und dann wieder verkaufte – wurde bereits an anderen Stellen dargestellt. Auch wurde schon viel darüber berichtet, wie man den speziellen „out-of-phase"-Sound kreierte.

Die Leser von *Guitar* erhielten in dem Jahr eine detailliertere Hintergrundgeschichte und zwar in einem Interview, in dem man partiell auf Garys Les-Paul-Sammlung einging.

„Ich erinnere mich daran, dass mich die Polizei anhielt, auf die Wache brachte und meinen Gitarrenkoffer nach Drogen durchsuchte. Als ich ihn zurückbekam, fehlte der Griff. Von da an musste ich mir den Koffer immer unter den Arm klemmen."

Im selben Interview erklärte Gary, Peter habe den Neck-Pick-up verkehrt herum eingebaut, und somit den Sound auf „Need Your Love So Bad" kreiert, was allerdings nicht mit anderen Berichten übereinstimmt. Einige „hilfreiche" Kollegen versuchten das „Manko" zu beheben: „Einmal nahm Neil Murray die

Gitarre zur Reinigung mit nach Hause", erinnert sich Gary. „Am nächsten Tag meinte er beiläufig: ‚Hey, der Neck-Pick-up war verkehrt herum eingebaut. Ich habe das korrigiert.' Ahhhhhh! Vor ungefähr zwei Jahren brachte ich die Gitarre in eine Werkstatt, um neue Bundstäbchen einsetzen zu lassen. Und was geschah? Exakt dasselbe – und so habe ich den Laden niedergebrannt. Na ja, nicht ganz, aber mir war danach."

In einem Interview für dieses Buch erinnert sich Neil Murray: „Jahrelang haben die Leute geglaubt, dass der Hals-Pick-up verkehrt herum eingebaut worden sei. Das war angeblich die Grundlage für den einzigartigen Klang. Doch das hatte so gut wie gar keinen Einfluss. Diese Gitarre war dreckig bis zum Abwinken. Und so bat mich Gary, mal danach zu schauen. Ich nahm sie mit nach Hause, reinigte sie, baute die Pick-ups aus, reinigte die [Aussparungen], aber konnte den Pick-up nicht wieder so wie vorher einbauen. Ab dem Zeitpunkt war er also korrekt platziert. Später entdeckten sie, dass eine der Spulen des Pick-ups den Geist aufgegeben hatte und Peter sie vor Jahren zum Gitarrenbauer gebracht hatte, damit dieser den Tonabnehmer neu wickeln konnte. Dann geschah Folgendes: Entweder stimmte die Spule nicht mit den anderen überein oder der Magnet wurde verkehrt herum eingesetzt. Wenn man den Pick-up einzeln hörte, klang er völlig okay, doch wenn man ihn mit dem anderen kombinierte, erhielt man diesen ‚out-of-phase'-Sound, den man eigentlich nur aus einer Gitarre kitzeln kann, wenn eine der Spulen falsch instandgesetzt wurde."

Gary erzählte *Vintage Guitar* im Mai 2003: „Als ich die Gitarre bekam, hatte ich kein Schloss an der Tür, woraufhin ich sie beim Schlafen immer unter mein Bett legte. Ich nahm sie sogar mit ins Kino. Sogar der Koffer war hochinteressant, denn Peter erzählte mir, dass Eric Clapton ihm das Case gab, nachdem seine Les Paul gestohlen worden war. Ich habe also – das glaube ich zumindest – den Koffer von der Gitarre, die auf dem Bluesbreakers-Album und die Gitarre [Peter Greens], die auf dem *Hard Road*-Album gespielt worden waren. Beeindruckend und beängstigend!"

Eine regelmäßig kursierende Story berichtet von einer beinahe „tödlichen Verletzung" der Gitarre: „Ich hatte einen üblen Verkehrsunfall, und die

Gitarre lag im Kofferraum. Es war schon eine merkwürdige Erfahrung, denn ich hatte einen Traum, in dem die Gitarre gestohlen wurde ... [Was tatsächlich geschah]: Eines Morgens machte ich mich zum Studio auf, um einige Demos einzuspielen. Dieser Typ holte mich ab, dem ich dann verriet: ‚Ich nehme die Les Paul heute mit, denn ich hatte so einen schrecklichen Traum.' Und er meinte: ‚Jetzt wirst du aber wirklich paranoid!' Wir legten sie also in den Kofferraum des Autos, fuhren zum Studio, mussten aber an der Ampel der Einflugschneise von Chiswick halten. Und dann sah ich diesen verfluchten Truck hinter uns und gerade als wir losfahren wollten machte es BÄNG! – Und er war uns direkt hinten reingeknallt! Ich öffnete die Kofferraumhaube, und obwohl die Gitarre in einem stabilen Flightcase lag, war der Hals gebrochen."

Nun aber zurück zum Abschnitt über Garys Les-Paul-Sammlung 1992: „Ich benutzte die Peter Green Les Paul bei ‚Since I Met You Baby' und ‚Jumpin' At Shadows' ... Ich habe eine etwas neuere [später angeschaffte] auf den meisten Tracks von *Still Got The Blues* gespielt, die ich mir nach *After The War* zulegte. Da ich mich dummerweise entschieden hatte, die Gitarre nicht zu mögen, habe ich sie fast ein Jahr lang nicht gespielt. Als es an das Blues-Album ging, holte ich den Koffer raus und entdeckte, dass sie exakt das war, was ich suchte. Die beiden Les Pauls sehen ähnlich aus und ihre Seriennummern liegen dicht beieinander. Allerdings unterscheiden sie sich im Klang und Spielgefühl. Die Peter Green ist eher steifer und härter zu spielen, wohingegen die andere einen ‚schnelleren' Hals hat, leichter bespielbar ist und einen härteren Sound bringt, der sich besonders live gut durchsetzt. Die neuere '59er singt mit diesem Les-Paul-Sustain, und die Lackierung ist an den Stellen leicht abgewetzt, an denen ich beim Spielen an den Korpus komme."

„Ich legte mir eine '58 Standard zu, die auf dem Cover von (*After Hours*) abgebildet ist. Sie hat im Sunburst deutlich mehr Rottöne – die beiden '59er sind nämlich schon verblichen. Ich habe damit noch nicht aufgenommen und darum frage mich bitte auch nicht wie sie klingt. Ich muss mich immer noch daran gewöhnen, da ich einige Bundstäbchen austauschen ließ."

„Ich besitze zudem eine '57er Gold Top mit PAF-Humbuckern aus der Zeit, kurz bevor sie die Gold Tops gegen die Standard austauschten – doch im Grunde genommen ist sie immer noch dasselbe Modell. Ich setzte sie bei kleineren Parts auf dem neuen Album ein, aber bei weitem nicht so häufig wie die beiden '59er, die immer noch meine Favoriten sind."

1995:

In einem Interview mit Neville Marten für *Guitarist*, bei dem *Blues For Greeny* angeschnitten wurde, beschrieb Gary sein reduziertes Equipment: „Es besteht aus einem kleinen Fender Vibroverb Reissue, einem Matchless DC-30 Amp nebst Boxen und einem Fender Bassman aus den Sechzigern. Meist benutzten wir eine 4x12" Marshall-Box, ausgerüstet mit Celestion ‚Greenback'-Speakern, manchmal auch nur verbunden mit einer 2x12"-Konfiguration mit 8 Ohm."

Gary erklärte dann, wie er sich auf *Blues For Greeny* dem Peter-Green-Sound verschrieb: „Die Schlüssel-Elemente, um Peters Sound wieder auferstehen zu lassen, sind eigentlich nur die Gitarre und die Spieltechnik. Man kommt aber niemals so nahe dran, dass es tatsächlich derselbe Klang ist – man kann sich nur annähern. Doch glücklicherweise besitze ich die Gitarre. Jeder weiß, dass einer der Pick-ups verkehrt herum eingebaut ist. Ich habe aber schon andere Gitarren gespielt, bei denen die Leute [den Pick-up] genau so einbauten und sie kamen nicht annähernd dran! An dieser Gitarre ist etwas ganz Besonderes. Sie hat einerseits einen charakteristischen Klang und andererseits darf man sie [gegensätzlich zu anderen Modellen] nicht zu stark verzerren. Peter hat immer mit einem cleanen Sound gespielt. Ich glaube aber auch, dass viel von seiner Spielweise abhing. Es ist die Art zu greifen und die Sensibilität des Musikers, die Phrasierungen und die Freiräume, die man zwischen den einzelnen Tönen lässt. All das kombiniert machte ihn aus."

1997:

Im Gespräch mit Neville Marten über *Dark Days In Paradise* für die Juni-Ausgabe von *Guitarist*, stellte Gary heraus, dass der Anteil der Gitarren immer mit den

Bedürfnissen der einzelnen Songs abgewogen wurde. Somit reduzierte sich der Anteil des Saiteninstruments. Bei „Afraid Of Tomorrow" benutzte er eine Telecaster, aber auch für das Solo von „Where Did We Go Wrong?" und das Slide-Solo von „One Good Reason". Den speziellen Ton bei „Like Angels" kreierte er mit einem dünnen Schraubendreher auf einer Strat, wohingegen er das längere und voluminös klingende Solo mit einer 1960er Gibson 355 einspielte. „Ich habe sie vor ungefähr 18 Monaten erhalten, doch der sechswegige Drehschalter ist nicht angeschlossen, und somit klingt sie eigentlich wie eine reguläre 335." Die auf dem Album eingesetzten Verstärker waren die üblichen Marshall und Fender. Für die Rhythmus-Gitarre bei „One Fine Day" benutzte er jedoch einen Röhren-Trace-Elliott Velocette.

1999:

In der Oktober-Ausgabe von *Guitarist* berichten Gary und Graham Lilley von der auf *A Different Beat* eingesetzten Gitarren-Palette.

Gary: Über die Signature-Les-Paul ohne Binding und mit einem dickeren Hals, die „einer alten Junior ähnelte, aber nicht wie Peter Greens Les Paul ‚out-of-phase' angeschlossen ist. Allerdings wurde der vordere Pick-up umgedreht."
Graham: Zur Fernandes Les Paul: „Sie hat ein Floyd Rose und den Single-Coil-Sustainer-Pick-up vorne – auch findet sich auf der Gitarre eine Dummy-Abdeckung, um eine gleichmäßige Optik zu gewährleisten. Einige der langen Töne mit viel Sustain wurden mit dieser Gitarre aufgenommen sowie einer anderen, die wir haben, jedoch ohne ein Floyd-Rose-System." Graham zitierte darüber hinaus auch die alte Strat, die mal wieder zum Einsatz kam.

Gary: „Der erste Ton, den man auf dem Album hört, stammt von der Jerry Jones Baritone Gitarre, die auf den alten Danelectros basiert." Gary berichtet weiterhin von der Vigier Surfreter, von der er erstmalig etwas in einem Magazin gelesen hat: „Die habe ich beim ersten Solo auf dem Album gespielt … ‚Go On Home', und es klingt wie ein richtiges Slide-Gitarren-Solo, wurde aber damit aufgenommen. Sie ist bundlos mit einem Griffbrett aus Metall und eignet sich somit exzellent für ‚vorgetäuschte' Slide-Soli."

Und schließlich erwähnt Graham noch die Ted McCarty Archtop PRS: „Die Gitarre ist auch auf dem Album zu hören, denn mit ihr wurden die massiven Rhythmen bei ‚Worry No More' eingespielt. Gary mochte die ersten PRS nicht, da sie seinen Klangvorstellungen nicht entsprachen. Doch diese Archtop klingt grandios und lässt sich auch gut spielen."

Im Hauptteil des Artikels beschreibt Gary seine geliebte 355 und das Antesten des Fender Prosonic: „Das ist ein netter Verstärker, aber für die Bühne nicht laut genug. Ich habe sogar vier davon zusammengeschaltet! Allgemein ‚fahre' ich sie nur mit der Hälfte der Power, also 30 Watt, denn dann klingen sie angenehmer, sind aber leider nicht laut genug. Ich liebe den eingebauten Hall, denn er liefert einen unheimlichen und beklemmenden Sound, der mir zusagt."

„Auch das neue Cornford-50-Watt-Topteil ist auf einer Handvoll Tracks zu hören. Es ist großartig, fast wie ein Mini-Soldano, sehr abgerundet, warm und angenehm. Und somit ziele ich auf einen traditionelleren und authentischeren Sound ab, so als habe ich weniger Gain."

• DIE 2000ER

2001:
Nun hatte Gary all die Experimente mit der „neuen Musik" abgeschlossen, und die Devise lautete wieder „Zurück zum Blues". Das wird auch in dem August-Interview der *Guitar World* deutlich, bei dem Gary von seiner anhaltenden Begeisterung für die 355 berichtet, abgesehen von der gelegentlichen Stippvisite einer „Paula": „Bei den straighten Blues-Sounds klinkte ich mich in einen alten Fender Dual Showman aus den frühen Siebzigern ein. Auch benutzte ich einen Marshall DSL 100 Watt, einen Prototyp … An einigen Passagen kam ein Marshall Guv'nor zum Einsatz, ein Line 6 Distortion, ein Cry Baby Wah-Wah sowie ein Ibanez Chorus. Doch meist waren es direkte Sounds."

2004:
Während der Zeit mit Scars fanden keine signifikanten Equipment-Änderungen statt, abgesehen von einigen neuen Gibson Explorern, einem Mesa-Boogie-Rec-

tifier-Amp (dieser ist auf dem Track „Rectify" zu hören) und diversen Verzerrern. Die vielen Boden-Effektgeräte führten laut Graham zu einem regelrechten „Tretminen-Krieg" zwischen Gary und Cass!

Garys Hauptgitarre für das Power-Trio war damals die schon oft erwähnte Strat. Seine Rückkehr zum Blues bedeutete hingegen das Aufflammen der alten Liebe zu den Les Pauls. In einem Interview mit Neville Marten für die Sommer-Ausgabe von *Guitarist*, sprach Gary detailliert über seine Gitarren und seinen Sound auf *Power Of The Blues*.

„Es ist schon lustig, was wir Gitarristen für Phasen durchmachen. Manchmal sagt man: ‚Ich werde diese Dinger nicht mehr spielen.' Und diesmal habe ich mich gegen den Fender-Sound entschieden. Es war nach dem Monsters-of-Rock-Ding und dem Track ‚Rectify' auf dem Scars-Album. Ich spielte damals die Explorer und nahm sie immer häufiger in die Hand. Natürlich kamen bei der Monsters-of-Rock-Tour all die Gibson zum Einsatz – die weiße Explorer und die Les Paul. Sie passt besser zu mir. Ich erinnere mich daran, dass Eric nicht mehr mit Gibsons spielte, sondern die Stratocaster auswählte. Ich fühlte mich wie am Boden zerstört, und glaube nun, dass die Leute es lieber mögen, wenn ich mit einer Gibson spiele, denn sie assoziieren mich mit einer Les Paul. Mit einer Strat spielt man auf eine bestimmte Art und Weise, und das ist ein positiver Aspekt des Instruments. Eine Strat bringt dich dazu, dich sauber und klar artikulierend auszudrücken, wohingegen die Gibson dreckiger ist. Ich bin manchmal ein eher schlampiger Gitarrist und so passt der Spielfluss einer Gibson zu mir. Doch die Strat ist natürlich eine gute Gitarre – leg dir jeweils ein Exemplar beider Marken zu und du brauchst keine anderen Klampfen mehr."

„Meine weiße Explorer erlitt Schiffbruch (ein Riss im Hals, der repariert wurde), was mich ziemlich aufbrachte, da ich die Gitarre wirklich mag. Daraufhin benutzte ich bei ‚I Can't Quit You Baby' eine andere Explorer mit einer Lackierung im weinroten Ton. Bei ‚Evil' spielte ich meine '62/3er Les Paul SG Standard und eine Explorer aus Sumpfesche für den Slide-Part in Open A auf ‚Tell Me Woman'. Und auf dem letzten Track – einer pompösen Ballade – war natürlich die Peter Green Les Paul die erste Wahl. Es ist dieser kaum zu erlangende Klang, hinter dem ich her bin, und ich glaube, es auf dem Track gepackt zu haben. Ich spielte über einen Fender Vibroverb Reissue, packte ihn in die Ecke, riss den Hall bis zum Anschlag auf und spielte über den Treble-Pick-up.

Nur ein Mikro davorgestellt, und das war's auch schon. Peter setzte sich damals mit dem spezifischen Sound nicht mehr auseinander, denn er hatte ja seinen ‚out-of-phase'-Klang gefunden. Um diesen Sound zu generieren sind beide Lautstärke-Potis auf 10, doch manchmal ist es besser, etwas zu reduzieren – Ich ‚fummele' ja ständig mit den Potis rum. Für die Tour denke ich an ein Marshall-Top und eine 4x12"-Box zusätzlich zu den Speakern eines offenen Combos. Somit erhalte ich den kompakten Klang einer 4x12"-Box und den räumlichen eines Combos. Ich habe sogar daran gedacht nur eine ‚halbe' 4x12" zu nehmen! Marshall produziert momentan einen kleinen 18-Watt-Combo – und vier von den Teilen wären wirklich gut!"

Graham ergänzte: „[Das sagt er], nachdem er einen Großteil von *Power Of The Blues* mit einer ramponierten 2x12"-Marshall-Combo aufgenommen hat."

2007:

Das diesjährige Album *Close As You Get* sah Gary bei seiner „Weiterfahrt" auf dem Blues-Highway. Auch markierte die Scheibe die Rückkehr der Telecaster. In einem Interview mit *All Out Guitar* sagte er: „Ich habe die Teleaster tatsächlich auf drei Nummern eingesetzt. Auf dem Opener ‚If The Devil Made Whiskey' sogar mit einem Bottleneck. Es ist eine offene E-Stimmung auf D runtergestimmt. Auch bei dem alten Chuck-Berry-Song ‚Thirty Days' ist eine Tele zu hören. (Der dritte Telecaster-Track war ‚I Had A Dream'.) Ich habe sie eigentlich seit *Still Got The Blues* nicht mehr gespielt ... es ist eine tolle alte Gitarre, eine wirklich alte Streitaxt. Von diesen Dingern kannst du eine auf die Straße werfen, sie wieder aufheben und die Stimmung ist immer noch okay!

Bei „Trouble At Home" ist ein Fender '63er Vibroverb Reissue aus den frühen Neunzigern zu hören, „dieser kleine braune mit den beiden 10-Inch-Speakern ... Ich schaffte mir zwei auf einmal an. Es ist ein kleiner, toller Amp. Er hat 40 Watt und Regler für Lautstärke, Bass und Höhen sowie Reverb. Mehr braucht man nicht. Einfach den Hall aufdrehen und die Lautstärke hochfahren, dass er kurz davor steht, seinen Geist aufzugeben. Auf dem Track ist auch eine Les Paul zu hören, mit beiden Pick-Ups gleichzeitig." Gary schaffte sich damals einen Ozark Resonator eigens für den Song „Sundown" an.

Folgend erläutert Gary sein Equipment bei den anderen Tracks, abgesehen von Fender: „Ich nutzte bei ‚Thirty Days' einen VOX AC30 aus den Mittsechzigern und bei dem Opener ‚If The Devil Made Whiskey' einen Orange Tiny Terror. Er hat 15 Watt und sieht wie ein Spielzeug aus. Ich habe noch nicht mal das Holzgehäuse dran gelassen, sondern ihn in ein kleines Metall-Case mit einem Griff eingebaut, das in einer Gig-Bag steckt. Man kann ihn von 15 auf 7 Watt runterfahren … Ich habe den Amp mit einer kleinen, handverkabelten Marshall 2/12"-Box bei ‚Eyesight To The Blind' gespielt. Bei Nummern wie ‚Have You Heard?' und ‚Checkin' Up On My Baby' kamen DSL Marshall 100 oder 50 zum Einsatz."

Garys bevorzugter Live-Verstärker blieb der DSL Marshall, den er nutzte, nachdem man ihm zehn Jahre zuvor einen Prototypen geschickt hatte: „Sie haben bereits Neue auf den Markt gebracht, aber ich ziehe immer noch die DSL vor … Ich muss mir noch einige zulegen, bevor sie die Fertigung einstellen. Es sind so fantastische Amps. Sie verfügen über einen normalen [cleanen] Kanal und auch einen Lead-Kanal, den ich aber selten benutze, wenn ich ehrlich bin. Auch verfügen sie über einen klasse Federhall, und wenn ich dann langsamen Blues spielen möchte, haue ich einfach den Hall rein und schon habe ich [alles, was ich brauche] … Auf der Bühne spiele ich einen 100 Watt mit vier Celestion Vintage 30s. Ich begann mit den 59'er Reissues, also den ‚alten' Standard-Marshalls mit vier Eingängen. Auf der Bühne stehen sie nun neben den anderen, womit ich zwischen ihnen hin und her schalten kann. Allerdings setze ich niemals beide Amps gleichzeitig ein."

Auf *Close As You Get* setzte Gary keine Effekte ein: „Ich unterwarf mich einer eigenen Regel und wollte sehen, was man mit einer Gitarre und einem Amp anstellen kann. Auf der Bühne hingegen benutze ich Bodeneffekte von T-Rex. Momentan sind es ein T-Rex Overdrive, ein Mudhoney Overdrive und der blaue (T-Rex Alberta). Auch setze ich den Room-Mate-Hall ein und das Replica Delay, was dann insgesamt fünf Pedale macht … Sie klingen bombastisch und sehr warm … Der Moller-Overdrive hat zwei verschiedene Fußschalter, einen für Boost und einen für Overdrive … der cleane Boost [und der für Overdrive) sind großartig. Wenn man sie beide zusammenschaltet, betritt man Hendrix-Territorium."

Nach extensiver Recherche und dem Kauf aller damals verfügbaren Effekte von Roger Mayer, entschloss sich Gary für den Hendrix-Gig 2007 keines der Effektgeräte des Klang-Gurus zu benutzen. Er wählte hingegen einen Boss TU2 Tuner/Mute aus, ein Dunlop Hendrix Wah-Wah, einen MXR GT-OD Overdrive, einen Graphic Fuzz von Electro Harmonix, ein Boss RT-20 Delay, einen Ibanez CS-9 Chorus und ein TC Electronic Nova 2 Reverb (mit zwei verschiedenen Settings). Als Verstärker standen 2 Marshall 1959 WH-Tops mit 2 Marshall 1960B auf der Bühne, in denen sich Celestion Vintage 30 Speaker befanden.

2009:

Anfang des Jahres führte die Fachpresse eins der letzten Interviews mit Gary, da er die Musik promotete, die auf seinem letzten Studioalbum *Bad For You Baby* erschien.

Gary führte den Journalisten vom *Guitarist* Track für Track durch das Album. Zum Titelsong: „Hier benutzte ich die Tele – es ist eine '63er mit einem anderen Hals, die ich durch einen Roger Mayer Stone Fuzz jagte, um eine bestimmte Hendrix-Atmosphäre zu garantieren." Gary spielte die Gitarre auch bei „Down The Line". Bei „Umbrella Man" waren es die „Goldtop mit der dunklen Rückseite und ein Marshall JCM 800. Der voluminöse Sound ließ sich hier gut umsetzen – ich bin [damals] einfach in einen Laden und habe sie gekauft." Die vom Horslips-Gitarristen Johnny Fean erworbene 1963er 335 war auf „Holding On" zu hören, wohingegen die Tele erneut auf „Walkin' Thru The Park" gespielt wurde. Mit dieser speziellen Gitarre schien Gary eine Hassliebe zu verbinden, so wie sie im Wörterbuch steht. Er stand immer auf den Klang, aber sie gehörte zu den Gitarren, die „zurückbeißen", denn „man muss mit ihr kämpfen, aber das verbessert deine Phrasierungen, denn man kann hier nichts vertuschen." Gary ließ die Goldtop wieder auf „I Love You More Then You Will Ever Know" erklingen, zusammen mit dem Vibroverb: „Das billige Midiverb II. Ich liebe es, denn billige Effekte funktionieren bei Gitarren besser – ich habe es schon seit Jahren in Gebrauch."

Bei „Mojo Boogie" lautete die Devise eine rote Gibson BFG und ein Fender Dual Showman. Detaillierter auf die BFG in *Guitar & Bass* eingehend, sagte er: „Ich mochte schon immer die feurigen Slide-Passagen von Johnny Winter, und bei diesem Track spielte ich eine Gibson BFG, die billige Les Paul, die sie mit einem Burstbucker und einem P 90 auf den Markt brachten. Es ist eine großartige Gitarre, denn wenn man die Klampfe in die Hand nimmt, klingt sie wie die alten Les Pauls … voluminös und ohne Schnickschnack. Die haben noch nicht mal eine Plastikabdeckung auf den Kippschalter geschraubt, wodurch man sich leicht die Finger schneiden kann. Es ist eine sehr rau klingende Gitarre, die ich auch auf der Bühne spielen kann. Mit ein wenig Hall setzt sie sich überall durch und kombiniert mit einem Marshall entfaltet sie sich … obwohl zwei Marshalls besser sind!"

Bei „Someday Baby" blieb Moore bei seiner Les Paul: „Ashley Pangbourne baute sie zusammen, als er noch im Hamburg Custom Shop arbeitete. Es muss Mitte der Neunziger gewesen sein, eine der ersten '59er-Reissues. Sie hatte eine Art ‚out of phase'-Bestückung, doch das war bei weitem nicht so gut wie die, [die ich aktuell benutze]. Es sind Bare Knuckles PG Blues Pick-ups. Wenn ich den ‚out of phase'-Sound haben will, sind die Klang-Potis immer voll aufgerissen. Ich würde sie nicht auf allzu vielen Tracks verwenden, aber sie klingt mit einem Fender-Amp großartig. Es ist ein schöner, altbackener Sound. Bei „Did You Ever Feel Lonely" benutzte Gary die 335, eine Gibson Firebird bei „Preacher Man Blues" und schließlich eine Goldtop auf „Trouble Ain't Far Behind".

Bei den Konzerten spielte Gary folgendes Equipment: Boss TU 2, Luxury Drive, einen Ibanez Reissue 808 Tubescreamer, Digitech Bad Monkey, T-Rex Mudhoney II, T-Rex The Twister, Boss RV-5, Electro Harmonix Holy Grail Nano, Fender '63er Reverb, Line 6 Delay, Radial Tonebone Switcher/Spiltter, 2 Marshall SLP 59 Amps und Marshall 1960 BX Türme mit Celestion Vintage 30 Speakern.

Und zu guter Letzt …

„Das beste Equipment zu haben, das man sich anschaffen kann oder acht Stunden lang Tonleitern und Techniken aus Magazinen wie *Guitar Techniques* zu üben – das alles bringt gar nichts, wenn man nicht auf sein Gehör achtet. Jeder Musiker wird dir erzählen, dass es das letztendliche und wichtigste Werkzeug ist. Die Leute fragen mich nach meinen Verstärkereinstellungen, meinen Effekten oder welchen Gitarren-Pick-up ich für dieses oder jenes Solo benutze. Das erzähle ich ihnen gerne. Doch allein dadurch wird mir klanglich niemand ähneln. Ich schlage die Saiten auf eine bestimmte Art an, übe einen bestimmten Fingerdruck auf die Saiten aus, benutze bestimmte Finger und stehe bei diesem oder jenem Song in einer bestimmten Entfernung vom Amp. Das sind alles Elemente, die sich in keiner Transkription wiederfinden. Aber kannst du den Sound einer Strat von dem einer Les Paul auf einer Platte unterscheiden? Hörst du auf welcher Saite ein Solo beginnt? Kannst du dir vorstellen, in welcher Lage ein Gitarrist gerade spielt? Ja, so lernte ich Gitarre zu spielen und ich bin mir sicher, dass es bei Eric, Jimi, Peter und Stevie Ray genau so war. Die Ohren! Man findet auf jeder Seite des Kopfs ein Exemplar davon. Benutze sie!"

Guitar Techniques, Sommer 2002

DISKOGRAFIE

- STUDIOALBEN/SOLO

Grinding Stone
CBS Records – 65527 – Mai 1973

1. Grinding Stone
2. Time To Heal
3. Sail Across The Mountain
4. The Energy Dance
5. Spirit
6. Boogie My Way Back Home

Gary Moore (Gitarre, Vocals), Pearse Kelly (Drums), John Curtis (Bass), Philip Donnelly (Rhythmusgitarre), Jan Schelhaas (Keyboards), Frank Boylan (Bass)

Back On The Streets
MCA Records – MCF 2853 – September 1978

1. Back On The Streets
2. Don't Believe A Word
3. Fanatical Fascists
4. Flight Of The Snow Moose
5. Hurricane
6. Song For Donna
7. What Would You Rather Bee Or A Wasp
8. Parisienne Walkways

Weitere Songs auf anderen Formaten: Spanish Guitar (Phil Vocals), Spanish Guitar (Instrumental), Spanish Guitar (Gary Vocals), Parisienne Walkways (Gary Vocals), Don't Believe A Word (Gary Vocals)

Gary Moore (Gitarre, Vocals, Bass, Mandoline, Akkordeon, String-Synthie), Phil Lynott (Bass, Vocals, Kontrabass, Akustik-Gitarre), Brian Downey (Drums), John Mole (Bass), Don Airey (Keyboards), Simon Phillips (Drums)

Dirty Fingers
Jet Records – JETLP 241 – Juli 1983 (Japan), Juni 1984 (Europa)

1. Hiroshima
2. Dirty Fingers

3. Bad News
4. Don't Let Me Be Misunderstood
5. Run To Your Mama
6. Nuclear Attack
7. Kidnapped
8. Really Gonna Rock
9. Lonely Nights
10. Rest In Peace

Gary Moore (Gitarre, Vocals), Tommy Aldridge (Drums), Jimmy Bain (Bass), Don Airey (Keyboards), Charlie Huhn (Vocals)

Corridors Of Power
Virgin Records – V 2245 – September 1982

1. Don't Take Me For A Loser
2. Always Gonna Love You
3. Wishing Well
4. Gonna Break My Heart Again
5. Falling In Love With You
6. End Of The World
7. Rockin' Every Night
8. Cold Hearted
9. I Can't Wait Until Tomorrow

Weitere Songs auf anderen Formaten: Love Can Make A Fool Of You, Falling In Love With You (Remix), Falling In Love With You (Remix Instrumental)

Gary Moore (Gitarre, Vocals), Ian Paice (Drums), Neil Murray (Bass), Tommy Eyre (Keyboards), Jack Bruce (Vocals), Bobby Chouinard (Drums), Mo Foster (Bass), John Sloman (Backing-Vocals), Don Airey (Keyboards)

Victims Of The Future
10 Records – DIX 2 – Dezember 1983

1. Victims Of The Future
2. Teenage Idol
3. Shapes Of Things
4. Empty Rooms
5. Murder In The Skies
6. All I Want
7. Hold On To Love
8. Law Of The Jungle

Weitere Songs auf anderen Formaten: Devil In Her Heart, Blinder, Empty Rooms (1984 Remix), Teenage Idol (unterschiedliche Version)

Gary Moore (Gitarre, Vocals, Bass), Ian Paice (Drums), Neil Carter (Keyboards, Backing-Vocals), Neil Murray (Bass), Noddy Holder (Backing-Vocals), Bobby Chouinard (Drums), Bob Daisley (Bass), Mo Foster (Bass)

Run For Cover
10 Records – DIX 16 – September 1985

1. Run For Cover
2. Reach For The Sky
3. Military Man
4. Empty Rooms
5. Out In The Fields
6. Nothing To Lose
7. Once In A Lifetime
8. All Messed Up
9. Listen To Your Heartbeat

Weitere Songs auf anderen Formaten: Once In A Lifetime, Still In Love With You, Murder In The Skies (live), Stop Messin' Around (live)

Gary Moore (Gitarre, Vocals), Bob Daisley (Bass), Neil Carter (Keyboards, Backing-Vocals), Don Airey (Keyboards), Andy Richards (Keyboards), Gary Ferguson (Drums), Charlie Morgan (Drums), Paul Thompson (Drums), James „Jimbo" Barton (sampled Drums), Glenn Hughes (Bass, Vocals), Phil Lynott (Bass, Vocals)

Wild Frontier
10 Records – DIX 56 – März 1987

1. Over The Hills And Far Away
2. Wild Frontier
3. Take A Little Time
4. The Loner
5. Friday On My Mind
6. Strangers In The Darkness
7. Thunder Rising
8. Johnny Boy

Weitere Songs auf anderen Formaten: Wild Frontier (12"-Version), Over The Hills And Far Away (12"-Version), Crying In The Shadows, The Loner (Extended Mix), Friday On My Mind (12"-Version), Out In The Fields (live)

Gary Moore (Gitarre, Vocals), Bob Daisley (Bass), Neil Carter (Keyboards, Backing-Vocals) Roland Kerridge (Programmierung/Electronic Kit)

After The War
Virgin Records – V 2575 – January 1989

1. Dunluce (Part 1)
2. After The War
3. Speak For Yourself
4. Livin' On Dreams
5. Led Clones
6. The Messiah Will Come Again
7. Running From The Storm

8. This Thing Called Love
9. Ready For Love
10. Blood Of Emeralds
11. Dunluce (Part 2)

Weitere Songs auf anderen Formaten: Emerald, Over The Hills And Far Away (live), Military Man (live), Wild Frontier (live)

Gary Moore (Gitarre, Vocals), Bob Daisley (Bass), Neil Carter (Keyboards, Backing-Vocals), Cozy Powell (Drums), Ozzy Osbourne (Vocals), Chris Thompson (Vocals), Don Airey (Keyboards), Laurence Cottle (Bass), Charlie Morgan (Drums), Simon Phillips (Drums), Brian Downey (Drums), Chris Thompson (Backing-Vocals), Andrew Eldritch (Backing-Vocals), Sam Brown (Backing-Vocals), Miriam Stockley (Backing-Vocals)

Still Got The Blues
Virgin Records – V 2612 – März 1990

1. Moving On
2. Oh Pretty Woman
3. Walking By Myself
4. Still Got The Blues (For You)
5. Texas Strut
6. Too Tired
7. King Of The Blues
8. As The Years Go Passing By
9. Midnight Blues

Weitere Songs auf anderen Formaten: All Your Love, Stop Messin' Around, That Kind Of Woman, The Stumble, Left Me With The Blues, Further On Up The Road, Mean Cruel Woman, The Sky Is Crying

Gary Moore (Gitarre, Vocals), Andy Pyle (Bass), Bob Daisley (Bass), Brian Downey (Drums), Graham Walker (Drums), Don Airey (Keyboards), Mick Weaver (Piano), Nicky Hopkins (Piano), Martin Drover (Trompete), Raul d'Oliveira (Trompete), Frank Mead (Tenor-Saxophon), Nick Pentelow (Tenor-Saxophon), Nick Payn (Bariton-Saxophon), Albert Collins (Gitarre), George Harrison (Gitarre, Vocals), Albert King (Gitarre)

After Hours
Virgin Records – V 2684 – März 1992

1. Cold Day In Hell
2. Don't You Lie To Me
3. Story Of The Blues
4. Since I Met You Baby
5. Separate Ways
6. Only Fool In Town
7. Key To Love
8. Jumpin' At Shadows
9. The Blues Is Alright
10. The Hurt Inside
11. Nothing's The Same

Weitere Songs auf anderen Formaten: Once In A Blue Mood, All Time Low, Don't Start Me Talkin', Woke Up This Morning, Movin' On Down The Road

Gary Moore (Gitarre, Bass, Vocals), Will Lee (Bass), Bob Daisley (Bass), Johnny B. Gaydon (Bass), Graham Walker (Drums), Anton Fig (Drums), Tommy Eyre (Keyboards), Martin Drover (Trompete), Frank Mead (Tenor-Saxophon), Nick Pentelow (Tenor-Saxophon), Nick Payn (Bariton-Saxophon), Andrew Love (Tenor-Saxophon), Wayne Jackson (Trompete, Posaune), Carol Kenyon (Backing-Vocals), Linda Taylor (Backing-Vocals), Richard Morgan (Oboe), B.B. King (Gitarre, Vocals), Albert Collins (Gitarre)

Blues For Greeny
Virgin Records – V 2784 – Mai 1995

1. If You Be My Baby
2. Long Grey Mare
3. Merry Go Round
4. I Loved Another Woman
5. Need Your Love So Bad
6. The Same Way
7. The Supernatural
8. Driftin'
9. Showbiz Blues
10. Love That Burns
11. Looking For Somebody

Weitere Songs auf anderen Formaten: Looking For Somebody, The World Keeps On Turning (Acoustic Version), The Same Way (Acoustic Version), Stop Messin' Around (Acoustic Version)

Gary Moore (Gitarre, Vocals), Tommy Eyre (Keyboards), Andy Pyle (Bass), Graham Walker (Drums), Nick Payn (Bariton-Saxophon), Nick Pentelow (Tenor-Saxophon)

Dark Days In Paradise
Virgin Records – CDV 2826 – June 1997
1. One Good Reason
2. Cold Wind Blows
3. I Have Found My Love In You
4. One Fine Day
5. Like Angels
6. What Are We Here For?
7. Always There For You
8. Afraid Of Tomorrow
9. Where Did We Go Wrong?
10. Business As Usual
11. Dark Days In Paradise *(Hidden Track)*

Weitere Songs auf anderen Formaten: Burning In Our Hearts, There Must Be A Way

Gary Moore (Gitarre, Vocals), Guy Pratt (Bass), Gary Husband (Drums), Magnus Fiennes (Keyboards, Programmieren), Phil Nicholas (Keyboards, Programmieren), Dee Lewis (Backing-Vocals), Chyna Gordon (Backing-Vocals)

A Different Beat
Raw Power – RAW CD 142 – September 1999

1. Go On Home
2. Lost In Your Love
3. Worry No More
4. Fire
5. Surrender
6. House Full Of Blues
7. Bring My Baby Back
8. Can't Help Myself
9. Fatboy
10. We Want Love
11. Can't Help Myself (E-Z Rollers Remix)

Gary Moore (Gitarre, Bass, Vocals, Keyboards), Gary Husband (Drums), Roger King (Keyboards, Programmieren), Phil Nicholas (Programmieren)

Back To The Blues
Sanctuary Records – SANCD072 – März 2001

1. Enough Of The Blues
2. You Upset Me Baby
3. Cold Black Night
4. Stormy Monday
5. Ain't Got You
6. Picture Of The Moon
7. Looking Back
8. The Prophet
9. How Many Lies
10. Drowning In Tears

Gary Moore (Gitarre, Vocals), Pete Rees (Bass), Vic Martin (Keyboards), Darrin Mooney (Drums), Martin Drover (Trompete), Frank Mead (Tenor-Saxophon), Nick Payn (Bariton-Saxophon), Nick Pentelow (Tenor-Saxophon)

Power Of The Blues
Sanctuary Records – SANCD267 – Juni 2004

1. Power Of The Blues
2. There's A Hole
3. Tell Me Woman
4. I Can't Quit You Baby
5. That's Why I Play The Blues
6. Evil
7. Getaway Blues
8. Memory Pain
9. Can't Find My Baby
10. Torn Inside

Gary Moore (Gitarre, Vocals), Bob Daisley (Bass), Darrin Mooney (Drums), Jim Watson (Keyboards)

Old New Ballads Blues
Eagle Records – EAGCD314 – Mai 2006

1. Done Somebody Wrong
2. You Know My Love
3. Midnight Blues (2006)
4. Ain't Nobody
5. Gonna Rain Today
6. All Your Love (2006)
7. Flesh & Blood
8. Cut It Out
9. No Reason To Cry
10. I'll Play The Blues For You

Gary Moore (Gitarre, Vocals), Jon Noyce (Bass), Don Airey (Keyboards), Darrin Mooney (Drums)

Close As You Get
Eagle Records – EAGCD346 – Mai 2007

1. If The Devil Made Whiskey
2. Trouble At Home
3. Thirty Days
4. Hard Times
5. Have You Heard
6. Eyesight To The Blind
7. Evenin'
8. Nowhere Fast
9. Checkin' Up On My Baby
10. I Had A Dream
11. Sundown

Gary Moore (Gitarre, Vocals), Pete Rees (Bass), Vic Martin (Keyboards), Brian Downey (Drums), Mark Feltham (Mundharmonika)

Bad For You Baby
Eagle Records – EAGCD379 – September 2008

1. Bad For You Baby
2. Down The Line
3. Umbrella Man
4. Holding On
5. Walkin' Thru The Park
6. I Love You More Than You'll Ever Know
7. Mojo Boogie
8. Someday Baby
9. Did You Ever Feel Lonely?
10. Preacher Man Blues
11. Trouble Ain't Far Behind

Weitere Songs auf anderen Formaten: Picture On The Wall

Gary Moore (Gitarre, Vocals, Mudharmonika), Pete Rees (Bass), Vic Martin (Keyboards), Sam Kelly (Drums), Otis Taylor (Banjo), Cassie Taylor (Backing-Vocals)

- **LIVE-ALBEN / SOLO WORKS**

Live At The Marquee
Jet Records – JET LP 245 – 1983 (Japan), Juni 1984 (Europa)

1. Back On The Streets
2. Run To Your Mama
3. Dancin'
4. She's Got You
5. Parisienne Walkways
6. You
7. Nuclear Attack
8. Dallas Warhead

Gary Moore (Gitarre, Vocals), Don Airey (Keyboards), Kenny Driscoll (Vocals), Andy Pyle (Bass), Tommy Aldridge (Drums)
Aufgenommen in London, November 1980.

Rockin' Every Night – Live In Japan
10 Records – XID 1 – Mai 1983 (Japan), Juni 1986 (Europa)

1. Rockin' Every Night
2. Wishing Well
3. I Can't Wait Until Tomorrow
4. Nuclear Attack
5. White Knuckles
6. Rockin' And Rollin'
7. Back On The Streets
8. Sunset

Gary Moore (Gitarre, Vocals), Don Airey (Keyboards), Neil Murray (Bass), John Sloman (Vocals, Keyboards), Ian Paice (Drums)
Aufgenommen in Tokio, Januar 1983

We Want Moore!
10 Records – GMDL 1 – Oktober 1984

1. Murder In The Skies
2. Shapes Of Things
3. Victims Of The Future
4. Cold Hearted
5. End Of The World
6. Back On The Streets
7. So Far Away
8. Empty Rooms
9. Don't Take Me For A Loser
10. Rockin' And Rollin'

Gary Moore (Gitarre, Vocals), Neil Carter (Keyboards, Gitarre, Vocals), Craig Gruber (Bass), Ian Paice (Drums), Bobby Chouinard (Drums), Jimmy Nail (Vocals)
Aufgenommen in London, Glasgow, Detroit und Tokio zwischen Februar-Juni 1984

Blues Alive
Virgin Records – V 2716 – Mai 1993

1. Cold Day In Hell
2. Walking By Myself
3. Story Of The Blues
4. Oh Pretty Woman
5. Separate Ways
6. Too Tired
7. Still Got The Blues (For You)
8. Since I Met You Baby
9. The Sky Is Crying
10. Further On Up The Road
11. King Of The Blues
12. Parisienne Walkways
13. Jumpin' At Shadows

Gary Moore (Gitarre, Vocals), Tommy Eyre (Keyboards), Andy Pyle (Bass), Graham Walker (Drums), Candy MacKenzie (Backing-Vocals), Carol Thompson (Backing-Vocals), Frank Mead (Altsaxophon, Mudharmonika), Nick Payn (Bariton-Saxophon), Nick Pentelow (Tenor-Saxophon), Martin Drover (Trompete), Albert Collins (Gitarre) Aufgenommen in Los Angeles, Paris und London zwischen Mai-Oktober 1992

Live At Monsters Of Rock
Sanctuary Records – SANCD215 – September 2003

1. Shapes Of Things
2. Wishing Well
3. Rectify
4. Guitar Intro
5. Stand Up
6. Just Can't Let You Go
7. Walking By Myself
8. Don't Believe A Word
9. Out In The Fields
10. Parisienne Walkways

Gary Moore (Gitarre, Vocals), Cass Lewis (Bass, Vocals), Darrin Mooney (Drums) Aufgenommen in Glasgow, Mai 2003

- LIVEALBEN/SOLO/ POSTHUME VERÖFFENTLICHUNGEN

Live At Montreux 2010
Eagle Records – EAGCD434 – September 2011

1. Over The Hills And Far Away
2. Military Man
3. Days Of Heroes
4. Where Are You Now?

5. So Far Away / Empty Rooms
6. Oh Wild One
7. Blood Of Emeralds
8. Out In The Fields
9. Walking By Myself
10. Johnny Boy
11. Parisienne Walkways

Gary Moore (Gitarre, Vocals), Neil Carter (Keyboards, Gitarre, Vocals), Jon Noyce (Bass), Darrin Mooney (Drums) Aufgenommen in Montreux, Schweiz, Juli 2010

Blues For Jimi
Eagle Records – EAGCD491 – September 2012

1. Purple Haze
2. Manic Depression
3. Foxy Lady
4. The Wind Cries Mary
5. I Don't Live Today
6. My Angel
7. Angel
8. Fire
9. Red House
10. Stone Free
11. Hey Joe
12. Voodoo Child (Slight Return)

Gary Moore (Gitarre, Vocals), Dave Bronze (Bass), Darrin Mooney (Drums), Mitch Mitchell (Drums), Billy Cox (Bass) Aufgenommen in London, Oktober 2007

Live At Bush Hall 2007
Eagle Records – EAGCD535 – September 2014

1. If The Devil Made Whisky
2. Thirty Days
3. Trouble At Home
4. Hard Times
5. Eyesight To The Blind
6. I Had A Dream
7. Too Tired
8. Gary's Blues 1
9. Don't Believe A Word
10. Still Got The Blues (For You)
11. Walking By Myself
12. The Blues Is Alright
13. Sundown

Gary Moore (Gitarre, Vocals), Pete Rees (Bass), Vic Martin (Keyboards), Brian Downey (Drums) Aufgenommen in London, Mai 2007

Live From London 2009
Provogue PRD 760552 – Januar 2020

1. Oh, Pretty Woman
2. Bad For You Baby
3. Down The Line
4. Since I Met Your Baby
5. Still Got The Blues (For You)
6. Have You Heard
7. All Your Love
8. The Mojo (Boogie)
9. I Love You More Than You'll Ever Know
10. Too Tired
11. Walking By Myself
12. The Blues Is Alright
13. Parisienne Walkways

Gary Moore (Gitarre, Vocals), Pete Rees (Bass), Vic Martin (Keyboards), Steve Dixon (Drums)
Aufgenommen in London, Dezember 2009

How Blue Can You Get April 2021
Provogue PRD76462

1. I'm Tore Down
2. Steppin' Out
3. In My Dreams
4. How Blue Can You Get
5. Looking At Your Picture
6. Love Can Make A Fool Of You
7. Done Somebody Wrong
8. Living With The Blues

Gary Moore (Gitarre, Vocals), Pete Rees (Bass), Vic Martin (Keyboards), Darrin Mooney & Graham Walker (Drums)

- SINGLES/SOLO

Back On The Streets
United Kingdom – MCA Records – MCA 386 – September 1978

Side A: Back On The Streets
Side B: Track Nine

Parisienne Walkways
United Kingdom – MCA Records – MCA 419 – April 1979

Side A: Parisienne Walkways
Side B: Fanatical Fascists

Spanish Guitar
United Kingdom – MCA Records – MCA 534 – Oktober 1979
Side A: Spanish Guitar
Side B: Spanish Guitar *(Instrumental-Version)*

Nuclear Attack
United Kingdom – Jet Records – JET 12016 – September 1981

Side A: Nuclear Attack
Side B:
1. Don't Let Me Be Misunderstood
2. Run To Your Mama

Always Gonna Love You
United Kingdom – Virgin Records – VS 528 – September 1982
Side A: Always Gonna Love You
Side B: Cold Hearted

Falling In Love With You
United Kingdom – Virgin Records – VS 564 – Februar 1983
Side A: Falling In Love With You *(Single-Edit)*
Side B: Falling In Love With You *(Instrumental)*

Parisienne Walkway
Japan – Jet Records / CBS Records – 07SP 717 – September 1983
Side A: Parisienne Walkways *(live – 5. oder 6. November 1980)*
Side B: She's Got You *(live – 5. oder 6. November 1980)*

Don't Let Me Be Misunderstood
United Kingdom – Jet Records – JET 7043 – June 1984
Side A: Don't Let Me Be Misunderstood
Side B: She's Got You *(live – 5. oder 6. November 1980)*

Empty Rooms
United Kingdom – 10 Records – TEN 25 – August 1984
Side A: Empty Rooms *(Single-Edit)*
Side B: Nuclear Attack *(live – 24. Januar 1983)*

Hold On To Love
United Kingdom – 10 Records – TEN 13 – Januar 1984
Side A: Hold On To Love *(7" Edit)*
Side B: Devil In Her Heart

Shapes Of Things
United Kingdom – 10 Records – TEN 19 – März 1984
Side A: Shapes Of Things (New version)
Side B: Blinder

Empty Rooms
United Kingdom – 10 Records – TEN 58 – Juli 1985
Side A: Empty Rooms *(Summer 1985 Version)*
Side B: Out Of My System

Listen To Your Heartbeat
Germany – 10 Records – 107 840-100 – 1985
Side A: Listen To Your Heartbeat
Side B: Out Of My System

Out In The Fields
United Kingdom – 10 Records – TEN 49 – Mai 1985
Side A: Out In The Fields
Side B: Military Man

Run For Cover
South Africa – Virgin Records – VS 650 – 1985
Side A: Run For Cover
Side B: Parisienne Walkways *(live – 18. Dezember 1984)*

Crying In The Shadows
Japan – 10 Records / Toshiba EMI – 07VA-1052 – Oktober 1986

Side A: Crying In The Shadows
Side B: Once In A Lifetime

Parisienne Walkways
Sweden – 10 Records – 108 226 – 1986
Side A: Parisienne Walkways *(live – 18. Dezember 1984)*
Side B:
1. Once In A Lifetime
2. Victims Of The Future

Over The Hills And Far Away
United Kingdom – 10 Records – TEN 134 – Dezember 1986
Side A: Over The Hills And Far Away *(7"-Version)*
Side B: Crying In The Shadows

Friday On My Mind
United Kingdom – 10 Records – TEN 164 – Mai 1987
Side A: Friday On My Mind *(7" Version)*
Side B: Reach For The Sky *(live – 28. September 1985)*

Wild Frontier
United Kingdom – 10 Records – TEN 159 – Februar 1987
Side A: Wild Frontier
Side B: Run For Cover *(live – 28. September 1985)*

Take A Little Time
United Kingdom – 10 Records – TEND 190 – November 1987
Side A: Take A Little Time
Side B: Out In The Fields
Side C: All Messed Up *(live – 25. April 1987)*
Side D: Thunder Rising *(live – 25. April 1987)*

The Loner
United Kingdom – 10 Records – TEN 178 – August 1987
Side A: The Loner *(Single-Edit)*
Side B: Johnny Boy

After The War
Virgin Records – GMS 1 – Januar 1989
Side A: After The War
Side B: This Thing Called Love

Livin' On Dreams
Virgin Records – VS 1219 – Oktober 1989
Side A: Livin' On Dreams *(Remix)*
Side B: The Messiah Will Come Again

Led Clones
Virgin Records America – 7-99211 – Juli 1989
Side A: Led Clones *(Edit)*
Side B: Speak For Yourself

Ready For Love
Virgin Records – GMS 2 – Februar 1989
Side A: Ready For Love *(Edit)*
Side B: Wild Frontier *(live – 25. April 1987)*

Oh Pretty Woman
Virgin Records – VSC 1233 – März 1990

Side A: Oh Pretty Woman
Side B: King Of The Blues *(Non-Album-Version)*

Too Tired
Virgin Records – VS 1306 – November 1990
Side A: Too Tired
Side B: Texas Strut

Walking By Myself
Virgin Records – VS 1281 – August 1990
Side A: Walking By Myself
Side B: Still Got The Blues (For You) *(live – 5. Juni 1990)*

Still Got The Blues (For You)
Virgin Records – VS 1267 – April 1990
Side A: Still Got The Blues (For You) *(Single-Edit)*
Side B: Left Me With The Blues

Cold Day In Hell
Virgin Records – VSC 1393 – Februar 1992
Side A: Cold Day In Hell
Side B: All Time Low

Separate Ways
Virgin Records – VS 1437 – Oktober 1992
Side A: Separate Ways *(Single-Edit)*
Side B: Only Fool In Town

Since I Met You Baby
Virgin Records – VS 1423 – Juli 1992
Side A: Since I Met You Baby
Side B: The Hurt Inside

Story Of The Blues
Virgin Records – VS 1412 – April 1992
Side A: Story Of The Blues *(Single-Edit)*
Side B: Movin' Down The Road

Parisienne Walkways '93
Virgin Records – VS 1456 – April 1993
Side A: Parisienne Walkways *(edit '93 – live – 5. Oktober 1992)*
Side B: Still Got The Blues (For You) *(live – 11. November 1992)*

Weitere Songs auf anderen Formaten:: Since I Met You Baby *(live – 11. November 1992)*, Key To Love *(live – 11. November 1992)*

Still Got The Blues
Virgin France – 921482 – Mai 1993
1. Still Got The Blues (For You) *(fade out – live – 11. November 1992)*
2. The Thrill Is Gone *(live – 11. November 1992)*
3. King Of The Blues *(live – 13. Juni 1992)*

One Day
Virgin Records – 8927152 – Oktober 1994
1. One Day
2. Story Of The Blues *(The Dry Mix)*
3. Empty Rooms
4. The Loner

Weitere Songs auf anderen Formaten: Parisienne Walkways *(edit '93 – live)*, Falling In Love With You

Need Your Love So Bad
Virgin Records – VS 1546 – Juni 1995
Side A1: Need Your Love So Bad *(Single-Edit)*
Side A2: The Same Way *(Akustik-Version)*
Side B1: The World Keeps On Turning *(Akustik-Version)*
Side B2: Stop Messin' Around *(Akustik-Version)*

One Good Reason
Virgin Records – VSCDT 1632 – Mai 1997
1. One Good Reason
2. Burning In Our Hearts
3. There Must Be A Way
4. Beasts Of Burden

I Have Found My Love In You
Virgin Records – VSCDT 1640 – Juni 1997
1. I Have Found My Love In You *(Single-Edit)*
2. All The Way From Africa
3. My Foolish Pride

Weitere Songs auf anderen Formaten: One Good Reason, Burning In Our Hearts, There Must Be A Way, Beasts Of Burden

Always There For You
Virgin Records – VSCDT 1674 – November 1997
1. Always There For You *(New Version)*
2. Rhythm Of Our Lives *(Stretch Mix)*
3. Rhythm Of Our Lives *(Gary's Mix)*

Picture Of The Moon
Sanctuary Records – SANX4072 – Mai 2001
1. Picture Of The Moon *(Single-Edit)*
2. Cold Black Night *(live at VH-1 Studio)*
3. Stormy Monday *(live at VH-1 Studio)*

Promo-Singles
End Of The World (1982), Military Man (1985), Reach For The Sky (1986), Wild Frontier Live (1987), Moving On (1990), Midnight Blues (1990), Only Fool In Town (1992), Walking By Myself Live (1993), Empty Rooms (1994), I Loved Another Woman (1995), The New Single (1997), Enough Of The Blues (2001), Parisienne Walkways Live (2014)

- COMPILATIONS/SOLO

(Auswahl-Diskografie)

White Knuckles
Raw Power – 1985

Anthology
Raw Power – 1986

Parisienne Walkways
MCA Records – 1987

The Collection
Castle Communications – 1990

The Early Years
Epic – 1991 *(USA)*

Ballads & Blues 1982-1994
Virgin Records – 1994

Out In The Fields – The Very Best Of
Virgin Records – 1998

The Best Of The Blues
Virgin Records – 2002

Have Some Moore – The Best Of
EMI Finland – 2002 *(Finnland)*

Parisienne Walkways – The Blues Collection
EMI – 2003

Back On The Streets – The Rock Collection
EMI – 2003

The Platinum Collection
Virgin Records / EMI – 2006

Have Some Moore 2 – The Best Of
EMI Finland – 2008 *(Finnland)*

Gary Moore Memorial Collection
Universal – 2011 *(Japan)*

Parisienne Walkways – Jet To The Best
Victor – 2013 *(Japan)*

Blues And Beyond
BMG – November 2017

Parisienne Walkways: The Collection
BMG – Januar 2020

- **STUDIOALBEN/ALBEN MIT BANDS**

Mit Skid Row
Skid
CBS Records – S 63965 – Oktober 1970

1. Mad Dog Woman
2. Virgo's Daughter
3. Heading Home Again
4. An Awful Lot Of Woman
5. Unco-Up Showband Blues
6. For Those Who Do
7. After I'm Gone
8. The Man Who Never Was
9. Felicity

Gary Moore (Gitarre, Vocals), Brush Shiels (Bass, Vocals), Noel Bridgeman (Drums)
Offizielles Debüt 1970

Skid
CBS Records – 63965 – März 1983

1. Sandie's Gone
2. The Man Who Never Was
3. Heading Home Again
4. Felicity
5. Unco-Op Showband Blues
6. Morning Star Avenue
7. Oi'll Tell You Later
8. Virgo's Daughter
9. New Faces Old Places

Gary Moore (Gitarre, Vocals), Brush Shiels (Bass, Vocals), Noel Bridgeman (Drums)
Original-Recording von Anfang 1970

34 Hours
CBS Records – 64411 – September 1971

1. Night Of The Warm Witch
2. First Thing In The Morning
3. Mar
4. Go, I'm Never Gonna Let You
5. Lonesome Still
6. The Love Story

Gary Moore (Gitarre, Vocals), Brush Shiels (Bass, Vocals, Gitarre), Noel Bridgeman (Drums, Akkordeon), Paul Scully (Bass)

Gary Moore/Brush Shiels/Noel Bridgeman
Castle Communications – ESSLP 025 – Juli 1990

1. Benedicts Cherry Wine
2. Saturday Morning Man
3. Crystal Ball
4. Mr. De-Luxe
5. Girl Called Winter
6. Morning Star Avenue
7. Silver Bird

Gary Moore (Gitarre, Vocals), Brush Shiels (Bass, Vocals), Noel Bridgeman (Drums)
Aufgenommen Ende 1971, Veröffentlichung 1990

Mit Colosseum II
Strange New Flesh
Bronze Records – ILPS 9356 – April 1976

1. Dark Side Of The Moog
2. Down To You
3. Gemini And Leo
4. Secret Places
5. On Second Thoughts
6. Winds

Gary Moore (Gitarre, Vocals), Jon Hiseman (Drums), Don Airey (Keyboards), Neil Murray (Bass), Mike Starrs (Vocals)

Electric Savage
MCA Records – MCF-2800 – Juni 1977

1. Put It This Way
2. All Skin And Bone
3. Rivers
4. The Scorch
5. Lament
6. Desperado
7. Am I
8. Intergalactic Strut

Gary Moore (Gitarre, Vocals), Jon Hiseman (Drums), Don Airey (Keyboards), John Mole (Bass)

War Dance
MCA Records – MCF 2817 – November 1977

1. War Dance
2. Major Keys
3. Put It That Way

4. Castles
5. Fighting Talk
6. The Inquisition
7. Star Maiden / Mysterioso / Quasar
8. Last Exit

Gary Moore (Gitarre, Vocals), Jon Hiseman (Drums), Don Airey (Keyboards), John Mole (Bass)

Mit Thin Lizzy

Black Rose – A Rock Legend
Vertigo/Phonogram – 9102 032 – April 1979

1. Do Anything You Want To
2. Toughest Street In Town
3. S & M
4. Waiting For An Alibi
5. Sarah
6. Got To Give It Up
7. Get Out Of Here
8. With Love
9. Róisín Dubh (Black Rose) A Rock Legend

Gary Moore (Gitarre, Vocals), Phil Lynott (Bass, Vocals), Scott Gorham (Gitarre), Brian Downey (Drums)

Mit G-Force

G-Force
Jet Records – JETLP 229 – Mai 1980

1. You
2. White Knuckles / Rockin' And Rollin'
3. She's Got You
4. I Look At You
5. Because Of Your Love
6. You Kissed Me Sweetly
7. Hot Gossip
8. The Woman's In Love
9. Dancin'

Gary Moore (Gitarre, Vocals), Willie Dee (Vocals), Tony Newton (Bass), Mark Nauseef (Drums)

Mit BBM

Around The Next Dream
Virgin Records – V 2745 – Mai 1994

1. Waiting In The Wings
2. City Of Gold
3. Where In The World
4. Can't Fool The Blues
5. High Cost Of Loving
6. Glory Days
7. Why Does Love (Have To Go Wrong?)
8. Naked Flame
9. I Wonder Why (Are You So Mean To Me?)
10. Wrong Side Of Town

Weitere Songs auf anderen Formaten: Danger Zone, The World Keeps On Turning, Sitting On Top The World (live), I Wonder Why (Are You So Mean To Me?) (live)

Gary Moore (Gitarre, Vocals), Jack Bruce (Bass, Vocals), Ginger Baker (Drums), Tommy Eyre (Keyboards), Arran Ahmun (Drums), Morris Murphy (Trompete)

Mit Scars

Scars
Sanctuary Records – SANCD120 – August 2002 (Europa), September 2002 (UK)

1. When The Sun Goes Down
2. Rectify
3. Wasn't Born In Chicago
4. Stand Up
5. Just Can't Let You Go
6. My Baby (She's So Good To Me)
7. World Of Confusion
8. Ball And Chain
9. World Keep Turnin' Round
10. Who Knows (What Tomorrow May Bring)?

Gary Moore (Gitarre, Vocals), Cass Lewis (Bass), Darrin Mooney (Drums)

• SESSIONS & GASTBEITRÄGE

The Jacobites
Like Now – Pye Records – 7N.17852 – Oktober 1969 – Single

Granny's Intentions
Honest Injun – Decca/Deram – DML 1060 – März 1970

Dr. Strangely Strange
Heavy Petting – Vertigo – 6360 009 – August 1970
Alternative Medicine – Ace Records / Big Beat Records – CDWIKD 177 – 27th Oktober 1997

Cliff Bennett's Rebellion
Amos Moses – CBS Records – CBS S 7231 – April 1971 – Single

Jonathan Kelly
Wait Till They Change The Backdrop – RCA/Victor – SF 8353 – Mai 1973

Thin Lizzy

Nightlife – Vertigo – 6360 116 – 1974

Life/Live – Vertigo VERD 6, 812 882-1 – 1983

Eddie Howell
The Eddie Howell Gramophone Record – Warner Bros. Records – K 56154 – Oktober 1975

Jack Lancaster
Peter And The Wolf – RSO – 2479-167 – November 1975
Skinningrove Bay – Acrobat Records – 1 C 064-64056 – 1978

Gary Boyle
Electric Glide – Gull Records – GULP 1028 – November 1978

Andrew Lloyd Webber
Variations – MCA Records – MCF 2824 – 1978

Rod Argent
Moving Home – MCA Records – MCF 2854 – März 1979

Cozy Powell
Over The Top – Ariola – ARL 5038 – Oktober 1979
Tilt – Polydor – POLD 5047 – Juni 1981
Octopuss – Polydor – POLD5093 – February 1983

Philip Lynott
Solo In Soho – Vertigo/Phonogram – 9102 038 – April 1980

Greg Lake
Greg Lake – Chrysalis Records – CHR 1357 – September 1981
Manoeuvres – Chrysalis Records – CHR 1392 – Juli 1983
Live On The King Biscuit Flower Hour – Pinnacle – KBFH018 – 1995

Karol Kristian
Love City – Hobo – HOS 013 – 1981 – Single

Diskografie

Johnny Duhan
Johnny Duhan – Philips – 6373019 – 1982

Keith Emerson
The Christmas Album – Emerson Records – KEITH LP1 – November 1988

Chris Thompson
Out Of The Night – Ultra Phone – 6.25484 – März 1983

The Beach Boys
The Beach Boys – Caribou Records/Brother Records – CRB 26378 – 1985

Minako Honda
Cancel – Toshiba-EMI – WTP-90433 – 29. September 1986

Frankie Goes to Hollywood
Warriors (Attack)
12 ZTAK 25 – November 1986

Mo Foster
Bel Assis – MMC Records/EMI – LPMMC 1013 – August 1988
Southern Reunion – Relativity Records – 88561-1050-2 – Juli 1991

Don Airey
The Royal Philharmonic Orchestra & Friends – Arrested – RCA – RCALP 8001 – Februar 1983
K2 – Tales Of Triumph And Tragedy – MCA Records – 255 981-1 – November 1988

Keyed Up – Mascot Label Group – MTR 7408 2 – 2014

Vicki Brown
Lady Of Time – BMG Ariola Benelux/RCA – PL 74276 – 1989
About Love And Life – Polydor – 847 266-2 – Dezember 1990

Traveling Wilburys
Vol. 3 – Wilbury Records – PL 74522 – Oktober (UK) November (US) 1990

Jim Capaldi
Living On The Outside – SPV – SPV 085-72512 CD – 9. Oktober 2001
Poor Boy Blue – SPV – SPV 085-70412 CD – 8. November 2004
Dear Mr. Fantasy – A Celebration For Jim Capaldi – Eagle Records – EDGCD364 – August 2007

Mick Jagger
Don't Tear Me Up – Atlantic – A7368CD – 1993 – Single

Jimmy Nail
Growing Up In Public – East West/Warner Music UK – 4509-90144-1 – August 1992

Jack Bruce
Cities Of The Heart – CMP Records – CMP CD 1004 – März 1994
The Cream Of Cream – Rittor Music – 1998 – Video
Shadows In The Air – Sanctuary Records – SANCD084 – 9th Juli 2001

Albert Collins
Collins Mix – The Best Of – Virgin Records / Pointblank – VPBCD 17 – Oktober 1993

Paul Rodgers
Muddy Water Blues – A Tribute To Muddy Waters – Victory Music – 828 414-2 – April 1993

Snowy White
Highway To The Sun – Bellaphon – 290.07.205 – Mai 1994

Various
Evita (The Complete Motion Picture Music Soundtrack) Warner Bros Records – 9362-46346-2 – 1996

Gary Husband
Interplay And Improvisation On The Drums – Rittor Music – 1998 -Video

John Mayall
Along For The Ride – Eagle Records – EAGCD150 – 23. April 2001

Various
From Clarksdale To Heaven – Remembering John Lee Hooker
Eagle Records – EAGCD228, GAS 0000228 EAG – 2002

Trilok Gurtu
Broken Rhythms – Cream Records – JMS 18734-2 – 22. März 2004

Various – The Strat Pack – Live in Concert – Red House
Eagle Vision – EREDV464AP – 2004

One World Project
Grief Never Grows Old – One World Records – OWR1 – 2005

Otis Taylor
Definition Of A Circle – Telarc – CD-83659 – 27. Februar 2007
Pentatonic Wars And Love Songs – Telarc – CD-83690 – 23. Juni 2009
Clovis People Vol. 3 – Telarc – TEL-31849-02 – 11. Mai 2010

Sergei Voronov
Irony – Moroz Records – OM 09359 CD – 25. Juni 2009

Gipsy And The Wolf
Perfect Rose – 5th Mai 2010 – 6-track EP, nur digital veröffentlicht

• VIDEO RELEASES/SOLO WORKS

Emerald Aisles – Live In Ireland
Out In The Fields (promo video) / Empty Rooms / Rockin' Every Night / Wishing Well / Victims Of The Future / Murder In The Skies / Shapes Of Things / Parisienne Walkways / Rockin' And Rollin' / Nuclear Attack / End Of The World / Back On The Streets
Released on VHS tape und LaserDisc – Juni 1985

The Video Singles
Out In The Fields / Empty Rooms / Over The Hills And Far Away / Wild Frontier / Friday On My Mind / The Loner
Veröffentlicht auf VHS – August 1987

Wild Frontier Tour – Live At Isstadion Stockholm
Over The Hills And Far Away / Thunder Rising / Wild Frontier / Military Man / Empty Rooms / All Messed Up / Out In The Fields / Rockin' Every Night / The Loner
Veröffentlicht auf VHS – November 1987

An Evening Of The Blues With Gary Moore And The Midnight Blues Band
Oh Pretty Woman / Walking By Myself / All Your Love / Still Got The Blues (For You) / Too Tired / Further On Up The Road / Texas Strut / Moving On / Midnight Blues / King Of The Blues / Stormy Monday / Caldonia + Interview und Backstage-Impressionen
Veröffentlicht auf VHS und LaserDisc – November 1991

Live Blues
Cold Day In Hell / Walking By Myself / Story Of The Blues / Oh Pretty Woman / Separate Ways / Too Tired / Still Got The Blues (For You) / Since I Met You Baby / The Thrill Is Gone / The Sky Is Crying / Further On Up The Road / King Of The Blues / Jumpin' At Shadows / Stop Messin' Around
Veröffentlicht auf VHS und LaserDisc – Mai 1993

Ballads & Blues 1982-1994
Always Gonna Love You / Still Got The Blues (For You) / Empty Rooms / Parisienne Walkways (live) / Separate Ways / Story Of The Blues / Midnight Blues (live) / Jumpin' At Shadows (live) / The Loner / Still Got The Blues (For You) (live)
Veröffentlicht auf VHS und LaserDisc und DVD – November 1994

Blues For Greeny Live
The World Keep On Turnin' / I Loved Another Woman / Merry Go Round / If You Be My Baby / Long Grey Mare / Need Your Love So Bad / You Don't Love Me / Driftin' / The Same Way / Since I Met You Baby / Love That Burns / Stop Messin' Around / Showbiz Blues / Dust My Broom / Jumpin' At Shadows + Interview und Soundcheck
Veröffentlicht auf VHS – April 1996

Live At Monsters Of Rock
Shapes Of Things / Wishing Well / Rectify / Gitarren Intro / Stand Up / Just Can't Let You Go / Walking By Myself / Don't Believe A Word / Out In The Fields / Parisienne Walkways + Interview Soundcheck footages
Veröffentlicht auf VHS und DVD- Oktober 2003

Live At Montreux 1990
Oh Pretty Woman / Walking By Myself / The Stumble / All Your Love / Midnight Blues / You Don't Love Me / Still Got The Blues (For You) / Texas Strut / Moving On / Too Tired / Cold, Cold Feeling / Further On Up The Road / King Of The Blues / Stop Messin' Around / The Blues Is Alright / The Messiah Will Come Again + bonus feature from 1997: Out In The Fields / Over The Hills And Far Away / Parisienne Walkways
DVD – November 2004

One Night In Dublin – A Tribute To Phil Lynott
Walking By Myself / Jailbreak / Don't Believe A Word / Emerald / Still In Love With You / Black Rose / Cowboy Song / The Boys Are Back In Town / Whiskey In The Jar / Old Town (excerpt) / Parisienne Walkways + Interview und Soundcheck
Released on DVD and Blu-Ray – März 2006

Definitive Montreux Collection
1990: Midnight Blues / Texas Strut / Moving On / Cold, Cold Feeling / Stop Messin' Around / The Blues Is Alright / The Messiah Will Come Again
1995: If You Be My Baby / Long Grey Mare / Merry-Go-Round / The Stumble / You Don't Love Me / Key To Love / All Your Love / Still Got The Blues (For You) / Since I Met You Baby / The Sky Is Crying / Jumpin' At Shadows
1997: One Fine Day / Cold Wind Blows / I Have Found My Love In You / Always There For You / Business As Usual / Out In The Fields
1999: Oh Pretty Woman / Need Your Love So Bad / Tore Down / I Loved Another Woman / Too Tired / Further On Up The Road / Parisienne Walkways
2001: You Upset Me Baby / Cold Black Night / Stormy Monday / Walking By Myself / How Many Lies / Fire / Enough Of The Blues / The Prophet
Released on DVD – Oktober 2007

- **VIDEOS/SOLO/POSTHUME VERÖFFENTLICHUNGEN**

Live At Montreux 2010 (September 2011)
Over The Hills And Far Away / Thunder Rising / Military Man / Days Of Heroes / Where Are You Now? / So Far Away / Empty Rooms / Oh Wild One / Blood Of Emeralds / Out In The Fields / Still Got The Blues (For You) / Walking By Myself / Johnny Boy / Parisienne Walkways + bonus feature from 1997: One Good Reason / Oh Pretty Woman / Still Got The Blues (For You) / Walking By Myself
Veröffentlicht auf DVD und Blu-Ray

Blues For Jimi (September 2012)
Purple Haze / Manic Depression / Foxey Lady / The Wind Cries Mary / I Don't Live Today / My Angel / Angel / Fire / Red House / Stone Free / Hey Joe / Voodoo Child (Slight Return)
Veröffentlicht auf DVD und Blu-Ray

- **VIDEO SINGLES**

Gary Moore: *Parisienne Walkways (1979), Always Gonna Love You (1982), Shapes Of Things (1984), Empty Rooms (1984), Out In The Fields (1985), Over The Hills And Far Away (1986), Wild Frontier (1987), The Loner (1987), Friday On My Mind (1987), After The War (1989), Ready For Love (1989), Still Got The Blues (For You) (1990), Oh Pretty Woman (1990), Too Tired (1990), Walking By Myself (1990), Cold Day In Hell (1992), Separate Ways (1992), Story Of The Blues (1992), Since I Met You Baby (1992), Parisienne*

Diskografie

Walkways '93 (1993), Need Your Love So Bad (1995), One Good Reason (1997), I Have Found My Love In You (1997), Always There For You (1997)

Thin Lizzy: *The Rocker (1974), With Love (1979), Waiting For An Alibi (1979), Do Anything You Want To (1979), Sarah (1979, ohne Gary)*

G-Force: *Hot Gossip (1980)*

Traveling Wilburys: *She's My Baby (1990, ohne Gary)*

BBM: *Where In The World (1994)*

INDEX

34 Hours 83, 490

A

A Different Beat 346, 350, 351, 354, 392, 465, 478
After Hours 295, 296, 297, 322, 461, 463, 476
After The War 253, 274, 277, 315, 364, 405, 459, 460, 463, 475, 486, 498
Akkerman, Jan 170, 392
Aldridge, Tommy 180, 183, 430, 474, 480
Airey, Don 11, 82, 115-119, 143, 151, 180, 183, 184, 194, 198, 199, 200-202, 208, 213, 240, 276, 277, 279, 286, 288, 291, 350, 381. 384, 411, 417, 424, 429, 430, 432, 473-476, 479, 480, 491, 492, 495
Allen, Bill 11, 47, 48, 59
Allman Brothers 77, 89, 92, 381, 387
Almond, Prue 359, 366, 373, 399, 411
„Always Gonna Love You" 194, 450, 474, 484, 497, 498
Around The Next Dream 305, 493
Arden, Don 166, 167, 174, 177, 180, 182, 183, 190

B

Babson, Monty 121, 124, 142, 152, 165, 183
Back on the Streets 100, 142, 151-153, 165, 168, 172, 176, 177, 430, 473, 480, 483, 489, 497
Back To The Blues 353, 355, 478
Bad For You Baby 394, 395, 402, 479, 483
Bailie, Stuart 11
Bain, Jimmy 140, 146, 181, 201, 208, 434, 474
Baker, Ginger 301, 302, 304, 343, 433, 493
Ballads and Blues 1982 – 1994 314, 316, 321, 489
Barnett, Steve 11, 188-190, 193, 197, 202, 207, 208, 210, 222, 225, 228, 254, 255, 275, 277, 280, 293, 286, 302, 303, 426
Baron, Duane 249
Barton, James 11
BBM 12, 272, 305- 307, 309, 310, 312- 314, 334, 338, 339, 349, 433, 493, 499
Bell, Eric 11, 16, 18, 20- 22, 34, 35, 82, 87, 107, 128-131, 423, 441
Bell, Graham 109, 112, 428
Bicknell, Lawrence 67

Birch, Martin 82, 83, 93
Black Rose 154, 158, 160, 241, 492
„Black Rose" 17, 21, 154, 155, 216, 498
Blues For Greeny 320, 321, 464, 477, 497
Bolger, Smiley 11, 221
Bonham, John 84
Bonamassa, Joe 9, 272, 422
Booth, Kerry 11, 227- 230, 246, 284, 291-293, 295, 296, 311-313, 325, 338, 348, 399, 400, 408, 411, 413, 416, 426
Booth, Tim 4, 67, 69-71, 337
Bozzio, Terry 148
Bradfield, Andy 11, 326-329, 334
Braniff, Rob 11, 32
Bridgeman 11, 18, 57, 58, 60-62, 66, 71, 75, 77, 78, 84-86, 88, 117, 428, 436, 490, 491
Bron, Gerry 117, 119, 121, 189
Bron, Lilian 119, 120
Bruce, Jack 9-12, 74, 120, 143, 171, 183, 184, 190, 194, 196, 204, 235, 267, 276, 300-302, 304-310, 314, 322, 326, 339, 340, 343, 348, 349, 364, 380, 411, 417, 421, 433, 435, 474, 493, 496,
Bushell, Gary 154, 210, 211
„Business As Usual" 322, 336, 337, 341, 477

C

Campbell, Ceri 11, 102, 103, 115
Campbell, Donna 11, 102-104, 114, 115, 121, 132, 147, 152, 153, 195
Campbell, Jeannie 11, 102-106, 114
Campbell, Vivian 422
Carpenter, Chuck 89, 428
Carroll, Ted 11,55, 57, 61, 77, 79, 131, 134, 135
Carson, Reggie 41, 43, 427
Carter, Neil 11, 201, 202, 205-207, 209, 210, 212, 214, 219, 221, 225, 227, 229, 235-237, 239, 242, 246, 275, 405, 406, 408, 411, 417, 421, 431, 432, 436, 449, 474-476, 480, 482
CBS Records 473, 484, 490, 494
Chandler, Chas 131, 258
Cheevers, Bernie 56-58
Christmas, Annie 67
Clarke, Mark 109

Clapton, Eric 37-39, 49, 78, 100, 111, 118, 140, 211, 279, 280, 285, 288, 289, 297, 298, 301, 303, 305, 313, 314, 319, 325, 355, 386, 420, 445, 462, 467
Clempson, Clem 11, 108, 111, 123, 234, 301
Close As You Get 388, 468, 469, 479
Club Rado 50, 315
Connors, Bill 118, 274, 444
Collins, Albert 271, 283, 289, 292, 294, 298, 432, 460, 476, 477, 481, 496
Cox, Billy 392, 482
Colosseum II 107, 117, 120, 121, 123-126, 133, 137, 139, 141-143, 145, 151, 152, 171, 180, 193, 199, 275, 301, 382, 428, 429, 444, 491
Collins, Peter 11, 220, 221, 237- 239, 247-250, 278
Cooke, Sam 166
Corridors of Power 202, 203, 205, 242, 448, 451, 474
Coverdale, David 176, 191, 206, 208, 247, 259, 260, 330, 368
Cream 39, 42, 47, 52, 57, 60, 62, 75, 96, 301, 303-307, 339, 349, 445
Crookston, Andy 11, 319, 344, 352, 359, 360, 411
Crothers, Barney 36, 427
Crothers, Brian 11, 37
Croxford, Steve 11, 359, 361, 367, 374
Cummins, Pete 11, 66, 83, 84, 85
Curtis, John 11, 94, 96, 107, 130, 428, 473

D

Daisley, Bob 11, 205, 208, 215, 227, 234, 235, 237, 241, 242, 246, 251, 262, 275, 276, 284, 295, 369, 370, 371, 417, 421, 432, 434, 474-478
„Dark Days In Paradise" 7, 330, 339, 340-346, 464, 477
Davis, Clifford 73-76, 79, 80, 82, 88-91, 95, 100, 101, 318
Deane, Ed 11, 69, 81, 115
Decca Records 66, 73, 129, 132, 134, 493
Dee, Willie 171, 173, 174, 178, 179, 430, 492
Dickins, Barry 11, 359
Dirty Fingers 181, 194, 430
Dixon, Steve 11, 316, 397, 399, 411, 426, 436, 483
Doherty, Harry 11, 155-157
Donnelly, Phil 92, 94, 100, 265, 428, 473
Downey, Bill 11, 33, 35, 427
Downey, Brian 11, 16-19, 20, 57, 58, 60, 62, 72, 107, 129, 130, 132, 142, 145, 146, 147, 150, 158, 160, 247, 276, 284, 384, 390, 411, 424, 429, 430, 435, 436, 473, 476, 479, 482, 492
Dr. Strangely Strange 4, 63, 67, 71, 72, 336, 428, 494
Draper, Simon 189, 190, 197
Driscoll, Kenny 180, 181, 430, 480

Duhan, Johnny 11, 64, 71, 72, 82, 495
„Dunluce" 246, 475, 476

E

Electric Savage 121-123, 139, 142, 491
Emerald Isles (Video) 213
„Empty Rooms" 207, 220-222, 227, 235, 237, 243, 419, 456, 474, 475, 480, 482, 484, 485, 487, 488, 497, 498
„End of the World" 190, 194, 217, 449, 474, 480, 488
Engel, Hans 11, 110
Eustace, Peter 148

F

Ferguson, Gary 11, 220, 227, 229, 234, 235, 237, 241, 432, 475
Fiennes, Magnus 11, 326, 327, 329, 340-343, 433, 437
Finlay, Dave 47, 427
„Flesh & Blood" 383, 479
Fletcher, Steven 11
Foster, Mo 11, 194, 205, 277, 295, 424, 435, 474, 495
Fountain, Melissa 11, 343, 344, 357, 366, 367, 372
Franklin, Lisa 11, 152, 153, 158, 161, 174, 175
Franks, Melvyn 379
„Friday On My Mind" 240, 475, 485, 497, 498

G

Gambale, Frank 274
Gallagher, Rory 48, 49, 52, 288, 387, 417, 422, 444
Geffen Records 182, 183, 198
Geldof, Bob 9, 422, 430
G-Force 168, 172-174, 177, 178, 180, 182, 183, 187, 201, 218, 238, 266, 430, 492, 499
Ghosts 112, 114, 116, 117
Glixman, Jeff 11, 190-192, 195-197, 203, 204, 206, 230, 242, 324, 426
Glover, Roger 292, 422, 435
Gorham, Scott 11, 16, 17, 20, 132, 135, 137-139, 141, 146, 154, 156-161, 164, 168, 429, 430, 492
Goulding, Tim 11, 67, 68
Granny's Intentions 63, 64, 66, 428, 439
Green, Rob 11, 408, 410, 424, 436
Green, Peter 49, 50, 51, 72, 73, 75, 78, 98, 99, 100, 103, 145, 216, 279, 288, 290, 315-319, 336, 381, 382, 386, 390, 428, 462, 472
Griffiths, Richard 11, 189, 197, 219, 229, 312, 344, 426
Grinding Stone 92, 94, 95, 152, 339, 444, 473

H

Hackett, Steve 423
Halsall, Ollie 109, 111, 113
Hammett, Kirk 9, 360, 379, 380, 421

Hanson, Martyn 113, 116
Harding-Saunders, Camilla 311, 312, 326, 333-336, 338, 344, 346, 348
Harrison, George 272, 284, 285, 294, 295, 297, 298, 311, 338, 460, 476
Heckstall-Smith, Dick 8, 301, 380
Hendrix, Jimi 15, 42, 44, 47, 52, 56, 57, 60, 62, 64, 70, 103, 131, 139, 196, 249, 258, 280, 288, 318, 346, 351, 357, 363, 364, 366, 391, 407, 421, 438, 469, 470
Henville, Nik 12
Hewitt, Alan 113, 122, 125
Hill, Beau 219, 220, 456
„Hiroshima" 181, 193, 473
Hindmarsh, Bill 12, 101, 102, 110, 113, 122
Hiseman, Jon 11, 107-113, 115-127, 136, 140, 149, 329, 417, 429, 491, 492
Holdsworth, Allan 109, 111, 170, 255, 441
Hofmann, George 12, 39, 396, 408
Hole, Tim 12, 365
Holton, Gary 145, 146, 153
Honest Injun 66, 493
Hopkins, Nicky 285, 476
Huhn, Charlie 181, 198, 430, 431, 474
Hughes, Glenn 12, 161, 168-170, 172, 175, 180, 192, 218-220, 223, 224, 226, 233, 234, 421, 430, 475
Hunter, Billy 12, 43, 427
Hunter, Graham 12, 46
Hunter, Ian 4, 12, 41, 42, 44-46, 263
Husband, Gary 12, 300-302, 321-323, 334, 340, 342, 345, 348, 350, 380, 420, 433-435, 477, 478, 496

I
„I Can't Wait Until Tomorrow" 195, 199, 474, 480
„I Found My Love In You" 334, 477, 488, 498, 499
Irvine, Andy 12

J
Jagger, Mick 298, 495
Jet Records 165-168, 171, 172, 174, 177, 178, 181-184, 190, 473, 480, 484, 492
John Mayall's Bluesbreakers 60, 435
Johns, Andy 218-220
Jones, George 12, 33
Jones, Steve 145, 146, 175, 430, 450

K
Kalodner, John 18, 259
Kelly, Pearse 12, 89-96, 100, 101, 107, 109, 110, 129, 130, 135, 265, 428, 473
Kelly, Roger 12, 26, 27, 30, 31, 50
Keogh, Sylvia 12, 71, 72, 80-82, 102, 129
King, Albert 15, 55, 65, 270, 280, 285, 289, 290, 292, 371, 390, 441, 476

King, B.B. 15, 55, 65, 270, 273, 288, 296, 297, 299, 311, 331, 370, 371, 384
King, Roger 345, 478

L
Lake, Greg 11, 184-187, 189, 193, 197, 252, 260, 266, 350, 426, 431, 434, 447, 450, 453, 494
Lamour, William 12
„Led Clones" 247, 249, 259, 475, 486
Lennon, Austen 12
Lennox, Dave 12, 99, 100, 101, 107
Levine, Steve 195
Lewis, Cass 12, 364-368, 411, 434, 467, 481, 493
Lewis, Dave 12, 51-53, 55, 58, 89
Lewis, Huey 155, 158
Life 43, 44, 45, 47, 427, 494
Lilley, Graham 11, 17, 18, 238, 252-255, 282, 285, 292-294, 315, 328, 343, 345, 350, 352, 353, 359, 365, 376, 398, 406, 407, 410-413, 415, 447, 465-468
„Little Darling" 132
Little, Ivan 12, 29
„Living On Dreams" 247, 249
Lord, Jon 288, 435
„Love That Burns" 477, 497
Lukather, Steve 186, 423
Lynott, Phil 14-16, 19-21, 55, 57, 58, 60-65, 67, 89, 109, 120, 122, 129, 130, 132-138, 140-149, 152-165, 168, 173, 180, 187, 197, 216, 221-224, 226, 227, 229-234, 240, 246, 249, 314, 336, 344, 386, 409, 428-430, 432, 445, 473, 475, 492, 494, 498

M
Main, Darren 11, 20- 22, 307, 308, 352, 358-363, 367, 374, 396, 399, 400, 406, 407, 409-414, 425
Marten, Neville 12, 247, 317, 347, 425, 464, 467
Marsden, Bernie 12, 99, 117, 176, 251, 316-318, 382
Martin, Colin 12, 47-49, 51, 55, 427
Martin, John 12, 302, 305, 307, 309, 310, 312, 314, 319, 321, 345
Martin, Vic 12, 349-351, 353, 354, 356, 357, 384, 386, 389, 391, 392, 397, 400, 403, 406, 407, 410- 414
Masterson, Phylis 24-26, 28, 29, 217
May, Brian 9, 149, 421
Mayall, John 37, 39, 42, 52, 108, 118, 272, 288, 289, 316, 317, 319, 375, 387-389, 496
Mayer, Roger 70, 470
McAuley, Paul 12, 41
McKenna, Ted 185, 350, 431
McLaughlin, John 74, 111, 118, 121, 352
McLelland, Pete 12, 37, 40
Mercury, Freddie 15, 139, 235,
Meredith, Dick 12, 359, 396, 398, 401-403, 405, 406, 410, 411, 425
Meredith, James 12

Index

Mill, Malcolm 12
Mitchell, Joni 119
Mitchell, Mitch 351, 392, 482,
Moffatt, Alan 36
Monsters of Rock 213, 356, 367, 369, 373, 481, 497
Montreux Festival 289, 341, 367, 405, 481, 498
Mooney, Darrin 12, 15, 350, 351, 353, 356, 357, 364, 365, 367, 370, 371, 381, 392, 404, 405, 407-409, 417, 421, 434, 436, 478, 479, 481-483, 493
Moore, Bobby 5, 14, 17, 25-28, 31, 32, 34-37, 46, 51, 59, 80, 81, 417
Moore, Cliff 411, 412
Moore, Gus 311, 337, 348, 357, 359, 409
Moore, Jack 246, 293, 337, 348, 357, 364, 399, 400, 409
Moore, Jo 11, 20-22, 343, 344, 347-349, 358, 363, 367, 372, 375, 395-397, 399, 401, 402, 406, 410, 413, 416
Moore, Lily 20, 349, 357, 358, 375, 399, 400, 402, 406, 409, 417
Moore, Saoirse 82, 337, 338, 383, 417
Moore, Winnie 5, 24-27, 81, 410
Morgan, Charlie 12, 233, 247, 475, 476
Morrison, Chris 130, 131, 135, 137, 229
Morrison, Van 48, 130, 350, 422
„Murder In The Skies" 373, 452, 474, 475, 480, 497
Murray, Frank 11, 55, 79, 80, 82, 83, 102, 130, 137, 146, 148
Murray, Neil 12, 116, 120, 176, 191, 192, 197, 198, 200, 203-205, 207, 224, 267, 423, 429, 431, 461, 462, 474, 480, 491

N
Nauseef, Mark 12, 148, 149, 153, 155, 158, 161, 168-172, 176-180, 187, 208, 430, 492
Newman, Colin 127, 165, 345, 359
Newton, Tony 170-173, 176, 179, 187, 430, 492
Nicholson, Geoff 12
Nioduschewski, Petra 397, 399, 400, 402, 406, 407, 409-417, 436
Nightlife 132, 134, 494
Noyce, Jon 12, 15-17, 19, 20, 382, 384, 404-406, 408-411, 417, 436, 479, 482
„NSU" 40, 301
„Nuclear Attack" 186, 193, 474, 480, 484, 497

O
O'Donnell, Chris 12, 131, 134, 135, 137, 139-141, 160-162, 167, 233
Old New Ballads Blues 380, 479
Orphanage (Band) 62, 64, 129
Orphanage (Haus in Dublin) 67, 69
Osbourne, Ozzy 91, 144, 177, 178, 180, 200, 205, 213, 248, 258, 259, 420, 476
Osbourne, Sharon 12, 166-169, 171, 172, 174, 175, 177, 178, 180, 187, 257, 293

„Out In The Fields" 15, 217, 220, 222, 230, 231, 235, 454, 475, 481, 482, 485, 486, 489, 497, 498

P
Paice, Ian 12, 191, 192, 195-199, 202, 204, 205, 208, 209, 211, 213, 214, 246, 256, 267, 284, 431, 435, 474, 480
Page, Keith 238, 454, 455
Palmer, Jim 12, 29, 39, 40
Palmer, Teddie 12
Palmer, Willie 12, 39
„Parisienne Walkways" 21, 143, 144, 158, 160, 165, 167, 176, 186, 204, 207, 231, 234, 254, 350, 353, 355, 404, 473, 480-485, 487-489, 497, 498
Pawle, Ivan 12, 67, 68, 69, 70, 81
Phillips, Simon 12, 142, 151, 247, 252, 301, 473, 476
Plant, Robert 84, 248
Platform Three 47-49, 51, 55, 59, 128, 264, 427, 444
Platt, Tony 12, 222, 273, 316
Powell, Cozy 115, 180, 182, 183, 224, 234, 242, 247, 251, 252, 277, 304, 340-430, 432, 476, 494
Power of the Blues 369, 394, 467, 478
Power Of The Blues 370, 478
Pratt, Guy 12, 321, 324, 330, 340-343, 433, 477,
Price, Peter 12, 207, 219, 221, 229, 345
Primal Scream 15, 350, 353, 408, 409
Pyle, Andy 12, 112, 113, 180, 275, 276, 279, 286, 294, 295, 298, 317, 417, 430, 432, 476, 477, 480, 481

Q
Queen 13, 117, 137, 146, 226, 235, 314

R
Raymond-Barker, Gerry 11, 245, 252, 254, 260, 261, 291
„Red House" 44, 375, 482, 496, 498
Rees, Pete 12, 349, 357, 384, 401, 411, 434, 435, 478, 479, 482, 483
„Rivers" 121, 491
Robertson, Brian 16, 20, 21, 122, 132, 135-139, 140, 141, 145-147, 149, 156, 201
Robertson, Ian 12, 17
Rodgers, Paul 9, 252, 422, 435, 496
Run for Cover 15, 217, 218, 220-224, 226, 235, 254, 259, 269, 454-456, 475, 485

S
„Sarah" 154, 155, 173, 492, 499
Scars 272, 364-369, 371, 374, 381, 403, 404, 466, 467, 493
Schelhaas, Jan 12, 91-94, 96-98, 265, 428, 473
Scully, Paul 12, 55, 75, 76, 78, 79, 82-85
„Shapes Of Things" 205, 206, 217, 243, 367, 369, 452, 474, 480, 481, 484, 497, 498

Shiels, Brush 12, 18, 55-62, 64, 70, 71, 74-80, 83-89, 187, 428, 436, 490, 491
Shineman, David 305
Simmons, Pat 422
Singer, Eric 12, 242-244, 423, 432
Skid 490
Skid Row 18, 55, 57-64, 66, 71-80, 82-89, 95, 97, 99, 100-102, 107, 117, 120, 128, 133, 137, 151, 172, 193, 265, 89, 336, 381, 428, 444, 490
Slash 9, 422
Slade, Chris 252, 254, 275, 432
Sloman, John 198, 199, 431, 474, 480
Smith, Nigel 12, 52, 428
Solo in Soho 142, 155, 494
Sommer, Dirk 12, 201, 212
„Spanish Guitar" 158, 160, 165, 473, 484
Starrs, Mike 12, 113, 117, 119, 120, 125, 428, 429, 491
Staunton, Joe 12, 62, 64
„Still Got The Blues (For You)" 277, 279, 286, 294, 319, 355, 398, 404, 420, 476, 481-483, 486, 487, 497, 498
Still Got The Blues 285, 293, 295-298, 314, 315, 347, 354, 355, 364, 369, 371, 380, 381, 424, 460-463, 468, 476, 487
Stone, Mike 226, 259
Strange New Flesh 119, 137, 491

T

Taylor, Ian 12, 248, 276, 278, 282, 285, 286, 293-295, 303, 304, 317, 345, 382, 388
Taylor, Otis 12, 384-388, 396, 411, 422, 435, 479, 496
Tempest 109-111, 117
Ten Records 190, 222, 225
The Barons 36, 37, 39, 40, 94, 264, 427
The Beat Boys 32, 34, 36, 94, 427
The Greedies 145, 430
„The Loner" 183, 234, 241, 244, 475, 486, 487, 497, 498
The Method 51, 52, 54
„The Prophet" 351, 355, 478, 498
The Suburbans 41-43, 427
The Uptown Band 55
Thompson, Barbara 110, 120, 417
Thompson, Paul 213, 214, 219, 227, 432, 475
Thin Lizzy 10, 13, 15-17, 83, 86, 93, 101, 107, 109, 114, 122, 124, 129-134, 136, 139, 414, 142, 144-147, 149, 150, 152, 154, 156-158, 160, 162-165, 167-169, 172, 181, 190, 192, 193, 197, 201, 216, 221, 222, 228, 232, 241, 266, 293, 41, 428-431, 444, 445, 492, 494, 499
Thrall, Pat 218
„Thunder Rising" 239, 242, 475, 486, 497, 498
Tierney, Tony 12, 27
Tilt 183, 494
Traveling Wilburys 292, 495, 499

Tsangarides, Chris 11, 15, 142-146, 151, 180, 181-183, 286, 316, 321, 323, 325, 345, 353, 355, 365, 368, 369, 396, 411, 417

V

Van Halen, Eddie 166, 167, 173, 203, 211, 238, 241, 421, 441, 447
Variations 122, 123, 429, 455, 494
Vaughan, Stevie Ray 15, 173, 280, 286, 290-292, 314, 387, 421, 472
Victims Of The Future 205, 208, 211, 230, 242, 452, 474, 480, 485, 497
Virgin Records 22, 189, 190, 192, 194, 197, 207, 208, 219-221, 248, 249, 255, 277, 280, 286, 293, 303, 305, 307, 312, 314, 321, 327, 330, 331, 345, 474-477, 481, 484-489, 493, 496
Visconti, Tony 156-159

W

Walker, Graham 12, 275, 276, 279, 286, 291, 294, 298, 317, 319, 353, 417, 432, 434, 476, 477, 481, 483
War Dance 123, 142, 491
Webber, Andrew Lloyd 122 123, 494
Webber, Julian Lloyd 123
Webster, Jon 12
West, Leslie 78
Weston, Stuart 12, 330, 336, 366
„While My Guitar Gently Weeps" 285, 298, 417
„Wishing Well" 194, 243, 367, 369, 474, 480, 481, 497
„Whiskey In The Jar" 18, 21, 129, 130, 134, 498
Whitesnake 83, 176, 177, 191, 211, 242, 247, 257, 259, 367, 368
Wild Frontier 15, 232, 237, 240, 241, 243, 246, 344, 457, 458, 475, 485, 486, 497, 498
Wilkinson, Robert 34, 36, 427
Williams, Paul 109, 125
Winfield, Phil 376-379
Woods, Terry 12
Wooler, John 12, 277, 280, 283, 389
Wrixon, Eric 48, 129

Y

York, Steve 11, 107, 109, 428
Young, Stewart 189, 302, 303, 345, 417

Z

Zsigmund, Rick 377-379